ARBEITEN ZUR
FRÜHMITTELALTERFORSCHUNG

ARBEITEN ZUR FRÜHMITTELALTERFORSCHUNG

Schriftenreihe des Instituts für Frühmittelalterforschung
der
Universität Münster

herausgegeben von

KARL HAUCK

11. BAND

DIE VOLKSSPRACHIGEN WÖRTER DER LEGES BARBARORUM
TEIL II

herausgegeben von

RUTH SCHMIDT-WIEGAND

1991

WALTER DE GRUYTER · BERLIN · NEW YORK

DIE BEZEICHNUNGEN FÜR SOZIALE STÄNDE, SCHICHTEN UND GRUPPEN IN DEN LEGES BARBARORUM

von

GABRIELE VON OLBERG

1991

WALTER DE GRUYTER · BERLIN · NEW YORK

Diese Arbeit ist im Sonderforschungsbereich 7: ‚Mittelalterforschung' entstanden und wurde auf seine Veranlassung unter Verwendung der ihm von der Deutschen Forschungsgemeinschaft zur Verfügung gestellten Mittel gedruckt.

CIP-Titelaufnahme der Deutschen Bibliothek

Olberg, Gabriele von:
Die Bezeichnungen für soziale Stände, Schichten und Gruppen in den Leges barbarorum / von Gabriele von Olberg. — Berlin ; New York : de Gruyter, 1991
(Die volkssprachigen Wörter der Leges barbarorum ; Teil 2)
(Arbeiten zur Frühmittelalterforschung ; Bd. 11)
ISBN 3-11-012218-9
NE: 2. GT

Die **volkssprachigen Wörter der Leges barbarorum** / hrsg. von Ruth Schmidt-Wiegand. — Berlin ; New York : de Gruyter.
(Arbeiten zur Frühmittelalterforschung ; ...)
NE: Schmidt-Wiegand, Ruth [Hrsg.]

Teil 2. Olberg, Gabriele von: Die Bezeichnungen für soziale Stände, Schichten und Gruppen in den Leges barbarorum. — 1991

Printed in Germany
Satz und Druck: Arthur Collignon, Berlin
Buchbinderische Verarbeitung: Lüderitz & Bauer GmbH, Berlin

Inhalt

1. Historisch philologische Bezeichnungsforschung

1.1. Zum Gegenstand und zur Fragestellung

Die in lateinischer Sprache abgefaßten Leges — in der Forschungsliteratur werden sie auch als Leges barbarorum, Volks-, Stammes- oder Germanenrechte[1] bezeichnet — gehören zu den frühesten Quellen, in denen volkssprachige Bezeichnungen für soziale Stände, Schichten und Gruppen in einem breiteren Umfang überliefert sind. In diesem Band, dem zweiten Teil des ‚Corpus der volkssprachigen Wörter der Leges barbarorum'[2], sind anhand der volkssprachigen Bezeichnungen für Freie, Fahrt- und Siedlungsgenossen, Nachbarn, Gefolgsleute und Rechtspersonen Grundzüge einer historischen Bezeichnungslehre erarbeitet worden, die für diese Wortgruppen Aussagen über Bedeutungsveränderungen, Bezeichnungswandel, Tradition und Innovation ermöglichen.

Im Sinne einer kultur- und sozialhistorisch orientierten Wortforschung werden nicht allein die sprachlichen Erscheinungen, sondern auch die mit diesen in wechselseitigem Kontakt stehenden außersprachlichen Phänomene berücksichtigt[3]. Zwar soll anhand der Bezeichnungen aus dem Bereich der sozialen Stände, Schichten und Gruppen und an deren Bedeutung das Verhältnis von Sprach- und Gesellschaftsentwicklung im Mittelalter, wie es sich innerhalb der Leges-Texte spiegelt, erhellt werden, jedoch kann und darf sich semantische Forschung nicht als Hilfswissenschaft der sozial- bzw. sachhistorischen Forschung verstehen[4]. Der methodische Zugriff der historisch-philologischen Bezeichnungsforschung — die alternierende Verbindung von historischer Onomasiologie und Semasiologie mit Rückbezug auf

---

[1] Vgl. hierzu: OLBERG, Freie, S. 37 und dort Anm. 4 (S. 304).

[2] Die Ausführungen zum Bd. II des ‚Corpus der volkssprachigen Wörter der Leges barbarorum' basieren auf den Vorarbeiten in: OLBERG, Freie; die Arbeit wurde im Juli 1982 von der philosophischen Fakultät der Westfälischen Wilhelms-Universität in Münster als Dissertation angenommen. Teil III des Corpuswerkes liegt bereits seit 1983 vor: NIEDERHELLMANN, Arzt.

[3] Es wird der Wortbestand der kritischen Editionen zugrundegelegt, ergänzt durch die Betrachtung der handschriftlichen Überlieferung. Zu Arbeiten, die sich mit dem Wortschatz der Leges befassen, vgl. z. B.: TIEFENBACH, Edulcus, (h)idulgus, iddulcos, S. 957—971; GYSSELING, Germaanse woorden, S. 60—109; SCHÜTZEICHEL, Lex Ribuaria, S. 7—19; DERS., Staffulus regis, S. 138—167; vgl. auch Anm. 4 dieses Kapitels; BAESECKE, Worte, S. 1—101; HELTEN, malbergische glossen, S. 225—542; KRALIK, Bestandteile, S. 13—55, 401—449, 581—624; RHEE, Wörter; QUAK u. a., Tierbezeichnungen, S. 7—66.

[4] Vgl. hierzu SCHÜTZEICHEL, Erforschung, S. 844 f.; siehe auch STEGER, Besprechung. Vgl. zum Verhältnis von Wort — Begriff — Sache, zur Verknüpfung wort- und sachgeschichtlicher Untersuchungen, zur Geschichte und zur Weiterentwicklung des methodischen Prinzips ‚Wörter und Sachen': SCHMIDT-WIEGAND, Historische Onomasiologie; DIES., Wörter und Sachen; DIES., Neue Ansätze; HÜPPER(—DRÖGE), Schild und Speer u. a.; vgl. auch HUNDSBICHLER, Sprache, Wort und Begriff, S. 147—157; MUNSKE, Lexikologie und Wortgeschichte, S. 35 ff. und S. 43.

die sozial- und sachhistorische Forschung — entspricht vielmehr dem Wissen um die enge Verzahnung und um den Wechselbezug zwischen sprachlichen und außersprachlichen Phänomenen. Dabei werden auf der Seite der Wortuntersuchungen die Bezeichnungen mit Hilfe von — weitgehend quellenabhängigen — lexikalisch-semantischen Feldern in ihrem textuellen und lexikalischen Kontext untersucht. Auf der Seite der „Sach"untersuchungen wird die historisch-kritische Methode ergänzt durch analytische Kategorien wie z. B. der Stratifikation und sozialen Differenzierung. Auf diese Weise soll eine Einordnung der Wörter in den sozialen Kontext ermöglicht werden.

1.2. Zum Begriff ‚Volkssprache'

Die Verwendung des Begriffes Volkssprache ist bei einem Untersuchungsgegenstand wie dem hier gegebenen und für den Untersuchungszeitraum 5.—10. Jahrhundert keineswegs als aus sich selbst verständlich und eindeutig vorauszusetzen. Er bedarf vielmehr der Eingrenzung und Definition. Mit den Leges haben wir eine Quellengruppe vorliegen, die überwiegend in lateinischer Sprache abgefaßt ist. In den Text sind — in ihrer Anzahl abhängig vom Entstehungsraum und der Entstehungszeit — rein stammessprachliche oder zumindest latinisierte stammessprachliche Wörter eingefügt. Damit ist für die sprachliche Einordnung der Legeswörter zunächst als Kriterium die Opposition zum Latein gewonnen: „Als Wörter volkssprachiger Herkunft sollen hier alle Appellative gelten, die der klassischen Latinität fremd sind und die sich innerhalb des mittellateinischen Textes ... in ihrer Herkunft als aus einer germanischen Volkssprache stammend erweisen lassen."[5] Dieses weitgefaßte Verständnis des Terminus Volkssprache muß allerdings für das vorliegende Corpuswerk[6] — das im Unterschied zu der Arbeit von Heinrich Tiefenbach auch vorkarolingische Quellen untersucht — noch näher erläutert werden. Von einem zunehmend auch politisch gesteuerten und bewußten Gebrauch der Volkssprache läßt sich frühestens wohl erst seit dem 8. Jahrhundert sprechen[7]. „In erster Linie dient die althochdeutsche Schriftsprache der Auseinandersetzung mit christlichem Gedankengut, damit zugleich auch der Verbreitung und Festigung des Christentums im Reich und in zweiter Linie der ‚Rezeption lateinischer Kulturinhalte': Beides war nicht denkbar ohne die Klosterskriptorien und die kirchlichen Schreibschulen im Einsatz der auf einen höheren Bildungsstandard der Geistlichkeit zielenden Bildungsreformen, die von Karl dem Großen initiiert worden waren. Erst in dritter Linie weist die althochdeutsche Schriftsprache auf das eigene Volks- und Geschichtsbewußtsein, das sich in Spuren am ehesten in der ‚kaiserlichen Renaissance' manifestiert, dessen Fundierung in der Folgezeit allerdings noch lange

[5] Tiefenbach, Königsurkunden, S. 9; vgl. auch Schmidt-Wiegand, Interferenz, S. 60 f.; Dies., Stammesrecht, S. 175.

[6] Die Arbeit von Heinrich Tiefenbach befaßt sich im Unterschied zu dieser ausschließlich mit karolingischen Quellen.

[7] Vgl. Sonderegger, Grundzüge, S. 8 f.; Geuenich, Überlieferung, S. 127 ff.

auf sich warten ließ"[8]. Vor dieser Zeit kann man vielleicht eher von stammessprachlichen Wörtern sprechen, wie wir sie z. B. in der westgotischen, burgundischen oder langobardischen Gesetzgebung finden. Die Sprache der karolingerzeitlichen Leges zeigt demgegenüber sowohl stammessprachliche Einflüsse als auch einen die Stammessprache übergreifenden, durch die Franken und deren Sprache geprägten Wortschatz. Mit diesen Überlegungen rückt eine Bedeutung des Terminus Volkssprache in den Vordergrund, die das Vorhandensein eines Staates mit eigenem Selbstbewußtsein voraussetzt. Ein solches Selbstbewußtsein drückt sich in einer eigenen allgemeinverständlichen Sprache aus, die in Konkurrenz mit dem schrift- und amtssprachlichen Latein treten konnte. Die Anfänge hierfür liegen in der Karolingerzeit und zeigen sich in dieser Zeit in der verstärkten Benutzung des Quellenausdruckes *theodiscus* anstelle von *gentilis, barbarus* oder *elidiutisc* etc.[9].

Trotz einer solchen auch in den Quellen ablesbaren Entwicklung soll der Terminus Volkssprache — vor allem aus forschungspraktischen Gründen — auf alle Bezeichnungen ausgedehnt werden, die sich auf einen germanischen Ursprung zurückführen lassen, seien es latinisierte oder germanisch-lateinische Mischwörter. Damit ist jedoch auch eine Eingrenzung in bezug auf die Benutzung des Begriffes ‚Volkssprache' gegeben: Er soll in der vorliegenden Untersuchung nur auf Wörter germanischer Herkunft angewendet werden; Bezeichnungen aus den romanischen Volkssprachen sowie vulgärlateinische Ausdrücke sind nicht primär Gegenstand dieses Teils des Corpuswerkes und werden anders hervorgehoben als mit dem Terminus Volkssprache. Den Überschneidungen und Interferenzen zwischen Wörtern germanischer und romanischer Herkunft gilt hingegen das Interesse[10] bei der Bearbeitung, vor allem wenn sich hieraus Aussagen über die Bezeichnungs- und Bedeutungsentwicklung der ‚volkssprachigen' Wörter der Leges gewinnen lassen.

1.3. Zur Methode

1.3.1. Die Kombination von Bezeichnungs- und Bedeutungsforschung

Ruth Schmidt-Wiegand umriß das Prinzip der historisch-philologischen Bezeichnungsforschung in einem programmatischen Aufsatz über die Verwendbarkeit dieses methodischen Ansatzes für die Frühmittelalterforschung mit den Worten: „Wortforschung in einem interdisziplinären Rahmen, wie ihn der Sonderforschungsbereich ‚Mittelalterforschung' in Münster bietet, ist auf den Verbund mit anderen Fächern wie Literaturwissenschaft, Geschichte und Archäologie angewiesen und von hier aus nur als ‚kulturhistorisch orientierte Wortforschung' denkbar ... Gegenstand einer kulturhistorisch orientierten Wortforschung sind die Neu- und Weiterentwicklung von Sprachinhalten in einer Sprachgemeinschaft oder die Übernahme von Sachgütern und geistigen Werten von einem anderen Volk und aus einer

---

8 Hüpper(—Dröge), Schild und Speer, S. 50 f.

9 Vgl. dazu mit einem ausführlichen Literaturüberblick: Heim, Romanen und Germanen, bes. Kap. I: Die Sprachen im Reich Karl des Großen, S. 11 ff.; Hüpper, Apud Thiudiscos, dort auch weitere Literatur; siehe auch: Gasser, Volkssprache.

10 Vgl. die Ausführungen in Kapitel 1.3.2.: Interferenzlinguistik.

fremden Sprache. In jedem Fall geht es nicht nur um das Wort, sondern auch ganz konkret um die Sache oder den Begriff, die mit diesem Wort verbunden sind. Hier liegen die Berührungspunkte mit den Nachbardisziplinen"[11]. Der interdisziplinäre Charakter der historischen Wortforschung ergibt sich schon daraus, daß sie als methodisches Vorgehen mehr oder weniger bewußt von allen historischen Disziplinen benutzt wird. Sie ist „... ein notwendiger und integraler Teilbereich jeder Theorie der im umfassendsten Sinne zu verstehenden schriftlichen Tradition"[12]. Ihre Relevanz ergibt sich für alle historischen Wissenschaften vor allem daraus, „daß ihr Untersuchungsgegenstand all dasjenige ist, was Menschengruppen im Laufe der Kulturgeschichte an Sachgütern, an gesellschaftlichen Einrichtungen, an Erkenntnissen, Ideologien und Handlungen — jeweils im umfassendsten Sinne dieser Wörter — für so wichtig erachtet haben, daß es im Wortschatz der Sprache einen Niederschlag gefunden hat ..., und damit zumindest teilweise zu einer Bedingung geworden ist, auf deren Grundlage gegenwärtige Urteile und gegenwärtiges sprachliches Handeln erst möglich werden"[13].

Der schon in der griechischen Philosophie[14] diskutierten Frage nach dem Verhältnis von ‚Wort und Sache' gilt demnach das zentrale Interesse historischer Semasiologie und Onomasiologie in Verbindung mit der sach-, institutionen-, sozial-, wirtschafts- und geistesgeschichtlichen Forschung. Auf die Darstellung der wissenschaftshistorischen Entwicklung soll hier verzichtet werden, da dies — angewendet auch auf den Wortbestand der Leges — an anderer Stelle bereits ausführlich geschehen ist[15]. Gemäß der Entwicklung in der Sprachwissenschaft entstand die Wortforschung, ihre Erweiterung und Anwendung innerhalb der klassischen Sprachwissenschaft. „Der entscheidende theoretische Fortschritt der klassischen Onomasiologie und Semasiologie liegt im Ansatz einer Zwischengröße zwischen der (Klasse von) Sache(n) und der diese bezeichnenden Ausdrucksform"[16]. Eine Konsequenz dieser Erkenntnis ist die Ergänzung der wort- und sachgeschichtlichen Forschungen durch die Betrachtung der Begriffs- und Bedeutungsgeschichte. Gleichzeitig liegt hier jedoch auch ein von der klassischen Wortforschung nicht gelöstes Problem: „Ungeklärt ist vor allem die Frage nach dem Status der Zwischengröße: Diese wird einmal als sprachzeichenexterne mentale, entweder vorwiegend logisch-begriffliche oder vorwiegend psychische Gegebenheit, einmal als sprachzeicheninterne Gegebenheit behandelt. Bei ersterer Auffassung wird sie terminologisch überwiegend als Begriff/Vorstellung usw., bei letzterer überwiegend als Bedeutung gefaßt"[17].

---

[11] SCHMIDT-WIEGAND, Interferenz, S. 56; vgl. auch DIES., Wörter und Sachen, S. 1—41; DIES., Historische Onomasiologie, S. 49—78.

[12] REICHMANN, Historische Lexikologie, S. 440.

[13] Ebenda, S. 440f.; vgl. auch KUBZCAK, Begriffswertige Sprachzeichen, S. 97—103.

[14] Vgl. ARENS, Sprachwissenschaft, z. B. S. 6ff., 17f.

[15] Vgl. hier besonders und unter Berücksichtigung einer breiten Basis frühmittelalterlicher Quellen: HÜPPER(—DRÖGE), Schild und Speer, Kapitel II. Methodische Vorüberlegungen: Historisch-philologische Bezeichnungsforschung — Entwicklung und Aufgaben, S. 4—46; siehe auch OLBERG, Freie, S. 26—36; NIEDERHELLMANN, Arzt, S. 30—38; vgl. auch REICHMANN, Historische Lexikologie, S. 440ff.

[16] REICHMANN, Historische Lexikologie, S. 442.

[17] Ebenda, S. 443.

Die in der lexikologischen Praxis häufig auftretende und von seiten der strukturalistischen Sprachwissenschaft zu Recht kritisierte[18] unbewußte Gleichsetzung von Begriff und Bedeutung führt dazu, „daß jede Bedeutung (sprachzeichenintern verstanden) zugleich ein Begriff und jeder Begriff (sprachzeichenextern verstanden) zugleich eine Bedeutung und damit an ein Sprachzeichen gebunden wäre“[19]. Der Fortschritt der strukturalistischen gegenüber der klassischen Wortforschung besteht einmal in der theoretischen Unterscheidung zwischen der sprachzeicheninternen ‚Bedeutung‘ und dem sprachzeichenexternen ‚Begriff‘. „Begriffe sind also Konzentrate vieler Bedeutungsgehalte. Wortbedeutungen und das Bedeutete können getrennt gedacht werden ... Ein Wort enthält Bedeutungsmöglichkeiten, der Begriff vereinigt in sich Bedeutungsfülle ... Er [der Begriff] bündelt die Vielfalt geschichtlicher Erfahrung und eine Summe von theoretischen und praktischen Sachbezügen in einem Zusammenhang, der als solcher nur durch den Begriff gegeben ist und wirklich erfahrbar wird.“[20] In der Praxis ist die Unterscheidung zwischen den einzelnen Bedeutungen eines Wortes und der Abstraktion, die das Wesentliche festhält (Begriff)[21], nicht immer klar zu leisten, da der Begriff — eigentlich außersprachlich — nur sprachlich gefaßt werden, andererseits aber auch in einigen Fällen mit der Bedeutung zusammenfallen kann.

Die zweite wesentliche Erkenntnis der strukturalistischen Lexikologie war die Differenzierung der Zwischengröße ‚Bedeutung‘ in eine sich aus jeweils mehr oder weniger Einzelbedeutungen (Sememen) zusammensetzenden Gesamtbedeutung[22]. „Die Konzeption der Zwischengröße ‚Bedeutung/Begriff‘ als einzelsprach- bzw. varietätenspezifisches Bündel von ihrerseits wiederum einzelsprach- bzw. varietätenspezifischen Sememen verbindet sich mit der Konzeption eines zweiten, nämlich des onomasiologischen Feldes.“[23] Die Untersuchung der Wörter in ihrem onomasiologischen und semasiologischen Feldzusammenhang führt weg von der isolierten Wortforschung der klassischen Sprachwissenschaft[24] und ermöglicht so eine der sprachlichen Realität angemessenere Beschreibung von Bedeutungs- und Bezeichnungsentwicklungen, die ja auch durch den Kontakt und die Beeinflussung anderer Bezeichnungen in unterschiedlichen räumlichen und zeitlichen Dimensionen entstehen.

Jost Trier war nicht der erste, der die Feldforschung für die Sprachwissenschaft fruchtbar machte, schon 1856 hat K. W. L. Heyse einzelne Wörter mit dem Bezug auf das gesamte sprachliche System untersucht[25]. 1910 wies R. M. Meyer darauf hin, daß das einzelne Wort „nicht nur durch seine eigene Bedeutung ..., sondern auch durch die der andern Glieder“[26] bestimmt werde. Den Begriff des Feldes

---

[18] Vgl. auch zur weiteren Literatur: ebenda, S. 443 ff.

[19] Ebenda, S. 443.

[20] Koselleck, Einleitung, S. XXII f.

[21] Vgl. Reichmann, Lexikologie, S. 13 ff., S. 41 ff.

[22] Vgl. hierzu den Überblick, Reichmann, Historische Lexikologie, S. 446 ff., siehe auch Hüpper (—Dröge), Schild und Speer, S. 4 ff.

[23] Reichmann, Historische Lexikologie, S. 446.

[24] Vgl. Olberg, Freie, S. 30 ff.; Reichmann, Historische Lexikologie, S. 447.

[25] Vgl. hierzu Coseriu, Vorgeschichte strukturelle Semantik, S. 489—498.

[26] Meyer, Militärische Titel, S. 145; vgl. auch Ders., Bedeutungssysteme, S. 356.

benutzte in bezug auf sprachliche Zusammenhänge zuerst der Indogermanist Gunther Ipsen, indem er vom „Begriffsfeld" sprach[27]. Gegenüber all diesen Ansätzen nimmt für die Entwicklung der Sprachwissenschaft Jost Trier „einen wissenschaftsgeschichtlich unübersehbaren Platz in der Geschichte der Feldforschung ein ..."[28]. Auf den Trierschen Ausführungen baute die Onomasiologie, vor allem die strukturelle Semantik auf, und griff z. B. den Wortfeldgedanken für die Vorstellungen vom „Wortinhalt" wieder auf[29]. Daß soviele Teildisziplinen der Sprachwissenschaft an Trier anknüpfen konnten, entspringt nicht zuletzt den oft nicht immer eindeutigen Aussagen in bezug auf den Feldbegriff[30]. Die Trierschen Arbeiten selbst wurden nicht nur von den oben genannten Sprachwissenschaftlern beeinflußt, sondern auch von der Ganzheits- bzw. Gestaltpsychologie[31], die besonders für die von Leo Weisgerber begründete Sprachinhaltsforschung den gedanklichen Rahmen bot, in den die Feldmethode eingebettet werden konnte[32]. Für Weisgerber können in den sprachlichen Feldern gegliederte Inhalte der muttersprachlichen Zwischenwelt gefaßt werden. Das Feld deckt so ein Stück sprachliche Wirklichkeit auf, die „zwischen den Einzelworten und dem Wortschatzganzen steht"[33]. Die sprachlichen Felder müssen nach dieser Auffassung zwar als Ganzes dem Sprachteilnehmer nicht bewußt sein, sie sind ihm aber immer gegenwärtig. D. h., sie sind laut Weisgerber im Sprachgefühl eines jeden Mitgliedes einer muttersprachlichen Gemeinschaft gesichert[34]. In einigen Ausführungen Triers deutet sich auch dort die von Weisgerber beschrittene Richtung an: „Felder sind die zwischen den Einzelworten und dem Wortschatzganzen lebendigen sprachlichen Wirklichkeiten ..."[35].

Ein solcher Feldbegriff läßt sich jedoch nicht in bezug auf historische Texte anwenden: „Hier können für den Mediaevisten spürbare Grenzen liegen. Denn die schriftliche Überlieferung, mit der er es vorrangig zu tun hat, bietet immer nur einen Ausschnitt aus der Fülle dessen, was tatsächlich einmal vorhanden gewesen ist, und läßt die Rekonstruktion eines Wortfeldes häufig nicht zu"[36]. Darüber hinaus ist das Sprachgefühl auch keine sichere Kontrollinstanz und für ältere Sprachstufen nicht anwendbar. Auch für die Gegenwart hat beispielsweise Helmut Gipper[37] anhand von Sachbezeichnungen wie Sessel und Stuhl deutlich gemacht,

---

27 Vgl. Ipsen, Orient, S. 225.

28 Schützeichel, Jost Trier, S. 161; vgl. Geckeler, Strukturelle Semantik, S. 84–167; Geckeler weist auf diesen Seiten auf die große nationale und internationale Anerkennung der Trierschen Feldtheorie als „die große Revolution der modernen Semantik" hin.

29 Z. B. Leisi, Wortinhalt; Ders., Paar und Sprache; Ders. u. a. Semantik; Hundsnurscher, Methode der Semantik; Schmidt, Wortfeldforschung; Geckeler, Strukturelle Semantik u. a. m.

30 Auf eine eingehende Darstellung der Arbeiten Triers kann hier verzichtet werden, da dies bereits von Strukturalisten, Sprachinhaltsforschern, Onomasiologen etc. — also aus unterschiedlicher Perspektive — unternommen worden ist; vgl. Anm. 32, 33, 34; Schmidt-Wiegand, Interferenz, S. 56 ff., Hoberg, Lehre; Reichmann, Lexikologie, S. 44 ff. u. v. a. m.

31 Z. B. Kandler, „Lücke", S. 256 ff.

32 Vgl. Reichmann, Historische Lexikologie, S. 449: Zur idealistischen Variante der strukturellen Lexikologie.

33 Weisgerber, Aufbau, S. 12 ff., Wiederabdruck in: Schmidt, Wortfeldforschung, S. 193–255, S. 210.

34 Vgl. ebenda, S. 203; Ders., Grundzüge, S. 166.

35 Trier, Feld, S. 430, Wiederabdruck in: Schmidt, Wortfeldforschung, S. 129–161, S. 132.

36 Schmidt-Wiegand, Wörter und Sachen, S. 9.

37 Gipper, Sessel oder Stuhl? S. 271 ff., Wiederabdruck in: Schmidt, Wortfeldforschung, S. 371–398.

„daß der richtige Gebrauch dieser Bezeichnungen von der Präsenz eines Wortfeldes der ‚Sitzgelegenheiten' unabhängig ist"[38]. Aus diesen Einschränkungen muß für den Gegenstand der hier vorgenommenen Untersuchung aber keine grundsätzliche Ablehnung der Feldmethode folgen, vielmehr kann einerseits — auch wieder mit Jost Trier — die Feldforschung als methodisches Hilfsmittel verstanden werden: „Die Feldbetrachtung ist ein praktisches Hilfsmittel, und sie ist als ein solches aus einer Notlage der praktischen Wortforschung entstanden, nämlich aus einer Notlage der diachronisch arbeitenden Bezeichnungslehre, der historischen Onomasiologie"[39]. Als Definitionsgrundlage dessen, was hier unter dem sprachlichen Feld verstanden werden soll, möchte ich den von Oskar Reichmann unter Anlehnung „an Triers Terminologie" herausgearbeiteten Kerngedanken der Feldtheorie zitieren: Die „Bedeutung (strukturalistisch: die Sememe) des Einzelwortes" konstituiert „sich aus ihrem Stellenwert innerhalb des Wortfeldes (des onomasiologischen Paradigmas) und in Opposition gegen die Feldnachbarn (die paradigmainternen Sememe anderer Wörter)"[40]. Gemäß der „Notlage" historischer Sprachforschung[41] kann als Bezugsrahmen für das sprachliche Feld nicht der zeitgenössische Sprachgebrauch als Ganzes betrachtet werden. Deshalb soll hier zunächst die Beschränkung auf bestimmte Textsorten erfolgen. D. h., es geht im ‚Corpuswerk' primär um textsortengebundene Felder. In einzelnen Fällen sollen jedoch auch über die Leges hinaus weitere Quellen und damit auch unterschiedliche Textgruppen bzw. Textsorten[42] herangezogen werden. Neben den semantischen Feldern wie z. B. zum Bereich der Freien sollen die Wörter auch in ihrem lexikalischen Zusammenhang, d. h. innerhalb ihrer Wortfamilien, berücksichtigt werden; bei *commarcanus* beispielsweise ist die Bedeutung von *commarca* und *marca* mit zu untersuchen.

Da eine Corpusbildung zunächst forschungspraktisch bedingt ist und auch semantische Felder erst einmal nur hypothetisch, d. h. aufgrund allgemeinerer wissenschaftlicher Vorerfahrung gesammelt werden können und müssen, wird neben der Feldforschung noch eine methodische Erweiterung nötig: Mit Hilfe der Analyse des Textkontextes sind sowohl die Bezeichnungen zu den einzelnen semantischen Feldern zu überprüfen als auch die Bedeutung der einzelnen Bezeichnungen kontextbezogen zu interpretieren. „Denn der Text ist primär die zeitgebundene menschliche Leistung, in dem das Wort zumeist als überkommenes, kaum formbares Rohmaterial auftritt, das für sich genommen ein nur unsicherer Reflex der Historie ist"[43]. Die Bedeutung eines Wortes erschließt sich somit nicht nur aus dem Feldzusammenhang, sondern auch aus dem konkreten Verwendungszusammenhang innerhalb eines bestimmten Textes. Am textlichen Zusammenhang sollte auch immer wieder gemessen werden, ob und wie weit die außersprachlichen, z. B.

---

38 Schmidt-Wiegand, Wörter und Sachen, S. 9.

39 Trier, Altes und Neues, S. 9 ff., Wiederabdruck in: Schmidt, Wortfeldforschung, S. 453–464, S. 456.

40 Reichmann, Lexikologie, S. 45.

41 Nur ein Vergleich des Wortschatzes aller Textsorten einer Zeitstufe kann zu einem allgemeingültigen Ergebnis führen — und damit einem zeitgenössischen „Sprachgefühl" nahekommen. An dieser Stelle ist jedoch nur eine intensive Behandlung der Leges möglich.

42 Vgl. Kapitel: 1.3.3.: Zur Kommunikationsfunktion von Bezeichnungen.

43 Schwarz, Überlegungen, S. 188.

soziokulturelle, Faktoren für die jeweilige Wortbedeutung heranzuziehen sind, denn nicht „alles Zeitgenössische muß oder kann auch ‚historischer Kontext‘ des jeweiligen Textes sein. Das prinzipielle Erfordernis der Berücksichtigung des außersprachlichen Kontextes muß an das Erfordernis der genauen und klaren Ermittlung des sprachlichen Kontextes gebunden sein. So erst wird eine synchrone Betrachtung von Texten und insbesondere von Dichtung gewährleistet, die den historischen Zusammenhang aufhellen kann und eine historische Beurteilung ermöglicht“[44].

Rudolf Schützeichel verwendet „Kontext“ in seinen „Vorüberlegungen zu einer Theorie des Übersetzens aus älteren Texten“[45] in einem umfassenden Sinn, er versteht darunter sowohl den sprachlichen als auch den außersprachlichen Kontext, und zwischen beiden sieht er sowohl Unterschiede als auch Gemeinsamkeiten. Der Kontext erst schafft „die Bedeutung, was sich auf jedwede Bedeutungsart ebenso bezieht wie auf Bezeichnung und Sinn“[46]. Dieses ‚Bedeutungsschaffen‘ trifft nicht nur auf den textlichen Zusammenhang, den Verwendungszusammenhang des Wortes zu, sondern sowohl auf den diachronen, den etymologischen als auch den synchronen Zusammenhang[47]. In Folge des für die Sprache charakteristischen Veränderungsprozesses[48] trifft in einem Wort – sowohl auf der Bezeichnungs- als auch auf der Bedeutungsebene – immer Älteres auf Neueres, und es ist somit die Aufgabe einer historisch-philologischen Bezeichnungsforschung, die Tradition wie die Innovationen zu erfassen und möglicherweise ihre sprachinternen und außersprachlichen Ursachen aufzuzeigen.

1.3.2. Interferenzlinguistik

Gerade bei der Quellengrundlage dieser Untersuchung ist z. B. eine Beeinflussung zwischen Römischem und Germanischem sowohl auf der Bezeichnungs- und Bedeutungs- als auch auf der Vorstellungs- und „Sach“-ebene, d. h. im rechtlich, sozialen und kulturellen Bereich, zu vermuten. Der Einfluß der Frührezeption[49] war sicherlich ein Grund für Innovationen auf allen vier Ebenen, wobei hier nicht in erster Linie mit Übernahmen zu rechnen ist, sondern eher damit, daß sich Römisches mit Germanischem mischte und dadurch zu Neuerungen führte. Somit ist also sicherlich mit lateinisch/volkssprachlichen Interferenzen zu rechnen, darüber hinaus aber möglicherweise auch mit Beeinflussungen zwischen den verschiedenen Volkssprachen, dem Provenzalischen und Altfranzösischen[50]. Während im ersten Falle hier nur die Interferenzrichtung vom Lateinischen zum Deutschen beachtet werden soll, wird in den übrigen Beziehungen die wechselseitige Beeinflussung betrachtet werden müssen, da an dieser Stelle die ‚volkssprachigen‘ und nicht die lateinischen

[44] Schützeichel, Kontext, S. 428.
[45] Ebenda, S. 411.
[46] Ebenda, S. 414.
[47] Vgl. ebenda, S. 415 ff.
[48] Vgl. ebenda, S. 416; vgl. auch Olberg, Freiheitsbegriff, S. 415 f.; Dies., Schlüsselzeugnis, S. 127 ff.
[49] Vgl. Schmidt-Wiegand, Interferenz, S. 60 ff.
[50] Vgl. ebenda, S. 63 ff.; Drux, Lateinisch/Deutsch, S. 854 ff.; Lüdtke, Französisch und Frankoprovenzalisch, S. 869 ff.

Bezeichnungen untersucht werden. Unter Interferenz soll hier jedes Ergebnis von Sprachkontakt verstanden werden. Denn für ältere Sprachstufen lassen sich keine sicheren Aussagen darüber machen, wenn es sich um „Interferenz in der Rede" (interference in speech) — um einen Normverstoß — und wann es sich um sanktionierte, in das sprachliche System aufgenommene Interferenz (interference in language)[51] — bzw. ob es sich um Interferenz oder um Integration[52] — handelt. Der Interferenzbegriff läßt auch eher den prozeßhaften Aspekt deutlich werden als der mehr statische Begriff der Integration.

1.3.3. Zur Kommunikationsfunktion von Wörtern

Ein Aspekt, den die klassische und die strukturelle Wortforschung nur theoretisch[53] und selbst durch die Betrachtung von Feldzusammenhängen sowie mit Hilfe der Kontextanalyse nur ansatzweise in den Blick bekommen konnten, ist die Kommunikationsfunktion von Wörtern[54]. Dieser methodische Zugang, dem „die Auffassung des Wortes als regelhaft gebrauchter Einheit der kommunikativen Interaktion"[55] zugrundeliegt, ermöglicht durch die Berücksichtigung der Bedingung der Sprach- bzw. Textproduktionssituation[56] eine Betrachtung der sprachlichen Zeichen in ihrem konkreten Verwendungszusammenhang. Die oben eingeführten Verfahren der Kontextanalyse sowie das aus der handlungstheoretisch orientierten Sprachwissenschaft stammende Verfahren der Textsortenanalyse sind Versuche, den Wortschatz auch in seiner Situationsgebundenheit und in seiner Historizität zu fassen.

Die Forderung nach einer vorrangigen Beschäftigung mit dem Text als Ganzem „entspricht einer Entwicklung in der Germanistik, die sich seit Beginn der sechziger Jahre — nicht zuletzt auch im Rahmen der strukturellen Linguistik — dem Text als umfassender menschlicher Äußerung, ja als Ausdruck menschlichen Handelns zuwendet"[57]. Der Begriff der Textsorte wird im Allgemeinen gegenüber dem Gattungsbegriff, den er entweder ergänzen oder verdrängen soll, abgesetzt. Im

---

[51] Vgl. WEINREICH, Sprache, S. 15.

[52] Diese Unterscheidung machen: HAUGEN, Analysis, S. 210 ff.; HAUGEN, Studies; JUHÁSZ, Interferenz, S. 3; DERS., Interferenzlinguistik, S. 457 ff., 2. Aufl. S. 646 ff. u. a.; vgl. auch SCHOTTMANN, Beschreibung der Interferenz, S. 16; CLYNE, Sprachkontakt, S. 641 f. benutzt in diesem Sinne die Termini Transfer und Transferenz.

[53] Vgl. SCHIPPAN, Semasiologie, S. 86 f.: „Die semantischen Strukturen der lexikalischen Einheiten sind veränderbar, sie passen sich dem jeweiligen Erkenntnisstand und den Kommunikationsbedürfnissen an."

[54] Vgl. REICHMANN, Historische Lexikologie, S. 449: „Die Kommunikationsfunktion des Wortschatzes bleibt im Strukturalismus als eigene Größe unberücksichtigt. Es geht ausschließlich um eine immanente Beschreibung lexikalischer Systeme und ihres Bezuges zur Welt ... Kommunikation ist Transport von Inhaltseinheiten mittels deren Rückführung auf ein der Sprechergruppe gemeinsames, genuin darstellungsfunktionalweltbezogenes sprachliches Inhaltssystem. Die Historizität von Kommunikation wird bei dieser Auffassung generell verschleiert."

[55] Vgl. REICHMANN, Historische Lexikologie, S. 453.

[56] Vgl. zur Forschungsdiskussion um den Situationsbegriff innerhalb handlungstheoretischer Ansätze: BAYER, Sprechen und Situation, S. 90, 101; ECO, Semiotik, S. 136 f.; S. J. SCHMIDT, Texttheorie, S. 104—106; Zur Einordnung vgl. WOLF, Lexikologie, S. 549.

[57] OLBERG, Schlüsselzeugnis, S. 124 ff., vgl. dort auch weitere Literatur.

Bereich historischer Wortforschung, die sich vorwiegend — wie in dem hier vorliegenden Falle — mit Gebrauchstexten des Mittelalters auseinandersetzt, wird in der Regel auf die Unterscheidung nach Quellengattungen zurückgegriffen, wie sie die Historiker vorgenommen haben[58]. Die herkömmliche Unterscheidung nach Quellengattungen kann aber für eine der historischen Wortforschung verpflichteten Arbeit, wie die Untersuchungen zum Corpuswerk der volkssprachigen Bezeichnungen, nicht ausreichend sein, denn bei der sprachwissenschaftlichen Untersuchung dieser Quellengattung fällt vor allem auf, daß sie durch unterschiedliche Kommunikationsmuster[59] gebildet wird, die Auswirkungen auf die Wortverwendung haben. So kann ein Wort wie *nobilis* z. B. innerhalb ein und derselben Quellengattung, den Leges, ja sogar innerhalb einer Quelle unterschiedliche Bedeutungen aufweisen, während es in manchen Leges völlig fehlt oder — wie bei den Thüringern — in einem vergleichbaren Kontext ein volkssprachliches Wort (*adalingus*) verwendet wird.

Der Gebrauch des Gattungsbegriffes[60] ist durch drei Verwendungsweisen bestimmt, die, was die Schwierigkeit erhöht, zumeist miteinander vermischt werden. Einerseits wird Gattung als klassifikatorischer Ordnungsbegriff ohne Erkenntniswert verwendet. Häufig fehlt dabei auch die Unterscheidung zwischen dem Gegenstandsbereich, der Objektebene, und der Beschreibungsebene[61]. Die andere Verwendungsweise sieht Gattungen als überhistorische Konstanten an wie beispielsweise in Goethes Naturformen der Dichtung oder in Staigers Grundbegriffen der Poetik[62], und schließlich werden drittens literarische Gattungen in ihrer Historizität begriffen und als „literarische Konventionen oder Traditionen von begrenzter Funktion und Dauer"[63] angesehen. Die Abwendung vom typologischen Gattungsbegriff geschah innerhalb der Literaturwissenschaft, weil man die der Diskrepanz zwischen den Gattungsnormen und den einzelnen literarischen Werken, die sich in aller Regel als Mischformen darstellten, überdeutlich wahrnahm[64]. Die Abkehr von normativen oder klassifikatorischen Gattungsbegriffen führte einerseits dazu, daß die Existenz von Gattungen gänzlich bestritten wurde[65] und andererseits zu einem immer neu zu bestimmenden historischen Gattungsbegriff[66]. Der normativen Wirkung von Gattungsbegriffen ist jedoch auch durch die Betonung der Historizität nicht zu entgehen: Sie bilden als Regeln und Strukturen sowohl die Steuerinstanz

[58] Vgl. ebenda, S. 125 f., Anm. 18, 19, 25.

[59] Vgl. Sanders, Linguistische Stilistik, S. 111 ff.: „Man kann Textsorten als typisch wiederkehrendes Kommunikationsmuster beschreiben, die einerseits im Rahmen literarischer Tradition, andererseits nach gesellschaftlichen Sprachverhaltensnormen benutzt werden." (S. 111) Hier sind typologische Kriterien mit solchen verbunden, die die historische Vorkommensweise, die Zeitgebundenheit berücksichtigen. Es stellt sich die Frage, die jedoch an dieser Stelle nicht zu beantworten ist, ob ein solcher Textsortenbegriff für die empirische Untersuchung praktisch ist.

[60] Hinck, Vorwort, S. IX: „Im Gebrauch des Gattungsbegriffs herrscht nach wie vor große Unsicherheit." Vgl. zum Gattungsbegriff auch Hempfer, Gattungstheorie; Willems, Konzept.

[61] Vgl. Hempfer, Gattungstheorie, 223.

[62] Vgl. Hinck, Vorwort, S. XI.

[63] Ebenda.

[64] Vgl. Suerbaum: „Text und Gattung", S. 109.

[65] Vgl. H. Kuhn, Gattungsprobleme, S. 44.

[66] Vgl. z. B. Jauss, Gattungen, S. 343, 357.

der Literaturproduktion als auch den Erfahrungshintergrund bei der Rezeption von Literatur — dies sowohl als bewußter Prozeß als auch unreflektiert[67]. Diese wissenschaftlichen Auffassungen vom Gattungsbegriff werden durch ein vortheoretisches, unspezifisches Verständnis von Gattung überlagert: „Inbegriff des gemeinsamen mehrer Arten“[68]. Für eine kontextbezogene Untersuchung der Legeswörter kann der Gattungsbegriff — nicht zuletzt wegen der Heterogenität der Kriterienbildung — allenfalls als Rahmengröße sinnvoll verwendet werden, als analytische Kategorie erscheint es für die im Corpuswerk angesprochene Fragestellung besser, mit dem Begriff der Textlinguistik, dem Textsortenbegriff, zu arbeiten[69]. Dadurch, daß die Textsorten einerseits zu Illokutions- und Sprachhandlungstypen, andererseits zu Situationstypen in Beziehung gesetzt werden, kommt ein besonderes Gewicht dem funktionalen Aspekt des Textsortenbegriffes zu[70].

1.4. Zur Vorgehensweise

Die Auswahl und Gewichtung der einzelnen sprachwissenschaftlichen Methoden richtet sich nach dem Gegenstand und der Fragestellung der vorliegenden Arbeit: Auf der sprachlichen Seite handelt es sich hier um Wortuntersuchungen zu Bezeichnungen wie *leod, wer, litus, theo, bortmagad* etc., auf der „sachlichen“ Seite um einen Aspekt frühmittelalterlicher Sozialgeschichte, wie er innerhalb der Leges wiedergegeben wird. Im Sinne einer kultur- und sozialhistorisch orientierten Wortforschung soll hier das wechselseitige Verhältnis von sprachlichen und außersprachlichen Faktoren erhellt werden. Gemäß diesem Ansatz müssen auch die methodischen Vorgehensweisen sowohl der sprachlichen als auch der „sachlichen“ Seite Rechnung tragen. Im folgenden sollen nun verschiedene Untersuchungsdimensionen vorgestellt werden, die bei der Bearbeitung der einzelnen Wörter beachtet werden müssen:

1. Die zeitliche Dimension berücksichtigt, daß die Sprachverwendung an bestimmte Epochen bzw. Entwicklungsstadien einer Sprachgemeinschaft gebunden ist. Unter Betrachtung des diachronen Zusammenhanges müssen hier Aussagen über die synchrone Eingebundenheit der einzelnen Bezeichnungen gemacht werden. In einzelnen Fällen, besonders bei nur einmal oder selten belegten Bezeichnungen, wird es erforderlich sein, auch die Etymologie zur Erklärung

---

[67] Vgl. Dammann, Genres, S. 212 f.; Jauss, Gattungen, S. 357.

[68] Brockhaus Enzyklopädie, Bd. 6, 1968, S. 803.

[69] Vgl. Schmidt-Wiegand, Textsorte, S. 21 f. Die Diskussion um den Textsortenbegriff ist ähnlich verlaufen, wie diejenige um den Gattungsbegriff, so daß schließlich als einziger Unterschied zwischen Gattung und Textsorte der lediglich wissenschaftsgeschichtlich begründete Bezug auf verschiedene Anwendungsbereiche übriggeblieben ist: Textsorten werden überwiegend nur auf Äußerungsformen sogenannter ‚Gebrauchsliteratur‘ angewandt, Gattungen dagegen innerhalb der ‚schönen Literatur‘. Autoren wie Hinck, Vorwort, S. IX und Weinrich, Thesen, S. 161 sehen eine ganz allgemeine (Hinck) bzw. eine teilweise (Weinrich) Übereinstimmung zwischen dem Gattungs- und dem Textsortenbegriff. Andere Autoren wie Steinmetz, Historisch-strukturelle Rekurrenz, S. 70 halten Textsorte und Gattung für deckungsgleiche Begriffe. Vgl. zu einem einheitlichen Konzept von Textsorten als Einheiten der langue: Simmler, Fundierung, S. 25 ff.; Ders., politische Rede, S. 29.

[70] Vgl. Olberg, Schlüsselzeugnis, S. 135.

mit heranzuziehen, doch soll ihr nur eine Randfunktion zukommen. „Der etymologische Zusammenhang kann zuweilen eine Bedeutungsangabe zusätzlich sichern helfen, wenn sie auf andere Weise gewonnen ist; er kann im seltenen Einzelfall auch einmal der einzige Hinweis auf den womöglich vorliegenden Wortinhalt sein; tatsächlich aber muß der etymologische Zusammenhang in seiner Geltung für die Methode der semantischen Analyse und der Übersetzung entschieden in den Hintergrund gerückt werden."[71] Da die Leges einen Zeitraum von vier bis fünf Jahrhunderten abdecken und beispielsweise bei der Lex Salica über einen langen Zeitraum immer wieder neue Redaktionen vorgenommen worden sind, ist hier der Zeitaspekt wichtig: Es ist zu vermuten, daß sich z. B. die Bedeutungen oder auch die sozialen Verhältnisse verändert haben.

2. Die regionale Dimension läßt die Hypothese zu, daß z. B. die Unterschiedlichkeit der sozialen Verhältnisse der einzelnen ethnischen Gruppen (‚Stämme') wie Langobarden, Franken etc. oder daß die Kontakte zwischen ihnen, z. B. durch Eroberung, einen bedeutungs- und/oder bezeichnungsverändernden Einfluß ausgeübt haben. Auf der sprachlichen Seite muß hier zum einen nach Dialekten wie Fränkisch, Bairisch, Langobardisch differenziert werden; in bezug auf die Umweltreferenten sind die verschiedenen Sozialverhältnisse zu beleuchten sowie ihre Veränderungen bei Kontakten der einzelnen ethnischen Verbände miteinander. Wenn eine Bezeichnung wie beispielweise *leod* sowohl bei den Angelsachsen, Salfranken, Burgundern auftritt[72], ist nicht von vornherein damit zu rechnen, daß sie überall die gleiche Bedeutung hat und auch nicht unbedingt damit, daß sie als Lehnwort von einer Regionalsprache in die andere übernommen worden ist.

3. Die Erstellung textsortenabhängiger Felder, die der untersuchten Quellengruppe entsprechend über die Einzelsprachen (Fränkisch, Langobardisch, Friesisch u. a.) hinausgeht und zum Teil auch die lateinischen Bezeichnungen eines Sinnbezirkes berücksichtigen muß, kann durch die Herstellung eines lexikalischen Zusammenhanges — besonders bei lückenhafter Überlieferung — erhellend in bezug auf Bezeichnungs- und Bedeutungsrelationen wirken. Diese feldmäßige Bindung und ihre Veränderung, z. B. das Auftreten eines Wortes in unterschiedlichen Feldern oder die Umstrukturierung eines Feldes, ist immer wieder in Beziehung zu den soziokulturellen Faktoren zu sehen, um hier möglicherweise gegenseitige Beeinflussungen feststellen zu können. Es ist also zu fragen, inwiefern außersprachliche Veränderungen den Anstoß zu Veränderungen auf der Vorstellungsebene, der Bedeutungs- und auch der Bezeichnungsebene nach sich ziehen.

4. Die Berücksichtigung des Kommunikationszusammenhanges, in dem die Legeswörter jeweils stehen, führt zu Fragen nach Absicht und Wirkung, Urheber, Anwendungsgruppe und Adressatenkreis[73], linguistischer Typisierung sowie Einordnung des Textes in seinen sozialen, zeitgenössischen Kontext[74]. Dieser

---

[71] Vgl. SCHÜTZEICHEL, Kontext, S. 420.

[72] Vgl. OLBERG, Leod, S. 91 ff.; vgl. DIES., Freiheitsbegriff.

[73] Vgl. SCHMIDT-WIEGAND, Textsorte, S. 23 ff.

[74] Vgl. S. J. SCHMIDT, Texttheorie, S. 236; OLBERG, Schlüsselzeugnis, S. 133 ff. und vgl. auch Anm. 71–84.

Untersuchungsschritt setzt voraus, daß auch die Legestexte — von den Historikern, den ‚Überresten'[75], von den Rechtshistorikern den ‚unmittelbaren Rechtsquellen'[76] zugeordnet — als ‚geronnene Sprechakte' unter der Voraussetzung ihrer Funktionalität[77] betrachtet werden.

---

[75] Vgl. OLBERG, Schlüsselzeugnis, S. 125. Vgl. auch DROYSEN, Historik; BERNHEIM, Lehrbuch der historischen Methode; vgl. dazu: RÜSEN, Droysens Typologie, S. 192 ff. Vgl. MAIER, Historiker, S. 86 ff. In der Einführung von BOROWSKI — VOGEL — WUNDER, Einführung in die Geschichtswissenschaft, findet sich auf S. 126 die Feststellung: „Die Gruppe der Überreste eignet sich besonders zur Rekonstruktion von Ereignisabfolgen und ‚Fakten'. Die Tradition wird bei Vorliegen von genügend Überresten vor allem als Kontaktinstrument oder als möglicher Deutungsversuch herangezogen. Nur wenn zu wenig Überreste da sind, dient sie als eigentliches Erkenntnismedium."

[76] Vgl. SCHMIDT-WIEGAND, Textsorte, S. 23 ff.; vgl. auch GMÜR, Grundriß, S. 7; MITTEIS, Rechtsgeschichte, S. 4 f; KÖBLER, Rechtsgeschichte, S. 3 ff.

[77] Vgl. HARTH, Sprachbegriff, S. 508; SCHWARZ, Überlegungen, S. 190 f.: „Im Wissen, daß schriftliche Texte vergangener Zeiten auf uns gekommene Teile (authentische „Trümmer", nicht Abbilder!) vergangener Handlungen sind ...". Vgl. auch MAIER, Historiker, S. 89: „Historische ‚Tatsachen' oder ‚Ereignisse' sind also nicht Abbilder von Objekten, sondern sprachliche Konstrukte."

2. Die Leges als Quelle sprachwissenschaftlicher Untersuchung

2.1. Überlegungen zum Textbegriff von Linguisten und Historikern

Die schriftliche Überlieferung, der Text oder zunächst das Textexemplar als Ausdruck einer — im Falle der Leges — schriftlichen sprachlichen Äußerung[1], bietet die Grundlage der historisch-philologischen Bezeichnungsforschung. Im Rahmen dieser Untersuchung soll lediglich auf die Leges als Quelle sprachwissenschaftlicher Untersuchung hingewiesen werden, d. h., daß Problemkreise wie ‚Datierungs-, Entstehungs- und Wirkungsgeschichte', zu denen an anderer Stelle gerade in jüngster Zeit bereits Ausführungen gemacht worden sind[2], weitgehend vorausgesetzt werden sollen.

Texttypologische Kategorisierungen, Fragen textsortenspezifischer Einordnung und auch die textsortenspezifische Zuordnung der Leges sind nicht Gegenstand dieser Untersuchung. Sie erwiesen sich jedoch im Laufe der Bearbeitung als notwendige Rahmenbedingungen für die kontextbezogene Wortinterpretation[3] im Zusammenhang historischer Lexikologie. Dem Dilemma konnte an dieser Stelle nur begegnet werden, indem einmal auf die linguistische Begrifflichkeit mit Termini wie Text(exemplar), Textsorte zurückgegriffen werden mußte und indem zum anderen textsortenspezifische Merkmale der Leges vorgestellt werden müssen, ohne sie im einzelnen in einer eigenen Untersuchung entwickelt und begründet zu haben. Innerhalb der Linguistik ist die Beschäftigung mit Texten eine jüngere Entwicklung.

---

1 Vgl. auch SIMMLER, Fundierung, S. 32. Zur Problematik des Terminus Äußerung vgl. z. B. die Verwendung bei BÜNTING, Einführung. Insgesamt gilt bei der Eingrenzung Ähnliches wie bei den Begriffen Wort, Satz, Text etc.

2 Vgl. KOTTJE, Lex Baiuvariorum; DERS., Geltungsbereich der Lex Alamannorum; SCHOTT, Leges-Forschung; DERS., Recht und Gesetzgebung; DERS., Geltung der Lex Alamannorum; SIEMS, Studien; DERS., Bewertung frühmittelalterlicher Rechtstexte; NEHLSEN, Sklavenrecht; NIEDERHELLMANN, Arzt, S. 5—18; OLBERG, Freie, S. 37—69; HÖFINGHOFF, Haustier und Herde, S. 26—52; LADE, Flur und Feld, S. 23—55; WEBER, ‚liber-ingenuus'; S. WEBER, Stellung der Freien; DIES., strafrechtliche Bestimmungen S. 49 f.; JANZ, Lex Salica; vgl. die Artikel zu den Leges im HRG: DILCHER, Langobardisches Recht, Sp. 1607 f.; KAUFMANN, Angelsächsisches Recht, Sp. 168 ff.; DERS., Leges Romanae, Sp. 1675 f.; SCHOTT, Lex Alamannorum, Sp. 1879 ff.; SIEMS, Lex Baiuvariorum, Sp. 1887 ff.; DERS., Lex Frisionum, Sp. 1916 ff.; DERS., Lex Romana Visigothorum, Sp. 1939 ff.; NEHLSEN, Lex Burgundionum, Sp. 1902 ff.; DERS., Lex Romana Burgundionum, Sp. 1927 ff.; DERS., Lex Visigothorum, Sp. 1966 ff.; SCHMIDT-WIEGAND, Lex Francorum Chamavorum, Sp. 1915 f.; DIES., Lex Ribuaria, Sp. 1923 ff.; DIES., Lex Thuringorum, Sp. 1965 f.; MEYER-MARTHALER, Lex Romana Curiensis, Sp. 1935 ff.

3 Vgl. Kap. 1.

Gegenstand der Diskussion ist sie in Deutschland seit den 70er Jahren[4]. Auch heute liegt keine allgemein akzeptierte Textdefinition vor[5], und es bleibt ganz generell die Frage, ob ein umfassender Textbegriff überhaupt das Ziel sein kann. Wie auch bei der Vielfalt der Wort- und Satzdefinitionen tragen die unterschiedlichen Textdefinitionen der Tatsache Rechnung, daß Sprache als soziales Phänomen unter verschiedenen Perspektiven zu betrachten ist.

Der Textbegriff der Sprachwissenschaftler umfaßt gleichermaßen mündliche wie schriftliche Texte[6]. Innerhalb der Linguistik lassen sich grob gesehen zwei Auffassungen zum Textbegriff unterscheiden: einerseits der Ansatz der Transphrastik, „die den Textbegriff an den Satzbegriff koppelt"[7] und im wesentlichen sprachimmanent bleibt[8], andererseits kommunikationstheoretische Ansätze, die ‚Text' nicht als rein sprachimmanent zu bestimmende Größe ansehen. Sprache wird in diesem Sinne stets in Abhängigkeit von Handlungsstrukturen verstanden und beschrieben[9]. Dieses am Kommunikationsprozeß orientierte Textverständnis[10], soll den vorliegenden Überlegungen zugrunde gelegt werden. Textsorte möchte ich in diesem Zusammenhang als eine Kategorie ansehen, die durch Bündel textexterner und textinterner Merkmale[11] zu bestimmen ist. Ein solches Vorgehen bietet sich für das Erkenntnisziel dieser Arbeit auch deshalb an, weil es außersprachliche Faktoren, die am Zustandekommen der Sprechhandlung beteiligt sind, in starkem Maße berücksichtigt und dadurch einem interdisziplinären Gespräch zwischen Historikern und Sprachwissenschaftlern förderlich ist: „Sei nun Sprache Disposition zweckgebundenen Handelns in sozialem Kontext und Sprechen also eine Ausformung sozialen Handelns, so muß in der Umkehrung der Blickrichtung die Textinterpretation es erlauben, vergangene Handlungen zu rekonstruieren"[12]. Hier treffen sich Historiker, deren Intention es ist, das „Tun des Menschen in der Vergangenheit"[13] zu erschließen, und Sprachwissenschaftler. Aber an diesem Punkt wird auch die Kluft zwischen ihnen, d. h. ihr unterschiedlicher Zugriff auf die Texte deutlich[14].

---

4 Vgl. SIMMLER, Fundierung, S. 26: „Der Objektbereich der Texte wurde als Gegenstand linguistischer Fragestellungen relativ spät entdeckt, obwohl Texte in anderen wissenschaftlichen Disziplinen wie Literaturwissenschaft, Stilistik und Rhetorik mit großer Selbstverständlichkeit behandelt wurden. Dies lag daran, daß der ‚Satz' als die größte Einheit der langue angesehen wurde." Vgl. dort auch den Literaturüberblick.

5 Vgl. BRINKER, Textbegriff, S. 9.

6 Handbuch der Linguistik, S. 490–492 (Stichwort: Text) bes. S. 490.

7 KALLMEYER – MEYER-HERMANN, Textlinguistik, S. 221.

8 Ebenda, S. 222.

9 Ebenda, S. 222.

10 Vgl. die Verbindung einer sprachsystembezogenen Definition mit kommunikationstheoretisch orientierten Aspekten. SIMMLER, Fundierung, S. 25 ff.

11 Vgl. Kap. 2.2. Da für den Bereich der Leges eine linguistische Textsortenuntersuchung noch ein Desiderat ist, möchte ich mich hier auf Vorarbeiten von Philologen und Rechtshistorikern stützen, ohne damit Textsortenmerkmale im linguistischen Sinne an dieser Stelle umfassend für die Textexemplare der Quellengattung Leges voraussetzen zu können.

12 SCHWARZ, Linguistische Überlegungen, S. 185.

13 SCHMALE, Funktion und Formen, S. 1.

14 Vgl. MAIER, Historiker, S. 85: „Nun ist sicherlich der bissige Satz des Philosophen Ortega y Gasset, schon Hegel habe mit überraschendem Scharfblick in den Philologen die Erbfeinde der Historie erkannt, ein einseitig übertriebenes Urteil. Aber diese Übertreibung macht doch eines anschaulich:

„Philologie ist ... primär eine Wissenschaft von Texten (und von Sprache), Geschichte eine Wissenschaft von in Sprache verfaßten Realitäten“[15]. Für den historischen Positivismus verbinden sich in der Regel keine Probleme damit, Informationen über die vergangene Realität ohne Berücksichtigung der Zeitgebundenheit des Verfassers, der Handlungssituation, in der ein Textexemplar entstanden ist, ohne Berücksichtigung der „literarischen Form“[16] aus der zu untersuchenden Quelle zu ermitteln. Verstärkt in jüngster Zeit — und hier treffen sich Historiker und Sprachwissenschaftler erneut — artikulieren die Historiker in bezug auf die Erkenntnismöglichkeiten ihrer Wissenschaften ein deutliches Unbehagen: „... viele Erkenntnisse der Linguistik wie der Wissenschaftstheorie sind von den Historikern erst noch zu verarbeiten — für ihre Forschungstätigkeit wie für ihre eigene Darstellung. Sie haben Folgen nicht nur für unsere Kritik der Quellen, sondern ebenso — wenn wir das recht bedenken — für die Texte, die wir selbst als Historiker schreiben“[17].

Auf die „erkenntniskritischen Folgen der Textgebundenheit aller Historie“[18] machte zum ersten Mal Gustav Droysen aufmerksam[19]. Das führte zu einem „Rationalisierungsprozeß der historischen Methode“[20], zu einer Orientierung an den Sozialwissenschaften, d. h. zu einer „rationalen Begriffssprache“[21] und nicht zuletzt zu einer Systematisierung der historischen Gattungen. Die klassische historische Quellenkunde unterscheidet im Anschluß an die von Droysen[22] und Bernheim[23] begründete Systematik zwischen ‚Tradition‘ und ‚Überrest‘. Das Kriterium für die Unterscheidung ist sowohl die äußere Beschaffenheit sowie die inhaltliche Aussage. Unter dem Begriff Tradition versteht man die ‚beabsichtigte‘ Überlieferung, die „eigens ... zum Zweck (historischer) Unterrichtung geschaffen worden ist“[24], z. B. Annalen, Chroniken, Autobiographien, Historiographien etc. Überrest dagegen bezeichnet die unabsichtliche Überlieferung, alles das, was „unmittelbar von den Begebenheiten übrig geblieben ist“[25]. Für die schriftliche[26] Überlieferung sind das im wesentlichen Urkunden, Akten, Gesetze etc. Diese Einteilung orientiert sich daran, ob sich aus den Quellen unmittelbar historische ‚Tatsachen‘ erschließen

---

den letztlich verschiedenen Standort und damit die grundsätzlich andere Fragestellung von Historikern und Philologen.“

[15] Ebenda. Vgl. auch MOMMSEN, Sprache, S. 57: „Landläufig kümmern sich Historiker, im Unterschied zu Literarhistorikern, wenig um das Medium, das sie verwenden, um vergangene Wirklichkeit geistig wieder zum Leben zu erwecken und einem interessierten Publikum in bestimmten, bedeutungsvollen Perspektiven zu präsentieren“.

[16] Vgl. ebenda, S. 88.

[17] Ebenda, S. 94. Vgl. auch die Beiträge in: KOCKA — NIPPERDEY, Theorie und Erzählung; KOSELLECK — LUTZ — RÜSEN, Formen; MOMMSEN, Sprache, S. 58, vgl. dort auch Anm. 1.

[18] MAIER, Historiker, S. 86.

[19] DROYSEN, Historik (Hübner 1943), S. 420.

[20] RÜSEN, Geschichtsschreibung, S. 23.

[21] MOMMSEN, Sprache, S. 59.

[22] DROYSEN, Historik.

[23] BERNHEIM, Lehrbuch der historischen Methode.

[24] BOROWSKY — VOGEL — WUNDER, Einführung, S. 125.

[25] Ebenda.

[26] Ebenda, neben schriftlichen Überresten unterscheiden die Quellenkunden zwischen Sachüberresten: Bauwerke, Geräte etc. und abstrakten Überresten: Sprache, fortlebende Institution etc.

lassen oder ‚nur' mittelbar, wie z. B. im Falle der Historiographie oder der Chroniken, die „... an sich nur Vorstellungen, Absichten, Sichtweisen, Bewußtseinsinhalte (vermitteln), die sich zwar in erheblichem Umfang auch auf den funktionalen Bereich als Objekt erstrecken, den ein Subjekt berichten möchte, diesen aber immer nur in der Formung, in dem Verständnis durch ein Subjekt"[27] zeigen.

Die Methode, die vorrangig von den Historikern angewendet wird, ist die der philologisch-hermeneutischen Textkritik[28], wobei der Text zunächst auf seine ‚Echtheit' in bezug auf den angegebenen Verfasser, die Entstehungszeit und den Wortlaut mit Hilfe sprach- und wortgeschichtlicher, stilkritischer Verfahren untersucht wird[29]. Zum Textverständnis der historischen Schule bemerkt Hans-Georg Gadamer: „Zwar macht es einen Unterschied, ob man einen Text als ein literarisches Gebilde auf seine Absicht und Komposition hin zu verstehen sucht, oder ob man ihn als Dokument für die Erkenntnis eines größeren historischen Zusammenhangs zu verwerten sucht, über den er einen kritisch zu prüfenden Aufschluß gibt. Gleichwohl ordnen sich dieses philologische und jenes historische Interesse wechselseitig einander unter. Die historische Interpretation vermag als Mittel zum Verständnis eines Textzusammenhangs dienen, wenngleich sie in anderer Interessenanwendung in ihm eine bloße Quelle sieht, die sich dem Ganzen der historischen Überlieferung eingliedert"[30].

Während der Wert der intentionalen Quellen für die Erkenntnis der historischen Realität mit den Arbeiten Spörls, Hellmanns, Beumanns, Grundmanns u. a.[31] mehr und mehr hervorgehoben wurde, gehen die Historiker nach wie vor weitgehend vom Überrestcharakter und damit von einer unmittelbareren Wirklichkeitsabbildung der Quellen des funktionalen Bereichs (Urkunden, Akten etc.) aus[32]. Dessen ungeachtet muß jedoch die Hinwendung der Historiker zur Gruppe der intentionalen Quellen, stärker noch die Neuorientierung zur Sozialgeschichte, Mentalitätsgeschichte und neuerdings zur oral (!) history bzw. Alltagsgeschichte[33], auch als Reflex eines Perspektivenwandels, d. h. einer zunehmenden Abkehr vom universalen Geschichtsverständnis der historischen Schule, verstanden werden, der „auch zu einer Neuordnung der Textauswahl geführt"[34] hat. Dies ist eine

---

27 Schmale, Funktion und Formen, S. 2.

28 Vgl. Wenskus, Randbemerkungen, S. 640; vgl. auch Gadamer, Wahrheit, S. 185 ff.

29 Vgl. Borowsky — Vogel — Wunder, Einführung, S. 157 ff.

30 Gadamer, Wahrheit, S. 186.

31 Spörl, Grundformen; Hellmann, Abhandlungen; Beumann, Widukind; Grundmann, Geschichtsschreibung. Bemerkenswert ist, daß auch die Auseinandersetzung um die Erkenntnisprobleme, die Textgebundenheit historischer Forschung, sich gerade an intentionalen Quellen entzündet. Vgl. zu dem Versuch, auch in „Überresten" fiktionale Elemente zu erkennen und bei der Interpretation zu berücksichtigen: Olberg, Schlüsselzeugnis.

32 Vgl. z. B. in der neueren Einführung in die Geschichtswissenschaft von Borowsky — Vogel — Wunder, Einführung, S. 126.

33 Vgl. z. B.: die Beiträge in: Oral History, bes.: Brüggemeier, Traue keinem; Beckmann, Geschichte von unten; Niethammer, Lebenserfahrung.

34 Harth, Sprachbegriff, S. 508. Die enge Verbindung von Geschichts- bzw. Realitätsauffassung und Textverständnis hat Gadamer für die historische Schule wie folgt charakterisiert: „Das Grundschema, nach dem die historische Schule die Methodik der Universalgeschichte denkt, ist daher wirklich kein anderes, als das jedem Text gegenüber Gültige. Es ist das Schema von Ganzem und Teil". Gadamer, Wahrheit, S. 186.

Entwicklung, die in der Germanistik — ablesbar am Wandel vom philologischen zum eher sprachwissenschaftlichen Textverständnis — ganz ähnlich stattgefunden hat. Angestoßen durch sprachwissenschaftliche Methoden steht auch innerhalb der germanistischen Literaturwissenschaft nicht mehr das literarische Werk im Vordergrund, sondern Gebrauchstexte, Literaturen spätmittelalterlicher Stadtkultur, die Geschichte eines Textes[35], seine Überlieferungsweise findet zunehmend Beachtung. „Nicht das autorzentrierte ‚Werk', sondern der ‚Text' als Interferenzgegenstand sozialer Verständigung ruft genaue Untersuchungen jener ‚Rezeptionsgemeinschaften', für die er geschrieben wurde, auf den Plan ... Ganz allgemein gesprochen: Die literarischen Texte werden, unter Voraussetzung ihrer Funktionalität, als geronnene Sprechhandlungen begriffen, deren Bedeutung sich im Vollzug des Kommunikationsaktes herausbildet"[36].

2.2. Beobachtungen für eine textsortenspezifische Einordnung der Leges

Die Leges[37] sind texttypologisch am ehesten als Instruktionen[38] anzusehen. Eine solche Typologisierung muß notwendigerweise sehr grob sein: „Werlich unterscheidet als Texttypen Deskription, Narration, Exposition, Argumentation und Instruktion, die bei den verschiedenen Textsorten (er sagt Textformen) in einer spezifischen Mischung auftreten"[39]. Gerade bei den Leges lassen sich zahlreiche Unterschiede in bezug auf die Art und Weise ihrer Entstehung, auf ihren Verwendungszweck, auf die Absicht, die ihrer Kodifizierung zugrunde lag, ihren Aufbau, ihren Stil etc. feststellen[40]. Diese unterschiedlichen Merkmale machen nun die verschiedenen Textsorten aus. Als textexterne Merkmale gelten die Invarianten, die die Kommunikationssituation konstituieren[41]: Schreiber bzw. Verfasser oder auch der Gesetzgeber als Veranlasser, weiterhin der Ort bzw. die Region, in der die Textexemplare, die

---

[35] Z. B.: Steer, Textgeschichte; Hamm — Ulmschneider, Texte und Textgeschichte, Bd. 1; Grubmüller, Vocabularius Ex quo.

[36] Harth, Sprachbegriff, S. 508. Die Nähe von germanistischer, historischer, rechtshistorischer Auffassung manifestiert sich im 19. Jh. z. B. in Forschungspersönlichkeiten wie Jakob Grimm, dessen Verständnis von der Einheit von Sprache, Dichtung, Kultur bzw. Geschichte seiner Textinterpretation eine spezifische Prägung gegeben hat. „Die philologische Textanalyse hat daher das Geschäft einer Archäologie des verlorengegangenen Sinnes und der Unmittelbarkeit zu betreiben." (Harth, S. 503).

[37] Theuerkauf, Lex, S. 333 f.; Kroeschell, Recht und Rechtsbegriff, S. 309—335 bes. S. 325; Ebel, Geschichte; Köbler, Recht; Nehlsen, Aktualität; Böckenförde, Rechtsbegriff; Krause, Recht, Sp. 224—232; vgl. auch zur Rechtsidee: Dilcher, Gesetzgebung; Ignor, Rechtsdenken, S. 133 f.; Weitzel, Dinggenossenschaft, bes. Bd. 1, S. 41 ff. u. Bd. 2, S. 1333 ff.; Kottje, Geltungsbereich der Lex Alamannorum; Siems, Bewertung frühmittelalterlicher Rechtstexte.

[38] Werlich, Typologie, S. 71; Schmidt-Wiegand, Textsorte, S. 23 ff. ordnet die Leges in Anlehnung an Einteilungen der Rechtshistoriker den unmittelbaren Rechtsquellen zu. Vgl. auch: Gmür, Grundriß, S. 7.

[39] Ruth Schmidt-Wiegand, Scripta-Quellen, S. 369. Vgl. hierzu auch die Textinterpretationen von A. Schwarz, Überlegungen, der von einem kommunikationstheoretischen Ansatz aus die Bestimmung und funktionale Analyse von althochdeutschen Texten vornimmt.

[40] Vgl. Schmidt-Wiegand, Marca, S. 79.

[41] Vgl. Simmler, Fundierung, S. 32.

einzelnen Handschriften verfaßt worden sind. Diese externen Merkmale sind mit dialektalen und mit Schreibereigenheiten in Verbindung zu bringen. Die Abfassungszeit bzw. weitergehend bei Gesetzestexten die Frage nach Wirkungs- und Geltungszeitraum[42] muß, soweit sie nicht aus dem Text selbst hervorgeht, textextern und -intern beantwortet werden. Die ebenfalls textintern und -extern zu behandelnden Kriterien, die sich aus der Betrachtung des sprachlichen Mediums ableiten, z. B. das Verhältnis von gesprochener und geschriebener Gerichtssprache, der Grad der Beeinflussung durch das römische Recht, Material und Umfang der Überlieferung, führen nicht nur für die einzelnen Leges, sondern auch für die verschiedenen Handschriftengruppen (z. B. der Lex Salica) zu unterschiedlichen Ergebnissen. Ähnlich verhält es sich bei der Einordnung der Kommunikationssituation: Es gilt im extremen Fall die gelehrte Privatarbeit von den tatsächlich in der Rechtspraxis angewendeten Gesetzestexten und damit die Schreiber-, Verfasser- bzw. Gesetzgeberintention zu unterscheiden oder auch deutlich erkennbare Teile mündlicher gerichtssprachlicher Kommunikation herauszuarbeiten, d. h., z. B. graduell unterschiedliche fachsprachliche Zuweisungen zu erkennen, Teile mit Satzungs- oder solche mit Weistumcharakter festzustellen. Für die meisten volkssprachigen Leges — eine Ausnahme bilden hier am ehesten die Langobardengesetze — ist z. B. die Frage nach dem Bezug zur Rechtswirklichkeit keineswegs geklärt. Für die ahd. Lex Salica-Übersetzung ist es unmittelbar einsichtig, daß es sich hier zwar der Art nach um ein Textexemplar aus dem Kommunikationsbereich des Rechts, um die Fixierung normativen Rechts, trotzdem aber um einen nicht-fiktionalen Text handelt, da sie als Übersetzung der lateinischen Vorlage vermutlich niemals Anwendung in einer konkreten Rechts- bzw. Gerichtssituation gefunden[43] hat. Für die anderen Handschriften der Lex Salica scripta ist die „Gebrauchsfähigkeit im Rahmen der Gerichtsbarkeit“[44] gerade von den Rechtshistorikern bezweifelt worden. Spricht auch die breite handschriftliche Überlieferung z. B. der Lex Salica, der Lex Baiwariorum und der Lex Alamannorum[45] für ein starkes Interesse an der Lex scripta, so ist damit jedoch noch nichts über ihre Referenz auf die konkrete

[42] Hierbei ist vor allem in bezug auf die Leges (aber auch auf die Kapitularien) die Forschungssituation keineswegs eindeutig. So fragt z. B. Harald Siems in der Besprechung zu Kottje, Geltungsbereich der Lex Alamannorum, „... ob in diesem Zusammenhang nicht die Kategorie ‚Geltungsbereich‘ und allgemein die Frage, was ‚Geltung‘ in dieser Zeit bedeute, zu problematisieren“ sei. Siems, Bewertung frühmittelalterlicher Rechtstexte, S. 295. In diesen Problemzusammenhang gehören Fragen nach dem Verhältnis von Schriftlichkeit und Mündlichkeit — *lex scripta* und *lex non scripta* —, nach der Effektivität der Leges, nach dem Gebrauchszusammenhang. Diese Fragen werden von Germanisten, Historikern und Rechtshistorikern unterschiedlich beurteilt. Vgl. die zusammenfassende Darstellung der Forschungsansätze innerhalb der deutschen Mediävistik zuletzt durch Siems, Bewertung frühmittelalterlicher Rechtstexte. Vgl. auch Schmidt-Wiegand, Lex Salica, Sp. 1959; Kottje, Lex Baiuvariorum; dazu Nehlsen, Schutz vor Rechtsaufzeichnungen, S. 573 f., Anm. 155; Kottje, Geltungsbereich der Lex Alamannorum; Mordek, Karolingische Kapitularien; Nehlsen, Aktualität; Schott, Pactus, Lex und Recht, S. 162 ff.; Ders., Geltung der Lex Alamannorum; Clanchy, Remembering the past; Wormald, Lex scripta; Hespanha, Savants et rustiques u. a.

[43] Vgl. Schmidt-Wiegand, Scripta-Quellen, S. 365 f.

[44] Siems, Bewertung frühmittelalterlicher Rechtstexte, S. 302; Siehe dazu: Schott, Pactus, Lex und Recht, S. 162 ff.; Nehlsen, Aktualität.

[45] Siehe Schmidt-Wiegand, Lex Salica, Sp. 1959; Kottje, Lex Baiuvariorum; Ders., Geltungsbereich der Lex Alamannorum.

Rechtswirklichkeit des frühen Mittelalters ausgesagt. Solange diese Fragen offen sind, sind die Kriterien fiktional — nicht-fiktional auf die Leges nicht anwendbar. Das gilt auch für den Terminus Gebrauchstext, der lediglich in der Unterscheidung zum literarischem Text im weitesten Sinne anwendbar ist, solange über die konkreten Gebrauchszusammenhänge keine definitiven Aussagen zu machen sind[46].

Stilistisch sind die westgotische wie die langobardische Gesetzgebung und vermutlich auch die Lex Ribuaria eher als (Königs-) Satzungen anzusehen, während die übrigen Leges etwa in gleichem Maße Bestandteile in sich vereinigen, die Satzungscharakter haben und solche, die als Weistümer (z. B. die Bußgeldkataloge) anzusehen sind[47]. Bei der 48 Titel umfassenden Lex Francorum Chamavorum[48], die stark an der Lex Salica, aber auch an der Lex Ribuaria orientiert ist und den königlichen Bann sowie Buß-, Wer- und Friedensgeldregelungen zum Inhalt hat, überwiegt allerdings der Weistumsstil. „Weistum und Satzung bezeichnen zwei Normtypen, die für die meisten Volksrechte gelten und deren Gegensätzlichkeiten schon Brunner erkannt hat."[49] Aber auch bei den westgotischen wie den langobardischen Gesetzen gibt es Bestimmungen, die an Weistümer erinnern: Die Pariser Fragmente der westgotischen Gesetzgebung zeigen einen Gesetzesstil, der an die Tradition römischer Kaisererlasse erinnert, daneben stehen aber auch „solche — dies gilt besonders für die rekonstruierten Teile — im Weistumsstil, wie er für die übrigen germ. Stammesrechte typisch ist. Erst in den späteren Redaktionen des westgot. Gesetzbuches tritt dieser Stil zunehmend zurück"[50]. Die Volksrechte vereinigen alle in sich römisches Vulgarrecht und germanisches Volksrecht, „zum Teil getrennt, zum Teil aber schon einander durchdringend, konnte doch die lateinische Sprache der Kodifikationen die Substanz des Rechtes kaum unberührt lassen"[51].

Vor allem für die Lex Visigothorum hat Peter Classen urkundenrechtliche Teile feststellen können (II,5, V,2,4 etc.), die auf den Einfluß römischen Vulgarrechtes zurückzuführen sind. Es finden sich aber im Unterschied zum römischen Recht in der Reccesvindiana die Behandlung privater und königlicher Schenkungen (V 2,2 und 3; VII 5,3 Antiqua). „Diese westgotische Gesetzgebung stellte eine selbständige

[46] Anders dagegen noch Olberg, Freie, S. 51.

[47] Eine Definition von Königssatzung, Weistum etc. ist nicht ohne weiteres möglich. Solche Einteilungen müssen im Einzelfall immer am jeweiligen Text verifiziert werden. Ähnliche Schwierigkeiten, Verallgemeinerungen, die zu einseitigen Schlüssen führen, zeigen sich z. B. in der Diskussion um die Kapitularien bzw. um das Rechtsinstitut des consensus, die Mitwirkung des Adels bei der Herrschergesetzgebung: eine Diskussion, die in neuerer Zeit zu der grundsätzlichen Frage nach dem Gesetzescharakter der Kapitularien geführt hat. Vgl. zum Forschungsstand: W. A. Eckhardt, Kapitularien, Sp. 623—629; neuere Literatur: Hägemann, Entstehung der Kapitularien, Sp. 12—27; Tellenbach, Karolingische Thronfolgen, S. 249 ff., S. 250 Anm. 51; Hanning, Consensus fidelium, S. 164; Weitzel, Dinggenossenschaft, S. 932; Mordek, Karolingische Kapitularien, S. 27 ff., S. 27 Anm. 11 und S. 29 Anm. 25, S. 49 Anm. 141.

[48] Vgl. Schmidt-Wiegand, Lex Francorum Chamavorum, Sp. 1915 f.

[49] Beyerle, Normtypen, S. 220.

[50] Nehlsen, Lex Visigothorum, Sp. 1972.

[51] Classen, Fortleben, S. 20.

Fortentwicklung des römischen Vulgarrechtes der Urkunden dar."[52] Urkundenrechtliches – also überwiegend Privatrechtliches – jedoch nicht in so weit entwikkelter Form findet sich auch in der Lex Romana Burgundionum und der Lex Ribuaria (58,1 u. 5 bzw. 60,1 u. 5), nur sporadisch in der Lex Burgundionum, den Leges Langobardorum, Lex Alamannorum, Lex Baiwariorum und im Zusammenhang mit der Landzuweisung des Königs an Siedler auch in der Lex Salica. Die Leges Visigothorum unterscheiden sich von den übrigen Leges vor allem auch durch ihre Systematik[53], schon im Codex Euricianus sind die Bestimmungen nach Sachzusammenhängen geordnet, die 12 Bücher der Reccesvindiana behandeln 1. rechtstheoretische und -philosophische Überlegungen in bezug auf die Gesetzgeber; 2. die Geltung des Gesetzbuches, den Aufgabenbereich der iudices; 3. Eherecht, Ehebruch, Sittlichkeitsverbrechen; 4. Darstellung der Verwandtschaftsgrade, Erbfolge, Vormundschaftsrecht, Findelkinder; 5. Schenkungen an die Kirche, Schenkungsrecht, Gefolgschaft, Kauf, Tausch, Verwahrung, Leihe, Pfand- und Freilassungsrecht; 6. und 7. Strafrecht; 8. Schadensrecht (Schaden durch Gewalttaten, Tierschaden etc.); 9. Sklavenflucht, Heereswesen, Asylrecht; 10. Landteilung, Landleihe, Grenzrecht; 11. Pflichten der Ärzte, Grabfrevel, Rechte überseeischer Kaufleute; 12. Religionsschutzgesetze (Judengesetze etc.).

Das Edikt des Langobarden Rothar ist nach Rechtskreisen gegliedert, wozu die einzelnen Bestimmungen eher assoziativ als systematisch angeordnet sind: Den Königs- und Reichssachen sind die weistumsartigen Bußenkataloge angehängt, „... sie sollen im Interesse des Reiches der Friedensdurchsetzung gegen die Fehde ... dienen"[54]. Ein weiterer Komplex enthält die Familien-, Haus- und Sippenordnung, die hierarchische Abfolge der „Stände" und das ihnen zustehende Wergeld; als letzter Teil werden die Güterordnung, der Rechtsverkehr, Rechtsgang vor Gericht und verschiedene einzelne Rechtsfragen behandelt. Verfassungsrechtliches zeigt sich am ehesten in der Gerichts- und Heeresordnung.

Innerhalb der Leges Burgundionum läßt sich neben Konstitution und Weistum auch noch ein dritter „Normtyp" – vertraglich befestigtes Recht – feststellen[55]. Sie gliedert sich in eine prima constitutio bzw. prologus von allgemeinerem Inhalt, eine Fürstenliste, die die Lex als eine Abmachung zwischen König und anderen Mächtigen des Reiches kennzeichnet, und in die einzelnen Gesetzesbestimmungen. Bei der Lex Salica unterschied Beyerle zwischen dem ersten Teil der Lex, den „oft unbeholfenen Bußkatalogen" im Weistumsstil: „In ihnen redet die Spruchweisheit gerichtlicher Urteilsfinder und Gesetzessprecher zu Urteilern. Gegenstand ihrer Regelung ist der Urbezirk Rechtens, die Friedensordnung, d. h. das Strafrecht"[56], und dem zweiten Teil, der stärker durch einen konstitutionellen Charakter bestimmt ist und hauptsächlich Prozeß- und Privatrecht enthält.

Die Lex Alamannorum läßt drei Bereiche sichtbar werden: 1. die Regelung kirchlicher Belange wie z. B. Schenkungen, Bussen, Freilassung, Asylrecht kirchenangehöriger Personen, Sonntagsheiligung; 2. die satzungsrechtlichen Regelungen,

[52] Ebenda, S. 22.
[53] Vgl. NEHLSEN, Lex Visigothorum, S. 1973.
[54] DILCHER, Langobardisches Recht, Sp. 1611.
[55] Vgl. NEHLSEN, Lex Burgundionum.
[56] BEYERLE, Normtypen, S. 221.

die den alemannischen Herzog als „Gerichtsherr, Friedensgarant, Kriegsherr, Befehlshaber" zeigen, dennoch aber eine „gewisse Mitwirkung des Volkes"[57] erkennen lassen, die in bezug auf z. B. das „Grafen"-gericht in einer Wendung wie *secundum consuetudinem antiquam* deutlich wird und 3. der umfangreichste Teil der Lex Alamannorum, der Bußenkatalog, der allein Inhalt des älteren Pactus ist: „Dieser (der Bußenkatalog – die Verf.) stellt, wie in der gesamten Quellengattung der Leges, den gesetzgeberischen Versuch dar, das Rache- und Sühneverhalten bei Rechtsverletzungen unter Kontrolle zu bringen ... PA. und LA. vermitteln in diesem Teil ein anschauliches Kulturbild und geben Aufschluß z. B. über Eheschließung, Scheidung, Güterrecht, Erbrecht, Pfändung, Grenzstreit, Schadensersatz, aber auch über Hexenwesen, Totenkult u. a. Dabei trägt der PA. archaischere und z. T. vorchristliche Züge"[58].

Die Lex Baiwariorum[59] gliedert sich in Kirchen- (I), Herzogs- (II, III) und Volksangelegenheiten (IV–XXII), eine Einteilung, die schon in fränkischen Provinzialkonzilien des 6. und 7. Jahrhunderts festzustellen ist[60]. Trotz der Beeinflussung durch die westgotische Gesetzgebung, die als Vorlage gedient hat, spiegelt die Lex Baiwariorum eine Reihe bayrischer Eigenheiten[61].

Wie bei der Lex Francorum Chamavorum überwiegt bei der Lex Thuringorum der Weistumscharakter – auch sie geht auf die Vorlage der Lex Ribuaria zurück; darüber hinaus zeigt sie mit der Lex Saxonum und der Lex Frisionum viele Gemeinsamkeiten[62]. Die Lex Thuringorum enthält von Titel 1–25 einen Wergeld- und Wundbußenkatalog und von 26–59 Bestimmungen über Erbrecht, Diebstahlsdelikte, Brandstiftung, Gewalttaten an Frauen etc. Unter dem Titel Juditia Wlemarus dictavit hat Herold elf Paragraphen, die inhaltlich der Lex Frisionum zuzuordnen sind, zur Lex Thuringorum gestellt. Diese „Versprengung"[63] konnte bislang nicht aufgeklärt werden. „Bei den Juditia Wlemars in der Lex Thuringorum etwa könnte es sich durchaus um Weistümer handeln, und sie zeigen in der Hervorhebung des Harfners, des Goldschmiedes und der Frau, die fresum herstellt, deutlich eine Berücksichtigung friesischer Besonderheiten."[64] Die übrigen Teile der Lex Frisionum wurden in der Forschung zum Teil als Satzung (VII,2) und als Privatarbeit (II) angesehen[65]. Diese Zuordnung ist nicht in allen Punkten unumstritten; obwohl die Lex Alamannorum als Vorlage für die Abfassung der Lex Frisionum gedient hat, sind für ihre Entstehung doch verschiedene Schichten anzunehmen.

---

57 Schott, Lex Alamannorum, Sp. 1882 f.

58 Ebenda, Sp. 1884.

59 Vgl. zur Lex Baiwariorum: Kottje, Lex Baiuvariorum, S. 9 ff., der der Frage nach Geltung und Gebrauch der Lex anhand der Handschriftenüberlieferung nachgeht: „Um zu verdeutlichen, welchen Mangel der bisherigen Leges-Forschung ich im Auge habe, soll im folgenden die Überlieferung der Lex Baiuvariorum (LBai) als Beispiel dienen. Es soll also gefragt werden, ob und in welchem Maße die Überlieferungsgeschichte dieses Textes es erlaubt, über die Hinweise von Siems hinausführende Schlüsse auf die Bedeutung der Bayernlex für die Rechtspraxis zu ziehen." (S. 11).

60 Vgl. Köbler, Begründungen, S. 71.

61 Vgl. Siems, Lex Baiuvariorum, Sp. 1893 ff.

62 Vgl. Schmidt-Wiegand, Lex Thuringorum, Sp. 1965 f.

63 Siems, Lex Frisionum, Sp. 1918 und Ders., Studien, S. 219.

64 Siems, Studien, S. 163; vgl. auch A. Eckhardt, Einleitung, S. 12.

65 Vgl. A. Eckhardt, Einleitung, S. 16.

Gegenstand der Lex Frisionum ist das Strafrecht, privatrechtliche Bestimmungen fehlen fast vollkommen. Die Lex beginnt mit der Regelung des Totschlags, darauf folgt der Wundbußenkatalog, Regelungen im Falle von Raub und Diebstahl etc.[66]. „Der besondere friesische Charakter dieses Rechtes ist durch die Berücksichtigung der regionalen Abweichungen und letztlich sogar durch die heidnischen Bestimmungen gewahrt."[67]

Der Aufbau der Lex Saxonum ist eher uneinheitlich, ihr Verhältnis zur Capitulatio de partibus Saxoniae (782/85) ist nicht völlig geklärt, beide Texte beziehen sich an manchen Stellen aufeinander. „Der L. fehlen in diesem Zusammenhang (Vergehen, auf die die Todesstrafe steht – die Verf.) ... die Regelungen der Capitulatio, mit denen der Gesetzgeber die Durchsetzung des Christentums im Auge hatte."[68] Im ersten Teil führt die Lex Saxonum die Wundbußen und die Wergelder auf, daneben finden sich Bestimmungen über Ehe-, Ehegüter- und Erbrecht, die regionale Unterschiede für Ost-, Westfalen und Enger aufweisen und vom Stil und Inhalt her älter wirken als die übrigen Bestimmungen. Die knapp formulierte Lex Saxonum – Weistum und Gesetz – gehört wahrscheinlich in den Zusammenhang einer von Karl dem Großen angeregten Rechtsreform. Gerhard Theuerkauf, dessen Anliegen es war, in einer vergleichenden Darstellung Aufschlüsse über das Rechtsbewußtsein der Verfasser bzw. Schreiber der Lex Saxonum, des Sachsenspiegels und Lagus' Kompendium zu gewinnen, hat als ein Vergleichskriterium das Verhältnis von Zustand und Handlung in einer Rechtsaufzeichnung gewählt: Straf- und Prozeßrecht sind nach Theuerkauf stärker handlungsbetont, während im Verfassungsrecht eher der Zustand zum Ausdruck kommt[69]. „In der Lex Saxonum bleibt das Verfassungsrecht im Hintergrund. Den größten Anteil hat in ihr das Strafrecht ... Nur vier Kapitel regeln Rechtszustände (61, 62, 65, 66 – die Verf.) ..." Auffällig ist, daß alle Kapitel, die Zustände betreffen, zu dem Teil der Lex Saxonum gehören, der wahrscheinlich nachgetragen worden ist. „Von 66 Kapiteln der Lex Saxonum regeln 62 Rechtshandlungen, 4 Rechtszustände. Das Verhältnis status: actus beträgt für die Lex Saxonum also 4:62 = 1:15,5."[70]

Zusammenfassend läßt sich für die Leges vor allem aufgrund stilistischer Beobachtungen sagen, daß es sich hier um die Zusammenstellung von (mindestens zwei Textsorten (Satzung – Weistum) handelt: Die Satzungsteile sind stilistisch und sprachlich an Wendungen wie *decreuimus, decernimus, iubemus* etc.[71] festzumachen, inhaltlich sind sie z. B. daran zu erkennen, daß sie im Unterschied zu der meist abgestuften Objektskasuistik der Weistumsteile eine eher systemlose Situationskasuistik aufweisen und nicht wie die Weistümer von herrschenden Normen ausgehen, sondern in etlichen Fällen willentlich neue Normen begründen. In dieser Kombination sind die Leges überwiegend handlungsorientierte Gesetzestexte. Die Bezeichnungen für soziale Gruppen finden sich in siedlungsrechtlichen Bestimmungen, in

---

66 Siems, Lex Frisionum, Sp. 1919.

67 Siems, Studien, S. 369 f.

68 Schmidt-Wiegand, Lex Saxonum, Sp. 1963.

69 Vgl. Theuerkauf, Lex, S. 13; Munske, Rechtswortschatz, S. 2.

70 Theuerkauf, Lex, S. 314.

71 Z. B. Nehlsen, Lex Burgundionum, Sp. 1907.

Grenzregelungen mit Bußweistumscharakter. Die Bezeichnungen für soziale „Stände und Schichten" erscheinen überwiegend in den Wergeldregelungen der satzungsrechtlichen Teile.

Die Einteilungen, wie sie in diesem Kapitel vorgenommen wurden, sind notwendigerweise grob, da sie zunächst nur einen Überblick geben sollen. Das Ergebnis, das schon Bühler für die älteren Rechtstexte unter typologischem Aspekt ganz allgemein formuliert hat, findet sich auch für die Leges bestätigt: „Die Typologie und die Eingliederung in Entwicklungsschichten sind bloß grobe Ordnungs- und Klassifizierungsprinzipien. ... Aber auch Elemente von Gesetzesrecht vermischen sich mit solchen von Gewohnheitsrecht, Vertragsrecht, Rechtsprechung und Juristenrecht in derselben Rechtsquelle. Je älter eine Rechtsquelle ist, je weniger läßt sie sich in eine dieser Kategorien einteilen. Vielmehr ist Mischung die Regel, Reinheit die Ausnahme."[72] Für die hier zu untersuchenden Bezeichnungen und ihre Deutung kann im Einzelfall ein so grobmaschiges Raster nicht reichen, sondern es sind immer wieder auch im Rahmen einer textsortenspezifischen Betrachtungsweise die einzelnen Überlieferungszeugen, ihre Datierung, Provenienz, ihr Überlieferungszusammenhang zu berücksichtigen. Der Versuch einer solchen spezielleren Bearbeitung findet sich innerhalb der einzelnen Wortartikel.

2.3. Sprachhistorische Einordnung der Leges

Nicht nur vom Stil und der Rechtssystematik aus lassen sich Unterschiede zwischen den einzelnen Leges feststellen. Von ihrem Entstehungszeitraum und -zusammenhang her gesehen kann man zwei Gruppen von Leges erkennen: Auf der einen Seite die Aufzeichnungen der Westgoten, der Burgunder, der Salfranken und der Langobarden, die zu einer Zeit kodifiziert worden sind (5. und 6./7. Jahrhundert), als die oben genannten ethnischen Verbände in Regionen mit römischer Bevölkerung selbständige Reiche gründeten, und auf der anderen Seite die Leges, „die unter fränkischer Herrschaft in Gebieten mit ausschließlich oder überwiegend germanischer Bevölkerung entstanden sind"[73]. Hier müssen der Pactus und die Lex Alamannorum, die Lex Baiwariorum, die Lex Thuringorum, Saxonum, Frisionum, Francorum Chamavorum genannt werden. In dieser Unterscheidung liegen nicht zuletzt die Gründe für das differierende Maß an römisch-rechtlicher, christlicher und gegenseitiger Beeinflussung in den Leges sowie der heidnischen Relikte[74]. Diese verschiedenen Einflüsse haben sich auf die Sprache der Leges ausgewirkt. Darüber hinaus spiegeln die Leges, „wie kaum eine andere Quellengruppe des frühen Mittelalters, die Mündlichkeit des Rechts wider. Die vielen eingestreuten Sprechsätze, wenn auch lateinisch gefaßt, wie die volkssprachigen Wörter sind im weitesten Verständnis Reflexe gesprochener Sprache"[75]. Der Spannung zwischen

---

[72] Bühler, Rechtsquellentypen, S. 145. Diese „Mischungen" sind unter textlinguistischen Gesichtspunkten als neue Textsorten oder Textsortensubgruppen erkennbar, womit die Frage nach „Mischung" oder „Reinheit" an Relevanz verliert.

[73] Nehlsen, Sklavenrecht, S. 61.

[74] Vgl. Köbler, Recht; Siems, Studien; Nehlsen, Sklavenrecht; Theuerkauf, Lex u. v. a. m.

[75] Schmidt-Wiegand, Stammesrecht, S. 172.

mündlicher Überlieferung und schriftlicher Rechtsfestsetzung entspricht auch der Gegensatz zwischen der lateinischen Bildungssprache und der Volkssprache in den Leges. Die volkssprachigen Bestandteile finden sich in den einzelnen Leges mit unterschiedlicher Häufigkeit und in unterschiedlicher Form. Glossen treten zumeist innerhalb von Teilsätzen auf, in Umschreibungen wie: *hoc dicunt Alamanni ..., quod dicimius ..., quod ... vocant*[76] etc., die diese Einschübe deutlich als Sprache des jeweiligen ethnischen Verbandes kennzeichnen. Bei der Lex Salica zeigt die Einleitung solcher Glossierungen mit *mallobergo,* daß es sich hier um vor dem Gericht (Malberg) gesprochene Sprache handelt[77]. Diejenigen volkssprachigen Wörter, die von der Wortbildung und der Syntax her dem Lateinischen angeglichen worden sind, die sogenannten Mischwörter, sind wesentlich häufiger und deuten eher als die Glossen auf eine z. B. fränkische Rechtsterminologie hin: „Es sind Bezeichnungen, die vor allem das prozessuale Verfahren und die soziale Ordnung im weitesten Sinne betreffen. Während die Glossen an die Bußtitel gebunden sind, die aus der heimischen Spruchpraxis stammen, gehören die frankolateinischen Mischwörter zu den Konstitutionen, also zum Satzungsrecht“[78]. In den Kapitularien schwanden die rein volkssprachigen Glossen immer mehr, wohingegen die frankolateinischen Bezeichnungen sich in der Rechts-, Verkehrs- und Verwaltungssprache stärker festigen konnten.

Zwischen der Entstehung der Gesetzgebung und den ältesten erhaltenen Textzeugen liegen in der Regel mehr als hundert Jahre. Die unter westgotischer Herrschaft entstandene „Sammlung westgot. Königsgesetze“[79] ist etwa zwischen 418–711 entstanden. Die „älteste handschriftl. überlieferte Textstufe repräsentieren die nur in einem Palimpsestkodex enthaltenen sog. Pariser Fragmente“[80] aus der 2. Hälfte des 6. Jahrhunderts. Die westgotische Gesetzgebung enthält nur wenige volkssprachige Bezeichnungen — hauptsächlich westgotisch-lateinische Mischwörter für Personen und Personengruppen aus dem sozial-rechtlich-militärischen Bereich z. B. *gardingius, leudes, saio, thiufa, thiufadus;* daneben tritt nur noch die Waffenbezeichnung *scrama* auf.

Noch größer ist die Zeitspanne zwischen der Entstehung der burgundischen Gesetzgebung, vermutlich in der 1. Hälfte des 6. Jahrhunderts[81], und den ältesten der 14 erhaltenen Handschriften, die aus dem 9. Jahrhundert stammen[82]. Das Latein der Leges Burgundionum, wie das der Lex Visigothorum, „ist weit weniger vulgarisiert als das der übrigen Stammesrechte“[83]. Es überwiegen auch hier die mischsprachlichen Wörter aus dem zum rechtlich-sozialen Bereich: *leudes, faramannus, wittiscalus,* daneben gibt es aber auch burgundische Rechtswörter wie *mahalareda* und *morgingeba, witimon;* nur vereinzelt finden sich volkssprachige Wörter aus

[76] Z. B. Lex Alamannorum, Tit. 54, S. 114; Lex Baiwariorum, Tit. IV.2, S. 317.

[77] Vgl. Schmidt-Wiegand, Stammesrecht, S. 174; vgl. auch Dies., Glossen; Dies., Malbergische Glossen.

[78] Schmidt-Wiegand, Stammesrecht, S. 302.

[79] Nehlsen, Lex Visigothorum, Sp. 1966.

[80] Ebenda.

[81] Vgl. Nehlsen, Lex Burgundionum, Sp. 1904.

[82] Vgl. ebenda, Sp. 1902.

[83] Ebenda, Sp. 1907.

anderen Zusammenhängen wie z. B. die Gebäudebezeichnung *screona* oder die Bußgeldbezeichnungen *trigildus, novigildus* und auch *veiator, veius* ‚Weg; Spurweiser' und *ve(g)iatura* ‚Weg- Spurweiserlohn'[84]. Das (West-)Gotische wie auch das Burgundische können den ostgermanischen Sprachen zugeordnet werden[85].

Von der burgundischen Sprache sind über die mischsprachlichen Bezeichnungen der Leges Burgundionum hinaus nur noch Inschriften in lateinischer Schrift – die in der Stellung der Buchstaben noch die germanische Runenschrift spiegeln – auf Spangen und Gürtelschnallen aus dem 7. Jahrhundert erhalten. Die Gründe für diese geringe Überlieferung liegen in der kurzen Dauer des burgundischen Reiches und der Frankisierung sowie der recht früh einsetzenden Romanisierung seiner Bevölkerung: Schon der burgundisch-mittellateinische Wortschatz der Leges Burgundionum weist nordgalloromanische Züge auf[86].

Enge Sprachverwandtschaft vor allem mit dem Gotischen, aber auch Sprachkontakt[87] mit Ostgoten, Westgoten, Franken, Alemannen etc. haben zu zahlreichen Ähnlichkeiten und Interferenzen geführt, die es heute unmöglich erscheinen lassen, eine burgundische Sprachnorm zu rekonstruieren und eine genaue Abgrenzung des Burgundischen zu erreichen[88]. Die Leges Burgundionum, hinter deren klarem und geglättetem „Latein ... man den ‚Solon der Burgunder', Syagrius von Lyon, vermutet"[89] – Franz Beyerle spricht von formelhaft gewordenem Kanzlei-Latein[90] – weisen Einflüsse der westgotischen Gesetzgebung auf, was sich im Gegensatz zu den recht geringen christlichen Einflüssen vermutlich auch auf die Sprache – eventuell sowohl auf das Latein als auch auf die volkssprachigen Bezeichnungen – ausgewirkt hat; zumal das Burgundische auch durch die Sprachverwandtschaft mit dem Gotischen für von dieser Sprache ausgehende Interferenzen empfänglich war.

Keine sehr große Spanne liegt zwischen der Entstehung (Mitte des 7. Jhs.[91]) und der ersten handschriftlichen Überlieferung (2. Hälfte des 7. Jhs.[92]) der Leges Langobardorum. Die handschriftliche Überlieferung reicht jedoch bis in das beginnende 11. Jahrhundert. Im Unterschied zu den Leges Visigothorum und Burgundionum finden sich in den Leges Langobardorum zahlreiche Bezeichnungen aus

---

84 Vgl. Bleiker, Burgunderproblem, S. 56.

85 Vgl. z. B. Behaghel, Geschichte, S. 6, der eine Zuweisung des Burgundischen zum Ostgermanischen ablehnt. Dagegen: Grimm, Geschichte, S. 698; Kögel, altgermanische fara; vgl. zur Problematik der Einteilung in Nord-, Ost-, Westgermanisch bzw. Gotonordisch und Südgermanisch: Sonderegger, Grundzüge, Bd. 1, S. 113 ff., vgl. auch S. 59; Maurer, Nordgermanen; Schwarz, Philologie; Ders., Goten; Claude, Westgoten, S. 28 ff.; Stutz, Literaturdenkmäler, S. 1; Bach, Geschichte, S. 95 f.; vgl. Olberg, Freie, S. 59 f.

86 Vgl. Mentz, Schrift; Wackernagel, Sprache, S. 338; Gamillscheg, Romania Germanica, Bd. 3, s. 48 ff.; Wartburg, Das burgundische Superstrat; Sonderegger, Grundzüge, S. 59; Boehm, Geschichte Burgunds; vgl. auch Olberg, Freie, S.60 f.

87 Vgl. Clyne, Sprachkontakt; Kloss, Europa; vgl. auch: Oksaar, Sprachkontaktforschung, S. 845 sowie die Beiträge von Drux, Holzberg, Lüdtke, Pfister, Mollay, Bellmann, Hinderling, Naumann, De Smet, Arhammar, Viereck, in: Sprachgeschichte, Bd. 1, Kap. VII. Das Deutsche im Sprachkontakt, S. 845 ff.

88 Vgl. Bleiker, Burgunderproblem, S. 40, S. 43 ff.

89 Ebenda, S. 57.

90 Vgl. Beyerle, Einleitung, S. XII.

91 Vgl. Dilcher, Langobardisches Recht, Sp. 1609.

92 Vgl. Rhee, Wörter, S. 13 f.

dem agrarischen (z. B. *angargathungi, stupla, idertzon, gahagium, weg[worin], sonorpair, plovum*), dem familialen bzw. rechtlich familialen Bereich (*threus, barba, faderfio, metfio, morgingab, troctingae*) und aus dem Rechtsbereich (*aidi, cauuarfida, gafan[d], mundius [mundium], mundoald, [ab]amund, gairethinx, wifare, fegangi, grapworfin, r[ab]ai-raub* etc.). Zum militärischen Zusammenhang finden sich Waffenbezeichnungen wie *(h)ariscild, gaida* und *gisil* [93]. Volkssprachige Sozialbezeichnungen treten bei den Langobarden nur wenig häufiger auf als bei den Westgoten und Burgundern. Für Freie (und Minderfreie) finden sich die Bezeichnungen *baro, (h)arimannus, frea, ful(c)free* und *(h)aldius/ia*, für soziale Gruppen *fara, gasindius* und für rechtliche bzw. militärische Funktionsträger *gastaldius, stolesaz, hovescario, gamahal, sculdhais*. Für den medizinischen Bereich ist in den Leges Langobardorum nur die Körperteilbezeichnung *murioth* überliefert[94]. In etwa nimmt die Sprache der langobardischen Leges eine Ausnahmestellung ein, da die Gesetze bis zur Mitte des 9. Jahrhunderts nicht von der fränkischen Gesetzgebung beeinflußt worden sind. Die volkssprachigen Bezeichnungen der Leges Langobardorum gelten als die wichtigsten Zeugnisse „der zum Althochdeutschen gehörenden langobardischen Sprache"[95]. Historiographien wie die des Paulus Diaconus, Glossare, Urkunden sind weitere Quellen, die als Grundlage für die Erforschung des Langobardischen dienen. Daneben sind auch die in den italienischen Dialekten noch erhaltenen langobardischen Wörter, langobardische Personen- und Ortsnamen, heranzuziehen[96].

Neben dem Langobardischen ist zum frühen Althochdeutschen noch das Fränkische, Alemannische, Bairische und Thüringische zu stellen; Altfriesisch und Altsächsisch bzw. Altniederdeutsch haben eine Sonderstellung[97]. Während die Leges Visigothorum, die Leges Burgundionum und die Leges Langobardorum nur mischsprachliche Wörter aufweisen, hat die salfränkische Gesetzgebung nicht nur die weitaus meisten volkssprachigen Bezeichnungen, sondern weist sowohl rein fränkische als auch mischsprachliche Wörter auf; im Sozialbereich überwiegen die mischsprachlichen Bezeichnungen. Während die karolingischen Leges sich weitgehend an den Sozialbezeichnungen orientieren, die in der salfränkischen Gesetzgebung vorgegeben sind, finden sich in den frühen Rechten wie den Leges Alamannorum und der Lex Baiwariorum eigene stammessprachliche Sozialbezeichnungen. Mit der Lex Salica, den Leges Alamannorum, der Lex Baiwariorum haben wir eine Quellengruppe vorliegen, die, gesamt gesehen, weit über die „rückwärtige

93 Vgl. zu Waffenbezeichnungen: (HÜPPER(–DRÖGE), Schild und Speer.

94 Vgl. zum volkssprachigen medizinischen Wortschatz der Leges: NIEDERHELLMANN, Arzt.

95 SONDEREGGER, Grundzüge, S. 64; vgl. zum Langobardischen und zu den Langobarden: BRUCKNER, Sprache der Langobarden; GAMILLSCHEG, Romania Germanica, Bd. 2; RHEE, Wörter; DERS., Erforschung; DIESNER, Erforschung; SCARDIGLI, Appunti Langobardi; DERS., Stand und Aufgaben; BRÜHL, Urkunden; PFISTER, Langobardische Superstratwörter; LEONI, Langobardi; GSCHWANTLER, Formen.

96 Vgl. Origo gentis Langobardorum; Pauli historia; Glossarium Cavense, in: Langobardorum Leges, S. 652 ff.; Glossarium Matritense, in: ebenda, S. 651 ff.; Glossarium Vaticanum, in: ebenda, S. 652 ff.; Codice diplomatico langobardo; Codice diplomatico langobardo (SCHIAPARELLI); BRÜHL, Urkunden; SABATINI, Riflessi; BONFANTE, Latini e Germani; OLIVIERI, Dizinario; ROHLFS, Spracherbe; DERS., Streifzüge; vgl. den Literaturbereich bei RHEE, Wörter, S. 8 ff.; DERS., Erforschung; SCARDIGLI, Appunti Langobardi; KREMER, Personennamen; SCARDIGLI, Stand und Aufgaben, S. 56.

97 Vgl. OLBERG, Freie, S. 66 ff., Anm. 33 ff.

Grenze des Althochdeutschen"[98] hinausweist. Aber auch hier ist die Überlieferung zumeist weitaus jünger, d. h., sie beginnt erst in der Karolingerzeit. Die Handschriften-Gruppen A, B, C der Lex Salica (Pactus) stammen aus der zweiten Hälfte des 8. und aus dem 9. Jahrhundert. Die Lex Salica Karolina (K, S, V) ist in frühesten Handschriften aus dem 9. Jahrhundert überliefert. In der salfränkischen Gesetzgebung findet sich — insgesamt gesehen — die größte Anzahl sowohl rein volkssprachiger als auch mischsprachlicher Bezeichnungen. Die frühen Handschriften weisen vielfach die sogenannten malbergischen Glossen auf, die allgemein als Reste einer mündlichen Rechtssprache verstanden werden[99]. Sie wurden in die jüngeren Handschriften zum Teil nur sinnentstellt in Verschreibungen oder überhaupt nicht mehr übernommen. Im Unterschied zu den franko-lateinischen Mischwörtern, die in den jüngeren Handschriften überwiegen, sind die malbergischen Glossen viel eher nur „Reflexe vergangener Vorstellungen, die auf der Ausdrucks- wie der Inhaltsebene im lebendigen Sprachgebrauch bereits verdrängt waren"[100]. In der salfränkischen Gesetzgebung sind durch die volks- und mischsprachlichen Bezeichnungen Bereiche abgedeckt, die in den übrigen Leges kaum oder überhaupt nicht berücksichtigt sind, wie beispielsweise der Zusammenhang um Tod und Begräbnis, Grab- und Leichenschändung: *stapplus, mandualo, ch(r)eo burgio, chreumusido, ch(e)reota(r)sino, turnichal, naucus, petra, (h)idulgus*[101]. In den Rechtsbereich im weitesten Sinne gehören *laesverpire, chrenecruda*[102], *reaptena, solsatire* etc. Zum rechtlich-familialen Bereich sind Bezeichnungen wie *balemundio, reipus, theuua, dructis, affatumire* etc. zu stellen. Stark vertreten sind in den salfränkischen Leges die volkssprachigen Wörter des agrarischen Bereiches: a) zu Flur, Feld, Haus, Hof, Garten, Weg und Geräten: *stripa, acr, uia, sclusa, alachfaltio, turpefalthio, chambistalia, andeba (saldeba), scuria, leosdeba, spicarium, ortopondo, bils, olecharde, carrus, carruca, cultellus, seca, ascus, changiasco;* b) zu Haustier und Herde: *ros, nare, podor, (pondero, podiro), stalachia, changisto, scelho, (selcho), waranio, malia, ohsino (ochsino), trasilo, trespellius, sonista, chalte (chalti[o]), ingimus, tertega, aper, hafra, lamphebru(s), lamilam (lammi), ortfocla, senio, repuano* etc.[103]; c) Geläute, Fesseln, Fallen: *campania, trappa, falla.*

Nicht ganz so dicht, aber durch volkssprachige Bezeichnungen gut belegt, ist auch der agrarische Bereich bei den Alemannen. Es fehlen vor allem Bezeichnungen für Gebäudeteile, Rinder, Schweine, Ziegen, Schafe und den Pflug (*spicarium, stuba, gaduamo, burica, strata, marca, stuot, troppus, bisontus [vesontus], rehpoch, alodis, marach, gans, kranach, hessehunt, uuint* etc.). Die Bayerngesetze enthalten ebenfalls nur wenige Tierbezeichnungen, hauptsächlich vertreten sind: Pferde, Geflügel, Hunde, Wildtiere; daneben finden sich andere agrarische Bezeichnungen *(ezzisczun, parc, scopar,*

---

98 SCHÜTZEICHEL, Erforschung, S. 836, vgl. zum Folgenden auch S. 835 f.; DERS., Lex Ribuaria, S. 7; DERS., Grundlagen, S. 337—375; DERS., Merovingische Lautverschiebung, S. 212—223; DERS., Grenzen, S. 23—38; DERS., Reda umbe diu tier, S. 153—163.

99 Vgl. SCHMIDT-WIEGAND, Malbergische Glossen, Sp. 211 ff.

100 OLBERG, Freiheitsbegriff, S. 416.

101 Vgl. TIEFENBACH, Edulcus, (h)idulgus, iddulcos, S. 957 ff.

102 Vgl. hierzu SCHMIDT-WIEGAND, Chrenecruda, S. 496 f.

103 Vgl. die im Teilprojekt E des Sonderforschungsbereichs 7 entstandenen Arbeiten von: HILKER-SUCKRAU, Germanische Bezeichnungen Haus und Hof; HÖFINGHOFF, Haustier und Herde; LADE, Flur und Feld.

scof, firstfalli, anargnago [angargnago], anothapuh, canshapuh, leitihunt, spurihunt, bibarhunt, huuart [hovawart], triphunt, auursan). Die Ribuaren *(marca, paricus, sonestis),* die Sachsen *(screona, scapilus),* die Chamaven *(waranio),* Thüringer *(paricus, sonest, scrofa)* und die Friesen *(kamp, spanna)* führen hier nur vereinzelt volkssprachige Bezeichnungen. Ähnlich verhält es sich im medizinischen Bereich, wo die Salfranken die meisten Bezeichnungen für die Heilbehandlung, Verwundungen, Körperteile, heilende und heilkundige Personen aufweisen können: *andechabina, chandechabina, sichte, chaminis, chamen, chicsiofrit, litchauina, chanischleora, gisifrit, hereburgio, stri(g)a* etc., darauf folgen zahlenmäßig die Alemannen: *stuppare, stelzia, scardi, wasilus, balchrust, ferchvunt, hrevovunt, rozz* etc., dann die Bayern (*tautragil, adargrati, plotruns, kepolsceini, pulislac, lit* etc.) und schließlich, mit nur wenigen Nennungen, die Friesen *(pant, wlitiwam, liduwagi),* die Sachsen und Thüringer *(wlitiwam, wliti).*

Bei den Ribuaren (*harahus, stab, hasla, adfatimire* etc.) und den Bayern (*feidosus, horcrift, murdrida* etc.), den Friesen *(mordritus, thiubda)* und den Alemannen *(curfo, nasthait)*[104] finden sich noch einige Bezeichnungen aus dem Rechtsbereich. Neben den langobardischen Leges hat nur noch die Lex Ribuaria vergleichbar viele Waffenbezeichnungen *(bainberga, brunia, helmus, scogilum).*

Auch zum sozialen Bereich finden sich im Pactus und in der Lex Salica eine Fülle von volkssprachigen Bezeichnungen, im Unterschied zum agrarischen Bereich erschienen hier eher mischsprachliche Wörter. Bei den sozialen Gruppen lassen sich Bezeichnungen für Siedlungsgenossen *(widrisittilo),* Gefolgsleute *(antrustio, druht, trustis)* und rechtliche Funktionsträger (*gamallus, thunginus, grafio, obgrafio, raginburgius, saccebaro, campio* etc.) feststellen. Für „König" bzw. „Volksfürst" findet sich *theoda.* Freie werden bezeichnet mit *leod, leodinia,* die — in graphematisch z. T. unterschiedlicher Form — noch bei den Leges der Ribuaren, Bayern, Thüringer und der Friesen auftreten. *Baro,* dieses Wort erscheint auch noch bei den Langobarden, Alemannen, Ribuaren; *wer* (nur in Komposita wie *weregeldium, wirodardi* etc.) läßt sich auch bei den Alemannen, Ribuaren, Bayern, Chamaven und Sachsen feststellen und schließlich *frio,* das in der weiblichen Form *frea* auch in der langobardischen Gesetzgebung vorkommt. Auffällig ist, daß gerade im Bereich der Freien nur die langobardischen Leges mit *(h)arimannus* und die Lex Thuringorum mit *adalingus* eine volkssprachige Bezeichnung führen, die in keinem anderen der Legestexte verwendet wird. Etwas anders sieht es bei den Halb- bzw. Minderfreien aus, während sowohl die Salfranken als auch die Ribuaren, Chamaven, Sachsen, Friesen *letus/litus,* die Salfranken und Alemannen *minofledis/-flidis (medioflidus)* gebrauchen, wird *frilaz/frilaza* nur in den bayrischen Leges geführt, *(h)aldius/aldia* und *ful(c)free* nur in den langobardischen. Bei den zahlreichen Bezeichnungen, die der Pactus und die Lex Salica für Unfreie aufweisen *(theo, theuua* — in Komposita wie *theotexaca, theolasina, theulasnia* etc. — *scalk* in *mariscalcus,* ahd. *hiwun* [malberg. *honema*] *rencus, horog(an),* horogunia, *(hi)smala, am(b)a(ht)onia, vassus),* zeigt sich eine deutliche Sonderstellung dieser Gesetze. Von den übrigen Leges haben nur noch die burgundischen *(wittiscalcus),* die alemannischen *(vassus, stotarius, mariscalcus, siniscalcus)* und die friesischen *(bortmagad)* Personenbezeichnungen aus dem inhaltlichen Zusammenhang der Unfreiheit. Daß einige Bereiche in einzelnen Gesetzen nicht durch

---

104 Vgl. Olberg, Nasteid.

volkssprachige Wörter abgedeckt sind, liegt auch daran, daß es ausreichend lateinische Bezeichnungen hierzu gibt, die zum Teil sogar mit der „Sache" aus dem romanischen Bereich entlehnt worden sind, z. B. im Falle der Waffenterminologie[105]. Auf den Einfluß, den die salfränkische Gesetzgebung bzw. die fränkische Sprache in Folge von Eroberungen bis etwa zum 10. Jahrhundert auf das Alemannische, Bairische, Thüringische etc. genommen hat, sind möglicherweise die Bezeichnungsgleichheiten, z. B. bei den Sozialbezeichnungen im Bereich der Freien, zurückzuführen. Erst eine genaue Wortanalyse im Textkontext und im historischen Kontext kann zeigen, ob es sich hierbei um Synonyme handelt, oder ob eventuelle Bedeutungsvarianten bestehen[106].

---

105 Vgl. zum Zusammenhang zwischen der Übernahme bestimmter Kriegstechniken oder Geräte der Römer und der Übernahme von lateinischen Bezeichnungen auch: HÜPPER(–DRÖGE), Schild und Speer.

106 In dieser Arbeit sind die Stammesbezeichnungen, „die zu den ungelösten Problemen der Mittelalterforschung" gehören, nicht berücksichtigt, vgl. dazu: SCHMIDT-WIEGAND, Franken und Alemannen, S. 61 ff. (Zitat: S. 61).

3. ‚Adel', ‚Freiheit', ‚Halb-' und ‚Unfreiheit' in der historischen Forschung des 18., 19. und 20. Jahrhunderts

Die Bezeichnungsforschung kommt mit ihrer Vorgehensweise nicht zuletzt auch einem Wunsch von Vertretern anderer historischer Disziplinen[1] entgegen, die bereits Forderungen nach „Wort- und Sachgeschichte in strengem Sinn"[2] gestellt haben. Von Rechtshistorikern[3] ist die Bezeichnungsforschung als eine Methode übernommen worden, mit deren Hilfe „über das Wesen des frühen mittelalterlichen Rechts ... grundlegende Klärung ..."[4] erzielt werden kann. Da das Thema der vorliegenden Arbeit in einem Grenzbereich verschiedener Wissenschaften: Germanistik, Geschichte, Rechts- und Sozialgeschichte anzusiedeln ist, wird eine Verbindung unterschiedlicher Methoden notwendig. ‚Historisch-philologische Bezeichnungsforschung' soll daher hier als ein Zusammenspiel von hermeneutischen und analytischen Elementen verstanden werden[5]. Analytisches Element ist dabei sowohl die sprachwissenschaftliche Vorgehensweise als auch die Anwendung von sozialwissenschaftlichen Kategorien[6]. Im hermeneutischen Sinne befaßt sich die Arbeit mit Legestexten des frühen Mittelalters, aus denen Bezeichnungen für Personen aus dem sozialen Bereich (*adalingus, baro* etc.) zusammengestellt und sowohl im Kontext der einzelnen Gesetzesbestimmungen als auch im Blick auf den Aussagewert der Leges als frühmittelalterlicher Quelle interpretiert werden[7]. Neben der Quellenkritik[8] bietet die „wissenschaftliche Kritik" eine Möglichkeit „das frühere Sinnver-

---

[1] Vgl. zu den damit verbundenen Schwierigkeiten: Schmidt-Wiegand, Historische Onomasiologie, S. 50 ff.

[2] Conze, Sozialgeschichte, S. 656; vgl. hierzu auch Schlesinger, Burg, S. 302 f.; Ders., Randbemerkungen; vgl. auch im Zusammenhang mit dem hier erörterten Problemkreis den Aufsatz von Schulze, Mediävistik, S. 242 ff., S. 255 ff.

[3] Vgl. Köbler, Lexikon, S. XIII ff.; Kroeschell, Haus und Herrschaft, bes. S. 51; Munske, Rechtswortschatz, u. a. m.

[4] Schott, Leges-Forschung, S. 53: „Es handelt sich also einerseits um eine semantisch-positivistische, andererseits um eine quantifizierende Methode. Sie bedeutet zugleich einen weitgehenden Verzicht auf die Befragung anderer, wortspezifisch unergiebiger Quellen, wohl deswegen, weil diese vorzeitig zu einem Vorverständnis führen würden." Hier liegt die Problematik, die die ausschließliche Anwendung einer sprachwissenschaftlichen Methodik in der Rechtsgeschichte in sich birgt; vgl. zur Kritik: Schott (wie oben S. 54) und Dilcher, Rez. Köbler; D. Grimm, Rechtswissenschaft und Geschichte; Besprechung dazu: Wolter, Rechtswissenschaft; s. a. Podlech, Rechtslinguistik und Rieser, Sprachwissenschaft.

[5] Vgl. Wolter, Rechtswissenschaft oder beispielsweise die Diskussion zwischen Muhlack, Hermeneutik; Ders., Erkenntnistheorie und Faber, Historie; Schieder, Methodenprobleme; Heuss, Überrest und Tradition.

[6] Vgl. dazu die Begriffserklärung in Olberg, Freie, S. 19 ff.; vgl. auch Weidemann, Kulturgeschichte, S. 283; zum Gruppenbegriff Oexle, Gruppenverbindung, S. 31 ff.

[7] Vgl. zur Hermeneutik Gadamer, Wahrheit, bes. S. 250 ff. u. S. 361 ff.

[8] Koselleck, Standortbindung, S. 19 u. S. 45 f.

ständnis von einem neuen Standort zu korrigieren"[9]. Beide Wege können helfen, das historische Verstehen, „das immer von der aktuellen Lebenserfahrung des Historikers, also von einem ‚Vorverständnis' seinen Ausgang"[10] nimmt, zu objektivieren und die Gefahr gering zu halten, daß Gegenwärtiges dem Vergangenen unterschoben wird. Vor diesem Hintergrund sollen volkssprachige Bezeichnungen untersucht werden, die sich im weiteren Sinn unter den Begriffen ‚Freie', ‚Halbfreie', ‚Unfreie' zusammenfassen lassen; denn gerade die Forschungsgeschichte zum Freiheitsbegriff, den Unfreiheitsbegriff eingeschlossen, im frühen Mittelalter spiegelt — Historiker wie z. B. Böckenförde, Hölzle, Hunke, Johannes Schmitt, Krause u. a. m.[11] konnten dies zeigen — zunächst die zeitgeschichtliche Bedingtheit, oder wie Faber sagt, „den lebenspraktischen Standpunkt des Historikers"[12] wider.

Für die historische Forschung des 18./19. Jahrhunderts, für Möser, Eichhorn, v. Savigny, J. Grimm, Welcker, Waitz, v. Maurer, v. Gierke, v. Roth, Heinrich Brunner, Heck, Wittich[13] u. a. galt als Grundlage des Staates eine genossenschaftliche Ordnung mit einem einheitlichen, staatstragenden Untertanenverband, den sogenannten Gemeinfreien. Adel wurde entweder erst für die spätere Zeit angenommen — bei Möser und v. Gierke z. B. wurde auch seine herrschaftlich-politische Funktion erkannt — während fast alle anderen Forscher Adel mehr durch Ansehen als durch größeres Recht ausgezeichnet sahen. Die Entstehung des Adels, deren Hauptzeugnisse die Schriften Cäsars und Tacitus' waren, wurde von Möser, Welcker, v. Roth als Verfallserscheinung, als Usurpation, als Auflösung der alten auf der germanischen Freiheit beruhenden „Staatsverhältnisse" angesehen; oder man nahm wie Eichhorn, v. Savigny, Waitz, Heinrich Brunner u. a. eine Adelskontinuität von der Germanenzeit her an, sprach dem Adel aber für die frühe Zeit jegliche herrschaftlich-politische Einflußnahme ab[14]. Diese Adelsvorstellungen beruhen nun

---

[9] FABER, Hermeneutik, Verstehen, S. 103; vgl. auch DERS., Geschichtswissenschaft, S. 83, 145 f., S. 221—248.

[10] FABER, Hermeneutik, Verstehen, S. 108 f.

[11] BÖCKENFÖRDE, verfassungsgeschichtliche Forschung; HÖLZLE, Freiheit; DERS., Bruch und Kontinuität; HUNKE, Germanische Freiheit; SCHMITT, Liberi Homines, der sich zu Beginn seiner Arbeit ausführlich mit der Gemeinfreien- und der Königsfreientheorie auseinandersetzt; KRAUSE, liberi; MÜLLER-MERTENS, Karl der Große; WERNLI, Gemeinfreie.

[12] FABER, Hermeneutik, Verstehen, S. 109. Vgl. hierzu und zu dem im folgenden angesprochenen Problemkreis: GRAUS, Verfassungsgeschichte, S. 530: „Das Geschichtsbild hängt nie nur von Zeitfaktoren ab, unter deren Einfluß der Historiker schreibt. Ich möchte die Vielfältigkeit der Faktoren, das Zusammenspiel von Veränderungen in der Quellenlage jeder Forschung, ihrer Methoden und den Leitbildern, nach denen sich die Forschung ausrichtet, am Beispiel der deutschen Verfassungsgeschichte illustrieren ..." Die Dissertation von FONTANA, Paradigma der Freien konnte in dieser Arbeit nicht mehr berücksichtigt werden. Siehe dazu die Rezension: OBLERG, Rez. FONTANA, Paradigma der Freien.

[13] MÖSER, Werke; EICHHORN, Staats- und Rechtsgeschichte; SAVIGNY, Rechtsgeschichte des Adels; GRIMM, Rechtsalterthümer; WELCKER, Adel; DERS., Stand; WAITZ, Verfassungsgeschichte; MAURER, Einleitung; DERS., Geschichte der Fronhöfe; DERS., Markenverfassung; GIERKE, Genossenschaftsrecht; ROTH, Feudalismus; DERS., Beneficialwesen; BRUNNER, Rechtsgeschichte; DERS., Nobiles; DERS., Ständerechtliche Probleme; HECK, Die Gemeinfreien; DERS., Standesgliederung; DERS., Übersetzungsprobleme; WITTICH, Grundherrschaft; DERS., Kultur; DERS., Freibauern.

[14] Vgl. auch BÖCKENFÖRDE, verfassungsgeschichtliche Forschung, S. 54 ff., und HUNKE, Germanische Freiheit, S. 4 ff.

auf den politisch-rechtlichen Gegebenheiten und wissenschaftlichen Voraussetzungen der eigenen Zeitgeschichte, auf der Eingebundenheit der Forscher in den historischen Kontext ihrer Zeit[15]. Bei Möser ist es einmal die unbewußte Orientierung an dem vernunftrechtlichen Sozialmodell, das Verständnis vom Gesellschaftsvertrag, das sein Mittelalter-Bild bestimmt. Nachhaltiger noch als dieses naturrechtliche Denken kommt bei Mösers Verfassungskonzeption die beginnende Trennung von Staat und Gesellschaft zur Geltung. Forschungen, besonders von Otto Brunner, haben bewußt gemacht, daß es sich bei diesem Auseinandertreten und Sichgegenübertreten von Staat und Gesellschaft um einen konkreten geschichtlichen Vorgang handelt, der sich in Europa nach Intensität und Schnelligkeit in den einzelnen Staaten verschieden, etwa von 1750 bis 1850 vollzogen hat[16]. Dieser Prozeß begann damit, daß Königtum und Territorialherren als die Wegbereiter des modernen Staates alle hoheitliche Herrschaftsgewalt zunehmend bei sich konzentrierten und monopolisierten, wodurch die zahlreichen konkreten Herrschaftsordnungen der ‚altständischen Gesellschaft' von innen her brüchig werden mußten. Sie schafften einen zentralen, bürokratischen Staat, der eine unmittelbare staatliche Herrschaftsbeziehung zu den Untertanen herstellte. Die eigenberechtigte Herrschaftsstellung der Stände wurde in den privaten, unpolitischen Bereich abgedrängt. Aus Herrschaftsständen wurden soziale Stände innerhalb einer einheitlichen Gesellschaft, die durch besondere rechtliche Qualifikation gekennzeichnet war. Dies alles vollzog sich in einer allmählichen Entwicklung, in deren Anfangsstadium Möser lebte. Lag bei Möser die Betonung der positiven Anknüpfungspunkte auf dem Gebiet der Gesellschaft — die isoliert, im Bereich ihres Hauses aber grundherrlich lebenden Landbesitzer führten durch genossenschaftliche Zusammenschlüsse zur Entstehung des Staates — so brachte eine weitergehende Trennung von Staat und Gesellschaft im 19. Jahrhundert eine deutliche Betonung des Staates, der im Königtum verwirklicht schien, und damit das Abdrängen des Adels in den privaten Bereich. Bei Möser, Eichhorn und auch v. Savigny bestimmten die Vorstellungen von der eigenen Wirklichkeit die Fragestellung und die Interpretationslinien, wohingegen die meisten ihrer Nachfolger wie z. B. Waitz, Grimm etc. hauptsächlich aus nationalen und politischen Gründen an die mittelalterliche Geschichte anknüpften[17] und sie zum Maßstab für ihre Gegenwart machten. „Die altgermanische genossenschaftliche Freiheit der ingenui und liberi erscheint somit bereits immer als Vorstufe der modernen staatsbürgerlichen Freiheit."[18] Für die Juristen v. Roth und Heinrich Brunner z. B. bestimmte der systematische Ansatz- und Bezugspunkt das Bild und die Erklärung mittelalterlicher Phänomene. Hier sind die Gemeinfreien, breite Masse und Kern des Volkes[19], endgültig zu neuzeitlichen Staatsuntertanen geworden, deren Freiheit hauptsächlich als Freizügigkeit und freie Berufswahl verstanden

[15] Böckenförde, verfassungsgeschichtliche Forschung, S. 33; Hunke, Germanische Freiheit, S. 36 ff. „Die Frage nach der Existenz und der Bedeutung einer priviligierten, Herrschaft über Freie übenden Adelsschicht wurde im Laufe des 19. Jahrhunderts zu einer Frage von nationaler Bedeutung für das Selbstbewußtsein eines liberalen Bürgertums, das in der Vergangenheit des eigenen Volkes zugleich Maßstäbe für die Gestaltung der politischen Gegenwart suchte." (S. 36).

[16] Brunner, Land und Herrschaft, S. 394 ff.; vgl. auch Conze, Staat, S. 1 ff.

[17] Vgl. Böckenförde, verfassungsgeschichtliche Forschung, S. 130.

[18] Hunke, Germanische Freiheit, S. 74 f.

[19] Vgl. Brunner, Nobiles, S. 261.

werden sollte. Man kann in diesen Ansichten das Leitbild eines vom Bürgertum mitgetragenen, durchorganisierten monarchistischen Staates erkennen. In dieses Bild paßte auch die schon für die Germanenzeit angenommene allgemeine Wehrpflicht. Alle Autoren des 19. Jahrhunderts sind in gewisser Weise einem romantischen Pyramidenbild vom Mittelalter verpflichtet[20]: Ihr Germanenbild knüpft an die Auffassung von einer germanischen Freiheit an, wie sie bereits im 15. Jahrhundert von den Humanisten in Abwehr kaiserlicher, dem römischen Recht entnommener Herrschaftsansprüche vertreten wurde, später wurde diese These von Hotman[21], Le Vassor[22] — einem Vertreter der französischen Fronde — und dem Grafen Boulainvillier zur Verteidigung der Adelsfreiheit fortgeführt[23]. Sie setzt sich ab gegen die romanistische These des Abbé Dubos[24]. Dieser Streit, der sich an der Germania des Tacitus entzündet hatte, wurde später von Montesquieu und einem Teil der Enzyklopädisten weitergeführt[25]. Besonders Paul v. Roth zeichnete sein Germanenbild in Ablehnung der von einer Hauptrichtung der französischen Forschung vertretenen Barbarentheorie von der Staatsfeindlichkeit der Germanen und der ihnen zuzuschreibenden Zerstörung der germanischen Ordnung[26]. Rückhaltlos positiv beurteilt werden hauptsächlich die Germanen und ihr genossenschaftliches Gemeinwesen. Herrschaftliche Momente, Feudalismuserscheinungen werden negativ bewertet, gelten als Verfall. Wirksam war für die ältere Lehre die Antithese Antike-Germanentum, was bei verschiedenen Forschern dazu führte, das Germanentum hervorzuheben, seinen staatstragenden, staatsaufbauenden Charakter herauszustellen.

Ein Wandel des Mittelalterbildes mußte sich anbahnen, als die Auffassung von der wichtigen Stellung eines mit autonomen Herrschaftsrechten ausgestatteten Adels immer mehr in der Wissenschaft vordrang. Dieses Mittelalterverständnis war in gewisser Weise eine Reaktion auf die Zeitumstände zu Beginn dieses Jahrhunderts. Der als schwach empfundenen Weimarer Republik sollte das Modell eines mächtigen, starken Adels-Staates entgegengesetzt werden, dessen Begründung aus dem Mittelalter abgeleitet wurde. „Adolf Waas war sich auch durchaus bewußt und sagte es ausdrücklich — er gewiß nicht aus politischer Beflissenheit —, daß gerade die Enttäuschung und Ernüchterung des liberalen Freiheitsoptimismus, ‚die bittere Erfahrung der Lebensunsicherheit des einzelnen in einem schwachen Staate ... in den Krisenjahren vor der Machtergreifung' (wie er sich ausdrückt), erst wieder das Verständnis geweckt habe für den alten deutschen Freiheitsgedanken ..."[27] Das mußte eine grundsätzlich andere Auffassung vom Sozialaufbau hervorrufen, von Herrschaft überhaupt, zu der ein zum König in gleichartigen Rechtsbeziehungen stehender Untertanenverband nicht passen konnte[28]. Hier wird die Bildung des

---

20 Stadelmann, Mittelalterauffassung, S. 51.

21 Hotman, Francogallia.

22 Le Vassor, Les Soupirs.

23 Boulainvillier, la noblesse de France.

24 Dubos, Histoire critique.

25 Montesquieu, Pensées; vgl. Hölzle, Freiheit, S. 105 ff.

26 Vgl. Roth, Feudalismus; Ders., Beneficialwesen; Ders., bayr. Volksrecht; Zur „Barbarentheorie" z. B.: Guizot, Histoire de la civilisation. Vgl. zur französischen Adelsforschung den Überblick bei Werner, Adel, Sp. 119 f.; vgl. auch Graus, Verfassungsgeschichte, S. 530 ff.

27 Grundmann, Freiheit, S. 29 f.; Sontheimer, Deutschland, S. 95 ff.

28 Vgl. auch Kroeschell, Haus und Herrschaft, S. 17 ff. und 45 ff.

Staates durch gesellschaftliche Gruppen wie vor allem durch den Adel bzw. die Königsfreien angenommen[29]. Eigentlich staatstragend war der Adel, der mit eigenen herrschaftlichen Rechten ausgestattet war. Vereinfacht skizziert gab es nach dieser Lehre einen Uradel — wobei Otto, Waas, Mitteis, Mayer, Bosl[30] je mit unterschiedlichem Gewicht auch an die Dienstadelstheorie Eichhorns anknüpften. Alle hielten daran fest, daß es so etwas wie einen Kreis von Männern gegeben habe, die sich durch besondere Merkmale auszeichneten, die sie aus germanischer Zeit ererbt hätten, wie z. B. das Recht auf Herrschaft. Die Verfassung sei durch adelige und sonstige Sippenverbände, durch Gefolgschaften, die aus adeligen und freien Männern bestanden hätten, und durch Grundherrschaften mit Knechten und unfreien Bauern bestimmt gewesen[31]. Da eine genossenschaftliche Ordnung weitgehend geleugnet wurde, geriet bei den in den Quellen erwähnten „Ämtern" wie dem Grafen- und Duxamt die Anknüpfung an Institutionen der Römerzeit ins Blickfeld[32]. Eberhard F. Otto[33] war einer der ersten, der im Frühmittelalter nicht die Gemeinfreiheit, sondern den Adel als die Grundlage staatlichen Lebens herausstellte. Er betonte die adelsbildende bzw. -umformende Rolle des Königs und rückte damit wieder in die Nähe der Dienstadelstheorie Eichhorns. Adolf Waas[34] stellte fest, daß es eine Volksfreiheit im Sinne des Fehlens aller herrschaftlicher Gebundenheit wahrscheinlich nie gegeben habe. Er unterschied zwischen einer seit jeher vorhandenen ständisch-volksrechtlichen Freiheit und einer durch die Muntherrschaft des Königs gestalteten königsgebundenen Freiheit. Eine Sonderstellung nähme in diesem Standessystem der Adel ein, den Waas als eine Schicht definiert, die aufgrund eigenen Rechts auf eigenem Boden lebt und hier Herrschaftsrechte ausübt; dieser Adel sei jedoch nach unten hin offen gewesen. Schon zu tacitäischer Zeit müsse man — so Waas — von aristokratischer Herrschaft, bestenfalls mit Ansätzen demokratischer Gemeinschaft sprechen. Heinrich Dannenbauer[35] verstand die Welt des Mittelalters als eine durch und durch aristokratische, in der Staat, Gesellschaft und Kirche vom Adel beherrscht wurden und der König selbst nur die Rolle des primus inter pares spielte. Auch Heinrich Mitteis[36] nahm eine Kontinuität des Adels von germanischer zu fränkischer Zeit an. Er sah im fränkischen Adel sowohl königlichen Dienstadel als auch unter dessen Deckmantel Reste alten Volksadels, der durch die Eroberung näher an das Königtum herangeführt worden sei. Hauptsächlich der Rechtsgrund der Adelsbildung habe sich geändert, und vorübergehend seien einige Elemente vorfränkischer Adelsherrschaft überdeckt

---

29 Vgl. Dilcher, Gemeinfreie, Sp. 1514.

30 Vgl. Otto, Adel; Waas, Herrschaft; Ders., Freiheit; Mitteis, Adelsherrschaft; vgl. Th. Mayer, Studien; Bosl, Staat; Ders., Freiheit; Ders., Frühformen; weitere Vertreter der „herrschenden Lehre": vgl. die Beiträge in der Sammlung Dannenbauer, Grundlagen; Ders., Nationalsozialismus; Ders., Altertum; Fehr, Rechtsgeschichte; Ders., Freiheitsbegriff; Schlesinger, Landesherrschaft; Ders., Beiträge Verfassungsgeschichte u. a. m.

31 Vgl. Bosl, Die alte deutsche Freiheit (Ders., Frühformen, S.204—219) S. 204ff. und Ders., Herrscher und Beherrschte im deutschen Reich des 10.—12. Jh. (siehe ebenda, S. 135—155).

32 Vgl. für die These einer Kontinuität seit der Römerzeit: Strohecker, senatorischer Adel.

33 Otto, Adel.

34 Waas, Herrschaft; Ders., Freiheit.

35 Dannenbauer, Grundlagen; Ders. Altertum.

36 Mitteis, Adelsherrschaft.

worden: Zu diesen Elementen zählt Mitteis die Immunität des adeligen Besitzes und das in der adeligen Kirchenherrschaft sich äußernde Charisma des germanischen Adels. Nicht zuletzt durch den Einfluß der faktischen Erblichkeit des geschenkten Königsbesitzes sei es bald wieder zu Erblichkeit und zu einem rechtlich anerkannten Geburtsadel gekommen. Theodor Mayer[37] stellte der Unmittelbarkeit jedes freien Untertanen zum Staatsoberhaupt, wie sie die ältere Lehre postuliert hatte, die Lehre vom vielschichtigen, pyramidenförmigen Aufbau, die aristokratische Form des Personenverbandstaates, gegenüber, in dem der Adel neben dem König staatliche Rechte von sich aus besaß. Für die Franken allerdings nahm er später ein stärkeres Königtum an, das die ältere ständische Gliederung aufgehoben habe. Der Adel sei bei den Franken als staatstragende Schicht vernichtet gewesen, an seine Stelle sei ein mehr oder weniger ausgedehnter Stand von Staatsuntertanen getreten: die Königsfreien — die *leudes* — anfänglich unfreie Königsdiener und Königsgefolgschaft. Über ihnen habe es die Antrustionen als neuen vom König durch Wergeld herausgehobenen Adel ohne eigene Herrschaftsrechte gegeben. Die breitere Schicht der Königsfreien bildete allerdings nicht wie in der älteren Lehre die Masse des Volkes, sondern eine bereits gehobene Schicht, aus der die Merowinger und Karolinger ihre Vasallen und Lehnsleute nahmen. Der Ausdruck Königsfreie wurde von Mayer geprägt. Er selbst bringt sie aber in Verbindung zu den Liten. Hauptsächlich Dannenbauer hatte sich für die Freiheit der Königsfreien ausgesprochen. Karl Bosl, der wie Dannenbauer und Mayer Vertreter der Lehre von den Königsfreien ist, faßte die Königsfreien schließlich so eng, daß er in ihnen gehobene Unfreie sah, Angehörige einer Schicht, die durch „freie Unfreiheit" gekennzeichnet war[38]. Alle Vertreter der Königsfreienlehre konnten sich jedoch im wesentlichen auf die folgende Definition einigen: „Die Königsfreien sind, wie man weiß, Leute, die auf Königsland sitzen, persönlich frei, doch in der Verfügung über ihr Eigen beschränkt und dem König zu Dienst und Abgaben, dem Königszins verpflichtet, vor allem aber zu Kriegsdienst und anderen Aufgaben militärischer Art ..."[39] In bezug auf Adel macht Bosl einen exakten Unterschied zwischen Geblüts- und Dienstadel. In merowingisch-fränkischer Zeit sieht er die Form des Dienstadels fast idealtypisch gegeben, wenn er sich auch — so räumt Bosl ein — aus altem Geblütsadel rekrutiert habe. Dieser neuen Lehre erschien „der im 19. Jahrhundert erarbeitete historische Freiheitsbegriff" „nunmehr als bloße Reproduktion der eigentlichen bürgerlich-liberalen Freiheitsidee"[40]. Auch Böckenförde[41] sieht die Gemeinfreien als reine Fiktion der rechts- und verfassungsgeschichtlichen Forschung des 19. Jahrhunderts und vertritt selbst die Vorstellung von den Königsfreien. Für diese Historiker des 20. Jahrhunderts war es nicht mehr ausschließlich, wie für die des 19. Jahrhunderts, ein Anliegen, das Mittelalter als Vorbild herauszustellen oder, wie bei den Franzosen, als Abschreckung abzutun. Ihr Interesse am Adels- und Freiheitsproblem war

---

[37] Vgl. Th. Mayer, Studien.

[38] Bosl, Staat; Ders., Frühformen etc.

[39] Dannenbauer, Königsfreie, S. 330; vgl. auch Th. Mayer, ‚Die Königsfreien', S. 18 f., 40 f.

[40] Schott, Leges-Forschung, S. 50.

[41] Vgl. Böckenförde, verfassungsgeschichtliche Forschung, S. 26, Anm. 21; vgl. auch Krause, Königsfreie Sp. 1031 u. Ders., liberi, S. 44. Zu Böckenförde, verfassungsgeschichtliche Forschung, siehe Graus, Verfassungsgeschichte, S. 537, Anm. 21.

zudem noch ein vermitteltes: Es war sozusagen eine Kritik an der Freiheitsauffassung des 19. Jahrhunderts, das Absetzen gegenüber der Übertragung einer bürgerlich-liberalen und nationalistischen Freiheitsidee ins Mittelalter, indem man einen herrschaftlichen Staatsaufbau im Gegensatz zu einem genossenschaftlichen annahm und in der zugespitzten Form von „freier Unfreiheit" (Bosl) sprach.

„Dieses Bild vom Mittelalter schien sich aus dem neuartigen Verständnis seines Freiheitsbegriffs zu ergeben oder zu bestätigen"[42], so stellt Grundmann 1957 fest. Er führt aus, daß der Freiheitsbegriff der Königsfreienlehre sich auf der „Enttäuschung und Ernüchterung des liberalen Freiheitsoptimismus" gründet und damit die Sehnsucht nach Einbindung des Einzelnen in das Gesamte, nach einer Verbindung von Schutz und Freisein ausdrückt[43]. Sehr weit geht der liberale Verfassungshistoriker Wernli, der den Vertretern der Königsfreienlehre eine nationalsozialistische Weltanschauung vorwirft: „Man machte deshalb den germanischen Staat zu einem Führerstaat und knechtete auch das germanische Volk. Und wo die Leugnung der Freiheit gänzlich unmöglich war, ließ man sie den Geführten durch die Gnade der Führer zukommen, wodurch die Begnadeten zu Rodungsfreien und Militärsiedlern wurden."[44] Hildburg Hunke zeigte demgegenüber, daß die Vorstellung von einer Verfassung, „in der die königliche Gewalt mit starken eigenberechtigten adeligen Gewalten" konkurrieren mußte, eigentlich nicht „als Muster eines ‚Führerstaates' gelten"[45] konnte. Neben der Kritik an den weltanschaulichen Grundlagen der Königsfreientheorie[46] wurden hauptsächlich „Verallgemeinerungen oder unrichtige Einzelergebnisse"[47] angegriffen. Fritz Wernli[48] und auch Hans K. Schulze z. B. wandten sich dagegen, daß Siedlung auf Königsland, Rodung, Heeresdienst zwangsläufig zur Freiheit geführt hätten, Schulze sieht es als nicht nachweisbar an, für das frühe Mittelalter „eine spezielle Form der rechtsständischen Freiheit ... durch Rodung, Siedlung, Heeresdienst oder Königsdienst ..."[49] anzunehmen. Friedrich Lütge verwies auf die Teilnahme auch Altfreier an der Rodung und Neubesiedlung seit dem frühen Mittelalter und warnte wie auch Schlesinger[50] – selbst ein Vertreter der Königsfreientheorie – vor der Überbetonung der herrschaftlichen Elemente. Einer der Hauptangriffspunkte war auch die Gleichsetzung von Königsfreien und Liten, gegen die sich Buchner[51] wandte, bzw.

---

42 Grundmann, Freiheit, S. 29.

43 Ebenda, S. 29 f.; vgl. auch Deisenroth, Deutsches Mittelalter, S. 122 f.

44 Wernli, Bauernfreiheit, S. 7 ff. (Einleitung); vgl. auch W. Schneider, „Adelsherrschaft".

45 Hunke, Germanische Freiheit, S. 130 ff., Zit. S. 139 f.

46 Vgl. auch Müller-Mertens, Karl der Große, S. 35–39.

47 Vgl. die ausführliche Darstellung der Kritik an der Königsfreientheorie bei Hunke, Germanische Freiheit, S. 124–143, Zit. S. 124 und auch Schmitt, Liberi Homines, S. 36–41; Müller-Mertens, Karl der Große, S. 31 ff.; es sollen im folgenden deshalb nur wenige Arbeiten besprochen werden, wobei ausführlicher auf Autoren eingegangen werden soll, die in den oben genannten Untersuchungen nicht erwähnt sind.

48 Wernli, Bauernfreiheit, S. 13 f.

49 Schulze, Rodungsfreiheit, S. 549.

50 Vgl. Lütge, Freiheit; Ders., Studien Sozial- und Wirtschaftsgeschichte; vgl. Schlesinger, Bemerkungen und Zusätze, S. 337, Anm. 35.

51 Vgl. Buchner, Wesenszüge, S. 250.

die Herleitung der Königsfreiheit aus der Unfreiheit (Th. Mayer), die Liver[52] kritisierte.

Aus der wissenschaftstheoretischen Position des marxistischen Materialismus untersuchte Eckhard Müller-Mertens[53] die fränkischen Kapitularien in bezug auf die *liberi* und *Franci homines*. Im Gegensatz zu den Vertretern der Gemeinfreien- wie der Königsfreientheorie verzichtete Müller-Mertens auf die „Generalisierung einzelner Erkenntnisse und damit auf den Entwurf eines umfassenden Verfassungsbildes ... Dementsprechend liegt der unbestreitbare Fortschritt in der Untersuchung des Freienproblems durch die Arbeit von Müller-Mertens vor allem in der Klärung dessen, was auf Grund der konkreten Aussage der Kapitularien als gesicherter Forschungsstand angesehen werden kann"[54]. Die Ergebnisse, die die Königsfreienlehre in bezug auf Militärkolonisten und Rodungsfreie in der fränkischen Zeit erbracht hat, konnte Müller-Mertens anhand der Kapitularien — besonders für die spanischen Aprisionäre — bestätigen[55]. Von dieser Gruppe abgesehen konnte er aber keine weiteren Belege für echte Militärkolonisten finden. Darüber hinaus stellt Müller-Mertens fest, daß „nicht überall dort, wo Königszins gezahlt wurde", auch „,Königsfreie' zu lokalisieren" sind[56]. Er sieht die *liberi* „durch einen grundsätzlich gleichen Rechtsstand und im Prinzip gleiche Pflichten gegenüber dem König verbunden" (Heeresdienst, Landwehr, Teilnahme am Ding), hält sie jedoch nicht für eine „einheitliche soziale Gruppe"[57]. Müller-Mertens verwehrt sich dagegen, diese Ergebnisse unbesehen auf andere zeitliche und regionale Gegebenheiten auszudehnen und lehnt es auch ab, aufgrund der anhand der Kapitularien gewonnenen Erkenntnisse über die *liberi*, allgemeine Aussagen über die Sozialstruktur des Frankenreiches zu machen[58]. Methodisch ähnlich — „nämlich die großen Quellengruppen der fränkischen Periode daraufhin nüchtern durchzuprüfen, was sie über die Art der von ihnen unentwegt ausgesprochenen liberi selber erkennen lassen"[59] — geht Hermann Krause anhand der Lex Baiwariorum vor. Auch er stellt auf der einen Seite die soziale Heterogenität der *liberi* und auf der anderen einen „unveränderten Rechtsinhalt des Begriffs" und die scharfe Abgrenzung zu den *servi* fest[60]. Für das alemannische Recht kommt Gerhard Köbler[61] zu analogen Aussagen.

---

52 Vgl. LIVER, Rez. Problem der Freiheit, S. 376 ff.

53 Vgl. MÜLLER-MERTENS, Karl der Große; vgl. auch HUNKE, Germanische Freiheit, S. 143: „Der eigentliche Grund der entschiedenen Ablehnung, die die Königsfreienlehre durch Müller-Mertens erfährt, liegt dementsprechend auf weltanschaulichem Gebiet ... Die liberi erscheinen bei Müller-Mertens als Nachfahren der ,freien Kriegerbauern der Landnahmezeit', soweit sie in Abhängigkeitsverhältnissen stehen, wird dies als Ergebnis eines auf sozialrevolutionären Ursachen beruhenden Feudalisierungsprozesses begriffen. Auch bei Müller-Mertens haben somit allgemeine Vorstellungen über Art und Verlauf des geschichtlichen Prozesses die Funktion, die Lücken in den geschichtlichen Quellen auszufüllen."

54 HUNKE, Germanische Freiheit, S. 127.

55 Vgl. MÜLLER-MERTENS, Karl der Große, S. 65.

56 Ebenda, S. 77.

57 Ebenda, S. 60 u. a. S. 88.

58 Vgl. ebenda, S. 59.

59 KRAUSE, liberi, S. 49.

60 Ebenda, S. 69.

61 KÖBLER, Die Freien.

Vor dem Hintergrund dieser Untersuchungen faßt Claudieter Schott zusammen: „Der Stand der Freien konnte somit ,Gemeinfreie' wie ,Königsfreie' umfassen"[62].

Im Anschluß an Heck und Lintzel haben sich Wenskus, Irsigler und Grahn-Hoek[63] mit dem Terminologieproblem und damit verbunden mit dem Problem, daß bestimmte Begriffe wie Adel immer auch Vorstellungen der gegenwärtigen Zustände implizieren, beschäftigt. Wenskus entschied sich zu einer möglichst allgemeinen Adelsdefinition und versteht unter Adel „... Personengruppen erhöhten gesellschaftlichen Ansehens, die dieses Ansehen vor allem ihrer Geburt verdanken"[64]. Obwohl er sich von der Definition eines Adels im Rechtssinne löst, kann Heike Grahn-Hoek nachweisen, daß auch bei ihm das Kriterium des Rechts in seine Adelsvorstellung gehört[65]. Irsigler setzt sich von solchen Definitionsversuchen mit folgenden Worten ab und macht damit aber deutlich, daß auch er eine ganz feste Vorstellung von Adel hat: „Im Gegensatz dazu wird in der vorliegenden Arbeit kein vorgefaßter Adelsbegriff zugrunde gelegt. Es ist vielmehr zunächst zu fragen, ob es im 5. und 6. Jahrhundert innerhalb des fränkischen Freienstandes eine deutlich herausgehobene Schicht gab, wie sie sich von den übrigen Freien unterschied, ob wirtschaftlich, sozial oder rechtlich, ob sie ein spezifisches Standesbewußtsein besaß und worauf es sich stützte"[66]. Die 1969 erschienene Arbeit von Irsigler steht wieder stärker in der Tradition der „Königsfreienlehre"[67]. Irsigler nimmt wie die meisten anderen Forscher eine Adelskontinuität von den Germanen bis zu den Franken an und wendet sich gegen die Ausrottungstheorie sowie auch gegen die Annahme von der Adelsfeindlichkeit Chlodwigs. Im 6. Jahrhundert sieht er innerhalb der fränkischen Bevölkerung eine politisch, wirtschaftlich und sozial klar abgehobene Führungsschicht, die er aufgrund der ihr zugeschriebenen Eigenschaften, Funktionen und der Lebensweise schon in dieser Zeit als Adelsstand kennzeichnet. Geburt in eine höhere privilegierte, angesehene Familie, nicht vom König abgeleitete Herrschaftsrechte, machten die Zugehörigkeit zu diesem Adel aus. Der Adel übte Herrschaft über eigenes Land und eigene Leute aus und hatte die Möglichkeit, über den Bereich der engeren hausherrlichen Gewalt hinaus, freie Gefolgsleute an sich binden zu können (*leudes* = Gefolgsherren). Ein neu geschaffener Dienstadel war nach Irsigler die Ausnahme; Königsdienst habe dem alten germanischen Geburtsadel in der Hauptsache zur Erlangung von Ansehen, Macht und königlichen Schenkungen gedient. Bereits im 6. Jahrhundert habe der Adel zur Abschließung nach unten tendiert. Heike Grahn-Hoek löst das Problem der Adelsdefinition, indem sie sich statt für Adel für die Bezeichnung Oberschicht

---

[62] Schott, Leges-Forschung, S. 51; Ders., Freiheit und Libertas; vgl. auch Olberg, Artikel ,Freie'.

[63] Vgl. Heck, Übersetzungsprobleme; Lintzel, Stände, S. 316, 318, 321, 352, 357, 379; Wenskus, Amt, S. 40–56; Irsigler, frühfränkischer Adel; Grahn-Hoek, fränkische Oberschicht.

[64] Wenskus, Amt, S. 43.

[65] Grahn-Hoek, fränkische Oberschicht, S. 16 f.

[66] Irsigler, frühfränkischer Adel, S. 38.

[67] Vgl. auch Schulze, Reichsaristokratie, S. 368, Anm. 23: „Franz Irsigler, Freiheit und Unfreiheit im Mittelalter, Formen und Wege sozialer Mobilität (Westf. Forschungen 28, 1976/77, S. 1–15) hält die von mir vorgetragene Kritik an der Lehre der Königsfreiheit für weit überzogen. Meine Argumente sind allerdings nicht dadurch zu entkräften, daß einfach behauptet wird, diese oder jene Leute seien doch ,Königsfreie' gewesen."

entscheidet, die eher Raum für eine Beobachtung von z. B. Mobilität und sozialer Offenheit läßt. Sie vertritt die These von der Neubildung einer Schicht von reichsfränkischen Großen aufgrund einer Änderung innerhalb der Verfassung von einem Heer- und Kleinkönigtum der Franken zum Großkönigtum einerseits und aus dem Zusammentreffen mit den romanischen Verfassungselementen in Gallien andererseits. Trotz der Einführung des Oberschichtenbegriffs ist die Arbeit Grahn-Hoeks — anders als die von z. B. Irsigler und Wenskus — von einem überwiegend rechts- bzw. verfassungshistorischen Verständnis geprägt. Schichtentheoretische Überlegungen finden sich nur in Ansätzen: Indem der Oberschichtenbegriff mit dem gleichen methodischen Stellenwert wie die Begriffe Adel und Freie gebraucht wird, übersieht die Verfasserin, daß diese Termini unterschiedlichen Bezugsebenen angehören: Der Schichtenbegriff zielt ab auf eine hierarchische, soziale Differenzierung, die über die rechtsständische Klassifikation hinausgehend explizit gesellschaftliche Ordnungskriterien einbezieht und somit eine Ergänzung, aber kein Ersatz für die rechtsständischen Begriffe Adel und Freiheit sein kann[68]. Diese drei Arbeiten wie auch die 1977 erschienene Dissertation von Johannes Schmitt[69] unterscheiden sich schon in der viel breiteren Quellenbasis, die auch erzählende Quellen, Formulae, Urkunden, Traditionsbücher, Güterverzeichnisse etc. miteinbeziehen, von den Untersuchungen Müller-Mertens und Krauses und wollen — vielleicht mit Ausnahme Grahn-Hoeks — bewußt einen anderen Weg gehen als die älteren, hauptsächlich rechts- und verfassungsgeschichtlichen Arbeiten. Schmitt läßt erstaunlicherweise die Leges völlig unberücksichtigt. Ein Ergebnis seiner Arbeit, die Gemeinfreienlehre, wie auch die Königsfreienlehre seien jeweils in Abhängigkeit zu einer bestimmten Quellenbasis entstanden, — die erstere aufgrund der Leges und Kapitularien, die zweite aufgrund der Urkunden — trifft, wie Schulze feststellt, nicht ganz zu, „denn die Vertreter der klassischen deutschen Rechts- und Verfassungsgeschichtsforschung haben natürlich auch die urkundliche Überlieferung gekannt, und manche Gelehrte der neueren Richtung haben Volksrechte und Kapitularien durchaus im Sinne der Königsfreientheorie uminterpretiert"[70]. Wenn Schulze auch den alleinigen Grund für die Entstehung der beiden Theorien in den unterschiedlichen Zeiterfahrungen und historischen Grundauffassungen sehen möchte, so meine ich doch, daß der quellenkritischen Betrachtung Schmitts ein starkes Gewicht zukommt, zumal besonders die ältere Forschung leicht außer Acht gelassen hat, daß die einzelnen Quellengruppen nur jeweils einen „Ausschnitt des tatsächlich gewesenen Rechtslebens"[71] darstellen konnten und die daraus gewonnenen Ergebnisse nicht ohne weiteres verallgemeinerungsfähig waren. Auch Schmitt stellt die Heterogenität der *liberi* fest, die er in den Quellen als Vasallen des Königs, der Äbte, Bischöfe, als Siedler auf Königsland, als in einem Präkarieverhältnis zu

[68] Vgl. auch die Besprechung zur Untersuchung v. Grahn-Hoek von: Zotz, Adel, S. 4 ff. u. 20; Störmer, Rez. zu Grahn-Hoek.

[69] Vgl. Schmitt, Liberi Homines; Hartmann, Rez. Schmitt, S. 309: „... wird in dieser Trierer Dissertation noch einmal das ganze Quellenmaterial ausgebreitet, das zu Aussagen über die Sozialstruktur der frühma. Gesellschaft herangezogen werden muß."

[70] Schulze, Reichsaristokratie, S. 363 f.

[71] Schmitt, Liberi Homines, S. 48.

weltlichen und kirchlichen Grundherrschaften Stehende und auch in grundherrlichen Freigelassenen wiederfindet[72].

Eine Neuorientierung brachten auch andere Arbeiten wie die von Karl Hauck, Friedrich Prinz, František Graus[73] u. a., die zur Frage des Adelsproblems nicht rechtliche, sondern kultische, hagiographische und erzählende Quellen heranzogen[74]. Kritik an der Königsfreienlehre kam auch von Landeshistorikern wie Skerhutt, Hömberg, Tabacco, Sprandel u. v. a. m.[75], ihre Spezialuntersuchungen führten zu einzelnen Ergebnissen, die sich mit der Königsfreientheorie nicht vereinbaren lassen. Daneben wurde auch von der landesgeschichtlichen Forschung – etwa in Arbeiten von Reinhard Wenskus, Wilhelm Störmer, Josef Sturm, Michael Gockel, Gottfried Mayr, Hans Jänichen, Michael Mitterauer.[76] das Adelsproblem unter Einbeziehung genealogisch-prosopographischer Methoden angegangen. Diese Untersuchungen ließen die räumlich bedingten Unterschiede deutlich werden, und sie zeigten, daß ein mit Vorrechten ausgestatteter, als Geburtsstand zu begreifender und nach unten abgeschlossener Adel erst im hohen und späten Mittelalter deutlich faßbar wird, „während im zehnten Jahrhundert Hinweise auf derartiges nur in bestimmten Landschaften anzutreffen"[77] waren. „Einen nachhaltigen Einfluß auf die Fortentwicklung der prosopographischen Adelsforschung übte Gerd Tellenbach mit seinem Aufsatz über den karolingischen Reichsadel und den deutschen Reichsfürstenstand aus."[78] Die Arbeiten Tellenbachs und seiner Schüler[79] konnten darüber hinaus die Basis der frühmittelalterlichen Quellen für die Frage nach der Existenz und Verbreitung von Adel um das umfängliche personengeschichtliche Material (Verbrüderungsbücher, Nekrologien) erweitern. Gerd Tellenbach definiert Adel als Geburtsstand. „Als solcher ist er durch rechtliche Eigenschaften ausgezeichnet, die

---

72 Vgl. ebenda S. 47 ff.; vgl. Hartmann, Rez. Schmitt, S. 309 f.

73 Vgl. z. B. Hauck, Haus- und sippengebundene Literatur; Prinz, geistige Kultur des Mönchtums; Graus, Volk, Herrscher und Heiliger.

74 Vgl. hierzu und zum Folgenden auch: Störmer, Früher Adel, Bd. 1, S. 1 ff. Zur Einordnung der Arbeit von Störmer vgl. auch: Heinzelmann, La noblesse.

75 Vgl. Skerhutt, Ständebegriff; Hömberg, westfälische Freigrafschaften; Tabacco, I liberi; Sprandel, Kloster; Jarnut, Studien u. v. a. m.

76 Vgl. Wenskus, Stammesadel; Störmer, Schäftlarn; Ders., Adelsgruppen; Sturm, Anfänge; Gockel, Königshöfe; Ders., Rodung und Siedlung; Mayr, Studien zum Adel; Jänichen, Baar und Huntari; Mitterauer, Markgrafen; vgl. auch Bosl, Franken; vgl. auch Sprandel, Kloster u. v. a. m.

77 Fichtenau, Lebensordnungen, 1. Halbbd., S. 185; vgl. auch Parisse, Les chanoinesses, S. 126, zu den sächsischen Adelsstiftungen, die die Tendenz der Abschließung nach unten zeigen.

78 Schulze, Reichsaristokratie, S. 354; siehe Tellenbach, Reichsadel.

79 Vgl. z. B. Tellenbach, Reichsadel; Ders., Personenforschung; Ders., (Hg.) Studien und Vorarbeiten, mit Beiträgen von Gerd Tellenbach, Franz Vollmer, Joachim Wollasch, Karl Schmid, u. a.; Schmid, Problematik; Ders., Struktur des Adels; Ders., Adel und Reform; Ders., Gemeinschaftsbewußtsein; Ders., Person und Gemeinschaft; Ders., Programmatisches; Josef Fleckenstein, Grundlagen; Ders., Herkunft der Welfen; Schmid – Wollasch, Societas et Fraternitas; Joachim Wollasch, Gemeinschaftsbewußtsein; Ders., Mönchtum; Hlawitschka, Franken; Ders., Anfänge Habsburg Lothringen; Oexle, Bischof Ebroin. Ähnliche Ergebnisse erzielten auch Arbeiten französischer u. belgischer Forscher wie Duby, La Société; Robert Fossier, La terre; vgl. Oexle, ‚Wirklichkeit' und auch die Literaturübersicht bei Martindale, French aristocracy; Genicot, La noblesse u. a. m. Die meisten französischen Forscher sprechen von Adel jedoch erst ab dem 11. und 12. Jahrhundert, so besonders Bloch, société féodale.

seinen Angehörigen zukommen und sie eben zu einer Klasse zusammenschließen."[80] Doch soll Adel nicht so sehr unter ständerechtlichen Gesichtspunkten als vielmehr im lebendigen Fluß des historischen Geschehens untersucht werden. Noch stärker als die rechts- und verfassungshistorische Forschung basiert die Personengeschichtsforschung jedoch auf der Annahme von der Existenz eines frühen Adels. Denn nur unter dieser Voraussetzung lassen sich einzelne Adelsgeschlechter, -gruppen und deren politische, soziale, wirtschaftliche Bedeutung sowie ihre verwandtschaftlichen Verflechtungen untersuchen[81].

In den letzten Jahren haben sich verstärkt Historiker, Rechtshistoriker und Sprachwissenschaftler[82] mit den Leges[83] befaßt. Die jüngeren Arbeiten[84] lassen sich bei der Interpretation und Zuordnung von ‚Freiheit' und ‚Freien' zumeist von dem rechtlich- und sozial-normierten Kontext der Leges leiten und betrachten die ‚Freien' — gemäß zeitgenössischer Betrachtungsweisen sozialer Zusammenhänge — unter Anwendung rechtsständischer und soziologischer Analysekategorien wie Stand, Schicht, Klasse, Gruppe[85]. Ergebnis der Untersuchungen ist ein heterogenes Bild von den Freien, das Bild eines sowohl nach Abschließung tendierenden, wie auch eines nach unten wie oben offenen Standes. Wie eng der Freiheitsbegriff, auch bezogen auf die

---

[80] TELLENBACH, Reichsadel, S. 23.

[81] SCHULZE, Reichsaristokratie, S. 369: „Dabei wird offenbar grundsätzlich davon ausgegangen, daß die Personen, die Schenkungen an Bistümer und Klöster vornehmen, alle dem gleichen Stand, nämlich dem Adel angehören. Allodialer Grundbesitz und adlige Standesqualität werden von den meisten Forschern als korrespondierende Phänomene aufgefaßt. Dabei wird nicht immer klar, welche Vorstellungen die Autoren mit dem Begriff des Adels eigentlich verbinden. Zunächst muß einmal festgehalten werden, daß es sich bei dem Personenkreis, mit dem sich die moderne ‚Adelsforschung' beschäftigt, nicht etwa um ‚eine kleine Schicht adeliger Grundherrn' oder um ‚eine hauchdünne Elitenschicht' gehandelt haben kann, sondern um eine Bevölkerungsgruppe, von der wir allein aus den Quellen des 8. und 9. Jhs. Zehntausende von Angehörigen kennen. Natürlich ist die Frage, ob man diese Schicht als ‚Adel' bezeichnen kann oder nicht, kein quantitatives, sondern ein qualitatives Problem." Vgl. zur „Neuinterpretation der Verfassung" aufgrund veränderter Zeitumstände, Methoden, neuer technischer Möglichkeiten (Elektronik), bewußter Absetzung gegen alte Forschungsergebnisse etc. auch GRAUS, Verfassungsgeschichte, z. B. S. 562 ff.

[82] Vgl. z. B. SCHMIDT-WIEGAND, Alemannisch und Fränkisch in Pactus und Lex Alamannorum; DIES., „Bauer" in der Lex Salica; DIES., Bezeichnungen; DIES., Dorf nach den Stammesrechten; DIES., druht und druhtin; DIES., Fälschung; DIES., Gens francorum; DIES., Geschichte; DIES., Glossen; DIES., Interferenz; DIES., kritische Ausgabe; DIES., Marca; DIES., Rechtsquellen; DIES., Sali; DIES., Stammesrecht; DIES., Untersuchungen u. v. a. m.; NEHLSEN, Sklavenrecht; KOTTJE, Lex Baiuvariorum; KAUFMANN, Quod paganorum tempore observabant; SCHOTT, Beiträge; DERS., Recht und Gesetzgebung; SCHÜTZEICHEL, Staffulus regis; DERS., Lex Ribuaria; vgl. auch DERS., Erforschung; OLBERG, Freie; DIES., Leod.; WEBER, ‚liber — ingenuus'; S. WEBER, Stellung der Freien; S. WEBER, strafrechtliche Bestimmungen, S. 51 u. a.

[83] Vgl. SCHULZE, Reichsaristokratie, S. 371: „Ihre quellenkritische Aufarbeitung bereitet Schwierigkeiten und ihre Interpretation wird in vielen Punkten immer strittig bleiben, aber die neuerdings in Mode gekommenen Versuche, ihre Aussagen durch den Hinweis auf die Abhängigkeit vom spätantiken Vulgarrecht zu eliminieren oder umzudeuten, sind so lange ohne wissenschaftlichen Wert, wie diese Einflüsse nicht im einzelnen aufgezeigt werden." Vgl. auch die forschungsgeschichtlichen Überblicke bei: SCHNEIDER, Frankenreich, S. 126 ff.; BEYREUTHER, liberi/ingenui der Leges barbarorum, S. 267 ff.

[84] Vgl. z. B. WEBER, ‚liber — ingenuus'; OLBERG, Freie.

[85] Vgl. hierzu auch die Besprechungen der in Anm. 84 genannten Arbeiten durch BEYREUTHER, liberi/ingenui der Leges barbarorum, S. 267 ff.; SCHIEFFER, Literaturbericht, S. 571 ff.

soziale Existenz Freier, an den Rechtsbegriff[86] gebunden ist, zeigt sich ja gerade an mit normierender Absicht verfaßten Texten wie den Leges. Dabei ist die Freiheit, „wie ‚Recht' selber, ausfüllungsbedürftig"[87]. Aus diesem Postulat leitet sich schon die Uneinheitlichkeit des sozialen Stratums der Freien zwingend her. Wenn dem Mittelalter wie dem Altertum „die Vorstellung von einem Freiheitsplural"[88] gemeinsam ist, so gilt es, anhand unterschiedlicher Textsorten, räumlich und zeitlich differenziert, verschiedene Sichtweisen[89] von Freiheit herauszuarbeiten.

Während die (rechts-, verfassungs- und sprach-)historische Forschung bislang überwiegend ganz selbstverständlich davon ausging, daß, selbst bei großer Heterogenität innerhalb der Freienschicht, an der „Tiefengrenze der Freien den Knechten gegenüber"[90] im frühen Mittelalter zäh festgehalten worden sei, erhält die Freiheitsforschung in jüngerer Zeit neue Impulse durch Untersuchungen, die der Position zwischen Freiheit und Unfreiheit und dem dynamischen Aspekt mittelalterlicher Freiheit größere Beachtung zukommen lassen[91]. Claudieter Schott hat für das alemannische Recht gerade in den Minderfreien das Feld gefunden, in dem sozialer Auf- und Abstieg erfolgt ist[92]. Die Arbeit Gerald Beyreuthers über die frühmittelalterlichen Liten[93] fragt aus marxistischer Sicht nach dem sozialökonomischen und ständisch-rechtlichen Status jener Personengruppe. Er kommt zu dem Ergebnis, daß es sich bei den Liten um einen „Stand der zerfallenden Gentilgesellschaft" handelte, der — als archaisches Element — bei der Herausbildung des Feudalismus in den linksrheinischen, später deutschen Gebieten des Frankenreiches und besonders in Sachsen eine wichtige Rolle spielte"[94] und deren sozialökonomischer Status aufgrund der Quellenlage nur vage und vielschichtig zu bestimmen (feudalabhängige Bauern, bäuerliche Produzenten etc.) sei. Seine eingehende Untersuchung ganz unterschiedlicher Quellen wie der Leges (Lex Salica, Lex Frisionum, Lex Saxonum), Traditionsurkunden, Güterverzeichnisse, Immunitätsurkunden zeigt jedoch ein differenzierteres Bild, als es das zusammenfassende Ergebnis zuläßt. Zeit- und Raumbindung sowie eine textsortengebundene Sichtweise des Status' der Liten werden hier deutlich[95].

---

[86] Vgl. z. B. SCHNEIDER, Frankenreich, S. 74: „Geläufige Paarformeln wie *ius et libertas, iura et libertas,* Freiheit und Recht, bezeugen, daß im Frühmittelalter Freiheitsbegriff und Rechtsbegriff aufs engste zusammengehören."

[87] DILCHER, Freiheit, Sp. 1230.

[88] SCHNEIDER, Frankenreich, S. 75; vgl. auch OLBERG, Artikel ‚Freie'; DIES., Freiheitsbegriff; ARNOLD, Freiheit; FRIED, Universalismus.

[89] Vgl. OLBERG, Freie, S. 265 ff.

[90] KRAUSE, liberi, S. 69; vgl. auch WENSKUS, Frühgeschichtliche Strukturen, S. 504, Anm. 32. Vgl. auch Anm. 95.

[91] Vgl. BEYREUTHER, Liten; DOPSCH, Freiheit und Unfreiheit, S. 23 ff.; FRIED, Universalismus; OLBERG, Artikel ‚Freie'; DIES., Freiheitsbegriff, S. 418 ff.; SCHOTT, Freigelassene; TELLENBACH, Libertas.

[92] Vgl. SCHOTT, Freigelassene.

[93] Vgl. BEYREUTHER, Liten.

[94] Vgl. ebenda, S. 134.

[95] So konstatiert BEYREUTHER, Liten, z. B., daß in der Lex Frisionum eine bäuerliche Freiheit der Liten nicht anzunehmen sei (S. 43), daß sich die Leges aber als „relativ aussagekräftig hinsichtlich des ständisch-rechtlichen" Status erwiesen hätten. Die Traditionsurkunden dagegen lassen verschiedene Rechte und Pflichten der (sächsischen) Liten und ihre bäuerliche Lebensweise erkennen, wenn auch

Es deutet insgesamt vieles darauf hin, daß auch im frühen Mittelalter die Grenze zu den Unfreien nicht so starr war, wie es Forschungsergebnisse der älteren rechts- und verfassungshistorischen Richtung, aber auch von Müller-Mertens, Schmitt, Krause etc. nahelegen, oder wie es z. B. Robert Boutruche, Georges Duby u. a.[96] vertraten. Letztere stellten fest, daß die *servi* der Karolingerzeit zwar keinen homogenen Stand gebildet hätten, behaupteten jedoch generell, daß sie alle Sklavenstatus (nicht Hörigenstatus) gehabt hätten und von den *liberi* streng unterschieden gewesen wären. Die obigen Überlegungen zur sozialen Mobilität zwischen *liberi* und *servi* bestätigen sich aber anhand der Polyptychen des 9. Jahrhunderts, wie z. B. François Louis Ganshof und Emily Coleman oder auch Gerd Tellenbach an den Traditionen der Abtei Remiremont[97] zeigen konnten. 1978 konnte Ludolf Kuchenbuch durch einen Vergleich derjenigen Dienste und Abgaben, die die *mansi ingenuales, lediles* und *serviles* im 9. Jahrhundert im Westfrankenreich, Lothringen und den ostrheinischen Gebieten (Klosterherrschaft Prüm) zu leisten hatten, und aus Beobachtungen zur Terminologie der Prümer Urbare, Urkunden etc. in bezug auf die Sozialstruktur einen „Eindruck fortschreitender ständischer Nivellierung" gewinnen[98]. Was Franz Vittinghoff[99] beispielsweise für die römische Kaiserzeit zeigen konnte — daß die rechtliche Position einer Person nicht unmittelbar aus ihrer sozialen Stellung, die vielfach durch die Art und Weise der Familienzugehörigkeit bestimmt war, hergeleitet werden kann —, gilt ebenso auch für frühmittelalterliche Gesellschaften.

Wie beim Freiheitsbegriff ist bei den Begriffen Halb- und Unfreiheit „die Frage nach Kontinuität und Wandel durch den Rückgriff auf eine neuzeitliche Terminologie belastet"[100]. Die frühmittelalterlichen Rechtstexte (Leges, Urkunden etc.) verwenden an volkssprachigen Bezeichnungen eine Fülle von Personenbezeichnungen, „als Reflexe unterschiedlicher Sichtweisen der Gesellschaftsordnung"[101]. Darüber hinaus werden die lateinischen Personenbezeichnungen, Adjektive (*liber, servilis* etc.) und Abstrakta (*libertas, servitus*) verwendet. Der Terminus Halbfreiheit ist dagegen eine reine Prägung der historischen Forschung, die sich mit mittelalterlichen Gesellschaftsordnungen befaßt, und bezieht sich zumeist auf Personengruppen, die in den frühmittelalterlichen Quellen als *liti, leti, lati* etc. bezeichnet werden[102]. Jedoch läßt sich ‚Halbfreiheit' nicht eindeutig eingrenzen, so daß sich insgesamt Abstufungen von Freiheit bis zum gänzlichen Fehlen jeglicher Freiheiten

---

die Bestimmung ihres sozialökonomischen Status' zumeist unmöglich ist, „da ihre Stellung zu den Produktionsmitteln ... nicht sichtbar wird" (S. 115) etc.

96 Boutruche, Seigneurie; Dhondt, Mittelalter, S. 27 ff., schließt sich z. Teil an Boutruche an (S. 31), kommt aber (S. 29) zu Aussagen wie: „Alles spricht mehr dafür, daß die Zugehörigkeit eines Menschen zur Kategorie der Freien oder Sklaven schwer festzustellen war, wenn nicht deutliche Beweismittel seine Stellung klären konnten." Duby, Les trois ordres; vgl. auch Oexle, Wirklichkeit, S. 70 f. Anm. 41 u. S. 73 Anm. 45.

97 Polyptique de Saint-Bertin; Genicot, St. Bertin; Emily R. Coleman, Marriage Characteristics; Dies., L'infanticide; Tellenbach, Servitus.

98 Kuchenbuch, Bäuerliche Gesellschaft, S. 389.

99 Vgl. Vittinghoff, Soziale Struktur, S. 32.

100 Olberg, Freiheitsbegriff, S. 424.

101 Ebenda.

102 Vgl. dazu den Überblick bei Beyreuther, Liten, S. 7 ff.

ausmachen lassen. Auch ‚Unfreiheit' kann in gewissem Masse einzelne ‚Freiheiten' durchaus noch beinhalten[103]. Das Terminologieproblem in bezug auf ‚Unfreiheit' (‚Unfreier, Sklave, Knecht, Höriger, Leibeigener, Sklaverei, Unfreiheit' etc.), das sich in der wissenschaftlichen Literatur erkennen läßt[104], ist auch hier wieder eng mit der sachlichen Beurteilung verbunden. Während überwiegend Althistoriker, an römisch-rechtlichen und kanonistischen Quellen orientierte und viele französische und belgische Historiker[105] *servus* mit ‚Sklave' übersetzen und auch im Mittelalter noch von ‚Sklaverei' ausgehen, spricht überwiegend die „deutschsprachige mediävistische Literatur von ‚Knechten' oder ‚Unfreien' "[106], wenn die Bezeichnung *servus* in „den Leges barbarorum oder anderen über Germanen berichtende Quellen begegnet"[107]. Darüber hinaus wechseln die Autoren auch vielfach die Terminologie, ohne sich festzulegen[108]. Die ältere rechts- und verfassungsgeschichtliche Forschung ging überwiegend ganz allgemein davon aus, daß sich die Lage der Unfreien bzw. der Sklaven im Frankenreich gegenüber dem römischen Reich verbessert habe[109]. Jüngere Ergebnisse[110] dagegen verstärken die Annahme, daß das Unfreienbild des frühen Mittelalters sich weitgehend in der römisch-rechtlichen Terminologie darstellt und somit der Realität ursprünglich nicht gerecht wird. Eine weitgehende Anpassung an römisch-rechtliche Vorbilder hat aber vermutlich zur Schlechterstellung der ‚Unfreien' im frühen Mittelalter gegenüber germanischen Verhältnissen geführt[111]. Um dieser Auffassung Rechnung zu tragen, aber auch wegen der Heterogenität des Stratums, soll in dieser Untersuchung der Terminus ‚Unfreie' verwendet werden.

---

103 Vgl. z. B. NEHLSEN, Sklavenrecht, S. 164, 169 ff. über die „sklavenfreundliche" Gesetzgebung Chindasvinths.

104 Vgl. dazu R. SCHNEIDER, Frankenreich, S. 133 f.; OLBERG, Freiheitsbegriff, S. 423 f.

105 Vgl. BLOCH, Slavery and serfdom; BONNASSIE, Survie et extinction; DHONDT, Mittelalter; VERLINDEN, L'esclavage; DUBY, Les trois ordres. Sie alle gehen zwar zumeist davon aus, daß die *servi* des frühen Mittelalters keinen homogenen Stand gebildet hätten, sprechen ihnen aber durgängig Sklaven- und nicht Hörigenstatus zu. HOFFMANN, Kirche und Sklaverei, S. 5, sieht den Wandel von der Sklaverei zur Hörigkeit in der Karolingerzeit gegeben. Vgl. auch den Überblick bei: NEHLSEN, Sklavenrecht, S. 52 ff. und 58 ff.; R. SCHNEIDER, Sklaven, S. 27—39, untersucht vor allem die Belegstellen für *mancipia* als unterster sozialer Schicht (S. 28). Vgl. hierzu auch KUDRNA, Studie, S. 146 und dazu die Rezension von WEGENER in: ZRG. GA 80 (1963), S. 534—545, bes. S. 542. Vgl. auch zu den Sklaven im westlichen Mittelmeerraum: ELZE, Sklaven.

106 SCHNEIDER, Frankenreich, S. 133.

107 NEHLSEN, Sklavenrecht, S. 58, vgl. zur Literatur dort Anm. 108. Vgl. auch: BOSL, Unfreiheit; DERS., Freiheit und Unfreiheit; DERS., Potens und Pauper; IRSIGLER, Divites und pauperes; vgl. zur Literatur auch OLBERG, Freiheitsbegriff, S. 423 f. Anm. 65.

108 Vgl. H. BRUNNER, Rechtsgeschichte, Bd. 2, S. 724 ff.; KAUFMANN, Erfolgshaftung, S. 106; ROTHENHOFER, Untersuchungen, S. 68; HOFFMANN, Kirchen und Sklaverei, S. 21 f.

109 Vgl. H. BRUNNER, Rechtsgeschichte, Bd. 1, S. 369; SCHRÖDER — KÜNSSBERG, Rechtsgeschichte, S. 236.

110 Vgl. ECKHARDT, Studien, S. 130. Der Autor geht von der rechtlichen und sozialen Besserstellung der Sklaven bei den Germanen aus. NEHLSEN, Sklavenrecht, spricht lediglich von sozialer Besserstellung.

111 Vgl. OLBERG, Freiheitsbegriff, S. 423 u. ä.

4. Corpus der Bezeichnungen aus dem sozialen Bereich

4.1. Zur Begründung von Auswahl und Gliederung

Wie historische und rechtshistorische Untersuchungen zum frühen Mittelalter gezeigt haben, ist die Sozialstruktur der germanischen Stämme sowie der Grad ihrer Beeinflussung durch das römische Reich sehr unterschiedlich gewesen. Vor diesem Hintergrund muß ein Vergleich der sozialen Verhältnisse, wie sie sich in den Leges der Westgoten, Langobarden, Burgunder, Salfranken, Ribuaren, Alemannen, Bayern, Sachsen, Thüringer, Friesen und chamavischen Franken spiegeln, problematisch erscheinen. Ausgangspunkt eines solchen Vergleichs sind hier jedoch Bezeichnungen, von denen ein und dieselbe häufig in verschiedenen Leges auftritt. Dies fordert einen Leges-Vergleich aus sprachwissenschaftlicher Sicht geradezu heraus. Mit Mitteln der historisch-philologischen Bezeichnungsforschung läßt sich an den Belegen zeigen, daß das mehrmalige Auftreten eines Wortes innerhalb verschiedener Leges, aber auch innerhalb desselben Legestextes, nicht dazu verleiten darf, in jedem Fall von der gleichen Bedeutung auszugehen.

Es zeigen sich anhand der Legeswörter aus dem sozialen Bereich verschiedene Aspekte unter denen die gesellschaftliche Position einer Person gesehen und eingeordnet werden kann. Kriterien wie Alter, Geschlecht, die Funktion in bezug auf die Erhaltung der gens (d. h. die Höherbewertung des Freien in Kriegszeiten gegenüber Friedenszeiten oder der gebärfähigen gegenüber der älteren Frau u. a. m.) lassen beispielsweise eher eine biologisch geprägte Sichtweise deutlich werden, die Funktion, die eine Person in bezug auf die Erhaltung des eigenen ethnischen Verbandes innehat, kann aber auch, wie Königsnähe[1] und Amtsausübung, Kriterium für eine politisch orientierte Sichtweise sein. Ebenso kann sich in der Bedeutung einer Sozialbezeichnung ein stärker familienbezogener Aspekt ausdrücken, dies gilt z. B. für die Bezeichnungen, die der Stellung innerhalb der Hausgemeinschaft Rechnung tragen. Die Ausrichtung der Leges insgesamt steht — textsortenbedingt — für eine rechtlich-normierende Absicht, die zwar dominiert, der jedoch vielfach innerhalb der volkssprachigen Sozialbezeichnungen andere Sichtweisen entgegengesetzt werden. Für das frühe Mittelalter ist davon auszugehen, daß der einzelne differierende gesellschaftliche Positionen innehaben konnte. So kann

---

[1] Vgl. zu den Kriterien OLBERG, Freie, S. 22f. Der Terminus Königsnähe wird in dieser Arbeit mit der Bedeutung ‚Soziale, politische, rechtliche (ev. auch verwandtschaftliche) Nähe (Gefolgsverbände, Ämter) zum König mit Auswirkungen auf das soziale Ansehen, die rechtliche und wirtschaftliche Stellung' verwendet. In dieser Bedeutung gebraucht ihn auch GRAHN-HOEK, fränkische Oberschicht, S. 28 passim, vgl. auch Register S. 334f., von dort habe ich ihn übernommen. In der Personengeschichtsforschung dagegen wird der Begriff auf die Bedeutung ‚Verwandtschaft mit dem jeweiligen Königsgeschlecht' eingeengt.

rechtlich gesehen die gebärfähige Frau eine höhere gesellschaftliche Stellung einnehmen als der kriegsdienstleistende, volljährige Mann, was sich im höheren Wergeld zeigt. Wirtschaftlich und politisch gesehen aber war die Frau von dem Mann, in dessen Hausgemeinschaft sie lebte, völlig abhängig[2].

Ein Wandel der Sichtweise sozialer Verhältnisse zeigt sich ganz überwiegend auf der Inhaltsseite und erst viel später oder überhaupt nicht auf der Ausdrucksseite. All diese Beobachtungen erschweren aber auch eine Gliederung nach außersprachlichen, „sachlichen" Gesichtspunkten, da dem Bedeutungswandel — vor allem innerhalb einer statischen Anordnung — nicht Rechnung getragen werden kann. Im vorliegenden Fall wird deshalb in der Gliederung, die auf Beobachtungen und Ergebnissen der Bearbeitung der Legeswörter in meiner Dissertation beruht[3], von der als ursprünglich angenommenen Bedeutung ausgegangen. Querverbindungen, Korrekturen, die sich aufgrund unterschiedlicher Bezeichnungs- und Bedeutungsentwicklungen ergeben haben, werden erst aus den einzelnen Stichwortbearbeitungen bzw. aus der Zusammenfassung der Unterkapitel sowie der Schlußbeurteilung deutlich. Die Gliederung enthält so in der Regel den Ausgangspunkt der Entwicklungen, wobei dies regional sehr unterschiedlich sein kann. Das heißt wiederum, daß sich nicht für alle regionalen Varianten ein identischer Ausgangspunkt der Entwicklung feststellen läßt. Die Gliederung in die Aspekte: anthropologisch, militärisch, agrarisch, politisch-rechtlich, des Dienens, der Ausübung einer bestimmten fest umrissenen Aufgabe im Zusammenhang mit Haus und Hof, der Unmündigkeit ist deshalb notwendigerweise sehr grobmaschig und soll zunächst eine erste Orientierung bieten.

Die Bezeichnungen für Amts- und Rechtspersonen werden in einem gesonderten Band, dem ersten Teil des Corpus der volkssprachigen Legeswörter, behandelt. Erst nach ihrem Erscheinen wird auch der Bereich von „Freiheit" und „Unfreiheit", Abstieg und Aufstieg in diesen unterschiedlichen sozialen Umfeldern, für die volkssprachigen Legeswörter abgerundet sein. Denn gerade der Aspekt des Dienstes ergibt, bezogen auf die sozialen Kategorien Freiheit, Halb- und Unfreiheit, ein heterogenes Bild. Hier war der Bereich, in dem für männliche (nicht für weibliche) Angehörige einer sozialen Gemeinschaft gesellschaftlicher Aufstieg vor allem möglich war. Dies ist demzufolge auch ein Bereich, in dem sich Angehörige verschiedener sozialer Schichten und Gruppen treffen konnten. So kann der *sacebaro* beispielsweise sowohl Freier als auch gehobener Unfreier (*puer regius*) sein. Ihm steht jeweils das dreifache Wergeld seiner Geburt zu (entweder 600 oder 300 *solidi*), was ihn als königlichen Beamten kennzeichnet[4].

---

2 Vgl. Olberg, Freie, S. 22 f.; Mauss, La cohésion sociale, S. 133—147.

3 Vgl. Olberg, Freie, S. 265 ff.

4 Vgl. Olberg, Sakebaro, Sp. 199; vgl. auch Dies., puer regius; vgl. Kap. 4.2.2.2. lgbd., salfrk., alem. rib. *baro*.

4.2. Freie (Edel-, Halb- und Minderfreie)

4.2.1. ‚(Freier) Mensch' – unter allgemein anthropologischem Aspekt und in der Abgrenzung zu ‚Sache'

4.2.1.1. ags. *wer*, lgbd., salfrk., alem., rib., bair., cham., sächs. *wergeld*

Wer, wir begegnet in den kontinentalen Leges, der Lex Salica, den Leges Langobardorum, Alamannorum, der Lex Ribuaria, Baiwariorum, Francorum Chamavorum, Frisionum und Saxonum nur als erstes Glied innerhalb von Komposita, so z. B. als *weregeldus, wiregeldus, weregeldium* etc., das wörtlich übersetzt ‚Manngeld', ‚Mannvergeltung' heißt; *wirdario* ‚Mannwürger', ‚Werwolf', *wirdale* ‚Entmannung', *werdarda* ‚Mannbarmachung', *werwanôtha* ‚Notzucht', *wertico* ‚Schändung'. Der früheste schriftsprachliche Beleg für das Simplex *wer* auf dem Kontinent ist die Glosse *uuer*[1] zu lat. *vir,* die sich in einer St. Galler Handschrift aus dem 8. Jahrhundert[2] findet. Eine Verbindung von dieser Handschrift zu den angelsächsischen Rechtsdenkmälern, die auch schon im 7. Jahrhundert etliche Belege für *wer* in der Bedeutung ‚Mann, männlicher Mensch, Ehegatte'[3] aufweisen, ergibt sich durch die Information Bernhard Bischoffs[4], daß die St. Galler Handschrift aller Wahrscheinlichkeit nach von einem festländischen, in angelsächsischer Tradition ausgebildeten Schreiber in der zweiten Hälfte des 8. Jahrhunderts notiert worden ist.

Wie auch immer die fränkische Glosse im einzelnen zu deuten ist, ob sie als direkter Beweis für das zu einem früheren Zeitpunkt im fränkischen Sprachraum häufige Vorhandensein eines Simplex *wer* ‚Mann' gelten kann, oder ob diese *uuer*-Glosse eher auf einer Schreibereigenart, d. h. auf eine Beeinflussung des Textes durch die Ausbildung des Schreibers, zurückzuführen ist, läßt sich nicht mehr nachvollziehen. Festzuhalten ist jedoch die Beobachtung, daß die Bezeichnung *wer* in der Bedeutung ‚Mann' aber auch ‚Wergeld'[5] schon sehr früh in den angelsächsischen Gesetzen auftaucht. Die fränkische Glosse gibt kaum Auskunft über den sozialen Stellenwert der Bezeichnung *wer;* auch dann nicht, wenn man von der inhaltlichen Aussage des glossierten lateinischen Wortes *vir* ausgeht, das mehrere, jedoch in bezug auf den ständischrechtlichen Rang eher neutrale Bedeutungen hat: ‚Mann, Mann von festem Charakter, Mut, Kraft u. a. Vorzügen, Ehemann'[6].

Aufschlußreicher sind die Belege aus den rein volkssprachigen angelsächsichen Rechtsquellen. Sie bieten durch spätere lateinische Übersetzungen „eine sprachvergleichende Bedeutungserschließung der Rechtsbegriffe, also ein tieferes und sicheres Eindringen in den Sinn der Rechtssätze, als dies bei den nur in lat. Sprache überlieferten Volksrechten möglich ist"[7].

---

1 StSG III, S. 3, Zeile 14.

2 StSG IV, S. 459 ff.; Bergmann, Verzeichnis, S. 33 f., Nr. 254.

3 Gesetze der Angelsachsen, Bd. 2, S. 240.

4 Bischoff, Paläographische Fragen, S. 119; Bischoff gibt auch Auskunft über ältere kontroverse Standpunkte zur Einordnung der Handschrift St. Gallen 913.

5 *Were* findet sich in der Bedeutung ‚Wergeld' schon im Gesetzbuch des angelsächsischen Königs Ine (688–695); vgl. Gesetze der Angelsachsen, Bd. 1, S. 119.

6 Georges, Handwörterbuch, Bd. 2, Sp. 3504 f.

7 Kaufmann, Angelsächsisches Recht, Sp. 168.

Nicht zuletzt auch aus diesem Grunde sollen sie für die Untersuchung des Legeswortes herangezogen werden. *Wer(e)* in der Bedeutung ‚Mann‘ wird fast ausschließlich als ‚verheirateter Mann‘, ‚Ehemann‘ verwendet, es kann dann mit Zusatz, wie z. B. im Gesetzbuch Cnuts Anfang 11. Jh. *wiffæst wer rithwere, rihte were*[8], aber auch allein stehen: *Gif oxa ofhnite wer oððe wif, þæt his dead sien, sie he mit stanum ofworpod, 7 ne sie his flæsc eten, se hlaford bið unscyldig. Gif se oxa hnitol wære twam dagum ær oððe ðrim, 7 se hlaford hit wisse 7 hine inne betynan nolde, 7 he ðonne wer oððe wif ofsloge, sie he mid stanum ofworpod, 7 sie se hlaford ofslegen oððe forgolden, swa ðæt witan to ryhte finden. Sunu oððe dohtor gif he ofstinge, ðæs ilcan domes sie he wyrde. Gif he ðonne ðeow oððe ðeowmennen ófstinge, geselle þam hlaforde XXX scill. seolfres, 7 se oxa mid stanum ofworpod.* „Wenn ein Ochs Mann oder Weib stösst, dass sie todt sind, werde er mit Steinen todtgeworfen, und sein Fleisch werde nicht gegessen; der Herr ist unschuldig. Wenn der Ochs stössig war an zwei Tagen vorher oder an dreien, und der Herr es wusste und ihn nicht drinnen einschließen wollte, und der nun Mann oder Weib getödtet hat, so werde der (Ochs) mit Steinen todtgeworfen, und der Herr werde getödtet oder losgekauft, wie das die (Gerichts-)Oberen zu Recht finden. Wenn der (Ochs dem Nachbar) Sohn oder Tochter todt stösst, sei er (der Herr) desselben Urtheils theilhaftig. Wenn jener (Ochs) jedoch Sklaven oder Sklavin todt stösst, zahle er (sein Herr) dem Herrn (jener) 30 Schill. Silbers, und werde der Ochs mit Steinen todtgeworfen.“[9] Dieses Textbeispiel aus der Einleitung zum Gesetzbuch Aelfreds (etwa 871–899) zeigt *wer* einmal ohne Zusatz in der Bedeutung ‚Ehemann‘, was durch die Gegenüberstellung zum nachfolgenden Begriffspaar sunu oððe dohtor ‚Sohn oder Tochter‘ deutlich wird, denn der unverheiratete Mann und die unverheiratete Frau lebten zumeist als Sohn und Tochter im Familienverband. Die Textstelle zeigt aber auch den Platz, den *wer oððe wif* in der sozialen Rangordnung einnehmen – wiederum verdeutlicht durch ein Begriffspaar, das im Kontext jenes Paragraphen genannt wird: *ðeow oððe ðeowmenne* „Sklaven oder Sklavin“. Demnach handelt es sich bei *wer* um einen freien, verheirateten Mann.

Ebenso verhält es sich mit dem übrigen *wær/wer(e)*-Belegen: Es zeigt sich eine Einschränkung der Bedeutung von *wer* auf ‚freier Ehemann‘, und so überrascht es dann auch nicht, wenn im später entstandenen Lateintext *wer* mit *uir* (Ine Rubriken 38, ca. 890–940; II Cnut S 3, – 11. Jh.; Wifmannes beweddung 4, ca. 970–1060)[10], mit *maritus* (Aelfred 10, 871–899; II Cnut 73 a, ca. 11. Jh.)[11], mit *sponsus* (Wifmannes beweddung 1)[12] übersetzt wird. Es stellen sich im Anschluß an diese Beobachtungen nun zwei Fragen: hatte *wer* früher einmal umfassenderen semantischen Gehalt oder war u. U. ‚Ehemann‘ seine Haupt-, vielleicht seine ausschließliche Bedeutung? Welches Wort deckt die weiter gefaßte Bedeutung ab? Die erste Frage kann an dieser Stelle noch nicht beantwortet werden, die zweite hingegen läßt sich leicht klären: Im Falle des angelsächsischen Rechts ist es die Bezeichnung *mon/man(ne)*

---

8 Gesetze der Angelsachsen, Bd. 1, S. 348, §§ 53, 54.

9 Ebenda, S. 32–35.

10 Ebenda, S. 22 f.; S. 348 f.; S. 442 f., *vir* = ‚Ehemann‘.

11 Ebenda, S. 56 f.; S. 360 f.

12 Ebenda, S. 442 f.

‚Mann'. Dies wird ganz deutlich in folgendem Text aus dem Gesetzbuch Aelfreds aus der 2. Hälfte des 9. Jahrhunderts.: XI. *Gif mon hæme mid twelfhyndes monnes wife, hundtwelftig scill. gebete ðam were; syxhyndum men hundteontig scill. gebete; cierliscum men feowertig scill. gebete.* „Wenn jemand Ehe bricht mit dem Weibe eines 1200-Mannes, so büsse er dem Manne 120 Schill.; einem 600-Manne büsse er 100 Schill.; einem gemeinfreien Manne büsse er 40 Schill."[13] Sobald mit Mann der Angehörige einer bestimmten Schicht gemeint ist, steht nicht *wer* sondern *mon,* der Lateintext übersetzt *mon* mit *homo, wer* aber mit *maritus.* Im Glossar zu den angelsächsischen Gesetzen hat *mann* dem jeweiligen Kontext entsprechend folgende Bedeutungen: „Mann, Mensch, jemand, 1) Mensch im Gegensatz zum Tier, 2) im Gegensatz zu Gott, Kirche und Staat, 3) jemand, einer, ein anderer, 4) Glied der Christenheit, 5) politisch und rechtlich vollgültige Person, stets als ‚Mann' gedacht, 6) Vorsteher, 7) Untergebener a) freier Vasall, politisch und gerichtlich von anderem Vertreter, b) Freier oder Unfreier, Gutsbauer neben Domänen-Leibeigenen, c) Sklave, Unfreier, 8) Mensch ohne Unterschied des Geschlechts (auch weiblich), 9) ohne sachlichen Inhalt"[14]. Die Bezeichnung *mann* hat demnach eine sehr große Bedeutungsbreite, die nur den Bereich des ‚verheirateten, freien Mannes, des Ehemannes' ausspart, der durch *wer* abgedeckt ist. *Mann* bedeutet geradezu im Gegensatz zu *wer* ‚Mensch ohne Unterschied des Geschlechts' und kann somit auch den weiblichen Menschen meinen.

Wie lassen sich nun vor der Frage, ob die Bezeichnung *wer* früher einmal umfassendere Bedeutungen hatte oder ob sich ihre Bedeutungen erst später ausgedehnt haben, die gegenüber den zehn *wer(e)* ‚Mann'-Belegen mehr als 16mal öfter vertretenen Belege für *wer(e)* ‚Wergeld' deuten? In dem Glossar der von F. Liebermann herausgegebenen Gesetze der Angelsachsen finden sich folgende Bedeutungen, die alle durch den Kontext der jeweiligen Paragraphen erhärtet werden können: „Wergeld, 1) die in Geld ausgedrückte Höhe des Geburtsstandes oder Personalwerts, 1a) als Wertmesser für die nach Standesverschiedenheit variablen Bussen und nach Schwere der Anklage variablen Reinigungen, 2) die für unrechtmässige Erschlagung einer Person vom Totschläger (oder seiner Sippe) an ihre Sippe schuldige Buße, bei deren Annahme letztere dem Rechte auf Blutrache entsagt, Buße an beleidigte Sippe und Strafgeld an den Richter, 3) Strafgeld in Höhe des Wergelds, a) des Strafe Zahlenden, entweder (nach dem Stande variables) Wergeld oder nur (geringere) feste Strafsumme, b) Strafgeld in Höhe des Wergelds des vom Zahlenden vertretenen Verbrechers, 4) Recht, wenn erschlagen, seiner Sippe entgolten zu werden mit Wergeld."[15] *Wer(e)* ‚Wergeld' läßt sich zwar nicht genau auf einen Stand oder ein bestimmtes soziales Stratum festlegen, wird aber andererseits auch nicht für das Buß- oder Manngeld des Unfreien erwähnt. Neben *wer(e)* ‚Wergeld' steht in den angelsächsischen Gesetzen – nicht ganz so häufig, doch auch etwa 50mal – in eben derselben Bedeutung auch das Kompositum *wergield, weregild, wergyld* etc..[16] Eine zeitliche Differenzierung zwischen *wer* ‚Ehe-

[13] Ebenda, S. 56 f.

[14] Ebenda, Bd. 2, Glossar S. 140 ff.

[15] Ebenda, S. 240 f.

[16] Ebenda, S. 241.

mann', *wer* ,Wergeld' und *wergield* ,Wergeld' führt zu keiner Aussage, da alle Bezeichnungen sowohl in frühen wie auch in späteren Gesetzen auftreten. Für den angelsächsischen Sprachraum kann man von daher vielleicht sagen, daß sich vom 7. bis ungefähr 11. Jahrhundert die drei Bezeichnungen in einem Umgestaltungsprozeß befanden, der noch keine sicheren Aussagen über die Bezeichnungen und ihre Bedeutungen zuläßt. Tendenzen jedoch, die später noch einmal vor dem Hintergrund der Belege in den kontinentalen Leges und nach einer Sprach- und „Sach"betrachtung gedeutet werden sollen, zeigten sich schon jetzt:

1. Die Bezeichnung *wer* ,Mann, Ehemann' ist zahlenmäßig weitaus weniger vertreten als *wer* ,Wergeld' und *wergield* etc. ,Wergeld'.
2. *Wer* hat im Gegensatz zu *man(n)* nur eine Bedeutung in den angelsächsischen Gesetzen: ,Ehemann'.
3. In den späteren Gesetzen wie z. B. bei Cnut §§ 53, 54 aus dem 11. Jahrhundert steht neben *wer* ein erklärender Zusatz *(wiffæst wer, rihtwer ...)* der bei den frühen Belegen vom 7.—9./10. Jh. gänzlich fehlt. Alles dies mag schon hier auf eine Rückzugsbewegung des Simplex *wer* ,Mann, Ehemann' hindeuten. *Wer* in der Bedeutung ,Wergeld' ist zahlenmäßig weit häufiger als ,Mann, Ehemann' vertreten, was im Zusammenhang mit der später darzustellenden Etymologie auf ein geringeres Alter von *wer* ,Wergeld' und ein Vordringen von *wer* mit eben dieser semantischen Besetzung hinweisen könnte. Das Wort erhält aber schon Konkurrenz durch *wergeld, wergield, weregild* etc.

Es sollen nun zunächst die *Wergeld*-Belege in der Lex Salica betrachtet werden. Insgesamt finden sich im Recht der salischen Franken vier *Wergeld*-Belege, drei davon allein im Dekret Childeberts II.[17], II. § 3 *De homicidas uero ita iussimus obseruari, ut quicumque auso temerario alium sine causa occiderit, uitae periculum feriatur. Nam non de pretio redemptionis (se) redemat aut conponat. Forsitam conuenit, ut ad solutionem quisque discendat, nullus de parentibus aut amicis (ei) quicquam adiutit; nisi qui praesumpserit ei aliquid adiutare, suo uuirigeldo omnino conponat, quia iustum est, ut qui nouit occidere, discat morire.*[18] Ein Mörder muß seine Tat mit dem Leben büssen, sollte er aber durch die Unterstützung seiner Freunde oder Verwandten mit einer Ablösesumme davonkommen, so muß derjenige, der dem Mörder geholfen hat, mit seinem Wergeld für seine Hilfe büssen. Auch derjenige, der sich vor Gericht unwürdig verhält sowie der Herr, der seinen verbrecherischen *servus* auf Betreiben des *iudex* nicht herausgibt, muß mit seinem Wergeld sühnen: § 4 *De farfalio ita conuenit, ut quicumque in mallo praesumpserit farfalium minare, procu dubio suum uuirigeldo conponat, nihilominus farfalium repprematur; ...*[19] III § 3 *Et quicumque seruum criminosum habuerit et, cum iudex ipsum rogauerit, praesentare noluerit, suo uuirigeldo omnino conponat.*[20]

Der vierte salfränkische *Wergeld*-Beleg (51 § 2) steht in einem ähnlichen Zusammenhang wie die oben aufgeführten und stammt aus heute verschollenen Lex Salica-Handschriften, die uns durch die Edition von Herold (1514—1564) aus dem

[17] Pactus legis Salicae, Cap. II, §§ 3, 4 und III § 3, S. 268.
[18] Ebenda.
[19] Ebenda.
[20] Ebenda.

Jahre 1557 überliefert sind[21]. Die Heroldschen Vorlagen lassen sich schwer auf ein genaues Datum festlegen, Eckhardt[22] vermutet, daß Herold eine B-Handschrift als Hauptvorlage benutzt habe. Ruth Schmidt-Wiegand äußert – auf der Grundlage des Vergleiches mehrerer Handschriften – Zweifel an der Eckhardtschen These: „Kann schon dieser Umstand nicht recht befriedigen, so noch viel weniger die notwendig gegebene Voraussetzung, daß Herold genau die Stellen aus seiner B-Vorlage nicht übernommen haben soll, die nach Eckhardts Meinung A 2 aus B interpoliert haben. E., dem dieser Umstand natürlich nicht entgangen ist, folgert daraus, daß Herolds Hauptvorlage an dieser Stelle schadhaft gewesen sein müsse."[23] Wir müssen für die Handschriftenvorlagen Herolds einen Zeitraum etwa vom 6. bis zum 9. Jahrhundert annehmen. 51 § 2 *Si uero Grauio inuitatus ad alterius caussam, supra legem aut debitum aliquid presumpserit, aut uuereguldum suum redimat, aut de uita componat.*[24] Aus dem Kontext der drei ersten Belege geht hervor, daß mit Wergeld das Sühnegeld eines Mannes gemeint ist, der, wie es aus der Decretio Childeberti ersichtlich ist, über *servi* verfügt (III § 3) und dingfähig (II § 4) ist. Der letzte Beleg zeigt, daß *wergeld* eine Bezeichnung ist, die mit der Monetarisierung des Bußenwesens[25] auftritt und an Geltung gewinnt, denn als Alternative zur Ablösung durch Geld: *uuereguldum conponere* gibt der Gesetzgeber hier noch die Möglichkeit des *vita conponere,* des Vergeltens mit dem eigenen Leben[26].

In Titel 51 § 2 ist vom *wergeld* des *grauio* die Rede. Dem *grauio* obliegt die notfalls unter Zwang vorzunehmende Durchsetzung des im Ding gesprochenen Urteils[27], treibt er jedoch mehr ein – auch wenn es im Sinne des Klägers ist – als im Ding festgesetzt wurde, so muß er mit seinem Wergeld büßen. Wie beim Amt des *sacebaro* und des *obgrafio* konnte es auch im Grafenamt *pueri regis* ,Königsknaben, gehobene Unfreie'[28] geben. „Erst durch das Edikt Chlothars II. von 614 erfuhr das königliche Ernennungsrecht eine folgenreiche Beschränkung durch die Bestimmung, daß fortan nur Grundbesitzer desselben Gaues als Grafen eingesetzt werden sollten, wodurch, ..., doch die Erblichkeit und Lehnbarkeit der Grafenämter vorbereitet wurde."[29] Seit jenem Pariser Edikt wird man also davon ausgehen können, daß die Inhaber des Grafenamtes Freie und keine *pueri regis* waren; für den Beleg aus der Heroldina bedeutet das allerdings, daß hier mit dem *grauio* sehr wohl ein gehobener Unfreier benannt sein könnte, da als Entstehungsdatum das frühe 6. Jahrhundert angenommen werden kann, das Edikt jedoch erst im 7. Jahrhundert in Kraft trat. Es kann sich jedoch auch um eine andere Datierung des Heroldschen Textes handeln. An dieser Stelle muß offen bleiben, ob auch gehobene Unfreie ein Wergeld hatten oder ob die Heroldsche Textvorlage in diesem Fall nach 614 entstanden ist.

---

21 Erler, Herold(t), Sp. 101 f.

22 Eckhardt, Einleitung, S. X; Ders., Einführung, S. 232–238; vgl. auch S. 26 f.

23 Schmidt-Wiegand, kritische Ausgabe, bes. S. 305 f.

24 Pactus legis Salicae, S. 197.

25 Kaufmann, Buße, Sp. 576; Mitteis, Rechtsgeschichte, S. 80; Holzhauer, Geldstrafe, Sp. 1467 f.

26 Vgl. Kap. 4.2.1.2. ags., salfrk. *leod/leud (leodinia/leodi)* ...

27 Willoweit, Graf, Sp. 1777.

28 Vgl. Schröder – Künssberg, Rechtsgeschichte, S. 136 f.; vgl. auch Kap. 4.2.2.2. ... *baro.*

29 Schröder – Künssberg, Rechtsgeschichte, S. 137.

Die Lex Ribuaria lehnt sich in vielem sehr stark an die Lex Salica an, so daß Heinrich Mitteis in der Neubearbeitung der Deutschen Rechtsgeschichte von Heinz Lieberich mit Recht von einer „verbesserten Neuauflage der Lex Salica" sprechen konnte, wobei Abweichungen der beiden Leges voneinander wohl eher in der Zeitdifferenz als in der unterschiedlichen Rechtsauffassung liegen mögen[30]. Titel 40 § 11 zählt all die Sachgüter auf, die anstelle von Geld oder Silber (40 § 12) als Straf- und Sühnegeld möglich waren: ein gehörnter, sehender, gesunder Ochse für 2 solidi oder eine gehörnte, sehende und gesunde Kuh statt einem solidus; es werden weiterhin Pferd, Stute, Schwert mit und ohne Scheide, Brünne, Helm, Beinschienen, Schild und Falken aufgezählt[31]. Damit wird als Wergeld-Pflichtiger ein heerfähiger Mann vorausgesetzt, der auch über Besitz verfügen mußte. Ähnlich verhält es sich mit den übrigen Belegstellen in der Lex Ribuaria: Titel 48 § 1 setzt den Besitz eines Vierfüßlers voraus; Titel 66 § 1 spricht von der Heerfahrt eines Mannes, Titel 67 vom Besitz eines Hauses und Titel 70 § 1 von der Schadensersatzpflicht der Verwandten eines Schuldners bei dessen Tod[32]. Bei Titel 86 § 1 (83 § 1) handelt es sich, wie das Attribut *Ribvaria* anzeigt, um Freienwergeld, jedoch bezieht sich *weregildum* hier nicht allein auf den Mann, sondern auch auf die freie Frau: *Si quis baro seu mulier Ribvaria per maleficium aliquem perdiderit, wirigeldum conponat.*[33]

Unbestimmter sind die Angaben des Pactus Alamannorum, allenfalls Titel 28 § 2, der von dem unrechtmäßigen Einbehalten von Wergeld handelt, läßt den Schluß auf Hausbesitz zu: *Et si totum wiregildum queret, omnes ustias suas reserret, per unum intret semper et exiet, et de illo limitario nove pedes canes ipsius suspendatur et, dum usque totus putriscet et ibi putridus cadet et ossa ipsius ibi iacent, per alium ustium nec intret nec exiat; et si can(e) ipsum inde iactaverit aut per alium ustium intrat in casa sua, wiregildum ipsum ei reddat.*[34] Titel 28 § 1, 29 § 1, 32 § 1 und 39 § 2 lassen keine Schlüsse auf den sozialen Rang desjenigen zu, der verpflichtet ist, Wergeld zu zahlen. Wird Titel 39 § 2 bzw. § 1: 39 § 1 *Si quis alterum ligat et foris marcha eum vindit, ipsum ad locum revocet et 40 sol. componat.* § 2 *Si eum invenire non potuerit, wiregildum suum solvat*[35], allerdings in Zusammenhang mit dem entsprechenden Titel der später entstandenen Lex Alamannorum (8. Jh.) gesehen, fällt ein anderes Licht auf diese Belegstelle: 45 Codex A (bzw. 46 Codex B) *Si quis liber liberum extra terminos vendiderit, revocet eum infra provintiam et restituat eum libertatem et cum 40 solidis conponat. Si autem eum revocare non potest, cum wirigildum eum parentibus solvat, id est bis octuaginta solidos, si heredem reliquit; si autem heredem non reliquit, cum 200 solidis conponat.*[36] Denn in der Lex steht *wirigildum* eindeutig als Bußgeld für einen Freien.

Die übrigen Belegstellen geben, ebenso wie wir es schon beim Pactus Alamannorum sahen, aus dem Kontext keine Auskünfte über den sozialen Rang des Wergeld-Zahlenden (Titel 28 § 1 codd. A, 29 § 1 codd. B; 48 codd. A, 49 codd. B; 53 § 2 codd. A, 54 § 2 codd. B; 69 codd. A, 76 codd. B; 96 §§ 3, 4 codd. A, 99

---

30 Vgl. Mitteis, Rechtsgeschichte, S. 74.

31 Lex Ribuaria, S. 97.

32 Ebenda, Tit. 48, § 1, S. 99; Tit. 66 § 1, S. 118; Tit. 67, S. 118; Tit. 70 § 1, S. 120 f.

33 Ebenda, S. 131.

34 Leges Alamannorum, S. 31.

35 Ebenda, S. 34.

36 Ebenda, S. 105 f.

§§ 19, 20 codd. B; 97 § 4 codd. A; 98 § 1)[37]. Nur Titel 41 der Epitome Legis Alamannorum läßt den Schluß auf Tierbesitz zu, jedoch geht die Gattung des Tieres nicht aus der Textstelle hervor. *Si quodlibet animal hominem occiderit, dominus eius wergeldum eus solvat.*[38]

In der ältesten Handschrift des langobardischen Edictus Rothari sowie in der von dieser stark abhängigen Handschrift X kommt nur *uuer-* oder *uer-* und einmal *uur-* vor, sonst findet sich 35mal *uuiri-* und 10mal *uuir-* oder *uir-*[39]. Aus dem Kontext der Paragraphen, meistens aber durch den direkten Zusatz *liber* lassen sich alle Belege der Leges Langobardorum als Angaben für Freienwergeld indentifizieren[40]. Bei Edictus Rothari 268 handelt es sich z. B. um das Wergeld eines *homo portonarius* ,Fährmann' ahd. *fario, ferio,* mhd. *ver, vere, verje.* „Das Recht, eine F. zu betreiben (Fährgerechtigkeit, Fährgerechtsame) war in früherer Zeit häufig mit dem Besitz eines bestimmten Ufergrundstückes verbunden."[41] Der Ferge, ein Freier, konnte mit der Entwicklung des Stromregals, das zu den *regalia minora* gehörte, seinen Fährbetrieb selbst nutzen oder als Lehen an Freie übertragen, „die ihr Recht mittels (Erb-)Pacht oder (Erb-)Leihe weitervergeben durften"[42]. Das Gesetz 30 des Königs Liutprand erwähnt den *mundwalt,* den Träger der Schutzherrschaft[43], die Gesetze 83 und 85 nehmen Bezug auf das Wergeld des *sculdahis,* des *saltarius* und des *deganus*[44]. Langobardisch *sculdahis,* ahd. *scultheizo* ,Schuldheischer' ist hier, der Vollstreckungsbeamte des Grafen', der in erster Linie mit der Eintreibung der Abgaben und der Vollstreckung des Urteils beauftragt war[45]; lgbd. *saltarius* bzw. mlat. *saltuarius* ,Forstverwalter, Waldaufseher, Wald-, Trifthüter'[46] war unterer Beamter, der zu der hier in Frage kommenden Zeit vermutlich ebenso wie der *deganus* ein Freier war. In *deganus* begegnet uns die latinisierte Form zu ahd., asächs. *thegan,* anord. *þegn,* mnl. *dêghen,* mhd. *degen*[47]. In den Langobardengesetzen handelt es sich um Gefolgsleute eines Herrn (*senior*), deren Gefolgschaftsverhältnis auf freiwilligem Dienstvertrag beruhte, „der den Herrn zu Schutz, Unterhalt und kriegerischer Ausrüstung des Mannes und diesen zu völliger persönlicher Hingabe in den Dienst des Herrn (*ingenuili ordine,* nicht zu knechtischen Diensten) verpflichtete ..."[48]. Die Gesetze 198 des Edictus Rothari und 130 aus den Novellen König Liutprands[49] erwähnen wie Titel 86 § 1 (83 § 1) der Lex Ribuaria das Wergeld der freien Frau, als Beispiel sei hier Ro 198 angeführt: ... *Et si ille qui crimen misit, provare non*

[37] Ebenda, S. 87 f., 107 f., 137 f., 155.

[38] Ebenda, S. 159.

[39] Vgl. Rhee, Wörter, S. 139.

[40] Langobardorum Leges: Ro 9, 11, S. 15; Ro 268, S. 65; Li 30, S. 122 f.; Li 35, S. 124; Li 48, S. 127; Li 83, S. 141; Li 85, S. 142 f.; Li 100, S. 148 f.; Li 119, S. 156 f.; Li 121, S. 158 f.; Li 122, S. 159; Li 135, S. 166; Li 143, S. 172; Li 144, S. 172; Ra 7, S. 188; Ra 10, S. 190 f.; Ra 11, S. 191.

[41] Ruhwedel, Fähre, Sp. 1042 f.

[42] Ebenda, Sp. 1043.

[43] Schröder – Künssberg, Rechtsgeschichte, S. 64; Langobardorum Leges, S. 122 f., Li 30.

[44] Langobardorum Leges, S. 141 ff., Li 83, 85.

[45] Schröder – Künssberg, Rechtsgeschichte, S. 139.

[46] Ebenda, S. 209; Georges, Handwörterbuch, Bd. 2, Sp. 2466.

[47] Kluge, Wörterbuch, S. 125.

[48] Schröder – Künssberg, Rechtsgeschichte, S. 37.

[49] Langobardorum Leges, Ro 198, S. 48; Li 130, S. 162 f.

potuerit, wergild ipsius mulieris secundum nationem suam conponere conpellatur.[50] Neben *weregeld* etc. kennen die langobardischen Gesetze auch die Bezeichnung *uuidrigild*, bei direkter Übersetzung der Kompositionsglieder ‚Gegengeld, Gegenbezahlung'[51], die in den verschiedensten Schreibweisen auftreten kann: *uuidregild, guidrigild, widrigildum, wedregildum, uuedregildi, uuidrigildus* u. a. m. *Uuergild* etc. wie auch *uuidrigild* etc. haben sich auf der Ausdrucks- und auf der Inhaltsebene im Langobardischen gegenseitig beeinflußt, *uuidri-* entspricht ahd. *widar*, as. *wid(ar)*, ae. *wid(er)*, an. *vid(r)*, got. *wiþra* ‚gegen, gegenüber'[52].

Die fünf Belege der Lex Baiwariorum (etwa 741/44) weichen nicht von dem vorher Gesagten ab: Titel VIII § 1 und VIII § 2 handeln vom Wergeld einer freien verheirateten Frau, deren Wergeld ist im Falle des Ehebruchs vom Ehebrecher an den Ehemann zu zahlen: VIII § 1 *Si quis cum uxore alterius concubuerit libera, si repertus fuerit, cum werageldo illius uxoris contra maritum conponat.*[53] Wenn der Ehebrecher ein *servus* ist, der mit der Frau nach der Tat getötet wird, so muß dessen Herr, der für ihn haftet, das Frauenwergeld abzüglich 20 solidi zahlen. Damit wird der Schaden abgegolten, der ihm durch die Tötung seines *servus* entstanden ist. VIII § 2: *Si servus hoc fecerit et interfectus cum libera in extraneo fuerit thoro XX sold in suo damno minuetur ipsius coniugis ueragelt; ...*[54] Auch bei Titel VIII § 19 handelt es sich um Freienwergeld, vermutlich auch um das der Frau, es bleibt jedoch vom Kontext her offen, ob es sich nicht vielleicht um das Wergeld des Täters handelt[55]. Die Titel IX § 4[56] und XIX § 2[57] sind eindeutige Belege für das Wergeld eines freien Mannes. Wie in den Langobardengesetzen und den übrigen Leges lassen sich auch in den verschiedenen Handschriften der Lex Baiwariorum unterschiedliche, teils latinisierte oder entstellte Schreibweisen beobachten: *weregeldus, waregeld, waregelt, werageldidun, werageld, weragelt, uuercgild, uueregeld, uirghelt, uirgilt, uirngeld, wirmgeld*, etc.

Die Lex Francorum Chamavorum lehnt sich an die anderen fränkischen Rechte an, hat aber auch Gemeinsamkeiten mit dem Recht der Alemannen, der Friesen und Sachsen, was nicht zuletzt auch die Bezeichnung *weregeldium*, die in allen diesen Rechten auftaucht, verdeutlichen kann. Die Lex Francorum Chamavorum umfaßt 48 Antworten auf Rechtsfragen, die den Rechtskundigen von einem königlichen *missus* gestellt worden sind[58]. Der *missus* oder Königsbote, wie er in der wissenschaftlichen Literatur genannt wird, war ein Bevollmächtigter des fränkischen Königs, „in dessen Namen und mit dessen Autorität *(ex nostri nominis auctoritate)* er als sein Stellvertreter *(ad vicem nostram)* handelte"[59]. Mit der Institution der *missi (regis,*

---

50 Ebenda, S. 48.

51 Siehe RHEE, Wörter, S. 139; vgl. auch die Erwähnung des Wortes in einem erst kürzlich entdeckten Fragment der Leges Langobardorum *vvidrigild* SIEWERT, VVIDRIGILD und ALDIO, S. 445.

52 SIEWERT, VVIDRIGILD und ALDIO, S. 446 gibt als Bedeutung von *vvidrigild*, ohne es näher zu begründen, ‚Wergeld' an. Anders RHEE, S. 139.

53 Lex Baiwariorum, S. 353.

54 Ebenda, S. 354.

55 Ebenda, S. 362 f.

56 Ebenda, S. 370 f.

57 Ebenda, S. 434 f.

58 SCHMIDT-WIEGAND, Lex Francorum Chamavorum; vgl. auch Kap. III.

59 W. A. ECKHARDT, Königsbote, Sp. 1025; vgl. auch MITTEIS, Rechtsgeschichte, S. 89 f.; KROESCHELL, Rechtsgeschichte, Bd. 1, S. 87 f.; SCHRÖDER — KÜNSSBERG, Rechtsgeschichte, S. 142 ff.

dominicus, regalis, palatinus, fiscalis) konnte Karl der Große einerseits die Befugnisse der Stammesherzöge beschneiden und andererseits an die merowingische Einrichtung der *missi regis* anknüpfen. Während die *missi* der Merowinger jedoch nur für bestimmte Einzelfälle eingesetzt wurden, gab es in der Karolingerzeit jeweils einen weltlichen und einen geistlichen *missus* mit fester Amtszeit und festgelegtem Bezirk (= *pagus, missaticus, comitatus*). Ihre Aufgabe bestand in der Kontrolle geistlicher und weltlicher Würdenträger. In der Regel stammten die *missi* jedoch selbst aus diesen Kreisen, d. h., sie waren Erzbischöfe, Bischöfe, Äbte, Herzöge und Grafen. Von diesen Überlegungen ausgehend lassen sich nun die beiden *Wergeld*-Belege der Lex Francorum Chamavorum deuten: 7. *Si quis comes in suo comitatu occisus fuerit, in tres weregildos, sicut sua nativitas est, componere faciat.*[60] 8. *Si quis missum dominicum occiderit, quando in missatico directus fuerit, in tres weregildos, sicut sua nativitas est, componere faciat.*[61] Jemand, der einen *grauio* oder einen *missus dominicus* (Königsboten) tötet, während dieser in seinem Amtsbezirk tätig ist, hat jeweils das dreifache Wergeld, wie es seiner Geburt entspricht, zu entrichten.

Auch die Lex Saxonum (etwa 802) verwendet in § 20 die Bezeichnung *weregild* für das Sühnegeld eines aus dem Kreis der übrigen Freien Herausgehobenen: für den *nobilis.*[62] *Si nobilis nobilem extra solum vendiderit et reducere non potuerit, conponat eum ac si occidisset; si vero reduxerit eum, emendet ei iuxta quod placitare potuerit; si autem ille sua sponte reversus fuerit, medietatem weregildi eius conponat De muliere similiter.*[63] Ein *nobilis,* der einen anderen *nobilis* außer Landes verkauft und nicht zurückbringen kann, muß für ihn büßen, als habe er jenen getötet. Bringt er ihn zurück, so soll er ihm geben, was ihm möglich ist. Kehrt jener aber aus eigenem Antrieb zurück, so zahlt der Täter die Hälfte seines Wergeldes, gleichgültig ob das Opfer ein Mann oder eine Frau war. Aus § 54 geht der soziale Status des Wergeldzahlenden nicht hervor, da die Tätergruppe bei diesem Delikt nicht einzugrenzen ist: *Si arbor ab alio praecisa casu quemlibet oppresserit, conponatur multa pleno weregildo a quo arbor praecisa est.*[64]

Zahlreiche Belege für die Bezeichnung *weregildus, weregild* etc.[65] finden sich in der Lex Frisionum. Allerdings steht das Wort hier nicht nur für das Sühne- bzw. Strafgeld des Freien, sondern gilt für Frauen[66] und Männer ganz gleich welcher sozialen Schicht sie angehören. Als Beispiel seien hier nur einige besonders signifikante Textstellen aufgeführt: Titel XV. *Et hoc in eadem regione taliter observatur de compositionibus wergildi. 1. Compositio hominis nobilis, librae 11 per veteres denarios. 2. Compositio liberi, librae 5 et dimidia per veteres denarios. 3. Compositio liti, librae 2 et*

---

60 Lex Francorum Chamavorum, § 7, S. 271.

61 Ebenda, § 8, S. 272.

62 Vgl. Kap. 4.2.4.3.: *adalingus.*

63 Leges Saxonum (Leges Saxonum und Lex Thuringorum, S. 8—50) S. 23.

64 Ebenda, S. 31, Tit. 64.

65 Lex Frisionum, Tit. I § 10, S. 657; III §§ 2—4 u. 8, S. 661; VII § 2, S. 664; IX §§ 1, 8, 9, 10, 14—17, S. 664 f.; X § 1, S. 665 f.; XIV §§ 3 u. 4, S. 668; XV, S. 669; XVII §§ 2, 4, 5, S. 670 f.; XX § 2, S. 672; XXI § 1, S. 672 f.; XXII §§ 46, 57, 58, S. 677 f.; Add. III, 76, 78, S. 691 f.; Add. IX, 1, S. 694.

66 *Wergeld* als Bezeichnung für das Strafgeld der Halbfreien *(puella lita)* findet sich z. B. Lex Frisionum Tit. IX § 10, S. 665.

unica 9, ex qua duae partes ad dominum pertinent, tertia ad propinquos eius. 4. Compositio servi, libra 1 et unicae 4 et dimidia.[67] Titel XV beschreibt die Höhe der Wergeldleistungen innerhalb des Rechtsbereichs der Lex Frisionum und zwar – was den Unterschied zu den anderen Rechten ausmacht – gestuft nach dem sozialen Rang. Darüber hinaus findet sich in der Lex Frisionum die Bezeichnung *wergeld* auch noch ausdrücklich für das Strafgeld des Halbfreien und Unfreien: IX § 15 *Si autem nobilis, vel liber, nobili vi aliquid abstulerit, medietate maiori compositione facinus cogatur emendare, et weregildum suum, ut superius, ad partem regis exsolvat. 16. Inter litos vis facta, medietate minori compositione solvenda est; insuper et weregildum suum ad partem regis. 17. Si servus vi aliquid sustulit, dominus eius pro illo quantitatem rei sublatae componat, ac si ipse sustulisset, et pro weregildo servi 4 solidos, hoc est denarios 12, ad partem regis componat.*[68]

Rückblickend lassen sich nun die bei der Betrachtung der angelsächsischen Rechte beobachteten Tendenzen erhärten. *Uuer* ‚freier Ehemann' ist bereits in den Texten des angelsächsischen Rechts im Rückgang begriffen. Daneben jedoch treffen wir auf die Bezeichnung *wergeldus* etc., die wesentlich häufiger als ags. *léod* ‚Wergeld, Manngeld' auftritt. Hier findet sich *weregeldus* etc. wie in der Lex Salica (Decretio Childeberti II, Heroldsche Fassung), der Lex Ribuaria, den Leges Langobardorum, dem Pactus und der Lex Alamannorum, der Lex Baiwariorum, der Lex Francorum Chamavorum und der Lex Saxonum in der speziellen Bedeutung des Freienwergeldes, das allerdings auch für die freie Frau in derselben Höhe zu zahlen war. Bei der Lex Salica erstaunt es nicht, daß man nur drei Wergeld-Belege findet, denn in diesem Bereich galt frankolat. *leodi, leodis.* Erst die karolingischen Texte, sowie die Heroldsche Fassung, deren Vorlage in diesem Fall auch nach dem 7. Jahrhundert entstanden sein wird – da Wergeld als Manngeld für den gehobenen Unfreien zu jener Zeit und vor dem Hintergrund aller angeführten Belege aus den Leges unwahrscheinlich ist – weisen *uueregeldus* etc. auf. Hinzu kommt noch die Verwendung des Wortes *verageIt*[69] in der althochdeutschen Übersetzung der Lex Salica (Karolina), die nicht nur aus sprachlichen Gründen, wie z. B. Sonderegger nachweisen konnte, dem frühen 9. Jh. zuzuschreiben ist. Die Bezeichnung *wergeld* setzte sich – nicht zuletzt aufgrund der zunehmenden Monetarisierung des Bußenwesens – schon bei den Angelsachsen und auf dem Kontinent von der Merowinger- zur Karolingerzeit hin immer stärker auch gegen konkurrierende Bezeichnungen wie z. B. *leodi* etc., *leodgeld* durch[70]. Zu diesen Beobachtungen paßt, daß in den angelsächsischen Rechten *wer* auch in der Bedeutung ‚Wergeld' auftaucht, so wie es etwa bei *leod* ‚Wergeld, Mann' zu finden ist. In den kontinentalen Rechten jedoch treffen wir nur auf *uueregeldus* etc.. Diese Doppeldeutigkeit ist ein Zeichen des Übergangs, ausgelöst durch den Wandel des Bußenwesens. Alle Leges-Belege, mit Ausnahme der Lex Frisionum, haben *wergeld* ausschließlich als Bezeichnung für das ‚Freienwergeld'. Dieses ist zwar Maßstab für das Bußgeld aller anderen sozialen Schichten, die Bezeichnung wird in diesen Zusammenhängen aber nicht verwendet. Nur in der Lex Frisionum zeigt sich eine andere Tendenz, hier ist *weregeld* etc.

---

[67] Ebenda, S. 669.

[68] Ebenda, S. 665.

[69] Vgl. SONDEREGGER, Lex Salica Übersetzung.

[70] Vgl. Kap. 4.2.1.2.

eindeutig als Manngeld sowohl der *nobiles, liberi, liti* als auch der *servi* anzutreffen. Dies mag sicherlich auch seine Gründe in der während der Karolingerzeit fortschreitenden rechtsständischen Verfestigung der mittelalterlichen Gesellschaftsstruktur haben. In diesem Zusammenhang steht möglicherweise auch die Glosse *uuer* einer Oxforder Handschrift des 13. Jahrhunderts[71], deren lateinische Entsprechung *litus* ‚Halbfreier' ist. Sprachlich lassen sich hier wohl kaum Verbindungen zwischen den friesischen Belegen und der allgemein als mittelfränkisch[72] eingeordneten Glosse feststellen. Aufschlußreicher ist da die zeitliche Komponente: Was sich in den friesischen Rechtstexten schon zeigte, hatte sich im 13. Jahrhundert allgemein gefestigt: Die Ausdehnung der Bezeichnung *Wergeld* auch für das Manngeld der Halbfreien und Unfreien hat möglicherweise auch die Glossierung von *litus* beeinflußt, zumal man annehmen muß, daß *uuer* im 13. Jahrhundert sicher nicht mehr zum aktiven Sprachschatz gehört hat.

Wer sowie andere Zusammensetzungen mit diesem Wort: salfrk. *uuirodardi uuirodarde* (C 6), *uuiradade* (Herold), *uuidardi* (D) ‚Entmannung' (Titel 29 § 17); salfrk. *uuirdade, uirdade* (A 2), *uuerdarda* (Herold Note), *uidri darchi* (A 2) ‚Mannbarmachung durch die erste Haarschnur' (Titel 24 §§ 2, 3; III, 97 § 1); salfrk. *uueruanathe* (C 6), *uero uhano (manum)* (D), *uirtuane* (A 2), *siuarohen* (A 1), *theurora* (Herold) ‚Notzucht' (Titel 15 § 2); salfrk. *uuertico, uertico* (C 6), *uuirtico* (Herold Note) ‚Schändung' (Titel 25 § 1) und salfrk. *wiridario, malo uieridario* (D 7), *mallo uuiridarium* (C 6), *mallo uie ridario* (D 9), *malo uieridario* (D 8) ‚Mannwürger, Werwolf' treten in anderen Rechten als der Lex Salica nicht auf und sind auch hier so selten, daß man bei ihnen ähnlich wie bei dem Glossenbeleg *uuer* eine Rückzugsbewegung vermuten kann. Sie begegnen „... im Zusammenhang mit Vorstellungen und Institutionen, die wie die Friedloslegung im 6. Jahrhundert bereits in der Rückbildung begriffen sind ... Es sind also durchweg Bestimmungen, die einen alten, auch brauchtümlich bestimmten Kern haben."[73]

Ahd., ags., as. *wer* ‚Mann', got. *wair,* an. *verr*[74] gehört zu einem heute nicht mehr produktiven Wortbildungstyp: der nominalen Stammbildung mittels des idg. Suffixes *-ra* (mask.) bzw. *-ro* (fem.). Wolfgang Meid bezeichnet *wer* als ein „altes Erbwort"[75], dessen Ursprung in idg. **ui-ro-s* bzw. **ui-ro-s* ‚Mann' zu suchen sei, als Nomen, das dieser Ableitung zu Grunde liegt, muß wohl lat. *vis* ‚Kraft' angesehen werden. Das idg. Wort *ui-ro-s* ist z. B. noch erhalten in lit. *výras* und ai. *virá* ‚Mann'. Der Bezeichnung *wer* entsprechen lat. *vir,* air. *fer* ‚Mann'. Diese Etymologie, die *wer* ‚Mann' als eine Ableitung zu lat. *vis* ‚Kraft' zeigt, bestätigt, daß *wer* einer alten Sprachschicht angehört und läßt für die frühe Zeit keine Interpretation *wer* ‚Freier, Halbfreier, Unfreier' etc. zu, was die Rechtstexte auch

---

71 StSG III, S. 369, Zeile 10.

72 Bergmann, Verzeichnis, S. 85, Nr. 726; vgl. z. B. Schützeichel, Lautverschiebung, S. 28; Frings, Erle, S. 182 u. a.; vgl. Bergmann, Verzeichnis, S. 85. Eine Ausnahme macht Götz, Werkstatt, S. 188. Er bestimmt die Handschrift als rheinfränkisch.

73 Schmidt-Wiegand, Bezeichnungen, S. 242.

74 Vgl. auch Holthausen, Wörterbuch, S. 391.

75 Vgl. Krahe – Meid, Germanische Sprachwissenschaft, Bd. III, S. 79; Schmidt-Wiegand, Bezeichnungen, S. 241, Anm. 8; Graff, Sprachschatz, Bd. 1, Sp. 931; Pokorny, Wörterbuch, Bd. 1, S. 117 f.; Gysseling, Germaanse woorden, S. 108; Feist, Wörterbuch, S. 544.

ausnahmslos — besonders die angelsächsischen — untermauert haben. Dagegen festigen besonders die Angaben Pokornys die Meinung, daß *wer*, das ja zumeist — besonders in den frühen Glossenübersetzungen und den lateinischen Übersetzungen der angelsächsichen Rechte — durch *vir* interpretiert wird, ursprünglich ausschließlich ‚Mann' im Sinne von der ‚Mannhafte, Kräftige' und ‚Ehemann' bedeutet habe: „... lat. vir ‚Mann' in der älteren Sprache auch das einzige Wort für ‚Gatte', ... virago ‚mannhafte Jungfrau, Heldin', virtus ‚Mannhaftigkeit, Tüchtigkeit, Tugend' ..."[76]

In den kontinentalen Volksrechten begegnet *wer* nur in der meist latinisierten Zusammensetzung *uuereguldum, uuirigeldo* aber auch als *uuergild* und in Varianten wie z. B. lgbd. *uuerchild, -cilt, ghild*[77]. Dieser zweite Bestandteil läßt sich auf got. *gild* ‚Belastung', anord. *gjald* ‚Bezahlung, Lohn, Buße', ae. *gield* ‚Bezahlung, Belastung etc.', and. *geld*, ahd. *gelt* ‚Bezahlung, Lohn, Vergeltung, Vergütung, Einkommen, Wert' zurückführen und steht damit auch in Zusammenhang mit nhd. *Geld*, dessen Bedeutung ‚geprägtes Zahlungsmittel' verhältnismäßig jung ist[78].

Die Übersetzung von *werageld* als ‚Mannvergeltung, Mannbuße' führt uns zur Sach- bzw. Sozialgeschichte. Schon nach germanischen Recht gab es eine Buße, die für die Tötung eines freien Mannes vom Täter bzw. dessen Sippe gezahlt werden mußte. Auch Tacitus erwähnt eine solche Einrichtung: ... *satisfactionem universa domus*[79]. Rudolf Much weist darauf hin, daß die Sache selbst „einem über die Germanen hinausreichenden Kreis bekannt war", auch nichtindogermanischen Stämmen[80]. Die Wergeldbußen stehen in Zusammenhang mit dem Kompositionensystem der erstarkenden fränkischen Reichsgewalt, das die Eindämmung des Fehdewesens und der Blutrache bezwecken sollte[81]. In den meisten Leges zeigte das Wergeld ein bestimmtes Verhältnis von Erbsühne *arvabot, hovetsoene, riuchte ield* etc., d. i. die Summe, die ursprünglich an die nächsten Erben des Getöteten zu zahlen war und die der Täter selbst aufbringen mußte, und Magsühne, die den Verwandten (Magen) des Getöteten zukam und von der Sippe des Täters aufgebracht werden mußte[82]. „Nach salischem und westgotischem Recht sind beide Beträge gleich, bei den Dänen macht die Erbsühne ein Drittel, bei den Friesen und Sachsen zwei Drittel des Wergeldes aus."[83] Bei den Thüringern und Ribuaren dagegen fällt das Wergeld ungeteilt an den Erben.[84] Im salfränkischen Recht ist im Wergeldbetrag z. B. noch das Friedensgeld, der *fredus*, enthalten, worauf His u. a.[85] die unterschiedliche Wergeldhöhe in den verschiedenen Stammesrechten zurückführen, während z. B. Hillinger u. a.[86] abweichende Münzverhältnisse zugrunde legen.

---

[76] POKORNY, Wörterbuch, Bd. 1, S. 1177.

[77] RHEE, Wörter, S. 140.

[78] Vgl. GYSSELING, Germaanse woorden, S. 108; KLUGE, Wörterbuch, S. 244.

[79] Tacitus, Germania, S. 300.

[80] Ebenda.

[81] HOLZHAUER, Geldstrafe, Sp. 1467; SCHRÖDER — KÜNSSBERG, Rechtsgeschichte, S. 373 f.; KAUFMANN, Buße, Sp. 576; vgl. auch Kap. III.2.8. (leod etc.).

[82] Vgl. SCHRÖDER — KÜNSSBERG, Rechtsgeschichte, S. 86 f.; HIS, Strafrecht, S. 34.

[83] Ebenda, S. 100.

[84] Vgl. H. BRUNNER, Nobilis, S. 265, Anm. 2.

[85] Vgl. HIS, Strafrecht, S. 97; vgl. auch SCHMIDT-WIEGAND, Bezeichnungen, S. 219.

[86] Vgl. HILLINGER, Ursprung.

Wie man aus den Belegen der Leges ersehen kann, war das Bußgeld nach Ständen gestuft. Die Grundlage für die Berechnungen bildete das Wergeld des freien Mannes[87], das bei den salischen Franken 200 solidi betrug, wovon ein Drittel der an den Staat zu zahlende *fredus* war. Entsprechendes galt seit der Neuordnung Chlodwigs auch für die Germanen, die keine Franken waren, und für die Romanen[88]. Bei den übrigen ethnischen Verbänden hatte das Wergeld eine Höhe von 160 solidi, wozu bei den Alemannen, Bayern und Thüringern ein Friedensgeld von 40 solidi, bei den Friesen von 30 solidi, bei den Sachsen von 24 solidi kam.

Die unterschiedliche Höhe der Wergeldsätze richtete sich wohl primär nach drei Grundsätzen: Grundlegend war die Zugehörigkeit zu einem bestimmten ethnischen Verband z. B. *Franci, Romani* etc. Der Gedanke der Erhaltung der gens und auch die Königsnähe, die sich in königlichen Ämtern, durch Königsschutz und auch Kriegsdienst ausdrückte, scheint besonders in der Lex Salica aber auch in späteren Rechtstexten eine große Rolle gespielt zu haben, was sich z. B. im dreifachen Wergeld der gebärfähigen Frau[89] oder des auf Kriegsfahrt befindlichen Freien, des *antrustio*[90], abzeichnete. Die oben genannten Abstufungen wurden jedoch niemals — wie auch später das Bußgeld der verschiedenen „Rechts-Stände" — durch eine gesonderte Bezeichnung ausgedrückt. Ein Zusatz zur Bezeichnung *uueregildum* etc., wie z. B. *triplum,* mußte dies leisten.

Als ursprüngliche Bedeutung von *wer* muß ‚Mann' angenommen werden; dies bestätigt sich sowohl durch die Verwendung der Bezeichnung *wergeld,* als auch durch die übrigen salfränkischen Komposita mit *uuir, wer* etc. als auch durch die altindischen, altirischen Parallelen und nicht zuletzt durch lat. *vir.* Die Komponente ‚zeugungsfähiger Mann' mag vielleicht immer mit bedeutungskonstituierend gewesen sein. In den angelsächsischen Gesetzen zeigt sich, daß die Bedeutung von *wer* durch die Konkurrenz von *mon* ‚Mann' auf ‚Ehemann' eingeschränkt war. Zur Zeit der kontinentalen Leges ist das Simplex *wer* ‚Mann' völlig zurückgedrängt. Ähnlich wie z. B. bei *leod* ‚Mensch, Mann' begegnet auch in der Verwendung der Bezeichnung *wer* ‚Mann, Ehemann' eine allgemeine, auf das Menschsein bezogene Sichtweise.

4.2.1.2. ags., salfrk. *leod* (*leodinia/leodi*), westgot., burg. *leudes*

Leod, leodis, leudis, ‚Mann, Leute' bzw. die Ableitung *leodi, leudi* etc. ‚Wergeld' findet sich nicht nur in Gesetzen der angelsächsischen Könige, sondern auch in den Gesetzen der Salfranken, Westgoten, Burgunder, Ribuaren, Chamaven, Thüringer und Friesen. Im Pactus und in der Lex Salica sind darüber hinaus noch die Komposita *leodardi* ‚Wergeld', *theoleodi* ‚Knechtswergeld', *smalaleodi* ‚Mädchenwergeld', *matteleodi, modileodi* ‚Mordmanngeld', *uualaleodi* ‚Welschenmanngeld', *leodi sacceuuithen* ‚Rechtssachkundigen-, R.vollstreckerwergeld' und die Ableitung *leodinia*

---

[87] Vgl. Planitz, Rechtsgeschichte.

[88] Vgl. Schmidt-Wiegand, Bezeichnungen, S. 221 f.

[89] Vgl. Grahn-Hoek, fränkische Oberschicht, S. 118 u. auch S. 27 ff.

[90] Pactus leges Salicae, Tit. 41 §§ 5, 6, 7, Tit. 63 § 2 und öfter; vgl. Kap. 4.2.2.5. salfrk. *antrustio* ...

‚Frauenwergeld' anzutreffen. Karolingische und auch noch vereinzelt nachkarolingische Urkunden führen die mittellateinische Form *leudis* ‚Wergeld'[1].

Nur insgesamt fünfmal ist in den kontinentalen Leges das Maskulinum *leod* als Simplex in der Bedeutung ‚Mann' (nicht ‚Wergeld') vertreten. In den Leges Burgundionum (101 § 2): *Leudis vero si hoc praesumpserit facere, similiter in tripla solutione, hoc est solidos XLV, et multae nomine solidos XII.* stehen die *leudes* – bezogen auf die Titel 2 § 2 und 101 § 2[2] – unterhalb der *optimates* (Grossen) – mit einem Wergeld von 150 solidi und unterhalb der *mediocres* („Mittelfreien") mit 100 solidi. Sie gehören demnach mit 75 solidi zu den in Titel 2 § 2 genannten *minores personae.* Es sind mit *leudes* hier eindeutig minderprivilegierte „Freie" gemeint. Ein Vergleich mit den angelsächsischen Gesetzen zeigt, daß sich im burgundischen Recht, das von den hier in Frage kommenden kontinentalen das älteste ist, noch in etwa die ursprüngliche, allgemeinere Bedeutung des Wortes *leod* gehalten hat. Die angelsächsischen Königsgesetze führen *leod* im Singular als Maskulinum eindeutig mit dem semantischen Gehalt ‚Mensch, Mann, Landsmann, Untertan', als Feminium mit der Bedeutung ‚Volk' und im Plural als Maskulinum ‚Volk, Untertanen'[3]. Besonders viele Belege finden sich in den frühen Gesetzen – etwa von Anfang bis Ende des 7. Jahrhunderts. Es sei hier nur ein Beispiel aus dem Gesetzbuch Ines genannt, das die Verwendung der Bezeichnung *leod* besonders deutlich zeigt: *Gif hwa his agenne leod gebycge, ðeowne oððe frigne, þeah he scyldig sy, ofer sǽ gesylle, forgilde hine be his were*[4]. Die Textstelle spricht davon, daß derjenige, der seinen eigenen Landsmann, den Angehörigen seines eigenen Volkes (*leod*), sei er ein „Unfreier" oder ein „Freier", außer Landes verkauft, sein Wergeld zahlen mußte. *Leod* umfaßt also jedes Mitglied der Untertanenschaft und ist auch auf „Unfreie" ausgedehnt. Die Bezeichnung *leod* tritt innerhalb der angelsächsischen Gesetze auch in Komposita wie *leodbisceop* ‚Diözesanbischof', *leod-bygene* ‚Leute-Verkauf, Menschenhandel', *leodgeld* ‚Wergeld', *leodscipe* ‚Volk, Untertanenschaft', *leodwitan* ‚Ratsherren der Nation, Volksfürsten'[5] auf. Die Bedeutung des Wortes *leode* – besonders in ihrem Auftreten im Beowulf – ist unter den Anglisten umstritten. Während Ernst Albin Kock[6] *leode* mit dem semantischen Gehalt ‚lord, prince' annimmt, gesteht Frederik Klaeber[7] dem Wort

---

[1] Vgl. Tiefenbach, Königsurkunden, S. 68ff., bes. S. 69.

[2] Leges Burgundionum, Tit. 101 § 2, S. 114, vgl. auch ebenda Tit. 2 § 2, S. 42: *Illud sane huic lege rationabili censuimus provisione subiungi, ut si cui forte a quocumque inlata vis fuerit, ut aut ictibus verberum aut vulneribis urgueatur, et dum sequitur percutientem dolore aut indignatione conpulsus occiderit, atque ita factum re ipsa aut indoneis, quibus credi possit, testibus fuerit conprobatum, medietatem pretii secundum qualitatem personae occisi parentibus cogatur exsolvere, hoc est: si obtimatem nobilem occiderit, in medietatem pretii CL solidos, si aliquem in populo mediocri, C solidos, pro minore persona LXXV solidos praecipimus numerari.* Ebenda Tit. 101 § 1, S. 114: *Quicumque Burgundio alicuius optimatis aut mediocris sine ordinatione patris cum filia se copulaverit, iubemus ut tripla solutione optimatis ille qui fuerit patri ipsi, cum cuius filia so copulavit et eum ante scire non fecit, nec consilium petiit, CL solidos ei cogatur exsolvere, et multae nomine solidos XXXVI.*

[3] Vgl. Gesetze der Angelsachsen, Bd. 2, S. 133.

[4] Ebenda, Bd. 1, S. 94f. (H).

[5] Vgl. ebenda Bd. 2, S. 133.

[6] Vgl. Kock, Interpretations, S. 94, vgl. dagegen: Klaeber, Beowulfiana, S. 210.

[7] Vgl. Klaeber, Glossary, S. 367: „leod man, member of a tribe or nation ... prince (?) ...", „... pl. ... people". Ähnlich verfährt Schaubert, Kommentar, S. 18 zu Vers. 24ff.; Glossar, S. 138.

nur gelegentlich die Bedeutung ,chief, prince' zu, verteidigt aber die bis dahin übliche Auffassung *leod* ,Mann', Plural ,Leute'. Dieser Auffassung stimmen z. B. auch Johannes Hoops und Elliot van Kirk Dobbie[8] zu. „Man beachte, daß die im Zusammenhange auffälligen Verse 20—25 stark an die Gnomen erinnern und daß ,leod' hier im Hinblick auf ,guma' (20) und ,man' (25) nicht unbedingt ,chief', ,lord', ,prince' bedeuten muß."[9]

Auffälligerweise befinden sich allein drei der fünf kontinentalen *leod*-,Mann'-Belege in den merowingischen Kapitularien. In Titel 107: *Similiter conuenit ut re(ip)us concederemus omnibus leodibus nostris, ut per modicam rem scandalum non generetur in regione nostra*[10], befreit der König die *leodes* zur Vermeidung von Streit in seinem Gebiet vom *reipus* ,dem Reifgeld'. Eine Aufhebung des *reipus* nur für eine kleine Gruppe, die aus der übrigen männlichen Untertanenschaft herausgehoben war, hätte keinesfalls die Zwietracht im Gebiet Chilperichts behoben, sondern eher provoziert, demzufolge kommt der Bezeichnung *leodes* in diesem Fall die Bedeutung ,freie, fränkische Männer eines bestimmten Herrschers' im Sinne von ,Untertanen' zu. *Reipus* bzw. *rebus* ,Reifgeld' zu ahd. *reif*, got. *raips*, ags. *rap*, an. *reip* ,Ring, Reif' ist nach salischem Recht eine Gebühr, die derjenige, der eine Witwe heiratet, an die Verwandten des Mannes oder, wenn diese schon tot waren, an den König zu zahlen hatte[11]. Die Bestimmung, den *reipus* zu entrichten, bezog sich auf alle freien Männer im Reich Chilperichs und geriet etwa 200 Jahre nach dem Edikt für die Franken in Vergessenheit[12]. Auch der sprachliche Befund bezeugt ein hohes Alter der Form *reipus*, die ein Bestandteil des Satzungsrechts ist, und im Unterschied zu den jüngeren volksrechtlichen Formen *répwano* ,Reifgewohnter' (Titel 6 § 3, der Lex Salica) und *handrepo* ,wenn er handfesselt' (Titel 32 §§ 1, 2 der Lex Salica) hat sich in *reipus* der Diphthong *ei*<*ai* (germ. **raipa* ,ringförmiges Band') über die Monophthongierung hinaus erhalten. Wir haben es demnach mit einer archaischen Schreibung bzw. Lautung zu tun; „bedingt durch die Tatsache, daß es sich um einen festen Rechtsbegriff handelt", konnte hier die Lautung auch gegen die Lautentwicklung erhalten bleiben[13]. Titel 109[14]: *De tilli uero conuenit et singula(riter) de terras istas, qui si aduenivnt, ut leodis patri nostro fuerunt, consuetudinem, quam habuerunt de hac re, infra se debant,* betrifft eine Regelung in bezug auf den Neuerwerb von Land. Während künftig auch Töchter nach den Söhnen Grundbesitz erben sollen (Titel 108, Edictus Chilperici), fällt der Neuerwerb *(tilli)* weiterhin an die *vicini* zurück — es wird nach alter Gewohnheit gehandelt (vgl. Pactus legis Salicae 59,

---

[8] Vgl. HOOPS, Beowulfstudien, S. 116 zu Vers 1865, S. 118 zu Vers 2095 f.; SCHAUBERT, Kommentar, S. 18 zu Vers. 24 ff.: „Hoops stimmte Kl. zu, gab dessen Feststellungen aber nicht genau wieder." Vgl. KIRK DOBBIE, Notes, S. 115.

[9] SCHAUBERT, Kommentar, S. 18.

[10] Pactus legis Salicae, Capit. IV, Tit. 107, S. 262.

[11] Siehe H. BRUNNER, Lex Salica tit. 44, S. 68; DERS., Rechtsgeschichte, Bd. 1, S. 391 und S. 444, Anm. 9, Bd. 2, S. 63, Anm. 4; vgl. SCHRÖDER — KÜNSSBERG, Rechtsgeschichte, S. 332 f.; GYSSELING, Germaanse woorden, S. 93; vgl. auch die Deutungsvorschläge von BEYERLE, Werk Chilperichs I., S. 25 f., Anm. 59 und von IRSIGLER, frühfränkischer Adel, S. 161, Anm. 48.

[12] Vgl. SCHRÖDER — KÜNSSBERG, Rechtsgeschichte, S. 333.

[13] SCHMIDT-WIEGAND, Glossen, S. 416. Möglich wäre allerdings auch, für die Form *reipus* rhein- oder mittelfränkischen Einfluß anzunehmen, S. 407 ff., bes. S. 417.

[14] Pactus legis Salicae, Cap. IV, Tit. 109, S. 262.

Hs. A, C, H + K). Der Teilsatz *leodis, qui patri nostro fuerunt* drückt ein besonderes Verhältnis der *leodes* zu Chilperichs Vater Clothar I. aus: Einmal kann man hier das besondere Verhältnis zum König als ein Gefolgschaftsverhältnis[15] interpretieren, zum anderen ist eine Unterscheidung zwischen *leodes* im engeren und im weiteren Sinn — also zwischen den *leodes* eines Königs und denen seines Reiches — möglich[16]. Der Teilsatz kann aber auch lediglich unterstreichen, daß bei Neuerwerb so verfahren werden soll, wie schon zu Zeiten Clothars I.

Ähnlich mehrdeutig ist auch die Stelle im Dekret Childeberts II., I § 2: *Postea uero in sequenti conuenit una cum leudis nostris: Decreuimus, ut nullus incestuosum sibi sociari coniugio, hoc est nec fratri suo uxorem (n)ec uxore suo sororem (n)ec uxorem patruo aut parenti consanguineos. Uxorem patris quis acciperit, mortis periculum incurrat. Et de praeteritis coniunctionis, qui incesti esse uidentur, per praedicatione episcoporum iussimus emendari. Qui uero episcopo suo noluerit audire, excommunicatus fuerit, perenne conditione apud Deum susteneat et de palatio nostro sit omnino extraneus, et omnes res suas parentibus legitime admittat, qui noluerit sacerdotis, sui medicamenta sustinere*[17]. Der Vergleich mit dem Prolog des Dekrets: *Uiris illustribus. Cum in Dei nomen omnes Kalendas Martias de quascumque conditionis una cum nostris obtimatis pertractauimus, ad unumquemque noticia uolumus peruenire*[18], läßt die *leudes* als *optimates* erscheinen, als eine herausgehobene, dem König nahestehende Gruppe. Das Capitular VI (Decret Childeberts) wendet sich jedoch mit einem Inzestverbot an alle freien Männer, so daß hier die Optimaten in ihrer Vertreterfunktion für das Volk gemeint sein könnten. Die Bezeichnung *leudes* ist vielleicht gewählt worden, weil hier nicht die Betonung auf den Privilegien, auf der Königsnähe einer bestimmten Schicht liegt.

Eindeutiger ist der Beleg aus dem westgotischen Gesetz König Reckeswinds (ca. 654), er läßt auf eine besondere Königsnähe der *leudes* schließen: *De his que filii patre vivente vel matre videntur adquirere. Filius, qui patre vel matre vivente aliquid adquisierit, sive de munificentia regis aut patronorum beneficiis promeruerit, et exinde aliquid cuiumque vendere vel donare voluerit, iuxta eam condicionem, que in aliis nostris legibus continentur, in ipsius potestate consistat; nec sibi aliquid, dum filius vivit, exinde pater vel mater vindicare presumant. Quod si inter leudes quicumque, nec regis beneficiis aliquid fuerit consecutus, sed in expeditionibus constitutus de labore suo aliquid adquisierit, si communis illis victus cum patre est, tertia pars exinde ad patrem perveniat, duas autem filius, qui laborabit, obtineat*[19]. Dieser Beleg sagt aus, daß *leudes* — die stärker römisch beeinflußten Westgotengesetze verwenden die mittellateinische Form —, die im Heer des Königs gedient haben, selbst wenn sie noch in der Hausgemeinschaft der Eltern lebten, eigenen Besitz durch königliche Schenkungen erwerben konnten. Dieser Besitz brachte für seinen Inhaber gegenüber selbsterworbenem Besitz, der mit den Eltern geteilt werden mußte, einige Vorteile. Zieht man zu den Legesbelegen die erzählenden Quellen von Gregor von Tours und Fredegar (7. Jh.) hinzu, in denen häufiger

[15] Vgl. Ruth Schmidt-Wiegand, Leod, Sp. 1847; siehe auch: Weidemann, Kulturgeschichte, Bd. 2, S. 327 ff.

[16] Vgl. Grahn-Hoek, fränkische Oberschichten, S. 79.

[17] Pactus legis Salicae, Capit. VI, 2, S. 267.

[18] Ebenda, Capit. VI, Prolog, S. 267.

[19] Lex Visigothorum, S. 201 f.

von den *leudes* eines Königs die Rede ist, so entsteht auch hier der Eindruck, daß die *leudes* in einer besonderen gefolgschaftsähnlichen Nähe zum König stehen. Gregor von Tours berichtet über die *leudes* im Reiche Ragnachars, die von Chlodwig mit – gefälschtem – Goldschmuck bestochen worden seien, damit sie sich ihm anschlössen[20]. Aus dieser Stelle läßt sich auf jeden Fall folgern, daß es sich hier um Leute aus dem *exercitus* Ragnachars gehandelt hat. Da man sie aber – der Menge wegen – nicht mit Goldschmuck hätte bestechen können, war mit *leudes* sicherlich nicht die Gesamtzahl der Krieger gemeint[21]. Auch im Vertrag von Andelot[22], den Gregor überliefert, bezeichnet das Wort *leudes* eine herausgehobene, königsnahe Gruppe. In diesem Vertrag vereinbarten Guntchramn und Childebert II., die *leudes,* die nach dem Tod Clothars I. entgegen ihren Treueeiden in ein anderes Herrschaftsgebiet übergewechselt waren, zurückzuführen, und daß künftig kein König dem anderen die *leudes* abwerbe oder gegen den anderen aufwiegle. Die Belege in der Chronik Fredegars stellen noch stärker die *leudes* als eine zumindest von den Priestern abgesetzte und in einigen Fällen auch herausgehobene Gruppe dar: Z. B. 56 ... *Cumque Remus venisset, Soissionas peraccedens, omnes pontefecis et leudis de regnum Burgundiae inibi se tradedisse nuscuntur; sed et Neustrasiae pontefecis et proceres plurima pars regnum Dagoberti visi sunt expetisse,* und 76. *Cumque anno duodecemo regni Dagoberti eidem filius nomen Chlodeveos de Nanthilde regina natus fuissit, consilio Neustrasiorum eorumque admonicione per pactiones vincolum cum Sigybertum, filium suum, firmasse dinuscetur, et Austrasiorum omnes primati, pontevecis citirique leudis Sigyberti manus eorum ponentes insuper, sacramentis firmaverunt, ut Neptreco et Burgundia soledato ordene ad regnum Chlodovias post Dagoberti discessum aspececerit ...*[23]

In den zu *leod* abgeleiteten Formen *leodi, leodo, leude, leodem, leode, leodi, leoti, lede* etc.[24] mit der Bedeutung ‚Manngeld', ‚Bußgeld' für die Tötung eines Freien[25] tritt das Wort ungleich häufiger auf. Im Pactus und in der Lex Salica läßt sich *leodi* rund zweiundzwanzigmal nachweisen, in Zusammensetzungen mit *matte-, modi-, smala-, walha-, theo-* und als *leodi sacceuithen*[26] noch häufiger. Die meisten Titel führen das Simplex *leodi* als Bezeichnung für das Manngeld eines „freien" Franken oder Germanen, wenn dies auch zumeist nur aus dem weiteren Kontext ersichtlich und nicht wie in den folgenden Fällen ausdrücklich erwähnt ist: PlSal Titel 16 § 1, 35 § 8, 41 § 21, 68 und LSal Titel 59 nennen deutlich *homo ingenuus* als Opfer, für dessen Tötung – sei es durch andere Freie, Sklaven, Vierfüßler – eine bestimmte

---

[20] Siehe: Gregorii libri historiarum, Cap. 42, S. 92 f.

[21] Vgl. GRAHN-HOEK, fränkische Oberschicht, S. 118. Bislang wurden die hier genannten *leudes* als die ‚Großen des Reiches' interpretiert, z. B.: WAITZ, Verfassungsgeschichte, Bd. 2.1, S. 352; IRSIGLER, frühfränkischer Adel, S. 162 f.

[22] Siehe Gregorii libri historiarum, S. 434 f.

[23] Chronik Fredegars, S. 148 f., Z. 24, 6 und S. 159, Z. 9.

[24] Vgl. zu den verschiedenen Schreibungen bes. HELTEN, malbergische glossen, § 4 a, S. 243; § 39, S. 297; § 87, S. 378 f.

[25] Vgl. auch GYSSELING, Germaanse woorden, S. 86.

[26] Vgl. Pactus legis Salicae, *leodi:* 16 § 1, S. 72, 24 §§ 1, 4, S. 89 f.; 35 § 8, S. 131; 36, S. 133; 41 §§ 1, 5, 8, 15, 21, S. 154 f.; 53 §§ 6–8, S. 203; 63 § 1, S. 229, 68, S. 239; 73 §§ 4, 5, 6, S. 244 f. *matteleodi* 41 §§ 2–4 und 6, 7, S. 155 f., I 78, S. 250 *(musthest)* *(bismala* 41 § 15, S. 160) *theoleodi/theoleodinia:* 35 § 1, S. 129: *leodi sacceuuiten:* 54 §§ 1, 2, S. 203 f. *walhleodi:* 41 §§ 9 und 10, S. 157. *leodi* 69 § 6, S. 116; 59, S. 96; 61, S. 98; 89 §§ 44 *mathleodi:* 69 § 2, S. 114; *modileodi:* 69 § 3, S. 114; *smalaleodi:* 33 § 2, S. 72.

Höchstsumme *(leodi)* zu bezahlen sei. In Titel 41 § 5, 63 § 2, 73 §§ 4–6 PlSal ist ein entsprechend höheres Wergeld angesetzt, wenn das Opfer, ein freier Franke, in einer besonderen Nähe zum König steht: *antrustio,* bzw. *in truste dominicae*[27] etc. Titel 41 § 1 erwähnt die Volksgruppenzugehörigkeit des Opfers als *ingenuus Francorum aut barbarorum.* Mit einem geringeren Wergeld wird dagegen die Schuld an einem Angehörigen der romanischen Volksgruppe abgegolten: in PlSal 41 § 8 und in der LSal 69 § 6 bezeichnet einfaches *leodi* das Wergeld eines *Romanus conuiua regis.* Die Mannbuße für einen *Romanus homo possessor non conuiua regis* und für die eines *Romanus tributarius* nennt der Pactus *walaleodi*[28]. Hier wird also ein Kompositum verwendet, das in sich schon die Unterscheidung der Volkszugehörigkeit desjenigen zeigt, um dessen Manngeld es sich handelt. Bevor nun aber die Komposita mit *leodi* etc. näher betrachtet werden sollen, muß noch einmal auf Titel 24 §§ 1 und 4 hingewiesen werden. Hier geht es um das Wergeld für einen *puer ingenuus* bzw. *puer crinitus,* also zwar um einen Freien, jedoch nicht um einen Erwachsenen. Dem würde in etwa die Bezeichnung *leodi* bzw. *leodinia* für das Wergeld einer „freien" Frau (PlSal 24 §§ 5, 8, 9 und LSal 31 § 2; 32; 33 § 1) und *smalcha ledi* (LSal 33 § 2) ‚Mädchenwergeld' entsprechen. Auch die Komposita sind sehr aufschlußreich für die Bedeutungsbreite und, wie noch gezeigt wird, die Bedeutungsentwicklung des Wortes *leodi.*

Sowie frk. *leod* bzw. frankolat. *leodis* das Wort ist, „das in der Lex Salica im Text, wie in den Malbergischen Glossen in Ableitungen und Zusammensetzungen häufiger als jedes andere vorkommt"[29], kann das Kompositum mit *leod* im ersten Glied: *leodardi* als eines der häufigst vorkommenden volkssprachigen Wörter der salfränkischen Gesetze gelten[30]. Die Interpretation des Wortes als *leudi-pardi* ‚diefstal door een frije begaan'[31] durch Gysseling ist m. E. zu eng gegriffen und läßt sich nicht anhand des Kontextes bestätigen. Van Helten, Kern und zuletzt auch Schmidt-Wiegand[32] sahen in dem Wort eine Bildung aus *leod* ‚Mann' und *-ardi* < **wardini* ‚Verletzung'[33]. *Leodardi* wäre demnach „ein Seitenstück zu aofries. *liodwerdene,* awfries. *liudwerdene,* eine Bezeichnung für körperliche Mißhandlung, die aber gemäß afries. *werdene* = Verletzung ursprünglich die körperliche Verwundung selbst gemeint haben müsse"[34]. Zurückzuweisen ist die Deutung von Jungandreas ‚Besitz des Edeling', zumal *leod,* dessen ags. Parallele er heranzieht, von den meisten Anglisten – wie bereits oben gezeigt werden konnte – nur gelegentlich die Bedeutung ‚König, Edeling' zugesprochen bekommt, sie bleiben im Gegensatz zu

---

27 Vgl. Kap. 4.2.2.5.

28 *Wala* < *uualha,* ahd. *walh* ‚Romane', ags. *wealh* ‚Kelte', germ. **Walhos* ‚Volcae'. Das Wort hat als „typisches Wort der Rand- oder Mischzone zwischen Germanen und Kelten oder Germanen und Romanen" einen Bedeutungswandel von ‚Kelte' zu ‚Romane' mitgemacht. Vgl. Schmidt-Wiegand, Bezeichnungen, S. 247 f.

29 Schmidt-Wiegand, Bezeichnungen, S. 240.

30 Vgl. Dies., Geschichte, S. 220.

31 Vgl. Gysseling, Germaanse woorden, S. 87.

32 Vgl. Helten, malbergische glossen, § 39; Kern, Notes, § 49; Schmidt-Wiegand, Bezeichnungen, S. 240 und Dies., Geschichte, S. 221.

33 Vgl. auch Richthofen, Wörterbuch, 2., S. 905 und zum Wegfall des *w* in der Nebensilbe: Steller, altfriesische Grammatik, § 27, Anm. 3.

34 Schmidt-Wiegand, Bezeichnungen, S. 221.

Jungandreas bei einer Hauptbedeutung ,Mensch' und im Plural ,Volk'[35]. Für den zweiten Bestandteil des Wortes nimmt Jungandreas ein fränkisches **ard* ,Ackerland' zu germ. **ardi* ,Wohnung, Ackerbau, Ertrag' an[36]. Vom Kontext der Lex Salica her läßt sich eine solche Bedeutung des zweiten Kompositionsgliedes nicht rechtfertigen, wohingegen ein ursprünglicher Bedeutungsinhalt von ,Verletzung' in allen Fällen naheliegt[37]. Erhalten ist er mit Sicherheit in Titel 17 § 3 der Hs. C der Lex Salica. Es handelt sich hier um eine Anordnung, die zusammen mit denen in Titel 2—8, 10, 13—17 und eventuell 24 zu einem vor dem 6. Jahrhundert entstandenen Kern der Lex Salica gehört[38]. Das Alter dieser Bestimmung kann hier als Beleg für eine ursprüngliche Bedeutung des Wortes *leodardi* als ,Mann- bzw. Mensch-Verletzung' gelten: *Si quis hominem cita plagauerit in caput et sanguis ad terra cadit malb. leodard. chesfrido sunt den. DC qui fac. sol. XV culp. iud.*[39] Es geht hier um eine Verwundung, bei der Blut zur Erde fließt, die Tat — die Körperverletzung — ist also als ein Bedeutungsbestandteil des Wortes *leodardi* mit in Betracht zu ziehen. In den Titeln 9 §§ 1, 4: Beschädigung fremden Viehs, 27 §§ 6, 7, 12, 17: Eindringen in und Stehlen von fremden Hab und Gut, 28 § 4: Stutzen eines fremden Pferdes und 30 § 7: Schmähung könnte der Bedeutungsinhalt ,Verletzung' noch mit anklingen[40]. Hier handelt es sich jedoch auch um Tatbestände, für die eine Buße von 15 solidi zu entrichten war. Man kann innerhalb der Lex Salica einen Bedeutungswandel des Wortes *leodardi* feststellen und wörtlich ,Mann- bzw. Menschenverletzungsbuße' über die Buße von 600 denarii = 15 solidi[41] bis hin zur kleinen Buße[42] überhaupt. Der Wandel von der sachgebundenen Bußbezeichnung bis zur Bezeichnung für ein Bußmaß hat seine Gründe nicht zuletzt in einem Wandel der sozialen und rechtlichen Verhältnisse seit der Merowingerzeit: Der König griff verschärft in die Gesetzgebung ein[43]. Die Zahl der Leibesstrafen, der peinlichen Strafen, wurde vergrößert, zusätzlich wurden sie in ihrer Grausamkeit verstärkt, die Todes- oder Prügelstrafe, die „Strafe zu Haut und Haar" und das Brandmarken — zum Teil ihrem Ursprung nach Sklavenstrafen — werden nun als Ehrenstra-

---

35 Vgl. oben.

36 Vgl. Jungandreas, Vom Merowingischen zum Französischen, 44, S. 130. Vgl. auch Kaspers, Wort- und Namenstudien, S. 330. Möglich bleibt allerdings hier ein interpretatorischer Zugriff, der den Hintergrund der königlichen Landzuweisungen berücksichtigt: *leodardi* ,(Acker)land des *leod*'; dazu sind auch das Lexem mhd. *art* ,Ackerbau' und die mundartlichen, tautologischen Bildungen *Artacker, Artfeld, Artland* zu vergleichen, siehe auch: Kluge, Wörterbuch, S. 32; Schmidt-Wiegand, Bezeichnungen, S. 249, Anm. 7.

37 Vgl. auch Schmidt-Wiegand, Geschichte, S. 221.

38 Vgl. ebenda, S. 222 und Beyerle, Normtypen, S. 238.

39 Pactus legis Salicae, S. 77, Hs. C 6.

40 Vgl. ebenda 9 §§ 1, 4; 27 §§ 6, 7, 12, 17; 30 § 7, S. 46 ff.; S. 99 ff.; S. 120.

41 Vgl. Pactus legis Salicae: 6 § 1, S. 36 f.; 7 § 13, S. 43; 8 § 3, S. 45; 9 §§ 1, 4, 5, S. 46 ff.; 11 § 1, S. 55; 27 §§ 1, 6, 7, 19, 23, 30, 31, S. 98 ff.; 30 § 7, S. 120; 34 §§ 1, 4, S. 126 f.; 65 § 1, S. 232; Lex Salica: 8 §§ 3, 4, S. 40 ff.; 10 §§ 1, 4, S. 42 ff.; 39 § 1, S. 78; 42, S. 80; 43 § 1, S. 80; 45 § 2, S. 82; 46 § 1, S. 82; 53, S. 92; 54, S. 94; 55, S. 94.

42 Vgl. Pactus legis Salicae: 6 § 4 (3 solidi), S. 38; 9 § 9 (30 *solidi*), S. 50; 23 (30 *solidi*), S. 88; 27 §§ 2, 4, 8, 10, 12, 14, 18, 24, 25 (3 *solidi*), S. 98—106; 27 § 17, 20 (45 *solidi*), S. 103 f.; 33 § 1 (45 *solidi*), S. 123; 34 § 3 (3 *solidi*), S. 127; Lex Salica: 6 § 3 (3 *solidi*), S. 38; 10 § 8 (30 *solidi*), S. 47; 38 § 2 (30 *solidi*), S. 78; 40 § 1 (45 *solidi*), S. 78; 64 §§ 1 (30 *solidi*), 2, 3 (3 *solidi*), S. 104.

43 Vgl. H. Brunner, Rechtsgeschichte, Bd. 2, S. 834 und 786 f.; Mitteis, Rechtsgeschichte, S. 80.

fen auch auf Freie angewandt[44]. Jedoch wurden mehr und mehr solche Strafen – selbst die Todesstrafe – durch Bußgeld ablösbar. Dies hat auch eine Rolle bei der weiteren Bedeutungsentwicklung der Bußbezeichnungen gespielt, z. B. bei der Entwicklung des Wortes *leodardi* von einer Tarifbezeichnung ‚15-solidi-Buße' zum „Gruppenwort"[45] für die kleine Buße[46]. Nicht so recht in diese dreistufige Bedeutungsentwicklung passen die Belege 24 § 1, 63 §§ 1, 2 des Pactus und 20 § 2, 69 § 1 der Lex Salica sowie 31 § 1, dem 24 § 1 des Pactus entspricht. Sie alle erwähnen weder Verletzungen noch 15-solidi-Bußen, noch kleine Bußen, sondern Bußen in der Höhe von 600–1700 solidi. Titel 63 §§ 1, 2[47] handelt vom dreifachen Bußgeld (*leodardi trespellia*), so daß man diese Bestimmungen möglicherweise denen über die kleinen Bußen zuordnen kann. Herold und die Handschrift B 2[48] geben in Titel 63 § 1 *leodardi trespellia* wieder, A 1 dagegen setzt *leude*. Die Handschriften der C-Gruppe, die *leodi* oder *leodardi* nicht führen, umschreiben folgendermaßen: ... *secundum quod in patria, si ipso occidisset, conponere debuisset, in triplo conponat*[49]. Ähnlich verhält es sich auch mit den anderen Belegen, jedoch gibt es bei ihnen keinen Hinweis auf eine Verdreifachung der Buße. Hier muß eher an eine Analogie zu *leodi* als höhere Buße gedacht werden. Titel 20 § 2 und 69 § 1 der Lex Salica verwenden *leodardi* – die ihnen entsprechenden Titel in den älteren Handschriften, die Karl August Eckhardt als die des Pactus Legis Salicae zusammenfaßt, weisen durchgängig das für die hohe Buße gebräuchliche *leodi* auf[50]. Auch in Titel 24 § 1 PlSal enthält nur Herolds Edition *leodardi*, die Handschrift A 2 dagegen *leode*[51], der entsprechende Titel der Lex Salica nennt in D 8/9 und K 8 *leodardi* bzw. *leudardi*[52]. Diese Belege sollten aber nicht dazu verleiten, eine vierte Bedeutungsstufe der Annäherung von *leodardi* an *leodi* anzunehmen, hier ist viel eher mit sporadischen, eventuell tradierten, nicht einheitlich verstandenen Analogiebildungen zu rechnen[53]. Wie überhaupt die Verwendung von *leodi*/*leodardi* in den jüngeren Handschriften gegenüber den älteren eher zurückgeht, obwohl die Konkurrenzbezeichnung *wergeld* in den salfränkischen Gesetzen nur sehr gering vertreten ist, was sich in bezug auf jüngere Gesetzestexte (z. B. Lex Frisionum) völlig ändert.

Die andere große Gruppe der Komposita ist mit *leodi* im zweiten Glied gebildet. Diese Determinationskomposita lassen sich noch weiter differenzieren: Zum einen haben wir die Zusammensetzungen, die auf die Person hinweisen, um deren Wergeld es sich handelt, wie z. B *walhleodi* ‚Welschenmanngeld', *theoleodi* (*-leodinia*) ‚Knechtsmann-(frauen-)geld'. Wenn auch nicht von der Wortbildung her

---

44 Vgl. Mitteis, Rechtsgeschichte, S. 80; Holzhauer, Geldstrafe, Sp. 1467 f.

45 Zu diesem Begriff Schmidt-Wiegand, Geschichte, S. 223 und Baesecke, Worte, S. 41.

46 Vgl. Schmidt-Wiegand, Geschichte.

47 Vgl. Pactus legis Salicae, S. 229 f.

48 Nach Eckhardt, Einführung und 80 Titel-Text, S. 96 ff. ist B die Hauptvorlage Herolds.

49 Pactus legis Salicae, S. 229.

50 Siehe Lex Salica, S. 62: Tit. 20 § 2 und entsprechend Pactus legis Salicae, Tit. 16 § 1, S. 71 f.; Lex Salica, Tit. 69 § 1, S. 144; Pactus legis Salicae, Tit. 41 § 1, S. 154 f.

51 Siehe Pactus legis Salicae, Tit. 24 § 1, S. 88 f.

52 Siehe Lex Salica, Tit. 31 § 1, S. 70 f.

53 Vgl. Helten, malbergische glossen, § 87, S. 379 nimmt in den umgekehrten Fällen, d. h. dort, wo seiner Meinung nach statt *leudi leodardi* steht, „verwechslung von leodi etc. mit für leodardi etc. verwandter sigel leod etc. und daraus erfolgter auflösung der sigel" an.

gehört doch semantisch *leodi sacceuuithen* ‚Sachkundigen-Manngeld' in die oben genannte Gruppe. Auf der anderen Seite handelt es sich um Komposita, die die Art des Manngeldes bezeichnen z. B.: *matteleodi*, *modileodi* ‚Mord-Manngeld'.

Die Malbergische Glosse *theoleodi,* die nur einmal – in Titel 35 § 1 PlSal – belegt ist und auf die an anderer Stelle noch eingegangen wird[54], spiegelt eine ältere Rechtspraxis in bezug auf das Bußwesen wider: Standen die Bußen in der vormerowingischen Zeit für einen bestimmten Tatbestand, so wurden sie später davon gelöst und vielfach zu reinen Geldstrafen, die auch zum Teil nicht mehr ganz an die Betroffenen zu zahlen waren, sondern anteilig auch an den Fiskus. „So wird das Strafrecht immer mehr ‚fiskalisiert' und seinem eigentlichen Zwecke entfremdet; es gewinnt geradezu einen ‚plutokratischen' Zug, nur noch der Arme muß ‚de vita, de dorso conponere' ..."[55] Dieser Wandel drückt sich auch in der Sprache aus. So werden z. B. *theoleodi* bzw. *theoleodinia* zunehmend als Bezeichnungen verdrängt und durch die Angabe der Höhe des Strafmaßes ersetzt. Diese Entwicklung, die sich von der sach- bzw. personengebundenen Bußbezeichnung wegbewegt, läßt sich in anderen Fällen auch noch beobachten: z. B. bei den Bestimmungen in den ältesten Teilen der Lex Salica, wo etwa in Titel 2 § 2 „beim Diebstahl eines Ferkels vom dritten Wurf die Buße von 600 Denaren = 15 solidi mit der Glosse *chrannechaltio* gekoppelt"[56] ist. Solche charakteristischen Bezeichnungen waren ursprünglich auch *leodi* und *wer,* die sowohl den Menschen (frk. *leodi* als Ableitung von frk. *leod* ‚Mann, Mensch') als auch die Buße für seine Tötung bezeichnet haben. Eine zunehmende Monetarisierung der Bußen führte nun zu einer Bedeutungsverschiebung wie im Falle von *leodardi* oder zu einer Ersetzung der ursprünglichen Bußbezeichnungen durch die Angabe des Strafmaßes in einer bestimmten Geldsumme. Letzteres ist auch bei *leodi* und *leodardi* zu beobachten, wenn man allein innerhalb der Lex Salica die verschiedenen Handschriften vergleicht, so entdeckt man in den jüngeren im Gegensatz zu den älteren viel häufiger Geldstrafen, die allein, ohne eine die Buße kennzeichnende Bezeichnung stehen. In der Sprache der Lex Salica ist also der allmähliche Übergang, der sich in der rechtlichen Praxis schon vollzogen hatte, sehr gut zu beobachten. Belege dafür sind auch die angelsächsischen Bezeichnungen *leod* und *leodgeld* sowie *wer* und *wergeld,* letzteres erscheint in den kontinentalen Rechten nur noch als *wergeld* – auch ein Zeichen für die Monetarisierung. Sobald aber der Täter nicht mehr mit seinem Leben[57], sondern mit einer Geldsumme sein Vergehen sühnen konnte, mußte ein Wertmaßstab für seine Sühne gesetzt werden. So wurde das „Freien"-wergeld Maßstab für die Geldabstufungen und *theoleodi,* das uns nur einmal in den Rechtstexten begegnet – und hier noch in recht undurchsichtiger Form[58] –, ist lediglich ein Hinweis auf

[54] Vgl. Kap. 4.3.1.1.

[55] Mitteis, Rechtsgeschichte, S. 80. Vgl. auch Kaufmann, Buße, Sp. 576; Holzhauer, Geldstrafe, Sp. 1467 f.

[56] Dieser und noch mehr Belege bei Schmidt-Wiegand, Geschichte, S. 222.

[57] Vgl. Pactus legis Salicae, Tit. 51 § 3, S. 197; vgl. auch Kap. 4.2.1.1.

[58] Siehe Pactus legis Salicae, S. 128 f. Vgl. die Interpretationen von Kern, Notes § 181; Helten, malbergische glossen, die von der Zweiwort-Grundform ausgehen: *theoleudi si theodelin* oder Schmidt-Wiegand, die ein ursprüngliches *theodelin* ‚Knechtsteilung' zugrundelegt, nach Nehlsen, Sklavenrecht, S. 287 f., S. 288 Anm. 196.

einen älteren, in der Rechtspraxis längst überholten Zustand. Der „Unfreie" büßt hier gemäß der ursprünglichen Auffassung – die sich naturgemäß bei Besitzlosen länger hielt als bei besitzenden „Freien" – mit seiner Person, aber auch schon die jüngeren Handschriftengruppen D und E setzen entweder zu der Bußbezeichnung die Geldstrafe, durch die die Tat abzugelten war (D 7, 8, 9), oder ersetzen die Bußbezeichnung *theoleodi*/*theoleodinia* ganz (E 11, 12, 13, 14/15)[59] durch die Nennung einer Geldstrafe. Ähnliches gilt auch für das oben schon erwähnte *walaleodi* ‚Welschenmanngeld'[60], das nur im Pactus und nicht in den jüngeren Handschriften auftritt. Auch *leodi sacceuuithen* ‚Sachkundigen Manngeld' zu as. *saka,* ahd. *sacha,* an. *säk,* afries. *sake* ‚Streit, Prozeß, richterliche Untersuchung, Vergehen' und as. *wita* ‚Ratgeber'[61] findet sich nur in Titel 54 § 1 und § 2 und auch hier nur in der alten Handschrift A 2[62] als *leodo samitem* § 1 und *leude saccemuther* § 2 – also in entstellenden, zum Teil in archaischen Schreibweisen. In beiden Fällen handelt es sich um ein Wergeld für die Tötung eines Mannes, der eine für die Rechtsgemeinde wichtige Funktion ausübt: *grafio* (§ 1), *sacebaro, obgrafio* (§ 2). Alle drei Funktionsträger sind die Vollstrecker der im Ding gefällten Urteile[63], insofern also ‚Prozeßkundige, Urteilsvollstrecker': *sacceuuithen.*

Gegenüber diesen stark personengebundenen Bußbezeichnungen ist nun *matte-* bzw. *modileodi* eher sachgebunden. Auch diese Bezeichnungen sind Belege für die ursprünglich charakteristischen Bußbezeichnungen, die erst durch die Monetarisierung der Bußen verdrängt wurden. Titel 41 § 2 PlSal weist in C 6 *mathleote,* in H 10 *vuath leude*[64] auf; Titel 41 § 3 PlSal in A 3 *mo antheti,* welches van Helten als eine Verlesung deutet und zu **morthes leude* stellt[65], Titel 41 § 4 PlSal in A 2 *matteleodi,* in A 3 *marchat,* in C 5 *mortes,* in C 6 *mortis leodi;* Titel 41 §§ 6, 7 PlSal in A 1 *matheleodi,* in A 2 *matte leodi,* in C 6 *matheo de mortis leod;* I Titel 78 PlSal *musthest*[66]; Titel 69 § 2 LSal in D 7 *matdalio,* in D 9 *mathdaleo*[67]; Titel 69 § 3 LSal in D 7 *modo leodi,* in D 9 *modileodi*[68]. Van Helten[69], Kern[70], Eckhardt[71] unterscheiden zwischen *matteleodi* ‚Großmannwergeld' und *modileodi* ‚Mordmanngeld'. Ersteres stellt van Helten zu ahd. *magan-,* ags. *mazzen-,* as. *megin-* ‚groß-' und nimmt dazu eine Form

---

59 Siehe Lex Salica, Tit. 57 § 1, S. 94 f.

60 Vgl. Kern, Notes, § 208 „*Walaleodi*', ... is ‚the weregild of a *Wala(h)*', the well-known name given by Teutonic people to their Romanised neighbours; Old-High-German *walali, wahli*' Anglo-Saxon *wealh, weal*', Dutch ‚*waal*' etc."

61 Vgl. ebenda, § 244 und vgl. auch Kap. 4.2.2.2.

62 Siehe Pactus legis Salicae, S. 203 f.

63 Vgl. Kap. 4.2.2.2. und Kap. 4.2.1.1.

64 Vgl. Helten, malbergische glossen, § 132, S. 436 *vuath* mit *vu*<*m* zu *math,* siehe auch Anm. 74.

65 Vgl. ebenda, S. 437.

66 Vgl. ebenda, S. 436 zu *morthes* ‚Totschlag, Mord'. Tit. 41 § 2–4, 6, 7; I 78: Pactus legis Salicae: S. 155 f. bzw. S. 250.

67 Vgl. Helten, malbergische glossen, S. 436 ... „in *-dalio, daleo* liegt die folge von silbenversetzung und durch vorausstehendes *a* veranlasster assimilierender schreibung von *a* vor".

68 Vgl. ebenda, S. 436, *modo*/*i* = Ausfall von *r* und *s,* Verschreibung von *d* aus *th* und Substitution von *e* für *i* zu **morther, *morthes.* Tit. 69 § 2, 3: Lex Salica: S. 114.

69 Vgl. Helten, malbergische glossen, § 132, S. 435–438.

70 Vgl. Kern, Notes, S. 67 f., S. 165.

71 Vgl. Pactus legis Salicae, Glossar, S. 285 und Lex Salica, Glossar, S. 235.

**mabt-* und dazu **macht-leudi* ‚Großwergeld' an, da ihm als Benennungsmotiv die Verdreifachung des Wergeldes – also Intensivierung, Erhöhung – ausschlaggebend erscheint. Da es sich jedoch auch in den Fällen von *musthest, modi(o)-leodi* um Erhöhungen des Wergeldes handelt[72], und, wie wir bisher gesehen haben, die Höhe des Wergeldes als Benennungsmotiv erst in einem späteren Stadium und nicht schon in den frühen Handschriften eine Rolle gespielt hat, möchte ich für alle oben aufgeführten Belege die Bedeutung ‚Wergeld für einen verheimlichten Mord bzw. Totschlag' annehmen[73]. Der erste Bestandteil des Kompositums wäre dann zu einem Lexem zu stellen, für das die idg. Verbalwurzel **mer-*, **mr* als Ursprung ermittelt werden konnte. Aus dieser Wurzel – so schließt Pokorny – entwickelten sich **mrtóm*, germ. **murþa*, ahd. *mord*, mhd. *mort(d)*, as., afries. *morth*, mnl. *mo(o)rt(d)*, nnl. *moord*, nhd. *Mord* und **m̥rti-*, aind. *márta* ‚sterblich', lat. *mors, -tis*, arm. *mah* ‚Tod'[74].

Anhand der Belege aus dem salfränkischen Recht wurde ein Bedeutungswandel des Wortes *leodi* von einer Buße, bei der ein Mensch – sei er ‚Unfreier' oder ‚Freier' – mit seinem Leben bzw. seinem Körper haftete (z. B. *theoleodi*), zu einer am Freienwergeld orientierten Geldstrafe sichtbar. Beide Bedeutungen sind noch in der Lex Salica erkennbar, wenn auch die erstere deutlich im Schwinden ist. Wie verhält sich dies nun in den anderen Rechtstexten, welche Bedeutung überwiegt hier und wie ist dies zu begründen? Außer in der Lex Salica findet sich das Wort *leodi* bzw. *leudi* oder *liudi* ‚Mann- bzw. Menschenbußgeld' nur noch in den Gesetzen der Ribuaren, Thüringer, Chamaven und Friesen. Da die Lex Ribuaria „kein ‚Stammesrecht' im üblichen Sinne, sondern ein merowingisches ‚Gesetzbuch' " ist, „das auf der Grundlage des salischen Rechts jüngeres Frankenrecht bot –, in gewisser Weise also eine Lex Salica revisa, bestimmt für die Franken im Land Ribuarien"[75], läßt sich zum einen der einzige *leod-* (A 3) bzw. *liud-* (A 10) Beleg in Titel 73 (70) § 1 der Lex Ribuaria in Anlehnung an Bestimmungen der Lex Salica verstehen, zum anderen jedoch läßt sich ein eindeutiger Rückgang des fränkischen Wortes *leodi* von der Lex Salica zur Lex Ribuaria feststellen. Titel 73 § 1: *Si quis homo a ligno seu a quolibet manufacteli fuerit interfectus, non salvatur; nisi fortem quis auctorem interfectionis in usos proprios adsumpserit; tunc absque fredo ipsa liude* (Zusatz A 10, *leode* Zusatz A 3) *culpabilis iudicetur*[76] gibt keine Höhe für die Mannbuße an und ist auch nicht eindeutig auf eine bestimmte rechtlich-soziale Gruppe oder Schicht festgelegt. Ebenso verhält es sich auch mit dem einzigen Beleg der Lex

---

72 Vgl. auch HELTEN, malbergische glossen, S. 437. „Daher die möglichkeit, dass **morthes leudi* auch als dem **mahtleudi* gleichwertiger ausdruck, als allgemeiner terminus für ‚erhöhtes wergeld' in schwang kam."

73 Vgl. GYSSELING, Germaanse woorden, S. 90.

74 Siehe POKORNY, Wörterbuch, Bd. 1, S. 735 und KLUGE, Wörterbuch, S. 487; später erst entwickelte sich die Bedeutung ‚absichtlicher Totschlag'; vgl. SCHMIDT-WIEGAND, Bezeichnungen, S. 222, Anm. 4: Möglich ist es auch, die in Tit. 41 § 2 erwähnte Glosse *matteleodi* (A 2) bzw. *mathe leodi* (A 1) zu **uuatteleodi* ‚Wasser (tauchen)mannbuße' zu got. *wato* ‚Wasser' zu stellen. Zur Bedeutungsentwicklung von *Mord* vgl. SCHMIDT-WIEGAND, Mord und Totschlag; DIES., Mord; SCHÜTZEICHEL, Zum Muspulli, S. 16 ff.

75 SCHMIDT-WIEGAND, Lex Ribuaria, Sp. 1923.

76 Lex Ribuaria, S. 124, Hs. A 3.

Angliorum et Werinorum hoc est Thuringorum, wo *leudi* innerhalb eines Titels auftritt, der von Erbschaftsangelegenheiten handelt: 27. *Ad quemcumque hereditas terrae pervenerit ad illum vestis bellica, id est lorica, et ultio proximi et solucio leudis debet pertinere*[77].

Dreimal erwähnen die Rechtsaufzeichnungen der chamavischen Franken das Wort *leodi,* einmal in Titel 12, als Manngeld eines, der *per cartam aut per hantradam ingenuus est*[78]; sein *leodi* fällt dem Königsschatz zu, wenn er sich von seinem Herrn getrennt hat. Es ist auch hier keine Höhe des *leodi* angegeben, weiterhin ist das *leodi* auch nicht das eines Freien, sondern das eines Freigelassenen, die direkte Orientierung am Freienwergeld, die das Manngeld zu einem Indikator für die Zugehörigkeit zu einem bestimmten sozialen Stratum macht, fehlt in der Bedeutungsbreite von *leodi* an dieser Stelle. Titel 20 und 32 geben die soziale Zugehörigkeit des Täters nicht an, jedoch steht auch hier bei der Bedeutung von *leodi* nicht das am „Freien"-wergeld gemessene Manngeld im Vordergrund, sondern vielmehr die unabhängig von der rechtlich-sozialen Zugehörigkeit bleibende Mannbuße, der noch das Einstehen mit dem eigenen Körper zugrunde liegt: Titel 20: ... *Suam manum aut suum pedem aut suum oculum pro quarta parte de sua leode, et in fredo dominico semper de unaquaque re solidos 4.*[79] Titel 32: ... *manum suam perdat, aut eam redimat quarta parte de sua leode in dominico*[80]. Häufiger als in den beiden vorstehend erwähnten Rechten findet sich das Wort im Recht der Friesen: fünfmal in Titel 2, der vom Anstiften handelt. *Leude, leudis* steht hier sowohl für das Manngeld eines *nobilis* (2 § 1, 2 § 4, 2 § 5) als auch eines *liber* (2 § 6, 2 § 7) und eines *litus* (2 § 5, 2 § 8, 2 § 9)[81]. Die Höhe des Manngeldes ist in einem Fall angegeben, das Maß ergibt sich jedoch nicht durch die Bezeichnung *leudis,* sondern durch die Erwähnung der sozialen Zugehörigkeit des Täters. *Leudis* ist also auch hier eher als eine von der sozialen Zugehörigkeit unabhängige Bußbezeichnung anzusehen, die lediglich angibt, daß hier der Täter mit seinem eigenen Wert einsteht — sei dies sein Leben oder die Ablösesumme. Ganz genauso verhält es sich mit den übrigen Belegen der Lex Frisionum: In 5 § 2 steht *leudis* als Buße für eine Frau, die das Kind einer anderen tötet[82], in 14 § 4 als eine allgemeine Bezeichnung für die Totschlagsbuße, ebenso in 14 § 5 und § 7[83]. Zahlenmäßig ist die Bezeichnung in der Lex Ribuaria, der Lex Thuringorum als auch der Lex Chamavorum und Lex Frisionum nur sehr gering vertreten. Dies erklärt sich einmal daraus, daß *leodi* etc., wie es in den kontinentalen Rechten vorkommt, ein fränkisches Wort ist und möglicherweise hauptsächlich in den Bestimmungen auftritt, die sich besonders stark an das salfränkische Recht anlehnen[84]. Dazu paßt auch, daß sich in den jüngeren Volksrechten gerade die ursprünglichere Bedeutung von *leodi* bzw. *leude* gehalten hat. Welches Wort aber deckt die andere Bedeutung, die, wie wir anhand der Lex Salica bereits

77 Lex Thuringorum in: Leges Saxonum et Lex Thuringorum, S. 61.

78 Lex Francorum Chamavorum, S. 272.

79 Ebenda, S. 273.

80 Ebenda, S. 275.

81 Siehe Lex Frisionum, S. 659 f.

82 Siehe ebenda, S. 663.

83 Siehe ebenda, S. 668.

84 Vgl. Schmidt-Wiegand, Lex Salica, Sp. 1959 f. (Wirkungsgeschichte der Lex Salica).

sahen, jüngere Bedeutung ‚das nach sozialer Zugehörigkeit gestaffelte Manngeld' ab? Auch diese Entwicklung ist schon in der Lex Salica angelegt, finden wir hier jedoch nur vier *wergeld*-Belege, so hat dieses Wort in den übrigen Rechtstexten *leodi* schon ganz verdrängt oder auf die alte, ursprüngliche Bedeutung der ‚Mann- bzw. Menschbuße' eingeengt[85]. Für den Unterschied zwischen *wergeld* und *leodi* soll besonders auf Titel 15 der Lex Frisionum verwiesen werden, indem nach folgendem Einleitungssatz: *Et hoc in eadem regione taliter observatur de compositionibus wergildi* ...[86], die am „Freien"-wergeld orientierten Manngeldsätze in ihrer Höhe nach rechtlich-sozialer Zugehörigkeit gestaffelt aufgezählt werden.

Leod und *leodi (leud* und *leudi)* sind demnach Wörter, die eine vielfältige Bedeutungsentwicklung durchgemacht haben, ehe sie – etwa während der Karolingerzeit – verdrängt wurden. Ursprünglich eine Bezeichnung für den Menschen schlechthin, sei er Freier, Unfreier, Mann oder Frau, wofür noch die Belege der angelsächsischen Gesetze zeugen, behält *leod,* indem es an Breite aber gewinnt, diese Bedeutungen bei. Die von *leod* abgeleitete Form *leodi* ist zunächst nur eine Bezeichnung für die Buße, die der Mann/Mensch im Falle des Totschlags zu entrichten hat – die Buße, hinter der bedeutungsmäßig der Wert des Täters bzw. der Wert des Opfers steht. Insofern sind Belege wie *leodardi, theoleodi, walhleodi* oder *leodi* ‚Mannbuße' auch Zeugnisse für eine ursprüngliche Bedeutung *leod* ‚Mensch'. Das Wort *leud/leod* ist also in eine Reihe zu stellen mit an. *lýþr,* as. *liud,* ahd. *liut* ‚Volk'; im Althochdeutschen begegnet *liut* im Singular, sowohl als starkes Maskulinum als auch als Neutrum[87] und im Plural zudem auch als Femininum ahd. *liuti,* as. *liudi* ‚Leute, Menschen'[88]. Die Formen mit *eu: leud, leude, leudis* – wie sie auch in den Königsurkunden Lothars I. und II. ausschließlich vorkommen – sind nach Tiefenbach die ursprünglichen, germanischen: „Der Fall ist insofern typisch, als Wörter volkssprachiger Herkunft in merowingischen und frühkarolingischen Urkunden gelegentlich Spuren lautlicher Entwicklungen der Volkssprache selbst widerspiegeln, dann aber – etwa um die Wende zum 9. Jahrhundert – häufig eine Erstarrung der lautlichen Form festzustellen ist, in der Regel auf einem germanisch-voralthochdeutschen Lautstand, der von den sprachlichen Erscheinungen der Volkssprache der Folgezeit nicht mehr betroffen wird."[89] Dies bestätigt sich auch in den Leges-Belegen: Die karolingerzeitlichen Leges wie z. B. die Lex Frisionum, Lex Francorum Chamavorum haben die archaischere Form *leude, leudis* des sich bereits

[85] Vgl. Kap. 4.2.1.1.

[86] Lex Frisionum, S. 669.

[87] Zum Geschlechtswechsel des Wortes im Althochdeutschen vgl. Lühr, Studien Hildebrandslied, Teil II, S. 462, Anm. 1; vgl. auch Herold, Volksbegriff, S. 124; Ehrismann, Volk, S. 53 f. und 102; siehe auch: Ders., Diet, liut und liute, S. 61 ff. und 170 ff.

[88] Vgl. Holthausen, Altsächsisches Wörterbuch, S. 47; Schützeichel, Wörterbuch, S. 115; Kralik, Bestandteile, S. 34; Tiefenbach, Königsurkunden, S. 70 f. Vielleicht läßt sich die umstrittene Pluralbildung *leuda* Lex Baiwariorum in diesem Zusammenhang als ‚Menschen, die in einer bestimmten sozialen oder verwandtschaftlichen Beziehung' stehen, deuten: ... *cum sacramentalibus iuret de leuda sua, vel duo campiones proinde pugnent.* Lex Baiwariorum, S. 369; vgl. auch Kralik, Bestandteile, S. 34 f.; vgl. auch die an Trier angelehnte Deutung: Tiefenbach, Königsurkunden, S. 71: „*Liber* ... Angehöriger des *liut* ist das gleichberechtigte Glied einer Gruppe *(*leudh-),* die sich als Abstammungsgemeinschaft begreift."

[89] Tiefenbach, Königsurkunden, S. 69.

im Rückzug befindlichen fränkischen Rechtsterminus, wohingegen die salfränkische sowie auch die angelsächsische Gesetzgebung Zeugnis dafür geben, daß *leod* — z. B. ablesbar am Vokalismus — ein noch in der Volkssprache lebendiges Wort ist. Daß die latinisierte, ältere Form in den Westgoten- und Burgundergesetzen auftritt, erklärt sich aus der größeren Assimilation dieser ethnischen Gruppen mit römischem Kulturgut, die z. B. auch in der Sprache sichtbar wird.

Es handelt sich — um alle Kriterien einmal zusammenzufassen — um männliche Erwachsene, sie mußten nicht notwendig verheiratet sein, die eine bestimmte Funktion in bezug auf die Erhaltung der gens ausübten, da sie dem Heer des Königs angehörten: In einigen Belegen (LSal, LVis) zeigt sich auch eine Prestigesteigerung aufgrund von Königsnähe. Die *leudes* verfügten über Besitz (PlSal Titel 109), der bei den Westgoten aus einer königlichen Schenkung herrührte und auch denjenigen zukommen konnte, die noch in der Hausgemeinschaft der Eltern lebten. Die mit *leudes* bezeichneten Personen erfahren während des Frankenreiches eine deutliche Aufwertung. Das zeigt sich daran, daß das Wort *leod* in dieser Zeit die Tendenz hatte von der allgemeinen Bedeutung ‚(freier) Mann, (freier) Mensch' ausgehend, einen besonderen, höher gestellten Teil der Freien zu bezeichnen. „Eine Ausnahme bildet hier nur der Beleg aus der Lex Gundobada, in der die *leudes* im Gegensatz zu den *optimates* und *mediocres* die übrigen Freien benennen; hier hat sich noch in etwa die ursprüngliche, allgemeinere Bedeutung erhalten."[90] Was auch nicht verwundert, da die Lex Gundobada eine sehr frühe Quelle (Beginn des 6. Jhs.) ist. In die Zeit des Übergangs von der umfassenderen Bezeichnung *leod* ‚(„freier") Mann, Mensch' zu einer Bezeichnung für den Angehörigen einer gehobenen „Freien"-schicht, der durch besondere Königsnähe ausgezeichnet ist, gehört auch das frankolateinische Mischwort *leudesami* ‚Mannschaft', das im Formular Marculf I, 40[91] *Ut leudesamio promittantur rege* im Lateintext erhalten geblieben ist, „weil ihm offenbar keine lateinische Bezeichnung voll inhaltlich entsprach"[92]. Es ist — da der Beleg in die Zeit des Bedeutungswandels von *leod* ‚Mensch, Mann' fällt —, rückblickend von diesem einen Beleg her nicht zu entscheiden, ob es sich hier um einen ‚allgemeinen Untertaneneid' gehandelt hat — was naheläge, da wir bisher in Zusammensetzungen überwiegend die ältere Bedeutung wiedergefunden haben — oder um den Vasallen- oder Untertaneneid im engeren Sinne[93].

Unabhängig von der Personenbezeichnung hat sich die Bußenbezeichnung *leodi* weiterentwickelt und einen eigenen Bedeutungswandel erfahren von der ‚Mannbuße' bis hin zum ‚Wergeld'. *Leodi* — von der Sache her immer stärker orientiert am „Freien"-wergeld — verlor mehr und mehr seine Grundbedeutung ‚Buße für einen Menschen', bis es, in anderen Gesetzestexten, noch nicht in der Lex Salica, schließlich im Laufe der Karolingerzeit durch die Bezeichnung *wergeld* verdrängt wurde. Auch *leodardi* machte eine Entwicklung von der ‚Mensch-Verletzungsbuße', hier ist noch der Bezug zur ursprünglichen Bedeutung *leod* ‚Mensch'

---

[90] Olberg, Leod, S. 103.

[91] Siehe Marculfi Formulae in: Formulae, S. 32 ff., bes. S. 68.

[92] Schmidt-Wiegand, Eid, S. 61; *sam* = von gleicher Beschaffenheit; Kluge, Wörterbuch, S. 438.

[93] Vgl. zu diesem Problemkreis: Eckhardt, Treueidleistung; Scheyhing, Eide; Dilcher, Versprechenseide, Sp. 862—870.

vorhanden, über die Tarifbezeichnung ‚15-solidi-Buße' zum Gruppenwort für die ‚allgemeine Buße' mit. Diese Bedeutungsentwicklung besonders der Bußenbezeichnungen erklärt sich erst vor dem Hintergrund der zunehmenden Monetarisierung des Bußenwesens. Die Berücksichtigung des ‚sachlichen' Zusammenhanges erhellt also hier erst die Bedeutung bzw. deren Wandel.

4.2.1.3. salfrk. *frio* lgbd. *frea,* ags. *freo*

Die Bezeichnung *frio* ist in den kontinentalen Leges nur bei den salischen Franken und in der weiblichen Form *frea* bei den Langobarden bezeugt. Angelsächsisch *freo* ist sehr häufig und mit einer großen Bedeutungsbreite zu finden[1].

In den angelsächsischen Gesetzen kann das Wort – adjektivisch oder substantivisch gebraucht – für den Freien, den Inhaber der vollen rechtlichen Freiheit, stehen[2], z. B. Aethelberth 9: *Gif frigman freum stelþ, III gebete, cyning age þæt wite ealle þa æhtan.* „Wenn ein Freier einem Freien (etwas) stiehlt, büsse er (diesem) 3 (fachen Werth), und der König erhalte die Strafsumme und alle die Güter (des Verbrechers)"[3]. In den meisten Belegen kommt *freo* in Abgrenzung zum *ðeow* vor[4]. Besonders aufschlußreich sind hier die Gesetze des Königs Ine aus den Jahren 688–95. Ine 3.2 regelt, daß ein Freier, der für einen Herrn arbeiten muß, dies nicht an einem Sonntag tun durfte, sonst verlor er seine Freiheit[5]. Ein *ðeowmon* – ins Lateinische übersetzt mit *servus* – gewann bei derselben Tat seine Freiheit und sein Herr mußte obendrein Strafe zahlen, da er für das Handeln des *ðeow* verantwortlich war (Ine 3)[6]. In den Rect. singularum personarum aus den Jahren 1030–1060 Nr. 3 wird die Rechtspflicht eines *kotsetlan* ‚Kotsasse, Kötter' geregelt: Er muß entsprechend der sozialen und rechtlichen Stellung seines Herrn – sei es der König selbst oder ein anderer – einen Tag in der Woche bzw. drei Tage pro Woche in der Erntezeit oder während der ganzen Ernte für den Herrn fronen. Er selber bewirtschaftet mindestens fünf Äcker *(æceres)* und braucht dafür keinen Grundzins *(landgaf)* zu bezahlen. Diesen *kotsetlan* bezeichnet die Bestimmung als *freo* und verpflichtet ihn, wie jeden Freien zur Abgabenzahlung des Herdpfennigs *(heoð pænig)* an Himmelfahrt, zu Kirchenabgaben *(cyricsceat)* am Martinstag, zur Küstenwache, zur Vertretung seines Herrn im königlichen Wildgehege und zu anderen Dingen, die seine „Standesgebühr" – *his mæð* lat. *sua mensura* – sind[7]. Norðleoda laga 8 spricht von einem Welschen, der kein Land hat und nennt ihn

[1] Vgl. Gesetze der Angelsachsen, Bd. 2, S. 80 f.

[2] Ebenda, Bd. 1, Abt. 6, S. 3; Abt. 9, S. 3; Abt. 24, S. 4; Abt. 74, S. 7 (aus den Jahren 601–4); Hl. 5, S. 9 (aus den Jahren 685–6); Wi. 26, S. 14 (aus den Jahren 695–6); II Eg. 2, 2, S. 196 (aus den Jahren 959–962), II Atr. 5, S. 222 (aus dem Jahre 991); I Cn. 11, 2, S. 294 (aus den Jahren 1032–34).

[3] Ebenda, Bd. 1, Abt. 9, S. 3.

[4] Ebenda, Bd. 1, Hl. 3, S. 9; Ine Rb 74, S. 26 (aus den Jahren 890–940); Ine 3, S. 90; Ine 3.2, S. 90; Ine 11, S. 94; Ine 50, S. 110 ff.; Ine 74, 1+2, S. 120 ff. (aus den Jahren 688–95); Af. El. 11, S. 28; Af. El. 12, S. 30; Af. El. 15, S. 30 (aus den Jahren 871–899); AGu 5, S. 128 (aus den Jahren 880–90); II Ass. 24, S. 164 (aus den Jahren 925–935); II Cn. 20, S. 322; II Cn. 68, 16, S. 354 (aus den Jahren 1027–34); Rect. 3, 4, S. 446; Rect. 5, 5, S. 448 (aus den Jahren 960–1060).

[5] Ebenda, Ine 3.2, S. 90.

[6] Ebenda, Ine 3, S. 90.

[7] Ebenda, Rect. 3, 4, S. 446.

freoh[8], sein Wergeld beträgt 70 solidi, das eines *Waliscus* bzw. *Wilisman, þæt he hæbbe hiwisc landes,* der zu eigenem Land und eigener *familia* gekommen ist, dagegen 120 solidi[9]. In den Gesetzen Withræds aus den Jahren 695–6 wird mit „*frigne*“ ein Angehöriger einer Hausgemeinschaft bezeichnet: Wi. 14: *Gif mon his heowum in fæsten flæsc gefe, frigne ge þeowne halsfange alyse.* ‚Wenn jemand seinen Hausleuten in den Fasten Fleisch gibt, löse er Freien wie Sklaven mit dem Halsfange aus (vom Könige)‘[10]. Als Fronarbeiter, der sich durch eine größere Anzahl freier Tage vom *ðeow* unterscheidet, wird der *frio* im Gesetz 43 Aelfreds (871–901) dargestellt: *Eallum frioum monnum ðas dagas sien forgifene, butan ðeowum monnum esnewyrhtan* ... ‚Allen freien Leuten seien folgende Tage freigegeben (jedoch nicht unfreien Leuten und Lohnarbeitern) ...‘[11]. Bestimmend für die Bedeutung des angelsächsischen *freo/ frioh* ist also vor allem der Gegensatz zum *ðeow,* ein Gegensatz, der hauptsächlich in der unterschiedlichen Art und Bewertung der ausgeübten Tätigkeit liegt[12]. Die Grenzen zum Freigelassenen sind fließend[13] und die Abhängigkeiten, in denen der *freo* sich zum König oder einem anderen Herrn befindet, sind vielfältig, entweder leistet er nur geringe Abgaben und Dienste und ist Herr über einen eigenen Grund und Boden, steht einer eigenen Hausgemeinschaft vor[14], oder er ist Fronarbeiter oder sogar Mitglied in der Hausgemeinschaft seines Herrn und besitzt kein eigenes Land. Mit *freo* ist über den Familienstand, über die Besitzverhältnisse, aber auch über die Volkszugehörigkeit[15] bei den Angelsachsen nichts Eindeutiges ausgesagt. Synonym, mit derselben Bedeutungsbreite, wird in den angelsächsischen Gesetzen das Kompositum *fri(g)man* gebraucht[16].

In der Lex Salica finden sich zwar mehrere *frio*-Belege, aber nur zwei sind mit Sicherheit der Personenbezeichnung ‚Freier‘ zuzurechnen[17]. In den anderen Fällen ist zumeist mit „Entstellung aus *chreo* ‚Leiche‘ zu rechnen“, „da die betreffenden Bestimmungen von Leichenraub, *chreomosido,* handeln und der Übergang von afrk. *chr* > *fr* im Zuge der Romanisierung des fränkischen Wortschatzes lautgerecht ist“[18].

---

8 Ebenda, Norðleod 8, S. 460f.

9 Ebenda, Norðleod 7, S. 460f.

10 Ebenda, Wi. 14, S. 13.

11 Ebenda, Af. 43, S. 78f. (aus den Jahren 871–901).

12 Vgl. auch Kap. 4.3.1.1. *(theo);* OLBERG, Freiheitsbegriff, S. 426.

13 Siehe ebenda, Af. El. 11f., S. 28f.

14 Siehe ebenda, Ine 50, S. 110ff.

15 Siehe ebenda, Ine 11, S. 94; aber auch Norðleod 8, S. 460f.

16 Vgl. Ebenda, Bd. II, 2, S. 82.

17 Vgl. zur Freilassungsformel *maltho ti afrio leto* (in der Lex Salica) Kap. 4.2.4.1. und 4.3.1.1. Hier tritt das Verb *afrion* neben der oben erwähnten Personenbezeichnung in der Lex Salica auf.

18 SCHMIDT-WIEGAND, Bezeichnungen, S. 242. Vgl. die Belege: *friomosido, frio mosido, prio mosido, freomosido, freomusido, chreo mosdo,* Titel 14 § 11, 35 § 6 und 7, 55 § 1, 61 § 2 PlSal und LSal Titel 16 § 5 Pactus legis Salicae, S. 68, 130f., S. 205, S. 227; Lex Salica, S. 56. Kann man Titel 14 § 11 PlSal und entsprechend 16 § 5 LSal noch als strittig ansehen, da es sich um einen *homo* (*ingenuus* 16 § 5) *dormiens* handelt. Interpretiert man *dormire* im Sinne von schlafen, so ließe der Kontext bei *friomosido* eine Bedeutung von ‚Beraubung eines schlafenden Freien‘ zu. Allerdings variiert die Schreibung des Wortes in den verschiedenen Handschriften sehr stark und C 6 *freomundo,* H 10 *chreo mosdo,* D 9 *fhrio mosido* legen eine Interpretation von ‚Leichenberaubung‘ nahe, zumal *dormire* leicht als ‚entschlafen‘ gedeutet werden kann. Die anderen Fälle schliessen auf Grund des Kontextes und auch der Schreibvarianten mit Sicherheit eine Bedeutung ‚Freien-Beraubung‘ aus: Titel 35 § 6, 7 hat *theofriomo-*

Die beiden *frio*-‚Freier'-Belegstellen lassen keine eindeutige Festlegung auf eine soziale Schicht zu, lediglich der Hinweis in einigen – aber auch nicht allen – Handschriften zeigt, daß es sich bei dem Opfer um einen *homo ingenuus* handelt, und es wird darin eine Absetzung gegenüber den *serui* deutlich. Titel 67 LSal: *Si quis hominem ingenuum plagauerit uel uindederit, mallobergo frio falcino, VIII dinarius qui faciunt solidus CC culpabilis iudicetur*[19]. Die zweite Belegstelle ist Titel 41 § 11, hier tritt das Wort *frio* in der Formel: *friofalto uuasbucho* auf: „, wenn er einen Freien, dessen verstümmelter Rumpf auf dem Rasen liegt, des Lebens beraubt' ..."[20]. Aus der Tatsache, daß es sich hier um einen Mann handelt, der bei einem Fall von Blutrache *(inimici sui)* ohne Hände und Füße am Kreuzweg liegen gelassen wurde, und daraus, daß Titel 41 § 11 zu einem älteren Bestand von Rechtsbestimmungen der salischen Franken gehört, kann man auf das Sichtbarwerden einer älteren, teilweise in der vom König intendierten Rechtssprechung überholten Rechtsordnung schließen. Nach der Ansicht Ruth Schmidt-Wiegands paßt dazu, „... daß für germ. **frija-*, auf das as., ahd. *frī*, ags. *frēo*, *frī* und got. *freis* zurückzuführen sind, ein Bedeutungswandel von ‚lieb' nach ‚frei' vorauszusetzen ist, der zeigt, daß das Wort zunächst den Kreis der Blutsverwandten gemeint hat"[21].

Sehr aufschlußreich, was das Wort *frei* in seiner Bedeutung ‚Angehöriger einer sozialen Schicht/Gruppe' betrifft, sind die Belege für *frea* in den Langobardengesetzen: es ist hier nur die weibliche Form anzutreffen. Das Femininum *frea* tritt zweimal auf, in beiden Fällen bezeichnet es eine weibliche, noch nicht verheiratete junge „Freie". Sie wohnt im Hause ihres *mundoald* (Li 94)[22] und untersteht seiner Vormundschaft, ohne seine Tochter zu sein, soll sie dieser gleichgestellt behandelt werden (Li 120)[23]. Ihre soziale Stellung liegt deutlich über der eines *seruus* und eines *aldius*, denn ihr Vormund wird wegen Mißhandlung *(mala tractatio)* bestraft, wenn er sie einem *seruus* oder *aldius* aber auch einem Freien ohne ihre Einwilligung zur Frau gibt (Li 120)[24]. Darüber hinaus scheint sie Vermögen zu besitzen, das jedoch der *mundoald* für sie verwalten muß, denn ihm wird Strafe angedroht, wenn er die *frea* vor Hunger sterben läßt, ihr weder Kleidung *(uestimentum)* noch Sachzeug in der Weise gewährt, wie es ihrem Vermögen *(pecunia)* entspricht. Auch die Erläuterung im Gloss. Cav. (66)[25] macht deutlich, daß der Hauptzug der Bedeutung von *frea* nicht in der Unabhängigkeit, sondern eher in der Abhängigkeit liegt: *Frea. Id. puella qui in alterius mundium est.*

---

sido, was als ‚Knechtsfreienberaubung' nicht sehr sinnvoll wäre und in Titel 55 § 1 findet sich die Schreibweise *chreomosido*, in 61 § 2 *freomosido*.

19 Lex Salica, S. 108; Titel 39 § 3 der Handschrift C 6 hat *chaldefiсho* und H 10 *frio faltouo*, Pactus legis Salicae, S. 144 f.

20 Vgl. Schmidt-Wiegand, Bezeichnungen, S. 243 und auch Pactus legis Salicae, S. 158 f.

21 Schmidt-Wiegand, Bezeichnungen, S. 243.

22 Siehe Langobardorum Leges, S. 145 f. *Si quis fream alienam sine volontatem de mundoald eius movere de casa, ubi inhabitat, presumpserit, et alibi duxerit, conponat ille qui in caput est, pro inlecita presumptione ad mundoald eius solidos numero octonta ...*

23 Ebenda, S. 158: ... *pro honesta disciplina ostendendum muliebre opera, aut ad vicium malum emendandum, sicut de propriam filiam suam ...*

24 Siehe ebenda, S. 157 f.

25 Ebenda, S. 654.

Wie wir sahen, kam *freo/frioh*, das angelsächsische Wort, in der größten Bedeutungsbreite vor, wendet man die sozialrelevanten Merkmale an, so läßt sich folgendes feststellen: In den angelsächsischen Gesetzen ist das Wort weder als Bezeichnung für die Angehörigen eines bestimmten Geschlechts, noch einer näher einzugrenzenden Altersgruppe festgelegt. Es meint sowohl Frauen als auch Männer, Eltern als auch Nachkommen. Der männliche Freie (*freo* etc.) kann zum Kriegsdienst herangezogen werden (z. B. Rect. 3), aber eine besondere Höherstellung ist daraus nicht ersichtlich. *Frea* ‚weibliche Freie' bezeichnet — als Wort für Angehörige aller Altersgruppen — auch die gebärfähige Frau, drückt aber als allgemeinere Bezeichnung diesen besonderen Fall nicht aus. Bei *freo* kann es sich um eine Person handeln, die in einem direkten Abhängigkeitsverhältnis zum König steht, von ihm Grund und Boden hat, ihm dienstpflichtig ist (z. B. Rect. 3). Es kann aber genauso einen Mann bezeichnen, der Besitz hat und einem anderen Grundherrn als dem König Dienste und Abgaben leisten muß (vgl. Rect. 3). Auch seine Stellung in der Hausgemeinschaft ist unterschiedlich; er kann sowohl *pater familias* (Rect. 3, Ine 50) als auch Mitglied einer *familia* sein (Wi. 14). Ebenso verhält es sich mit Landbesitz und Vermögen. Die Bezeichnung *freo* ist weiterhin so allgemein, daß sie eine bestimmte Volkszugehörigkeit nicht einschließt. Angelsächsisch *freo* umfaßt undifferenziert ein großes soziales Stratum, das nur zu den Unfreien hin abgegrenzt ist. Die Freigelassenen, die vollfrei geworden sind, werden jedoch auch mit *freo* etc. bezeichnet. Die Etymologie ‚lieb, freundlich' — wovon sich Bedeutungsreste in dem zu *frī* und *frijon* ‚lieben' zu stellenden Wort ahd. *friunt*, nhd. *Freund* noch heute gehalten haben[26] — stützt die These von einer ursprünglich sehr großen semantischen Breite des Wortes *freo/frio*, die sowohl den Begriffszusammenhang der häuslichen als auch im übertragenen Sinne der ethnischen Gemeinschaft umfaßte, wie sie ja in den angelsächsischen Gesetzen noch anzutreffen ist. „Eine solche Auffassung muß mit der Entstehung eines Großreiches mit Angehörigen verschiedener ethnischer Zugehörigkeit in den Hintergrund gedrängt und schließlich bedeutungslos werden. Dies führte zu einem entscheidenden Bedeutungswandel in Richtung auf eine stark politisch-rechtlich geprägte Bestimmung. Griech. *eleutheros* und lat. *liber* sind Beispiele für eine solche Entwicklung."[27]

Die Befunde der kontinentalen Leges zeigen uns, daß diese Entwicklung noch nicht abgeschlossen ist. In der Lex Salica hat sich das allgemeinere Wort *frio* in einer allerdings formelhaften Sprache innerhalb einer alten Bestimmung gehalten. Bei den Langobarden ist das Wort gänzlich eingeengt, es meint die nicht unfreie, verheiratete Frau, die unter der Vormundschaft steht. Das Wort ist im Gebiet der kontinentalen Leges aber nicht im Rückzug, wie sich der Befund zunächst interpretieren ließe. Die Lösung liegt in der Frage nach der Bezeichnung, die *frio* in den Gesetzen ersetzt hat, es ist das lateinische Wort *liber*. Köbler konnte feststellen, daß das teilweise substantivierte Adjektiv *fri* zumeist die ahd. Glosse

---

[26] Vgl. auch Kluge, Wörterbuch, S. 217; Schmidt-Wiegand, Bezeichnungen, S. 243; vgl. auch Dilcher, Freiheit, Sp. 1229; Schott, Freiheit, Sp. 896.

[27] Olberg, Freiheitsbegriff, S. 425; vgl. auch Schott, Freiheit und Libertas, Kap. III. Liber — Eleutheros — Frei.

für lat. *liber*[28] ist. Müller-Mertens ist in seiner Untersuchung über Karl den Großen, Ludwig den Frommen und die Freien und Krause anhand der *liberi*-Stellen der Lex Baiwariorum zu dem Ergebnis gekommen, daß *liber* eine Sammelbezeichnung für sehr unterschiedliche „soziale Gruppen" gewesen sei[29]. Damit dürften sich *fri* und *liber* in der Bedeutung größtenteils decken, *frī* beinhaltet darüber hinaus noch ältere Bedeutungsaspekte. Es kann darum auch gar nicht verwundern, daß in den volkssprachigen angelsächsischen Gesetzen das volkssprachige Wort *freo* einen anderen Stellenwert hat als *frio* in den überwiegend lateinischen Leges des Kontinents. Die Bezeichnung *frio* hatte ihr Äquivalent in lateinisch *liber*[30]; nur in Zusammenhängen, wo z. B. ein Rechtswort *(frio falto)* den Sachverhalt bzw. ältere Aspekte besser wiedergeben konnte als das lateinische Wort oder wo es eine Bedeutung wie im Falle von *frea* hatte, für die es – wie das Gloss. Cav. deutlich werden läßt – keine lateinische Entsprechung gab, war das volkssprachliche Wort gerechtfertigt.

4.2.1.4. lgbd. *(h)aldius, (h)aldia*

Die Bezeichnung *aldia/aldius* war im Langobardischen bzw. Italienischen bis ins 13. Jahrhundert weit verbreitet. Danach hielt sich „das Wort nur noch in den Lombardatexten und Kommentaren"[1]. Außer in den Leges findet sich die Bezeichnung in Königsurkunden für italienische Empfänger[2], in Urkunden italienischen Ursprungs. Im außeritalienischen Raum erscheint *aldius* bzw. Varianten des Wortes in den Freisinger Traditionen (fünfmal) aus der Zeit zwischen 772 bis 773[3], außerdem in zwei in Eschwege und Mainz ausgestellten Kaiserurkunden für Naumburg (slavisches Grenzgebiet), in einer von Otto III. für Memleben in Rom ausgeschriebenen Urkunde. Einige Male begegnet das Wort auch in Textexemplaren aus Burgund und Poitou. „Die Schreiber der fraglichen Diplome Ottos III. und Heinrich III. sind mit einiger Sicherheit italienischer Herkunft, so daß der speziell italienische Diktatausdruck wohl von daher erklärt werden muß ..."[4].

Zahlreiches Vorkommen der Bezeichnung *aldius/aldia* bzw. der Varianten *aldionis, aldiona, haldius, haldia* etc.[5] findet sich in den Gesetzbüchern Rotharis, Grimwalds, Liutprands, Ratchis, der Beneventer Herzöge Radelgis und Siginulf (851), in den karolingischen Zusätzen: liber papiensis Karoli Magni, Pipini und Lotharii. Zum Edictus Rothari 205, der von der Vergewaltigung einer *aldia* handelt, erläutern das Gloss. Cav. und Vat., in Übereinstimmung mit dem Kontext dieses Paragraphen:

---

28 Vgl. Köbler, Lehre, S. 167 f.

29 Vgl. Müller-Mertens, Karl der Große; Krause, liberi; vgl. auch Ders., Königsfreie, Sp. 1031; Dilcher, Gemeinfreie; Ders., Freiheit; Schott, Legesforschung, S. 49–52; Hunke, Germanische Freiheit; Vgl. auch Kap. 1.1. und 2.

30 Vgl. zur Bedeutungsbreite von *liber* auch Kap. 4.2.1.4.

1 Deutsches Rechtswörterbuch, Bd. 1, Sp. 477 f.

2 Vgl. Tiefenbach, Königsurkunden, S. 14–18.

3 Traditionen der Hochstifts Freising, Nr. 46, S. 75; Nr. 50, S. 79; Nr. 58, S. 85; Nr. 62, S. 89; Nr. 63, S. 90.

4 Tiefenbach, Königsurkunden, S. 16.

5 Vgl. hierzu auch: Rhee, Wörter, S. 21 ff.

Si quis haldiam alienam, id est qui iam de matre libera nata est, violentiam fecerit, ...[6] die Bezeichnung *aldia* mit: *Aldia id. de matre libera nata.* (Gloss. Cav. 3) und *Aldia. de matrem libera nata* (Gloss. Vat. 4)[7]. Auch im Vergleich mit dem darauffolgenden Paragraphen (Ro 206) wird deutlich, daß die Langobarden offensichtlich einen Unterschied zwischen der *aldia* und der *liberta* kannten. Mit *liberta* wird diejenige Frau bezeichnet, die selbst, persönlich freigelassen wurde: *... id est ipsa persona, qui liberta dimissa est ...*[8]; die *aldia* dagegen ist nicht selbst freigelassen worden, sondern es mußten auch zumindest ihre Eltern schon *liberti* gewesen sein bzw. *liberi dimissi*. Eine ähnliche Unterscheidung findet sich auch in § 68 des Gesetzbuches Liutprands, wo unterschieden wird zwischen *aldiones* und *(h)aldiones, qui de persona sua (h)aldiones sunt,* die also selbst erst zu *aldii* freigelassen worden sind. Sie stehen offenbar stärker unter dem Schutz ihres *patronus* als die *aldii* der zweiten Generation: *... si aliqua conpellatio facta fuerit, patronus eius eum defendat, aut per sagramentum, aut per pugnam, qualis causa fuerit*[9]. Es zeigt sich hier auch, daß das lateinische Wort *liber* eine große Bedeutungsbreite haben muß, wenn es wie in Ro. 206 auch Freigelassene, die nicht *ful(c)free/ea*[10] waren, bezeichnen konnte. Dies bestätigt auch § 224 des Edictus Rothari, der die vier verschiedenen Freilassungsarten einander gegenüberstellt, von denen die Freilassung zum *(h)aldius* die unterste Stufe darstellt: *Item qui haldium facere voluerit, non illi dit quattuor vias*[11]. Ähnliches sagt auch § 23 des Gesetzbuches Liutprands, das darüber hinaus noch deutlich macht, daß die Art der Freilassung zum *aldius* völlig in das Belieben des Freigelassenen gestellt ist: *... sibi per cartola, sibi qualiter ei placuerit*[12]. Das Gesetzbuch Liutprands § 140 kennt darüber hinaus noch die Freilassung von *aldius/aldia* bzw. *servus/ancilla* zum Status des *fulcfree,* wenn der Herr mit der Frau eines *servus/aldius* Ehebruch begangen hat[13].

Die §§ 216, 217, 218, 219 des Edictus Rothari enthalten eherechtliche und damit im Zusammenhang stehende erbrechtliche Regelungen: Heiratet ein *aldius* eine *fulcfrea,* über die der *aldius* die Munt erworben hat, so kann die *ful(c)frea* nach dem Tode ihres Mannes zu ihren Verwandten zurückkehren. Dies ist jedoch nur ohne ihre Morgengabe und ausschließlich mit dem Besitz möglich, den sie in die Ehe eingebracht hatte, wenn die Verwandten der *ful(c)frea* die Munt zurückzahlen (Ro. 216). Die Söhne aus dieser Ehe erhalten, sofern sie ihr Vatergut und den Muntbetrag zurückgeben, ihre Freizügigkeit[14]. Bei der Heirat einer *aldia* mit einem *servus* verliert die *aldia* ihre Freiheit, kann diese aber nach dem Tode ihres Mannes mit der Zustimmung des Herren ihres verstorbenen Mannes wiedererlangen (Ro. 217)[15].

---

6 Langobardorum Leges, S. 50.

7 Ebenda, S. 652.

8 Ebenda, S. 51.

9 Ebenda, Li. 68, S. 135.

10 Vgl. Kap. 4.2.2.3. *ful(c)free/ful(c)frea*.

11 Langobardorum Leges, S. 55.

12 Ebenda, S. 118.

13 Siehe ebenda, Li. 140, S. 169 f. und auch das Gesetzbuch Ratchis' 7, S. 188 f., das den umgekehrten Fall zur Freilassung erwähnt: Er setzt fest, daß ein Freier, der unrechtmäßig zum *aldius* bzw. *servus* gemacht wurde, den König anrufen kann, damit ihm seine Freiheit wieder zuerkannt wird.

14 Siehe ebenda, Ro. 216, S. 52 f.

15 Siehe ebenda, Ro. 217, S. 53.

Heiratet ein *aldius* eine fremde *aldia,* d. h., daß nicht beide denselben Herren haben, so gehören die Kinder zum Herrn des Vaters und sind auch in der Erbfolge dem Vater zuzuweisen (Ro. 218)[16]. Liutprand § 216 fügt hier noch den Fall hinzu, daß ein *aldius* eine *aldia aliena* heiratet, ohne die Munt über sie zu erwerben, dann folgen die Kinder rechtlich der Mutter, d. h., der Herr der Mutter kann seine Ansprüche an ihren Nachkommen geltend machen[17]. Bei der Heirat eines *aldius* mit einer fremden Unfreien *(ancilla aliena)* verlieren die Kinder durch die ungleiche Verbindung der Eltern den Anspruch auf das Erbe des Vaters und werden zudem Unfreie wie die Mutter (Ro. 219)[18]. Die späteren Gesetzgebungen beziehen sich vor allem auf den Edictus Rothari oder auf die erklärenden Zusätze Liutprands[19]. So präzisiert z. B. der Gesetzgeber Liutprand in § 120, was unter der im älteren Edikt *(anterior edictus)* angesprochenen Mißhandlung einer *frea,* d. h. eines freien unmündigen Mädchens, zu verstehen sei, und nennt unter anderem die Verheiratung des Mädchens gegen dessen Willen mit einem *servus, aldius* oder auch mit einem freien Mann *(homo liber)*[20].

Der umfangreiche Wundbußenkatalog des Gesetzbuches Rothari behandelt in den §§ 76–102 und in den §§ 126, 127 die Bußen, die für das Verprügeln eines *aldius,* das Zufügen von Kopfwunden, Gesichtswunden, für das Augenausschlagen, Naseabhauen etc. zu entrichten sind[21]. Im Unterschied zu den übrigen *aldius/ia/iana*-Belegstellen handelt es sich hier um einen *aldius ministerialis,* dem der *servus ministerialis* gleichgestellt ist. Mit *aldius ministerialis* und *servus ministerialis* sind diejenigen Personen gemeint, die sich von den übrigen Abhängigen dadurch unterscheiden, daß sie für bestimmte Aufgaben ausgebildet worden sind und/oder sich für bestimmte Aufgaben besonders bewährt haben: ... *De illos vero menisteriales dicimus, qui docti domui nutriti aut probati sunt.*[22] Aus den §§ 130 und 131, die über den Totschlag an *servi menisteriales* handeln, geht hervor, daß es bei den Unfreien Unterschiede zwischen *servi ministeriales, qui docti, domui nutriti aut probati sunt* und *servi ministeriales secundi*[23] gab. „Man darf in ihnen keineswegs überwiegend Handwerkssklaven sehen, vielmehr war ihre Verwendung ungleich vielseitiger. In erster Linie wird man sie zu gehobenen Diensten im Hause – als Verwalter der Vorräte, Köche, Betreuer der Pferde oder auch als Erzieher – herangezogen haben."[24] Im Unterschied zu dem Wundbußenkatalog und zu den Totschlagsbestimmungen bei den *servi* erscheint bei den Totschlagsbestimmungen, die die *aldii* als Opfer nennen, nicht der Zusatz *ministerialis*[25]. Darüber hinaus fehlen hier auch die Totschlagsbußen für Freie. Der Wundbußenkatalog dagegen enthält in den

[16] Siehe ebenda, Ro. 218, S. 53.

[17] Siehe ebenda, Li. 126, S. 160.

[18] Siehe ebenda, Ro. 219, S. 53.

[19] Vgl. hier auch ebenda Li. 125, S. 160 und Li. 132, S. 164: hier wird auch das Verhältnis *servus/aldius, ancilla/aldia* zum *liber* angesprochen.

[20] Siehe ebenda, Li. 120, S. 157 f.; vgl. auch Li. 140, S. 169 f.

[21] Siehe ebenda, S. 24 ff.

[22] Ebenda, Ro. 76, S. 24.

[23] Ebenda, Ro. 130 und 131, S. 30.

[24] Nehlsen, Sklavenrecht, S. 363 f.; vgl. auch Erler, Ministeriale.

[25] Vgl. Langobardorum Leges, Ro. 129, S. 30.

§§ 45–74 eine Bußenaufstellung für den Fall der Verwundung eines Freien, geordnet nach den unterschiedlichen Verletzungsarten, in den §§ 76–102 für den *aldius* und *seruus ministerialis,* in den §§ 103–125 für den *seruus rusticanus.* Die §§ 126 und 127 behandeln die Buße bei Gliederlähmung – entstanden infolge einer Verletzung – und bei Schlagverletzungen allgemein sowie bei Brüchen etc. und gelten sowohl für den *aldius, seruus ministerialis* als auch für den *seruus rusticanus,* die *aldia* und *ancilla* (ohne nähere Erläuterung)[26]. Die Bußen für die Verletzung eines *aldius* bzw. *seruus ministerialis* enthalten neben dem geschätzten Wert die Aufforderung, den Arbeitsausfall und den Arztlohn zu zahlen. Ebenso verhält es sich bei einem *seruus rusticanus,* wohingegen beim Freien nur die Verletzungsbuße zu entrichten ist, die bei diesem in einem bestimmten Verhältnis zu seinem Wergeld steht; bei *aldii* und *serui* „hat sich der Gesetzgeber von Erwägungen über den Verkehrswert des Sklaven und die Vermögenseinbuße des Herren leiten lassen“[27]. So ist beispielsweise die Buße für das Abhauen einer Hand (Ro. 88 = die Hälfte der Totschlagsbuße des *aldius* bzw. *seruus ministerialis*) unvergleichlich höher als für das Abschlagen eines Ohres (Ro. 83 = zwei solidi, Arbeitsausfall, Arztlohn), da diese Verletzung die Arbeitsfähigkeit des *aldius/seruus* im Unterschied zum Verlust einer Hand kaum beeinträchtigt[28]. In diesem Zusammenhang wird auch die Bußenhöhe für das Ziehen am Bart- und Haupthaar eines Freien bzw. *aldius, seruus ministerialis/rusticanus* zu deuten sein (Ro. 383), die für Freie wie auch für *aldii* und *servi* sechs solidi ausmacht, bei letzteren sind darüber hinaus noch die Arztkosten und der Arbeitsausfall zu vergüten[29]. Auch in § 377 des Gesetzbuches Rothars wird ganz deutlich, daß der Verkehrswert des *aldius* bzw. *servus* und die Vermögenseinbuße des Herren ausschlaggebendes Kriterium für die Bußenhöhe sind: *Si quis hominem liberum unum oculum habentem ipsum excusserit, duas partes pretii ipsius, quod adpretiatus fuerit si eum occidissit, conponat. Si autem haldium aut servum alienum unum oculum habentem ipsum excusserit, conponat eum pro mortuo.*[30] Im Unterschied zu der Buße für das Ausschlagen des einzigen Auges eines Freien, die zwei Drittel des Wergeldes beträgt, ist für den einäugigen *aldius* bzw. *servus* eine Buße in Höhe der Totschlagsbuße zu entrichten. Die Bußzahlungen erfolgen für den *aldius* wie auch für den *seruus* jeweils an den Herren (Ro. 28): *Si quis servum alienum aut ancillam seu haldium aut libertum viam antesteterit, viginti solidos domino eius conponat.*[31] Eine Ausnahme für seine *aldii* und *servi* macht hier jedoch Liutprand (Notitia de actoribus regis 3 und 4), dessen Gesetzgebung im Unterschied zu Rothars eine stärkere christliche Prägung zeigt, indem er für die Dauer seiner Amtszeit bestimmt, daß den *parentes* durch Totschlag umgekommener *aldii* die Hälfte und den *parentes* von *servi* ein Drittel der Totschlagsbuße gezahlt werden soll[32]. Paragraph 208 des Gesetzbuches Rothars dagegen bestimmt, daß beim Raub einer *aldia* – dem entspricht § 209 für die *ancilla* – die eine Hälfte der Buße an den Herren, die andere an den König zu zahlen ist, bei

---

[26] Siehe ebenda, S. 30.

[27] NEHLSEN, Sklavenrecht, S. 371.

[28] Vgl. Langobardorum Leges, S. 25 und 26.

[29] Siehe ebenda, S. 89.

[30] Ebenda, Ro. 377, S. 87 f.

[31] Ebenda, Ro. 28, S. 17; vgl. auch: Ro. 127, S. 30; Ro. 376, S. 87; Li. 124, S. 159 f.

[32] Siehe ebenda, S. 181.

einer Entführung in den Königshof (Ro. 210) ist die Buße jedoch nur an den *dominus* der *aldia* bzw. *ancilla* zu entrichten[33]. Andererseits wird aber der Herr auch haftbar gemacht für die Schäden und Vergehen, die durch seine *aldii/aldiae* und *servi/ancillae* begangen werden: Ro. 258 *Si haldia aut ancilla super furtum tempta fuerit, conponat dominus earum furtum ipsum sibi nonum, excepto pro culpa solidos quadraginta.*[34] Das Gesetzbuch Liutprands präzisiert diese Bestimmung zum einen, indem es festsetzt (Li. 97), daß ein Haftungsanspruch gegenüber dem Herren eines *aldius* bzw. *servus* nur dann besteht, wenn der Herr noch zu Lebzeiten des *aldius/servus* verklagt worden ist[35], zum anderen, indem angeordnet wird, daß der Herr bei der Festnahme eines *aldius,* einer *aldia* bzw. *servus/ancilla* wegen Diebstahls die Pflicht hat, diesen/diese innerhalb von 30 Tagen auszulösen, sonst verliert er ihn/sie an den Bestohlenen, dem er darüber hinaus noch den Diebstahl vergelten muß (Li 147)[36]. Der Paragraph 111 des Gesetzbuches Liutprands läßt erkennen, daß auch Mißbrauch mit diesem Haftungszwang des Herrn getrieben wurde: Der *servus* oder *aldius* ließ sich von einem Freien festnehmen und des Diebstahls oder Eindringens in einen fremden Hof beschuldigen, damit deren *dominus* an den Festnehmenden, der sich als Bestohlener ausgab, die Buße zu zahlen hätte. Wird jedoch offenbar, daß es sich hier um ein Einverständnis *(concludium)* zwischen *aldius/servus* und dem Festnehmenden gehandelt hat, so muß dieses Vergehen mit einem hohen Geldbetrag gebüßt werden: ... *id est furtum ipsum, quod querebat, in actogild et pro inlecita presumptionem solidos 40; et si furtum non repetierit, nisi de tacito in curtem suam conpraehinsum dixerit, conponat solidos 40, si ipse conludius apparuerit.*[37] Die Möglichkeit zur Abwendung der Bußzahlung ist in den Leges Langobardorum äußerst selten, in bezug auf den *aldius* begegnet sie nur „in einer Novelle Liutprands über den Asylbruch ..."[38]. Li. 143: I. *Si cuiuscumque servus aut ancilla, haldius vel haldia in ecclesiam Dei confugium fecerit ... Et si servus vel haldius sine voluntate domini sui hoc malum fecerit, det ipso servo aut haldionem pro ipso malo in manu de custode ipsius basilicae, et ipse dominus vel patronus satisfaciat, quod per ipsius voluntatem hoc factum non fuissit, et ipsum wirigild suum non conponat.*[39] Neben dieser Bestimmung gibt es nur noch einen weiteren Fall in einer Novelle Ahistulfs in bezug auf einen *servus,* bei dem der Herr keine Haftung übernehmen muß[40]. „Diese beiden Fälle machen deutlich, daß die römischrechtlichen Haftungsprinzipien in erster Linie über die neugeschaffenen Tatbestände Eingang in das langobardische Gesetzbuch gefunden haben."[41]

In bezug auf die Haftungsverpflichtung wie auch die Festsetzung der Bußen nach dem Verkehrswert bzw. dem Vermögenswert des Herren unterscheidet sich

---

33 Siehe ebenda, Ro. 208, 209, 210, S. 51.

34 Ebenda, S. 63; vgl. dazu Li. 121, S. 158. (Unzucht mit einer Frau) = Unterschied zum Freien, der für seine Taten selbst verantwortlich ist und auch dafür selbst büßt; bei einem *servus* bzw. *aldius* hat dagegen der *patronus* 60 *solidi* an den Ehemann der belästigten Frau zu zahlen.

35 Siehe ebenda, Li. 97, S. 147 f.

36 Siehe ebenda, Li. 147, S. 173.

37 Ebenda, Li. 111, S. 153.

38 Nehlsen, Sklavenrecht, S. 383.

39 Langobardorum Leges, S. 172.

40 Vgl. ebenda, Li. 15, S. 201.

41 Nehlsen, Sklavenrecht, S. 384.

der *aldius* nicht vom *servus*. Ähnlich verhält es sich mit der Freizügigkeit[42] weder ein *aldius* noch ein *servus* kann ohne Zustimmung seines Herren bei einem anderen Freien wohnen oder arbeiten, die Arbeiten und Dienste müssen in jedem Fall zurückerstattet werden (Li. 69, Li. 142)[43]. Es durften jedoch die *liberi* ebensowenig wie die *aldii* und *servi* eine Stadt ohne Wissen des Richters verlassen oder betreten: Ro. 244: *Si quis per murum de castro aut civitate sine notica iudecis sui exierit foras, aut intraverit, si liber est, sit culpabiles in curtem reges solidos vigenti, si autem haldius aut servus fuerit, sit culpabiles sold. decim in curtem reges ...*[44] Wie auch schon bei den meisten anderen Bestimmungen zu sehen war, hat das Bußgeld von *servi* und *aldii* die gleiche Höhe. Auch in bezug auf Besitz bzw. das Veräußern des Besitzes bestanden rechtlich kaum Unterschiede zwischen einem *servus* und einem *aldius*[45]: Beide bewirtschafteten Land ihres Herren, konnten *mancipii* und Vieh halten, waren aber nur begrenzt geschäftsfähig, d. h. sie konnten weder Land noch *servi* veräußern, eine Ausnahme wird allerdings bei Vieh gemacht, daß sie zum Nutzen des Herren (z. B. Ro. 234) verkaufen konnten[46]. Das gilt auch für die *aldii* und *servi* des Königs (Li. 78). Unterschiede scheinen hier jedoch zwischen dem Edictus Rothari und dem Gesetzbuch Liutprands zu liegen, während das Verbot, Land, Unfreie etc. zu veräußern, bei Liutprand für alle *aldii* gilt, beschränkte es sich bei Rothar auf die *aldii, qui amund non factus sunt*[47]. „Auf die von den Aldien zu erbringenden Leistungen findet sich in einer Novelle Grimoalds v. J. 668 (Grim. 1) ein wichtiger Hinweis. Der König bestimmt, daß es einem Herrn nicht erlaubt sei, einem Aldien, der 30 Jahre lang bestimmte Dienste geleistet habe, weitere Pflichten aufzubürden. Hieraus darf wohl geschlossen werden, daß der Herr vor Ablauf dieser Frist rechtlich nicht gehindert war, den Aldien zu beliebigen Diensten einzusetzen."[48] Diese Anordnung Grimwalds bezieht sich auch auf *servi*.

Unterschiede zwischen *servi* und *aldii* zeigen sich allerdings recht deutlich in bezug auf eherechtliche Tatbestände[49], die hauptsächlich von Rothar geregelt worden sind, denen Liutprand einige Bestimmungen hinzugefügt hat und auf die sich die übrigen Gesetzgeber immer wieder beziehen: Während die Verbindung eines *servus* mit einer *mulier libera* als ein hart zu bestrafendes Vergehen angesehen wurde, der *servus* mußte getötet werden und die *mulier libera aut puella* war in die Unfreiheit zu verkaufen oder ebenfalls von ihren Verwandten zu töten[50], konnte ein *aldius* durchaus eine *uxor libera, id est fulcfrea* (Ro. 221) — also wohl eine zur vollen

---

42 Vgl. hierzu auch NEUSSER, Freizügigkeit.

43 Vgl. Langobardorum Leges, Li. 69, S. 135; Li. 142, S. 171 f.

44 Ebenda, Ro. 244, S. 60.

45 In Li. 87, S. 143 f. werden *aldii, servi* und *pertinentes* ‚Hörige' in bezug auf die Geschäftsunfähigkeit gleichgesetzt.

46 Vgl. z. B. für *servi* ebenda: Ro. 233; 234, S. 58 f. für *aldii* (und *servi*) Li. 58, S. 130; Li. 78, S. 138 f.; Li. 87, S. 143 f.; Li. not. act. reg. 5, S. 181 f.

47 Ebenda, Ro. 235, S. 58; vgl. auch NEHLSEN, Sklavenrecht, S. 375; vgl. Langobardorum Leges, Grim. 1, S. 92.

48 NEHLSEN, Sklavenrecht, S. 375. Vgl. auch WENSKUS — KUHN, Aldius.

49 Vgl. Anm. 14—20; Langobardorum Leges, Li. 66, S. 134; Li. 139, S. 169; Li. 140, S. 169 f.

50 Ebenda, Ro. 221, S. 53 f., der umgekehrte Fall — ein Freier will eine *aldia* bzw. *ancilla* zur Frau nehmen — ist dagegen recht einfach durch die Freilassung der Frau zur *widerbora* bzw. *uuirdebora* zu lösen, Li. 106, S. 151.

Freiheit Freigelassene – zur Frau haben. Im Falle des Todes ihres Mannes war es der Frau gegen Rückzahlung ihres Muntbetrages an den Herrn ihres Mannes und gegen Erstattung des Vatergutes *(faderfio)* für sich und ihre Söhne möglich, die Freiheit zurückzuerhalten. Auch der Beischlaf eines *aldius* mit einer *mulier libera* wurde lediglich durch eine Geldbuße (50 *solidi*) abgegolten, die Freie jedoch mußte sich ihr Vergehen als eigene Schuld anrechnen: ... *et illa repotit vitium suum, pro eo quod haldioni consensit.*[51] Dieser Nachsatz deutet darauf hin, daß neben rechtlichen Sanktionen wohl doch stärker mit sozialen Sanktionen zu rechnen gewesen sein muß, wenn sich eine Freie mit einem *aldius* verband; so wird es wohl auch eher für niedere Freie *(fulcfree)* möglich gewesen sein, einen *aldius* zu heiraten (Ro. 221). Hier wird also eine Diskrepanz zwischen rechtlicher Stellung und sozialem Ansehen deutlich. Weitere Differenzierungen zwischen *servi* und *aldii* sind auch in bezug auf die Munt zu erkennen: Während bei den *servi* niemals die Bezeichnung *munt* verwendet wird, standen die *aldii* zumeist in der Munt ihres Herren, d. h., sie waren nicht *amund.* Ganz deutlich wird dieser Unterschied in § 139 des Gesetzbuches König Liutprands, der festsetzt, daß bei einem Ehebruch eines Freien mit einer *aldia* eine Buße in Höhe des *mundium* der Frau an deren Herrn zu entrichten war, im Falle eines Ehebruchs mit einer *ancilla* steht dagegen die Bezeichnung *pretium*[52].

Man kann verschiedene Aspekte der frühmittelalterlichen Munt unterscheiden: eherechtliche, hausrechtliche, vermögensrechtliche etc. Gerade weil die Einrichtung der Munt diese vielen in verschiedener Weise miteinander verbundenen Aspekte in sich birgt, die noch von einem ethnischen Verband zum anderen differieren und auch zeitlich gesehen zahlreichen Wandlungen unterworfen sind, ist diese Institution insgesamt sehr schwer zu fassen und darzustellen[53]. Erich Molitor stellte fest, daß die Munt zum Teil Abhängigkeitsverhältnisse bezeichnete, „die man heute unter dem neuzeitlichen Begriff der Halbfreiheit zusammenfaßt, ohne freilich das Werden dieser Verhältnisse näher zu erörtern. Aber rein ständerechtliche Anschauungen reichen zum Verständnis dieser Abhängigkeiten nicht aus, wenn auch die gleichzeitigen Quellen sie ständerechtlich darzustellen lieben. Die Munt war mindestens im nördlichen Deutschland im Begriff, sich zu einer Form der Feudalität auszubilden, die gegenüber der entwickelten Form des Lehenswesens nur als eine durch diese verdrängte Frühform erscheint, ohne die aber die besondere Form des Lehenswesens nicht voll verständlich wird."[54] Für die Langobarden will Molitor hauptsächlich den vermögensrechtlichen Charakter der Munt betont wissen, er lehnt es darüber hinaus ab, für diesen ethnischen Verband einen hausrechtlichen Aspekt der Munt anzunehmen. Hierin folgen ihm Nehlsen und Kroeschell[55]. Als Gründe dafür, „daß das langobardische *mundium* mit vormundschaftlicher Hausgewalt nicht viel zu tun habe"[56], wird von Molitor angeführt, daß 1. weder minderjährige Söhne noch andere Abhängige, z. B. die *aldii,* unter der Munt gestanden hätten, sondern diese

---

[51] Ebenda, Li. 60, S. 131.

[52] Siehe ebenda, Li. 139, S. 169.

[53] Vgl. Ogris, Munt, siehe dort auch weitere Literatur. Kroeschell, Haus und Herrschaft, S. 37 ff., in Anm. 123–131 bespricht Kroeschell die bisherige Forschung zum Muntbegriff.

[54] Molitor, Entwicklung, S. 112.

[55] Vgl. Nehlsen, Sklavenrecht, S. 374; Kroeschell, Haus und Herrschaft, S. 39.

[56] Nehlsen, Sklavenrecht, S. 374, Anm. 83.

sich nur auf vollfreie Frauen und weibliche Aldien beschränkt habe[57] und 2. die Munt aufgrund ihres vermögensrechtlichen Charakters auch minderjährigen Knaben zustehen konnte[58] — Molitor gibt hierfür keine Quellen an, sondern bezieht sich auf Untersuchungen Rudolf Köstlers[59].

Punkt 1 läßt sich anhand zweier Bestimmungen des Edictus Rothari widerlegen; § 225, der die vier verschiedenen Freilassungsarten beschreibt, erwähnt, daß derjenige, der *fulcfree* gemacht worden ist, nicht zwingend auch *amund,* d. h. muntfrei, sein mußte. Dies hing vom Belieben des Freilassenden ab. Blieb der *fulcfree* aber noch in der Munt seines Herrn, so bestimmte Rothar (§ 224), daß jener mit ihm zu demselben Rechte leben sollte wie mit seinem Bruder oder einem sonstigen Verwandten, wie mit einem freien Langobarden: ... *et haamund a se, id est extraneum non fecerit, talem legem patronus cum ipso vivat, tamquam si cum fratrem aut cum alio parente suo libero Langobardo* ...[60]. Dies scheint mir ein deutlicher Hinweis darauf zu sein, daß es auch bei den Langobarden die Munt im Sinne vormundschaftlicher Hausgewalt gab, was sich meines Erachtens auch durch § 235 des Edictus Rothari bestätigt: *De haldius. Non liceat haldius cuiuscumque, qui haamund factus non est, sine voluntate patroni sui terra aut mancipia vindere, sed neque liberum dimittere.*[61] Demnach konnten auch männliche *aldii* in der Munt eines *patronus,* also eines Schutzherren, stehen. Bei *servi* und *ancillae* findet sich im Unterschied zu *patronus* immer nur *dominus.* Der stark vermögensrechtliche Charakter der Munt soll auch hier nicht bestritten werden, da z. B. § 235 des Edictus Rothari zeigt, daß ein *aldius, qui haamund factus non est* ebensowenig geschäftsfähig war, wie ein *servus,* oder wie z. B. in § 224 deutlich wird, daß die Munt eine wichtige Rolle für das Erbrecht spielte: Hatte ein *fulcfree, qui amund factus non est,* keine Erben, so erbte der *patronus,* war der *fulcfree* aber *amund* und hatte keine Erben, so fiel sein Nachlaß an den König. Zu Punkt 2 ist zu sagen, daß nicht nur minderjährige Freie, sondern auch *aldii,* die, wie wir oben sahen, selbst unter der Munt standen, Muntgewalt, z. B. über Frauen (Ro. 216), ausüben konnten. In § 58 des Gesetzbuches Liutprands ist der minderjährige Freie in bezug auf die Geschäftsunfähigkeit dem *aldius,* aber auch dem *servus* gleichgestellt[62].

Als Abschluß der Beleginterpretation sei noch auf die Nennung des Wortes *aldiones* in den Bestimmungen der langobardischen Herzöge Radelgis und Siginulf hingewiesen (§§ 14, 15)[63]; die die *servi* wie die *aldiones* als Besitz freier Langobarden nennen (§ 14) und eine Regelung im Falle eines Fluchtversuches (§ 15) anordnen. Die karolingischen Zusätze zu den Langobardengesetzen zeigen, daß die *aldii* immer stärker in der Nähe der *servi* gesehen werden: z. B. im liber papiensis Lotharii 100: *Ut per triginta annos servus liber fieri non possit, si pater illius servus aut mater illius ancilla fuit. Similiter de aldionibus*[64] und im liber papiensis Karoli Magni 82: *Aldiones vel*

---

57 Vgl. Molitor, Entwicklung, S. 118 f.

58 Vgl. ebenda; Kroeschell, Haus und Herrschaft, S. 59.

59 Siehe Köstler, Muntgewalt.

60 Langobardorum Leges, Ro. 224, S. 54 f., Zitat: S. 55.

61 Ebenda, Ro. 235, S. 58 f.

62 Ebenda, Li. 58, S. 130.

63 Ebenda, S. 223.

64 Ebenda, lib. pap. Lotharii 100, S. 557.

aldianae ea lege vivant in Italia in servitute dominorum suorum, qua fiscalini vel lidi vivunt in Francia.[65] Im letzteren werden die *aldiones* den *liti* nahezu gleichgesetzt, tatsächlich war die Rechtsstellung der *aldii* aber ungünstiger als die der fränkischen *liti*, „den Sklaven wesentlich näher als den Freien"[66].

Die Forschung zum Problem der langobardischen *aldii* ist zu sehr unterschiedlichen Ergebnissen gekommen. E. Molitor u. a.[67] vertraten die Ansicht, daß das Aldionat infolge der Freilassung von *servi* entstanden sei. Mit *aldii* wurden, wie sich anhand der langobardischen Gesetzgebung gezeigt hat, ursprünglich die Nachkommen Freigelassener (nicht diese selbst) bezeichnet: § 224 des Edictus Rothari rechnet die *aldii* zu den Freigelassenen, dagegen zeigt z. B. § 205, sowie das Gloss. Cav. 3 und das Gloss. Vat. 4 deutlich, daß mit *aldia* nicht die *liberta*, die Freigelassene, sondern erst ihre Tochter bezeichnet wurde. Auch § 68 des Gesetzbuches Liutprand läßt Unterschiede zwischen einem freigelassenen *servus*, der als *aldius* bezeichnet wird, und einem *aldius*, dessen Eltern bereits Freigelassene waren, sichtbar werden. Es kann jedoch aus diesen Beobachtungen nicht der Schluß gezogen werden, „daß das Aldonat überhaupt erst durch Freilassung von Sklaven entstanden" sei[68]. Die ansatzweise erkennbare Unterscheidung zwischen *aldii* und *liberti* deutet darauf hin, daß eine rechtlich von den Freien und den Unfreien abgegrenzte Gruppe vermutlich unabhängig von den Freilassungen bei den Langobarden bestanden hat. Andere Forscher nahmen an, daß ein großer Teil der *aldii* unterworfene Römer, ehemalige römische *coloni*, gewesen seien. Diese Thesen sind besonders von italienischen Historikern zurückgewiesen worden[69]. Gaupp sah in den *aldii* Angehörige nichtlangobardischer Germanen, die schon in Italien ansässig waren und mit dessen Eroberung durch die Langobarden von diesen zu „Hörigen" gemacht worden seien[70]. Die meisten Historiker bzw. Germanisten[71] halten die *aldii* für Germanen, die von den Langobarden auf der Wanderung nach Italien unterworfen wurden. Hierbei stützt man sich vor allem auf eine Aussage in der origo gentis Langobardorum: *Et mouerunt se exhinde langobardi, et uenerunt in golaidam et postea possederunt aldonus anthabus et bainaib bet. burgunthaubus ...*[72]

Die Frage nach der Herkunft der *aldii* läßt sich von den Leges aus nicht beantworten, anders liegt es dagegen mit der ebenfalls umstrittenen rechtlichen Stellung: „In der Literatur werden sie häufig als ‚Halbfreie' oder entsprechend in italienischen Darstellungen als ‚semiliberi' angesehen, vereinzelt auch als ‚Minderfreie', wobei mit beiden Wörtern die Rechtsstellung der Aldien nur unzulänglich,

---

65 Ebenda, lib. pap. Karoli Magni N. 82, S. 503; vgl. auch lib. pap. Pippini 37, S. 521; lib. pap. Lotharii 34, S. 545.

66 NEHLSEN, Sklavenrecht, S. 376 und vgl. auch Boos, Liten, S. 11, hier zitiert nach NEHLSEN, Sklavenrecht, S. 376.

67 Vgl. MOLITOR, Entwicklung, S. 119 f.; HALBAN, Das römische Recht, Bd. 2, S. 53.

68 NEHLSEN, Sklavenrecht, S. 373.

69 Vgl. ebenda den Literaturüberblick, S. 373 ff.

70 GAUPP, Ansiedlungen, S. 498 ff.

71 Vgl. NEHLSEN, Sklavenrecht, S. 376; SCHMIDT, Ostgermanen, S. 613 f.; WENSKUS – KUHN, Aldius § 1, S. 135 f.

72 Langobardorum Leges, S. 642.

um nicht zu sagen, unzutreffend umschrieben ist.“[73] Nehlsen setzt sich von der übrigen Forschung dadurch ab, daß er die *aldii* zu den *servi* stellt und sie in „diese Schicht von Unfreien“ miteinbezieht. Die Beleginterpretation hat bisher ja auch gezeigt, daß die *aldii* sich von den *servi* hauptsächlich dadurch unterschieden, daß es ihnen erlaubt war, Freie zu heiraten.

Wenden wir uns nun zunächst der Etymologie des Wortes *aldius* zu, die möglicherweise Aufschlüsse über die Bedeutung des Wortes geben kann: Auch hier herrscht keine Einigkeit. Jacob Grimm stellte einen Bezug zwischen lgbd. *aldius* und ahd. *altinôn,* ags. *eldjan* ‚der Zaudernde‘[74] her; Friedrich Bluhme und auch Ingeborg Schröbler[75] gingen dagegen von einer Form *haldius* aus, die in einigen Handschriften der langobardischen Gesetze überliefert wird. Von da aus sieht Bluhme eine Beziehung zu dem Verb *halten* mit einer Bedeutung, die so auch in nhd. *Grundholden,* engl. *freeholder, copyholder* etc. zu finden sei: Er kommt zu dem Schluß, daß die *aldii,* ‚diejenigen seien, die Italien im Besitz gehalten haben‘. D. h., seine Etymologie ist gestützt durch bzw. stützt ihrerseits die Auffassung, daß die *aldii* die in die Hörigkeit abgesunkene romanische Bevölkerung gewesen seien. Heinrich Tiefenbach schließt sich aufgrund des Befundes in den Lotharurkunden dieser Etymologie weitgehend an: „Das Wort wäre somit an ags. *hæleð,* as. *helið* ‚Mann, Krieger‘ anzuschließen ...“[76] Gestützt durch die Zaunetymologien Triers[77] kommt Tiefenbach über die Bezeichnungen *held* „vollberechtigter Genosse einer Bauerschaft“[78] und ahd. *hold* ‚treu, ergeben‘, mhd. *holde* ‚Diener, Dienstmann‘ dazu, das langobardische Wort *aldius* als ‚Höriger, Halbfreier‘ zu deuten[79]. Zu einer durch die sprachlichen Befunde der Leges leichter zu stützenden Etymologie gelangte Wilhelm Bruckner, dem z. B. Hans Kuhn und Florus van der Rhee gefolgt sind[80]. Bruckner lehnt es ab, die *h*-Schreibung als die ursprüngliche anzunehmen. Er verweist darauf, daß *haldius* in Handschriften auftritt, die „auch sonst ein nach romanischer scheibweise vorgesetztes *h*“ haben: „Vgl. *haamund* Roth. 224, 235, *hamund* Aist. 11“, *aldius* dagegen erscheine in Handschriften, die anlautendes *h* des öfteren fortließen, z. B. bei *andegauuerc et arigauuerc* ‚handgeräte und heergeräte‘ Roth. 225 ...“[81]. Bruckner, van der Rhee und Kuhn sehen eine Verwandtschaft zwischen *aldius* und den umgelauteten Formen as. *eldi,* ae. *elde, ielde, ylde* ‚Mensch‘[82].

---

73 Nehlsen, Sklavenrecht, S. 374; von Minderfreiheit sprechen z. B. Njeussychin, Freiheitsbegriff; Wenskus — Kuhn, Aldius, § 1, S. 135.

75 Grimm, Rechtsaltertümer, Bd. 1, S. 429.

75 Vgl. Langobardorum Leges, Glossar, S. 672 und auch das Glossar von Ingeborg Schröbler in: Gesetze der Langobarden, S. 499.

76 Tiefenbach, Königsurkunden, S. 17.

77 Vgl. Trier, Lehm, S. 52 ff.

78 Tiefenbach, Königsurkunden, S. 18.

79 Siehe ebenda, S. 17 f. und S. 16; vgl. auch die Bedenken, die Tiefenbach gegenüber seiner sprachlichen Herleitung hat.

80 Vgl. Bruckner, Aldius, S. 574; Wenskus — Kuhn, Aldius, § 2, S. 136; Kuhn, Grenzen, S. 22; Rhee, Wörter, S. 25.

81 Bruckner, Aldius, S. 574.

82 Vgl. ebenda S. 575; Rhee, Wörter, S. 25; Wenskus — Kuhn, Aldius, § 2, Sp. 136; Kuhn, Grenzen, S. 22.

Da das Langobardische allgemein keinen Umlaut kennt[83], ist eine solche Beziehung sehr wahrscheinlich, und es läßt sich deshalb ‚Mensch' als ursprüngliche Bedeutung des Wortes *aldius* annehmen. Bruckner und van der Rhee nehmen diese Etymologie als Stütze für die These, daß die *aldii* die halbfreie, von den Langobarden unterworfene (germanische) Bevölkerung gewesen seien, da infolge von Bedeutungswandel das „Wort, das ursprünglich den Menschen überhaupt bezeichnete, ... bei den Angehörigen des herrschenden Stammes eine Bedeutungsverengung erfahren ..."[84] habe. Diese Schlußfolgerung ist aber von der Etymologie direkt nicht zu stützen, darüber hinaus wird auch weder in Bruckners noch van der Rhees Argumentation deutlich, was den Bedeutungswandel konkret ausgelöst haben könnte. Es ist eher anzunehmen, daß die Bedeutung ‚Mensch' noch zur Zeit der Kodifikation des langobardischen Rechts lebendig war. Als Sozialbezeichnung sollte *aldius* deshalb nicht so sehr auf die Frage nach der Entstehung des „Aldionats" hin betrachtet, sondern in erster Linie in Abgrenzung zu den *servi* gesehen werden: Im Unterschied zu den *servi* und *ancillae,* die Sachqualität haben, was sich z. B. in § 334 des Edictus Rothari deutlich daran zeigt, daß hier die schwangere *ancilla* in einem Kontext mit schwangeren Pferden und Kühen genannt wird, sind die *aldii* Menschen[85]. Aus diesem Grunde ist auch Nehlsen nicht zuzustimmen, wenn er die langobardischen *aldii* zusammen mit den *servi* behandelt und feststellt: „Wendungen wie: die Aldie, die sich mit einem Sklaven verbinde, solle ihre *libertas* verlieren (Ed. Roth. 217), dürfen nicht überbewertet werden".[86] Es ist aber nicht nur im Edictus Rothari der Bezug zwischen *aldius* und *libertas* hergestellt, so führt z. B. Du Cange die folgende langobardische Glosse an: *Aldius, statu liber. Aldius est libertus cum impositione operarum factus.*[87] Solche Wendungen dürfen nicht zu gering bewertet werden, zeigen sie doch einerseits, daß der langobardische Freiheitsbegriff sehr weit zu fassen ist[88], und daß andererseits seine einzige feste Abgrenzung nach unten hin zu den *servi* besteht. Begriffe wie Minder-, Unfreiheit etc. sind keine Quellenbegriffe, sondern nachträglich den frühmittelalterlichen Sozialverhältnissen aufgesetzte Kunsttermini.

Mit *aldius* und *aldia* etc. werden sowohl weibliche als auch männliche erwachsene Personen bezeichnet. Ihre besondere Funktion in bezug auf die Erhaltung der gens liegt in ihrer Arbeitskraft, was sich deutlich aus dem Wundbußenkatalog im Edictus Rothari und aus der Haftungsverpflichtung, die ihr Herr ihnen gegenüber hatte, ergibt. Über eine Heerpflicht der *aldii* lassen sich anhand der Leges keine konkreten Aussagen machen. Nach einem Vergleich der Wörter *aldius* und *fulcfree* kann man aber annehmen, daß ursprünglich auf jeden Fall die *aldii* nicht am Heeresdienst teilgenommen haben werden: Sie unterscheiden sich als ‚Menschen' ohne besondere Rechte nach oben von den zu *fulcfree,* zur Heerfreiheit, Freigelasse-

---

[83] Vgl. BRUCKNER, Aldius, S. 574.

[84] RHEE, Wörter, S. 25; vgl. auch BRUCKNER, Aldius, S. 575.

[85] Siehe Langobardorum Leges, Ro. 334 *De ancilla praegnante,* vgl. auch Ro. 332 *De vacca praegnante* und Ro. 333 *De equa praegnante,* S. 76; vgl. auch NEHLSEN, Sklavenrecht, S. 369; BERNAREGGI, sistema ecconomico, S. 24, Anm. 38.

[86] NEHLSEN, Sklavenrecht, S. 376, Anm. 91.

[87] DU CANGE, Glossarium, Bd. 1, S. 175–176, bes. S. 175.

[88] Vgl. NJEUSSYCHIN, Freiheitsbegriff, S. 107 f.

nen, nach unten von den *servi,* von denen sie sich nur durch wenige Rechte abheben. Die *servi* waren wie die *aldii* nicht heerfähig. Die mit *aldii* bezeichneten Personen bildeten keine einheitliche soziale Schicht. Es gab *aldii* freier Langobarden, *aldii ministeriales* und gewöhnliche *aldii.* Auch ihre Stellung innerhalb der Hausgemeinschaft scheint unterschiedlich gewesen zu sein: muntfreie *aldii* neben unmündigen, wobei die Frauen, die *aldiae,* immer unmündig waren. In bezug auf das schichtenrelevante Kriterium Vermögens- und Besitzverhältnisse läßt sich bei den *aldii* ebensowenig eine Einheitlichkeit feststellen: Sie hatten einerseits die Möglichkeit, Grund und Boden, Vieh und *servi* zu besitzen oder andererseits nur im Dienst eines Herrn zu stehen. Gleich war allerdings bei allen *aldii* ob muntfrei oder mündig, vermögend oder nicht die starke Abhängigkeit von einem Herrn, der bei den unmündigen *aldii* und bei den Frauen als *patronus* bezeichnet wurde. Die Zugehörigkeit zu den *aldii* bestimmte sich in der Regel durch die Geburt, in einigen Fällen auch durch Freilassung oder Heirat. Vermutlich sind die *aldii* nicht waffenfähig gewesen, konnten aber als *liberi* gelten, da ihnen nicht die Sachqualität der *servi* anhaftete und es den Männern auch erlaubt war, freie Frauen zu heiraten. Der inhaltliche Bezugspunkt für die Bezeichnung *aldius/aldia* lag offenbar ursprünglich einerseits in der Abgrenzung gegenüber den *servi:* Menschen im Gegensatz zu Sachen und andererseits in Abgrenzung zu den heerfähigen, freien Langobarden: Heerfreie gegenüber Menschen, die nicht das Privileg des Heeresdienstes hatten. Diese Gegensätze sind im Laufe der Zeit abgeschwächt worden, da die Zugehörigkeit zum Heer bei den seßhaften Langobarden immer stärker an Bedeutung verlor und auch aus wirtschaftlichen Gründen vielfach nicht mehr realisiert werden konnte[89]. Mit der fränkischen Erorberung wurden die *aldii* zudem teilweise als *servi* angesehen, teilweise den fränkischen *liti* angenähert.

4.2.2. ‚(Freier) Mensch' — unter militärischem Aspekt (‚Krieger, Waffenträger')

4.2.2.1. lgbd. *(h)arimannus*, *(h)arimanna*

Von den Leges führen nur die Langobardengesetze die Bezeichnung *(h)arimannus,* obwohl Belege aus anderen Quellen[1], z. B. aus der St. Galler *(herimanno)* und aus der Pariser Abrogans-Handschrift *(harimanno)*[2] und auch karolingische Urkunden (die latinisierte Form *(h)arimannus*)[3] sowie zahlreiche Belege für den Personennamen *Hariman*[4] (seit dem 7./8. Jhd.) auf eine größere räumliche Ausdehnung schließen lassen.

In den Leges Langobardorum kommt ausschließlich eine latinisierte Form ohne anlautendes *h* vor: *arimannus,* einmal in der umgelauteten, möglicherweise

---

[89] Vgl. die Entwicklung von *fulcfree* zu *fulfree,* siehe Kap. 4.2.2.3.

[1] Vgl. Deutsches Rechtswörterbuch, Bd. 5, Sp. 525 f.

[2] In alphabetischen Glossaren: StSG I, S. 80, Z. 26; Paris, BN. lat. 7640, 8./9. Jh. (bair.); vgl. Bergmann, Verzeichnis, S. 87 f.; StSG IV, S. 595 f.; StSG I, S. 81, Z. 26, S. 87, Z. 25 und S. 145, Z. 2; St. Gallen, StiftsB. 911, 8. Jh. (alem.); Bergmann, Verzeichnis, S. 33; StSG IV, S. 459; vgl. Rhee, Wörter, S. 84; Voetz, Komposita, S. 128—132, bes. S. 128.

[3] Siehe Tiefenbach, Königsurkunden, S. 66—68.

[4] Vgl. Förstemann, Personennamen, S. 774 und auch Socin, Namenbuch, S. 145.

fränkisch beeinflußten Form *eremannus;* neben diesem Maskulinum tritt noch das Femininum *arimanna* auf. Zweimal findet sich das Wort in den Liutprandi notitia de actoribus regis 2 und 5 aus dem Jahr 733. Beides sind Bestimmungen, die die rechtlichen Verhältnisse in bezug auf das Vermögen der öffentlichen Hand *(possessium de pigunia publicam)* gegenüber Privateigentum benennen und abgrenzen: Noticia 2 erwähnt die *arimanni* im Zusammenhang mit anderen Personenbezeichnungen: *actor* und *iudex*[5]. Aus dem Kontext geht hervor, daß weder der *actor*[6], hier schon durch den Titel der noticia als die generelle Bezeichnung für den königlichen Beamten (mit Rechtsbefugnissen) ausgewiesen, noch der *iudex* mit dem *arimannus* identisch sind; sie unterscheiden sich durch eine andere – nicht genauer beschriebene Art der Königsnähe: ... *quia iudices nostri neque arimannos nec actoris nostri possunt, sic disciplina distringere, sicut nos*[7]. Auch noticia 5 nennt *actor* und *iudex,* darüber hinaus noch *servus, aldius, langubardus, dominus* und an Verwandtschaftsbezeichnungen *pater, filia, parentes*[8]. Wieder wird die Andersartigkeit der Königsnähe deutlich: ... *Unde qui hoc facere presumpserit, conponere habet sicut scriptum est; insuper in periurii reatum nobis conparuit pertinere, eo quod nobis iuratum habet quod nobis fidelis sit; et qualis fidelitas est, dum ille cum iudices aut actorem aut aldionem vel servo concludium facit, et res nostra contra nostram voluntatem invadit*[9]. Der Gesetzgeber beruft sich hier auf ein Verhältnis zwischen sich als König und den *arimanni,* das einst durch *fidelitas,* dem volkssprachlich *triuwe* ‚Treueid' entspricht[10], besiegelt worden war und nun zu schwinden droht. Gleichzeitig wird ein Unterschied zwischen *servi, aldiones* und *arimanni* deutlich, aus dem eine Höherbewertung der *arimanni*[11] spricht. Ein Kriterium dafür ist, daß die *arimanni* Land aus der königlichen Vermögensmasse im Unterschied zu den *servi* und *aldiones* nicht nur verwalten durften, sondern darüber im Rahmen rechtlicher Regelungen und unter gewissen Bedingungen (Li. not. de act. reg. 2) frei verfügen konnten. Zudem wurde den *arimanni* unter Liutprand im Zuge erbrechtlicher Neuregelungen weiteres königliches Land überlassen: ... *quoniam nos illum relaxavimus a livero eremmanos, quod nobis in curtes nostras secundum antiquo edicto legibus pertinebat; quoniam qui unam filiam relinquebat, tantum in tertiam pars substantiae patri suo succedebat, et duas in publico revertebant, si propinquos parentes non habat; et si duas filias habeat aliquis aut amplius, in medietatem tanto succedebant patri suo, et publicus in medietatem: et ecce nos modo omnia de talibus causis propter Deum et mercedem anime mee relaxavimus.*[12] Die *servi* und *aldiones* dagegen, die auf den *curtes dominicae* ansässig waren, hatten auch nach dreißig Jahren „unrechtmäßigen Besitzens" noch nicht das Recht, über dieses unrechtmäßig angeeignete Land zu verfügen, wie dies beispielsweise die *arimanni* konnten (Li. not. de act. regis 2). Hinter der Bezeichnung *dominus* verbirgt sich hier der Gesetzgeber in der Person des Langobardenkönigs

[5] Langobardorum Leges, S. 180 f.

[6] GEORGES, Handwörterbuch, Bd. 1, Sp. 92 f.: ‚Verrichter, Vollzieher, Versorger, Kläger, Sachwalter vor Gericht etc.'.

[7] Langobardorum Leges, S. 181.

[8] Ebenda, S. 181 f.

[9] Ebenda, S. 182.

[10] Vgl. SCHMIDT-WIEGAND, Eid, S. 60 f.

[11] Siehe Langobardorum Leges, S. 182.

[12] Ebenda.

Liutprand. Aus den Bezeichnungen *pater, filia, parentes* geht im vorliegenden Kontext hervor, daß es sich bei den *eremani* von noticia 5 um verheiratete Familienväter handeln muß, weiterhin zeugt die Bezeichnung *langubardus* dafür, daß hier mit *arimanni* bzw. *eremani* Angehörige des langobardischen Volkes bezeichnet wurden.

Ra. 1 (745) spricht von *arimanno suo, diviti aut pauperi*[13]. Hier wird also deutlich, daß es innerhalb der *arimanni* graduelle Unterschiede aufgrund unterschiedlichen Besitzes gab. In dem Possessivpronomen *suo*, das sich auf *iudex* und nicht, wie nach den ersten Belegen zu vermuten gewesen wäre, auf den König bezieht, wird eine begrenzte Abhängigkeit der *arimanni* vom *iudex* deutlich; dies ist aber eine Abhängigkeit, die in der Funktion *(iustitiam iudicare)* der mit *iudex* bezeichneten Person liegt. Direkte Weisungsbefugnis dagegen hatte der *iudex* gegenüber dem *sculdahis*, dem *centenus* und dem *locopositus:* Wie der *iudex* dem König schwören mußte, so mußten diese dem *iudex* schwören. *Et ipsi iudices volumus ut in eo tinore precipiant ad sculdahis suos aut ad centinos, aut ad locopositus, vel quos sub se habent ordinatos, ut et ipsi similiter faciant, et promittant ad iudice suo, sicut et ipsi iudices nobis promiserunt, ut sit nobis* ...[14] Ein Moment besonderer Königsnähe der *arimanni* ist in den Bestimmungen Ratchis im Gegensatz zu denen Liutprands nicht mehr zu erkennen. In einer Rechtssache will der König nicht mehr, wie noch Liutprand in bestimmten Fällen: ... *quia nos volumus ista causa per nosmed ipsus audire, et secundum Deum ordinare*, die Rechtssache an Stelle seines *iudex* als erster selbst anhören, um damit den direkten Einfluß auf die *arimanni* nicht zu verlieren:[15] Ratchis stellt es dagegen unter Strafe, die mit 50 *solidi* angesetzt ist, wenn ein *arimannus* sich direkt an ihn und nicht erst an den *iudex* wendet: Ra. 2: *Si quis vero arimannus aut quislibet homo ad iudicem suum prius non ambulaverit, et iudicium de iudice suo non susceperit, et post iustitiam suam receptam sic venerit ad nos proclamare: conponat ad ipsum iudicem suum solidos quinquaginta.*[16] Auch im Falle des Heeresdienstes untersteht der *arimannus* jetzt nicht direkt dem König, sondern seinem *iudex:* Ra. 4: *Haec itaque volumus et statuimus, ut unusquisque arimannus, quando cum iudicem suum caballicaverit, unusquisque per semetipsum debeat portare scutum et lanceam, et sic post ipsum caballicet.*[17]

In Ra. 6 findet sich das Femininum *arimanna*. Entsprechend zu *arimanna* hat der Text die lat. Wörter *libera femina*. Ra. 6 trifft eine Regelung darüber, wie freie Frauen behandelt werden sollen, die sich mit einem *seruus* verbunden haben: Sind sie 60 Jahre in Freiheit *(libertas)* geblieben, so können sie nicht mehr in die Unfreiheit *(servitium)* zurückversetzt werden. Grundsätzlich aber soll verhindert werden, daß ein *seruus arimanna ducere uxorem*[18]. Als Strafe droht daher bei Mißachtung die Unfreiheit für die *arimanna* genannte Frau, die demnach vorher Freienstatus hatte und von den *servi* eindeutig unterschieden war.

Ra. 10[19] handelt wieder von *arimannus* in ähnlichem Kontext wie die vorhergehenden Fälle: ... *Arimannus quidem ille, si mentierit et dolosae hoc dixerit, et si antea*

---

13 Ebenda, S. 183f., Zit. S. 183.
14 Ebenda, Ra. 1, S. 183f.
15 Ebenda, Li. not. de act. regis 2, S. 181.
16 Ebenda, S. 184.
17 Ebenda, S. 184f.
18 Ebenda, S. 188.
19 Ebenda, S. 190f.

venerit at palatium, quam ad iudicem suum vadat ad iudicium: si habuerit unde conponere, conponat solidos quinquaginta, medietatem regi et medietatem iudici suo.[20] Auch diese Bestimmung deutet auf eine größere Spannweite – vor allem infolge unterschiedlichen Vermögens – innerhalb der als *arimanni* bezeichneten Personengruppe hin, sowohl Besitzende als auch Besitzlose können mit dieser Bezeichnung belegt werden: ... *si habuerit unde conponere* ... *Et si talis homo fuerit, quod non habuerit unde conponere, suscipiat disciplina* ...[21] Ist ein *arimannus* nicht in der Lage, die geforderte Buße (50 solidi) zu bezahlen, so trifft ihn als Buße die körperliche Züchtigung. Ra. 10 und Ra. 14 führen zudem eine weitere Personenbezeichnung ein: *gasindius*[22]. Die so benannten Personen zeichneten sich durch größere Königsnähe aus als die *arimanni*, daraus folgte dann auch ein anderes Verhältnis zum *iudex*. Dieser war für die *gasindii* erst in zweiter Linie zuständig, in erster Linie waren sie direkt dem König verpflichtet. Der Rechtsweg, den die *arimanni* einzuschlagen hatten, führte bei Ratchis im Gegensatz zu Liutprand immer über den *iudex;* erst bei schwierigen Entscheidungen griff der *rex* ein[23].

Keine neuen Erkenntnisse bringt der Beleg aus dem Gesetzbuch Ahistulfs (aus dem Jahre 750). Der *arimannus* erscheint in Ai. 4[24] als Langobarde im Unterschied zu den Romanen. Er hat Besitz und muß sich in Rechtsfragen vor einem *iudex* verantworten.

In allen bisher aufgeführten Belegen stand *arimannus* im Zusammenhang mit *iudex*, einige Funktionen des *iudex* wurden schon aus dem Kontext der Belegstellen deutlich, an dieser Stelle soll noch einmal zusammengefaßt werden, welche Aufgaben und Rechte der *iudex* hatte[25]. In den langobardischen Gesetzen tritt uns der *iudex* nicht wie in den Gesetzen der Alemannen[26] und Bayern[27] im Sinne des germanischen Urteilsfinders entgegen, er steht vielmehr in der Tradition der Spätantike. „*Judices* heißen darum einmal die *magnates*, wobei ... die den *potentes* seit langem zukommende Stellung eines *assertor pacis*, eines Friedensrichters, das Bindeglied gewesen sein mag. *Judices* sind daneben aber vor allem die Subalternbeamten, die königlichen oder grundherrlichen *agentes*, die gewiß auch Streitigkeiten entscheiden mußten, aber in erster Linie administrative Ordnungsgewalt übten, Abgaben erhoben usw."[28] In der Vermitteltheit durch den *iudex* bleibt also das Verhältnis des *harimannus* zum König ein vornehmlich executiv bestimmtes. In den lib. pap. Widonis 3 und 4 finden sich noch Belege für *arimannus*, diesmal im Zusammenhang mit dem *comes*, dem *loco positus*, dem *sculdasius* (3) bzw. dem *comes loci* (4)[29]. Diese

---

20 Ebenda, S. 191.

21 Ebenda.

22 Vgl. auch Kap. 4.2.2.4. *gasindius*.

23 Langobardorum Leges, S. 193.

24 Ebenda, S. 196 f.

25 Am deutlichsten werden die vielfältigen Aufgaben, die eine mit *iudex* benannte Person innehaben konnte, im Capitular de villis (~800) Karls des Großen. Capitularia I, S. 80–91.

26 Z. B. Leges Alamannorum 41 § 1, 42 § 1; 84 bzw. 87 codd. B, S. 100 ff. und S. 148; aber auch als Amtmann der Kirche 22 § 1. 2, codd. A, S. 83; als königlicher Amtmann: *iudex loci* Tit. 39, S. 98 f.

27 Siehe Lex Baiwariorum, 2 §§ 14–18, S. 307 ff.

28 Kroeschell, Haus und Herrschaft, S. 44; vgl. auch Claude, Comitat, S. 39–45; Guttenberg, Iudex.

29 Langobardorum Leges, S. 560.

Belege bieten nichts Neues für die Bedeutung des Wortes *arimannus*. *Comes* dürfte an dieser Stelle wohl dem *iudex* gleichbedeutend sein[30].

Die Bezeichnung *hariman* bzw. *arimannus* führt in einen wichtigen Bereich des frühmittelalterlichen Sozialwesens. Unser Wort Heer „als Bezeichnung der Landstreitkraft einer politischen Körperschaft"[31] hat seine Ursprünge in an. *herja* ‚einen Raubzug unternehmen, Krieg führen', got. *harjis* ‚Heer, ursprünglich das zum Krieg Gehörige'[32]. In der frühen Zeit der Lex Salica, der Lex Baiwariorum, der Lex Alamannorum, der Leges Langobardorum war es keinesfalls festgelegt, ob *hari, heri* die Fremd- oder Eigengruppe bezeichnete, dies richtete sich nach dem jeweiligen Kontext. Stand das Wort für die Fremdgruppe, so ergab sich meistens ein Zusammenhang von ‚zerstören, verwüsten, „verheeren"[33]. Mit *hariman* nun ist ein Angehöriger des eigenen Volkes gemeint. Entsprechungen zu lgbd. *harimann,* ahd. *heriman,* mhd. *her(e)man*[34] finden sich in ae. *hereman* ‚Soldat'[35] und an. *hermaþr* ‚Krieger'[36]. Das anlautende *h* fehlt in allen Handschriften der langobardischen Leges „ebenso wie in *ariscild, ovescarius, andegauuerc* und ... in *arigauuerc,* während die Wörter *haistan, haritraib* und *hoberos* sowohl mit als ohne *h* vorkommen."[37] Das erste Glied des Kompositums ist zu ahd. *heri* ‚Menge, Schar, Heer, Heerfahrt'[38] zu stellen, das zweite zu ahd. *man* ‚Mensch, Mann'[39], einem seit dem 8./9. Jahrhundert häufig bezeugten Kompositionsglied von Personenbezeichnungen[40]. Das gemeingermanische Wort[41] hat regional unterschiedliche Bedeutungsentwicklungen mitgemacht. Weit verbreitet war die allgemeinere Bedeutung ‚Angehöriger eines Heeres, Krieger', wie sie z. B. in den Abrogans-Glossen erscheint.

In der überwiegenden Anzahl der langobardischen Quellen steht *arimannus* etc. in der Bedeutung ‚Freier', zum Teil aber auch in der Bedeutung ‚Krieger' bzw. spezieller, als derjenige Mann, der als Angehöriger der Besatzung eines Kastells etc. angesiedelt worden ist[42]. Die lateinische Form des Wortes tritt nur in Italien auf. Der „besondere Rechtsinhalt" des langobardischen *arimannus* „wird dem Wort

---

30 Kroeschell, Haus und Herrschaft, S. 44.

31 Meier-Welcker, Heer, Sp. 6.

32 Vgl. Kluge, Wörterbuch, S. 296; Tiefenbach, Königsurkunden, S. 68.

33 Vgl. die Belege: Pactus legis Salicae Tit. 55 § 3; *charistatha* ‚Heersäule'; Titel 61: *harwenna* ‚Plünderung'; Lex Baiwariorum, Tit. 23, *heriraita* ‚bewaffneter Überfall'; Leges Langobardorum Li. 134, Li. 141, *haritraib* ‚bewaffnete Heimsuchung'; Ro. 379 *arioald* ‚dux exercitus, Herzog' etc.; vgl. auch Schmidt-Wiegand, Bezeichnungen, S. 234 f.

34 Vgl. Voetz, Komposita, S. 131; Tiefenbach, Königsurkunden, S. 68.

35 Siehe Bosworth-Toller, Anglo Saxon Dictionary, S. 533.

36 Cleasby-Vigfusson, Icelandic-English Dictionary, S. 259.

37 Rhee, Wörter, S. 84.

38 Siehe Du Cange, Glossarium, Bd. 4, S. 197 ff.; vgl. auch Battisti-Alessio, Dizionario, S. 288; Schützeichel, Wörterbuch, S. 142; Graff, Sprachschatz, Bd. 4, Sp. 983 f.

39 Schützeichel, Wörterbuch, S. 182; Graff, Sprachschatz, Bd. 1, Sp. 732 ff.

40 Vgl. Kluge, Wörterbuch, S. 459 f.

41 Vgl. Tiefenbach, Königsurkunden, S. 68: „Jedenfalls spricht die zeitlich und landschaftlich weit gestreute Verbreitung von mhd. *her(e)man* ‚Krieger', das sich in der jüngeren Judith, im König Rother, in Ottes Eraclius und im Liederbuch der Clara Hätzlerin findet, gegen langobardische Herkunft des deutschen Wortes ..."

42 Vgl. Deutsches Rechtswörterbuch, Bd. 5, 1953–1960, Sp. 525 f.

wohl auch Eingang ins Mittellatein verschafft haben ..."[43]. Nach dieser kontextuellen und sprachlichen Bestandsaufnahme, die noch keine befriedigende Klärung erbringen konnte, sollen nun die sozialrelevanten Kriterien in die Bezeichnungsanalyse einbezogen werden. Lgbd. *arimanni/ae* bezeichnete sowohl Frauen als auch Männer, vermutlich ausschließlich Erwachsene, da sie in der Lage waren, wie sich aus Li. not. de act. regis 5 und Ra. 6 ergibt, eine eigene Familie zu gründen. Ohne Zweifel hatten sie eine Funktion in bezug auf die Erhaltung der gens, da sie Kriegsdienst leisteten (Ra. 4, lib. pap. Widonis 4). Allerdings betonen die langobardischen Königsgesetze die Heereszugehörigkeit der *arimanni* nicht, sie regeln in erster Linie das Verhalten der *arimanni* in Friedenszeiten. Ra. 4 weist die *arimanni* jedoch als Personen aus, die mit Schild *(scutum)* und Lanze *(lancea)* bewaffnet[44] und zu Pferde in den Krieg gehen mußten. Tiefenbach und Voetz konnten für das althochdeutsche Kompositum *herismann* bzw. *(h)ariman,* wie es in den Abrogans-Glossen, in urkundlichen und anderen Zeugnissen auftritt, lediglich eine Bedeutung von ‚*militum, exercitalis,* Krieger, Soldat'[45] feststellen. Der *arimannus* der Langobardengesetze dagegen ist nicht der Krieger schlechthin, dies zeigt sich schon in der Verwendung der Bezeichnung *(arimanna)* auch für Frauen. Er ist ein kriegsdienstleistender Freier (bzw. dessen Frau) mit mehr Rechten und größerem sozialen Ansehen, als es den *exercitales homines* und deren Angehörigen im allgemeinen zukam. Li. 62 bezeichnet die *exercitales homines* als diejenigen Freien, die als *minimae personae* anzusehen seien[46]. Die Langobardengesetze erwähnen *arimannus* im Unterschied zu *exercitalis* immer im Zusammenhang mit einer „Amtsperson" *(iudex, comes)*. Auch das deutet darauf hin, daß beide Bezeichnungen nicht synonym gebraucht worden sind und daß die rechtliche Stellung jener unterschiedlich bezeichneten Gruppen anders definiert war.

Die Nähe der *arimanni* zum König wandelte sich im Laufe der Herrschaft der Langobardenkönige. Dies wird in den Leges, wie oben herausgearbeitet, sehr gut sichtbar: Während noch bei Liutprand (Li. not. de act. regis 2 und 5) die durch Treueeide besiegelte Verbindung zwischen König und *arimanni* hervorgehoben wird, die aber offensichtlich von Seiten der *arimanni* brüchig zu werden drohte, da sie einer Erinnerung durch den Gesetzgeber bedurfte, tritt im Gesetzbuch Ratchis besonders stark, aber auch bei Ahistulf und Wido, der *iudex (comes)* zwischen *rex* und *arimannus,* sowohl als Vertreter in Rechtssachen als auch bei der Heerfahrt (Ra. 4, lib. pap. Widonis 4) auf. Die Hinweise im Gloss. Cav. und im Gloss. Vat., die *arimannus* mit: *Id est qui scutum dominicum*[47] bzw. mit *qui secuitur scutum dominicum*[48]

---

[43] Tiefenbach, Königsurkunden, S. 68.

[44] Hüpper(—Dröge), Schutz- und Angriffswaffen, S. 112 ff. konnte für die Franken als Standardausrüstung Lanze und Schild feststellen. Anderes jedoch konnte sie auf Grund langobardischer Belege erarbeiten: Die Langobarden hatten eine Mindestbewaffnung von Pfeil und Bogen. Speer und Schild findet sich ebenso wie das Pferd als Fortbewegungsmittel im Gesetz 2 König Ahistulfs (750) im Zusammenhang mit anderen Ausrüstungsteilen, wie z. B. die Brünne für den Angehörigen einer vermögenden Schicht.

[45] Vgl. Tiefenbach, Königsurkunden, S. 68; Voetz, Komposita, S. 128 ff.

[46] Vgl. Langobardorum Leges, Li. 62, S. 132; vgl. auch Kap. 4.2.2.4. *gasindius.*

[47] Langobardorum Leges, S. 655.

[48] Ebenda.

glossieren, legen ebenfalls nahe, daß die *harimanni* nicht direkt dem *dominus,* dem König, folgten, sondern dem zum König gehörigen Heerschild, *scutum dominicum,* was eine Mittlerschaft des *iudex* bzw. *comes* bestätigt. Über die Amtsausübung eines *arimannus* lassen sich keine Aussagen machen. Wahrscheinlich ist allerdings, daß der *iudex* aus der Mitte der *arimanni* kam. Das Wort *arimannus* sagt jedoch nichts darüber aus, ob der Bezeichnete Amtsinhaber war. Zur Stellung in der Hausgemeinschaft läßt sich nur soviel sagen, daß es sich um einen Familienvater bzw. seine Frau gehandelt hat. Der *arimannus* konnte Haus, Land und Vieh[49] besitzen. Über den Besitz an Personen wird keine Aussage gemacht. Unter den *arimanni* gab es graduelle Vermögensunterschiede (Ra. 1). Deutlich dagegen wird der *arimannus* gegenüber dem *seruus* und dem *aldius* abgesetzt. Im Unterschied zu jenen hatte er Eigentum und war im Besitz der *libertas.* Eine Verbindung mit einem *seruus* konnte für eine *arimanna* einen Abstieg in die Unfreiheit bedeuten. Daß eine Abgabenpflicht gegenüber dem König oder anderen Personen bestanden hat, ist sehr wahrscheinlich, aber nicht eindeutig zu klären, denn lib. pap. Widonis 3 verbietet dem *comes* bzw. *loco positus* und *sculdasius* das Eindringen in das Haus eines *arimannus,* um dort gewaltsam ein Schwein mitzunehmen. Das Mitnehmen des Tieres wird jedoch nicht verboten[50], es wird lediglich die Gewaltanwendung untersagt. Zur Volkszugehörigkeit des *arimannus* läßt sich eine eindeutige Aussage machen: er war Langobarde.

Zusammenfassend läßt sich sagen, daß die Leges Langobardorum ein Bild von den *arimanni* vermitteln, das sie als einen Personenkreis innerhalb der freien Langobarden ausweist, auf den einige Kriterien stärker zutreffen als auf andere Freie: Ursprünglich Krieger, wurden sie rechtlich infolge besonderer Königsnähe von den übrigen heerfähigen Freien unterschieden (Li. not. de act. regis 2 und 5). Die besondere, herausgehobene Rechtsstellung behielten die *arimanni* zwar bei, doch lockerte sich die Beziehung zum König (Ra. 1, 2, 4, 10, 14; Ai. 4; lib. pap. Widonis 3 und 4). Neben diesem rechtlichen Aspekt kommt innerhalb der Leges Langobardorum auch dem wirtschaftlichen Aspekt eine besondere Bedeutung zu (Li. not. de act. regis 5; lib. pap. Widonis 3). Häufig erscheint der *arimannus* als Besitzer von Land, Haus und Vieh, wenn auch die Größe des Besitzes offenbar recht unterschiedlich war. Daß dieses Land zum Teil Fiskalland gewesen sein mag, läßt sich eventuell aus den Bestimmungen in den Liutprandi noticia de actoribus regis 2 und 5 ablesen. Die Leistungen der *arimanni* bestanden im Heeresdienst (Ra. 4) und in dem Zwang, vor Gericht zu erscheinen, auch Abgabenleistungen sind wahrscheinlich (lib. pap. Widonis 3). Es trifft also auch auf den seßhaften *arimannus,* wie er in den Leges Langobardorum erscheint, in gewissem Sinne die Feststellung Hartmanns zu: „Jeder Langobarde wurde jetzt wieder Grundbesitzer, wie jeder Soldat war, so daß die drei Begriffe: Langobarde, Grundbesitzer, Soldat zusammenfallen mußten.“[51] Die bisherigen Ergebnisse erklären, daß der *arimannus* leicht sowohl als ‚Gemeinfreier‘[52] als auch als ‚Königsfreier‘[53] eingestuft werden konnte.

---

[49] Vgl. Langobardorum Leges, lib. pap. Widonis 3, S. 560, Liutprand, not. de act. reg. 5, S. 181 f.

[50] Vgl. ebenda, S. 560.

[51] Hartmann, Geschichte Italiens, Bd. 2; Teil 1, S. 42.

[52] Rhee, Wörter, S. 84, Deutsches Rechtswörterbuch, Sp. 525 f.

[53] So z. B. Th. Mayer, Die Königsfreien, S. 18 f., Dannenbauer, Die Freien, S. 57 ff., Bosl, Frühformen, S. 190. Vgl. auch Schneider, Staatliche Siedlung.

In der landesgeschichtlichen Forschung ist vor allem umstritten, ob die langobardischen Arimannen mit der Landnahme oder erst später die über ‚Krieger' hinausführende Bedeutung bekommen haben[54]. Checchini, Leicht und darauf aufbauend Schneider[55] sehen in der „Arimannia" eine Institution des langobardischen Königreiches, „die aber erst in nachlangobardischer Zeit diese Bezeichnung erworben hat und aus Quellen vor allem des 10., 11. und 12. Jh. erschlossen werden"[56] muß. Entstanden sei die Arimannia durch die Ansiedlung „freier" langobardischer Krieger auf Königsland. Der Teil der *arimanni,* der nicht einem Herzog, sondern direkt dem König unterstanden habe, hätte die „Arimannia" in ihrer späteren Bedeutung begründet. Diese *arimanni* waren gegen die Verleihung von Fiskalland zu Kriegsdienst, zum Erscheinen vor Gericht und zur Zinspflicht dem König gegenüber verpflichtet. Schneider und seine beiden Vorgänger sahen in den *arimanni* Siedler, die zum Zwecke der Grenzbefestigung angesiedelt worden waren[57]. Diese Feststellungen wurden durch Untersuchungen von Bognetti, Mor[58] u. a. dahingehend modifiziert, daß die Bedeutung des Wortes *(h)arimannus* mit der Wiederaufrichtung und Stärkung der königlichen Gewalt nach dem herzoglichen Interregnum (573–584) eine Wandlung erfahren habe: Nicht mit der Landnahme der Langobarden und der Grenzbefestigung zusammenhängend, sondern erst nach dem Interregum habe der König einen Teil seiner Heermannen auf Königsland angesiedelt. Die Grenzbefestigungen sowie die Siedlungen innerhalb des Landes[59] unterstanden vermutlich direkt dem König. Dies könnte sich beispielsweise in den Leges noch im Treueeid widerspiegeln, auf den Liutprand hinweist (not. de act. reg. 5), oder in der Bemerkung, er wisse seine *arimanni* besser in Zucht zu halten, als es seine *iudices* oder *actores* könnten (not. de act. reg. 2). Dilcher zeichnet aufgrund karolingischer und nachkarolingischer Urkunden eine Entwicklung des Wortes *arimannus* bzw. der Institution Arimannia, die sich in den Leges andeutet, aber in dieser Weise nicht direkt ablesen läßt[60]: Demnach nimmt das Wort *arimannus* unter fränkischer Herrschaft in Unterscheidung zu anderen „Freien" einen speziellen Sinn an: *tam arimannorum quam aliorum liberorum hominum:* Die Pflicht zum Kriegsdienst tritt gegenüber Abgaben und Diensten zurück oder wird dadurch ganz abgelöst, die *arimanni* waren in Gefahr, in die Unfreiheit abzusinken. Entgegen diesem sozialen Abstieg bezeugen Urkunden aus der Zeit Friedrichs II. in Friaul die *arimanni* als Entsprechungen zu *edelingi, nobiles,* aber auch *homini liberi.*

Diese großen Unterschiede deuten darauf hin, daß *arimannus* als Bezeichnung für ein sozial und rechtlich abgegrenztes Stratum abgelöst wurde und daß dieser Wandel zu Unsicherheiten, Unterschieden im Gebrauch des Wortes führte, zumal die Ablösung regional unterschiedlich vonstatten ging. In der Bezeichnung *arimannus* drückt sich eine Sichtweise aus, die die sozialen Verhältnisse bei den Langobarden als eine ursprünglich militärisch bestimmte Gesellschaft darstellt. „Auf eine

---

[54] Vgl. Dilcher, Arimannia.

[55] Vgl. Schneider, Burg und Landgemeinde, S. 102, Anm. 3, dort auch weitere Literatur.

[56] Dilcher, Arimannia, Sp. 220.

[57] Ebenda; Schneider u. a. konnten eine Verbindung zum byzantinischen Limitansystem nachweisen.

[58] Bognetti, Arimannie, S. 173 ff.; Mor, Lo stato, S. 280 ff.

[59] Vgl. z. B. Gamillscheg, Romania Germanica, Bd. 2, S. 66: der Ortsname *Romanore* (Bezirk Mantua).

[60] Vgl. hierzu und zum Folgenden: Dilcher, Arimannia, Sp. 222.

einfache Formel gebracht, könnte man vielleicht sagen, daß anfangs das Heer (die ‚*exercitales*') mit der Gesellschaft (der freien Männer) identisch gewesen sei."[61] So finden sich zum Teil Belege dafür, daß auch im Langobardischen *exercitalis* ‚Krieger' und *arimannus* synonym gebraucht worden sind[62]. In den Langobardengesetzen dagegen haben aber die *arimanni* eine rechtlich deutlich von den *exercitales* unterschiedene Position. Daß das Femininum *arimanna* neben dem Maskulinum verwendet wird, deutet ebenso darauf hin, daß lgbd. *arimannus/arimanna* nicht mehr primär eine Bezeichnung aus dem militärischen Bereich war, sondern vielmehr aus dem rechtlich-sozialen. Die Seßhaftigkeit der Langobarden und der daraus resultierende Wandel der sozialen Verhältnisse führte zu einer Bedeutungsänderung bzw. Bedeutungsunsicherheit des Wortes. Dies verstärkte sich noch mit der Eroberung durch die Franken. Das ursprünglich bedeutungstragende Element ‚Ableisten des Heeresdienstes' trat immer mehr in den Hintergrund, da real der Wehrdienst durch Abgaben abgeleistet werden konnte. Die bäuerlich lebenden *arimanni* konnten nicht mehr jederzeit ihren Grund und Boden verlassen (z. B. in Erntezeiten), um ihren Kriegsdienstpflichten nachzukommen. Trotzdem blieb die Bezeichnung *(h)ariman-n(us)* mit ihrem unverkennbaren Bezug zum militärischen Bereich noch bis ins 13. Jahrhundert bestehen — ein weiterer Beleg für den Konservativismus der Sprache. Die Abgaben und Dienstleistungen, mit denen die *arimanni* ihren Heeresdienst ableisten konnten, führten in etlichen Fällen zu erheblichen sozialen Abhängigkeiten bis hin zum Absinken in die Unfreiheit[63]. Aus den Legesbelegen schon wurde deutlich, daß innerhalb des sozialen Stratum der *arimanni* erhebliche Vermögensunterschiede bestanden.

4.2.2.2. lgbd., salfrk., alem., rib. *baro* (salfrk. *sacebaro*)

Betrachtet man die Geschichte des Wortes *Baron,* ahd. *baro* mhd. *barûn,* so wird man nicht zuletzt aufgrund der Rechtstexte und der in ihnen bezeugten mittellateinischen Form *baro* sagen können, daß die Bedeutung dieses Wortes in der Zeit vom 6. bis 9. Jahrhundert nicht mehr oder noch nicht eindeutig festgelegt gewesen ist, daß sich die Bezeichnung vielmehr durch eine Mehrzahl von Bedeutungen auszeichnete, die das Ergebnis ihrer Geschichte waren. Wie sie sich vollzogen hat, läßt sich an den Belegen der Lex Salica, der Lex Ribuaria, Pactus und Lex Alamannorum, dem Edictus Rothari und der Lex Romana Curiensis ablesen. Darüber hinaus erscheint *baro* bzw. *paro* noch in einer St. Galler Urkunde aus dem Jahre 741[1], in einem Gesetzeszusatz Karls II. aus dem Jahre 856[2], in angelsächsischen Gesetzen vorwiegend aus dem 10.—12. Jahrhundert[3], in zahlreichen Urkunden des 12. und 13. Jahr-

[61] Diesner, Erforschung, S. 66.

[62] Siehe Deutsches Rechtswörterbuch, Bd. 5, Sp. 525 f.

[63] Vgl. Dilcher, Arimannia, Sp. 222; Diesner, Erforschung, S. 66 ff.; vgl. auch Deutsches Rechtswörterbuch, Bd. 5, 1953—1960, Sp. 525 f. und Sp. 526 *(Heermänne):* Die Bezeichnungen für die Abgabe eines *arimannus* wird in den Quellen (Königsurkunden, Konstitutionen, Urbaren, Urkunden) auch als *arimannia* bzw. *rimannia* bezeichnet. Dieselbe Bezeichnung galt auch für das „Land, auf dem die Leistung ruht" (Sp. 526).

[1] Siehe Urkundenbuch Sanct Gallen, S. 7, Nr. 7.

[2] Siehe Capitularia II, S. 424, Z. 29, Nr. 295 Consilium optimatum Karolo II. datum.

[3] Vgl. Gesetze der Angelsachsen, Bd. 2, S. 19.

hunderts und schließlich häufen sich die Belege für das Wort *Baron* in der Bedeutung ‚Freiherr' seit dem 16./17. Jahrhundert[4].

In den Handschriften des Pactus legis Salicae ist *baro* mit der Bedeutung ‚Mann' im Zusammenhang mit den Bestimmungen über Wegelagerung überliefert: *Si quis baronem de uia sua ostauerit aut inpinxerit, mallobergo uia lacina hoc est, DC denarios qui faciunt solidos XV culpabilis iudicetur*[5]. Nur in der Handschrift A 1 und in der noch älteren Handschrift A 2, die Eckhardt[6] in die Zeit Pippins (751–768) datiert, die aber wahrscheinlich schon früher entstanden ist, ist *baro* durch den Zusatz *ingenuus* näher bestimmt, der in A 3, A 4, C 5, C 6, H 10 und K fehlt. Der Zusatz *ingenuus* in den älteren beiden (karolingerzeitlichen) Handschriften läßt darauf schließen, daß *baro* ursprünglich wertfrei die Bedeutung ‚Mann' hatte. Mit ‚Mann' war dann jedes freie, rechtsfähige Mitglied einer ethnischen Gemeinschaft gemeint. In den älteren, den merowingischen Fassungen, ist der Zusatz nicht nötig, er kommt erst im Laufe der handschriftlichen Überlieferung hinzu. Da jedoch A 1 und A 2 in diesem Fall allein stehen und auch in den Fassungen D (Titel 50 § 1) und E (Titel 49 § 1) der Lex Salica, die beide älter sind als A 1, keine Unterstützung finden, denn diese geben dieselbe Textstelle mit: *Si quis hominem ingenuum de uia sua ostauerit* ...[7] wieder, ist das Alter der von ihnen vertretenen Lesarten nicht mit hundertprozentiger Sicherheit zu bestimmen[8]. An dieser Stelle wird mit *baro* wahrscheinlich der ‚freie Mann' gemeint sein, worauf z. B. auch *baro ingenuus* und die karolingische Variante *homo ingenuus* hindeuten. Die Formulierung der Handschriften D und E ist zweifellos nicht grundlegend gewesen, sondern sicherlich als Kombination aus den anderen anzusehen. Die Zusätze in A 1 und A 2 mögen aber vielleicht in Analogie zu der auch an anderen Stellen in den Leges üblichen Wendung *homo ingenuus* zu verstehen sein[9].

Da Wörter meistens in Zusammensetzungen ihre ursprüngliche Bedeutung behalten, kann die Betrachtung der *sacebaro*-Belege[10], die im Pactus und an den entsprechenden Stellen auch in der Lex Salica[11] auftreten, sehr aufschlußreich für die Beantwortung der Frage nach dem semantischen Gehalt des Wortes *baro* sein. Titel 54 im Pactus: *De grafione occiso* ‚Über die Tötung eines Grafen' erwähnt *sacebaro* (A 1, H 10), *sacibaro* (A 1, C 6), *saceboro* (A 2), *sacerboro* (A 2), *saciboro* (A 3), *saceborro* (A 4), *sachibaro* (C 5, H 10), *Sagbaro* (H 10), *sagibaro* (K) in den Paragraphen 2, 3, 4, entsprechend die Titel 90 §§ 2, 3, 4 der D-Handschriften *sagsbaro* (D 7), *sagybaro* (D 8), *sagsbaro* (D 9), *saxbaro* (D 9) und 89 §§ 2, 3, 4 der E-Handschriften *sagibaro*. Titel 54 § 2: *Si quis sacebaronem aut (ob)grafionem occiderit, qui puer regius fuerit, (cui*

---

[4] Siehe CAVANNA u. a., Baron; Deutsches Rechtswörterbuch, Bd. 1, Sp. 1238 f.; vgl. auch die Seiten 100, 102 und 325, Anm. 41 dieser Arbeit.

[5] Pactus legis Salicae, S. 120. *Uia lacina* ist latinisiert und geht auf frk. **wegalagin* zu *lagian* ‚legen' zurück, vgl. FEIST, Wörterbuch, S. 392 und SCHMIDT-WIEGAND, Bezeichnungen, S. 244 und auch S. 244, Anm. 1; vgl. LADE, Flur und Feld, S. 216 ff.

[6] Vgl. Pactus legis Salicae, Germanenrechte, Bd. I, S. 72.

[7] Lex Salica, S. 90 f.

[8] Vgl. Pactus legis Salicae, Germanenrechte, Bd. I, S. 72.

[9] Vgl. SCHMIDT-WIEGAND, Bezeichnungen, S. 244.

[10] Siehe Pactus legis Salicae, S. 203 ff.; vgl. OLBERG, Sakebaro.

[11] Vgl. Lex Salica, S. 156 ff.

fuerit adprobatum), mallobergo le(o)de saccem(i)ther sunt, XIIM denarios qui faciunt solidos CCC culpabilis iudicetur. Die Tötung eines *sacebaro* bzw. *obgrafio,* der ein *puer regius* ist, wird mit 300 solidi gebüßt, die eines freien *sacebaro* mit 60 solidi: Titel 54 § 3: *Si quis sacebaronem, qui ingenuus est, occiderit, XXIVM denarios qui faciunt solidos DC culpabilis iudicetur.* In Titel 54 § 4 wird deutlich, welche Befugnisse der *sacebaro* hatte. Er unterstand dem *grafio* — eine Hierarchie, die, wie die Unsicherheit in den Handschriften *(obgrafio, grafio)* zeigt, nicht zu allen Zeiten in gleichem Maße gegenwärtig ist. An einer Gerichtsstätte durften nicht mehr als drei *sacebarones* zugegen sein; wenn sie einen Rechtsanspruch als erledigt erklärt hatten, so konnte das Verfahren auch vor dem *grafio* nicht wieder aufgenommen werden: *Sacebarones uero in singulis mallobergis plus quam tres non debent esse; et si de causa aliquid, de quod eis soluitur, factum dixerint, hoc ad grafionem non requiratur, unde illi securitatem fecerint.*

Das erste Glied der Zusammensetzung *sace-, sagi-, sachi-, saci-* etc. leitet sich ab von dem ahd. Verb *sahhan* ‚anklagen, streiten, verletzen, beleidigen', mhd. *sachen,* mnd., mnl. *saken.* Parallelen in anderen germanischen Sprachen sind an. *saka,* ae. *sacian,* afr. *sakia* etc.[12], hierhin gehört dann das Substantiv ahd. *sahha* fem. ‚Streit, Krieg, Aufruhr, Verfolgung, Prozeß, Sünde, Fehde'[13]. Übersetzt man die einzelnen Bestandteile des Kompositums, so hieße *sacebaro* ‚Streit- oder Prozeßmann'. In Titel 54 § 4 des Pactus legis Salicae ist *sacebaro* als eine Art Verfahrensverwalter, der die ordnungsgemäße Durchführung eines Rechtsstreites überwachen mußte, oder als Urteilssprecher näher definiert[14]. Er wird in der Handschrift A 1 neben dem Untergrafen, in den Handschriften A 4, H 10 Titel 54 § 2, D Titel 89 § 2 und E Titel 90 § 3 neben dem Grafen genannt, muß aber als Helfer und vermutlich statusmäßig unter dem Grafen stehend angesehen werden, was aus Titel 54 § 4 des Pactus legis Salicae und aus Titel 89 bzw. 90 § 4 der Lex Salica hervorgeht. In Titel 54 § 2 entsprechend Titel 89 § 2 und 90 § 3 werden der *sacebaro* wie auch der *grafio* und der *obgrafio* als *pueri regis* ‚Königsknaben', das waren die ‚gehobenen Unfreien', bezeichnet, deren Wergeld 300 Schillinge betrug[15]. Titel 54 § 3 (entsprechend 89 bzw. 90 § 3) kennt den *sacebaro* auch als Freien mit einem Wergeld von 600 solidi. In dieser fast gegensätzlichen Verwendung der Bezeichnung *sacebaro* wird eine Kluft zwischen dem sprachlichen Ausdruck und dem zu bezeichnenden Inhalt deutlich. Der Begriff hat also offensichtlich bereits einen Wandel mitgemacht, dem die Bezeichnung noch nicht gefolgt ist. Diese Stelle könnte als ein Beweis für den Konservatismus der Sprache gelten, der in diesem Falle polysemantische Erscheinungen hervorruft. Von hier aus gesehen muß man m. E. für *baro* von der ursprünglichen Bedeutung ‚Mann' ausgehen, die noch ohne jede soziale Wertung verwendet wurde und jeweils von Fall zu Fall durch einen entsprechenden Zusatz genauer bestimmt werden mußte. Dieses sprachliche Phänomen hatte seinen Grund vermutlich im Wandel der sozialen Verhältnisse: War ursprünglich jeder Stammesge-

---

12 Vgl. Vries, Wörterbuch, S. 460.

13 Siehe Holthausen, Wörterbuch, S. 266.

14 Siehe Graff, Sprachschatz, Bd. 3, Sp. 154; Schmidt-Wiegand, Bezeichnungen, S. 244; vgl. demgegenüber auch Kögel, Sagibaro, S. 18 ff., der als hauptsächliche Lesart *sagi* — zur Wurzel **seq* — ‚folgen' annimmt und damit zu *sagibaro* ‚Gefolgsmann' kommt.

15 Vgl. Olberg, puer regius.

nosse auch frei, so wandelte sich zur Karolingerzeit hin dieses Bild von der Freiheit: Freigelassene Sklaven, Angehörige anderer ethnischer Verbände kamen zur Gruppe der Freien hinzu, Abstufungen der Freiheit gerieten ins Blickfeld und mußten bezeichnet werden. Dies drücken Zusätze wie z. B. *ingenuus* aus.

Ähnliches zeigen auch die Belege aus den Gesetzen der Alemannen, deren Recht erst im Auftrag der fränkischen Reichsgewalt aufgezeichnet worden ist; die meisten Stellen führt der ältere Pactus Alamannorum an, der sehr stark unter fränkischem Einfluß steht, denn er enthält eine große Anzahl fränkischer Ausdrücke, die in den anderen Leges fehlen[16]. In Titel 13 § 2 wird *baro* ‚Mann' im Gegensatz zur Frau erwähnt, also ohne soziale Wertung: *Si femina barone extra rixa subdulo clamaverit, solvat sol. 12 aut cum 12 medicus electus iuret maritus ipsius.*[17] Eine Frau, die einen Mann ohne Streit als hinterlistig bezeichnet, muß 12 solidi zahlen oder ihr Ehemann hat einen Eid mit 12 zur Hälfte Ausgewählten zu leisten. In diesem Sinne verwenden auch Titel 15 und entsprechend in der Lex Titel 69 des Codex A *(baro)* und 76 des Codex B[18] *(barus)* die Bezeichnung *baro*. Pactus Alamannorum Titel 15: *Si quis mortuatus baro aut femina, qui qualis fuerit, secundum legitimum wiregildum suum in novegildum solvatur, aut 24 totus electus aut cum octoaginta, qualis invenire poterit, iuret.* Diese Belegstelle bestätigt durch den Nebensatz ... *qui qualis fuerit ...*, daß *femina* und *baro* hier nur Geschlechtsbezeichnungen, nicht aber Standesbezeichnungen sind. So kommt auch Schott zu der Ansicht: „Nach dem Sprachgebrauch des Pactus wie übrigens auch der Lex ist *baro* stets ein Gegensatzbegriff zu *femina* und meint grundsätzlich den freien Mann."[19] Auch der dritte Beleg Pactus 14 § 6: *Si baro fuerit de minoflidis, solvat sol 160*[20] führt *baro* ohne soziale Wertung auf, da diese durch die nähere Bestimmung *minoflidis*[21] erst gegeben wird. Mit *minoflidis* wird eine Abstufung der Freiheit, eine geminderte Freiheit bezeichnet, deren Ursprung wohl in den Besitzverhältnissen zu finden ist: Der *baro minoflidis* war vermutlich frei, hatte jedoch nur wenig Vermögen[22].

Schwieriger zu deuten[23] ist indessen der letzte Beleg der Alamannengesetze Titel 2 § 10 (Cod. A): *Si baro fuerit, similiter*[24]. Beim ersten Lesen mag dieser Beleg eindeutig sein, denn hier scheint *baro* ohne soziale Wertung und ohne irgendeinen kennzeichnenden Zusatz einfach ‚Mann' zu bedeuten. Betrachtet man 2 § 10 jedoch im Kontext der anderen unter Titel 2, in dem das Delikt des Niederschlagens behandelt wird, angeführten Paragraphen, so ist fraglich, ob hier wirklich keine soziale Wertung enthalten ist: 2 § 7 spricht in demselben Zusammenhang von *femina*

---

[16] Vgl. Kap. 3.1.1. und 3.1.4. und auch BUCHNER, Rechtsquellen, S. 30.

[17] Leges Alamannorum, S. 24.

[18] Ebenda, S. 25 und S. 136.

[19] SCHOTT, Freigelassene, S. 54.

[20] Ebenda, S. 24.

[21] Vgl. SCHOTT, Freigelassene, S. 53 f. und auch Kap. 4.2.3.3. *minoflidis* und *medioflidis*.

[22] Vgl. SCHMIDT-WIEGAND, Bezeichnungen, S. 237 und auch Kap. 4.2.3.3.

[23] Vgl. SCHOTT, Freigelassene, S. 54: „Waitz und Brunner sahen in dieser Stelle im *baro* noch eine Entsprechung zum *litus*, was jedoch Eckhardt wieder korrigiert hat." Vgl. auch WAITZ, Verfassungsgeschichte, Bd. 2, S. 238, Anm. 4; H. BRUNNER, Rechtsgeschichte, Bd. 1, 1961, S. 357, Anm. 18; Leges Alamannorum, Germanenrechte, Bd. I, S. 87, Anm. 87.

[24] Leges Alamannorum, S. 22.

ingenua ‚freie Frau', 2 § 8 von *lisa* ‚Halb- bzw. Minderfreie, Litin', 2 § 9 von *ancilla* ‚Magd', die fast immer unfrei ist. Hier, wo es um die weiblichen Betroffenen geht, findet sich eine soziale Abstufung von der Freien über die Halbfreie bis hinunter zur unfreien Magd. Sieht man sich nun die Seite der männlichen Betroffenen an, finden sich hier nur zwei Paragraphen: 2 § 10 *baro* und 2 § 11 *servus*. Möglich wäre, daß *baro* bedeutungsmäßig sowohl den freien als den halbfreien Mann umfaßte und deshalb eine weitere Differenzierung wie im Fall der weiblichen Betroffenen überflüssig machte[25]. Karl August Eckhardt allerdings weist in seinen Editionen[26] bei LAl Titel 2 § 10 auf PlSal Titel 17 § 8 hin: *Si quis ingenuus ingenuum de fuste percusserit ...*, d. h., er entscheidet sich, wie auch später Schott[27], für *baro* ‚Freier, freier Mann'. Eine Entscheidung zwischen den drei Möglichkeiten ‚Mann', ‚Halbfreier' und ‚Freier' ist von hier aus nicht zu fällen. Vielleicht ist als grundlegende Bedeutung eher eine Negativsetzung möglich: *baro* ‚nicht unfreier Mann'. Diese Art der Lösung zeigt wieder die Schwierigkeiten, die der Bedeutungswandel im Zusammenhang mit einer sich gegenüber dem Wandel der sozialen Verhältnisse nur langsam verändernden Sprache hervorbringt.

Der Edictus Rothari 14 verwendet *baro* mit dem Zusatz *liber* und bestätigt somit die bisherigen Beobachtungen in den anderen Rechten: *Si quis homicidium in absconse penetraverit in barone libero aut servo vel ancilla, et unus fuerit aut duo tantum, qui ipsum homicidium fecerint, noningentos solidos conponat ...*[28] Der Totschlag, der an einem freien Mann oder auch an einem Knecht oder einer Magd verübt worden ist — allein oder zu zweit ausgeführt — ist mit 900 solidi zu büßen. *Baro* ist hier der ‚Freie' und eindeutig vom *servus* abgesetzt, jedoch wird diese rechtlich/soziale Zugehörigkeit nicht durch die Bezeichnung selbst deutlich, sondern wieder wie in den Fällen vorher nur durch den Zusatz *liber*. Im Edictus Rothari 17 dagegen steht die Bezeichnung *baro* für sich allein und meint hier die ‚Mannen des Königs', vielleicht sogar die ‚Krieger des Königs'; in dieser Bedeutung erinnert *baro* an die fränkischen, in der Sprache des Malbergs häufig vorkommenden *leodes*[29]. Ro. 17: *Si quis ex baronibus nostris ad nos voluerit venire, securus veniat, et inlesus ad suos revertatur; nullus de adversariis illi aliquam in itinere iniuria aut molestia facere presumat ...*[30] ‚Wenn einer unserer Mannen zu uns kommen will, komme er sicher und kehre unversehrt zu den Seinen heim; keiner soll es wagen, ihm unterwegs Unrecht oder Kummer anzutun ...'

Wie in den Alemannenrechten tritt *baro* auch in der Lex Ribuaria, vermutlich in beiden Gesetzen in Anlehnung an die Lex Salica, im Gegensatz zu ‚Frau' *femina* auf: Titel 61 § 12 (bzw. Cod. A Titel 58 § 12) *Quod si quis hominem regium* (*tabularium* in A 3 § 5, 10—12; A 9 *tabulari*, die Verf.) *tam baronem quam feminam de mundeburde regis abstulerit, sexaginta solidos culpabilis iudicetur.*[31] Wenn eine in der Munt des Königs stehende Person, Mann oder Frau, unrechtmäßig aus der Schutzherrschaft

---

25 Diese Deutung steht und fällt mit der Eindeutigkeit der lat. Bezeichnung *servus* ‚Sklave, Unfreier'.

26 Leges Alamannorum, S. 22 und Leges Alamannorum, Germanenrechte, Bd. I, S. 102.

27 Vgl. Anm. 19 und Anm. 23.

28 Langobardorum Leges, Ro. 14, S. 15.

29 Vgl. Kap. 4.2.1.2. *leod/leud/leodina;* vgl. auch SCHMIDT-WIEGAND, Bezeichnungen, S. 240 f.

30 Langobardorum Leges, Ro. 17, S. 15 f.

31 Lex Ribvaria, S. 112.

des Königs entlassen bzw. freigelassen wird, beträgt die Buße für den Täter 60 *solidi.* Auch bei Titel 61 § 13 (bzw. Cod. A 58 § 13): *Similiter et ille, qui tabulariam vel ecclesiasticam feminam seu baronem de mundeburde ecclesiae abstulerit, sexaginta solidos culpabilis iudicetur.* ...[32], der dieselbe Regelung für der Kirche unterstellte Personen anführt, kennzeichnet erst der Zusatz *tabularius* oder *de mundeburde* etc. die soziale, wirtschaftliche, rechtliche Abhängigkeit und damit *baro* als den unter Königs- bzw. Kirchenmunt Stehenden. Ohne soziale Wertung und im Gegensatz zu *mulier* ‚Frau' verwendet Titel 86 (bzw. Cod. A 83) § 1 die Bezeichnung *baro*; durch den Zusatz *Ribvaria* und den Hinweis auf das Wergeld ist *baro* aber hier als der ‚Freie' zu erkennen; *Si quis baro seu mulier Ribvaria per maleficium aliquem perdiderit, wirigeldum conponat.*[33]

Von den Belegen der bisher untersuchten Rechte weicht auch der Befund aus der Lex Romana (Raetica) Curiensis (8. Jh.) – eine Privatarbeit auf der Grundlage der Leges Visigothorum – nicht ab. Die Lex vermittelt insgesamt eine gute Vorstellung vom römischen Vulgarrecht[34]. Liber 9 § 2 legt fest, daß Männer und Frauen, auch wenn sie das gleiche Verbrechen begangen haben, nicht in den gleichen Kerker kommen sollen: *Barones hac mulieres, si crimen equale habunt, non in una carcere mittatur.*[35] Geht es hier wiederum nur um eine Geschlechtsbezeichnung ‚Mann' im Gegensatz zu ‚Frau', so kommt in Liber 18 § 6 *De libertis et successionibus eorum* ‚Über die Freigelassenen und deren Erbe' die Kennzeichnung der sozialen Position hinzu, die hier aber ebenfalls nicht durch das Wort *baro*, sondern erst durch den lateinischen Zusatz *libertus* ‚freigelassen' gegeben ist: 18 § 6: ... *Similiter vero si ipsi liberti, sive baro, sive mulier, mortui fuerint et unum filium aut plures dimiserint* ...[36] Die Belege aus den Rechtstexten zeigen *baro* in der Bedeutung ‚Mann', nur in 2 § 10 des Pactus Alamannorum impliziert die Bezeichnung allein, ohne wertenden Zusatz, wahrscheinlich eine soziale Abstufung: ‚freier' bzw. ‚halbfreier, aber auf gar keinen Fall unfreier Mann'. In allen Fällen, in denen *baro* durch einen Zusatz als Sozialbezeichnung gekennzeichnet ist, steht es für den Freien oder den Halbfreien, allenfalls für einen gehobenen Unfreien, dieser ist aber dann z. B. wie der *sacebaro* als Amtsträger des Königs rechtlich einem Halbfreien gleichgestellt[37]. Es wird somit die Tendenz deutlich, daß *baro* eine bedeutungsmäßige Einengung, zum Teil eine Aufwertung erfahren hat, die allerdings zu Anfang durch Zusätze näher präzisiert werden mußte. Diese nähere Bestimmung hat vielleicht ihren Grund darin, daß auch das Lateinische diese Bezeichnung – allerdings mit der pejorativen Bedeutung ‚Tölpel' – kannte. Sie ist jedoch schon früh zurückgedrängt worden, und auch das Mittellateinische kennt *baro* als ‚ehrbaren Mann', ja sogar als ‚Ministerialen und Beamten'[38] sicherlich in Anlehnung an das fränkische Rechtswort.

---

32 Ebenda.

33 Ebenda, S. 131.

34 Vgl. Meyer-Marthaler, Lex Romana Curiensis, Sp. 1935; Buchner, Rechtsquellen, S. 37.

35 Lex Romana Raetica Curiensis, S. 368.

36 Ebenda, S. 399.

37 Vielleicht hat *baro* in *sacebaro* auch schon die Funktion eines Suffixes erhalten, wie z. B. Mann in den neuhochdeutschen Berufsbezeichnungen: *Kaufmann, Schutzmann, Milchmann* etc. Auch das würde darauf hindeuten, daß die ursprüngliche Bedeutung für *baro* wertfrei ‚Mann' war.

38 Siehe Du Cange, Glossarium, Bd. 1, S. 579–583.

Ins Bild der Leges paßt auch der Beleg aus der St. Galler Urkunde aus dem 8. Jahrhundert. Die Urkunde hat eine Schenkung zum Inhalt und spricht von *barones* im Unterschied zu *mancipii: ... et in insola ipsa mancipios tres et parones quattuor.*[39] Eine andere Tendenz wird dagegen in einem Kapitular des westfränkischen Königs und späteren Kaisers Karls II., des Kahlen, (9. Jh.) deutlich: ... *ea etiam, quae in Sparnaco de episcopalibus capitulis cum inlustribus viris et sapientibus baronibus vestris observanda delegistis ...*[40] Die Doppelformel *inlustribus viris et sapientibus baronibus* enthält immer noch die Bezeichnung *baro* in der Bedeutung ‚Mann' als an sich wertfreiem Element, doch stellt der lateinische Zusatz und der übrige Kontext *baro* diesmal nicht nur auf die gleiche Stufe mit den Freien bzw. Halbfreien, sondern in eine Reihe mit ‚bedeutenden Männern'. *Baro* ist von dieser Stelle aus als ‚Freier' in gehobener Stellung[41] zu verstehen. Die Quelle stammt aus dem westfränkischen Reich, also aus Frankreich, woher um 1600 – der erste Beleg ist uns aus dem Jahre 1595 überliefert[42] – die Bezeichnung *Baron,* nachdem sie eine starke Aufwertung erfahren hatte, mit der Bedeutung ‚Adeliger eines bestimmten Ranges, Freiherr' in das Deutsche rückentlehnt wurde. Es würde demnach hier in gewisser Weise schon die spätere Entwicklung anklingen, jedoch gibt es auch noch im 13. Jahrhundert auf deutschem Boden einige Belege für *baro* ‚gehobener Freier', z. B. im preußischen Urkundenbuch I. von 1222: ... *cruce signatos et eorum barones ceterosque cruce signatos ...*[43] Bemerkenswert ist allerdings, daß auch angelsächsische Gesetze aus dem 10.–12. Jahrhundert *baro* in der Bedeutung eines gehobenen Freien kennen[44].

Hans Kuhn[45] nimmt als Ausgangswort sowohl für das Lateinische als auch für das Fränkische ein altes keltisches *baro* ‚Mann in niedriger vasallenähnlicher Stellung' an, da *baro* im ältesten Latein fehle, aber oft als Beiname neben keltischen Männernamen gestanden habe. „Daß ein Wort von solcher Herkunft in Rom die oben genannte Bedeutung bekam, ist gut zu verstehen. Der fremde Bauernknecht, der in die Hauptstadt kam, war der Grobe und Dumme. Lat. bardus ‚dumm', ein altes Wort, wirkte wohl mit."[46] Es ist jedoch kaum anzunehmen, daß eine derartige Sozialbezeichnung später wieder die allgemeine Bedeutung ‚Mann' angenommen haben soll. F. Diez weist die obige These, die auch von früheren Forschern schon vertreten worden ist, aufgrund suprasegmentaler und morphologischer Kriterien zurück: „Es flectiert mit beweglichem accent (bar barón) und alle wörter dieser classe rühren entweder aus dem latein (drac dragón, láire lairón) oder aus dem

[39] Urkundenbuch St. Gallen, Bd. 1, S. 7, Nr. 7.

[40] Capitularia II, S. 424.

[41] Vgl. Deutsches Rechtswörterbuch, Bd. 1, 1914, Sp. 1238.

[42] Siehe Scheyhing, Baron, Sp. 316 f. In Frankreich wird der Gebrauch des Wortes *Baron* bereits mit dem Ende des 12. Jahrhunderts auf eine bestimmte herausgehobene Gruppe eingegrenzt; aber auch für Frankreich gilt: „Zum Adelstitel geworden, verbreitete sich der Rang des Barons bes. seit dem 16. Jahrhundert." Vgl. hierzu Robert-Henri Bautier – Brigitte Bedos, III. Frankreich in: Cavanna u. a., Baron, Sp. 1477–1479, bes. Sp. 1478 und Zitat 1479.

[43] Vgl. Deutsches Rechtswörterbuch, Bd. 1, Sp. 1239.

[44] Vgl. auch: Maria G. di Renzo Villata, III. England, IV. Neapel und Sizilien in: Cavanna u. a., Baron, Sp. 1479–1481, bes. Sp. 1479 f.

[45] Vgl. Kuhn, Grenzen, S. 58.

[46] Ebenda.

deutschen (Uc Ugón) her; der celt. sprachbau bot keinen anlaß zu solchen flexionen."[47] Diez selbst leitet *baro* von einem althochdeutschen Verb *beran* ab, got. *baíran* ‚tragen', zu dem das Substantiv *bero* ‚Träger' mit dem Akkusativ *berun, beron* zu stellen wäre. Aus der Bedeutung ‚Träger', ‚Lastträger' habe sich später die Bedeutung ‚starker Bursche, Kerl' und schließlich ‚Mann bzw. Lehnsmann' entwickelt. Jedoch muß diese Herleitung von der lautlichen Entwicklung aus zurückgewiesen werden, da das *a* in *baro* eine Verbindung mit *beran* ‚tragen' unmöglich macht. Die Nomina agentis auf *-o* haben, wenn sie zur *e*-Reihe gehören, entweder *e*- oder Tiefstufe (z. B.: *gebo, sprehho; scolo, boto, herizogo*)[48]. Wahrscheinlicher ist es, *baro* zu an. *berjask* ‚sich streiten, sich schlagen, kämpfen' zu stellen; die eigentliche Bedeutung des Wortes wäre somit ‚streitbarer Mann, Krieger'[49]. Diese Etymologie wird auch durch die Verwendung der Bezeichnung *baro* in den Rechtstexten gestützt, da die Rechtsfähigkeit aber auch und nicht an letzter Stelle die Kriegsdienstpflicht den freien Mann kennzeichnete. Der Krieger tritt z. B. in den *barones* ‚den Gefolgsleuten des Königs' im Edictus Rothari 17 noch deutlich in Erscheinung, dementsprechend würde *baro* auch in Titel 31 § 1 des Pactus legis Salicae als ‚Krieger' zu interpretieren sein, da es sich hier um einen „auf seinem Weg befindlichen" freien Mann handelt.

Bei den mit *baro* bezeichneten Personen handelt es sich immer um Erwachsene männlichen Geschlechts. Ihre Funktion in bezug auf die Erhaltung der gens liegt vermutlich in ihrer Wehr- und Waffenfähigkeit (Ro. 17, PlSal 31 § 1). Den *barones* bzw. den *sacebarones* konnte infolge von Königsnähe eine Höherstufung zuteil werden. In den *sacebarones* begegnen uns königliche Amtsträger, deren soziale Herkunft sehr unterschiedlich sein konnte. Über die Stellung innerhalb der Hausgemeinschaft sowie über die Vermögens- und Besitzverhältnisse läßt sich nur soviel sagen, daß mit *baro* bei den ribuarischen Franken auch vom König bzw. von der Kirche abhängige *tabularii* etc. benannt werden konnten. Insgesamt wird noch in den frühen *baro*-Belegen eine Sichtweise deutlich, die nicht zwischen Freien und Halbfreien unterschied, die mit *baro* ‚Mann' jedes vollberechtigte Mitglied einer Dinggemeinschaft bezeichnete, die voraussetzt, daß jeder Stammesgenosse auch frei und waffenfähig ist. Letzteres läßt sich auch durch die Etymologie stützen. Die sozialdifferenzierenden Zusätze machen jedoch andererseits auch klar, daß zur Zeit der Leges diese Sichtweise keine Gültigkeit mehr hatte, daß Abstufungen der Freiheit *(ingenuus, minofledus)* zunehmend ins Blickfeld gerieten und nicht nur die Abgrenzung zur Unfreiheit wichtig war. Die Belege aus anderen Quellen, nicht den Leges, machten zudem deutlich, daß mit dem 9. Jahrhundert auch ein Ausdifferenzierungsprozeß nach oben hin stattfand. „Entsprechend einer Tradition, deren Spuren sich bereits in der Karolingerzeit finden, bezeichnet der Begriff die ‚Großen des Reiches' (proceres), wobei das vasallit. Moment stark betont wird (‚barones

---

[47] Diez, Wörterbuch, Bd. 1, S. 44.

[48] Siehe Uhlenbeck, Etymologisches, S. 329.

[49] Vgl. Nudansk Ordbog, Bd. 1, S. 86: „baron (gennem tysk fra fransk af middllat. *baro* ... egl. ‚stridbar mand')"; Klein, Dictionary, Bd. 1, S. 149; Schmidt-Wiegand, Bezeichnungen, S. 243; Uhlenbeck, Etymologisches, S. 329; Vries, Wörterbuch, S. 33 f.; Kluge, Wörterbuch, S. 53; Wartburg, Wörterbuch, Bd. 1, S. 255; Baetke, Wörterbuch, S. 49.

mei' tritt im 11. Jh. an die Stelle von ‚homines mei').“[50] Dieser Prozeß blieb nicht ohne Auswirkungen auf die Bezeichnung *baro,* die ab dem 9. Jahrhundert für den gehobenen Freien stand und ab dem 16. Jahrhundert endgültig zur Bezeichnung für einen bestimmten Adelsstand wurde. Die Bedeutungsverschiebung, die die Bezeichnung *baro* hauptsächlich im Romanischen, aber auch schon auf deutschem Gebiet in mittelhochdeutscher Zeit (mnd. *barûn* ‚großer Herr weltlichen und geistlichen Standes') mitgemacht hat, mag ihre Gründe auch in der Veränderung der sozialen Verhältnisse vom Früh- zum Hochmittelalter im großen Zusammenhang der Ablösung der Gefolgschaft durch die Ministerialität haben. Die Bedeutungsunsicherheiten, wie diese Unterschiedlichkeiten im Bereich sogar ein und desselben Rechts (vgl. z. B. *baro* und *sacebaro* im Pactus legis Salicae und in der Lex Salica oder auch in den Alemannenrechten) eingangs bezeichnet wurden, steht also im Zusammenhang mit ideologischen und sozialen Veränderungen, denen der meist viel trägere Bereich der Sprache nur langsam nachkommen konnte. *Baro* wurde so auf die neu entstandenen oder noch im Entstehen begriffenen sozialen Gruppierungen übertragen, ohne anfangs seine alte Bedeutung ganz aufzugeben. Es handelt sich hier um Polysemie aufgrund von Bezeichnungsübertragung.

4.2.2.3. ags. *folcfry, folgfrig,* lgbd. *ful(c)free, ful(c)frea*

Die Bezeichnung *fulcfree* bzw. *fulfree* oder *ful-/fulcfrea(1)* findet sich innerhalb der kontinentalen Leges nur in den langobardischen Gesetzen Rothars und Liutprands und im Gloss. Cav. *(fulfreald),* Vat. *(fulfrealt),* Matrit. *(fulfreald).* Die Leges der Angelsachsen führen entsprechend *folcfry* und *folcfrig.*

Die vier Belege aus dem Edictus Rothari erwähnen *fulcfrea*[1], *fulcfree*[2], *fulcfree*[3] und *fulcfrea*[4] im Zusammenhang der Ehe einer Freien mit einem *aldius* und den daraus abzuleitenden munt- und erbrechtlichen Bestimmungen (Ro. 216): *Si haldius cuiuscumque libera uxorem tulerit, id est fulcfrea et mundium de ea fecerit, posteaque filios habens maritus mortuos fuerit: ...,* sowie in bezug auf die unterschiedlichen Arten der Freilassung und den damit zusammenhängenden munt- und erbrechtlichen Regelungen (Ro. 224): *De manomissionibus. Si quis servum suum proprium aut ancillam suam liberos dimittere voluerit, sit licentia qualiter ei placuerit. Nam qui fulcfree, et a se extraneum, id est haamund, facere voluerit, sic debit facere. Tradat eum prius in manu alteri homines liberi et per gairthinx ipsum confirmit, et ille secondus tradat in tertium in eodem modo et tertius tradat in quartum. Et ipse quartus ducat in quadrubium, et thingit in gaida et gisil, et sic dicat: de quattuor vias ubi volueris ambulare, liberam habeas potestatem ... Item alio kap. (III.) Item qui fulcfree fecerit, et quattuor vias ei dederit et haamund a se, id est extraneum non fecerit, talem legem patronus cum ipso vivat, tamquam si cum fratrem aut cum alio parente suo libero Langobardo: id est si filius aut filias legitimas, qui fulcfree*

[50] Vgl. Robert-Henri Bautier — Brigitte Bedos, III. Frankreich in: Cavanna u. a., Baron, Sp. 1477.

[1] Langobardorum Leges, Ro. 216, S. 52 f.; s. a. Anm. S. 52: *fulfrea, fulcfrea, fulfreal, fulfream.*

[2] Ebenda, Ro. 224, S. 54 s. a. Anm. S. 54: *fulfreae, fulfree, fulfre, fulfreal, fulcfret facere* und S. 55 s. a. Anm. S. 55: *fulcfree, fulcfreal, fulcfret, fulfreae, fulfreal.*

[3] Ebenda, Ro. 225, S. 55 f. s. a. Anm. S. 55: *fulcfreal, fulcfreae, fulcfret, fulfree, fulfreal.*

[4] *Ebenda, Ro. 257, S. 63 s. a. Anm. S. 63: fulfrea, fulfr̄, fulfreal, fulcfreal, fulcfrealis, fulcfret.*

factus est, non demiserit, patronus succidat, sicut supter scriptums est. Paragraph 225 regelt noch einmal dezidiert das Erbrecht der ehelichen sowie der natürlichen Söhne und Töchter Freigelassener mit dem Status eines *ful(c)free: Si libertus, qui fulcfree factus est, filius dereliquerit legetemus, sint illi heredes; si filias, habeant legem suam; si naturales habeant et ipsi legem suam. Et si casu faciente sine heredes mortuus fuerit, et antea iudicaverit se vivo res suas proprias, id est andegawere et arigawere secundum legem Langobardorum, habeat cui donaverit. Nam quantum de res benefactori suo per donum habuit, si eas non oblegavit in libertatem, ad ipsum patronum aut ad heredes eius revertantur. Et si alequid in gasindio ducis, aut privatorum hominum obsequim, donum munus conquisivit, res ad donatore revertantur. Alias vero res, si ut dictum est, heredes non derelinquerit, aut se vivo non iudicaverit, patronus succedat sicut parenti suo.* Titel 257 behandelt im Rahmen von Bestimmungen, die sich mit dem Delikt des Diebstahls befassen – begangen durch den *liber homo, servus,* die *haldia ancilla* –, auch den durch die *mulier libera fulcfrea* ausgeführten Diebstahl, für den sie selbst im Unterschied zur *(h)aldia* und *ancilla* zur vollen Verantwortung gezogen werden kann: *Si mulier libera fulcfrea super furtum conprehensa fuerit, furtum quod fecerit, sibi nonum conponat; nam alia culpam non requiratur, pro eo quod iniuria passa est; sed vitium suum reputet qui opera indecentem facere temptavit.*

Insgesamt läßt sich aus dem Kontext der Bestimmungen Ro. 224, 225 für die mit *ful(c)free* bezeichneten Personen ableiten, daß es sich hier um Freigelassene handelt, die mit dem Status des/der *ful(c)free* die höchste Freilassungsstufe erhalten haben, d. h., sie sind persönlich frei und haben auch die Verfügungsgewalt über ihr Erbe. Wohingegen aus den Titeln 216 und 257 auch abzulesen ist, daß die Bezeichnung *fulcfree/ea* auch auf freigeborene Personen angewendet worden sein könnte. Auffällig ist jedoch, daß es sich in beiden strittigen Fällen um Frauen handelt, zumal sich bei den mit *fulcfree/ea* bezeichneten Personen noch weitere Unterschiede zwischen Frauen und Männern abzeichnen, die zum Teil in deren verschiedener rechtlicher Stellung im frühen Mittelalter zu suchen sind. Während der freigelassene Mann durch die Freilassung als *ful(c)free* muntfrei wurde, es sei denn, dies war im Freilassungsakt ausdrücklich nicht gewollt (Ro. 224 kap. III), so bleibt die Frau weiterhin unter der Muntherrschaft ihrer Familie bzw. ihres Mannes[5]. Bei einem *ful(c)free* dessen ehemaliger Herr bei der Freilassung, ihn nicht aus der Munt entlassen hat, fordert Ro. 224 kap. III, daß das künftige Verhältnis zwischen dem Freilassenden und dem Freigelassenen wie zwischen Brüdern bzw. Familienangehörigen bei freien Langobarden zu sein habe: ... *cum fratrem aut cum alio parente suo libero Langobardo:* ... Die Freilassung zum Status des *ful(c)free* setzt eine genau festgelegte Rechtshandlung voraus: Es handelt sich um eine Freilassung *de quarta manu* wie das Gloss. Matrit. (27)[6] und das Gloss. Vat. (26)[7] mit Bezug auf Ro. 216 und Ro. 224 erläutern, d. h., daß der Unfreie nacheinander an vier Freie veräußert wird. „Der vierte führt den Knecht an einen Kreuzweg und weist ihm zu freiem Zug

[5] *Vgl.* NJEUSSYCHIN, Freiheitsbegriff, S. 72 ff.; OGRIS, Munt, S. 757 f.; vgl. auch: MOLITOR, Entwicklung, S. 116 ff., der für die langobardische Munt vor allem den vermögensrechtlichen Aspekt herausstellte und darauf hinwies, daß hier die Munt nicht von der Hausgewalt herrühre (S. 118); vgl. KROESCHELL, Haus und Herrschaft, S. 37 ff.

[6] Langobardorum Leges, S. 652.

[7] Ebenda, S. 654.

die vier Straßen unter Gedinge seiner Muntfreiheit mit Pfeilschaft und Pfeilspitze (Roth. 224).“[8]

Eine andere Form der Freilassung zum Status des *ful(c)free* nennt das Gesetzbuch Liutprands § 9: *De libertis. Si quis servum suum aut ancillam in manum regis dederit, et ipse princeps eos per manos sacerdotis circa sacrum altarem liberos dimiserit, sic permaneant liberi, sicut illi qui fulcfreal thingati sunt. Et qui mundium de ipsa libera a principe expetierit, sic eum habeat, sicut de fulcfreal muliere: nam amplius ei nulla conditione debeat, neque ipsa neque filia eius. Et hoc statuimus, ut masculi qui de ipsa libera nati fuerent, absque mundium sint, femine autem habeant mundium, sicut et mater earum, et ipse mundius non sit amplius quam solidos tres.*[9] Hier erfolgt die Freilassung auf Veranlassung des Königs durch die Hand des Priesters vor dem Altar. Entsprechend erwähnt das Gloss. Cav. (44) zu dieser Stelle: *Fulfreald. Id. est qui per sacerdotes circa altare liberi sunt.*[10] Li. 23: *Si quis servum aut ancillam suam in ecclesia circa altare amodo liberum vel liberam dimiserit, sic ei maneat libertas, sicut illi qui fulfreal in quarta manus traditus et hamund factus est. Nam qui haldionem facere voluerit, non eum ducat in ecclesia, nisi alio modo faciat qualiter voluerit, sibi per cartola, sibi qualiter ei placuerit*[11], stellt die beiden Freilassungsformen als gleichwertig dar und betont den Unterschied zur Freilassung eines Alden. Die Freilassung als *ful(c)freal* muß aber auch erfolgen, wenn der Herr eines Unfreien Ehebruch mit der Frau seines Knechtes begeht. Die so erfolgte Freilassung von Knecht und Magd ist jedoch noch vom König durch den Freilassungsakt vor dem Altar als rechtsgültig zu vollziehen (Li. 140) *Si quis homo liber habuerit servum vel ancillam, haldium aut haldiam coniucatus, et insticantem inimicum humani generis cum ipsa ancilla, que servus eius maritum habit aut cum haldia qui cum haldione eius copulata est, adulterium perpetraverit: ita statuimus, ut perdat ipsum servum aut haldionem, cuius uxorem adulteravit, et ipsa mulier insimul, ut vadant liberi et absoluti fulfrealis, tamquam si thingati fuissint, ubi voluerint; quia non est placitum Deo, ut quilevit homo cum uxore aliena debeat fornicari. Tamen de ipsa libertatem dicimus, quia non possunt sic sine vera absolutione veri liberi esse, nisi sicut edictus contenit, aut per thinx, aut circa altare, sicut nos instituimus: ideoque veniant ad palatio ad nos aut qui pro tempore princeps fuerit terrae istius, eos absolvat et faciat eorum preceptum, et sint postea certissimi liberi et absoluti.*[12] Wie schon im Gesetzbuch Rotharis geregelt ist, erwirbt die *ful(c)frea* — ebenso wie ihre Töchter — nicht die Muntfreiheit. Ihre Söhne jedoch sind muntfrei (Li. 9). Daß in der Praxis auch muntfreie männliche *fulfree/-freal* von ihren früheren Herren weiterhin zu Diensten und Gehorsam angehalten wurden, macht § 55 der Gesetzgebung Luitprands deutlich. Hier fordert der Gesetzgeber die zum Status des *ful(c)freal/-free* Freigelassenen auf, öfter gegenüber dem *iudex* oder den *vicini* die Art ihrer Freilassung darzustellen, damit der *patronus* keine Forderungen mehr an sie stellen könne: *Si quis servum suum fulfreal thingaverit, et haamund a se fecerit, vel quocumque modo eum a se absolserit in manu regis dandum aut in ecclesia circa altare ducendum, et postea ipse libertus voluntatem patroni sui fecerit, manifestare debeat libertus*

[8] Scheyhing, Freilassung, Sp. 1243.
[9] Langobardorum Leges, S. 111.
[10] Ebenda, S. 654.
[11] Ebenda, S. 118.
[12] Ebenda, S. 169 f.

ipse libertatem suam sepius iudici et ad vicinos suos, qualiter absolutus esse videtur; et postea nullo tempore ipse patronus aut heredes eius contra eum qui libertatus est, querellas possit movere, dicendo quod ei debeat obedire pro eo, quod sua sponte pro beneficio de domino suo voluntatem eius fecerat; sed firmis ei sua permaneat libertas.[13]

Im Unterschied zu den Belegen im Gesetzbuch Rothars haben die Varianten im Gesetzbuch Liutprands das angehängte *l:fulcfreal*[14]. Von Formen wie beispielsweise *fulfrealis* kann man eventuell eine Verbindung zu ahd. *fribals* ‚Freihalsigkeit, Freiheit, der Freie, frei' sehen[15]. "Schreibungen mit *c* finden wir in I, X, XI und XII. Die Vermutung liegt nahe, daß die Vorlage von I überall *fulcfree* hatte. Auffällig ist jedoch, daß der Abschreiber zunächst zweimal *ful-* schreibt (in R 216 und 224), von denen er *fulfree* in R 224 mit einem übergeschriebenen *c* in *fulcfree* ändert, später allerdings nur noch *fulcfree*. Die Form *fulfree* war ihm offenbar geläufig; er hat die Schreibung *fulcfree* aus seiner Vorlage übernommen. Auffällig ist weiter, daß bei dem sonst sorgfältigen Abschreiber der von I manchmal abhängigen Hs. X bei diesem Wort so viele Verschreibungen vorkommen."[16] Nur vier von 12 Handschriften weisen die Form mit *c* auf, es sind vor allem Handschriften des Gesetzbuches Rothars, bei Liutprand kommt die *c*-Schreibung nur zweimal in der ersten Bestimmung, die das Wort erwähnt, vor. Da die Belege aus den angelsächsischen Gesetzen Wihtræd (695–6) 8: *Gif man his mæn an wiofode freols gefe, se sie folcfry; freolsgefa age his erfe ænde wergeld 7 munde þare hina sie ofer mearce ðær he wille.*[17] und Cnut (Anfang 11. Jahrhundert) 45, 3: *Gyf hlaford his þeowan freolsdæge nyde to weorce, þolige þæs þeowan beo he syððan folcfrig; gylde lahslit se hlaford mid Denum, wite mid Englum, be ðam þe seo dad sig; oððe hine geladige.*[18] nur Formen mit *c* führen, ist davon auszugehen, daß die ursprüngliche Schreibung des germanischen Wortes *fulcfree* etc. bzw. *folcfrig* ist[19], zumal man auch an den Handschriften zu den langobardischen Gesetzen feststellen kann, „daß das Wort – während es um 643 noch allgemein gebräuchlich zu sein scheint – um 700 im Langobardischen zu *fulfrea* vereinfacht oder durch *fulfrea* ersetzt wurde"[20]. Baesecke deutet die Komposita mit *ful-* als volksetymologische Neuerungen, die durch den höheren Verallgemeinerungsgrad „vollfrei" statt „volkfrei" leichter verständlich gewesen seien[21]. Vom Kontext der angelsächsischen Bestimmungen her läßt sich eine weitgehende Bedeutungsgleichheit zwischen dem altenglischen und dem langobardischen Wort feststellen. Auch hier wird der Unfreie, dem vor dem Altar die Freiheit gegeben worden ist, mit *folcfry* bezeichnet. Anders als bei den Langobarden erhält der Freigelassene zwar seine Freizügigkeit, Erbe, Wergeld und Muntgewalt über die Familie, bleibt jedoch bei dem Freilassenden

[13] Ebenda, S. 129.

[14] Ebenda, Li. 9, Anm. S. 111: *fulfreal, fulfrealem, fulfreald, fulfreal;* Li. 23, Anm. S. 118: *fulfreal;* Ra 55, Anm. S. 129: *fulfreat, fulfraal, fulfreale, fulfrealis, fulfrealem;* Li. 140, Anm. S. 170: *fulfreales, fulfreals, fulfreald.*

[15] Vgl. Bruckner, Die Sprache der Langobarden, S. 78; Rhee, Wörter, S. 61.

[16] Rhee, Wörter, S. 60.

[17] Gesetze der Angelsachsen, Bd. 1, S. 13.

[18] Ebenda, S. 343 f., Zitat: Hs. G.

[19] Vgl. Bruckner, Sprache der Langobarden, S. 26; Baesecke, Worte, S. 86, 96.

[20] Rhee, Wörter, S. 61.

[21] Vgl. Baesecke, Worte, S. 86.

(Wi. 8). Wie das langobardische Recht (Li. 140) kennt auch das angelsächsische die Freilassung eines Unfreien infolge von Unrechtstaten, Verfehlungen seines Herren ihm gegenüber (Cnut 45, 3, Freilassungen: wenn der Herr seinen Knecht am Feiertag zur Arbeit nötigt). Neben den altenglischen und den langobardischen Belegen hat auch das Altschwedische eine Form, die in dieselbe Reihe wie *fulcfree*, *folcfry* zu stellen ist: *folkfraels*[22]. Kennzeichnend für das Langobardische ist nach Bruckner *u*-Schreibung, „wo wir nach den allgemeinen Regeln *o* erwarten sollten und zwar fast regelmäßig vor *l* besonders in gedeckter Stellung“[23]. Bruckners Bedeutungsangabe ‚gemeinfrei‘ muß jedoch zurückgewiesen werden, da sie nicht quellenimmanent, d. h. aus dem Kontext, gestützt werden kann. Sie legt vielmehr für den Quellenausdruck eine Freiheitsvorstellung zugrunde, die der Auffassung der Mehrheit der Mediaevisten zu Bruckners Zeit entsprach[24]. Neben der Kontextanalyse, die den *ful(c)free* etc. als einen mit vollgültigen Freiheitsrechten ausgestatteten Freigelassenen erscheinen läßt, können etymologische Überlegungen und das Befragen der sozialrelevanten Merkmale für die Bedeutungsfindung wichtig werden. Zunächst sollen einmal die beiden Glieder des Kompositums *fulcfree*, das mit Baesecke u. a. gerade wegen der Parallelen zum Altenglischen und Altschwedischen als die ältere Form angesehen werden soll, auf ihre Herkunft und ihren semantischen Gehalt hin betrachtet werden.

Ahd. *folc(h)*, anfr., ags. *folc*, as., afr., mnl. *volk*, mnd., mnl. *volc* kann auf germ. *fulka* ‚Haufe, Schar etc.‘ zurückgeführt werden, darauf deuten z. B. auch Entlehnungen wie lit. *pulkas* ‚Haufe, Schar‘, aslaw. *pluku* ‚Kriegerschar‘, das als *Pulk* um 1917 aus poln. *polk* ‚Regiment‘ rückentlehnt worden ist[25]. Günther Herold und Otfrid Ehrismann[26] haben die seit dem Althochdeutschen bzw. seit dem 8. Jahrhundert gebräuchlichen Bezeichnungen zum „Begriffskreis“ ‚Volk‘[27] bzw. zum „Bedeutungsbereich“ ‚Volk‘[28] aus zahlreichen Quellen jener Zeit zusammengetragen und jeder mit unterschiedlichen methodischem Ansatz und verschiedener Zielsetzung interpretiert. Während Herolds Arbeit sich an der Feldtheorie Triers orientierte, hat Ehrismann mit der Betrachtung von 844 Quellen vom 8. Jahrhundert bis zum Barock versucht, „eine spekulative Wortbetrachtung, wie sie vor allem Jost Trier und seine Schule pflegen, zu vermeiden“[29]. Für den Gebrauch des Wortes *folc*/*fulc*/*volk* läßt sich anhand beider Untersuchungen feststellen, daß *folk* vor allem in Texten, die in starker Anlehnung an lateinische Vorlagen entstanden sind, bedeutungsmäßig über den militärischen Bereich hinausgeht und hier auch z. B. den politischen Bereich mitabdeckt[30]. Die Frage, ob die militärische Bedeutung ‚Kriegerschar‘ gegenüber der quantitativen Bedeutung ‚Menschenmenge‘ die ältere

---

22 Vgl. Rhee, Wörter, S. 60.
23 Bruckner, Sprache der Langobarden, S. 84.
24 Vgl. Kap. 3.
25 Vgl. Kluge, Wörterbuch, S. 823; vgl. auch Uhlenbeck, etymologie, S. 310 f.
26 Vgl. Herold, Volksbegriff; Ehrismann, Volk.
27 Herold, Volksbegriff, S. 13.
28 Ehrismann, Volk, S. 5.
29 Ebenda, S. 4.
30 Vgl. z. B. ebenda S. 136 ff.

war, entscheidet Herold zugunsten der ersteren Bedeutung[31] und Ehrismann bemerkt dazu: „Wir können feststellen, daß die beiden Bedeutungen ‚Kriegerschar' und ‚Menschenmenge' eng zusammenhingen. Daher ist es überhaupt fraglich, ob wir nach einem ‚ursprünglichen' Inhalt des Wortes folk suchen dürfen; beide Bedeutungen waren vermutlich ursprünglich als eins gedacht."[32] Überlegungen zur ursprünglichen Wortbedeutung müssen nicht zuletzt deshalb spekulativ bleiben, weil man gerade beim Althochdeutschen nicht von einer homogenen Sprache und auch nicht von einer homogenen Sprachgemeinschaft ausgehen kann. Die einzelne Wortbedeutung von ahd. *fulc/folc* muß vielmehr vor dem Hintergrund von Überlegungen zur Textsorte, zum Einfluß lateinischer Vorlagen (z. B. *populus, plebs* etc.), zum regionalen, sozialen und politischen Zusammenhang (z. B. Wortgebrauch eines bestimmten ethnischen Verbandes zu einer bestimmten Zeit) innerhalb einer bestimmten Bedeutungsbreite immer wieder neu erarbeitet werden. Für den ersten Teil des langobardischen Kompositums *fulcfree* etc. muß man als sicher annehmen, daß hier nicht die unspezifische Bedeutung ‚Menschenmenge' gemeint ist, sondern eindeutig ‚Kriegerschar'. Dies läßt sich einmal aus dem Kontext der Leges Langobardorum insgesamt entnehmen, da häufig, wenn von Freien die Rede ist, Bezeichnungen wie *exercitus* und *harimann* verwendet werden, also Wörter mit deutlichem Bezug auf den militärischen Bereich. Zum anderen ist zu berücksichtigen, daß das Wort in einem Rechtstext (vor allem Rothars Gesetzbuch) steht, der erst kurze Zeit nach der Landnahme der Langobarden und in der Phase fortwährender kriegerischer Unternehmungen aufgeschrieben worden ist. Ausschließen kann man jedoch für das frühe Mittelalter, daß mit dem Wort *fulc/folc* ein bestimmtes Nationalgefühl zum Ausdruck gebracht wurde, dies entstand erst im Humanismus und „wurde nicht mit volk verbunden, sondern mit dem in den dreißiger Jahren des 15. Jahrhunderts erstmals bezeugten nation"[33]. Der zweite Bestandteil des Wortes *-free, -frea, -freal*[34] ist eindeutig zu dem ahd., as., ags. Adjektiv *frī, freo,* got, *freis* zu stellen, dem germ. *frija* ‚mit freiem Halse', zugrundegelegt werden kann[35]. Man könnte das Kompositum also als ‚heerfrei' deuten, d. h. im diesem Falle, ‚so frei wie jeder Angehörige des langobardischen Heeres, also jeder Langobarde'. Diesner und Tabacco konnten gerade in jüngerer Zeit wieder zeigen, „in wie starkem Maße (Heeresdienst) und Gesellschaft während der ganzen Geschichte des Langobardenreiches in Korrelation zueinander gestanden haben[36].

In den Langobardengesetzen werden mit dem Adjektiv *ful(c)free* etc. sowohl Männer als auch Frauen benannt. Über ihre Funktion in bezug auf die Erhaltung der gens läßt sich nur das sagen, was auch für jeden freien Langobarden galt, d. h., daß die männlichen Freien wehrpflichtig waren, mehr noch, daß, wie wir sahen,

---

31 Vgl. Herold, Volksbegriff, S. 193, ebenso auch: Trübners Deutsches Wörterbuch, Bd. 7: T–V, Sp. 689, Vries, Wörterbuch, S. 132 etc.; dagegen z. B.: Weigand, Wörterbuch, Bd. 2, Gießen 1910, Sp. 1180; Doornkaat Koolman, Wörterbuch, Bd. 1, Sp. 534.

32 Ehrismann, Volk, S. 136.

33 Ebenda, S. 5.

34 Vgl. die Ausführungen zu *frio* Kap. 4.2.1.3., zu den Formen, die auf *l* enden.

35 Vgl. Kluge, Wörterbuch, S. 216.

36 Diesner, Erforschung, S. 66; vgl. auch Tabacco, Macht und Besitz, bes. S. 234 ff.

ursprünglich Freier, Langobarde und *exercitalis* unterschiedslos dasselbe war. „Die zunehmende Differenzierung innerhalb der langobardischen Gesellschaft ... hat sukzessive zu einem Zusammenschrumpfen des königlichen Heeres und zu einem Nachlassen der allgemeinen Wehrbereitschaft geführt."[37] Obschon die ähnlich dem timokratischen Prinzip der Antike nach dem Vermögen der Wehrpflichtigen ausgerichtete Heeresordnung Ahistulfs (§§ 2, 3) drei Gruppen von Bewaffneten nennt: die *maiores/potentes*, das sind die Besitzer von durchschnittlich sieben *casae massariae*, müssen sich mit Brustpanzer *(lorica)* Schild, Speer *(scutum, lancea)* und Pferd ausrüsten, Besitzer von 40 iuga terrae mit Pferd, Schild *(scutum)* und Speer *(lancea)* und *minores homines* hatten noch Köcher, Pfeile und Bogen *(coccora, sagitta, arcus)* zu stellen[38], wurde die Wehrpflicht vermutlich nur von den wenigsten wirklich ausgeübt. Schon im Edictus Rothari gibt es eine Bestimmung (§ 21)[39], die eine Buße für den Langobarden vorsieht, der seine militärischen Aufgaben nicht übernehmen will. Die Gründe für eine solche Weigerung lagen, wie sich aus dem Gesetz Liutprands § 83[40] ergibt, wohl hauptsächlich in den Vermögensverhältnissen: Die *minores* konnten sich die Ausrüstung vielfach nicht leisten und galten ihre Verpflichtung durch Dienste ab. Es ist demzufolge auch nicht in jedem Fall anzunehmen, daß der als *ful(c)free* freigelassene Unfreie den Wehrdienst auch wirklich abgeleistet hat, da er zum Teil für seine Freilassung hohe Summen zu zahlen hatte und dadurch seinen Besitz — sofern vorhanden — schmälern mußte[41]. Diese Überlegungen ermöglichen es nun aber, den Wandel von *fulcfree* zu *fulfree* etc. in den einzelnen Handschriften besser zu verstehen: Je weniger Freie und *exercitales* gleichzusetzen waren, umso mehr mußte der erste Bestandteil *fulc-* ‚heer-'bedeutungslos, d. h. anachronistisch und damit unverstanden werden. Es ist von daher also leicht einsehbar, warum die Schreiber jenes Wort durch das umfassendere *fulfree* mit dem ersten Bestandteil *ful-* zu ahd. *fol-* ‚voll, vollkommen, vollständig, ganz etc.'[42] ersetzt haben.

Im Unterschied zu den (die Wehrpflicht wahrnehmenden) *harimanni*, aber auch zu den *gasindii*, kann man bei einem *ful(c)free* nicht von Königsnähe sprechen, wenn man davon absieht, daß er in einzelnen Fällen seine Freiheit direkt vom König erhalten konnte. Ebenso lassen sich keine direkten Hinweise auf eine mit dem Status des *ful(c)free* notwendig verbundene Amtsausübung feststellen. In bezug auf die Stellung innerhalb der Hausgemeinschaft gibt es — wie wir sahen — keine Unterschiede zu anderen freien Langobarden: Auch der *ful(c)free*, der in der Munt seines ehemaligen Herren verbleibt, ist anzusehen wie ein Familienmitglied freier Langobarden, der muntfreie *ful(c)free* gehört zu keiner Hausgemeinschaft mehr; er kann eine eigene gründen. Ebenso geht es seinen Söhnen, wohingegen Frauen immer der Hausgemeinschaft ihres Mannes oder

---

37 Diesner, Erforschung, S. 66 f.; vgl. auch Hartmann, Geschichte Italiens, Bd. II. 2, S. 49 ff.

38 Vgl. Langobardorum Leges, S. 196.

39 Siehe ebenda S. 16; vgl. zur Interpretation dieser Stelle auch: Conti, „Devotio", S. 153 ff. Dagegen: Tabacco, Macht und Besitz, S. 235, Anm. 72.

40 Vgl. Langobardorum Leges, Li. 83, Sp. 140 f.

41 Vgl. Scheyhing, Freilassung, Sp. 1243.

42 Vgl. Schützeichel, Wörterbuch, S. 115.

ihrer Verwandten zugehören müssen[43]. Über den Besitz der Freigelassenen schreibt Hartmann: „Daß diese Freigelassenen in der Regel von ihren früheren Herren nicht so reich ausgestattet wurden, daß sie materiell gut gestellt waren, ist anzunehmen. Viele von ihnen sind ebenfalls in Dienst getreten, sei es bei Privaten, sei es bei einem Herzoge, sei es bei einem Könige. Andere Besitzlose aber waren genötigt, Pächter auf einer Grundherrschaft zu werden; sie bewahrten zwar ihre persönliche Freiheit, übernahmen aber alle Lasten, Abgaben und Fronden, die sonst von den Kolonen und Aldien geleistet wurden; ..."[44] Die langobardischen Gesetze selbst machen über ausführliche Erbregelungen hinaus, die einen Besitz bei zu *fulcfree* Freigelassenen zumindest möglich erscheinen lassen, keine weiteren Angaben über das Vermögen der *fulcfree*.

Njeussychin interpretierte die Belege aus dem Edictus Rothari und dem Gesetzbuch Liutprands unter Hinzuziehung von Kommentatoren aus dem 11. Jahrhundert so, daß er zu der Feststellung kam, das Wort *fulcfree* habe „einen Bedeutungswandel durchgemacht", indem es „von ‚Freigeborenen' auf ‚Freigelassene' übertragen wurde. Anscheinend bezeichnete" es „ursprünglich die volle Freiheit — was auch dem Ursinn des Wortes *fulcfree* entspricht — und hatte nur diesen einen Sinn."[45] Es ist Njeussychin in dem Punkte zuzustimmen, daß der „Ursinn des Wortes *fulcfree*" des Innehaben der vollen Freiheit war, insofern wurde das Adjektiv vor allem auf Freigelassene angewendet, es wird jedoch auch ursprünglich für andere Freie möglich gewesen sein. Im Laufe der langobardischen Gesetzgebung — schon im Edictus Rothari — erhält *fulcfree* immer stärker eine schichtendifferenzierende Qualität, d. h., das Wort wird immer stärker im Zusammenhang mit der Freilassung gesehen. Da auch vermutlich das wesentlichste Kriterium des *ful(c)free*, des Heeresfreien, der Heeresdienst, im Laufe der Zeit stärker durch Dienste bzw. Abgaben, Geldzahlungen ersetzt wurde, geriet der zum *ful(c)free* Freigelassene auch wieder in größere Abhängigkeit zu einem Herren, so daß er sich von einem gewöhnlichen *libertus* immer weniger unterschied und somit die lateinische Bezeichnung für die späteren Gesetzgeber ausgereicht haben dürfte; wohingegen für die Freigeborenen und mit *ful(c)free* bezeichneten ohnehin, nach Wandel des ersten Bestandteiles von *fulc-* zu *ful-*, das lateinische Wort *liber* genügt haben wird. In dieses Bild paßt auch, daß nach Liutprand die Bezeichnung *ful(c)free* nicht mehr in den Leges erscheint. Es zeigt sich also bei *fulcfree* etc. — sowohl auf der Bezeichnungs- als auch auf der Bedeutungsebene — deutlich, daß mit der Veränderung der Sozialstruktur, der zunehmenden Feudalisierung, die Bezeichnung zunächst nicht mehr verstanden wurde und kurze Zeit später ganz aus dem Rechtsgebrauch verschwand.

4.2.2.4. lgbd. *gasindius* (lgbd. *gasindium*)

Von den Leges enthalten nur die Langobardengesetze die Bezeichnungen *gasindius* und *gasindium*. *Gasindius* findet sich häufig in langobardischen Urkunden des 8.

---

[43] Vgl. Langobardorum Leges, Ro. 204, S. 50: *Nulli mulieri liberae sub regni nostri ditionem legis Langobardorum viventem liceat in siu potestatem arbitrium, id est selpmundia vivere, nisi semper sub potestatem virorum aut certe regis debeat permanere; nec aliquid de res mobiles aut immobiles sine voluntate illius, in cuius mundium fuerit, habeat potestatem donandi aut alienandi.*

[44] Hartmann, Geschichte Italiens, Bd. II. 2 S. 49.

[45] Njeussychin, Freiheitsbegriff, S. 76 f.

und 9. Jahrhunderts[1] und vereinzelt auch in fränkischen Quellen, so z. B. in der Formelsammlung Marculfs und in Königsurkunden aus dem 8. Jahrhundert[2]. „Einen gasindius des Herzogs Eudo von Aquitanien kennen die Miracula S. Austregiseli, AA. SS. 20. Mai, V, 234. Von Gasinden Karls des Großen spricht die epistola Hadriani, Cod. Carol. 97."[3]

Im Edictus Rothari 225, einer Bestimmung über das Erbrecht Freigelassener, begegnet *gasindius* innerhalb der Leges zum ersten Mal[4]. Ein *libertus, qui fulcfree*[5] *est* kann sein Erbe sowohl seinen Söhnen als auch seinen Töchtern oder – wenn er ohne Erben stirbt – auch einem Dritten hinterlassen; hat er jedoch zu Lebzeiten Vermögen, Besitz *(res)* von einem Wohltäter *(benefactor)* als Geschenk *(per donum)* erhalten, so fällt dies an den Schutzherrn *(patronus)* oder dessen Erben zurück *(si eas non obligavit in libertatem)*. Und noch weitgehender heißt es: *Et si alequid in gasindio ducis, aut privatorum hominum obsequium, donum munus conquisivit, res ad donatore revertantur.* Hat sich der Verstorbene also in *gasindio* eines *dux* oder im Dienst *(obsequium)* eines Privatmannes irgendetwas erworben, so fällt dieses an den Schenker *(donator)* zurück. Es liegt nahe, zur Interpretation des Wortes *gasindium* die Opposition *privatorum hominum obsequium* heranzuziehen. Lat. *obsequium* kann mehrere Bedeutungen haben[6], hier ist sicherlich an den Dienst bei einem Privatmann höheren Prestiges, Vermögens und Einflusses zu denken; demgegenüber steht die Formel in *gasindio ducis*. *Dux* war seit Diokletian in der römischen Staatsorganisation die Bezeichnung einer bestimmten militärischen Dienststellung, d. h., der Inhaber des *dux*-Amtes war Truppenführer in militärisch gefährdeten Bezirken, besonders in Grenzbereichen. Umstritten ist in der deutschen Rechtsgeschichte, ob die *dux*-Belege aus der fränkischen Zeit die Fortführung einer römischen Einrichtung sind oder ob die Bezeichnung eine allgemeine Bedeutung ‚Feldherr' gehabt hat, wie es vor Diokletian im römischen Bereich üblich[7] und auch in der spätantiken Literatur im Unterschied zum politisch-rechtlichen Bereich gebräuchlich war[8]. Sprandel, der nicht von der Kontinuität des *dux*-Amtes überzeugt ist, räumt infolge seiner Untersuchungen zu den einzelnen germanischen Volksgruppen ein, daß die Verfassungsverhältnisse der Landschaften unter verschiedenen, regional und zeitlich differierenden Einflüssen gestanden hätten[9]. Dies gilt auch für die Entwicklung der Bezeichnung *dux* bei den Langobarden, wo der *dux* „vor allem als Heerführer,

---

[1] Vgl. Niermeyer, lexicon, S. 462 f.

[2] Vgl. ebenda und auch H. Brunner, Geschichte, S. 217.

[3] H. Brunner, Geschichte, S. 217.

[4] Langobardorum Leges, Ro. 225, S. 55 f.

[5] Vgl. Kap. 4.2.2.3. *(ful(c)free/ful(c)frea)*.

[6] Siehe Georges, Handwörterbuch, Bd. 2, Sp. 1265 *(obsequium)*.

[7] Claude, Comitat, S. 45 ff. und 78 f. betont eine Kontinuität des römischen *dux*-Amtes bis in die Zeit des fränkischen Reiches, wohingegen Sprandel, Dux aufgrund seiner Untersuchung zu dem Schluß kommt (S. 79): „daß weder der merovingische dux noch der spätmerovingische comes der Nachfolger eines Beamten im spätrömischen Reich war. Dux war die Bezeichnung merovingischer Chronisten für einen großen Feldherrn und Führer von Volkshaufen, ..."; vgl. auch Ders., Verfassung, S. 84 ff. und Scheyhing, Dux; Werle, Herzog; Fleckenstein, Grundlagen, S. 64 u. 131; Grahn-Hoek, fränkische Oberschicht, S. 54, 132, 141, 156 f., 255 f.

[8] Vgl. Sprandel, Dux, S. 42 ff.

[9] Ebenda.

aber auch als Verwalter einer Landschaft eine Rolle"[10] spielte. Bognetti[11] konnte nachweisen, daß die Bedeutung von lgbd. *dux* zumindest über Byzanz vermittelt worden ist, wo die στθατηλοί seit dem 7. Jahrhundert die Befehlshaber neuer Provinzen[12] waren; die lateinische amtssprachliche Bezeichnung *dux* wurde dann später für die Führer langobardischer Hilfstruppen verwendet. Die Formel *in gasindio ducis* meint nun im Gegensatz zu *privatorum hominum obsequium* den Dienst bei einem Amtsinhaber, sei es nun der Heerführer oder der Verwalter einer Landschaft oder beides gewesen. Auffällig ist hier, daß der Dienst bei einem *privatus* mit *obsequium* bezeichnet, für den Dienst bei einem Amtsinhaber wie dem *dux* aber auf ein volkssprachiges langobardisches Wort zurückgegriffen wird. Van der Rhee sieht in dem in Titel 225 gebrauchten *gasindium* einen sächlichen *ja*-Stamm[13] entsprechend zu ahd. *gisindi*, as. *gisiði* ‚Reisegefolge, Kriegsgefolgschaft'[14]. Demgegenüber weisen die übrigen Belege des Langobardenrechts mit *gasindius* einen männlichen *ja*-Stamm auf, der keine direkten Entsprechungen in den übrigen germanischen Sprachen hat.

Im Gesetz 62 des Königs Liutprand geht es um die Tötung eines *homo liber.* Diese Bestimmung ist sehr aufschlußreich, da sie verdeutlicht, daß die Schicht der *homines liberi* keineswegs eine homogene Schicht gewesen ist, sondern daß es hier Personen minderen und höheren Ranges zu unterscheiden gilt: *Reminiscimur enim, qualiter iam statuimus: qui hominem liberum occiserit, ut res suas in integrum perdat ... Nunc autem statuere previdemus, quomodo sit ipsa qualitas consideranda. Consuitudo enim est, ut minima persona, qui exercitalis homo esse invenitur, centum quinquaginta solidos conponatur, et qui primus est trecentos solidos. De gasindiis vero nostris volumus, ut quicumque minimissimus in tali ordine occisus fuerit, pro eo quod nobis deservire vedetur, ducentos solidos fiat compositus ...*[15] Eine „freie" Person unteren Ranges mit einem Bußgeldwert von 150 solidi bezeichnet Li. 62 als *exercitalis homo.* Man mag hier an den *harimann*[16] denken, eine langobardische Bezeichnung für einen Freien, der, wie wir sahen, zwar gegenüber den *servi,* aber nicht gegenüber den Freigelassenen scharf abgegrenzt war. Jedoch ist auffällig, daß *harimann* — anders als *exercitalis* — immer im Zusammenhang mit einer Amtsperson *(iudex, comes)* erwähnt wird (z. B. auch in Li. not. reg. 2 und 5), so daß die Vermutung naheliegt, daß langobardisch *harimann* noch einen anderen Bedeutungszusammenhang abdeckt als *exercitalis.* Die Bestimmung Li. 62[17] zeigt weiterhin eine Unterscheidung zwischen den *liberi homines* und den *gasindii nostri,* letztere gehören offensichtlich auch zum Kreis der heerfähigen Freien,

---

10 Ebenda, S. 81.

11 Vgl. Bognetti, Tradizione langobarda.

12 Vgl. Ostrogorsky, byzantinischer Staat, S. 58 ff., 80 f. So wurde der von Byzanz seit Ende des 7. Jh. eingesetzte Verwalter der Stadt Venedig, (seit 751 das einzige Territorium, das den Byzantinern nach den Eroberungszügen der Langobarden in Norditalien geblieben war) *dux* genannt, auch nachdem sich die Ernennungsform 726 geändert hatte und der *dux* von der Geistlichkeit und alteingesessenen Geschlechtern Venedigs gewählt wurde. Vgl. Dhondt, Mittelalter, S. 123.

13 Rhee, Wörter, S. 72.

14 Kluge, Wörterbuch, S. 254.

15 Langobardorum Leges, Li. 62, S. 132.

16 Vgl. Kap. 4.2.2.1. *(harimannus).*

17 Langobardorum Leges, Li. 62, S. 132.

sind aber durch besondere Königsnähe hervorgehoben, was sich im unterschiedlichen Wergeld besonders für Personen unteren Ranges ausdrückt: Büßen *minima persona, qui exercitalis homo esse invenitur* mit 150 solidi, so büßen *gasindii nostri, ut quicumque minimissimus* mit 200 solidi, bei *maiores personae* bleibt es bei den *gasindii* dem Ermessen des Königs überlassen. Die Höchstgrenze lag jedoch wie bei denjenigen höheren Ranges, die nicht durch besondere Königsnähe ausgezeichnet waren, bei 300 solidi.

In Titel 10 der Gesetzgebung Ratchis (ca. 746) tritt *gasindius* wie schon in der Bestimmung Rothars wieder im Zusammenhang mit einer Amtsperson auf: diesmal jedoch nicht mit dem *dux*, sondern mit dem *iudex*: ... *Violentia quidem, si sustinuerit aliquid aut a iudicem suum, aut ab alium hominem, et iudex neglexerit iudicare, forsitans adtenderit ad gasindium, vel ad parentem, aut ad amicum suum, vel ad premium, et legem non iudicaverit* ...[18] Mit *iudex*, der in den Langobardengesetzen in der spätantiken Bedeutung des königlichen Subalternbeamten vorkommt[19], wurden zum Teil unterschiedliche Amtspersonen bezeichnet, die sonst auch entweder als *comes, vicarius, centenarius, grafio* oder *tribunus* bezeichnet werden konnten[20]. „Auch der dux, der ja ebenfalls Gericht hielt, war ein iudex."[21] Damit also ist in Ra. 10 der gleiche Zusammenhang angesprochen wie schon in Ro. 225. Darüber hinaus wird durch die Reihung ... *ad gasindium* ... *ad parentem* ... *ad amicum* der Rang deutlich, der den *gasindii* vom Gesetzgeber (Ratchis) zugesprochen wird. Gefolge, Verwandtschaft und Freundschaft stehen offensichtlich aber auch bei den Langobarden in einem so engen Zusammenhang, daß dies die gemeinsame Nennung in dieser Reihung rechtfertigt. So hat man sich vermutlich unter dem hier angesprochenen Verhältnis des *gasindius* zum *dux* (oder *rex*) ein ähnliches Verhältnis vorzustellen, wie es Verwandtschaft und Freundschaft sind, jedoch ist dieses Gefolgeverhältnis enger und ausgezeichneter als die beiden anderen.

Titel 11 der ‚Ratchis-Leges' stellt wieder eine Verbindung zu Titel 62 der Gesetzgebung Liutprands her, denn hier wird wieder der *gasindius regis* erwähnt, und zwar als ein Mann, in dessen *servitium* sich ein *homo liber* begeben oder dessen *fidelis* ein *homo liber* werden konnte: ... *Si enim quiscumque liber homo in servitio de gasindio regis, aut eius fidelis introlierit, et iudex, de sub quem fuerit, dolose eum obpremere quesierit, pro eo quod ipse in alterius servitio introivit, et per ipsum dolum inlecite ei iudicaverit, et forsitans ab ipso iudice suo iustitia invenire non potuerit* ...[22] Deutlich ist der Unterschied zwischen *gasindium* (Ro. 225) und dem hier gebrauchten *servitium* ‚(Sklaven-) Vasallen-Dienst'[23]. Die andere Möglichkeit, *fidelis* ‚Getreuer, Vertrauter'[24] eines *gasindius* zu sein, führt in eine ähnliche Unmündigkeit: in beiden Fällen

---

18 Ebenda, Ra. 10, S. 190.

19 Vgl. Kroeschell, Haus und Herrschaft, S. 44; vgl. Kap. 4.2.2.1. *(harimannus)*.

20 *Vgl.* Claude, Comitat, S. 43.

21 Ebenda.

22 Langobardorum Leges, Ra. 11, S. 191.

23 Siehe Georges, Handwörterbuch, Bd. 2, Sp. 2632 f. *(servitium)*.

24 Ebenda, Bd. 1, Sp. 1637; vgl. auch Diesner, Erforschung, S. 66: „Wie insbesondere ein Gesetz des Ratchis (744—749) zeigt (Ra. 11. VII), warben sich königliche *gasindii* und *iudices (duces* und *gastaldii)* die Abhängigen oft gegenseitig ab, was zu starken Spannungen im Gesellschaftsgefüge geführt haben dürfte."

vertritt nur noch der *gasindius* die Rechtssache des bei ihm im Dienst Stehenden. Über den *liber homo* sagt der Text aus, daß er sich als *fidelis* bzw. durch den freiwilligen Schritt in die *servitio* dem *iudex,* d. h. dem Beamten des Königs, entziehen kann. Beide Abhängigkeitsformen werden in Ra. 11 als *obsequium* bezeichnet: ... *et ille, in cuius obsequio est, habeat licentia causam eius agere, et usque ad legem perducere* ...

Titel 14 der Ratchis regis capitula in breve statuta ist eine Bestimmung hinsichtlich der *gasindii* des Königs: *De gasindiis quidem nostri ita statuere* ...[25] Aus Ra. 14 geht einmal hervor, daß die *gasindii* in größerer Nähe zum König standen als beispielsweise die *arimanni,* daß sie vorrangig dem König verantwortlich waren und nicht dem *iudex*[26]. Die Art des Verhältnisses zwischen König und *gasindius* ist in Ra. 14 angedeutet: *ut nullus iudex eos opremere debeant, quoniam nos debemus gasindios nostros defendere* ... Die *gasindii* standen also unter dem besonderen Schutz des Langobardenkönigs.

In den Langobardengesetzen kann mit *gasindius* sowohl ein Mann aus dem Dienstgefolge des Königs als auch aus dem Gefolge einer Amtsperson *(dux, iudex)* gemeint sein. Eindeutig auf den *gasindius regis* und damit auf Titel 62 der Gesetzgebung Liutprands bezieht sich die Glossierung des Cod. Cav. (beginnendes 11. Jh.): 32. *Id. qui palacio regis custodiunt*[27], an anderer Stelle im Cod. Cav. wird mit *gaida. Id. casindios*[28] möglicherweise auf den rechtlichen Status der *gasindii* hingewiesen, die ja auch aus den Reihen der Freigelassenen kommen konnten. *Gaida,* eigentlich die Pfeilspitze, kann vom Kontext des Gesetzes 225 König Rothars — auf das sich auch die oben erwähnte Stelle im Cod. Cav. (59) bezieht — als Symbol für die Freilassung gedeutet werden[29].

Auch die langobardischen Urkunden[30] aus dem 8. und 9. Jahrhundert zeigen, daß die langobardischen *gasindii* (bzw. in einigen Fällen auch in der fränkischen Form *gasindi*) aus den übrigen Freien durch besonderes Ansehen herausgehoben waren. Bedingt durch die Textsorte Königsurkunden handelt es sich hier im Gegensatz zu den Belegstellen aus den langobardischen Gesetzen, die zwar Konstitutionscharakter haben, aber nicht nur den König und sein Gefolge betreffen, sondern auch die Beziehungen möglichst aller Langobarden untereinander regeln, fast ausschließlich um *gasindii regis: viri magnifici gasindi regis*[31]. Wie in den Gesetzen werden aber vereinzelt auch die *gasindii* eines *comes (dux)* erwähnt und hier in demselben Zusammenhang wie in Ra. 10 in einer Reihung mit Verwandten und Freunden genannt: *(Langobardus comes)* ... *si forsitan attenderit ad gasindios vel parentes et amicos suos seu premium et legem non iudicaverit*...[32]

---

25 Langobardorum Leges, Ra. 14, S. 193.

26 Vgl. Kap. 4.2.2.1 *(harimannus).*

27 Langobardorum Leges, Gloss. Cav. 32, S. 653.

28 Ebenda, 59, S. 654.

29 Vergleichbar hierzu wäre Pauli historia, I, 13: *manumissio per sagittam.* Vgl. Rhee, Wörter, S. 66.

30 Vgl. Niermeyer, lexicon, S. 462f. *(gasindus);* vgl. Codice diplomatico langobardo (Schiaparelli), Bd. 1, Nr. 18, S. 56 (714 Pavia); Nr. 48, S. 158 (730 Pavia); Codice diplomatico langobardo, Bd. 3, S. 627 (a. 736); Bd. 5, S. 195 (a. 762); S. 534 (a. 770); S. 640 (a. 772) u. a. m.

31 Codice diplomatico langobardo (Schiaparelli), Bd. 1, Nr. 18, S. 56 (a. 714, Pavia).

32 Pippini Italia regis Capitulare 782—786 (Capitularia I, S. 191—193), S. 192.

Ähnliches läßt sich auch für die fränkischen *gasindi* der Merowingerzeit sagen: ... *quod gasindus ille (unus ex optimatibus suis) mortuus esset*[33]. Das Zitat aus Vita et Miracula Austrigisili episcopi Biturigi zeigt, daß der *gasindus* zu einem als Optimaten bezeichneten engeren Kreis gehört hat. Bei den langobardischen *gasindii* als auch bei den merowingerzeitlichen fränkischen *gasindi* kann an das (bewaffnete) Gefolge, die (waffentragende) Klientel eines Königs oder eines anderen Mächtigen gedacht werden[34]. Wie in dem Gesetz König Ratchis 10 und in der oben auszugsweise zitierten Urkunde erwähnt auch Marculf[35] die Freunde *(amici)* in Zusammenhang mit dem Gefolge: ... *omnes causas suas suisque amicis aut gasindis ... in suspenso debeant.* Andererseits wird bei Marculf auch die Dienstfunktion der *gasindi* genannten Personen deutlich, indem sie mit den *servi* zusammen erwähnt werden: *Si aliquis servo aut gasindo suo aliquid concedere voluerit.*[36] Die Landschenkung auf Lebenszeit für den Angehörigen eines Gefolges begegnet bei den Langobarden z. B. schon in Ro. 225, für die Merowingerzeit gibt es nicht einen Text, der eine Landschenkung einwandfrei belegen könnte[37]. Die Leihe (frz. *tenure*) dagegen war sowohl in den letzten Jahrhunderten des römischen als auch im fränkischen Reich weit verbreitet[38]. Ganshof nimmt an, daß es schon während der Merowingerzeit Herren gegeben habe, die Land, Benefizien an ihr Gefolge verliehen hätten, um damit ihrer Unterhaltspflicht gegenüber ihren Kommendierten zu genügen. Es habe sich hier jedoch um ein außergewöhnliches Zusammentreffen von Klientelschaft und Benefizienvergabe gehandelt, „welches für eine allgemein geläufige Rechtspraxis zu halten durch nichts gerechtfertigt ist. Nirgendwo finden wir, daß zentrale Instanzen des fränkischen Staates — die Könige oder die Hausmeier — an ihre Vasallen oder an ihre Antrustionen Benefizien vergeben hätten.“[39] Erst im Laufe der Karolingerzeit wurden beide Einrichtungen fest miteinander verbunden, so daß sie ein ganzes System von Institutionen bildeten und zu dem wurden, was durch die Begriffe Feudalismus, Lehnswesen bzw. Vasallität bezeichnet ist[40]. Fränkisch *gasindus* erscheint in zwei Urkunden Pippins (Hausmeier von 741—751 und König 751—768), und in zwei Urkunden Karls des Großen[41], die aber eine „wörtliche und mechanische Wiederholung“ der Vorlage der Pippinschen Urkunden sind[42]. Die Belege der Pippinschen Urkunden — in Nr. 7 aus dem Jahre 754 überläßt Pippin seinem *gasindus* Teudbert ein Gehöft als *beneficium* — sind Beispiele für den Übergang vom

[33] Vita et Miracula, S. 206.

[34] Vgl. Ganshof, Lehnswesen, S. 2 ff.

[35] Marculfi Formulae (Formulae, S. 32—106) lib. I, Nr. 23, S. 57 und auch Nr. 24, S. 58, Nr. 32, S. 63.

[36] Ebenda, lib. II, Nr. 36, S. 96 f.

[37] Siehe Ganshof, Lehnswesen, S. 8.

[38] Vgl. ebenda.

[39] Ebenda, S. 13.

[40] Vgl. zur Problematik der Begriffe Feudalismus, Vasallität, Lehnswesen die Aufsätze in: Wunder, Feudalismus; O. Brunner, Feudalismus.

[41] Urkunden der Karolinger, Nr. 7 (Pippin bestätigt dem Kloster St. Denis die demselben entrissene Villa Taberniacus im Pariser Gau, a. 754) S. 11 f.; Nr. 14 (Pippin nimmt das Kloster St. Calais in seinen ... Schutz ..., a. 760) S. 19 f.; Nr. 62 (Karl d. Große nimmt ... St. Calais in seinen Schutz ..., a. 771) S. 90 f.; Nr. 128 (Karl d. Große nimmt ... St. Calais in seinen Schutz ..., a. 779) S. 178 f.

[42] Vgl. ebenda Nr. 14, S. 19 f. (Pippin — St. Calais); Nr. 62, S. 90 f.; Nr. 128, S. 178 f. (Karl der Große — St. Calais).

Gefolgeverhältnis zum Vasallitätsverhältnis, der sich in der Zeit der Karolinger bis zu Karl dem Großen vollzieht.

Im Althochdeutschen findet sich *gasindi, gisindi, kisindi* ,Gefolge, Dienerschaft' und *gasindo, gisindo* ,Weggenosse, Gefolgsmann, Dienstmann, Diener, Reisegefährte'[43] in verschiedenen Bedeutungsabstufungen. Andererseits gibt es die auch bei den Langobarden vorhandene Vorstellung von einem Gefolge, die dort wie auch bei den Karolingern immer mehr durch das die Vasallität kennzeichnende Gefüge von Schutz und Dienst, Unterhaltspflicht und Treueverpflichtung bestimmt wird. Bei den Langobarden wie auch bei den Karolingern hat diese Art des Verhältnisses zwischen Gefolgsmann und Herr wirtschaftliche, politische und soziale Gründe: Sowohl der Langobardenkönig Alboin (568–572) war während des Einbruchs in Italien auf ein Kriegsgefolge angewiesen als auch die Könige, die auf das herzögliche Interregnum von 574 bis 584 folgten und sich beim Auf- und Ausbau einer monarchischen Zentralgewalt auf die *gasindii* und andere Gefolgsleute gestützt haben mochten: „Die Sicherheit der königlichen Stellung beruhte zunächst fast ausschließlich auf persönlicher Gefolgschaft. Vor allem war es ständig notwendig, die Loyalität der allzu leicht zu Bündnissen mit Byzanz oder dem Papst bereiten Herzöge zu sichern. Angesichts der mangelhaften Finanzorganisation konnte Gefolgschaft aber allein durch Vergabe von Ländereien gewonnen werden – gleichgültig, ob es sich um Herzöge oder Soldaten handelte, denn jeder langobardische Krieger lebte von seinem Landbesitz; solche Ländereien waren jedoch nur durch neue Eroberungen zu erlangen."[44] Ähnliche Gründe liegen auch beim Übergang von der Gefolgschaft zur Vasallität im Karolingerreich vor. Bürgerkriege, die den Aufstieg Pippins II. und Karl Martells im 7./8. Jahrhundert begleiteten, die Kriegszüge gegen die Alemannen, Bayern, Aquitanier und Provenzalen, die ihre Loslösung vom Reichsverband anstrebten, ebenso wie Kämpfe gegen die Friesen, Sachsen und Sarazenen, erforderten eine große Zahl „von gut bewaffneten und ... völlig ergebenen Kriegsleuten"[45], die sich Pippin II. und Karl Martell dadurch verschaffen konnten, „daß sie die Zahl ihrer Vasallen vervielfachten. Sie verteilten nicht nur Land an diese Leute, um ihnen den rechtmäßig zustehenden Unterhalt zu verschaffen, sondern auch um sie in die Lage zu versetzen, sich mit einer Kriegsausrüstung und den nötigen Reitpferden – das Reiterheer wird allmählich zur entscheidenden Waffe – zu versehen. Manchmal wollte man es ihnen auch ermöglichen, sich nun ihrerseits eine Schar von Kriegern zu halten"[46].

Eine Bedeutungsvariante des Wortes *gasind(i)us* begegnet uns in der althochdeutschen Glossierung *milicie kisindes*[47]. Die Berücksichtigung der sozialen Verhältnisse und anderer Belegstellen für *miles* macht jedoch deutlich, daß hier nicht die Kriegsleute im allgemeinen Sinne gemeint sein können. Es wird hierin lediglich

---

[43] Vgl. Schade, Wörterbuch, Bd. 2, S. 268.

[44] F. G. Maier, Verwandlung, S. 328; vgl. auch Leicht, Gasindi.

[45] Ganshof, Lehnswesen, S. 14.

[46] Ebenda.

[47] Althochdeutsche Glossen (StSG I), S. 284, Z. 1; vgl. StSG IV, S. 399 f., 8./9. Jh., Karlsruhe, Badische Landesbibliothek Aug. IC; Bergmann, Verzeichnis, S. 38, Nr. 296, alemannischer Dialekt; StSG I, S. 284, Z. 1; vgl. StSG IV, S. 588 ff., frühes 9. Jh., Oxford, Bodleian Library Jun. 25; Bergmann, Verzeichnis, S. 84, Nr. 725, alemannischer Dialekt.

der sich im 9. Jahrhundert noch weiter vollziehende Wandel innerhalb des Vasallenverhältnisses sichtbar. „Seit der zweiten Hälfte des Jahrhunderts begegnet häufig die Bezeichnung *miles,* woraus sich deutlich ersehen läßt, daß die Institution (der Vasallität, die Verf.) immer mehr einen militärischen Charakter annimmt. In einer Urkunde des lothringischen Königs Lothar II. von 865 werden die Kronvasallen unter *de militibus* und die Grafen unter *de comitibus* als Bürgen aufgeführt."[48] Die dritte Bedeutung leitet sich von der vorhergenannten ‚geistige Gefolgschaft oder Abhängigkeit'[49] ab: *sorgen mac diu sela unzi diu suona arget ... ipu sia daz Satanazses kisindi kiuuinnit*[50]. Im Fragmentum St. Pauli (10. Jh.)[51] und im Codex St. Pauli (8./9. Jh.)[52] wird *comites eius* mit *casinde sine* und *in comitatu* mit *inkesinde ngesinde* glossiert. Es hat damit die Bedeutung ‚Begleiter, Gefolge'[53]; so sind z. B. mit *comites eius* bzw. *casinde sine* die Begleiter des Dieners Abrahams gemeint, die gesandt worden waren, um Rebekka als Ehefrau für Abrahams Sohn zu werben. Diese letztgenannte Bedeutung muß wohl als die ursprüngliche angesehen werden, sie hat Parallelen in fast allen germanischen Sprachen: mhd. *gesinde,* ahd. *gisindi,* asächs. *gisiði,* ags. *gesiþ,* an. *sinni* ‚Reisegefolge, Kriegsgefolgschaft'[54], dieses Wort ist ein Kollektivum zum Maskulinum mhd. *gesint(d),* ahd. *gisind(o),* asächs. *gisið,* ags. *gesið(a),* got. *gasinþ(j)a,* an. *sinni* ‚wer eine Heerfahrt mitmacht'[55]. *Gasind(i)us* und seine Varianten leiten sich ab von ahd. *sind* ‚Weg, Richtung', as., ags. *siþ,* afries. *sith* ‚Reise', an. *sinn* ‚Gang, Mal', got. *sinþo* ‚Gang' und ist zu einer Wurzel **sent-* ‚eine Richtung nehmen' zu stellen[56].

In den Angelsächsischen Gesetzen begegnet, entsprechend zu lgbd., frk. *gasindius/gasindus,* ags. *gesið.* Liebermann[57] übersetzt das Wort mit ‚Gefolgsadeliger', das Adjektiv *gesiðcund* als ‚gefolgsadelig, dem Kriegs-, Gefolgschaftsstande angehörig'. Die Überprüfung der Belegstellen ergibt, daß bei den Angelsachsen ein ähnliches Gefolgeverhältnis im Übergang zur Vasallität wie bei den Langobarden, merowingischen und frühkarolingischen Franken die Bedeutung des Wortes *gesið* ausmacht. Der *gesið* dient nicht nur dem König, sondern wir finden ihn auch im Gefolge anderer Mächtiger[58], für seine Dienste kann er mit Land entlohnt worden sein[59], wie im Anfangsstadium der Vasallität auch bei den Franken, muß dies aber nicht notwendig der Fall gewesen sein[60]. Die soziale Stellung des *gesið* läßt sich auf Grund der angelsächsischen Gesetze — eindeutiger als dies beim *gasindius/*

---

48 Ganshof, Lehnswesen, S. 20.

49 Siehe Deutsches Rechtswörterbuch, Bd. 4, 1939, S. 1, Sp. 540—543 *(Gesinde)* besonders Sp. 541.

50 Muspilli, S. 7, Vers, 6 ff.

51 StSG I, S. 313, Z. 8; 10. Jh., St. Paul, Stiftsarchiv 37/6 (früher Extrav. s. n.); Bergmann, Verzeichnis, S. 91, Nr. 775, alemannischer Dialekt.

52 StSG I, S. 736, Z. 31; StSG IV, S. 600, 7./8. Jh., St. Paul, Stiftsarchiv 1/1 (früher XXV a/1); Bergmann, Verzeichnis, S. 92, Nr. 777, alemannischer Dialekt.

53 Vgl. auch Georges, Handwörterbuch, Bd. 1, Sp. 890 *(comes).*

54 Siehe Kluge, Wörterbuch, S. 254 *(Gesinde).*

55 Siehe ebenda; vgl. auch Rhee, Wörter, S. 72; Baetke, Wörterbuch, S. 536.

56 Siehe Kluge, Wörterbuch, S. 254 *(Gesinde);* Baetke, Wörterbuch, S. 535.

57 Siehe Gesetze der Angelsachsen, Bd. 2, S. 98 *(gesið)* und *(gesiðcund).*

58 Siehe ebenda, Bd. 1, S. 12 (Wihtræd 5) und S. 110—113 (Ine 50).

59 Siehe ebenda, Ine 63, S. 118 f.

60 Siehe ebenda, Ine 45, S. 108 f. und Ine 51, S. 112 f.

gasindus möglich ist – unter dem *cyninges þegn*[61] und über dem *ceorl*[62] einordnen. Aber auch innerhalb der Belege der Angelsächsischen Gesetze wird soziale Mobilität deutlich: im jüngeren Norðleod (920–954)[63] wird *gesið* als dem *þegn* gleichgestellt genannt.

Der langobardische *gasindius,* wie er in den Leges erwähnt wird, gehört dem Stand der Freien (*liberi hominis* Li. 62) an[64], darin entspricht er dem angelsächsischen *gesið* und dem fränkischen *gasindius.* Innerhalb der heterogenen *liberi hominis* läßt sich seine Position hingegen nicht genauer festlegen (Li. 62). Es handelt sich bei lgbd. *gasindius* in jedem der erwähnten Fälle um erwachsene, waffenfähige Männer; aufgrund ihrer Funktion als Kriegsgefolge und ihrer nachweislichen Nähe zum König oder einer Amtsperson *(dux, comes, iudex)* genießen sie höheres Prestige als die übrigen Freien und auch als das Gefolge eines *homo privatus* (Ro. 225). Die Königsnähe bzw. die Nähe zu einem vom König mit Macht ausgestatteten *dux* stellt die *gasindii* auch über andere Krieger wie den *exercitalis homo* und den *harimann*[65]. Nur im Gesetz 62 König Luitprands wird ganz deutlich, daß die *gasindii* sowohl aus einer niederen *(minimus)* als auch aus einer höheren Schicht *(maior)* kamen, und daß demgemäß auch das Bußgeld variieren konnte. Im Gesetz 225 König Rotharis und im Cod. Cav. findet sich ein Hinweis darauf, daß die *gasindii* sich auch aus den Freigelassenen rekrutierten. Nirgendwo jedoch wird erwähnt, daß sich daraus eine Prestigeminderung herleitet. Darin zeigt sich die sozialangleichende Funktion der Königsnähe, des besonderen Verhältnisses zum König bzw. zum *dux, comes* oder *iudex.*

Fragt man nach der regionalen Ausdehnung des Wortes lgbd. *gasindius* und den damit verbundenen Bedeutungsunterschieden, so gerät neben dem ags. *gesið* auch der frk. *gasindus* in den Blick. Alle drei Bezeichnungen unterscheiden sich auch lautlich, was schon auf eine regional unterschiedliche Entwicklung des gemeingermanischen Wortes hindeutet: Typisch für das Altenglische, Altsächsische und Altfriesische ist der Schwund des Nasals vor den stimmlosen Spiranten *f, ð, s*[66]. Dies ist auch der Fall in ags. *gesið.* Das Wort setzt sich zusammen aus dem deverbativen Substantiv *sið* ‚Reise' (zum Verb *sendan* ‚senden' > **sinð-* ‚reisen') und dem Präfix *ge-*[67]. Sowohl ags. *gesið* als auch frk. *gasindus* sind männliche *a-*Stämme. „Dieses Wort begegnet in nicht-lgbd. lat. Urkunden als *gasindus;* vereinzelt auch in lgbd. Texten. Das Althochdeutsche kennt auch *gisindo,* das Gotische *gasinþa* und *gasinþja, n-* bzw. *jan-*Stämme"[68]. Es handelt sich in den überwiegenden Fällen um den Gefolgsmann, der in einem besonderen Verhältnis zum König oder zu einer Amtsperson steht. Im übertragenen Sinne als ‚geistige Gefolgschaft' begegnet *kisindi* im Muspilli (Vers 6 ff.), und mit der ursprünglichen Bedeutung ‚Begleiter,

[61] Siehe ebenda, Ine 45, S. 108 f.

[62] Siehe ebenda, Wi. 5, S. 12, Ine 50, S. 110–113.

[63] Siehe ebenda, Norðleod 5, S. 458 f., 9 und 11, S. 460 f.

[64] Vgl. Langobardorum Leges, Li. 62, S. 132; Ra. 11, S. 191.

[65] Vgl. auch DIESNER, Erforschung, S. 65 ff.

[66] Vgl. K. BRUNNER, Altenglische Grammatik, S. 150, § 182; PILCH, Altenglische Grammatik, S. 109 f. und S. 134.

[67] Siehe PILCH; Altenglische Grammatik, S. 126.

[68] RHEE, Wörter, S. 72.

Gefolge' findet sich *casinde, inkesinde, ngesinde* im alemannischen Fragmentum St. Pauli und im Codex St. Pauli.

Im vorliegenden Fall kaum zu trennen von der regionalen Dimension ist die zeitliche Dimension, denn das Wort *gasindius* war eine große Zeitspanne hindurch während der Herrschaft vieler Langobardenkönige gebräuchlich, und seine Bedeutung wandelte sich, wie wir sahen, mit der Veränderung der sozialen Verhältnisse; ebenso kann man schwerlich voraussetzungslos von frk. *gasindus* sprechen, da das Wort gerade im Wechsel von der Merowinger- zur Karolingerzeit einem Wandel von ‚Gefolgsmann' zu ‚vasallitischer Gefolgsmann, Vasall' unterliegt, der schließlich bis zum hohen Mittelalter (ca. 12. Jahrhundert) zu einer völligen Verdrängung des Wortes aus dem Bedeutungsbereich ‚Vasall, vasallitischer Gefolgsmann' und zu einer Verengung auf die Bedeutungen ‚Hausgesinde, Hausleute, Dienerschaft, Hausdienstleute auf begrenzte Zeit — so auch noch bis zur Gegenwart gebräuchlich —, Hausgenossenschaft, sonstige Abhängige, Hintersassen, Bauernhof, (verallgemeinernd:) Schar, Volk, Leute, Gattung, Gesindel (pejorativ), Handwerkergesellen und Lehrlinge'[69] geführt hat. Als ursprüngliche Bedeutung ist ein nicht schichtendifferenzierendes ‚Begleiter, Reisegefährte' anzunehmen. Auch lgbd. *gasindius* und frk. *gasindus* waren innerhalb der *liberi homini* sehr unspezifisch. Mit dem Statuswandel, der schon bei den Merowingern beginnt, — wo die *gasindi* immer stärker der Gruppe der *optimates* zugerechnet wurden — zu einer staatlichen Institution, zu einer besonders herausgehobenen Schicht, wie sie die Vasallen der späteren Karolinger und im hohen Mittelalter waren, war die undifferenzierte Bezeichnung *gasindus* nicht mehr brauchbar. Allerdings ist damit die Bedeutungsverengung zu ‚Hausgesinde' nicht erklärt, sondern es ist nur ein möglicher Grund aufgezeigt worden, denn auch die umgekehrte Entwicklung — ähnlich der von *vassus* — wäre denkbar gewesen.

Die Frage nach Interferenzerscheinungen kann nicht mit Sicherheit beantwortet werden, da keine Entscheidung darüber zu treffen ist, ob die Ausnahmeerscheinung des *j* in lgbd. *gasindius,* die auch noch in lgbd. *gastaldius* zu beobachten ist, auf Grund einer Romanisierung vorliegt, oder ob es sich hier um eine Sonderentwicklung des Langobardischen handelt[70].

In den Langobardengesetzen finden sich kaum lateinische Wörter, die sich in ein semantisches Feld mit der Personenbezeichnung *gasindius* einreihen ließen. Hier bietet sich aber eine Erläuterungsmöglichkeit über die Bezeichnung *in gasindio,* etwa: ‚zum Gefolge gehörig', an. In derselben Bestimmung (Ro. 225), in der auch *gasindium* auftritt, findet sich lat. *obsequium*. Das Wort kann mehrere Bedeutungen haben: 1. ‚Willfährigkeit, Nachgiebigkeit, Folgsamkeit, Gefälligkeit'; 2. ‚Hingebung in der Liebe'; 3. ‚Gehorsam gegen Höhere, Dienste bei einem Höheren' und 4. ausschließlich im Plural ‚Ordonnanzen, Klienten, Begleiter, Gefolge'[71]. Im Gesetz 225 König Rothars läßt sich für *obsequium* aus dem Kontext die Bedeutung ‚Dienst bei einem Privatmann höheren Prestiges, Vermögens und Einflusses' feststellen,

---

[69] Vgl. Deutsches Rechtswörterbuch, Bd. 4, 1939—51, Sp. 540—545 *(Gesinde)*.

[70] Vgl. auch Seebold, Gasinđa*, S. 4 und Anm. 8.

[71] Siehe Georges, Handwörterbuch, Bd. 2, Sp. 1265; Niermeyer, lexicon, S. 729—730; Du Change, Glossarium, Bd. 6, S. 20.

womit auch ein deutlicher Unterschied zum Gebrauch von *gasindium* sichtbar wird, das hier als ‚Dienst bei einer Amtsperson', in diesem Falle ‚Dienst bei einem *dux*', sonst auch ‚bei einem *comes, iudex* oder beim *rex*', zu deuten ist. Zieht man Gesetz 11 König Ratchis hinzu, so fällt auf, daß *obsequium* die allgemeine Bezeichnung für ein vasallenähnliches Gefolgeverhältnis bei den Langobarden ist. Das Wort wird allerdings nicht für das Verhältnis *gasindius*/Herr verwendet. In Ra. 11 wird sowohl *servitium* als auch das Verhältnis *fidelis*/Herr als *obsequium* bezeichnet. In Titel 11 der Gesetzgebung König Ratchis' werden zwei weitere Bezeichnungen genannt, von denen die eine, *in servitium*, in ein semantisches Feld mit *gasindium* zu stellen ist und die andere, die Personenbezeichnung *fidelis*, die ebenfalls in Ra. 11 genannte Personenbezeichnung *gasindius* näher erläutern kann. Lat. *servitium* ist ein sehr vieldeutiges Wort, es meint sowohl ‚Dienst' im allgemeinen, als auch den ‚Sklavendienst', den ‚Vasallendienst' wie auch den ‚Vasallenstatus', den ‚Dienst bei Hofe', den ‚Militärdienst', ‚Erfüllung einer öffentlichen Pflicht', ‚Lebensmittelvorrat', ‚besondere Nahrungsmittelzuteilung', ‚Kaufpreis', ‚Kult', ‚kultische Möbel, Gegenstände'[72]. Dem Kontext von Ra. 11 gemäß ist mit *servitium* der freiwillige Dienst eines Freien bei einem anderen (höher gestellten) Freien, hier bei einem *gasindius*, gemeint, der ihm dafür z. B. Rechtsschutz bietet. Man kann also hier ein der Vasallität ähnliches Verhältnis annehmen. Nach den Ausführungen Ganshofs kann aber von Vasallität, wie er sie für die Karolingerzeit etwa ab Karl dem Großen annimmt, im Langobardenreich noch nicht gesprochen werden[73]. Auch *fidelis* ist eine Bezeichnung, die im Zusammenhang mit der Einrichtung der Vasallität häufig benutzt worden ist, es bedeutet ‚gläubig, (königs-)treu', bezeichnet aber auch „a person who has recommended himself and sworn fealty" also ‚Vasall'.[74] Wird mit *servitium* eher auf die Dienstverpflichtung gegenüber dem Herren hingewiesen, so weist die Bezeichnung *fidelis* auf die Treuebindung an den Herrn hin. Die Gesetzgeber der Langobardengesetze unterscheiden nun offensichtlich zwischen dem Verhältnis *gasindius*/Herr, das mit *in gasindio ducis* bzw. *regis* bezeichnet wird, und dem Verhältnis *homo liber*/*gasindius regis*, das als *servitium* bezeichnet wird. In diesem Fall konnte der *homo liber* auch *fidelis* des *gasindius regis* werden. Das Verhältnis zwischen dem lgbd. *gasindius* und dem *dux* oder *rex* ist demnach eng an die langobardischen Verhältnisse gebunden. Nach Ausbreitung der karolingischen Form der Vasallität auch bei den Langobarden bestimmte dieses Verhältnis auch die Art und den Inhalt der Übernahme der fränkischen Institution: „Auch in Italien wurde die Vasallität eingeführt, wo sie sofort besondere Züge annahm, da der Status des Vasallen unter den Einfluß des Status des langobardischen *gasindus* geriet."[75]

Unter fränkischem Einfluß wurde auch im italienischen Raum die Bezeichnung *gasindius* immer mehr verdrängt. In der Karolingerzeit nun zeigt sich ein deutlicher Wandel der Bezeichnung für den vasallitischen Gefolgsmann: „Die Ausdrücke, mit denen man sie (die Vasallen, die Verf.) bezeichnete, haben sich einigermaßen verändert. *Gasindus*, das noch zu deutlich an die niedere Herkunft der Institution

[72] Siehe NIERMEYER, lexicon, S. 422–423.

[73] Vgl. z. B. Treuebegriff und Treueverhältnis: GANSHOF, Lehnswesen, S. 27 f., 35 f.

[74] NIERMEYER, lexicon, S. 422 f., Zitat S. 423 *(fidelis)*.

[75] GANSHOF, Lehnswesen, S. 21.

erinnerte — noch heute bezeichnet das Wort Gesinde ja die Dienerschaft — wird kaum noch verwendet. Demgegenüber war *vassus* zur geläufigen Bezeichnung geworden, ... Die Dublette *vasallus* breitet sich vor allem im Laufe des 9. Jahrhunderts aus ... Seit der zweiten Hälfte des Jahrhunderts begegnet häufig die Bezeichnung *miles,* woraus sich deutlich ersehen läßt, daß die Institution immer mehr einen militärischen Charakter annimmt ... Schließlich noch das Wort *homo.* Es kann jede von einem Herrn abhängige Person bezeichnen und wird oft im technischen Sinn von Vasall verwendet."[76] Die Beobachtungen Ganshofs zeigen, wie sich mit dem Wandel und der Festigung einer Institution, indem ihr neue Bereiche zugegliedert werden und die Vasallen und ihre Herren andere Pflichten und Rechte zugesprochen bekommen, sich auch die Bedeutungsaspekte einer Bezeichnung ändern können, oder aber eine Bezeichnung eventuell nicht ausreicht, um die komplexen Aspekte der Institution wiederzugeben. In einem Falle muß jedoch den Äußerungen Ganshofs widersprochen werden: Der Grund für die Veränderung und schließlich die Verengung des Wortes *gasindus* auf die Bedeutung ‚Hausgesinde, Hausleute, Dienerschaft' kann nicht in der „niederen Herkunft" des Wortes gelegen haben, da, wie wir sahen, diese Bedeutung in frühen Quellen nicht belegt ist, sondern vielmehr als ursprüngliche Bedeutung ‚Begleiter, Reisegefährte' anzunehmen ist. Auch *vassus* erinnert, wie Ganshof selbst angibt, „im Süden Galliens an einen der Unfreiheit recht ähnlichen Stand ..."[77] und wurde trotzdem zur allgemeinen Bezeichnung.

Lgbd. *gasindius/gasindium* tritt im Italienischen nicht mehr auf[78], die Bezeichnungen verschwinden mit dem Untergang des Langobardenreiches, d. h., lgbd. *gasindius* wird beeinflußt durch die Entwicklung, die das Wort der fränkischen Eroberer — *gasindus* — nimmt. Aufgrund sozialer Innovationserscheinungen: Ablösung vom lockeren Gefolgewesen, Anfangsstadium der vasallitischen Institutionen bei den Merowingern, Vasallität bei den ersten bis zu den späteren Karolingern verändert sich die Bedeutung des Wortes *gasindus,* schließlich wird es aber (auf die noch heute im Deutschen gebräuchliche Bedeutung ‚Hausgesinde') zurückgedrängt und in seinem Bedeutungsbereich ‚vasallitischer Gefolgsmann' durch *vassus, vasallus* etc. ersetzt. Sieht man von den einzelnen regional gebundenen Bedeutungsvarianten und von Bedeutungsschwankungen ab und betrachtet *gasindus* als gemeingermanisches Wort, so läßt sich in groben Zügen ein Bedeutungswandel von ‚Reisegefährte' zu ‚Gefolgsmann', ‚vasallitischer Gefolgsmann' über die übertragene Bedeutung von der ‚geistigen Gefolgschaft' bis zum ‚Hausgesinde' ausmachen. An allen Bedeutungsveränderungen, wenn auch mit zeitlichen Verschiebungen und regionalen Färbungen (auf lautlicher und semantischer Ebene), hatten sowohl das Angelsächsische als auch das Langobardische, Fränkische und Althochdeutsche teil. Bis zum Hochmittelalter kann man für die Bezeichnung *gasindus/ius* Polysemie aufgrund von Bezeichnungsübertragung feststellen. Etwa seit dem 12. Jahrhundert hat sich der Bedeutungsbereich ‚Hausgesinde' für *gasindus* bzw. *Gesinde* im deutschsprachigen

---

[76] Ebenda, S. 19 f.

[77] Ebenda, S. 19; siehe Kap. 4.3.3.1. *vassus.*

[78] Siehe Battisti — Alessio, Dizionario, Bd. 3, S. 1768.

Raum weitgehend gefestigt[79] und bis in die Gegenwart gehalten. Aber auch in diesem semantischen Bereich fächerten sich die Bedeutungen von ‚Hausdienstleute' über ‚Hausgenossenschaft', ‚Hintersassen', ‚Bauernhof', ‚Schar', ‚Volk', ‚Gattung', ‚Gesindel', ‚Handwerkergesellen und Lehrlinge' etc. auf und verengten sich schließlich zu ‚Hausgesinde'.

4.2.2.5. salfrk. *antrustio* (salfrk. *druht*, frklat. *trustis*)

Zum besseren Verständnis der Bezeichnung *antrustio* und damit auch des gesamten Begriffes, der von Historikern in den Zusammenhang sowohl von Gefolgschaft, Vasallität als auch der Existenz eines fränkischen Dienstadels gestellt worden ist[1], ist es erforderlich, auch die Bezeichnung *druht* und *trustis* zu untersuchen. Alle drei Bezeichnungen finden sich in der Lex Salica; *antrustio* und *trustis* darüber hinaus noch in den Formulae Marculfi[2] und in merowingerzeitlichen Kapitularien. Germanische Inschriften führen den Matronennamen *Cantrusteihiae* bzw. *Andrusteihiae*, der von Kuhn u. a. in Beziehung zum salfrk. *antrustio* gesehen wird[3]. Die Bezeichnung *trustis* erscheint auch in der Lex Ribuaria, und die langobardische Gesetzgebung weist ein semantisch dem salfrk. *druht* in etwa entsprechendes *troctingae* auf[4].

Für die Bestimmungen innerhalb der Lex Salica ist zunächst einmal festzustellen, daß die älteren Handschriften (des Pactus), hier sind vor allem die Gruppen A und C zu nennen, die Wendung *trustis dominica* in demselben Kontext erwähnen, in dem in den späteren D-Handschriften und im 100-Titel-Text *antrustio* auftritt[5]. Bei der Kapitulariengesetzgebung dagegen hat sich auch in den Fassungen A und C die Bezeichnung *antrustio* zum Teil durchgesetzt[6]. „Es scheint, daß man sich bei der Abfassung des Pactus an die urtümlichere Formulierung hielt, während diese in den Zusätzen der Könige dem vielleicht ‚zeitgemäßeren' Ausdruck wich."[7] Ruth Schmidt-Wiegand konnte zudem zeigen, daß der unterschiedliche Gebrauch von *trustis dominica* und *antrustio* innerhalb der Handschriften der Lex Salica seine Gründe auch in sprachgeographischen Verschiedenheiten hatte: „Wenn hier (in D und im austrasischen 100-Titel-Text, die Verf.) der *antrustio* begegnet, so paßt dies zu den übrigen Frühbelegen des Wortes, zu den Sonderüberlieferungen der Handschrift A 2, die man als Ganzes vielleicht nach Lothringen lokalisieren kann ..."[8]. Der Herkunftsbereich der Handschriften A und C dagegen war Neustrien und das

---

79 Siehe Deutsches Rechtswörterbuch, Bd. 4, 1939–51, Sp. 539–545.

1 Vgl. Scheyhing, Antrustionen, Sp. 179.

2 Siehe Marculfi Formulae (Formulae, S. 32–106) S. 55.

3 Vgl. Kuhn – Wenskus, Antrustio, S. 360; Gutenbrunner, Götternamen, S. 170 f.

4 Siehe Langobardorum Leges, Ai. 15, S. 201.

5 Vgl. z. B. Pactus legis Salicae, Tit. 41 § 5, S. 156; Lex Salica, Tit. 69 § 4, S. 116.

6 Siehe Pactus legis Salicae, S. 241 ff., A 1: Tit. 70 § 2, 71 § 2, 73 Überschrift Tit. 73 §§ 1, 6, 7, 8, A 2: Tit. 70 § 2; A 17: Tit. 71 § 2, 73 Überschrift, 73 §§ 1, 6, 7, 8; C 6, Sept. Caus. VIII, 7.

7 Grahn-Hoek, fränkische Oberschicht, S. 50 f.

8 Schmidt-Wiegand, Bezeichnungen, S. 231; vgl. auch Dies., Sali, S. 525 ff.; vgl. zur Problematik der Datierung von B eine aus Sonderüberlieferungen von A 2 rekonstruierte Fassung, die Schmidt-Wiegand als genetisch älter als D ansieht und Eckhardt zu deren Entstehung sogar für den Beginn des 6. Jhs. annimmt; Eckhardt, Einführung, S. 96 ff.; Schmidt-Wiegand, kritische Ausgabe, S. 305 ff. und 310 ff.

burgundische Teilreich[9]. Die aus den Rheinlanden überlieferte Inschrift *Cantrustei-hiae*[10] würde dazu passen, problematisch bleibt allerdings, was später noch einmal zu erörtern ist, die Übernahme von *antrustio* in die A- und C-Handschriften der Kapitularien.

Titel 69 § 4 LSal (entsprechend 41 § 5 PlSal: *in truste dominica): Si quis antruscione dominico occiserit, mallobergo malchom (XXIVM dinarius qui faciunt) solidus DC culpabilis iudicetur*[11], erwähnt, daß der *antrustio* gegenüber dem *ingenuus,* der nicht in *truste dominica* war, dreifaches Wergeld hatte. Daß der *antrustio* bzw. der *homo in truste dominica* zu den *ingenui* gerechnet wurde, geht aus Titel 70 § 1 LSal (bzw. 42 § 1 PlSal) hervor: *Si quis collecto contubernio hominem ingenuum in domo sua adsallierit et eum occisserit, mallobergo besitalio, si antruscio dominicus fuerit, ille qui eum occiserit (LXX(II)M dinarius qui faciunt) solidus MDCC culpabilis iudicetur.*[12] Die Handschriften C 5, C 6 (Titel 42 § 1) zeigen, daß der *ingenuus* durch Eid Mitglied der königlichen *trustis* wurde: ... *si in truste dominica fuerit iuratus.* Der Antrustioneneid, wie er deutlich in den Formulae Marculfi zum Ausdruck kommt, war ein Waffeneid, bei dem *trustem et fidelitatem* gelobt wurde. Er begründete ein Treueverhältnis zwischen den *ingenui* und dem König[13]. „Im übrigen war es nach dem Pactus eine wesentliche Voraussetzung, daß er (der *antrustio,* die Verf.) der Geburt nach freier Franke war oder doch ein dem freien Franken rechtlich gleichgestellter *barbarus, qui lege Salica vivit.* Ein *Romanus* in besonders naher Stellung zum König wird als *conviva regis* bezeichnet und hat nur das halbe Wergeld des Mannes in der *trustis dominica.*"[14] In der B-Fassung wird in Titel 63 § 1, 2 (PlSal) in bezug auf den *antrustio* von einem *ingenuum qui lege Salica uiuit* gesprochen[15], darüber hinaus macht dieser Titel deutlich, daß nicht nur die Königsnähe zur Erhöhung des Wergeldes geführt hat, sondern auch die Teilnahme am Kriegszug[16]. Dies galt im salfränkischen Recht sowohl für den *ingenuus* (Titel 63 § 1) als auch für den *ingenuus in truste dominica* (Titel 63 § 2): *LXIII. De homine (ingenuo) in hoste occiso § 1. Si quis hominem ingenuum in hoste in conpanio de conpaniones suos occiderit (et in truste dominica non fuit ille, qui occisus est) (cui fuerit adprobatum) mallobergo leude hoc est, XXIVM denarios qui faciunt solidos DC culpabilis iudicetur. § 2. Si (quis) uero in truste dominica fuerit ille, qui occisus*

---

9 Vgl. Dies., Bezeichnungen, S. 231.

10 Vgl. Kuhn — Wenskus, Antrustio, § 1 Sprachliches (Kuhn) S. 360.

11 Lex Salica, S. 116, Tit. 69 § 4 bzw. Pactus legis Salicae, S. 156, Tit. 41 § 5 *Si (quis) uero eum qui in truste dominica est (aut mulierem ingenuam) occiderit (cui fuerit adprobatum), mallobergo leodi hoc est, XXIVM denarios qui faciunt solidos DC culpabilis iudicetur.*

12 Lex Salica, S. 116, Tit. 70 § 1, vgl. auch § 2 bzw. Pactus legis Salicae, S. 162, Tit. 42 § 1, vgl. auch § 2.

13 Vgl. auch Kuhn — Wenskus, Antrustio, § 2, Verfassungsgeschichtliches (Wenskus) S. 360 f.; Scheyhing, Antrustionen, Sp. 179 f.; Schlesinger, Herrschaft; Ders., Randbemerkungen; Schmidt-Wiegand, Bezeichnungen, S. 231; Grahn-Hoek, fränkische Oberschicht, S. 47; Mitteis, Lehnrecht.

14 Grahn-Hoek, fränkische Oberschicht, S. 47; vgl. auch Kuhn — Wenskus, Antrustio, § 2, Verfassungsgeschichtliches (Wenskus) S. 361.

15 Pactus legis Salicae, S. 229, LXIII. *De homine in oste occiso* § 1. *Si quis hominem ingenuum qui lege Salica uiuit, (dum est) in hoste, occiderit, mallobergo leodardi trespellia, (XXIVM denarios qui faciunt) solidos DC culpabilis iudicetur.* B-Fassung.

16 Vgl. auch für die weitere Literatur Grahn-Hoek, fränkische Oberschicht, S. 42 und auch Anm. 203.

est (cui fuerit adprobatum), mallobergo mother hoc est ⟨(LXXII)M denarios qui faciunt⟩ solidos MDCCC culpabilis iudicetur.[17]

Das Capitulare I regelt in Titel 73 §§ 1–8, der auch deutlich macht, daß die *antrustiones* nicht unbedingt am Hofe des Königs leben mußten[18], die Gerichtspflicht der Antrustionen. Diese Bestimmungen lehnen sich stark an die Regelungen für *ingenui* in Titel 56 PlSal[19] an. Damit drückt sich hier wieder der Bezug der *antrustiones* zu den *ingenui* aus, gleichzeitig aber auch ein Auseinanderrücken: Denn die ausdrückliche Wiederholung der Bestimmungen für die Gerichtspflicht ist ausschließlich auf die Antrustionen eingegrenzt und läßt eventuell „den Schluß zu, daß die Schicht der Antrustionen, die sich inzwischen stärker von den übrigen *ingenui* abgrenzte, in besonderer Weise das Gericht mißachtete und so die Wiederholung der Bestimmung speziell für sie nötig machte"[20]. Titel 73 § 8 erhellt auch gewisse Verpflichtungen, die die *antrustiones* einander gegenüber hatten, so durfte z. B. ein *antrustio* gegen einen anderen *antrustio* nicht als Eidhelfer schwören. Hier zeigt sich also möglicherweise der Gemeinschaftscharakter der Gefolgschaftsgruppe *antrustiones*[21]. Weiterhin wird im Capitulare I die Höherbewertung des *antrustio* bestärkt. Die Buße beträgt für ihn im Falle der Tötung und anschließenden Leichenverbrennung (Titel 70 § 2) und im Falle der Kastration (Titel 71 § 2) das Dreifache im Vergleich zum männlichen *ingenuus* (70 § 1, 71 § 1)[22]. Die *mulier ingenua* bzw. die *femina* wird in Titel 41 § 5 PlSal dem *homo in truste dominica*[23] und in Titel 70 §§ 2 bzw. 3 dem *antrustio* gleichgestellt. Interessant ist die Variante, die die Handschrift A 17 in bezug auf die Kastrationsbestimmung überliefert: *Si andustrio andustrionem castrauerit et ei fuerit adprobatum, DVI ingenvus sol. cul. iud., excepto medicamentvras sold. VIIII conponat.*[24] „Der Schreiber von A 17 scheint also die Hinzufügung *ingenuus* zu *antrustio* nicht für überflüssig gehalten zu haben. Das mag einen, wenn auch sehr unsicheren, Hinweis darauf geben, daß es möglicherweise inzwischen Anstrustionen gab, die nicht ursprünglich frei geboren waren, was ein bezeichnendes Licht auf die weitere Entwicklung dieser Gruppe werfen könnte."[25]

Zwei[26] weitere aufschlußreiche *antrustio*-Belege finden sich im für Neustrien geltenden Edictus Chilperici. Das Edikt beginnt zunächst mit dem Satz: *Pertractantes in Dei nomine cum uiris magnificentissimis obtimatibus uel antrustionibus et omni populo*

[17] Pactus legis Salicae, S. 229 f.

[18] Vgl. Kuhn – Wenskus, Antrustio, § 2 Verfassungsgeschichtliches (Wenskus) S. 360; Pactus legis Salicae, S. 242–246.

[19] Vgl. Pactus legis Salicae, Tit. 56, S. 210–214.

[20] Grahn-Hoek, fränkische Oberschicht, S. 51.

[21] Vgl. auch Kuhn – Wenskus, Antrustio, § 2 Verfassungsgeschichtliches (Wenskus) S. 360.

[22] Siehe Pactus legis Salicae, S. 240–242.

[23] Ebenda, S. 156.

[24] Ebenda, S. 241.

[25] Grahn-Hoek, fränkische Oberschicht, S. 53; vgl. auch Kuhn – Wenskus, Antrustio, § 2 Verfassungsgeschichtliches (Wenskus) S. 360 und Deloche, La Trustis.

[26] Vgl. zu diesem Zusammenhang auch Pactus legis Salicae, S. 273, Septem Causas 8 § 7: *Si quis antrustione, qui inter duos reges pagauerit, qui eum adsallierit et occiserit et in mordrem miserit, soledos MDCCC culpabilis iudicetur,* hier wird das Wergeld des *antrustio* angesprochen, der zwischen zwei Königen Verhandlungen führt. Es beläuft sich auf 1800 *solidi.*

nostro conuenit ...[27] und nennt die *antrustiones* unmittelbar nach den *optimati* und vor der Erwähnung des *omnis populus,* mit dem vermutlich in formelhaftem Gebrauch das ganze Volk bezeichnet worden ist, ohne daß man mit dessen tatsächlicher Teilnahme an den Beratungen zu rechnen hätte[28]. Scheint es sich bei den *antrustiones* in Titel 106 um eine bestimmte sozial und vom Ansehen her herausgehobene, in Titel 70, 71, 73 (Capit. I), Titel 63 § 1 PlSal um eine zumindest rechtlich in Folge besonderer Königsnähe herausgehobene Gruppe zu handeln, so entsteht durch Titel 113 des Edictus Chilperici der Eindruck, daß die Bezeichnung *antrustio* in ihrer Bedeutung weiterzufassen sei und Angehörige einer Schar, einer Truppe, eines Gefolges schlechthin benennen konnte: ... *Et graphio cum VII rachymburgiis antru(s)tionis bonis credentibus, aut qui sciant ac(t)ionis, a(d) casa(m) illius ambulent et pretium faciant et quod graphio tollere debet* ...[29] Schlesinger, Schmidt-Wiegand, Grahn-Hoek[30] neigen dazu, die hier genannten *antrustiones* als eine Art Hilfs- bzw. „Polizei"-truppe anzusehen, Grahn-Hoek vermutet zudem, „... daß es sich bei den Rachinburgen in diesem Fall um Antrustionen, Leute aus der *trustis dominica*" gehandelt habe, „zumal da in der Einleitung zum Ed. Chilp. diese als Gruppe mit dem gleichen Namen genannt ..."[31] wurden. Am naheliegendsten scheint mir die in der Übersetzung Eckhardts zum Ausdruck kommende Interpretation zu sein: „... Und mit dem Grafen sollen 7 Geschworene als Gefolgen, unbescholtene, glaubwürdige und die um die Klage wissen, zu jenes Behausung gehen ..."[32] Denn ursprünglich hatten vermutlich sowohl *trustis* als auch *antrustio* eine weitgefaßte Bedeutung und bezogen sich demnach wohl nicht nur auf königliches Gefolge, wofür auch der näher bestimmende Zusatz *dominica* bei *trustis* wie auch in etlichen Fällen bei *antrustio* spricht[33].

Um diese Fragen zu klären, ist es unerläßlich, die weiteren *trustis*- und schließlich auch die *druht*-Belege zu betrachten. Die vier restlichen *trustis*-Vorkommen finden sich in der Zusatzgesetzgebung zu den salfränkischen Leges und verwenden *trustis* in einem ähnlichen Zusammenhang, wie das Edikt Chilperichs (Titel 113) *antrustio* gebraucht: als Schar, Gruppe, die zur Verfolgung von Räubern zusammengestellt worden ist[34]. Offenbar gab es bestimmte, vermutlich freie Personen, die sich im Falle eines Diebstahls etc. an der Verfolgung der Täter zu beteiligen

---

27 Ebenda, S. 261, Tit. 106.

28 Vgl. dazu auch die Überlegungen von GRAHN-HOEK, fränkische Oberschicht, S. 53 f.; BUCHNER, Rechtsquellen, S. 45: „Schon in der Merowingerzeit finden sich Kapitularien, die ausgesprochen in volksrechtliche Materien eingreifen, so das Edikt Chilperichs (561–584). Es ist aber kein Zufall, daß darin die Zustimmung der Großen und des *omnis populus* besonders nachdrücklich betont ist (erwähnt wird sie auch sonst gelegentlich): hier war sie ohne Zweifel notwendig." Dagegen hält IRSIGLER, frühfränkischer Adel, S. 161 ff. *omnis populus* für eine „politische Führungsschicht", für die „einflußreichen Männer im Lande ohne das enge Verhältnis zum König wie es den *optimates* und *antrustiones* zukam".

29 Pactus legis Salicae, S. 262 f.

30 Vgl. SCHMIDT-WIEGAND, Bezeichnungen, S. 232; GRAHN-HOEK, fränkische Oberschicht, S. 50 und vor allem Anm. 225 mit einem Hinweis auf die Deutung Schlesingers.

31 GRAHN-HOEK, fränkische Oberschicht, S. 50, Anm. 225.

32 ECKHARDT, Pactus legis Salicae, Germanenrecht, Bd. II, 2, S. 431.

33 Vgl. z. B. Lex Salica, Tit. 42 §§ 1 und 2 und Pactus legis Salicae Tit. 70 §§ 1 und 2.

34 Pactus legis Salicae, Tit. 84, S. 251; Tit. 91, S. 252; Tit. 92, S. 252; Tit. 94, S. 254.

hatten. Auf die Verweigerung, an der Verfolgung teilzunehmen, stand eine Buße in Höhe von 5 solidi (Titel 93)[35]. In der ältesten datierbaren Zusatzgesetzgebung zur Lex Salica, dem Pactus pro tenore pacis der Söhne Chlodwigs, Childebert I. und Clothar I., etwa aus dem Jahr 524[36], werden Bestrebungen deutlich, die *trustes* durch die *centenae* zu ersetzen oder immerhin zu kontrollieren: *LXLI. Ut in truste electi centenari(i) ponantur. Pro tenore pacis iubemus, ut in truste electi centenarii ponantur, per quorum fidem atque solicitudinem pax praedicta obseruetur.*[37] Auf die fränkische centena soll hier nicht näher eingegangen werden[38]. Aufgrund des bisherigen Forschungsstandes läßt sich sagen, daß *centena* sowohl einen Personenverband als auch ein von diesem Personenverband kontrolliertes Gebiet bezeichnet. Als Anführer der *centena* bzw. der *trustes* wird (vgl. z. B. Titel 91) der *centenarius* oder z. B. (Decr. Childeberti II. Titel 3 § 2) ein *iudex* genannt. Vor der Bestimmung im Pactus pro tenore pacis waren die *trustes* offensichtlich – wenn es sich nicht um königliche *trustes* handelte – führerlos[39]. Vermutlich war die römische militärische Institution der *centena* das Vorbild für die fränkische, deren Funktionen sowohl militärische als auch polizeiliche und gerichtliche waren. Eine direkte Verbindung zu den bei Tacitus[40] genannten *centeni*, die den *iudices ex plebe* als Ratgeber beistanden, läßt sich zu den fränkischen *centenarii* wohl nicht ziehen. „Bemerkenswert bleibt immerhin, daß auch bei Tacitus die *centeni* einerseits in der Heeresverfassung und andererseits in der Gerichtsverfassung erscheinen."[41] Während der Pactus pro tenore pacis (524) und das Capitulare III (1. Hälfte des 6. Jahrhunderts, Geltungsbereich Neustrien) *trustis* und *centena* noch nebeneinander gebrauchen, ist *trustis* im austrasischen Decretium Childeberti II. (596) gänzlich von *centena*[42] verdrängt worden. Das neustrische Edikt Chilperichs (2. Hälfte 6. Jahrhundert, vor 584) nennt dagegen *antrustio* noch als den Angehörigen eines sich ad hoc bildenden Gefolges mit polizeilichen, gerichtlichen und Ratgeberfunktionen. Im 8. Jahrhundert, im Kapitular von Herstal[43] von 779 z. B., erscheint *trustis* zwar auch in der Bedeutung ‚Schar'; hier hat es jedoch die pejorative Konnotation ‚Bande'[44]. In der austrasischen (merowingischen) Gesetzgebung, der Lex Ribuaria (Beginn des 7. Jahrhunderts) findet sich die Bezeichnung *trustis* mit dem Zusatz *regis* in Titel 11 § 1: *De homicidiis eorum qui in truste regis sunt. 1. Si quis eum interfecerit, qui in truste regia est, sexcentos solid. culpabilis iudicetur. Et quicquid ei fietur, similiter sicut de reliquo Ribvario in triplo conponatur.*[45] Erstaunt es zunächst in einem austrasischen Text des beginnenden

[35] Ebenda, Tit. 93, S. 252; vgl. Decr. Childeberti (596); auf die Verweigerung der Mitglieder einer *centena* stand die Buße von 60 solidi: Pactus legis Salicae, S. 268, Tit. 3 § 2.

[36] Vgl. Eckhardt, Pactus legis Salicae I, S. 150 ff.; Schmidt-Wiegand, Bezeichnungen, S. 232; Dies., Lex Salica, Sp. 1958 f.

[37] Pactus legis Salicae, S. 252.

[38] Vgl. Mitteis, Rechtsgeschichte, S. 51; Grahn-Hoek, fränkische Oberschicht, S. 283; vgl. zur älteren Literatur dort S. 283 f. Anm. 44; Krug, „centenarius"-Schultheiß; Andersson, hund und hundare.

[39] Vgl. Grahn-Hoek, fränkische Oberschicht, S. 288, S. 298 f.

[40] Siehe Tacitus, Cap. 6, S. 127, Z. 14 f.; vgl. auch die Erläuterungen, S. 149.

[41] Grahn-Hoek, fränkische Oberschicht, S. 298.

[42] Siehe Pactus legis Salicae, Tit. 3 § 2, S. 268.

[43] Vgl. Capitularia I, S. 46–51, bes. S. 50, Cap. 14.

[44] Vgl. Ganshof, Kapitularien?, S. 125; Schmidt-Wiegand, Bezeichnungen, S. 232.

[45] Lex Ribvaria, Tit. 11 § 1, S. 78.

7. Jahrhunderts das Wort *trustis* zu sehen, man hätte eher *antrustio* vermutet, so erklärt sich dies aus der Abhängigkeit[46] der Lex Ribuaria von der Vorlage, der Handschriftenfassung C der Lex Salica, die an entsprechender Stelle (Titel 41 § (5) 4) *in truste dominica*[47] führt. Das Fehlen des in Titel 41 § 8 des Pactus legis Salicae genannten *Romanus homo, conuiua regis*[48] wird von Beyerle im Sachkommentar zur Lex Ribuaria so gedeutet: „Convivae *und* antrustiones *waren unter Chlothar II. zur Hofaristokratie verschmolzen, wenn auch ausweisl. Fredegar die Herkunft völk. Art noch im Bewußtsein war.*"[49] Abgesehen von der Nichterwähnung des *conviva* und über die aufgrund des Capitulare I[50] zu vermutende Öffnung der *trustis* für Nichtfreie hinaus, läßt sich eine Erweiterung dieser Einrichtung auch für Romanen, Halb- und Unfreie anhand der Leges nicht stützen[51].

Wenden wir uns nun den Belegen für *druht* in der Lex Salica zu: Titel 13 § 14 überliefert das Wort in dem Kontext der Notzucht an einer Braut, die auf dem Hochzeitszug zu ihrem Bräutigam ist. „Bei der relativ guten Überlieferung in allen Handschriften ist nicht zu bezweifeln, daß an dieser Stelle mit frankolateinisch *dructis* F. der Heimführungszug gemeint ist."[52] 13 § 14 *Si quis puella sponsata dructe ducente (ad maritum et eam) in uia (aliquis) adsallierit et cum ipsa uiolenter moechatus fuerit, mallobergo gangichaldo, sunt denarii VIIIM qui faciunt solidos CC culpabilis iudicetur.*[53] Die Handschriften C 5 und C 6 überlieferten *dructe,* Herold *druthe* und die Lex emendata (K) *druchte*[54]. Zwei weitere Bestimmungen führen *druht* als erstes Kompositionsglied einer Zusammensetzung, als Malbergische Glosse: *druhtilimithi* bzw. *dructilimici* C 5, *ducthelimici* C 6, *druche lennici* in Titel 42 § 3[55] und *druhtislidi* bzw. *ductiflido* A 2, *droc fledio* A 3, *ducte chidio* C 6, *druchte lidio* H in Titel 43 § 3[56].

„Titel 43 § 3 behandelt den Tatbestand, daß ein Mann, der außerhalb seines Hauses unterwegs ist oder auf dem Acker arbeitet, von einem *contubernium,* einer Zeltgenossenschaft oder Bande, überfallen und erschlagen wird ... Die Malbergische Glosse, *druhtislidi,* die sich vom Textzusammenhang aus auf die Tat beziehen müßte, wird mit ‚Bandenüberfall' zu übersetzen sein."[57] In Titel 42 § 3 dagegen glossiert *scolasthasia* ‚Bandenüberfall' die Tat, während *druhtilimithi* die Bandenmitglieder

---

46 Vgl. Schmidt-Wiegand, Lex Ribuaria, Sp. 1924: „Denn Tit. 1—67 mit dem Verzeichnis der Wund- und Gliedbußen sowie dem Wergeldkatalog — Titel, die sich besonders eng an die Lex Salica (und zwar an die nach Burgund gehörige Fassung C) anschließen — dürften noch in die Zeit Chlothars II. (584—629) gehören."

47 Siehe Pactus legis Salicae, S. 156.

48 Siehe ebenda, S. 157, Titel 41 § 8.

49 Beyerle, Sachkommentar, S. 139.

50 Vgl. oben.

51 Vgl. Kuhn — Wenskus, Antrustio, § 2 (Wenskus) S. 360.

52 Schmidt-Wiegand, Bezeichnungen, S. 232.

53 Pactus legis Salicae, S. 63.

54 Siehe ebenda.

55 Ebenda, S. 166 f.; vgl. zur Wortbildung Schmidt-Wiegand, Bezeichnungen, S. 233 Anm. 9; Krahe — Meid, Germanische Sprachwissenschaft, Bd. III: Meid, Wortbildungslehre, § 120, 4, S. 149.

56 Ebenda, S. 163 f.; vgl. zur Wortbildung Schmidt-Wiegand, Bezeichnungen, S. 233, Anm. 7; Feist, Wörterbuch, S. 437; Helten, Malbergische Glossen, § 140.

57 Schmidt-Wiegand, Bezeichnungen, S. 233.

bezeichnet. *Scola* und *druht* stehen hier für lat. *contubernium* ‚Gemeinschaft, Zeltgenossenschaft, Hausgemeinschaft, militärische Gemeinschaft etc.'[58]. *Druht* meint also wie *trustis* eine Schar, eine Gruppe; in *dructe* ‚Heimführungszug' tritt eher eine kultische Bedeutung des Wortes in den Vordergrund, wie sie z. B. von Dick[59] für das altenglische *dryht* ‚Kultschar' als hauptsächliche Bedeutung angesehen worden ist. In den Sprachen der Westgermanen finden sich zahlreiche Belege für *druht* etc. im Zusammenhang ‚Heimführungs-, Hochzeitszug'. „Nach friesischem Recht wird die junge Frau *mit hoern ende mit drechte* heimgeholt; im Altenglischen sind *dryhtman* und *dryhtguma, dryhtwemend* und *dryhtealdor* Entsprechungen für *paranymphus* ‚Brautführer'; im Altsächsischen und Althochdeutschen sind *drohting* und *truhting* Übersetzungswörter für *appetitor* und *procus* ‚Freier, Werber, Hochzeitsgenosse' oder *sponsalis,* das ist der, der den Hochzeitszug mitmacht."[60] In der Gesetzgebung der nordgermanischen Langobarden, die allerdings stark westgermanisch beeinflußt waren, findet sich in genau diesem Zusammenhang *troctingae* bzw. *trothingus ... sponsam cuiusdem sponsi spatium cum paranimpha et troctingis ambularent ...*[61]

Die beiden anderen *druht*-Vorkommen in den Malbergischen Glossen sind dagegen Entsprechungen zu lat. *contubernium.* „Das Verbindende der beiden Artikelgruppen 13 § 14 und 42 § 3, 43 § 3 ist wohl die Bewaffnung der Schar, denn auch beim Heimführungszug wird man davon ausgehen können, daß die Männer, die die Braut in das Haus des Bräutigams zu holen hatten, bewaffnet gewesen sind."[62] *Druht* wird in der Lex Salica also einmal „als Eigengruppe" (‚Heimführungszug') und ein anderes Mal „als Fremdgruppe angesehen ..."[63]. Eine vergleichbare Bedeutungsbreite fiel auch bei frankolateinisch *trustis* auf, und ganz ähnlich ist dies im übrigen auch der Fall bei lat. *contubernium,* das in der Lex Salica ausschließlich in pejorativem Sinne (‚Bande') auftritt, in der Lex Ribuaria[64] dagegen in der Bedeutung[65] einer Hilfstruppe mit bestimmten Kontrollfunktionen. Diese Hilfsschar mußte die Sicherheit innerhalb des Stammesgebietes herstellen und garantieren.

Daß eine enge semantische Verbindung zwischen *druht, trustis* und *antrustio* besteht, hat die Analyse des Legeskontextes gezeigt. Sie hat aber auch eine Auseinanderentwicklung aller drei Bezeichnungen deutlich gemacht, womit diese als geradezu klassisches Beispiel für einen der Leitsätze der Trierschen Wortfeldtheorie

---

[58] Vgl. Grahn-Hoek, fränkische Oberschicht, S. 276 ff.; Du Cange, Glossarium, Bd. 2, S. 542; Georges, Handwörterbuch, Bd. 1, Sp. 1642; vgl. auch H. Brunner, Geschichte, der eine Beziehung zwischen *scola* und *antrustiones* bzw. *trustis* herstellt.

[59] Dick, Ae. dryht, dazu: Ostheeren, Rez. Dick; vgl. in bezug auf die altfriesischen, altsächsischen Belege im Sinne von ‚Heimführungszug' auch Schmidt-Wiegand, Bezeichnungen, S. 233, Anm. 1, 2, 3, 4 und 4; Dies., druht und druhtin, S. 524 f.

[60] Schmidt-Wiegand, Bezeichnungen, S. 233.

[61] Langobardorum Leges, § 15, S. 201; vgl. auch ebenda S. 657, Gloss. Cav.: *Throthingo. id est designauit uel iudicauerit aut definierit.*

[62] Schmidt-Wiegand, Bezeichnungen, S. 234.

[63] Ebenda.

[64] Siehe Lex Ribuaria, Tit. 45 (41) § 2, S. 97.

[65] Grahn-Hoek, fränkische Oberschicht, S. 282 f. übersieht z. B., daß eine Bezeichnung eine größere Bedeutungsbreite haben kann (sei es über einen längeren Zeitraum hin oder auch nur in einer gewissen „Übergangsphase"), von der jeweils – abhängig vom Urheber, vom Adressaten etc. – nur ein Teilaspekt in einem Text zur Geltung zu kommen braucht.

gelten können: „Die Gliederung des Feldes verschiebt sich also von Epoche zu Epoche, und die dabei auftretenden Bedeutungsänderungen der Einzelworte sind von der Veränderung der Gliederung aus zu verstehen."[66] *Antrustio* ist eine Ableitung zu frankolat. *trustis,* das auf afrk. *trōst* ‚helfende Schar'[67] zurückgeht. Frk. *druht* zu germ. *druhtiz,* ags.*dryht,* an. *drótt* ‚Leibwache, Gefolge e. Fürsten' bezeichnet eine Gruppe, die gemeinsam etwas ausführt. „Ihr Zusammenwirken kann sich – das zeigt die Geschichte des Wortes – auf Kult und Brauch, auf Krieg und Waffendienst beziehen."[68] In der frankolateinischen Form *dructis* tritt das Wort in Titel 13 des Pactus legis Salicae in der Bedeutung wahrscheinlich bewaffneter ‚Heimführungs- bzw. Hochzeitszug' auf. Möglicherweise läßt sich von hier aus eine Verbindung zu den *trustes* des Pactus pro tenore pacis und zum *antrustio*-Beleg im Edictus Chilperici Titel 113 ziehen. *Trustis* hat die Bedeutung ‚Angehörige einer Hilfsschar', ähnlich wie die *antrustiones* im Edictus Chilperici. Während die drei Wörter in der Lex Salica noch unterschieden werden, haben *trustis* bzw. *antrustiones* das Wort *druht* in den Zusätzen der Merowingerkönige ganz verdrängt. Diese Entwicklung zeichnet sich allerdings innerhalb der Lex Salica schon ab, da *druht* hier entweder auf den kultischen Bereich beschränkt ist oder mit der pejorativen Konnotation ‚Bande' auftritt. Neben *trustis* gewinnt das vielleicht ursprünglich austrasische Wort *antrustio* für den Angehörigen einer *trustis* zunehmend an Geltung, in den jüngeren Lex Salica-Handschriften und in den Kapitularien tritt *antrustio* allerdings überwiegend in der eingeengten Bedeutung ‚königlicher Gefolgsmann' auf und verdrängt damit *trustis* aus diesem Bedeutungsbereich. Wie sich am Kapitular von Herstal 776 zeigen ließ, unterlag frankolat. *trustis* einer ähnlichen Bedeutungsentwicklung wie frk. *druht.*

Die Gründe für diese Verdrängung sind sowohl sprachlicher als auch außersprachlicher Natur. Mit *druht* und vielleicht auch mit *trustis* tritt hier, in der überwiegend die agrarischen Verhältnisse seßhafter Franken widerspiegelnden Lex Salica, unter Umständen noch ein Relikt aus der Wanderzeit der Franken entgegen. Die Bezeichnungen wären somit eventuell dem langobardischen Wortschatz in diesem Bereich (*arimannus, gasindius* etc.) vergleichbar. Vermutlich hat es sich bei *druht* und *trustes* um Bezeichnungen für den Heeresverband bzw. für kriegerische Verbände gehandelt, die einem Führer, dem Herzog bzw. dem König unterstanden haben[69]. Auch die in der salfränkischen Gesetzgebung deutlich werdenden richterlichen bzw. polizeilichen Funktionen der *trustes* deuten auf eine mögliche Herkunft

---

[66] Trier, Wort- und Begriffsfelder, S. 8.

[67] Vgl. Schmidt-Wiegand, Bezeichnungen, S. 231 f. Die Herkunft des Präfixes (?) *an-* kann nicht ausreichend geklärt werden, vgl. Kuhn – Antrustio, § 1 Sprachliches, S. 360; vgl. auch Gysseling, Germaanse woorden, S. 100.

[68] Schmidt-Wiegand, Bezeichnungen, S. 234; vgl. auch Baetke, Wörterbuch, S. 93.

[69] „In den meisten Völkerschaften wurde im Kriegsfall aus der Reihe der Gaufürsten ein Herzog (herizogo, dux) gewählt. Wo Könige das Führungsamt innehatten, waren sie auch Heerführer. Das Gewicht der Entscheidung im Landesding (concilium), das zugleich eine Heeresversammlung war, verschob sich während der Völkerwanderung auf das Königsamt. Aber auch in der Königsverfassung bewahrte die jährliches Heeresversammlung (nunmehr von Teilaufgeboten), besonders im Frankenreich ... eine gewisse Bedeutung." Meier-Welcker, Heer, Sp. 7.

aus dem „Heerkönigtum" bzw. aus dem Gefolgeverband der Landnahmezeit hin[70]. Mit der Seßhaftwerdung mußten diese kriegerischen Gefolgeverbände andere Funktionen übernehmen. Die Mitglieder der *trustes* kamen so beispielsweise immer dann zusammen, wenn es darum ging, die Sicherheit des Siedlungsverbandes zu verteidigen und zu bewahren. Sie erhielten polizeiliche Funktionen wie die Spurverfolgung etc. (vgl. PlSal 91, Decret. Child. II. 3 § 2 u. Ed. Chilp. 113). Daneben entwickelte sich – vermutlich aus der gleichen Wurzel – die *trustis* als königliche Gefolgschaft, der Freie angehörten, die das bewaffnete Gefolge des Königs ausmachten und, ähnlich dem *gasindius regis,* unter dessen besonderem Schutz standen. Beiden Arten der *trustis* war es eigen, daß die Mitglieder nicht zusammen lebten. Auch die *homini in truste dominica* wohnten nicht am Königshof (PlSal 73 §§ 1–8)[71]. Jedoch war nicht nur der Eid auf *trustem et fidelitatem* das Verbindende zwischen den Mitgliedern der *trustis,* es kam noch hinzu, was in Titel 73 § 8 PlSal deutlich wird, daß es den *antrustiones* bzw. Mitgliedern der *trustis* verboten war, gegeneinander als Eidhelfer aufzutreten[72]. Der Anreiz zur Teilnahme an der Spurverfolgung bestand darin, daß den Mitgliedern der *trustis* die halbe Buße zustand, falls sie z. B. einen Dieb ergreifen sollten. Die Gesamtbuße mußten sie allerdings selbst eintreiben. Wenn die *trustis* bzw. *centena* erfolglos war, wurde sie andererseits auch für den Schaden haftbar gemacht. „Für den Fall, daß ein Verfolgter aus der ersten Zentene entkommt, muß die zweite oder dritte Zentene, in die er floh, den Wert erstatten, so daß es im Interesse der jeweils betroffenen *centena* (bzw. *trustis*) liegt, den Räuber zu finden."[73]

Der Dienst im Gefolge des Königs wurde durch dreifaches Wergeld[74], durch größeres Ansehen und vermutlich auch durch mehr Macht entlohnt: Die *antrustiones* werden im Edictus Chilperici neben den *optimates* genannt und aus dem *populus* herausgehoben. Die königlichen Antrustionen der Merowingerzeit wird man sicherlich als eine zunehmend rechtlich (vgl. die gegenüber den Freien noch einmal gesonderte Erwähnung der Gerichtspflicht der *antrustiones* in der Zusatzgesetzgebung des Cap. I, Titel 73 §§ 1–8) und politisch aus den übrigen Franken herausgehobene, in sich relativ abgeschlossene Gruppe ansehen können.

Sprachliche Faktoren für die Durchsetzung der Bezeichnung frk. *trōst/trust* bzw. frankolateinisch *trustis* gegenüber frk. *druht* sind zunächst in der Textsorte und der dadurch bedingten Sprachebene begründet. „*Trustis* ist, wie die Lex Salica zeigt, ein Wort, das in der Sprache der königlichen Kanzlei häufig gebraucht wurde, während *druht* nur mit der besonderen Bedeutung ‚Hochzeitszug' in sie einging.

---

[70] Vgl. auch GRAHN-HOEK, fränkische Oberschicht, S. 48, 298, 299; SCHLESINGER, Heerkönigtum; vgl. auch mit weiterer Literatur KAUFMANN, König, Sp. 1007 ff. Heerkönigtum: „Unbestritten ist jedenfalls, daß die Verschmelzung des Sakralkönigtums mit den Elementen des Heerkönigtums (oder wenn man will, die Ausbildung eines jüngeren Sakralgedankens bei den Heerkönigen) das Wesen des vollentwickelten germ. Königtums am Ende der Völkerwanderungszeit geprägt hat..." (Sp. 1009). Vgl. auch MEIER-WELCKER, Heer, Sp. 7.

[71] Pactus legis Salicae, S. 242–246; vgl. auch SCHMIDT-WIEGAND, druht und druhtin, S. 527.

[72] KUHN – WENSKUS, Antrustio, § 2 Verfassungsgeschichtliches (WENSKUS) S. 360; vgl. U. ECKARDT, Treueidleistung, S. 34 ff.

[73] GRAHN-HOEK, fränkische Oberschicht, S. 288.

[74] Ebenda, S. 47 f.

Von hier aus ist es denkbar, daß im Pactus pro tenore pacis, in einer königlichen Konstitution, kanzleisprachliches *trustis* für das steht, was in der Sprache des Malbergs noch immer *druht* genannt werden konnte: die bewaffnete Hilfsschar im Siedlungsverband."[75] Die Bezeichnung *trustis* bekommt von zwei Seiten Konkurrenz infolge von Verschiebungen im rechtlich-politisch-sozialen Bereich. Für die königliche Gefolgschaft setzt sich immer stärker das semantisch auf die Mitglieder der Gruppe und nicht auf die Gruppe allgemein bezogene Wort *antrustio* (bzw. *antrustiones*) durch[76]. Wenn man auch davon ausgehen kann, daß *antrustio* im Rheinland schon früher gebräuchlich gewesen ist, so hat es sich vermutlich in der spezielleren Bedeutung als ‚königlicher Gefolgsmann' in der fränkischen Kanzleisprache erst spät gegenüber *trustis* behaupten können[77]. Eine Umorganisation der bewaffneten Hilfsscharen in eine mit festen gerichtlichen und polizeilichen Funktionen ausgestattete Gruppe, der ein Führer – der *centenarius* – vorstand[78] und für die sich immer stärker die Bezeichnung *centena* durchsetzte, ließ *trustis* zur Bezeichnung für ‚die Bande, die Fremdgruppe' werden.

Mit *antrustio* bzw. *trustis (druht)* können also im Frühmittelalter unterschiedliche soziale Gruppen und Verbände bzw. deren Mitglieder bezeichnet werden: Die bewaffneten (Hilfs-)Scharen, deren Aufgabe es war, die Sicherheit der in einem jeweils eingegrenzten Gebiet seßhaften Franken zu garantieren und zu wahren *(trustis, antrustio)*, die räuberische, bewaffnete Bande, die Fremdgruppe (*druht, trustis* im 8. Jh.), die Kultschar *(druht)* und das königliche Gefolge *(trustis, antrustio)*. „An der zeitlichen Entwicklung des zunehmenden Gebrauches des Wortes *antrustio* für den *homo ingenuus*, der in der *trustis dominica* ist, läßt sich vielleicht eine sich stärker herausbildende Geschlossenheit der Gruppe der Antrustionen erkennen."[79] Die königlichen Antrustionen nahmen in der Merowingerzeit immer mehr an Bedeutung zu. Sie entwickelten sich immer stärker von der Gruppe zu einer sozialen Schicht; bestimmte Faktoren signalisieren dies: wie z. B. die Königsnähe bzw. Höherstufung in bezug auf Ansehen, Macht – deutlich am dreifachen Wergeld – und nicht zuletzt dadurch eine größere soziale sowie durch die besonders geregelte Gerichtspflicht (eventuell eigener Gerichtsstand) eine größere rechtliche Homogenität innerhalb der „Gruppe" der königlichen *antrustiones*. Die mit rechtlicher, sozialer und politischer Hervorhebung zumeist einhergehende wirtschaftliche Höherstellung läßt sich anhand der hier untersuchten Quellen für die königlichen Antrustionen nicht bestätigen: Aussagen über die Vermögens- und Besitzverhältnisse, aber auch über die Vererblichkeit des Antrustionenstatus wie z. B. des Freien- oder Unfreienstatus können anhand der Leges und Kapitularien nicht gemacht werden.

---

[75] SCHMIDT-WIEGAND, druht und druhtin, S. 527.

[76] Vgl. auch GRAHN-HOEK, fränkische Oberschicht, S. 49: „Daß trotz der Unsicherheit der Chronologie des B 2 – Textes die Leseart si *in truste dominica est* die ursprünglichere gegenüber der Leseart *si andruscio dominicus fuerit* ist, scheint ohne Zweifel zu sein, zumal da A 2 in Titel 41, 5 *in troste domi(ni)cam* hat, was gegen *antruscione dominico* (D) steht:"

[77] Vgl. ebenda, S. 49 f., u. a. SCHMIDT-WIEGAND, Bezeichnungen, S. 231 f.

[78] Vgl. GRAHN-HOEK, fränkische Oberschicht, S. 298 f.

[79] Ebenda, S. 119.

4.2.2.6. burg. *faramannus* (lgbd. *fara*)

Die Zusammensetzung *faramannus* findet sich in den Leges Burgundionum. Während Bluhme für die legis Gundobadae capitula extravaganti 107 § 11 in seiner Edition das Grundwort *fara* annimmt[1], liest von Salis hier (constitutiones extravagantes 21 § 12) *infra*[2]. Sicher belegt ist *fara* dagegen in den Leges Langobardorum und darüber hinaus noch in Historiographien (Paulus Diaconus), Viten (passio sancti Sigismundi regis) und weiteren erzählenden Quellen aus dem langobardischen Raum[3].

Titel 54 des liber legum Gundebati, der von denjenigen Freien handelt, die drei (gekaufte) Unfreie *(mancipii)* und zwei Teile Land entgegen öffentlichem Verbot in ihren Besitz genommen haben[4], hat – entsprechend der Handschriftensituation – verschiedene Schreibweisen der Bezeichnung *faramanni, feramannus, farmannon, feramannos, faramannos, feram annorum, faram annorum*. Der Titel 54 § 2 stammt etwa aus dem 6. Jahrhundert und handelt von übertriebenen Rodlandforderungen der burgundischen *faramanni:* § 2. *De exartis quoque novam nunc et superfluam faramannorum conpetitionem et calumniam possessorum gravamine et inquietudine hac lege praecipimus submoveri, ut sicut de silvis, ita et de exartis, sive ante acto sive praesenti tempore factis, habeant cum Burgundionibus rationem: quoniam, sicut iam dudum statutem est, medietatem silvarum ad Romanos generaliter praecipimus pertinere; simili de curte et pomariis circa faramannos conditione servata, id est: ut medietatem Romani existiment praesumendam.*[5] Die *faramanni* sind in beiden Bestimmungen klar abgegrenzt gegenüber den *Romani*, d. h. ihre zu weitgehenden Forderungen und Aneignungen von Rodland, Obstgärten etc. werden nicht nur zurückgewiesen, sondern auch „den Romanen gegenüber normiert"[6]. Vor diesem Hintergrund ist anzunehmen, daß es sich bei den *faramanni* um Burgunder handelt, ausdrücklich erwähnt ist dies aber nicht. Um die Behauptung, die *faramanni* seien burgundische Volksangehörige, als gesichert annehmen zu können, müssen erst weitere Belege herangezogen werden. Es soll für Titel § 11 (bzw. § 12 – v. Salis) die Lesart Bluhmes " ... *in fara venerunt* ..." und nicht „... *infra venerunt* ..." zugrunde gelegt werden, wie dies von Salis tut. Denn die Verwendung der Bezeichnung *fara* in den Burgundergesetzen ist sehr wahrscheinlich, zumal hier ja auch das Kompositum *faramannus* verwendet wird. 107 § 11 *De Romanis vero hoc ordinavimus, ut non amplius a Borgundionibus, qui in fara venerunt, requiratur, quam ad praesens necessitas fuerit: medietas terras. Alia vero medietas cum integritate mancipiorum a Romanis teneatur, nec exinde ullam violentiam paciantur.*[7] Die Bestimmung steht in einem inhaltlichen Zusammenhang mit Titel 54 § 2, schlägt

---

[1] Siehe Leges Burgundionum (Bluhme), Tit. 107 § 11, S. 577.

[2] Siehe Leges Burgundionum: Constitutiones extravagantes § 12, S. 120.

[3] Vgl. Langobardorum Leges, Ro. 177, S. 41; vgl. auch Niermeyer, lexicon, S. 410; Deutsches Rechtswörterbuch, Bd. 3, Sp. 424.

[4] Leges Burgundionum, Tit. 54, S. 88 f.

[5] Ebenda, S. 89.

[6] Henning, fara, S. 317.

[7] Leges Burgundionum (Bluhme), Tit. 107 § 11, S. 577; vgl. dagegen Leges Burgundionum, Tit. 21 § 12, S. 120: *De Romanis vero hoc ordinavimus, ut non amplius a Burgundionibus, qui infra venerunt, requiratur, quam ad praesens necessitas fuerit: medietas terrae. Alia vero medietas cum integritate mancipiorum a Romanis teneatur, nec exinde ullam violentiam patiantur.*

aber eine Landvergabe zu gleichen Teilen an *faramanni* und *Romani* vor. Vorher (in Titel 54, 57, 73) dagegen wurden zwar der Wald und die Obstgärten gleichmäßig verteilt, drei *mancipii* und zwei Teile Land jedoch fielen an die *faramanni* und der Rest verblieb den Romani. Hieraus geht nun recht deutlich hervor, daß die *faramanni* burgundische Volksangehörige waren. Mit diesem Wort wurde nur ein Teil der Burgunder bezeichnet, diejenigen, *qui in fara venerunt*. Damit bleibt die Unsicherheit darüber bestehen, ob mit *faramanni* „alle volksgenossen" bezeichnet wurden, „zwischen denen es zu einer landteilung mit den römischen possessores gekommen"[8] ist, ob die nachgewanderten Burgunder oder ob nur die Burgunder gemeint sind, die eine Teilung der *terrae* in zwei Dritteln mit den Romani vorgenommen haben. Letzteres – eine Theorie von Binding[9] – ist wenig wahrscheinlich, zumal ja auch Titel 107 § 11 dagegen sprechen würde. „Das entscheidende für das verständnis bleibt die tatsache, dass es sich hier nicht um eine neue, sondern lediglich um die auffrischung einer alten gesetzesbestimmung hinsichtlich der ‚faramanni' handelt (LIV, 2: *quoniam sicut iam dudum statutum est*). Deshalb wird der name wohl ebenso alt sein wie die bestimmung selber, und beide werden gleichmäßig in diejenige zeit zurückreichen, in der das verhältnis der Romanen und Burgunder zuerst in der festgesetzten weise geregelt wurde, d. h. bis in die mitte des 5. jhs. ..."[10].

Als Bedeutung für das burgundische Wort muß also in jedem Falle (burgundische) ‚Fahrtmänner, d. h., diejenigen, die im Zug mitgewandert sind, Fahrtgenossen' angenommen werden. Hennings Meinung, daß alle Burgunder als *faramanni* bezeichnet wurden und daß diese Bezeichnung, die in der Wanderzeit aufgekommen ist, „später in traditioneller weise beibehalten ist" und zur Zeit des burgundischen Rechts „denjenigen zustand ausdrückt, in dem die Burgunder in das Land einrückten"[11], muß etwas modifiziert werden. Die Bestimmung 107 § 11 drückt recht deutlich aus, daß es noch Burgunder gab, die in *fara* wanderten, so daß man meines Erachtens davon ausgehen muß, daß die *faramanni* Männer waren, die noch nicht seßhaft sind, es vorher vielleicht einmal waren, aber dann in ein neues Gebiet eingewandert sind. Die Vorstellung der Fahrtgemeinschaft beruht also hier nicht nur auf der Erinnerung an die Wanderzeit der Burgunder, sondern wird belebt durch gegenwärtige Ereignisse der Wanderung in neue Gebiete etc. Unter dem Burgunderkönig Gundobad (490–516) „gelang die Ausdehnung des burgundischen Herrschaftsgebiets im Süden bis zur Durance, im Norden und Nordosten bis nach Langres und in die Gegend von Solothurn"[12]. Diese neuen Gebiete mußten von Burgundern besiedelt werden, so daß die Vorstellung von ‚Männern, die mit ihrem Hab und Gut in fremde Gebiete zogen, um sich dort niederzulassen' und die sich in der Bezeichnung *faramanni* ausdrückt, den realen Verhältnissen zur Zeit der Abfassung des liber Gundebati entsprach und nicht nur auf der Erinnerung an die Völkerwanderungszeit im 4./5. Jahrhundert (die ja auch noch nicht lange zurücklag) beruht. Alles dies macht es wenig wahrscheinlich, daß auch die schon länger

---

8 Henning, fara, S. 317 f.

9 Vgl. Binding, Königreich, S. 355.

10 Henning, fara, S. 317 f.

11 Ebenda, S. 318.

12 Maier, Verwandlung, S. 211.

seßhaften Burgunder noch als *faramanni* bezeichnet worden sind. Dafür mag auch die Tatsache sprechen, daß noch heute im Lyoner Dialekt – Lyon war die Hauptstadt Burgunds[13] – das Wort *faramans* ‚Vagabund' bedeutet[14].

Welche Bedeutung hat nun das langobardische Wort *fara?* Es tritt nur im Gesetzbuch Rothars Titel 177 und – darauf bezogen – im Glossarium Matritensis (10. Jh. aus der Umgebung von Benevent oder Salerno)[15] auf: 177 *De homine libero ut liceat eum migrare. Si quis liber homo potestatem habeat intra dominium regni nostri cum fara sua megrare ubi voluerit – sic tamen si ei a rege data fuerit licentia –, et si aliquas res ei dux aut quicumque liber homo donavit, et cum eo noluerit permanere, vel cum heredes ipsius: res ad donatorem vel heredes eius revertantur.*[16] Ein freier Mann kann mit seiner *fara* innerhalb des langobardischen Königreiches hinziehen, wohin er möchte, wenn er aber etwas vom *rex, dux* oder irgendeinem freien Mann zum Geschenk erhalten hat und dieser möchte nicht, daß es mitgenommen wird, so müssen diese Gegenstände an den Schenker zurückgegeben werden. Es ist in dieser Bestimmung einmal die Rede von *megrare* bzw. *migrare* ‚wegziehen, übersiedeln', was einen Zusammenhang der Fahrt herstellt, wie wir ihn bei den burgundischen *faramanni* und der burgundischen *fara* bereits festgestellt haben. Der Hinweis im Gloss. Matrit. 20: *Fara. Id est rebus*[17] läßt vermuten, daß *fara* in diesem Zusammenhang alles umfaßt, „was sich gemeinsam auf die fahrt macht, was auf dem zuge mitwandert oder mitgenommen wird"[18]. In Ro. 177 ist das, was beim Wegzug nicht mitgenommen werden kann (*data,* bzw. *res ad donatorum vel heredes*), von den übrigen Dingen *(fara)* unterschieden. *Fara* muß hier nicht, wie Kögel und auch Mor vermuteten[19], zwingend ‚Familie' bedeuten. Der Bezug der oben genannten Glosse zu Ro. 117 läßt eher eine Bedeutung annehmen, die sowohl die Familie als auch die Hausgemeinschaft sowie die dingliche Habe umfaßte, wobei besonders der Glossenzusammenhang den letzteren Bedeutungsaspekt ‚dingliche Habe' hervorhebt. *Fara* ist also in einem kollektivischen Sinne zu verstehen, „der so oft bei den femininis der a-classe hervortritt".[20]

Die Meinung der Forschung, die sich in Deutschland hauptsächlich im 19. Jahrhundert mit der Frage nach der germanischen *fara* und den *faramanni*[21] beschäftigt hat und auch die Ansichten von italienischen Landeshistorikern wie z. B. Gian Piero Bognetti[22], Carlo Guido Mor[23], Gina Fasoli[24], Carlo Tagliavini[25]

---

13 Vgl. ebenda, S. 211.

14 Vgl. Mor, Fara, Sp. 1074.

15 Vgl. Rhee, Wörter, S. 15.

16 Langobardorum Leges, S. 41, Ro. 177.

17 Ebenda, Gloss. Matrit. 20, S. 651.

18 Henning, fara, S. 325.

19 Vgl. Kögel, altgermanische fara, S. 217 ff.

20 Henning, fara, S. 325.

21 Vgl. die Diskussionen von Henning, fara und Ders., Überlieferung, mit Kögel, altgermanische fara, S. 217 ff.

22 Bognetti, L'influsso.

23 Mor, Lo stato, S. 277 ff. Ders., La marcia di Alboino.

24 Fasoli, I Langobardi, S. 50 f.

25 Tagliavini, Le origini, S. 242.

und Francesco Sabatini[26] sind sehr unterschiedlich. Während Henning von einem gemeingermanischen Wort *fara* mit der Grundbedeutung ‚Fahrt, Fahrgenossenschaft' ausgeht und für die einzelnen Stämme verschiedene Bedeutungsentwicklungen feststellen kann, vertritt Kögel die Auffassung, daß es sich bei den *fara*-Belegen um drei verschiedene Wörter mit dem gleichen Lautkörper handelt: die *fara* und die *faramanni* der burgundischen und langobardischen Gesetze stellt er zu urgerm. *fēra* ‚Nachkommenschaft' „der ausdruck bedeutet nichts anderes als ‚nachkommenschaft' und gehört zu lat. *parere* ‚gebären', *parens* ‚vater', lit. *pė̃ras* ‚brut', *periu pereti* ‚brüten', auch got. *frasti* ‚kind', *frastisitja* ... wird verwandt sein, da man es auf *pr̄- sti-* zurückführen kann".[27] Nach Kögel entwickelte sich aus der Bedeutung ‚Nachkommenschaft' die Bedeutung ‚Familie' und auf Grund der Vorstellung von einer germanischen Agrargenossenschaft, wo Stücke der Feldmark den einzelnen Familien zur gemeinsamen Bewirtschaftung überlassen worden seien, kommt Kögel zu einer Bedeutungserweiterung von ‚Familie' zu ‚Dorf'.[28] Die burgundischen *fēramanni* nun sind seiner Meinung nach „nichts anderes als ‚dorfmänner, markgenossen' ..."[29] Althochdeutsche Namen wie *Farman, Faraman, Fartman* stellt Kögel wie Henning zu an. *fǫrumaðr* ‚fahrender Mann, Bettler'. Die Bezeichnung *Burgundofaro* dagegen, die sich dreimal bei Fredegar[30] und auch in der passio sancti Sigismundi regis[31] findet, wird von Kögel als verwandt mit sanskrit *pàra* ‚der Äußerste, Höchste, Trefflichste, Beste'[32] angesehen, da die *Burgundofarones* vom Kontext her als die *proceres Burgundiae* zu verstehen seien, was besonders in einigen Handschriften zu Fredegars historia zum Ausdruck komme, die an Stelle des Wortes *Burgundofarones* *Burgundiae barones* überliefern[33].

Mit Henning, Kögels Opponent in der philologischen Auseinandersetzung um die „altgermanische fara", möchte ich jedoch[34] statt der drei Etymologien nur eine annehmen und somit *fara* als Verbalabstraktum zu *faran* ‚fahren' ansehen. Wie Henning und van der Rhee möchte ich die gelegentliche (kurz-)*e*-Schreibung, *feramannus* statt *faramannus,* in den Leges Burgundionum für eine nicht-germanische Lautentwicklung auf romanischem Boden halten[35]. Auch die *Burgundiae barones* aus der Chronik Fredegars und der passio sancti Sigismundi regis sind zu *fara* ‚Fahrgemeinschaft etc.' zu stellen. Die Bezeichnung muß man, so scheint mir, in allen Fällen mit ‚burgundische Männer, Burgunder' übersetzen, dies zeigt deutlich der Beleg aus der passio sancti Sigismundi regis: *Cumque alia regna vel regiones cum mulieribus et prolis suis penetrassent et ad Renum fluvium pervenissent, ibi a iussione Tyberii imperatoris detenti, burgus ultra Renum fluvium per multorum annorum spacia custodire coacti sunt, unde et Burgundofarones nuncupati sunt et usque hodie Burgundiones vocantur.*[36]

---

26 Sabatini, Riflessi, S. 26 ff.
27 Kögel, altgermanische fara, S. 218.
28 Vgl. ebenda, S. 219.
29 Ebenda.
30 Vgl. Chronik Fredegars, S. 141, Z. 5; S. 143, Z. 5; S. 148, Z. 19.
31 Siehe Passio sancti Sigismundi, S. 333.
32 Vgl. Kögel, altgermanische fara, S. 222.
33 Vgl. ebenda, S. 220.
34 Vgl. auch Rhee, Wörter, S. 48 ff.
35 Vgl. ebenda, S. 49.
36 Passio s. Sigismundi, S. 333.

Hier ist der inhaltliche Bezug der *Burgundofarones* zur *fara* ‚Fahrgemeinschaft' vom Kontext her ganz deutlich zu sehen: Die *Burgundofarones* waren demnach Männer eines Stammes, die mit ihren Familien und ihrem Hab' und Gut (aus Skandinavien) in ein anderes Gebiet (an den Rhein) wanderten. Erst lange nach ihrer Seßhaftwerdung – etwa zur Zeit der Niederschrift der passio sancti Sigismundi regis – ist der Ausdruck, der auf die Wanderzeit hindeutet, verdrängt worden zugunsten der Stammesbezeichnung Burgunder: *hodie Burgundiones vocantur.* In der Chronik Fredegars dagegen werden als *Burgundofarones* hauptsächlich Männer benannt, die einer höheren Schicht entstammten: *Burgundaefaronis vero tam episcopi quam citeri leudis* ...[37] oder ... *maioris domus cum universis pontificibus Burgundiae seo et Burgundaefaronis Bonogillo* ...[38] oder *Chlotharius ad Burgundefaronis specialius iobet* ...[39]. Dies hat Kögel zu der Ansicht geführt, daß mit *Burgundefarones* die *proceres Burgundiae* gemeint seien. Das Wort bedeutet aber auch in den oben genannten Fällen nichts anderes als ‚Burgunder, burgundische Männer', wenn auch Burgunder der Oberschicht benannt werden. Daß einige Handschriften der Chronik Fredegars an Stelle von *Burgundaefaronis Burgundiae barones* überliefern, erhärtet diese Annahme nur: *Baro* ist zur Zeit des Franken Fredegar ein geläufiges fränkisches Wort, das deshalb auch leicht das unbekanntere burg. *faro* in den Handschriften ersetzen konnte. Seine Bedeutung ist in der Merowingerzeit eindeutig ‚Mann, Freier', erst in der Karolingerzeit erfährt es eine leichte Aufwertung zu ‚bedeutender Mann'. Die heutige Bedeutung ‚Baron, Adeliger eines bestimmten Ranges', die Kögel bei seiner Interpretation beeinflußt haben mag, hat sich erst im 16. Jh. infolge einer Rückentlehnung des Wortes aus dem Französischen entwickelt[40].

Die burgundischen Bezeichnungen *faramannus* und *fara* treten in Bestimmungen auf, die das Siedlungsrecht der Burgunder auf römischem Boden betreffen (Titel 54 §§ 2, 3 und Titel 107 § 11). Beide Bezeichnungen gehören in den Sinnbezirk der Fahrgemeinschaft, d. h., es handelt sich hier um eine zeitlich begrenzte, innerhalb des Geltungsbereiches des jeweiligen Gesetzes verbleibende Nichtseßhaftigkeit: Die burgundischen *faramanni* sind burgundische Männer, die mit ihrem Hab und Gut in andere Gebiete gezogen oder innerhalb des Geltungsbereiches des burgundischen Rechtes wieder seßhaft geworden sind. Die Vorstellung von der Fahrgemeinschaft mag in den Leges Burgundionem auf der Wanderung in neu eroberte Gebiete beruhen (107 § 11), entstanden sind die Bezeichnungen *fara* und *faramanni* während der Wanderzeit der Burgunder im 5. Jahrhundert[41].

Im Langobardischen läßt sich eine mehrstufige Bedeutungsentwicklung der Bezeichnung *fara* feststellen: Lgbd. *fara* hat folgende Bedeutungen gehabt: ‚das Fahren, die Fahrt, der Zug', dann: ‚die Fahrgemeinschaft, die bewaffnete Schar',

---

[37] Chronik Fredegars, S. 141.

[38] Ebenda, S. 143.

[39] Ebenda, S. 148.

[40] Vgl. Kap. 4.2.2.2. *(baro)*.

[41] Es finden sich in vielen germanischen Sprachen Parallelen: an. *for*, ae. *faru* sind nur einige von ihnen, vgl. auch Henning, fara, S. 316–326 und Ders., Überlieferung, S. 304–317; vgl. auch Bleiker, Burgunderproblem, S. 54, Anm. 2 und S. 56, der *faramannus* zu den wenigen Wörtern rechnet, die auch aus der Sicht der neueren Romanistik – nicht nur der älteren Germanistik – als burgundische Lehnwörter im Franko-provenzalischen angesehen werden können.

'Familienverband, der sich geschlossen in einem anderen Gebiet ansiedelte'. In dieser Bedeutung begegnet *fara* bei Marius Aventicensis an einer Stelle, die sich auf die Wanderung (bzw. die *expeditio*) der Langobarden unter Alboin nach Italien bezieht: *Alboenus ... cum mulieribus vel omni populo suo in fara Italiam occupavit*[42]. Unter Fahrgemeinschaft muß sowohl die Familie als auch die Hausgemeinschaft sowie die dingliche Habe (Ro. 177) verstanden werden. Möglich ist, daß bei einem solchen Zug ein besonderer Zusammenhalt der Familie vorherrschend war, so daß sich leicht die bei Paulus Diaconus angegebene Bedeutung faras, hoc est generationes vel lineas[43] 'Familie, Geschlecht' entwickeln konnte[44]. G. P. Bognetti[45] sieht hierin nur eine Glosse, während C. G. Mor ihr eine weit größere Bedeutung zumißt. Wenn man, wie die bisherige Herleitung gezeigt hat, 'Familie' auch für das Langobardische bzw. Italienische nicht als ursprüngliche Bedeutung annehmen kann, so ist diese Bedeutung im Langobardischen bzw. im frühen Italienischen — wie Mor zeigen konnte[46] — weit verbreitet gewesen und hat alle anderen Bedeutungsvarianten weitgehend verdrängt. Ihren Ausgang nahm die Vorherrschaft der Bedeutung 'Familie, Geschlecht' im langobardischen Herzogtum Spoleto, von wo *fara* mit dieser Bedeutung auch ins Griechische und Albanische entlehnt wurde[47]. Die letzte Stufe der Bedeutungsentwicklung des lgbd. Wortes 'Siedlung, Dorf' hat wohl zunächst nur die Siedlung der Fahrgemeinschaften betroffen, wofür zahlreiche Ortsnamen als Beleg herangezogen werden können, die sich in Italien überwiegend an den bedeutendsten Verkehrsstraßen finden. In diesem Zusammenhang muß an dieser Stelle der Hinweis auf die Darstellung Carlo Guido Mors genügen[48].

Alle diese Aspekte mögen Licht in die Frage nach der Ansiedlung der Langobarden in Italien bringen, klären können sie sie jedoch nicht. Paulus Diaconus berichtet, daß der erste Herzog von Friaul beim Eindringen in Italien eine Auswahl von *farae* zusammengestellt habe. Dies läßt auf eine engere Beziehung zwischen den *farae* und dem *dux* schließen. Genaueres über dieses gefolgschaftsähnliche Verhältnis läßt sich jedoch nicht sagen. Mor räumt die Möglichkeit ein, daß in späterer Zeit einige *farae* direkt der Herrschaftsgewalt des Königs unterstanden haben könnten. Ursprünglich und hauptsächlich sieht er in der *fara* aber einen „Zusammenschluß von Familien, die durch Sippenzugehörigkeit verbunden waren und auf freiem Land angesiedelt waren, das sie zu dauerndem Allodialbesitz verliehen bekommen oder okkupiert hatten ... Die Landvergabe geschah in erster Linie durch den Herzog oder im Unterauftrag durch andere ... Die königliche Zustimmung kommt nur hinzu, um die Verschiebung von militärischen Einheiten aus einem Herzogtum in ein anderes zu gestatten, aber nicht, weil der König irgendeine direkte Gewalt über die Farmannen gehabt hätte."[49] Diesner[50] hält die

---

[42] Marii espiscopi Aventicensis chronica, S. 238.

[43] Pauli historia, S. 78.

[44] Vgl. auch Henning, fara, S. 325.

[45] Vgl. den Diskussionsbeitrag von Gian Piero Bognetti, zu: Mor, Lo stato, in: SSCI 5, 1, S. 335–348, bes. S. 341 ff.

[46] Mor, Lo stato, S. 277 ff.; Ders., fara, Sp. 1074 f.

[47] Vgl. Ders., fara, Sp. 1075.

[48] Vgl. ebenda.

[49] Ebenda, S. 1076 f.

[50] Vgl. Diesner, Erforschung, S. 65, dagegen: Mor, fara, Sp. 1076.

faramanni für fast identisch mit den *harimanni,* da sie auf Weisung des Königs nach der Eroberung bei einem *castrum* oder *castellum* angesiedelt worden seien. Dagegen sprechen aber einige Beobachtungen, die sich anhand der langobardischen Leges machen ließen. Im Unterschied zu *harimannus* ist in den Langobardengesetzen keine Personenbezeichnung *faramannus* überliefert. Überdies handelt es sich bei lgbd. *fara* und bei burg. *faramannus* um Bezeichnungen für die heterogene soziale Gruppe der miteinander Wandernden bzw. später der miteinander Siedelnden. Über die Höhe des Besitzes der langobardischen Angehörigen einer *fara* sowie der burgundischen *faramanni,* über ihre Königsnähe, ihre Stellung innerhalb der Hausgemeinschaft etc. lassen sich aufgrund der Leges keine Aussagen machen. Ihre Funktion für die Erhaltung der gens dagegen liegt auf der Hand: Die bewaffneten, erobernden und später siedelnden *faramanni* trugen als Stammesgenossen zum Fortbestand und zur Sicherung ihres Stammes bei. Der mit *harimannus* bezeichnete Langobarde dagegen gehörte, wie sich schon innerhalb der Langobardengesetze zeigt, zu einer rechtlich stärker hervorgehobenen sozialen Schicht.

Zwei Funktionen hatten die lgbd. *farae* bzw. die lgbd. *faramanni* also, zum einen die kriegerische des Eroberns und Eindringens in fremdes Territorium, zum anderen das Siedeln, Leben und Arbeiten in dem neu hinzugewonnenen Land. Die Bezeichnung lgbd. *fara* vereinigt diese Funktionen in ihren verschiedenen Bedeutungen ‚Schar Bewaffneter, Familie, dingliche Habe, Dorf'. Diese Polysemie entspricht also den langobardischen Verhältnissen während und kurz nach der Wanderzeit. Mit größerer Seßhaftigkeit mußten die Bedeutungen ‚Familie, Dorf, Siedlung' die übrigen Bedeutungen ‚Fahrgemeinschaft, bewaffnete Schar' verdrängen. Es ist deshalb auch nicht verwunderlich, daß gerade im ersten langobardischen Herzogtum Spoleto, also in einem Gebiet, in dem die Langobarden zuerst seßhaft geworden sind, *fara* in der Hauptsache die Bedeutung ‚Familie, kleiner Besitz, Dorf' hatte.

Insgesamt zeigen die Überlegungen, wie groß die Rolle ist, die dem regionalen Aspekt bei der Erklärung von Bedeutungsveränderungen zukommen kann. Wenn dies schon für Italien gilt, um wieviel mehr muß eine unterschiedliche Bedeutungsentwicklung für gemeingerm. *fara* bei den einzelnen ethnischen Gruppen angenommen werden. Dies ist auch deshalb zu betonen, weil die Unterschiedlichkeit der sozialen Verhältnisse einen bedeutungsverändernden Einfluß ausgeübt hat. So ist z. B. gemeingerm. *fara* im nordischen Sprachbereich (an. *fǫr*) hauptsächlich in der Bedeutung ‚das Fahren, die Fahrt, der Zug' vertreten, im Oberdeutschen, Burgundischen und Langobardischen in der Bedeutung ‚Fahrgemeinschaft, alles, was in dem Zuge mitwandert, d. h.: sowohl die Familie, Hausgemeinschaft als auch die dingliche Habe' und im Langobardischen und Angelsächsischen in der Bedeutung ‚Siedlung, Dorf'. Für den langobardischen Raum ist besonders deutlich zu sehen, wie eine Bezeichnung als Ausdruck von sprachlichem Konservatismus ihre lautliche Gestalt behalten hat, wie sich andererseits aber mit der Veränderung der Lebensumstände von der Wanderzeit zur Seßhaftigkeit die Bedeutung geändert hat.

4.2.3. ‚(Freier) Mensch' – unter dem Aspekt des Siedelns und der agrarischen Lebensweise (‚Siedlungsgenosse, Nachbar')

4.2.3.1. frk., bair. *commarcanus* (frk., bair., alem., rib., lgbd. *marca*, frk., obd. *commarca*)

Die Bezeichnung *commarcanus* ist in den Leges nur spärlich belegt. Nur die Lex Baiwariorum enthält diese Zusammensetzung. Das Grundwort *marca* dagegen wird bezeugt durch den Pactus und die Lex Alamannorum, die Lex Baiwariorum, die Lex Ribuaria, die Leges Langobardorum und das Capitulare Saxonicum. Beide Bezeichnungen sowie auch *commarca* begegnen häufig in Glossenhandschriften, erzählenden Quellen und Urkunden seit dem 8. Jahrhundert.

Artikel XII § 8 der Lex Baiwariorum: *Quotiens de commarcanis contentio nascitur, ubi evidentia signa non apparent in arboribus aut in montibus nec in fluminibus, et iste dicit* ...[1] handelt von einem Grenzstreit zwischen zwei Nachbarn, von denen jeder behauptet, das strittige Gebiet, das – wie die Bestimmung sagt – durch Grenzzeichen in Bäumen, in Bergen oder Flüssen nicht eindeutig genug kenntlich gemacht war, gehöre ihm. Bezeugen beide mit dem Satz: *‚Huc usque antecessores mei tenuerunt et in alodem mihi reliquerunt'*, daß sie das Land schon von den Vorfahren zu Eigen *(allod)* bekommen hätten, und können Sie darüber hinaus keine Beweise anbringen, so muß der Streit in einem *wehadinc,* einem Kampf zwischen den streitenden Parteien, entschieden werden. Die siegende Partei erhält das Grundstücksteil, so wie sie es eingeklagt hat[2]. Das Wort *commarcanus* bezeichnet hier eindeutig den Grenznachbarn, denn es ist in diesem Zusammenhang von Grenzzeichen die Rede: Titel XII handelt generell von (zerstörten) Grenzzeichen *de terminis ruptis*[3]. Es wird hier unter anderem von Grenzsteinen *(lapidis)* gesprochen, in die Zeichen eingehauen waren, von Erdrainen *terra, quem propter fines fundorum antiqui tunc apparuerunt fuisset ingestum,* von Bäumen, an die Grenzzeichen angebracht worden sind.[4] Der Kontext des gesamten Titel XII zeigt, daß die *vicini* dazu verpflichtet waren, über die Bewahrung der Grenzzeichen zu wachen[5]. An eine gemeinsame Nutzung im Sinne einer Allmende, die in der Bezeichnung *commarcanus* ausgedrückt sein soll, ist von dieser Bestimmung her nicht zu denken[6]. Auch in Artikel XVII § 2, der unter den Titel ‚Von Zeugen und ihren Rechtsfällen'[7] eingeordnet ist, geht es wiederum um Grenzstreitigkeiten. Der Fall liegt ähnlich wie der in Artikel XII § 8, jedoch handelt es sich hier offensichtlich nicht nur um das Gebiet, das unmittelbar an der Grenze zwischen zwei Nachbarn liegt, sondern um ein größeres

---

1 Lex Baiwariorum, Tit. XII § 8, S. 402 f.

2 Vgl. ebenda.

3 Ebenda, Tit. XII, S. 398 ff.

4 Ebenda, Tit. XII § 4, S. 399. Vgl. Hoke, Grenze, und Schmidt-Wiegand, Rechtswortgeographie, S. 78.

5 Siehe Lex Baiwariorum, Tit. XII § 3, S. 399.

6 Vgl. Grimm, Rechtsalterthümer, Bd. 2, S. 9 und 17; Kralik, Bestandteile, S. 44 f. und Kauffmann, Genossenschaften, S. 39 f. interpretieren das Wort wie es auch K. Beyerle, Glossar, S. 212, nahelegt als ‚Markgenosse'. In Titel XII § 8 übersetzt Beyerle allerdings *commarcanus* mit ‚Nachbar': Lex Baiuvariorum (K. Beyerle), S. 128.

7 Vgl. Lex Baiwariorum, Tit. XVII, S. 325 ff.

Stück Land *agrum aut pratum vel exaratum*[8]: Wenn ein Mann unrechtmäßig Acker, Wiese oder Rodung eines anderen beansprucht, so kann er von dem rechtmäßigen Besitzer mit dem Satz: *Ego habeo testes, qui hoc sciunt, quod labores de isto agro semper ego tuli nemine contradicente, exaravi, mundavi, possessi usque hodie, et pater meus reliquid mihi in possessione sua'* ... also mit der Erklärung, daß er Zeugen dafür habe, diesen Besitz von seinem Vater erworben und schon immer bestellt zu haben, die Herausgabe des Landes erzwingen. Der Zeuge aber muß ein *commarcanus* sein, einer der mit eigenen Ohren gehört und mit eigenen Augen gesehen hat, daß der Kläger den Acker früher bebaut hat als der Beklagte[9]. Naheliegend ist deshalb – hier wie im ersten Fall, den *commarcanus* als Grenznachbarn anzusehen. In einem Falle des Meineides muß der als Zeuge aufgetretene *commarcanus* dem Beklagten 12 Schillinge bezahlen und wenn nicht das rechtmäßige so doch ein gleichwertiges Grundstück erstatten. Deshalb sieht die Lex Baiwariorum vor, daß der Zeuge mindestens 6 Schillinge an Geld und einen gleichwertigen Acker besitzt: *Ille homo, qui hoc testificare voluerit, conmarcanus eius debet esse, et debet habere VI solidorum pecunia et similem agrum.*[10] Diese Zusatzbestimmung über die Höhe des Vermögens eines *commarcanus,* der als Zeuge auftritt, macht deutlich, daß mit der Bezeichnung allein noch nichts über die Höhe des Besitzes an Geld und Land der bezeichneten Person ausgesagt werden kann.

Die Interpretation von *commarcanus* als ‚Markgenosse, Mitnutznießer z. B. der Holzmark', die sich aus den hervorgehenden Artikeln nicht bestätigen ließ, steht und fällt mit Artikel XXII § 11: *Pari modo de avibus sententia subiacetur, ut nullus de alterius silva, quamvis prius inveniat, aves tollere praesumat: nisi eius conmarcanus fuerit quem ‚calasneo' dicimus.*[11] Ausgehend von dieser Stelle finden Grimm, von Kralik[12] und Kauffmann schon für die frühe Zeit die Auffassung von einer gemeinsamen Nutzung der Mark bestätigt. „Weil die Waldnutzung als geschätztestes Vorrecht galt, hat sie dem Gesamtverband seinen verbreitetesten Namen eingetragen, so daß unter den Begriff der Markgenossen, das sind ‚Wald'-genossen, auch die Weidegenossen subsumiert werden konnten. Ebenso verhält es sich mit dem alten Rechtsausdruck commarcani, dem commarchia zur Seite steht."[13] Alle Autoren die *commarcanus* als den Markgenossen ansehen, halten dies zwar für die ursprüngliche Bedeutung, gestehen aber zu, daß schon sehr früh – bereits zur Zeit der Leges – die erweiterte Bedeutung ‚Nachbar' zu ‚Markgenosse' hinzugekommen ist. Wie wir sahen, muß der *commarcanus* von Artikel XII § 8 und XVII § 2 aber in einem engeren Sinne als Grenznachbar verstanden werden, das Wort wird nicht einfach synonym zu *vicinus* gebraucht. Faßt man nun den *calasneo* in Artikel XXII § 11 als ‚den Gelassner' auf, als den, ‚der vom Besitzer ein Stück Wald, Wiese etc. überlassen bekommen hat'[14], so ist auch *conmarcanus* hier wieder der Grenznachbar.

---

[8] Vgl. ebenda, Tit. XVII § 2, S. 325.

[9] Ebenda, S. 326.

[10] Ebenda.

[11] Ebenda, Tit. XXII § 11, S. 334.

[12] Vgl. Grimm, Rechtsalterthümer, Bd. 2, S. 9 und 17; Kralik, Bestandteile, S. 44 f.

[13] Kauffmann, Genossenschaften, S. 39.

[14] Vgl. Kap. 4.2.3.2. *(calasneo).*

Die Bedeutung ‚Grenznachbar, Anrainer' wird auch durch die Glossenbelege bestätigt: Nur in einem von fünf Fällen interpretiert *commarcanus* bzw. seine nicht latinisierten Varianten *carmarchun* etc. das lateinische *vicinus*. Hier allerdings schien dem Schreiber des Bibel-Glossars (Codex Vindobonensis, Ende 8. Jahrhundert) die Gleichung bair. *carmarchun* — lat. *vicini* nicht auszureichen[15]. Er erläutert deshalb das lateinische Wort *vicinus* ‚Nachbar, der in der Nähe Wohnende'[16] durch das ebenfalls lateinische *confinis* ‚Grenznachbar'[17] und machte somit auch deutlich, daß das bairische Wort *carmarchun* die engere Bedeutung ‚Grenznachbar' hatte und eher als Übersetzung für *confines* als für *vicini* gewertet werden muß. Noch eindeutiger auf den ‚Anrainer', den ‚angrenzenden Nachbarn' sind die übrigen Glossen bezogen: *Finitimi tui kimarachun dine*[18], *conlimitant kamarchiun sint, kamarchun, kimarchont*[19], *conlimitant gamarchun sint*[20]; *adfines kamarchun*[21]. Nicht nur die Belege der Lex Baiwariorum, sondern auch die Glossenbelege weisen in den oberdeutschen Raum. Alle erwähnten Glossenhandschriften sind — mit Ausnahme des alemannisch-fränkischen Bibelglossars des Karlsruher Codex BLB. Aug. IC[22] — als bairisch einzustufen[23]. Aufgrund dieser Belege und vor dem Hintergrund der Feststellung, das *calasneo* in der Lex Baiwariorum nicht synonym zu *commarcanus* gebraucht worden ist, gerät die weitverbreitete Ansicht, daß *commarcanus* als ursprünglich fränkisches Wort die fränkische Amtssprache repräsentiert und „noch zur Zeit der Aufzeichnung der L. B. die eigentliche volkstümliche Bezeichnung für den Markgenossen calasneo nicht gamarco gewesen"[24] sei, ins Wanken.

Weitere Belege für *commarcanus* in der Bedeutung ‚Grenznachbar, Anrainer' finden sich in zwei (oberdeutschen) Freisinger Urkunden[25]. Ein weiterer Bedeutungsaspekt läßt sich in der Verwendung des Wortes innerhalb der historia Langobardorum des Erchembert von Monte Cassino (9. Jh.) feststellen: Hier ist mit *commarcanus* ‚der Bewohner eines Grenzgebietes' gemeint: ‚incola confinii'[26]. Der

---

15 Vgl. StSG I, S. 157, Zeile 4; ebenda, IV, S. 628 f.; Bergmann, Verzeichnis, S. 106, Nr. 895.

16 Vgl. Georges, Handwörterbuch, Bd. 2, Sp. 3471.

17 Ebenda, Bd. 1, Sp. 1448.

18 StSG I, S. 654, Zeile 35; StSG IV, S. 399 ff.; Bergmann, Verzeichnis, S. 38, Nr. 296: Karlsruhe BLB. Aug. IC, 8./9. Jh., alem.-fränk. Dialekt.

19 StSG II, S. 104, Zeile 49, StSG IV, S. 550 f.; Bergmann, Verzeichnis, S. 72, Nr. 611: München BSB Clm. 14747, 10. Jh.; StSG II, S. 104, Zeile 49; StSG IV, S. 570 ff.; Bergmann, Verzeichnis, S. 78, Nr. 655: München BSB. Clm. 19440; 10./11. Jh.; StSG II, S. 104, Zeile 49; StSG IV, S. 569 f.; Bergmann, Verzeichnis, S. 78, Nr. 663: München BSB. Clm. 19417, p. Jh. = bairischer Dialekt; StSG I, S. 104, Zeile 49; StSG IV, S. 539; Bergmann, Verzeichnis, S. 69, Nr. 581: München BSB. Clm. 14407, 10. Jh. = bairisch-fränkischer Dialekt.

20 StSG II, S. 123, Zeile 69; StSG IV, S. 561 f.; Bergmann, Verzeichnis, S. 75, Nr. 637: München BSB. Clm. 18140, 11. Jh. = bairisch.

21 StSG II, S. 743, Zeile 29; StSG IV, S. 550 f.; Bergmann, Verzeichnis, S. 72, Nr. 611: München BSB Clm. 14747, 10. Jh. = bairisch.

22 Bergmann, Verzeichnis, S. 38.

23 Ebenda, S. 69, 72, 75, 78.

24 Vgl. z. B. stellvertretend für andere Kralik, Bestandteile, S. 45.

25 Traditionen des Hochstifts Freising, Bd. 1, Nr. 142 und Bd. 2, Nr. 446; vgl. auch Mittellateinisches Wörterbuch, Bd. II, 6. Lfg., München 1974, Sp. 936; Du Cange, Glossarium, Bd. 2, Sp. 440.

26 Mittellateinisches Wörterbuch, Bd. II, 6. Lfg., München 1974, Sp. 936; Erchemperti historia, 32, S. 246.

inhaltliche Bezugspunkt ist hier nicht mehr die Grenznachbarschaft innerhalb eines Siedlungsverbandes, sondern die Grenznähe zweier ethnischer Verbände, zweier „Völker". Heinz Löwe sagt über den Mönch von Monte Cassino: „Auch Erchenpert verband eine primitive Originalität mit den Früchten einer Schultradition, die sich in einigen klassischen Zitaten, im Gebrauch seltener Wörter und Gräzismen, in Glossarbenutzung, in Kenntnis des Cursus und der Bemühung um Periodenbau bemerkbar machte"[27]. Möglicherweise ist das nur in diesem Fall aus dem langobardischen überlieferte Wort *commarcanus* hier der Vorliebe Erchemberts für „seltene Wörter" oder seiner „Glossarbenutzung" zuzuschreiben.

Neben der Personenbezeichnung sollen hier zum besseren Verständnis von *commarcanus* noch die Sachbezeichnungen *commarca* und *marca* betrachtet werden. Dem latinisierten *commarca* entspricht im Althochdeutschen das in den Glossae Salomonis belegte bair. *gamarcha*[28] und das in den mittelfränkischen Psalmen, bei Notker und in den rheinfränkischen Cantica belegte *gimerchi*[29]. Tiefenbach untersuchte drei Belege für *commarca* ‚Randgebiet einer Siedlung' innerhalb des Diploms 31 von Lothar II. für den Vasallen Otbert[30]. Es ist hier wohl, wie auch in den Belegen aus den Traditionen des Hochstifts Regensburg[31], an unbestelltes Grenzland zu denken und nicht an eine Dorfgemarkung in rein wirtschaftlichem Sinn, was auch nach dem Stand der Forschung zum frühmittelalterlichen Dorf, wie besonders Ruth Schmidt-Wiegand[32] herausgearbeitet hat, nicht anders zu erwarten ist. Es ist vielmehr an eine Siedlungsgrenze in folgendem Sinn zu denken: „... in der germanischen und der fränkischen Zeit" verstand man unter einer Grenze „regelmäßig keine Linie, sondern einen mehr oder weniger breiten Saum unbebauten Landes, häufig einen Wald"[33].

Die Belege für *commarcanus* und *commarca* weisen mit nur einer Ausnahme (Erchempert historia Langobardorum) in den oberdeutschen Raum, sie sind fast alle dem bairischen Dialekt zuzuordnen, einige wenige auch dem alemannisch-fränkischen. Daß die Bezeichnung oder zumindest das Grundwort der Zusammensetzung – das der *commarca* synonyme *marca* – auch im (mittel-)fränkischen Sprachraum bekannt war, beweisen nicht zuletzt die *marca*—Belege der Lex Ribuaria. Enthält auch die Lex Salica, „die für das Westfränkische repräsentativ ist, für

---

27 Wattenbach-Levison, Geschichtsquellen, Heft IV., bes. S. 438.

28 StSG IV, S. 47, Zeile 40/1: *gimarcha, gimarch, Gimerche* als Glossen zu lat. *confinium:* München, BSB. Clm. 13002; vgl. StSG IV, S. 535f., 12. Jh., Bergmann, Verzeichnis, S. 66f., Nr. 558: München BSB. Clm. 22201; vgl. StSG IV, S. 576ff., 12. Jh.; Bergmann, Verzeichnis, S. 80, Nr. 681: Admont, StiftsB. 3; vgl. StSG IV, S. 374, 11. Jh.; Bergmann, Verzeichnis, S. 1, Nr. 1: Wien ÖNB. Cod. 2276; vgl. StSG IV, S. 647, 14. Jh.; Bergmann, Verzeichnis, S. 112, Nr. 994: Zwettl, StiftsB. 1; vgl. StSG IV, S. 677, 13. Jh.; Bergmann, Verzeichnis, S. 121, Nr. 1020 = bairischer Dialekt.

29 Vgl. Tiefenbach, Königsurkunden, S. 77; Schmidt-Wiegand, Marca, S. 89, Anm. 90.

30 Vgl. Tiefenbach, Königsurkunden, S. 74f.

31 Siehe Traditionen des Hochstifts Regensburg, S. XIII; Nr. 11, S. 10; Nr. 16, S. 15f.

32 Vgl. Schmidt-Wiegand, Dorf nach den Stammesrechten, S. 423f.; vgl. auch Dölling, Haus und Hof, S. 15–18.

33 Hoke, Grenze, Sp. 1802; vgl. auch Tiefenbach, Königsurkunden, S. 78, der zu Recht anzweifelt, daß die Bedeutungen ‚Grenze' und ‚Gebiet' dergestalt voneinander abgesetzt werden könnten, daß man die eine Bedeutung als die primäre und die andere als die sekundäre anzusehen habe, wie dies z. B. Gamillscheg, Romania Germanica, Bd. 1, S. 260, § 106, tut.

das Fränkische also, das auf gallischem Boden gesprochen worden ist"[34], die Bezeichnung *marca* nicht, so zeugen doch Belege aus dem Altfranzösischen und Provenzalischen, z. B. frz. *marcher* ‚die Grenze abschreiten', für das Vorkommen des Wortes im ehemals fränkischen Gebiet[35]. „Erste Zeugnisse für die rechtssprachliche Verwendung des Wortes *marca*"[36] enthält die Lex Ribuaria. Titel 58 b: *Quod si extra marca in sortem alterius fuerit ingressus, iudicium (superius) conprehensum conpellatur adimplere*[37] behandelt die Besitzanmaßung an Grund und Boden. Schmidt-Wiegand, die einen Vergleich mit verwandten Bestimmungen durchführte[38], konnte herausarbeiten, daß volkssprachlich *marca* synonym gebraucht wurde zu lat. *terminatio*, das „im allgemeinen eine Abgrenzung", gelegentlich aber das umgrenzte Gebiet einer unter Königsurkunde liegenden Grundherrschaft bezeichnete[39]. Die in diesem Zusammenhang überlieferten Glossen *lach*, ‚Grenzzeichen' für *butina*, *marcsteina* ‚Grenzstein' für *mutili* in Titel 59[40] lassen für *terminatio* aber auch für *marca* hier eindeutig den semantischen Gehalt ‚Grenze' erkennen. Der zweite *marca*-Beleg führt mit Titel 78 in eine Bestimmung, die für das „Recht der ripuarischen Franken besonders charakteristisch"[41] ist, zumal sie auch kein Vorbild in der Lex Salica hat: *Si quis caballum, hominem vel qualibet rem in via propriserit, aut eum secutus fuerit, per tres marchas ipsum ostendat, et sic postea ad regies stapulum. Sin autem aliter agerit, fur iudicandus est. Quod si quis latronem aliquid tulerit, similiter faciat.*[42] Es heißt hier, daß derjenige, der ein Pferd, einen Menschen oder irgendeine Sache gefunden oder Räubern abgejagt hat, dieses in *tres marchas* und später beim Königsgericht (*staffulus regis*)[43] vorzeigen muß, wenn er nicht selbst als Dieb gelten will. Rib. *marcha*[44] steht hier in einem Zusammenhang, der an Bestimmungen des westgotischen und burgundischen Rechts erinnert,[45] bei denen die Bekanntgabe von Gütern vor dem

---

34 SCHMIDT-WIEGAND, Marca, S. 77; vgl. auch SCHÜTZEICHEL, westfränkisches Problem; PETRI, Siedlung, (S. 578–638) S. 619 f.; DERS., Grundlagen, S. 124 f.

35 Vgl. GAMILLSCHEG, Romania Germanica, Bd. 1, § 106, S. 260; DERS., Wörterbuch, S. 598; MEYER-LÜBKE, Wörterbuch, S. 438; WARTBURG, Wörterbuch, Bd. 16, 1959, S. 523.

36 SCHMIDT-WIEGAND, Marca, S. 77.

37 Lex Ribuaria, S. 107.

38 Vgl. SCHMIDT-WIEGAND, Marca, S. 77; Lex Ribuaria, S. 106 f., Tit. 59 § 2: *Si autem ibidem infra terminatione aliqua indicia seu sarte vel budinas aut mudule facte exteterint, ad sacramentum non admitteatur, sed in praesenti, cum legis beneficium cogatur restituere.*

39 Vgl. SCHMIDT-WIEGAND, Marca, S. 77.

40 Siehe Lex Ribuaria, S. 106 f.

41 SCHMIDT-WIEGAND, Marca, S. 78.

42 Lex Ribuaria, Tit. 78, S. 128.

43 Vgl. hierzu auch SCHÜTZEICHEL, Grundlagen, S. 337 ff.; DERS., Staffulus regis.

44 Vgl. TIEFENBACH, Königsurkunden, S. 76: „Ob die Schreibungen *marca*, *marcha* und *marka* unterschiedliche Lautungen wiedergeben, ob also die Form *marcha* für die Verschiebung von postkonsonantischem *k* in der Volkssprache angenommen werden kann, wie St. Sonderegger wohl mit Recht für die von ihm untersuchten Schweizer Belege angenommen hat, ist schwer zu sagen. *Marca*, *marcha* und auch *marka* sind im 9. Jahrhundert ganz konventionelle Schreibungen, ohne daß von da aus immer sichere Rückschlüsse auf die gesprochene Sprache möglich wären. Vereinzelt läßt sich das Wort auch mit deutscher Flexion nachweisen ..." Vgl. auch SONDEREGGER, althochdeutsche Sachwörter, S. 212.

45 Vgl. BEYERLE, Sachkommentar, S. 176; Leges Visigothorum, Tit. VIII §§ 5, 6, S. 347 f.; Leges Burgundionum, Tit. 85, S. 10 f.

Pfarrer, dem Grafen, Richter, Ortsältesten oder vor der Gemeinde erfolgen mußte. „Wenn in diesem Zusammenhang auch nicht ausdrücklich von einer *marca* die Rede ist, so legt der Vergleich der Texte doch den Schluß nahe, daß im fränkischen Bereich mit dieser Bezeichnung eine wie auch immer geartete politische Raumordnung verbunden gewesen ist, die einem Rechtsakt wie dem der Verklarung dienstbar gemacht werden konnte. Der Begriff der ‚Dorfgemarkung' hingegen ist hier noch nicht greifbar."[46]

Ganz ähnlich liegen die Verhältnisse, die uns durch den Pactus und die Lex Alamannorum überliefert sind: Auch hier wird die Perspektive des Gesetzgebers, des Königs, deutlich, der nicht die dörflichen, sondern die Landesgrenzen im Blick hatte. Titel 39 § 1 des Pactus und Titel 46 codd. A bzw. 47 codd. B der Lex Alamannorum handeln von dem Verkauf eines Mannes oder einer Frau außerhalb des alemannischen Gebietes. In Titel 39 § 1 des Pactus: *Si quis alterum ligat et foris marcha eum vindit, ipsum ad locum revocet et 40 solidos componat.*[47] wird *marcha* zwar deutlich im Sinne von ‚Grenze' verwendet, dennoch bleibt es unklar, ob es sich um die Landesgrenze handelt. Bei Titel 46 bzw. 47 dagegen zeigt der Vergleich mit der nachfolgenden Bestimmung, daß *extra marcha* bzw. *extra marcani*[48] in Opposition zu *infra provintiam* bzw. *infra provinciam*[49] gebraucht wird. Aufschlußreich ist auch eine vergleichende Betrachtung mit einschlägigen Bestimmungen der Lex Salica und der Lex Ribuaria, zumal der fränkische Einfluß auf die Alemannengesetze erwiesen ist[50]. Titel 39 des Pactus legis Salicae spricht in ähnlichem Zusammenhang von der Rückkehr *in patria*[51] und Titel 17 der Lex Ribuaria vom Verkauf *extra solum*[52] ‚außer Landes bzw. aus der Heimat'. „Marca wäre also hier eine Bezeichnung für einen ganz bestimmten politischen Bezirk von beträchtlicher Größe, – eine Bezeichnung, die womöglich mit dem Satzungsrecht aus dem fränkischen Bereich in das alemannische Stammesgebiet gekommen ist."[53]

Dieselbe Perspektive gibt auch das 3. Königsgesetz des Langobarden Ratchis Titel 13 aus dem Jahre 746 wieder: *„... ut marcas nostras Christo custodiente sic debeat fieri ordinates et vigilatas, ut inimici nostri et gentes nostre non possint per eas sculcas mittere aut fugacis exientes suscipere, sed nullus homo per eas introire possit sine signo aut epistola regis ...*[54]. Die Grenzen, die den Machtbereich des Langobardenkönigs Ratchis umschlossen, sollten streng bewacht und gesichert werden, damit weder Feinde *(inimici nostri)* noch die Langobarden *(gentes nostre)* unkontrolliert in das Land eindringen bzw. es verlassen konnten.

In Titel 10 des sächsischen Königsrechts (799) steht *marca* wie in den vorhergehenden Fällen in der Bedeutung ‚Reichsgrenze': ... *ipsum malefactorum cum uxore et familia et omnia sua foris patriam facere et infra sua regna aut in marcu ubi sua fuerit*

[46] Schmidt-Wiegand, Marca, S. 79.
[47] Leges Alamannorum, Tit. 39 § 1, S. 34.
[48] Ebenda, Tit. 46 codd. A und 47 codd. B, S. 106.
[49] Ebenda, Tit. 47 codd. A und 48 codd. B, S. 107.
[50] Vgl. Schott, Lex Alamannorum, Sp. 1885: Schmidt-Wiegand, Marca, S. 80 und Anm. 34.
[51] Pactus legis Salicae, Tit. 39, S. 142ff.
[52] Lex Ribuaria, Tit. 17, S. 20.
[53] Schmidt-Wiegand, Marca, S. 81.
[54] Langobardorum Leges, S. 192f., Ra. 13; vgl. Rhee, Wörter, S. 98.

voluntas collocare et habeant ipsum quasi mortuum.[55] Der Täter, von dem hier die Rede ist, soll entweder getötet werden oder mit seiner Frau, seiner *familia* und seinem Vermögen aus seiner Heimat vertrieben und innerhalb der Reiche Karls des Großen, des Gesetzgebers, oder innerhalb der Grenzen des sächsischen Gebietes angesiedelt werden. Im Gegensatz zu *infra sua regna,* womit wohl das gesamte Herrschaftsgebiet Karls des Großen gemeint ist, bezeichnet *in marcu* wohl die sächsischen ‚Stammes'-grenzen, also wiederum einen größeren politisch relativ genau festgelegten Bezirk.

Alle bisher aufgeführten *marca*-Belege aus den Leges spiegelten im Gegensatz zu den *commarcanus*- und *commarca*- Vorkommen die Perspektive des Gesetzgebers und nicht etwa eines bäuerlichen Siedlungsverbandes wider. Dabei fällt auf, daß der jeweilige Bedeutungsaspekt weitgehend konform geht mit der Textsorte, in der sich der Beleg befindet: *commarcanus* steht in Bestimmungen der Lex Baiwariorum, die von der Textsorte her als Bußweistum einzuordnen sind, d. h. Bestimmungen, die aus der zur bäuerlichen oder dörflichen Lebensgemeinschaft gehörenden Spruchpraxis stammen[56]. Die *commarca*-Belege finden sich zwar in Königsurkunden, diese zielen jedoch ab auf Regelungen, die auch den bäuerlichen Siedlungszusammenhang betreffen. Anders verhält es sich mit dem Textzusammenhang der *marca*-Stellen. Hier handelt es sich entweder, wie in der Lex Ribuaria und im Pactus bzw. Lex Alamannorum, um Bestimmungen, die den Charakter von Konstitutionen haben, oder, wie im Falle des Ratchis regis capitula in breve statuta[57] und des Capitulare Saxonicum[58], direkt um Königssatzungen, d. h. um Konstitutionen. Ganz anders liegt der Fall wieder in der Lex Baiwariorum, wo *marca* in Titel XIII § 9, der Teil eines Bußweistums ist, vorkommt: *Si quis servum alienum ad fugiendum suaderit, et foras terminum eum duxerit, hoc est foras marca, cum XII solidis conponat et ipsum reducat. Et si negare voluerit, cum XII sacramentalibus iuret aut cum campionibus suam quaerat iustitiam. Si ancilla est, cum XXIIII solidis conponat et ipsam reddat.*[59] Erinnert diese Bestimmung zunächst auch an Titel 39 § 1 des Pactus Alamannorum, so gibt nicht nur die Textsorte allgemein, sondern auch der innertextliche Kontext Hinweise darauf, daß hier nicht „eine größere politische Raumeinheit ... das bairische Stammesgebiet"[60], sondern eine Siedlungsgrenze gemeint ist. Der gesamte Titel XIII handelt von Pfändern bzw. Bürgschaften *(De Pignoribus)* und verweist auf „einen Siedlungszusammenhang, bei dem Freie und Unfreie beieinander wohnten und miteinander wirtschafteten"[61]. Es geht in Titel XIII zunächst einmal um das Verhalten vor dem Richter *(iudex):* Titel XIII §§ 1, 2. Hier konnte z. B. Kroeschell nachweisen, daß in der Lex Baiwariorum der *iudex* nicht im Sinne des römischen Rechts als königlicher Subalternbeamter, sondern „im Sinne des germanischen Urteilsfinders"[62] vorkommt. Paragraph 4 und 5 handeln von der widerrechtlichen

---

55 Leges Saxonum (Leges Saxonum und Lex Thuringorum, S. 9—50) Capitulare Saxonicum, Titel 10, S. 48.

56 Vgl. hierzu und zum Folgenden: Kap. 3.1.3. und auch Schmidt-Wiegand, Marca, S. 77 ff.

57 Langobardorum Leges, S. 192 f.

58 Leges Saxonum (Leges Saxonum und Lex Thuringorum, S. 9—50) S. 48.

59 Lex Baiwariorum, S. 112.

60 Schmidt-Wiegand, Marca, S. 81.

61 Ebenda.

62 Kroeschell, Haus und Herrschaft, S. 43.

Pfändung von Schweinen bzw. von Schafen, weitere Paragraphen sprechen von Übergriffen auf das Kornfeld oder die Wiese (§ 6), das reife Getreide (§ 7) oder allgemein auf die Ernte (§ 8) eines anderen. In diesem Zusammenhang, Übergriffe auf die Sachgüter eines anderen der gleichen Siedlungsgemeinschaft, erwähnt Titel XIII § 9 auch den Diebstahl eines *servus*, der hier demnach rechtlich als Sache angesehen wird.

Zusammenfassend läßt sich also zu *marca* sagen, daß das Wort in den Leges in unterschiedlichen Bedeutungen auftritt: Je nach der Perspektive der jeweiligen Bestimmung ist entweder ‚die Grenze eines größeren politischen Bereichs' oder ‚die Grenze einer dörflichen Siedlung' gemeint. Gemäß der Tatsache, daß man sich unter Grenzen im frühen Mittelalter nicht Linien, sondern zumeist größere Gebiete – Randgebiete – vorzustellen hatte, kommt bei den meisten Belegen auch die Ausweitung auf die Bedeutung ‚Grenzgebiet' mit in das Blickfeld (z. B. Ra. 13). Synonym zu der Bedeutung ‚Grenze, Randgebiet einer dörflichen Siedlung' wird in frühmittelalterlichen Urkunden das Wort *commarca* gebraucht. Die Untersuchungen Tiefenbachs haben für andere Quellen – die Diplome Lothars I. und II. (= neun Belege), wobei er auch Belege aus den Diplomen Pippins, Karls des Großen und Ludwigs des Frommen verglichen hat – ähnliche Ergebnisse in bezug auf die Bedeutung des Wortes erzielt: "*Marca* tritt in den Bedeutungen ‚Grenze' (Grenz-) Gebiet, Mark, Gemarkung' in mittelalterlichen Texten sehr häufig auf ... Die Bedeutung ‚Gebiet, Gemarkung' hat das Wort auch in den Lothardiplomen."[63] Eine Bedeutung im Sinne von ‚Allmende, ungeteiltes, gemeinsam genutztes Gemeindeland', wie sie besonders von Wissenschaftlern des 19. Jahrhunderts, z. B. Eichhorn[64], von Maurer[65], Kauffmann[66] u. a. m. angenommen wurde, bestätigt sich ausgehend von den Leges für das frühe Mittelalter nicht. Eichhorn z. B. sah die Grundlagen der ältesten Verfassung in den auf gemeinsamer Bodennutzung beruhenden Markgenossenschaften, die wiederum zu Volksgemeinden als genossenschaftlich-politischen Gemeinwesen verbunden waren[67]. Von Maurer[68], der wie Eichhorn einem Mittelalterbild verpflichtet war, das die Germanen und ein für ihre Zeit angenommenes Genossenschaftswesen rückhaltlos positiv beurteilte und herrschaftliche Momente, Feudalismus als Verfallserscheinungen verurteilte, entwickelte, ausgehend von den Marken bzw. Markgenossenschaften ein Sozialmodell, das mit seiner Begrifflichkeit starke Resonanz in den Theorien Engels' und Marx' fand[69]. Die These von den frühmittelalterlichen Markgenossenschaften, die auf „der schon methodisch anfechtbaren Verknüpfung der Nachrichten, die in den Weistümern des späten Mittelalters und der frühen Neuzeit über die Allmende oder Holzmark, das ungeteilte Gemeindeland, enthalten sind, mit Nachrichten der

---

63 Tiefenbach, Königsurkunden, S. 75.

64 Vgl. Eichhorn, Staats- und Rechtsgeschichte, Theil 1, S. 61–64.

65 Vgl. Maurer, Markenverfassung.

66 Vgl. Kauffmann, Genossenschaften, S. 39 f.

67 Vgl. Böckenförde, verfassungsgeschichtliche Forschung, S. 138 f.

68 Vgl. Maurer, Markenverfassung; Ders., Einleitung.

69 Vgl. z. B. Engels, Mark; vgl. auch Bröckenförde, verfassungsgeschichtliche Forschung, S. 138 f. und die Anm. 25 und 26.

antiken Schriftsteller über den angeblichen Feldtausch der Germanen"[70] beruht, wird, obschon von Forschungen auf dem Gebiet der Archäologie, Flurforschung[71] und Rechtsgeschichte[72] bereits widerlegt, von einzelnen Rechts-Historikern auch heute noch vertreten[73]. Dabei konnte z. B. Gudmund Hatt[74] aus der Rekonstruktion germanischer Ackerfluren eine Realteilung erkennen, die Privateigentum und nicht Gemeineigentum erkennen läßt: Feste Ackergrenzen und sekundäre Teilungen widerlegen also die auf Cäsar und Tacitus fußenden Auffassungen, die Germanen hätten kein Privateigentum an Grund und Boden besessen. Auch der Agrarhistoriker Abel folgert: „Und in der Tat dürften nicht wenige unserer Dorfgemarkungen ihr vermeintlich so altes Gepräge erst wieder in der Wiederaufbauperiode der frühen Neuzeit erhalten haben."[75]

Auch die Wortgeschichte von *marca* bestätigt nicht den Sinngehalt ‚gemeinsame Nutzung', sondern hebt vielmehr ‚Trennung, Abgrenzung' hervor: ahd. *mark* ist urverwandt mit lat. *margo* ‚Rand'[76]. In an. *mǫrk* ‚Wald'[77] klingt die Vorstellung von der natürlichen Grenze Wald mit an: „Wie die Bodenfunde zeigen, gibt es Gebiete mit ausgesprochenen Fundhäufungen, die als dicht besiedelt anzusehen sind ... Schließlich gibt es fundleere, offensichtlich unbesiedelte Gebiete. Das entspricht der historischen Überlieferung, die berichtet, daß zwischen den einzelnen Stammesgebieten zur Abtrennung und zum Schutz unbesiedelte breite Waldstreifen lagen."[78] Daneben sind got. *marka* ‚Grenze', ags. *mearc*, afr. *merke*, mhd. *marke*, engl. *merk* ‚Grenze, Grenzgebiet' bezeugt[79]. Die Runeninschrift *alja markiR* ‚Ausländer'[80] signalisiert schon für eine sehr frühe Zeit die bedeutungsmäßige Verbindung von ‚Grenze' und ‚Gebiet'[81]. Dies liegt ja auch von der Sache her sehr nahe, denkt man allein an den Grenzwald, der ja ein größeres Gebiet umfaßt, wie die Grenzen der germanischen und fränkischen Zeit wohl allgemein durch einen mehr oder weniger

---

70 Schmidt-Wiegand, Marca, S. 74.

71 Vgl. Dopsch, freie Marken; Wiessner, Sachinhalt; (ablehnende) Besprechungen zu Dopsch und Wiessner: Merk, Rez. Dopsch; Ders., Rez. Wiessner.

72 Vgl. Kroeschell, Rechtsgeschichte, Bd. 2, S. 137–139, der auch die Diskussion zu Mark/Allmende wiedergibt; Bader, Dorfgenossenschaft; vgl. auch Schmidt-Wiegand, Mark und Allmende; Klötzer, Mark; P. Schmid, Mark; Klötzer, Märkerding; Ders., Markfrevel; Wernli, Markgenossenschaft.

73 Vgl. Conrad, Rechtsgeschichte, Bd. 1, S. 11, 86 und 200; Innerhalb der marxistischen Geschichtswissenschaft: S. Weber, Eigentumsentwicklung, S. 217 ff. und auf der Seite westlicher Rechtshistoriker: Sachers, Allmende, Sp. 108 ff. dazu: Schmidt-Wiegand, Mark und Allmende, S. 5: „Während der Artikel *Allmende* in positivem wie negativem Sinne an der klassischen Lehre von den Markgenossenschaften orientiert ist, eröffnen die Artikel Mark und Markgenossenschaft eher einen Ausblick auf die Richtung, die in Zukunft zu verfolgen sein wird."

74 Vgl. Hatt, Eigentumsrecht; Müller-Wille, Eisenzeitliche Fluren, S. 50–55; Mildenberger, Sozial- und Kulturgeschichte, S. 36–45; Jäger, Allmende (RLA, 1. Aufl., S. 173–174).

75 Abel, Landwirtschaft, S. 191.

76 Vgl. Tiefenbach, Königsurkunden, S. 77; Kluge, Wörterbuch, S. 462; Schmidt-Wiegand, Marca, S. 75.

77 Vgl. Hoke, Grenze, Sp. 1801; Kluge, Wörterbuch, S. 462; Schmidt-Wiegand, Marca, S. 75.

78 Mildenberger, Sozial- und Kulturgeschichte, S. 21.

79 Vgl. die Anmerkungen 76 und 77.

80 Vgl. Tiefenbach, Königsurkunden, S. 78; Kluge, Wörterbuch, S. 462.

81 Vgl. Tiefenbach, Königsurkunden, S. 77.

breiten Streifen unbestellten Landes gebildet wurden[82]. Im Neuhochdeutschen ist *Mark* ‚Grenze' dem slawischen Wort *granica* ‚ursprünglich Eiche', nhd. *Grenze*, gewichen: „Als Folge der Verwendung des Baumes als Grenzzeichen hatte das Wort dann die Bedeutung des Grenzbaumes und schließlich allgemein die der Grenze angenommen."[83] Im romanischen Sprachgebrauch dagegen setzte sich das germanische Lehnwort durch: frz. *marche, marcher;* ital. *marca*[84].
Nach diesem Exkurs auf die Sachbezeichungen *commarca* und *marca* müssen die gewonnenen Ergebnisse abschließend noch einmal im Blick auf die Personenbezeichnung *commarcanus* zusammengestellt werden. Bezeichnet das Wort auch den ‚Grenznachbar', so ist jedoch wie auch bei *marca* und *commarca* der Blick nicht nur auf die Grenze, sondern auch auf das Gebiet gerichtet, das im Besitz des *commarcanus* ist. Denn auch hier gilt, daß der Besitz einer Sache ihre Abgrenzung gegenüber anderen Sachen voraussetzt. „Ohne sie ist Herrschaft über Land weder im öffentlichen Bereich noch im privaten als Besitz und Eigentum begrifflich möglich."[85] Daß der bairische *commarcanus allod*[86], also Eigentum an Grund und Boden, besaß, das von den Vorfahren auf die Nachfahren vererbt wurde (XII § 8)[87], das in Acker *(ager)*, Wiese *(pratum)* oder Rodung *(exaratum)* bestanden hat (XVII § 2) und das offensichtlich vom *commarcanus selbst* bestellt wurde: ... *istius hominis prior opera fuit in isto agro, quam tua, et labores fructuum ille tulit*[88] bezeugt die Lex Baiwariorum. Mit der Bezeichnung war nichts über die Größe des Besitzes ausgesagt (Titel XVII § 2)[89], daß in Titel XXII § 11 auch der *calasneo* als *commarcanus* angesprochen wird[90], schränkt die Annahme eines Besitzrechts des *commarcanus* in einigen Fällen auf ein bloßes Nutzungsrecht ein. Wie der Kontext von Titel XII[91] zeigt, gehören die *commarcani* zu der sozialen Gruppe der Nachbarn, der *vicini.*

Die Art der Gruppe ist hier als Interaktionsgruppe zu verstehen, da im Falle der frühmittelalterlichen Nachbarschaft von einem in bestimmten Punkten räumlichen, zeitlichen und kooperativen gemeinsamen Handeln ausgegangen werden kann[92]. Das gemeinsame Handeln der *vicini* wird in vielen Leges erwähnt und gekennzeichnet, wenn es auch von Volksrecht zu Volksrecht – bedingt durch die der jeweiligen Volksgruppe eigenen Entwicklungen – oder von Gesetzgeber zu Gesetzgeber variiert. So sind z. B. durch die jüngere merowingische Gesetzgebung im Edictus Chilperici Titel 108 die Erbrechte der *vicini* (Titel 59 § 6) zugunsten der Tochter des Verstorbenen oder, im Falle ihres Todes, entfernter Verwandter

---

82 Vgl. Hoke, Grenze, Sp. 1802.
83 Ebenda.
84 Vgl. Kluge, Wörterbuch, S. 462.
85 Hoke, Grenze, Sp. 1802.
86 Vgl. zu *allod:* Lieberwirth, Allod, S. 1–3.
87 Lex Baiwariorum, S. 402 f.
88 Ebenda, Tit. XVII § 2, S. 446 ff.
89 Siehe ebenda.
90 Siehe ebenda, Tit. XXII § 11, S. 473.
91 Siehe ebenda, Tit. XII, S. 398 ff.
92 Vgl. Hartfiel, Wörterbuch (Stichwort: Gruppe), S. 251 f.; vgl. zur Kennzeichnung von Interaktionssystemen: Kiss, Steckbrief, S. 90–103, dort auch weitere Literatur; vgl. auch zu Gruppe und den verschiedenen Ansätzen innerhalb der Literatur: Görlich, Gruppe, Sp. 929 ff.; Homans, Theorie 1969.

eingeschränkt worden[93]. Lex Salica Titel 45 *De migrantibus* (Von Zuziehenden) räumt den *vicini* in bezug auf die Niederlassung eines Fremden ein Mitspracherecht ein[94]. In der Lex Baiwariorum treten die *vicini* nicht im Zusammenhang mit Erbangelegenheiten auf, auch nicht in Fällen des Zuzugs Fremder, ihre Pflicht ist es, über die Wahrung der Grenzen zu wachen: XII § 3. *Si quis dum arat vel plantat vineam, terminum casu non voluntate evellerit, vicinis presentibus restituat terminum et nullam damnum patiatur.*[95] Wer versehentlich bei der Landarbeit ein Grenzzeichen herausreißt, muß dies den Nachbarn *(vicini)* mitteilen, und es vor ihren Augen wiederherstellen.

Die Bezeichnung bair. *commarcanus* wird nicht gleichbedeutend mit lat. *vicinus* gebraucht, dafür zeugen nicht nur die Glossenbelege, die niemals einfaches *vicinus* übersetzen. Der *commarcanus* tritt als Grenzbewahrer nicht in Fällen auf, die so klar liegen, wie der in Titel XII § 3 geschilderte, sondern nur in Streitfällen, z. B. in Titel XVII § 2. Das Wort wird außerdem verwandt, wenn ein Titel von Grundstücksnachbarn also Anrainern wie in XII § 8 und XXII § 1 handelt. Der *commarcanus* ist also Mitglied der sozialen Gruppe der *vicini* in seiner besonderen Eigenschaft als Grenznachbar, Anrainer — dies trifft auf jeden der in den Leges gemeinten grundbesitzenden und grundbestellenden Nachbarn zu. Nur der Anrainer kann bei Grenzstreitigkeiten Zeuge für seinen angrenzenden Nachbarn sein. Es ist hier schon gesagt worden, daß die Besitzlage der *commarcani* durchaus unterschiedlich war, was auch für die *vicini* im allgemeinen zutrifft. Dies drückt z. B. in der Lex Salica der Titel 102 *De homine inter duas uillas occiso*[96] aus. „Je nachdem ob die Nachbarn höheren oder niederen Standes waren, mußten sie sich mit 65 oder 15 Schwurhelfern von dem Verdacht, den Aufgefundenen erschlagen zu haben, entlasten."[97] In den Leges begegnen als *commarcani* nur männliche, erwachsene Personen. Über ihre Stellung innerhalb der Hausgemeinschaft lassen sich nur Vermutungen anstellen: wahrscheinlich hat es sich hier jeweils um den *pater familias* gehandelt und nicht um die unverheirateten Söhne, die mit in der Hausgemeinschaft lebten. Jedoch waren offensichtlich Schichtungskriterien wie Besitz, Maß an Freiheit etc. für die Zugehörigkeit zu der sozialen Gruppe der (Grenz-)Nachbarn nicht ausschlaggebend. Die Nachbarschaft, wie sie aufgrund der Leges beschrieben werden kann, ist folglich als soziale Interaktionsgruppe durch ein gemeinsames, zum Teil rechtlich festgelegtes Handeln gekennzeichnet, das das Funktionieren einer wie auch immer gearteten Siedlungsgemeinschaft, denn umfassende Kenntnis z. B. des frühmittelalterlichen Dorfes haben wir aufgrund der Überlieferung nicht, zum Ziel hatte. Eine besondere Bedeutung scheint allerdings im frühmittelalter-

---

[93] Vgl. Pactus legis Salicae, Tit. 108, S. 262 und Tit. 59 § 6, S. 223; vgl. auch Schmidt-Wiegand, Bezeichnungen, S. 236 f.

[94] Vgl. Schmidt-Wiegand, Bezeichnungen, S. 236: „*Vicus* und *vicinus* gehören mit got. *weihs* ... N. ‚Flecken' und ae. *wic*, afries. *wik*, as. *wic*, ahd. *wich* M. ‚Wohnsitz, Dorf' zur idg. Wurzel **ueik-*, mit deren Hilfe ursprünglich auch die soziale Einheit der Großfamilie bezeichnet worden ist." Dies., Marca, S. 84 ff. nimmt die Einordnung von Tit. 45 in den Kontext vergleichbarer Bestimmungen vor; Pactus legis Salicae, S. 176.

[95] Lex Baiwariorum, Tit. XII § 3, S. 398 ff.; vgl. auch Tit. XII § 1, S. 398.

[96] Pactus legis Salicae, S. 258.

[97] Schmidt-Wiegand, Bezeichnungen, S.237.

lichen Siedlungsverband das Wahren und Bewahren der Grenzen gehabt zu haben. Dies zeigt sich in der besonderen Rechtsfunktion der Nachbarn *(vicini)* als Grenznachbarn *(commarcani)*.

4.2.3.2. bair. *calasneo*

Dieses Wort tritt nur einmal in den kontinentalen Leges — in der Lex Baiwariorum — auf, ein Beleg für *calasnus*, das ist eine zu *calasneo* zu stellende Sachbezeichnung, findet sich in einer Freisinger Urkunde aus dem Jahre 828.

Die Bayerngesetze nennen *calasneo* im Zusammenhang mit dem Ausnehmen von Vogelnestern innerhalb eines Waldgebietes, das einem anderen gehört: XXII § 11. *Pari modo e avibus sententia subiacetur, ut nullus de alterius silva, quamvis prius inverniat, aves tollere praesumat, nisi eius commarcanus fuerit quem calasneo dicimus. Et si aliter praesumpserit, semper restitutionis sacramentum iniustum putamus, quamvis minima est querella, cum VI sacramentalibus iurare lex conpellit.*[1] Nur dem in der bairischen Volkssprache *calasneo* genannten *commarcanus*[2] steht es außer dem Besitzer zu, das oben genannte Waldgebiet zu nutzen. „Hier wird deutlich, daß man auch in der Lex Baiuuariorum mit verschiedenen Sprachschichten zu rechnen hat, einer amtssprachlichen fränkischen Ursprungs, die in den germanisch-lateinischen Mischwörtern des Textes greifbar wird, und einer mehr stammessprachlichen Schicht, die für die Mündlichkeit vor Gericht zu zeugen vermag und die vor allem in den Glossen zur Lex Baiuuariorum ihren Niederschlag gefunden hat."[3] Verwunderlich bleibt allerdings, warum das insgesamt dreimal in der Lex Baiwariorum erscheinende germanische latinisierte Wort *commarcanus* nur in diesem einen Fall in einer *quem ... dicimus*-Formel, die obendrein für die Bayerngesetze eher selten ist — wohingegen die Lex Salica solche Erklärungen häufiger aufweist[4] —, durch *calasneo* näher erläutert wird. Zeigt dies nicht doch, daß *calasneo* vielleicht nicht ganz bedeutungsgleich mit *commarcanus* ist, daß *calasneo* hier noch einen anderen Aspekt beleuchten soll?

Die Verfasser des Mittellateinischen Wörterbuches stellen *calasneo* zu *calasnus*, und sehen in ihm den Grenznachbarn[5]. Dies mag in etwa dem Inhalt des Wortes nahekommen, jedoch sind damit noch keine sachlich und sprachlich zufriedenstellenden Aussagen über seine Herkunft und seine genaue Bedeutung möglich. Hier sind zur Erklärung vor allem die Interpretationsvorschläge Grimms, von Kraliks und Schmidt-Wiegands heranzuziehen[6]. Alle drei sehen in *calasneo* eine Wortbildung mit der Vorsilbe *ca- ga* bzw. *ge-*, wie sie z. B. auch in ahd. *gasello* ‚Saalgenosse,

---

[1] Lex Baiwariorum, Tit. XXII § 11, S. 473.

[2] Vgl. Kap. 4.2.3.1. *commarcanus*.

[3] Schmidt-Wiegand, Marca, S. 83.

[4] Vgl. ebenda.

[5] Vgl. Mittellateinisches Wörterbuch, Bd. II, 1. Lfg., München 1968, Sp. 54.

[6] Vgl. Kralik, Bestandteile, S. 419—425, der die verschiedenen Deutungsversuche von Schilter, Mederer, Siebs, Grimm, Schmeller, Graff, Kern, Lidén, Walde darstellt, wertet und seiner eigenen Interpretation entgegenstellt; vgl. Deutsches Rechtswörterbuch, Bd. 2, 1932—35, Sp. 671; vgl. Kauffmann, Genossenschaften, S. 40 f.; vgl. auch Schmidt-Wiegand, Marca, S. 9 f.

Hausgenosse', *gaferto* ,Fahrtgenosse' vorliegt[7] und die ein Miteinander, ein Zusammenhandeln, -wohnen etc. ausdrückt: „Es handelt sich um die typische Bildungsweise eines -jan-Masculinums mit dem Präfix ga-. ..."[8] Grimm stellt das Wort in seiner Grammatik und in den deutschen Rechtsalterthümern[9] zu an. ags. *lǽe, lǽesw* aus germ. **lêswô* und zieht damit zu den Belegen in den angelsächsischen Gesetzen *læs* ,gemeine Wiese'[10] eine Verbindung. Somit wäre also *calasneo* als Verschreibung zu *calasveo* anzunehmen, was jedoch recht unwahrscheinlich ist, da keine Handschrift der bayrischen Lex *v*-Schreibung aufweist und *n* eindeutig in allen Fällen vorliegt: *calasnoe, cacalasneo, kalasneo, calasneo, galasino, gileisno, kalarni, kasarni.* In seinen Abhandlungen über die Grenzaltertümer geht Grimm — veranlaßt durch den Beleg der Freisinger Urkunde — von dieser Deutung ab und stellt das Wort zu *lach* ,incisio arborum, Grenzbaum, Grenzzeichen'. Jedoch auch hier ergeben sich sprachliche Schwierigkeiten, denn in **lasan, *lasna* würde das gutturale Element fehlen „und ein sporadischer Ausfall desselben ... kann nicht gut angenommen werden, da die Überlieferung von *calasneo* ganz fest ist ..."[11]. Aber auch die Erklärung, für die von Kralik sich entscheidet, ist höchst unsicher, da er als Grundwort ein nicht belegtes und von ihm aus *calasneo* gewonnenes **lasna* ,gemeine Mark' annimmt. Schmidt-Wiegand verläßt die Grundannahme der gemeinsamen Nutzung, die den Auffassungen Grimms und von Kraliks zugrundeliegt und kommt zu einer Deutung, die auch der Kontext des bayrischen Rechts nahelegt: Sie stellt *calasneo* zu mhd. *gelaeȥe* N. ,Niederlassung, Ort einer Niederlassung' und kommt dazu, den *calasneo* als denjenigen zu deuten, „mit dem man eine Grenze (*marca, finis, terminus*) gemeinsam hat oder ein umgrenztes Gebiet, das auch als *commarca, confinium* oder *terminatio* bezeichnet werden kann."[12] Läßt sich auch die sprachliche Seite, nämlich *calaȥneo* zu *gelaeȥe* mit *ȥ*-Schreibung, von den Belegen her nicht mit letzter Sicherheit untermauern, da, wie Schmidt-Wiegand selbst einräumt, „die Handschriften in bezug auf die s-Schreibung erstaunlich konsequent verfahren"[13], ist mit dieser Deutung ein großer Schritt getan, der von der blickverstellenden Interpretation ,gemeine Mark' wegführt.

Ein sowohl sprachlich als auch, wie erst auszuführen sein wird, sachlich stimmiger Deutungsansatz scheint mir mit der Notiz innerhalb der sehr differenzierenden und wägenden Überlegungen von Kraliks gegeben zu sein: „Einer mündlichen Mitteilung Professor Muchs verdanke ich noch den Hinweis auf die Möglichkeit, dass sich ahd. *lâsan, lâsna* auch aus der Wurzel germ. **lê* ,gewähren, erwerben' ... und ebenso auch aus der Wurzel **lêt* ,lassen' durch eine *-sn-*Ableitung entwickeln liesse, ahd. *lâsan, lâsna* wäre darnach ,das an Grund und Boden Gewährte, Erworbene oder Gelassene' und aus diesem Begriff hätte sich dann die Bedeutung ,Land, Mark, gemeinsame Mark' entwickelt."[14] Nimmt man nun eine Bedeutung des

---

[7] Vgl. Kralik, Bestandteile, S. 419.
[8] Ebenda S. 420.
[9] Grimm, Deutsche Grammatik, S. 735; Ders., Rechtsalterthümer, Bd. 2, S. 11.
[10] Vgl. Gesetze der Angelsachsen, Bd. 2, S. 129.
[11] Kralik, Bestandteile, S. 422 f.
[12] Schmidt-Wiegand, Marca, S. 83.
[13] Ebenda, Anm. 57.
[14] Kralik, Bestandteile, S. 424 f.

Wortes *lâsan, lâsna* als ‚das an Grund und Boden Gewährte, Gelassene' an und schließt die von v. Kralik angenommene Bedeutungsentwicklung entschieden aus, so kommt man meines Erachtens auch der Deutung von *calasneo* näher. Die Malbergischen Glossen drücken jeweils auch nur einen Sachverhalt aus, der sich durch die lateinische Bezeichnung nicht adäquat beschreiben läßt, warum sollte also in den bayrischen Gesetzen ein volkssprachiges Wort ein anderes inhaltlich genau abdecken? Die Stelle *nisi eius*[15] *commarcanus fuerit, quem calasneo dicimus* wäre also zu übersetzen mit: ‚wenn er nicht ein solcher bzw. derjenige *commarcanus* – Grenznachbar – ist, den wir *calasneo* nennen'. Der Kontext der Bestimmung wäre damit: Keiner hat im Waldgebiet eines anderen das Recht, Vogelnester auszunehmen, es sei denn, er ist ein solcher Grenznachbar, der das Waldgebiet vom Besitzer zur Nutzung überlassen bekommen hat. Mit *calasneo* wäre also hier derjenige gemeint, der ein Gut oder Gebiet bewirtschaftete, das ihm zur Nutzung gelassen worden war. Es ist daher vielleicht an einen Zusammenhang mit ahd. *gelāz* ‚Erlaubnis, Gnade'[16] zu denken oder an ahd. *gilāzan, gelazen, kelāz(z)en* ‚überliefern, geben, verleihen, gewähren, zugestehen, gestatten'[17]. Die Möglichkeit, daß in *calasneo* eine Bildung zu *lassen* vorliegt, scheint auch dadurch gegeben, daß *lassen* außerordentlich häufig im Althochdeutschen in vergleichbaren Bildungen vorkommt: *analāz(z)en* ‚etwas über jemanden kommen lassen', *analferlāzen* ‚etwas auf jemanden richten', *bilāzan* ‚vergeben, verzeihen', *biforalāzan* ‚vorziehen', *tharagilazan* 'dorthin richten', *farlāzan* ‚aufgeben', *forelāzen* ‚unberücksichtigt lassen, auslassen', *framlāzan* ‚nicht zurückhalten', *irlāzan* ‚erlassen, befreien', *niderlāzan* ‚niederlassen', *farlāzzanī* ‚Freiheit, Erlaubnis, Genehmigung' u. v. a. m.[18]

Über die rechtlichen Verhältnisse dieser Gebietsüberlassung ist uns im Zusammenhang mit dem *calasneo*-Beleg der Lex Baiwariorum nichts überliefert. Vielleicht waren die Bedingungen ähnlich wie bei den späteren *Lass*bauern der Neusiedlungsgebiete Nord- und Ostdeutschlands, die ein Gut gegen Fronden zur Nutzung erhielten[19]. Da dies jedoch Einschätzungen von Verhältnissen einer wesentlich späteren Zeit sind, ist bei der Übertragung auf den *calasneo* Vorsicht geboten. Morphologische und semantische Parallelen bieten sich allerdings an in Wortbildungen wie *Hinderlass, Hablass*, ‚Hinterlassenschaft', wie sie gegenwärtig im Oberdeutschen gebräuchlich sind[20], aber auch im schriftsprachlichen, hochdeutschen *Nachlass. Lass* bezeichnet noch heute in den oberdeutschen Mundarten einen (Wasser-)Weg, den der Besitzer eines tiefer gelegenen Grundstückes, dem des höher gelegenen überlassen muß, damit dieser sein Holz oder Getreide herunterbringen kann[21].

---

15 Vgl. GEORGES, Handwörterbuch, Bd. 1, Sp. 2126: Die Bedeutungen: II) ‚derjenige, diejenige, dasjenige' oder III) ‚solcher, so beschaffen, von der Art' und nicht I) ‚er, sie, es, der, die, das' (wie es in der Übersetzung der Lex Baiuvariorum (K. BEYERLE), S. 184, anzutreffen ist) sind hier anzunehmen.

16 Vgl. SCHÜTZEICHEL, Wörterbuch, S. 167.

17 Ebenda.

18 Ebenda, S. 167 f.

19 Vgl. ERLER, Lassbauern.

20 Vgl. Schweizerisches Idiotikon, Bd. 3, Sp. 1410; SCHMELLER, Wörterbuch, Bd. 1, Sp. 1503 und auch Sp. 1504 ff.

21 Schweizerisches Idiotikon, Bd. 3, Sp. 1387 f.

Auch das Wort *calasnus* der Freisinger Urkunde aus dem Jahre 828 wäre in diesem Zusammenhang zu sehen: ... *quicquid in eis proprii habere visus sum in silvis in pratis in campis in agris in pascuis in vineis in aquarum de cursibus in omnibus calasnis et in terminis sicut antecessores mei habuerunt* ...[22] Nach einer Aufzählung sämtlicher landwirtschaftlich unterschiedlich genutzter Ländereien wird vor der Nennung der Grenzen das zwar im Eigenbesitz befindliche, aber zur Fremdnutzung ‚Gelassene' (*calasnis*) erwähnt.

Der *calasneo* gehört also wie der *commarcanus* in den Siedlungsverband, allerdings bewirtschaftet er nicht eigenen Grund und Boden, sondern nur das, was ihm zur Nutzung überlassen ist. Möglicherweise ist dies mit Abhängigkeiten – sei es in Form von Diensten oder in Form eines bestimmten Erbverhältnisses – verbunden, wobei darüber innerhalb der beiden Belege keine Aussage gemacht wird. Auch die Fragen nach der sozialen Position, sowie nach Vermögen, nach der Stellung in der Hausgemeinschaft etc. lassen sich von hier aus nicht beantworten.

4.2.3.3. salfr., alem. *minoflidis (medioflidis)*

Das Adjektiv begegnet in der Lex Salica, im Pactus und in der Lex Alamannorum.

Titel 102: *De homine inter duas uillas occiso* unterscheidet die Gruppe der *vicini* in *meliores* und *minofledis/-flidis*, die sich je nachdem mit 65 oder mit 15 Schwurhelfern vom Verdacht des Totschlags befreien mußten: 102 § 2: *Tunc uicini illi, quibus nuntiatur a iudice, ante XL noctes, qui meliores sunt, cum sexaginos quinos (iurator(e)s) se exuent, quod nec occidissent nec sciant qui occidissent; minoflidis uero (uicini) quinos denos iuratores donent (singuli), qui ut superius diximus, id est qui iurant. Si istud (sic) ante XL noctes non fecerint, (nouerint) se personam mortui (requirenti legibus) satisfacere.*[1] Bezeichnungen für die Nachbarn, wie sie in den Leges vorkommen (z. B. *vicini, consortes, commarcani* etc.), enthalten in ihrer Bedeutung keinen schichten- bzw. stände-differenzierenden Aspekt[2]. So muß auch in Titel 102 § 2 zur Bezeichnung der sozialen Position der *vicini*, die in diesem Fall von rechtlicher Bedeutung ist, da von ihr die Zahl der Schwurhelfer abhängt, erst das differenzierende Adjektiv *minoflidis* hinzugefügt werden.

Ein etwas anderes Bild stellt sich von den alemannischen Rechtsquellen aus dar. In Titel 14 des Pactus Alamannorum, der von der falschen Anschuldigung wegen Schadenszauber handelt, zeigt sich „das Bemühen, gerade bei diesem Tatbestand dem Sozialgefüge mit wünschbarer Differenziertheit gerecht zu werden"[3], in einer dreifachen Abstufung innerhalb des Standes der Freien: *primus Alamannus, medianus Alamannus* und *minoflidis*. Während wir also in der Lex Salica nur eine zweifache Abstufung in *minoflidis* und *meliores* vorfinden, treffen wir im Pactus Alamannorum eine dreifache. Diese Abstufungen in beiden Rechtsquellen zeigen jedoch deutlich die Heterogenität des Freienstandes – sowohl bei den Salfranken als auch bei den Alemannen. So schreibt z. B. Schott über die alemannischen

---

22 Traditionen des Hochstifts Freising, Bd. 1, S. 472, Nr. 550 a.

1 Pactus legis Salicae, Tit. 102 § 2, S. 259.

2 Vgl. Kap. 4.2.3.1. und 4.2.3.2.

3 Schott, Freigelassene, S. 53.

Rechtstexte: „Pactus wie Lex haben generell nur den Freien zum Adressaten, und nur dieser hat volle Personenqualität. Der wirtschaftlichen und wohl daraus folgenden politischen Inhomogenität der Freienschicht tragen die Kompilationen durch weitere Differenzierungsversuche Rechnung."[4] In Titel 14 § 6 tritt *minoflidis* neben dem Substantiv *baro* auf, das in den alemannischen Leges wie überhaupt in den kontinentalen Rechtsquellen des 5.–10. Jahrhunderts. ‚freier Mann'[5] bedeutet: 14 § 6 *Si baro fuerit de minoflidis, solvat sol. 160.*[6] Für diese Stelle kann man entsprechend zu Titel 102 § 2 der Lex Salica *minoflidis/-flidis* als in erster Linie wirtschaftliche Kategorie ansehen, so daß es sich beim *baro minoflidis* um einen Freien gehandelt haben muß, der infolge geringen Besitzes einer niedrigeren Schicht innerhalb des Freienstandes angehört hat.

Der dritte *minofledis*-Beleg findet sich in einem ähnlichen Kontext ebenfalls im Pactus Alamannorum: 31 § 4 *Si quis alterius infans minofledis fuerit, 3 sol. componat.*[7] Auf diese Bestimmung, die vom unerlaubten Vergraben eines toten Kindes handelt, folgen zwei weitere, die eine ebensolche soziale Differenzierung aufweisen, wie wir sie bereits in Titel 14 § 6 gefunden haben: 31 § 5 *Si medianus fuerit, 6 sol. componat.* 31 § 6 *Si meliorissimus fuerit, 12 sol. componat.*[8] Für diesen Titel liegt eine unterschiedliche Überlieferung vor, oben wurde die Lesart der wohl ältesten Handschrift des Alemannenrechts zitiert, die Pariser Handschrift P 12 aus dem 9./10. Jahrhundert[9], deren Vorlage aber nach Karl August Eckhardt[10] in das 6./7. Jahrhundert zurückgehen dürfte und die die einzige Handschrift des Pactus ist. Die Vorlagen der Handschriften A 1–3 und B 13[11] sind späteren Datums (8. Jh.), sie überliefern an Stelle von *minofledis* das Wort *mediofledis* und machen keine Angabe über die Höhe des Bußgeldes[12]. Die Unsicherheit in den Bezeichnungen läßt sich möglicherweise aus der Überlieferungsgeschichte heraus erklären: Die A- und B-Handschriften gelten als Lex-Alamannorum-Handschriften und über die Lex sagt Clausdieter Schott: „Die alemannische Lex kehrt die Darstellung des Sozialgefüges weniger deutlich hervor als der Pactus."[13]

Die latinisierte Bezeichnung *minoflidis* bzw. *minofledis* ist in ihrer Etymologie nicht eindeutig festzulegen, entweder ist das Wort von *vlaetec* ‚sauber, zierlich, schön'[14] abgeleitet, dann wäre seine ursprüngliche Bedeutung ‚weniger schön', oder – und dies scheint von den Legesbelegen her die wahrscheinlichere Lösung – es gehört zu ahd. *flezzi (flazzi)* mnl., engl.; an. *flet*, mnd. *vlet*, mhd. *vletz(e)*, afries., ags. *flett* ‚geebneter Boden, Hausflur, Vorhalle, Tenne'[15]. Diese letztgenannte

[4] Ebenda, S. 57.

[5] Vgl. ebenda, S. 54; vgl. auch Kap. 4.2.2.2. *baro*.

[6] Leges Alamannorum, Tit. 14 § 6, S. 24.

[7] Ebenda, Tit. 31 § 4, S. 33.

[8] Ebenda, Tit. 31 §§ 5, 6.

[9] Vgl. Schott, Lex Alamannorum, Sp. 1879.

[10] Vgl. Eckhardt, Geleitwort, S. 2.

[11] Ders., Einführung und Recensio, S. 7.

[12] Leges Alamannorum, S. 33 (Anm.).

[13] Schott, Freigelassene, S. 55.

[14] Vgl. Kluge, Wörterbuch, S. 804; Holthausen, Wörterbuch, S. 106.

[15] Vgl. Lexer, Handwörterbuch, Bd. 3, Sp. 400; vgl. zu *vlët*: Hilker-Suckrau, germanische Bezeichnungen für Haus und Hof, S. 60 f.; Kluge, Wörterbuch, S. 209 (Flöz).

Bedeutung des Grundwortes wird auch durch Belege in den angelsächsischen Leges und in althochdeutschen Glossen bestätigt[16]. Schon in diesen Quellen ist jedoch nicht mehr klar zu trennen, ob mit *flet, vlet* nur Gebäudeteile oder das ganze Gebäude gemeint war[17]. Da auch der Kontext von Titel 102 § 2 in den bäuerlichen Siedlungszusammenhang führt, ist es wahrscheinlich, daß es sich bei den *vicini minoflides* um freie Bauern mit geringem Grundeigentum handelt[18], womit also der zweite Bestandteil des Wortes *-flidis/-fledis* zu *vlet, flet* ‚Haus, Gebäudeteil' zu stellen wäre. Auch das mittellateinische Wörterbuch übersetzt *minofledus/-flidus* – die Leges überliefern das Adjektiv sowohl mit *-is-* als auch mit *-us*-Endung – mit „petit propriétaire de statut personnel libre – freeholder"[19]. Die Bezeichnung *minoflidis* bedeutet somit ‚geringbesitzend, ohne großen Besitz'. Als einzige von den in dieser Arbeit untersuchten Bezeichnungen ist *minoflidis* in den Leges keine substantivische Personenbezeichnung aus dem sozialen Bereich, sondern wird vielmehr ausschließlich adjektivisch gebraucht. Insofern müssen in bezug auf die sozialrelevanten Kriterien wie Alter, Geschlecht etc. auch die Substantive angesehen werden, die durch *minoflidis/-fledis* näher bestimmt werden, wie: *vicinus, baro, Alamannus, infans*. In den Leges wird die Bezeichnung nur maskulin gebraucht, jedoch sowohl für Kinder als auch Erwachsene. Die Funktion in bezug auf die Erhaltung der gens, die Möglichkeit besonderer Nähe zum König, die Ausübung eines Amtes sowie die Stellung innerhalb der Hausgemeinschaft spielen für die Bedeutung des Wortes *minoflidis* keine Rolle, mit seiner Verwendung tritt jedoch das Kriterium des Besitzes entschieden in den Vordergrund. Darüber hinaus wird in Titel 102 § 2 PlSal deutlich, daß sich aus der Abstufung in *meliores* und *minoflidis* auch Konsequenzen rechtlicher Natur (wie Zahl der Schwurhelfer) ergeben. Dies wie auch die Höhe des Besitzes üben letztlich auch Einfluß auf das soziale Prestige aus – eine Kategorie, die in einem Rechtstext wie diesem aber nicht unmittelbar zu erschließen ist.

Zusammenfassend kann *minoflidis/-fledis* – sowohl in der frühen salfränkischen als auch in der frühen alemannischen Gesetzgebung – als eine Bezeichnung für den Minderfreienstatus gelten, wobei in der Bedeutung besonders klar der wirtschaftliche Aspekt hervortritt, der, wie wir in allen drei Gesetzesbestimmungen ablesen konnten, rechtliche Auswirkungen hatte, so konnte z. B. von der Höhe des Besitzes die Zahl der Schwurhelfer (PlSal 102 § 2) oder die Höhe des Bußgeldes für bestimmte Delikte abhängen (PAl 14 § 6, 31 § 4). Auswirkungen auf das soziale Prestige lassen sich nur vermuten, erscheinen aber wahrscheinlich. Die Anwendung einer Bezeichnung wie *minofledis* macht weiterhin eine Heterogenität innerhalb des Freienstandes deutlich, die durch vorwiegend rechtliche Kriterien, wie sie z. B. durch die Dichotomie frei/unfrei gegeben sind, nicht adäquat ausgedrückt werden können, vielmehr sind andere Kriterien wie Besitz, soziales Prestige etc. für die soziale Position und auch die rechtliche Stellung ausschlaggebend. Daß jüngere Fassungen der Lex Salica und der Lex Alamannorum die Bezeichnung *minofledus*

---

16 Vgl. Hilker-Suckrau, germanische Bezeichnungen für Haus und Hof, S. 60 f.

17 Vgl. ebenda, S. 60 f.; vgl. auch Heyne, Wohnungswesen, S. 33.

18 Vgl. Schmidt-Wiegand, Bezeichnungen, S. 237.

19 Niermeyer, lexicon, S. 690: *minofledus, minoflidus*.

nicht mehr oder falsch durch *mediofledus* überliefern, ist kein Beleg dafür, daß sich im Laufe der Zeit das Sozialgefüge vereinfacht hatte. Es muß vielmehr untersucht werden, ob der Untergang des Wortes nur darin begründet ist, daß die Bezeichnung *minofledus* durch ähnliche Bezeichnungen ersetzt wurde, oder ob sich die Blickrichtung innerhalb der Gesetzgebung so verschoben hat, daß man glaubte mit der Dichotomie *liber/servus* etc. auszukommen. Clausdieter Schott stellt für die Lex Alamannorum fest, daß die Dichotomie als Grundvorstellung besteht, daß jedoch „das differenzierter gewordene Ständebild aus der Gesamtheit der Bestimmungen erschlossen werden"[20] muß. „Pactus und Lex unterscheiden sich in der Darstellung der sozialen Verhältnisse darin, daß jener offenkundig das Ständebild selbst aufzeigen will, während letzterer auf einer ohnehin bekannten Ordnung aufbaut und diese bereits in ihrer Weiterentwicklung zeigt."[21]

4.2.3.4 salfrk. *widrisittilo*

Das Wort *widrisittilo* bzw. *widrositelo*, für das es nur im Pactus und in der Lex Salica je einen Beleg gibt, ist in seiner Bedeutung umstritten.

Der Titel *migrantibus* ‚Von Zuziehenden' (45 PlSal, 80 LSal)[1] räumt den *vicini* ein Mitspracherecht beim Zuzug eines Fremden in ihr Siedlungsgebiet ein, im Text heißt es *in villa*: „... man wird hier sagen müssen ‚auf einem Hofe' ..."[2]. Derjenige wird in der Sprache des Malbergs *vuidrisittolo* (A 1), *uuedresitelo* (A 2), *uuidrisitelo, uuidrosithelo* (D), *uuidristholo* (G 6), *uuidre sathala* (H 10)[3] genannt, der sich trotz des Einspruchs der *vicini* weigert, das Land zu verlassen, das er ohne Erlaubnis bestellt hat – hier genügt der Einspruch nur eines der *in villa* Ansässigen *(... qui in uilla consistunt ...)*[4]. Karl August Eckhardt[5], Willem L. van Helten[6] und Hendrik Kern[7] deuten *uuidrisittolo* als ‚Widersetzlichkeit': PlSal 45 § 2. *Si uero contra ⟨inter⟩ dictum unius uel duorum in uilla ipsa adsedere praesumpserit, tunc ⟨ei⟩ testare ⟨ille⟩ debet. Et si noluerit inde exire, ille qui ei testat cum testibus sic ei debet testare, ⟨dicat⟩: „⟨Homo⟩ hic tibi testo, ut in hac nocte proxima in hoc, quod lex Salica habet, sedeas, et testo tibi, ut in decem noctes de uilla ista exeas." ⟨Et de⟩ postea adhuc ⟨de⟩ post decem noctes iterum debet ad ipsum uenire et ei testare, ut iterum in ⟨alias⟩ decem noctes inde exeat. Et si adhuc post decem noctes noluerit exire, iterum tertio decem noctes ad placitum ⟨suum⟩ addat, ut sic XXX noctes impleantur. ⟨Et⟩ si nec tunc uoluerit exire, tunc maniat eum ad mallum et testes suos per singula placita, qui fuerunt, ibi ⟨dem⟩ praestos ⟨sibi⟩ habeat. ⟨Et⟩ si ipse,*

---

20 SCHOTT, Freigelassene, S. 55.

21 Ebenda, S. 55.

1 Siehe Pactus legis Salicae, S. 173 ff., Tit. 45 § 2; Lex Salica, S. 130 ff., Tit. 80 § 3.

2 SCHMIDT-WIEGAND, Marca, S. 84.

3 Vgl. auch GYSSELING, Germaanse woorden, S. 108 f.

4 Pactus legis Salica, S. 173.

5 Vgl. ebenda, S. 173 f., Tit. 45 § 3 und S. 291 (Glossar); Lex Salica, S. 132, Tit. 80 § 3 und S. 237 (Glossar); Pactus legis Salicae, Germanenrechte, Bd. II, 1, S. 83 ff., S. 284 ff.; ebenda, Bd. II, 2, S. 560 (Glossar).

6 Vgl. HELTEN, malbergische glossen, S. 450 ff., § 142.

7 Vgl. KERN, Notes, S. 531, § 222; DERS., Glossen, Lex Salica, S. 179.

cui testatum est, noluerit uenire et eum aliqua sunnis non ⟨de⟩ tenuerit et sic ista ⟨omnia⟩, quae superius dicimus, secundum legem est testatus, ⟨et⟩ tunc ipse, qui eum testauit, super furtunam suam ponat et rogat grafionem ⟨loci illius⟩, ut accedat ad locum ipsum, ut eum exinde expellat. Et quia legem noluit audire, quod ibidem laborauit demittat et insuper, mallobergo uuidrisittolo hoc est, MCC denarios qui faciunt solidos XXX culpabilis iudicetur.[8] Die oben genannten Autoren bzw. der Editor Eckhardt beziehen die Glosse auf das *legem noluit audire* in 45 § 2 (PlSal) und gelangen so zu der Interpretation ‚(Strafe wegen) Widersetzlichkeit'[9].

Van Helten und Kern stellen das erste Glied zu got. *wiþra*[10], ahd. *widar* bzw. *widri-* (durch Einwirkung des Folgegliedes)[11] ‚gegen, entgegen' und das zweite Glied des Kompositums, für das „aus den überlieferten lesarten" *-sitelo* zu folgern sei, wird als Substantivierung zum Verb *sitan* ‚sitzen' erklärt[12]. *Widrositelo* wäre damit eine Ableitung zu dem im Althochdeutschen überlieferten Wort *widarsezzan* ‚entgegensetzen, Widerstand leisten'[13]. Mit meiner Deutung möchte ich mich eher Maurits Gysseling anschließen, der die Glosse **wiþra-siþilan* ‚die sich in een dorp vestigt tegen de wil van die er al wonen'[14] zurückführt. Das erste Glied kann wie bei van Helten und Kern eindeutig als ‚entgegen, gegen' gedeutet werden, das zweite dagegen wäre schlüssiger zu idg. **sedtlo, *setlo*, ahd. *sedal* ‚Sitz, Wohnsitz, Stätte'[15] zu stellen, zumal auch in den althochdeutschen Affatim-Glossen (9. Jh.) ein mit *accola, agricola* zu übersetzendes Wort *sidilo* belegt ist.[16] Eine Wortverwandtschaft bestünde damit auch zu mhd. *sidilen*, nhd. *siedeln*[17]. Eine ähnliche Wortbildung liegt bei dem in althochdeutschen Glossen bezeugten *einsedalo* bzw. *einsidilo* ‚Einsiedler'[18] vor, wie auch bei ahd. *lantsidilo* ‚Landsiedler, *accola, colonus, indigena, agricola*'[19], „das öfter ‚Einwohner' als ‚Bauer' bedeutet"[20].

Widrositelo ‚der widerrechtlich Siedelnde' würde damit nicht als Erläuterung oder volkssprachige Übersetzung des Teilsatzes *quia legem noluit audire* verstanden werden können, sondern es gibt in einem Wort zusammengefaßt noch einmal den Sachverhalt wieder, um den es in 45 § 2 geht: das widerrechtliche Wohnen (Siedeln) und die gesetzmäßige Handhabe gegen den Eindringling *(uuidrisittilo)*, dies wird vor allem in LSal Titel 80 § 3 deutlich, wo der direkte Zusammenhang zu dem lateinischen Teilsatz durch die Aufteilung in Titel 80 § 2 und Titel 80 § 3 nicht

---

[8] Pactus legis Salicae, S. 173 ff.

[9] Vgl. Helten, malbergische glossen, S. 450 f.

[10] Vgl. Kern, Notes, S. 531, § 222.

[11] Helten, malbergische glossen, S. 451.

[12] Vgl. Kern, Notes, S. 531, § 222.

[13] Vgl. Schade, Wörterbuch, Bd. 2, S. 1144.

[14] Vgl. Gysseling, Germanse woorden, S. 108.

[15] Vgl. Pokorny, Wörterbuch, Bd. 1, S. 886.

[16] Vgl. ebenda; Schade, Wörterbuch, Bd. 2, S. 760; Graff, Sprachschatz, Bd. 6, Sp. 310; vgl. auch Bergmann, Glossen, S. 91 ff.; vgl. z. B. die Belege im Affatim Glossar: StSG IV, S. 3, Zeile 57 und 59; vgl. ebenda, S. 588 ff.; Oxford BLB. Jun. 25, frühes 9. Jh.; Bergmann, Verzeichnis, S. 84, Nr. 725, alemannischer Dialekt: *Agrigula lantsi do lo; Acula sidi lo.*

[17] Vgl. Pokorny, Wörterbuch, Bd. 1, S. 886.

[18] Vgl. Graff, Sprachschatz, Bd. 6, Sp. 310.

[19] Vgl. ebenda, Sp. 310 f.; siehe auch Köbler, „Bauer" im Frühmittelalter, S. 242 f.

[20] Bergmann, Glossen, S. 126.

mehr gegeben ist: 80 § 3. *Quod si ibidem aliquid laborauerit, amittat et insuper mallobergo uuidrositelo ⟨MCC dinarius qui faciunt⟩ solidus XXX culpabilis iudicetur.*[21] Somit kann das Wort als eine ad-hoc-Bildung verstanden werden, der ein Wortbildungsmuster Präposition + Substantiv *-sidili* zugrunde liegt, das im 8./9. Jahrhundert sehr verbreitet war, wie sich an den Glossen *einsidilo* ‚Einsiedler', *anasidili* ‚Ansiedler', *umbisedalo* ‚Umsitzer, Nachbar, *finitimus*'[22] zeigen läßt. Allgemein war *sedhal, sedal, sidili* ‚Sitz, Sessel, Wohnort' sehr bildungsaktiv als Grundwort für Zusammensetzungen: sei es mit Präpositionen, mit anderen Substantiven *uuostansethalo* ‚Wüstenbewohner, eremita', *diskesidil* ‚Tischgenossen', *lantsidilo, einsidilo*[23] oder mit einem Präfix wie z. B. *gasidili* ‚Gesiedel'[24].

Ein Blick auf die Überlieferungsgeschichte von Titel 45, bei dem wir es „mit einer salfränkischen Umdeutung römischen Vulgarrechts zu tun"[25] haben, kann weitere Aufschlüsse über die Bezeichnung erbringen. Titel 45 lehnt sich an den Codex Theodosianus an, der auch eine einschränkende Bestimmung gegenüber Fremden, Zuziehenden kennt. Im Gegensatz zur Lex Salica geht es hier nicht um das Ansiedeln und Bestellen des Bodens, sondern um das Verkaufsrecht: *Prior ordinatione legis fuerit, ut, si unus ex consortibus pro quacumque necessitate rem vendere voluerit, extraneus emendi licenciam non haberet.*[26] Der Gesetzgeber der Lex Salica „hat nur den Inhalt der Bestimmung den eigenen Bedürfnissen und den besonderen Gegebenheiten in der fränkischen Bevölkerung angepaßt, wo Handel und Verkehr kaum eine Rolle spielten ... ein bezeichnendes Beispiel für die sog. Frührezeption des römischen Rechts durch die germanischen Stämme."[27]

Ruth Schmidt-Wiegand zieht zur Erläuterung von Titel 45 noch zwei andere Bestimmungen der Lex Salica hinzu: Eine jüngere, nur verstümmelt überlieferte Novelle zum salfränkischen Recht klärt darüber auf, daß dem Ansiedler das Recht der Wald-. Weide-, Wasser- und Wegenutzung zustand[28]; auch aus diesem Grunde mußten, wie aus Titel 45 deutlich wird, die anderen Siedlungsgenossen über den Zuzug befragt werden. Titel 14 § 4[29] macht darüber hinaus deutlich, daß auch das Einspruchsrecht der Anwohner eingeschränkt war, sofern der Zuziehende einen Einweisungsbefehl des Königs besaß und damit sein Recht geltend machte. In diesem Fall kostete der Einspruch 200 solidi Buße. „Nimmt man beide Regelungen, Tit. 14 § 4 und Tit. 45, zusammen, so liegt der Schluß nahe, daß es sich hier um Höfe handelt, die der König einer Nachbarschaft als Siedlungsraum zugewiesen hat und deren Bestand es, etwa bei Kinderlosigkeit des Besitzers, zu wahren galt."[30]

Die Anlehnung an den Codex Theodosianus hätte auch zu einer Lehnbildung des fränkischen Wortes nach lateinischem Vorbild oder sogar zur Übernahme eines

---

21 Lex Salica, Tit. 80 § 3, S. 132.

22 Siehe Graff, Sprachschatz, Bd. 6, S. 309 f.

23 Vgl. ebenda.

24 Vgl. ebenda.

25 Schmidt-Wiegand, Marca, S. 85.

26 Codex Theodosianus III, 1,6 zitiert nach Schmidt-Wiegand, Marca, S. 85; vgl. auch Bader, Dorfgenossenschaft, S. 135.

27 Schmidt-Wiegand, Marca, S. 85.

28 Vgl. ebenda und Anm. 67; vgl. auch Bader, Dorfgenossenschaft, S. 137 f.

29 Siehe Pactus legis Salicae, Tit. 14 § 4.

30 Schmidt-Wiegand, Marca, S. 86.

lateinischen Wortes führen können, daß beides nicht geschehen ist, hat seine Ursachen in den unterschiedlichen sozialen Verhältnissen der Franken und der Römer. Da bei den Römern auch dem Handel eine große Bedeutung zukam, betrifft die Bestimmung des Codex Theodosianus das Einspruchsrecht der Nachbarn gegen Verkaufsgeschäfte eines Neuhinzuziehenden. Die Franken hingegen lebten in einer agrarisch bestimmten Gesellschaft, so daß bei der Rezeption die Bestimmung fränkischen Verhältnissen angepaßt werden mußte. *Widrisittilo* ist demnach als ein ad hoc gebildetes Rechtswort aus dem agrarischen Bereich aus dem Zusammenhang des Siedelns und Landbebauens zu verstehen (*sidilo* wird im 9. Jahrhundert mit *accola, agricola* glossiert). Das Wort ist eine Neubildung aus fränkischen Wortbestandteilen. Damit erklärt sich möglicherweise auch, warum *widrositttilo* weder im Fränkischen noch über dessen Grenzen hinaus weiterbelegt ist; eine lateinische oder eine volkssprachige Entsprechung zum Wort *widrisitelo* sind ebenfalls nicht bekannt.

4.2.4. ‚(Freier) Mensch' — unter politisch-rechtlichem Aspekt

4.2.4.1. salfrk., alem., rib., cham., sächs., fries. *letus, leta (litus, lita)*

Das frankolateinische Wort *letus/ledus* und das latinisierte *litus* treten im Pactus legis Salicae, in der Lex Salica, in Pactus und Lex Alamannorum, in der Lex Ribuaria, Lex Francorum Chamavorum, Lex Saxonum und in der Lex Frisionum auf. Darüber hinaus findet es sich in Urkunden des 8. bis 12. Jahrhunderts. Köbler hat festgestellt, „daß es in den Übersetzungsgleichungen fast überhaupt nicht erscheint"[1]. Dies erklärt er damit, daß *litus* erst am Ende der Spätantike ins Lateinische aufgenommen worden ist.

Im Pactus legis Salicae und entsprechend in der Lex Salica erscheint *letus (litus, ledus, lidus)* als Textwort in den Titeln 13 § 7 PlSal entsprechend 14 § 6 LSal, 26 § 1 PlSal entsprechend 37 § 1 LSal, 35 §§ 5, 8 PlSal entsprechend 60 LSal, 42 § 4 PlSal entsprechend 70 § 5 LSal; 50 § 1 PlSal entsprechend 86 § 1 LSal, 77 § 3 PlSal und 83 § 2 PlSal[2], die weibliche Form *leta* bzw. *lita* in Titel 13 § 10 PlSal, 100 § 4 PlSal und 104 § 9 PlSal[3]. Als Malbergische Glosse begegnet das Wort in Titel 35 §§ 2, 5 in der Zusammensetzung *letusmosido* und in Titel 26 § 1 in der Wendung *maltho thi atomeo leto*[4]. In den Bestimmungen drücken sich ganz unterschiedliche rechtliche aber auch soziale Bewertungen für den *letus/litus* aus. Die Titel 13 § 7 PlSal (14 § 6 LSal) und 42 § 4 PlSal (70 § 5 LSal) legen nahe, daß der „Lite ein Wergeld" hatte, daß „die Hälfte des Freienwergeldes betrug"[5]. Eine besondere Bezeichnung, wie z. B. für das Freienwergeld, gibt es in Malbergischen Glossen für das Litenwergeld nicht. In beiden Bestimmungen wird *letus* mit dem *puer regius* und in Titel 42 § 4 zusätzlich noch mit dem *Romanus* gleichgesetzt: 13 § 7 *Si uero*

---

[1] Köbler, Lehre, S. 165; vgl. zum sozialökonomischen und ständischrechtlichen Status: Beyreuther, Liten; vgl. zu den Liten im altsächs. Recht: Landwehr, Liten.

[2] Siehe Pactus legis Salicae, S. 61, 96 f., 130 f., 164, 189 f., 249, 251; Lex Salica, S. 54 f., 76, 98, 118, 144 f.

[3] Siehe Pactus legis Salicae, S. 62, 257, 261.

[4] Siehe ebenda, S. 130, 96 f.

[5] Schmidt-Wiegand, Bezeichnungen, S. 244 f. Vgl. auch Pactus legis Salicae, S. 263: *Si quis puerum regius aut libertatum occiderit, solidos C culpabilis iudicetur.*

puer regius (fuerit) uel letus (qui) ingenuam feminam traxerit, de uita conponat[6] *und 42 § 4 De Romanis uero occisis uel letis (et pueris) haec lex (superius conprehensa ex)* medietate soluatur[7]. Die *pueri regii* ‚Königsknaben' waren gehobene Unfreie, Minderfreie sozusagen, deren Wergeld 300 solidi betrug. Der *sacebaro* ‚der Verfahrensverwalter'[8] konnte ebenfalls zur Gruppe der *puer regii* – also zu den Minderfreien – gehören, er konnte aber auch Vollfreier mit 600 solidi Wergeld sein.

Romanus erscheint in der Lex Salica zumeist in Bestimmungen, „die zwischenvölkische Tatbestände zum Gegenstand haben ..."[9]. Zum besseren Verständnis des Titels 42 § 4 soll ein Blick auf eine weitere Bestimmung des Pactus geworfen werden: Der Titel 41 §§ 8–10 regelt das Wergeld des romanischen Bevölkerungsteils innerhalb der Franken[10], § 8 gibt ein Wergeld von 300 solidi für einen *Romanus* an, der *conviva regis* ‚Tischgenosse des Königs' ist. Das ist die Hälfte des Wergeldes eines freien, auf dem Kriegszug befindlichen Franken. Ein *possessor* ‚grundbesitzender Romane' dagegen hat nur ein Wergeld von 100 solidi und ein *tributarius* ‚Zinshöriger' von nur 62 ½ solidi. Während die Malbergische Glosse für das Wergeld in Titel 41 § 8 *leudi* also ‚Freienmanngeld' lautet, findet sich in der Handschrift A 2 für die §§ 9 und 10 *uualaleodi* ‚Welschenmanngeld'[11], dies zeigt, besonders im Vergleich mit Titel 42 § 4, daß der *Romanus* – wahrscheinlich der *Romanus possessor* – dem sozialen Status nach als Lite angesehen worden ist. Andeutungsweise wird auch hier sichtbar, daß die Schicht der Liten, der Halbfreien, sozusagen ein soziales Sammelbecken war, das demzufolge keine festen Grenzen hatte. Für die Bestimmungen des Pactus legis Salicae bzw. der Lex Salica ergab sich nicht die Notwendigkeit ein eigenes Litenwergeld festsetzen zu müssen, da für Königsknaben, Romanen etc., die in etlichen Fällen hinter der Bezeichnung *litus* zu finden sind, die Wergeldbemessungen gesondert geregelt waren. Es steht zu vermuten, daß auch der *sacebaro* und eventuell eine Reihe von Handwerkern – wie z. B. der *molinarius*[12] – zu dieser Schicht gehörten.

Zumeist läßt sich eine deutliche ständisch-rechtliche Dreiteilung aus den Bestimmungen des Pactus legis Salicae und der Lex Salica nicht ablesen. Wie Schott[13] für die Alemannenrechte feststellen konnte, überwiegt auch in der salfränkischen Gesetzgebung die auf römisches Recht und christliche Tradition[14] zurückge-

---

[6] Pactus legis Salicae, S. 61; Lex Salica, S. 54 f., Handschriftengruppe D (14 § 6), E (14 § 3), *Si uero puer regi uel litus ingenua femina traxerit, tunc de uita conponat.*

[7] Pactus legis Salicae, S. 164; Lex Salica, S. 118, Handschriftengruppe D (70 § 5): *De Romano uero uel lito occissis, qui in tale contubernio interfecti fuerunt, haec lex ex medietate soluantur.*

[8] Vgl. Kap. 4.2.2.2. *baro*, S. 95; vgl. Olberg, puer regius; Dies., Sakebaro.

[9] Schmidt-Wiegand, Bezeichnungen, S. 247.

[10] Siehe Pactus legis Salicae, S. 157.

[11] Vgl. auch Schmidt-Wiegand, Bezeichnungen, S. 247 f. ahd. *walh* ‚Romane', ags. *wealh* ‚Kelte' „ist ein typisches Wort der Rand- oder Mischzone zwischen Germanen und Kelten oder Germanen und Romanen".

[12] Vgl. Schmidt-Wiegand, Bezeichnungen, S. 246 und Pactus legis Salicae, S. 87, Tit. 22 § 1. Der *molinarius* war ein vermutlich in den meisten Fällen halbfreier Romane; er war der Handwerker, der die Mehlarbeiten durchführte, d. h., er mußte nicht notwendig mit dem Mühlenbesitzer identisch sein. Vgl. hierzu Koehne, Recht der Mühlen, siehe auch die Rezension dazu von Ulrich Stutz.

[13] Vgl. Schott, Freigelassene.

[14] Vgl. ebenda, S. 51 f.

hende Dichotomie frei/unfrei. *Letus* etc. wird teils in Kapiteln genannt, die sich mit Vergehen an Unfreien befassen, teilweise aber wird die Bezeichnung in direktem Gegensatz zu „Freien" verwendet. Besonders interessant und aufschlußreich für das Verständnis der Minderfreiheit sind die Titel 35 § 8 und 50 § 1 PlSal (bzw. 86 § 1 LSal), die auf den ersten Blick völlig unvereinbar miteinander zu sein scheinen: 35 § 8 *Si (quis) seruus (alienus) aut letus hominem ingenuum occiderit, ipse homicida pro medietate conpositionis (illius) hominis occisi parentibus tradatur; dominus uero serui aliam medietatem (conpositionis) se nouerit esse soluiturum.*[15] Der Titel erwähnt den minderfreien Unrechtstäter *(letus)* bei dem Straftatbestand des Freienmordes als gleichgestellt mit dem unfreien Unrechtstäter *(servus)*. Der *letus* ist in diesem Fall – wie der *servus* – abhängig von einem Herrn *(dominus)*, der auch vor dem Gesetz für ihn verantwortlich ist. In Titel 50 § 1 dagegen wird die Gleichbehandlung von Freien und Minderfreien beim Treuegelöbnis hervorgehoben: 50 § 1 *Si quis ingenuus aut letus alteri fidem fecerit (et noluerit soluere), tunc ille, cui fides facta est, in (XIV siue) XL noctes aut quomodo placitum fecerit, quando fidem fecit, ad domum illius, qui fidem fecit, cum testibus uel cum illis, qui praetium adpretiare debent, uenire debet. Et si ei noluerit fidem factam soluere, mallobergo thalasciasco hoc est, DC denarios qui faciunt solidos XV culpabilis iudicetur super debitum (uero), quod fidem fecerit.*[16] Der vermeintliche Widerspruch klärt sich durch die Tatsache, daß es sich bei beiden Teilen um unterschiedliche Textsorten handelt. Titel 35 § 8 ist ein Bußweistum, das in den neueren Handschriften der Lex Salica keine Entsprechung mehr hat, wohingegen Titel 50 § 1 königliches Satzungsrecht ist, also die Perspektive des Königs, den Willen des Gesetzgebers widergibt[17]. Es läßt sich also mit Ruth Schmidt-Wiegand folgern, daß sich in der Bestimmung des Titels 50 § 1 „eine Aufwertung des Litenstandes durch den König" andeutet[18]. Zudem hat auch Nehlsen festgestellt, daß der in Titel 35 § 8 angesprochene Fall der einzige „einer haftungsrechtlichen Gleichstellung von Liten und Sklaven" ist, „der in der Lex Salica und den merowingischen Kapitularien begegnet. Auf der Täterseite wird der Lite nur ausnahmsweise genannt, wobei er selbst als Bußschuldner erscheint und die halbe Freienbuße zu entrichten hat"[19].

So kennen z. B. die Titel 77 § 2, 83 § 2, 100 § 4 und 104 § 9 PlSal keine Herrenhaftung, sondern hier büßt der Lite eigenverantwortlich für seine Vergehen: 77 § 2 *Si uero letus fuerit, qui hoc facere praesumpserit, VII semis solidos culpabilis iudicetur.*[20] Der vorhergehende Paragraph erwähnt denselben Tatbestand der Schmähung allerdings diesmal ausführlich von einem Freien *(ingenuus)*, seine Buße beträgt genau das Doppelte (15 solidi) von der des ,Halbfreien, des Liten (7 ½ solidi). Ebenso verhält es sich in Titel 83 § 2 PlSal: der Lite büßt die Hälfte von dem, was

---

[15] Pactus legis Salicae, S. 131.

[16] Ebenda, S. 189 f. und Lex Salica, Handschriftengruppe D + E, S. 144 f.: 86 § 1 *Si quis ingenuos aut litus alteri fidem fecerit, tunc illi, cuius fides facta est, in XL noctes, aut quomodo placitum fecerit, cum testibus uenire debit uel qui precium adpreciare debeant, et si noluerit fidem facta soluere, (DC dinarius qui faciunt) solidus XV culpabilis iudicetur.*

[17] Vgl. Schmidt-Wiegand, Bezeichnungen, S. 245.

[18] Ebenda.

[19] Nehlsen, Sklavenrecht, S. 291, Anm. 202.

[20] Pactus legis Salicae, Tit. 77 § 2, S. 249.

ein Freier zu zahlen hätte: 83 § 2 *Si letus de (hoc) quod inculpatur ad sortem ambulauerit et mala sorte priserit, medietatem ingenui legem conponat et sex iuratores medius electus dare debet.*[21] In Titel 100 § 4 PlSal und 104 § 9 PlSal wird auch für minderfreie Frauen ein Bußgeld bestimmt, das die Hälfte des Bußgeldes für freie Frauen beträgt, darüber hinaus wird in beiden Bestimmungen die *lita/leta* mit der *puella militunia* und in Titel 104 § 9 noch mit der Romana gleichgesetzt: 100 § 4 *De puellas militu(n)ias uel litas haec lex medietate seruetur*[22] und 104 § 9 *Haec lex de militunias uel letas siue Romanas in medietate conuenit obseruare.*[23] In Titel 104 wird im Gegensatz zu den vorhergenannten die soziale Dreigliederung sehr deutlich: hintereinander werden dieselben Tatbestände für Freie *(ingenuae)*, Minderfreie *(letae)* und Unfreie *(ancillae)* erwähnt[24]. Ganz deutlich wird die Abgrenzung der weiblichen Minderfreien *lita* gegenüber der Unfreien *(ancilla)* in Titel 13 § 9 PlSal und 13 § 10 PlSal, sie ist am Maß der Buße ablesbar: 13 § 9 *Si (quis) ingenuus ancillam alienam in coniugium preserit, mallobergo honema cum ea ipse in seruitio permaneat.*[25] 13 § 10 *Si quis litam alienam ad coniugium sociauerit, mallobergo am(b)a(ht)onia, MCC denarios qui faciunt solidos XXX culpabilis iudicetur.*[26] Wer eine Minderfreie zur Frau nimmt, muß mit einer Geldstrafe in Höhe von 30 solidi rechnen (13 § 10 PlSal), wer dagegen eine Unfreie heiratet, fällt selbst in Unfreiheit (13 § 9 PlSal). Wie in Titel 100 § 4 und 104 § 9 *militunia* wird *lita* auch hier neben einer anderen Bezeichnung genannt: *ambahtunia. Ambahtunia*[27] bezeichnet eine Frau, die zum Gesinde gehört. Mlat. *miletunia* ist wohl als Ableitung zu *miles* zu deuten[28]. Auch in Titel 35 § 3 PlSal zeigt sich in der Buße für Knechtsberaubung *(theomosido)*, verglichen mit Titel 35 § 5 PlSal (60 LSal) in der Buße für Minderfreienberaubung *(letosmosido)*[29], ein deutlicher Statusunterschied zwischen *servus* und *letus*: 35 § 3 *Si uero minus (quam) XL denarios expolia eius ualuerint, mallobergo theomosido, DC denarios qui faciunt solidos XV culpabilis iudicetur.*[30] 35 § 5 *Si quis homo ingenuus letum alienum expoliauerit et ei*

[21] Ebenda, Tit. 83 § 2, S. 251; Handschrift A 3 und C.

[22] Pactus legis Salicae, Tit. 100 § 4, S. 257.

[23] Ebenda, Tit. 104 § 9, S. 261.

[24] Vgl. ebenda.

[25] Pactus legis Salicae, Tit. 13 § 9, Handschrift B, S. 62.

[26] Ebenda, Tit. 13 § 9, S. 62.

[27] Vgl. Kap. 4.3.1.2. salfrk. *ambahtunia* ...

[28] Siehe Du Cange, Glossarium, Bd. 5, S. 387.

[29] Die Zusammensetzung, die in A 1 als *leotos musdo*, in A 2 als *leciim musdo* und in D als *letus modi* auftritt, besteht aus *litus/letus* ‚Halbfreier, Minderfreier' im ersten Glied und aus *mosido* ‚Beraubung' bzw. ‚Strafe wegen Beraubung'. Das zweite Glied erscheint noch in Zusammensetzungen wie *chreumusido, chreo mosido* (Tit. 14 § 9, C 6, H 10), *freomosido, chreo mardo, cheo mosido* (Tit. 55 § 1, C 6, D, H 10), *friomusdum, freomundo, threo mosdo* (Tit. 61 § 2, C 6) ‚Leichenberaubung', *rencus musdo, rincus modi, rechus, mohsot* (Tit. 35 § 2, A 2, D) ‚Unfreienberaubung', *teofriomosido, thes frio mosido* (Tit. 35 § 6, C 6, H 10) ‚Knechtsleichenberaubung', *theomosido, theu mosdo* (Tit. 35 § 2, C 6, H 10), *theomusido* (Tit. 35 § 3, (6), *theu mosido* (Tit. 35 § 5, H 10) ‚Knechts- bzw. Unfreienberaubung'. Das zweite Kompositionsglied ist zu der idg. Wurzel **meus* zu stellen und ist noch in altindisch *musnati, mosati* ‚stehlen' bewahrt. Helten, malbergische glossen, § 63, S. 331 f. setzt ein salfränkisches Wort **mosid* mit lateinischer *o*-Endung an, die anderen Lesarten erklärt er als Nebenformen: *u* statt *o* durch Ausfall von *i musdo* oder *murdo* mit *r* für *s* etc.; oder Verschreibungen: *modi.* Vgl. Gysseling, Germaanse woorden, S. 81, 86, 90 f., 94, 102; Schmidt-Wiegand, Bezeichnungen, S. 242.

[30] Pactus legis Salicae, Tit. 35 § 3, S. 130, Handschriftengruppe A und C.

fuerit adprobatum, mallobergo letosmosido sunt, MCCCC denarios qui faciunt solidos XXXV culpabilis iudicetur.[31]

Titel 26 § 1 PlSal erwähnt *letus* im Zusammenhang mit einer – allerdings unrechtmäßigen – Freilassung: 26 § 1 *Si quis homo ingenuus alienum letum, qui apud domino suo in hoste fuerit, extra consilium domini sui ante regem per denarium ingenuum dimiserit et ei fuerit adprobatum, mallobergo maltho thi atomeo leto hoc est, IVM denarios qui faciunt solidos C culpabilis iudicetur. Res uero leti ipsius legitime reformetur.*[32] „Im fränkischen Reich ist der Schatzwurf die verbreiteste Form der Freilassung. Das Wegschleudern des Denars zeigt den Herrschaftsverzicht an; die Beteiligung des Königs verleiht dem Vorgang seine zur Vollfreiheit führende Bedeutung und löst die Königsmunt aus."[33] Das heißt, daß die Freiheit vom König selbst garantiert wurde und damit andere Schutzverhältnisse ausgeschlossen waren. Die *denariatio*, eine symbolische Verweigerung des Leib- und Schutzzinses[34], bei der der freilassende Herr dem Liten die Vollfreiheit dadurch gab, daß er ihm vor dem König einen Denar aus der Hand schlug, wurde seit dem 9. Jahrhundert „vom König in einer Art Treuhandstellung selbst vorgenommen. Auch konnten jetzt nicht nur Liten, sondern auch gehobene Unfreie *servi casati*, auf diesem Wege zur Freiheit gelangen"[35]. Im vorliegenden Fall wird die Freilassung eines Liten durch einen Dritten unrechtmäßig herbeigeführt: Ein Freier, der einen fremden *litus*, der mit seinem Herrn auf Feindfahrt ist, durch Schatzwurf vor dem König mit der Formel „Ich sage, ich lasse dich frei, Halbfreier"[36] freiläßt, macht sich schuldig und muß 100 solidi bezahlen. Der folgende Paragraph[37] handelt von eben demselben Tatbestand, nur handelt es sich hier anstelle des freigelassenen *letus* um einen freigelassenen *servus*.

Die Freilassungsformel in Titel 26 § 1 wird in den Handschriften unterschiedlich überliefert: A 1 *malthoitus meo letu*, A 2 *malteo histus meo lexum*, C 6 *maltho cluado freoledo*, H 10 *maltho theato meolito*[38], D 7 *maltholitho frioblito*, D 8 *malcho itto frio blito*, D 9 *maltho hithofrio blito*[39]. Ganz deutlich und unversehrt gibt die Heroldsche Überlieferung (H 10) die Freilassungsformel wieder: *maltho the atomeo lito*; *maltho* ist die erste oder dritte Person Singular (ich bzw. er sage ...) Präsens Optativ von

---

31 Ebenda, Tit. 35 § 5, S. 130; Lex Salica, S. 98, Tit. 60: *Si quis homo ingenuos litem alienum expoliauerit , mallobergo letus modi, sunt dinarii MCCCC qui faciunt solidos XXXV culpabilis iudicetur.*

32 Pactus legis Salicae, Tit. 26 § 1, S. 95 f.; Lex Salica, Tit. 37 § 1, S. 76: *Si quis litum alienum, qui aput domino suo in oste fuerit, extra consilio domini sui ante rege per dinario ingenuum demiserit, mallobergo maltho itho frio blito, (sunt dinarii IVM qui faciunt) solidus C culpabilis iudicetur. Res uero ipsius lito legitimo domino reformetur.*

33 Scheyhing, Freilassung, Sp. 1243.

34 Vgl. Schröder – Künssberg, Rechtsgeschichte, S. 242; Conrad, Rechtsgeschichte, Bd. 1, S. 119; Schott, Freigelassene, S. 72.

35 Schott, Freigelassene, S. 72; vgl. auch Schmidt-Wiegand, Bezeichnungen, S. 245; H. Brunner, Freilassung, S. 240; Dopsch, Freilassung und Wirtschaft, S. 97; vgl. auch Marculfi Formulae (Formulae, S. 32–106), S. 57.

36 Siehe Pactus legis Salicae, Germanenrechte, Bd. II, 1, S. 197; Baesecke, Worte, S. 27 und Anm. 50.

37 Vgl. Pactus legis Salicae, Tit. 26 § 2, S. 97.

38 Ebenda, Tit. 26 § 2, S. 96 f.

39 Lex Salica, Tit. 37 § 1, S. 76 f.

mathlon swv., zu ahd. *mahalen, mahalon* ‚sprechen, versprechen'[40]. Im Gegensatz zu Titel 26 § 2 PlSal (37 § 2 LSal), der von der Freilassung Unfreier handelt und in der Freilassungsformel in allen Handschriften (außer A 3, 4, C 5, wo die Formel ganz fehlt) das Verb *atomeo* überliefert, findet sich in Titel 26 § 1 PlSal bei der Freilassung Minderfreier das Verb *atomeo* nur in der Heroldschen Fassung. „A 2 liest *atusmeo*, A 1 *tus meo*; beider Vorlage verwandte also das von A 2 verschiedentlich noch bewahrte merowingische *o*, das von Hessels mehrfach falsch mit *us* oder *u* wiedergegeben ist. Völlig abweichend bieten C 6 *adofreo*, D 8 *tofrio*, D 7 und 8 *thofrio*"[41]. Van Helten sieht diese Formen als einen Hinweis darauf an, daß ursprünglich in der ersten Glosse (26 § 1 PlSal bzw. 37 § 1 LSal) die Formel *maltho thi afrio litu* – also statt *atomeo* das Verb *afrio* – gestanden habe[42]. Eckhardt dagegen hält die abweichenden Formen für Verschreibungen, die auf ein häufig auftretendes Verlesen von *ſ* zu *f* zurückzuführen seien. „Die so entstandene sinnlose Variante *fmeo (fmio)* hat ein späterer Bearbeiter zu *freo (frio)* gebessert und so an Stelle des unkenntlich gewordenen *atomian* = ‚lösen' das sachlich gleichwertige **afrian* = ‚freien' substituiert."[43] Das Verb *atomian* „ist dasselbe wie as. *adomian* ‚liberare' und gehört zu as., afries., ags. *dōm* ‚Urteil, Gericht, Gesetz' bzw. ‚Stand, Würde' "[44]. *Atomian* wie auch *afrijon* zu *frī* ‚frei' bzw. zu ags. *fréogan* ‚liberare'[45] sind beides fränkische Bezeichnungen. Gleichgültig, ob man der Meinung van Heltens oder Eckhardts folgt, so muß man zugeben, daß es sich hier um die Ersetzung eines fränkischen Wortes durch eine andere fränkische Bezeichnung handelt[46]. Alle älteren Handschriften (A 1 + 2, C 6 und Herold) führen für *litus* und *seruus* in Titel 26 §§ 1, 2 PlSal (bzw. 37 §§ 1, 2 LSal) gleichermaßen das Verb *atomian* ‚freilassen' an, im Gegensatz zu den jüngeren D-Handschriften, die für den *seruus* weiterhin *adomian* benutzen, aber für den *litus* das Verb *afrijon* ‚freilassen'. Sieht man diesen Befund nun im Zusammenhang mit der Deutung der übrigen *litus*-Belege des Pactus und der Lex Salica, so liegt es nahe, anzunehmen, daß die ältere Freilassungsformel sowohl für den Liten als auch für den Unfreien *‚maltho thi atomeo ...'* geheißen haben wird, denn insgesamt läßt sich feststellen, daß die älteren Handschriften der salfränkischen Gesetze die Liten eher mit den Unfreien zusammen nennen. Die jüngeren Handschriften dagegen rücken die Halb- bzw. Minderfreien stärker in die Nähe der Freien und im Treuegelöbnis (50 § 1 PlSal)[47] werden sie sogar einander gleichgesetzt, was auf den Einfluß des Königs zurückzuführen ist. Zusammenfassend läßt sich über die *litus*-Belege des Pactus und der Lex Salica sagen, daß dieses Wort Minderfreie bezeichnete und damit eine recht unbestimmte Personengruppe, die sowohl den romanischen Bevölkerungsteil als auch Handwerker umfassen.

In der alemannischen Gesetzgebung findet sich *litus/letus* und seine weibliche Entsprechung *leta/lita/lesa* nur in Bestimmungen des Pactus Alamannorum. Dies

---

[40] Vgl. Schmidt-Wiegand, Bezeichnungen, S. 245 und Anm. 8.

[41] Eckhardt, 65 Titel-Text, S. 81.

[42] Vgl. Helten, malbergische glossen, § 3, S. 239.

[43] Eckhardt, 65 Titel-Text, S. 81.

[44] Schmidt-Wiegand, Bezeichnungen, S. 245.

[45] Vgl. ebenda.

[46] Vgl. auch Eckhardt, 65 Titel-Text, S. 81.

[47] Vgl. oben.

hat einmal seinen Grund darin, daß „die alemannische Lex ... die Darstellung des Sozialgefüges weniger deutlich"[48] hervorkehrt als der Pactus. Daraus muß nun aber nicht gefolgert werden, daß die Lex nur noch grobe soziale Unterscheidungen vornimmt oder daß z. B. die Sozialstruktur zur Zeit der Lex einfacher geworden sei. „Vielmehr muß das differenzierter gewordene Ständebild aus der Gesamtheit der Bestimmungen erschlossen werden."[49] Und im vorliegenden Falle ist auch wieder eine Betrachtung der lateinischen Bezeichnungen erforderlich: „Die im Pactus als Liten bezeichneten Freigelassenen treten in der Lex als *liberi dimissi* in Erscheinung."[50] Dies führt nun zu einer weiteren Begründung für das ausschließliche Auftreten von *letus/litus/leta/lesa/lita* im Pactus. Anders als die Lex folgt er „mit seiner sozialrechtlichen Begriffsbildung ganz dem Vorbild der salfränkischen Gesetzgebung"[51]. Mit *letus, litus* und seinen weiblichen Entsprechungen hat der Pactus Alamannorum also einen salfränkischen[52] Terminus übernommen, der in der Lex wieder aufgegeben wurde. Insgesamt wird *letus* bzw. *leta* fünfmal im Pactus genannt. Fragment II 45 (Titel 17 § 3) kennzeichnet den Liten als einen in der Kirche oder vor dem Heer Freigelassenen. Im Unterschied zu der Bestimmung im Pactus legis Salicae, wo es sich bei der Freilassung um einen Aufstieg in die Vollfreiheit handelt, bezeichnet der Pactus Alamannorum einen von der Unfreiheit in den Litenstatus „Freigelassenen": 17 § 3 *Si letus fuerit in ecclesia aut in heris generacionis dimissus fuerit, XIII sol. et tremisso componat.*[53]

Es ist nicht sicher festzustellen, ob die beiden unterschiedlichen Formen der Freilassung — vor dem Heer und in der Kirche — die ausschließlichen Gründe für eine Erlangung des Litenstatus sind, „oder ob nur das wichtigste Zuordnungsmoment angesprochen ist"[54]. Mit den beiden Arten der Freilassung „knüpft das Gesetz an spätrömische Manumissionsformen an, wie sie von den germanischen Kodifikatoren übernommen und weiterentwickelt wurden"[55]. Auch Schott mag die Frage nicht entscheiden, ob in der Freilassung vor dem Heer verfassungsrechtliche Zustände Alemanniens sichtbar werden, oder ob hier lediglich Bezug auf salfränkische Freilassungsformeln genommen wird[56]. Jedoch unterscheidet sich, wie bereits oben erwähnt, die im Pactus legis Salicae genannte Manumission von der im Pactus Alamannorum, da es sich bei der alemannischen Freilassung nicht um eine „volle Gleichstellung mit Freigeborenen"[57] handelt. Schott weist hier auf eine Parallele

---

48 SCHOTT, Freigelassene, S. 55.

49 Ebenda.

50 Ebenda, S. 56.

51 Ebenda, S. 55.

52 Vgl. ebenda: „Wenn gelegentlich zum Hinweis des Gegenteils auf das Vorkommen des Litenbegriffs in Urkunden alemannischen Betreffs geschlossen wurde, so wurde übersehen, daß es sich dabei um Schreiber der königlich/fränkischen Kanzlei oder um Destinatäre fränkischen Rechts handelte." Vgl. zum unterschiedlichen Standpunkt in bezug auf die Herkunft des Wortes auch H. BRUNNER, Rechtsgeschichte, Bd. 1, S. 147, 357, Anm. 18 (salfränkisch); WAITZ, Verfassungsgeschichte, Bd. 1, S. 155, Anm. 1 (alemannisch).

53 Leges Alamannorum, PAL, Tit. 17 § 3, S. 25.

54 SCHOTT, Freigelassene, S. 54.

55 Ebenda, S. 55.

56 Vgl. auch SCHEYHING, Freilassung.

57 SCHOTT, Freigelassene, S. 55.

mit der langobardischen Volksfreiheit durch *gairethinx* hin – eine Freilassung vor größerer Versammlung, die auch nicht den Vollfreienstatus nach sich zieht[58]. Der hier bisher behandelte Titel 17[59] (nach Lehmann II 44–49) läßt deutlich neben der sonst im Alemannischen häufig auftretenden Zweiteilung innerhalb der Sozialstruktur eine Dreiteilung in *ingenuus, letus* und *seruus* erkennen. Der Totschlag und die Wegnahme blutiger Sachen wird bei einem *ingenuus* mit 40 solidi, bei einem *letus* mit 13 solidi und einer tremisse und bei einem *seruus* mit 12 solidi gebüßt. Die *ingenua lesa* und *seruua* werden wegen des doppelten Bußensatzes für Frauen in Titel 17 gesondert erwähnt: Fragment II 47 (17 § 5) *Si ingenua Alamanna factum fuerit. 80 sol. componat aut cum 12 iuerit.* II 48 (§ 6) *Si leta fuerit, 26 sol. et duos tremissus componat.* II 49 (§ 7) *Si ancilla fuerit, 12 sol. componat aut cum 12 medicus electus iuret.*[60] Auch im folgenden Titel, der von der Wegelagerung handelt, findet sich eine Dreiteilung; die *ingenua, leta* und *ancilla* sind wegen der doppelten Bußhöhe wieder gesondert erwähnt: II 50 (18 § 1) *De wegalaugen 6 sol. sovat.* II 51 (§ 2) *Si letus fuerit, solvat sol. 4.* II 52 (§ 3) *Si servus fuerit, sol. 3.* II 53 (§ 4) *Si ingenua Alamanna hoc alter ficerit, 12. sol. componat.* (§ 5) *Si leta fuerit, 8 sol. componat.* (§ 6) *Si ancilla fuerit 4 sol. solvat.*[61]. Die Titel 2 und 11 behandeln Verletzungen und zeigen dabei ebenfalls eine Dreistufigkeit der sozialen Struktur.

Das Abhauen der Daumenzehe bei einem Freien wird in Titel 11 § 4 mit 6 solidi, bei einem *letus* mit 4 und bei einem *servus* mit 3 solidi gebüßt[62]. In Titel 2 § 8 wird die Schlagverletzung einer *lesa* mit einer Buße von einem Solidus und einer Tremisse belegt[63], bei der *ingenua* sind 2 solidi zu entrichten und bei der *ancilla* 1 solidus. „Von den männlichen Geschädigten werden nur der *baro* und der *servus* erwähnt, denen eine Buße von 1 sol. bzw. ½ sol. zugesprochen wird. Nach dem Sprachgebrauch des Pactus wie übrigens auch der Lex ist *baro* stets ein Gegensatzbegriff zu *femina* und meint grundsätzlich den freien Mann. Auch hier gilt nichts anderes, wie die im Verhältnis des Freien zum Unfreien eingehaltene Bußenproportion von 2 : 1 zeigt. Waitz und Brunner sahen in dieser Stelle im *baro* noch eine Entsprechung zum *litus*, was jedoch Eckhardt wieder korrigiert hat. In Wirklichkeit ist der Lite in der Aufzählung der männlichen Geschädigten ausgelassen, wobei offenbleibt, ob es sich dabei um eine Überlieferungs- oder um eine Regelungslücke handelt."[64]

In der salfränkischen Gesetzgebung ist anhand der *litus*-Stellen weitaus deutlicher sichtbar, als in den wenigen Belegen des Pactus Alamannorum, daß es sich bei den Liten um ein soziales Zwischenfeld handelt, in dem auch einige Handwerker, Romanen und Freigelassene anzusiedeln sind. Es ist daher nötig für eine ausgewogene Einordnung der alemannischen Minderfreien, auch die in der Lex genannten

---

[58] Vgl. ebenda.

[59] Siehe Leges Alamannorum, S. 25.

[60] Ebenda.

[61] Ebenda, S. 26.

[62] Siehe ebenda, S. 22, Tit. 2 § 8: *Si lisa fuerit, solido uno et tremisse,* (E codd. A) *Si lida fuerit, solvat solidum sinum et tremissem* (E codd. B). Ebenda, S. 23, Tit. 11 § 6: *Si leto contigerit, solvat* 4.

[63] Vgl. ebenda, S. 22, Tit. 2 § 8, die Hss. des cod. B führen *lida* anstelle von *lisa.*

[64] SCHOTT, Freigelassene, S. 54; vgl. auch Kap. 4.2.2.2.: *baro,* S. 97.

liberi dimissi, die *liberi ecclesiae* und die *coloni*[65] heranzuziehen, da sie an die Stelle der *liti* des Pactus getreten sind[66]. „Die im Pactus als Liten bezeichneten Freigelassenen treten in der Lex als *liberi dimissi* in Erscheinung. Auch die Lex erwähnt zwei Freilassungsformeln, eine *in ecclesia* und eine solche *per cartam*. Wie im ersten Fall schon die unveränderte Formulierung zeigt, dürfte der Kirche die Verfolgung einer kontinuierlichen Traditionslinie gelungen sein. Die Freisprechung *per cartam* bezeichnet demgegenüber die weltliche Form mit urkundlicher Bestätigung ... Das Wergeld des *dimissus* beträgt, gleich, ob dem ein kirchlicher oder weltlicher Rechtsakt zugrunde liegt, 80 sol., d. h. die Hälfte des niederen Freienwergelds. Der Betrag geht bei fehlender Nachkommenschaft an die Kirche, wobei wiederum die unterschiedliche Freilassungsart keine Berücksichtigung finden soll. Es bleibt zu beachten, daß die Bestimmung in den kirchenrechtlichen und nicht in den volksrechtlichen Teil der Lex aufgenommen ist."[67]

Während in bezug auf den Status der *liti* in den salfränkischen Gesetzen verschiedene Tendenzen sichtbar wurden — in den älteren Fassungen die Tendenz zum Status des *servus*, des Unfreien, dagegen in den jüngeren Fassungen eine Aufwertung in Richtung auf den Freien — nehmen die *liti* der alemannischen Rechte eine deutliche Mittelstellung zwischen beiden sozialen Positionen ein. Das aus dem Fränkischen übernommene Wort *litus* wird im alemannischen Pactus zum Heteronym für lat. *libertus*, dies zeigt besonders der Vergleich mit den alemannischen Leges. Der alem. *libertus*, wie er uns in den Leges begegnet, ist immer der ursprünglich Unfreie, der zum Minderfreien — wahrscheinlich aber niemals wie in der salfränkischen Gesetzgebung zum Vollfreien — erhoben worden ist. Auch Schott, der nicht nur die alemannischen Leges, sondern auch Urkundenformeln

---

[65] Vgl. Leges Alamannorum, Tit. 8 bzw. 9, S. 75. In der Lex Alamannorum sind die *coloni* eindeutig als Minderfreie, als Freigelassene und nicht als *servi* der Kirche anzusehen: ... *„liberum ecclesiae, quem colonum vocant ..."*; vgl. auch Köbler, „Bauer" im Frühmittelalter, S. 234 „Sie (die *coloni ecclesiae*, die Verf.) sollen so leisten wie die *coloni regis*. Außerdem sind ihnen *opera* auferlegt. Im Wergeld werden sie den anderen Alemanni gleichgestellt, ohne daß zu erkennen ist, ob damit auf den *liber* dimissus mit 80 Solidi oder den anderen *liber* mit 160 Schillingen Bezug genommen wird. Daß der *colonus*, obgleich er *liber* ist, einem anderen *liber* zumindest nicht in jeder Beziehung gleichkommt, zeigt dann Titel 55, nach welchem bei der Erbfolge von zwei Schwestern diejenige, welche einen *sibi coaequalem liberum* geheiratet hat, derjenigen, welche mit einem *colonus regis vel ecclesiae* verheiratet ist, vorgezogen wird." Köbler stellt fest, daß *colonus* im Gegensatz zu *agricola* und *rusticus* ein Rechtsbegriff schon des spätantiken Privatrechts war, dessen Herkunft jedoch umstritten ist (S. 230). Die *coloni* waren zwar frei, nähern sich rechtlich seit dem 4. Jahrhundert jedoch immer mehr den *servi* (z. B. Zulassung der Körperstrafe für die *coloni* im Jahre 412); sie durften ihr Grundstück nicht veräußern, noch durfte es ihnen ohne weiteres genommen werden. Sie durften eheliche Verbindungen mit Freien eingehen und waren auch in jener Zeit nicht prozeßberechtigt, wo sie nicht mehr mit den Freien gleichgestellt waren. Die burgundischen und bayrischen Leges zeigen den *colonus* dem Status nach in enger Nähe zum *servus*. Insofern machen die Belege der alemannischen Leges eine Ausnahme, auch wenn man zum Vergleich noch die Capitularien heranzieht. In den Capitularien entspricht ihre Stellung etwa der, die die spätantiken *coloni* hatten (S. 235 ff.). Die Konzilien, Formeln und Urkunden ergeben kein sehr klares Bild und lassen es möglich erscheinen, daß der *colonus* „... vielleicht in Verfolgung einer von der Kirche begünstigten antiken Tradition ein in der frühmittelalterlichen Freiheitsterminologie zwischen *liber* und *servus* nöglicher Begriff ist ..." (S. 241).

[66] Vgl. Schott, Freigelassene, S. 56.

[67] Ebenda; vgl. Leges Alamannorum, Tit. 8 bzw. 9, S. 75; Tit. 16, S. 79; Tit. 17 bzw. 18, 1 und 2, S. 80; Tit. 22 bzw. 23, 1, S. 83, Tit. 55 bzw. 56, S. 105 f.

und Urkunden aus dem Alemannischen zur Beurteilung des Minderfreienproblems herangezogen hat, stellte fest: „Die bisherige Untersuchung hat gezeigt, daß die Freigelassenen des alemannischen Rechts in eine soziale Mittelstellung aufrückten, ohne damit allerdings den Vollstatus des Freien zu erreichen."[68] Möglicherweise ist dieser Unterschied zwischen dem salfränkischen und dem alemannischen *litus* der Grund, daß nur der stark an die salfränkische Gesetzgebung angelehnte Pactus die salfränkische Bezeichnung führt, wohingegen die alemannischen Leges und übrigen Rechtsquellen mit lateinischen Bezeichnungen wie *libertus, liberi dimissi, coloni* auskommen. Der salfränkische *litus* jedoch bezeichnete nicht nur Freigelassene, sondern, wie wir sahen, auch Romanen, Handwerker und vermutlich auch die Kinder Freigelassener; also bezog sich dieser Terminus nicht immer unmittelbar auf in eigener Person Freigelassene. Für eine solche soziale Vielfalt hätten die lateinischen Bezeichnungen *liberti, liberi dimissi* etc. nicht genügt. Umgekehrt kam aber auch dem lateinischen Wort *libertus* im Pactus und in der Lex Salica eine andere semantische Qualität als in den alemannischen Rechten zu – es konnte sowohl den in den Minderfreienstatus erhobenen Unfreien als auch den in den Vollfreienstatus erhobenen Minderfreien bezeichnen[69].

Die Lex Ribuaria führt die Bezeichnung *litus* nur in Titel 40 (36) § 5 und in Titel 65 (62) § 1. Nicht alle Handschriften weisen die Bezeichnung auf. Bei Titel 40 (36) § 5 haben nur die B-Handschriften und A 4, 9, 10 das Wort *litus*: *Si quis clericum interficerit, iuxta quod nativitas eius fuerit, ita conponatur. Si servus, sicut servum. Si regius aut ecclesiasticus, sicut alius regius aut ecclesiasticus. Si litus, sicut litum. Si liber, sicut alium ingenuum cum 200 solid. conponat.*[70] Die Teststelle zeigt eine Vierergliederung des sozialen/rechtlichen Bereiches in *servus regius/ecclesiasticus* – also gehobene Unfreie des Königs und der Kirche – *litus* und *liber*, für letzteres wird synonym hier auch *ingenuus* verwendet. In Titel 65 (62) § 1 begegnet neben *litus* noch *tributarius* als eine dem *servus* übergeordnete Position: *Si quis servum suum tributarium aut litum fecerit, si quis eum interfecerit, 36 solidos culpabilis iudicetur.*[71] Hieran zeigt sich auch, daß mit *litus* vermutlich nicht alle Abhängigkeitsverhältnisse, die über dem Status des *servus* anzusiedeln sind, adäquat ausgedrückt werden konnten. Die Handschrift A 5 hat anstelle von *litus* die lateinische Bezeichnung *libertus*: wie überhaupt für den Status zwischen *liber* und *servus* hauptsächlich diese Bezeichnung auftritt. Daneben führt die Lex Ribuaria je nachdem welcher Art die Abhängigkeitsverhältnisse sind: *ecclesiasticus, libertinus, tributarius*[72].

Die karolingischen Leges – die Lex Saxonum und die Lex Frisionum – bringen im Unterschied zu der Lex Ribuaria wieder eine Fülle von *litus/letus/lita/leta*-etc.-Belegen. Die Lex Francorum Chamavorum jedoch führt die Bezeichnung auch nur dreimal an, einmal im Zusammenhang mit Totschlagsbestimmungen hinter

---

[68] SCHOTT, Freigelassene, S. 71.

[69] Vgl. z. B. Pactus legis Salicae, Tit. 26, S. 96: *De libertis (extra consilium domini sui) dimissis* – hier handelt es sich um eine Entlassung in die Vollfreiheit (ebenso: Lex Salica, Tit. 37, S. 76); Pactus legis Salicae, Tit. 117 § 1: *Si quis puerum regis aut libertum occiderit, solidos C culpabilis iudicetur* nennt *den libertus* zusammen mit dem puer regis einen gehobenen Minderfreien.

[70] Lex Ribuaria, S. 93.

[71] Ebenda, S. 117.

[72] Vgl. ebenda; vgl. SCHMIDT-WIEGAND, Wort- und Sachregister, S. 206 ff.

dem *homo ingenuus* und vor dem *servus*: 5. *Qui lidum occiderit, componat solidos 100, et exinde in dominico tertiam partem.*[73] Der *litus* hat ein Wergeld in Höhe der Hälfte des Freienwergeldes, wie es auch in der Lex Salica und der Lex Alamannorum geregelt ist. In Paragraph 44 klingt an, daß die Lex Francorum Chamavorum im Falle des *litus* von einer Haftungsverpflichtung des Herren ausgeht: 44. *Si quis de lido suo pro aliqua causa in ratione fuerit inventus, super noctes 14 ipsum lidum ad placitum adducat, si senior suus in ipso comitatu est ...*[74] Paragraph 45 *De raptu* bestimmt die Bußenhöhe (eine Hand und ein Pfand) für den Fall, daß ein Freier zusammen mit einem Halbfreien Frauenraub begeht: *Si quis ingenuus cum lidis raptum fecerit, cum uno wadio et una manu emendare studeat.*[75]

Recht häufig ist die Bezeichnung *litus* etc. in der sächsischen Gesetzgebung vertreten: fünfmal in der Capitulatio de partibus Saxoniae, siebenmal in der Lex Saxonum und zweimal im Capitulare Saxonium. Der *litus* erscheint in der Capitulatio de partibus Saxoniae im Zusammenhang mit dem *nobilis* und dem *ingenuus* als zu den Freien gehörig: 17. *Similiter secundum dei mandatum praecipimus, ut omnes decimam partem substantiae et laboris sui ecclesiis et sacerdotibus donent tam nobiles quam ingenui similiter et liti iuxta quod deus unicuique dederit christiano, partem deo reddant.*[76] Allen dreien — dem *nobilis*, dem *ingenuus* und dem *litus* — ist es möglich, *servi* und *ancillae* zu haben: 15. *De minoribus capitulis consenserunt omnes, ad unamquamque ecclesiam curte et duos mansos terre pagenses ad ecclesiam recurrentes condonant et inter centum XX homines, nobiles et ingenuis similiter et litos, servum et ancillam eidem ecclesiae tribuant.*[77] Paragraph 19 bestimmt — ständegebunden — die Bußen für den Fall, daß Kinder nicht rechtzeitig getauft werden. Bei der Bußenhöhe zeigt sich in der Capitulatio de partibus Saxoniae, wie in der Lex Salica und der Lex Ribuaria, der Halbfreienstatus des *litus*, dessen Bußgeld die Hälfte der Freienbuße ausmacht, die wiederum beträgt die Hälfte der Buße für den *nobilis*: 19. *Similiter placuit his decretis inserere, quod omnes infantes infra anum baptizantur ... ut si quis infantem intra circulum anni ad baptismum offere contempserit sine consilio vel licentia sacerdotis, si de nobile genere fuerit, CXX solidos fisco conponat, si ingenuus LX, si litus, XXX.* 20. *Si quis prohibitum vel inlicitum coniugium sibi sortitus fuerit si nobilis solidos LX, si ingenuus XXX, si litus, XV.* 21. *Si quis ad fontes aut arbores vel lucos votum fecerit, aut aliquit more gentilium abtulerit et ad honorem demonum commederet, si nobilis fuerit solidos LX, si ingenuus XXX, si litus XV ...*[78]

Nicht so stimmig sind die Bußgeldregelungen im zweiten sächsischen Königsgesetz (aus dem Jahre 797). Während in § 5 das Bußenverhältnis dem in den oben angegebenen Paragraphen entspricht: *nobiles* 4, *ingenui* 2, *liti* 1 solidi[79], büßen die *nobiles* nach § 3 mit 12, die *ingenui* mit 5 und die *liti* mit 4 solidi[80] — letztere stehen also den *ingenui* in der Bußenhöhe wesentlich näher, als sie es nach dem ersten

---

[73] Lex Francorum Chamavorum, § 5, S. 271.

[74] Ebenda, § 44, S. 276.

[75] Ebenda, § 45, S. 276.

[76] Leges Saxonum (Leges Saxonum und Lex Thuringorum, S. 9—50), S. 40 f.

[77] Ebenda, S. 39.

[78] Ebenda, § 19, S. 40; § 20, S. 40 f.; § 21, S. 41.

[79] Siehe ebenda, S. 47.

[80] Vgl. ebenda, S. 46.

sächsischen Königsgesetz (782/85) tun. Noch auffälliger ist die Ständerelation in der Lex Saxonum: „Von den drei Ständen, die (über den Sklaven) den Stamm bildeten, tritt mit auffälliger, ja schroffer Betonung die Schicht der Edelinge hervor. Geschützt durch ein außergewöhnliches Wergeld (1440 solidi = ungef. 700 Rinder), den achtfachen Latensatz und ausgezeichnet durch das zwölffache Gewicht ihres Eides gegenüber den Laten, stellten die Edelinge die Schicht der Grundherren dar ..."[81]. Eine Erklärungsmöglichkeit liegt eventuell darin, daß im Capitular, in der Gesetzgebung des Frankenkönigs, sich nicht so sehr sächsische sondern vielmehr fränkische Verhältnisse spiegeln. Zumal die Capitulatio de partibus Saxoniae auch als Disziplinierungsmaßnahme der Franken direkt nach der Unterwerfung der Sachsen gesehen werden kann. Im Capitulare Saxonicum wird dieser strenge Zugriff teilweise gelockert. Dafür spricht auch, daß die Bestimmung im zweiten sächsischen Königsgesetz, die eine von den sonst in den Capitularen vorkommenden Bußgeldregelungen abweichende anführt, mit: (Capit. Saxonicum 3) *Item placuit omnibus Saxonibus* ...[82] beginnt. Die beiden Kapitularien, die Lex Saxonum und auch die Via Lebuini nennen übereinstimmend drei sächsische Stände (*nobiles, ingenui* und *liti*). In der Lex Saxonum, die zusätzlich die *servi* ‚Unfreien' erwähnt, wird das Wergeld für die *nobiles* (1440 solidi), die *liti* (120 solidi) und das Bußgeld für die *servi* (36 solidi) genannt[83], die *liberi* bleiben in diesem Zusammenhang unerwähnt. Weitere (erzählende) Quellen des 9. Jahrhunderts bieten demgegenüber ein noch uneinheitliches Bild: Nithard nennt *nobiles, ingenuiles, serviles* und Rudolf von Fulda *nobiles, liberi, liberti* und *servi*[84].

Zusammenfassend läßt sich über die soziale Schichtung bei den Sachsen sagen, daß hier nicht in allen Fällen (und auch nicht ganz exakt) zwischen *liti* und *liberi* unterschieden wird. Beleg dafür ist auch § 17 LSax[85]. In diesem Paragraphen werden *litus* und *liber* in bezug auf die Eidesleistung bei (angeblicher Tötung eines *servus* völlig gleichgesetzt. Bei der Herrenhaftung dagegen werden der *servus*, der im übrigen überwiegend im Zusammenhang mit Tieren, Bäumen, etc. erwähnt wird, und der *litus* einander gleichgestellt, d. h., bei Unrechtstaten auf Befehl des Herren ist der Herr haftbar zu machen: 50. *Quinquid servus aud litus iubente domino perpetraverit, dominus emendet.*[86] Nicht für den *servus*, dagegen aber ausschließlich für den *litus*, gilt § 18, der die Eigenverantwortlichkeit des *litus* für selbstverschuldetes Tun herausstellt[87].

Die genaue Unterscheidung zwischen *liber* und *litus*, die die beiden Positionen in einem abgestimmten Verhältnis zueinander darstellt, wie sie sich deutlich in der Lex Salica und den karolingischen Kapitularien für die Sachsen, aber auch in etwa in einem Fall in der Lex Saxonum zeigt, wo bei den Bußen für Diebstahl das

---

81 LAMMERS, Stammesbildung, S. 305 f.

82 Leges Saxonum (Leges Saxonum und Lex Thuringorum, S. 9—50), S. 46.

83 Siehe Leges Saxonum (Leges Saxonum und Lex Thuringorum, S. 9—50), S. 22; §§ 14, 16, 17, S. 21 f.

84 Vgl. LAST, Sozialordnung, S. 450 ff.

85 Vgl. ebenda, § 17, S. 22.

86 Ebenda, § 50, S. 30.

87 Vgl. ebenda, § 18, S. 22.

Bußgeld der *nobiles* 12 solidi, der *liberi* 6 und der *liti* 4 beträgt[88], ist auf den fränkischen Einfluß zurückzuführen. Es spricht alles dafür, daß die Bezeichnung *litus* keine sächsisch-volkssprachige ist, sondern ein frankolateinisches Mischwort. Auch hier ist *litus* also, wie in den vorher behandelten Leges (Alamannorum, Ribuaria), auf den Einfluß der Franken zurückzuführen. Dieser Einfluß der sich im sprachlichen Bereich manifestiert, ist jedoch auf verschiedene Weise zustandegekommen: Durch Anlehnung an fränkische Vorbilder wie im Falle des Pactus Alamannorum, der an der Lex Salica orientiert ist, oder auf massiven politischen und sozialen Druck hin, wie bei den Sachsen. In beiden Fällen sind die Voraussetzungen und die Folgen nicht unbedingt die gleichen. Sicherlich unterschied sich das Rechts-/Sozialsystem der Sachsen stärker von dem der Franken, als es bei den Alemannen der Fall war, die im Unterschied zu den Sachsen schon sehr früh mit den Franken in Berührung gekommen sind. Insofern werden die Folgen für die sächsischen Verhältnisse ungleich gravierender und umschichtender gewesen sein. Dieser Umschichtungsprozeß vollzieht sich bei den Sachsen in der Zeit der Kodifikation der Leges und auch in der Zeit des Entstehens der literarischen Quellen (z. B. Nithart, Vita Lebuini, Widukind etc.); es ist deshalb nicht verwunderlich, daß das Bild, das sich der Mediävistik bietet, kein einheitliches, klares sein kann[89]. Darüber hinaus spricht auch gegen „... die Verbindung der immerhin sagenhaften Überlieferung mit den Ständeverhältnissen, wie sie die L(ex) zur Voraussetzung hat, die Beobachtung, daß sich die Laten bisher für den nordalbingischen Raum nicht haben nachweisen lassen (Lammers). Dies läßt es äußerst zweifelhaft erscheinen, daß die L. Zustände widerspiegelt, die wesentlich hinter die Zeit ihrer Aufzeichnung zurückreichen"[90]. An Hand der Paragraphen 8 und 65[91] wird deutlich, daß sowohl der König (§ 65) als auch die *nobiles* (§ 8)[92] *liti* haben konnten. Über *liti* „gewöhnlicher Freier" finden sich in der Lex Saxonum keine Aussagen.

Die aufschlußreichsten Belege führt die Lex Frisionum an. Insgesamt zeigt sich in bezug auf die Ständerelationen in der Lex Frisionum im Vergleich mit allen übrigen Leges das geschlossene Bild. Für Mittelfriesland ergibt sich zwischen *nobiles, liber* und *litus* eine Relation von 3 : 2 : 1[93], für Ost- und Westfriesland dagegen von 4 : 2 : 1[94]. Dieses Bild scheint jedoch durch einige Bestimmungen wie Add. sep. Titel III §§ 71—73: (71.) *Haec omnes compostiones liberi hominis sunt*, (72.) *in nobili*

---

88 Vgl. ebenda, § 36, S. 26.

89 Vgl. zur „Ständeordnung" etc.: Last, Sozialordnung; Lammers, Stammesbildung; Skerhutt, Ständebegriff; Lintzel, altsächsische Rechtsgeschichte; Ders, Stände; Heck, Standesgliederung; Ders., Untersuchungen Standesgliederung; Molitor, Ständerechtsverhältnisse; Philippi, Umwandlung, S. 201 ff.; Landwehr, Liten, S. 318 ff. u. a. m.

90 Schmidt-Wiegand, Lex Saxonum, Sp. 1964; vgl. Landwehr, Liten, S. 127 f., bes. 128: „Entgegen der bislang herrschenden Auffassung können wir deshalb feststellen, daß die Liten spätestens um 800 eine bevorzugte und günstige Stellung nicht mehr genießen. Mit Hilfe des fränkischen Königs versuchen die *nobiles*, grundherrlich-feudale Herrschaftsformen zu errichten. ... — Funktion der Lex Saxonum als reines Adelsstatut."

91 Vgl. Leges Saxonum (Leges Saxonum und Lex Thuringorum, S. 9—50), § 8, S. 19 und § 65, S. 33.

92 Vgl. zum Besitz von *liti* durch *nobiles* auch Skerhutt, Ständebegriff, S. 19 f.

93 Lex Frisionum, Tit. I § 1—10, S. 656 f.

94 Ebenda; vgl. auch Siems, Lex Frisionum, Sp. 1920.

homine dimidio maiores, (73.) *in lito medietate minores* ...[95] und LFris. IX § 15. *Si autem nobilis, vel liber, nobili vi aliquid abstulerit, medietate maiori compositione facinus cogatur emendare, et weregildum suum, ut superius, ad partem regis exsolvat*[96] gestört zu werden. „De Geer, Heck und die Übersetzung von G. Franz — K. A. Eckhardt haben die Stellen so gedeutet, daß eine um ein Drittel oder um die Hälfte höhere Buße zu zahlen ist. Geht man von dieser unserer modernen Ausdrucksweise entsprechenden Interpretation aus, so wären die Standesrelationen in heilloser Verwirrung."[97]. Siems löst dieses Problem unter Hinweis auf die Herzogsbußen in der Lex Baiwariorum und will demzufolge die Bruchteilangaben (z. B. *medietate maiori compositione*) nicht „wie in unserer Sprache auf die Ausgangsgröße" bezogen wissen, sondern läßt sie an den größeren Betrag anknüpfen, „selbst wenn dieser erst noch zu errechnen ist"[98]. Wenn Siems diese Umrechnungsfaktoren zugrundelegt, erhält er in bezug auf das Wergeldverhältnis und auch auf die Eidhelferangaben innerhalb der Lex Frisionum einheitliche Angaben. Eine solche Geschlossenheit der Lex Frisionum in bezug auf die Bußgeldverhältnisse ist gegenüber allen anderen Leges eine große Ausnahme[99], hat jedoch ihren Grund auch in der lückenhaften Überlieferung dieses Gesetzes.

Für den *litus* ergibt sich innerhalb der Lex Frisionum ein erheblich vielfältigerer Eindruck als in den übrigen Leges. Die seit dem 7. Jahrhundert bestehende Berührung zwischen Franken und Friesen hat hier vermutlich zu einer Mischung von Fränkischem und Friesischem — sowohl sprachlich als auch im sozialen Bereich — geführt, wie sie in bezug auf die *liti* in den übrigen karolingischen Leges nicht in Erscheinung tritt. Titel II § 3 der Lex Frisionum: *Si servus dominum suum interfecerit, formentis interficiatur; similiter et litus*[100] ist zum Beispiel vergleichbar mit Titel 35 § 8 der Lex Salica; auch hier wird ein *litus*, der einen *ingenuus* tötet, in bezug auf die Buße mit einem *servus* gleichgestellt. Titel 35 § 8 war mit großer Wahrscheinlichkeit als ältere Bestimmung der salfränkischen Gesetzgebung identifiziert worden[101], demzufolge erscheint es naheliegend, die Bestimmung der Lex Frisionum als Anlehnung an die salfränkische Gesetzgebung zu interpretieren[102] und damit auch die in ihr deutlich werdende Tendenz — Gleichsetzung von *litus* und *servus*, harte Bestrafung des *litus* bei Herrentötung — eher als eine ältere Einschätzung des Litenstatus aufzufassen. Das Verhältnis des *litus* zum *dominus* wird noch in weiteren Bestimmungen angesprochen: Nach Titel IX § 13[103] (im Vergleich dazu auch IX § 11, 12)[104], demgemäß eine *lita* nur heiraten kann, wenn der *dominus*

---

95 Lex Frisionum, S. 691.

96 Ebenda, S. 665; vgl. auch Tit. XXII § 90, S. 682 und in bezug auf die je nach Stand variierende Zahl der Eidhelfer in dem obigen Zusammenhang Tit. II, S. 658 ff.

97 Siems, Studien, S. 289; vgl. auch Geer, Zusammensetzung der Lex Frisionum, S. 149; Heck; Gerichtsverfassung, S. 325, Anm. 20.

98 Siems, Studien, S. 290 f.

99 Vgl. ebenda, S. 291 ff.

100 Lex Frisionum, Tit. XX § 3, S. 672.

101 Vgl. oben.

102 Vgl. z. B. Siems, Studien, S. 296, der ... *similiter et litus* als jüngeren Zusatz ansieht, im folgenden S. 296 f. jedoch selbst die Unsicherheit seiner These betont.

103 Vgl. Lex Frisionum, Tit. IX § 13, S. 665.

104 Vgl. ebenda, Tit. IX § 11, 12, S. 665.

seine Einwilligung gibt, und auch im Falle des (Jung-) Frauenraubes Titel IX § 10[105] hatte der *dominus* Vollmachten, die bei einer *puella libera* und *nobilis* die *parentes* bzw. der Vormund *(tutor)* innehatten. Ähnlich verhält es sich in Titel I §§ 4, 7, 10 und Titel XV § 3[106], wo im Falle der Tötung eines *litus* zwei Drittel des Wergeldes an den *dominus* und erst der Rest an die *propinquis* des Getöteten zu entrichten sind.

Diese Bestimmungen lassen — ebenso wie die harte Bestrafung im Falle der Herrentötung — auf eine enge Beziehung zwischen *dominus* und *litus* schließen. Jedoch, so bemerkt Siems zu Recht, ist diese Beziehung einseitig und offenbar ausschließlich zu Gunsten des *dominus*. „Die rechtliche Position des Liten zeigt hier eine gewisse Unausgewogenheit, die darin besteht, daß den Rechten des dominus bezüglich des Liten, soweit die Lex Frisionum erkennen läßt, keine Pflichten, etwa zu dessen Schutz, gegenüberstehen, der Lite nach außen vielmehr auf sich gestellt und mit eigenen Rechten versehen ist."[107] Nicht, wie beim *servus* oder beim langobardischen *aldius*, übernimmt der Herr als Gegenleistung die Haftungsverpflichtung vor dem Gesetz für den *litus*; dieser ist hier vielmehr eigenverantwortlich und auf sich selbst gestellt[108]. Dies zeigt sich darüber hinaus in seiner Berechtigung zum Zweikampf vor Gericht: Titel XI § 3[109], in seiner Fehdefähigkeit: Titel II §§ 5, 8[110] und vor allem in der Möglichkeit, sich durch den Eid anderer Liten vom Tatverdacht zu reinigen: Titel I § 8. *Si litus nobilem occiderit, similiter 80 solidos componat, aut si negaverit, cum triginta quinque iuratoribus suae conditionis se excusset, inter Laubachi et Wisarem et cis Fli, cum 48 iuret.*[111]

Insgesamt überwiegt innerhalb der Lex Frisionum eher die Tendenz des „Freien-ähnlichen-Status" des *litus* zu betonen, so z. B. auch beim Freiheitsprozeß (XI § 1—3)[112], einer „Regelung, die durch ihr Übergehen in die wörtliche Rede den Eindruck erweckt, Prozeßformeln der geübten Rechtspraxis wiederzugeben"[113]. Das lateinische Wort *servitus*[114], das in Titel XI in folgendem Kontext auftritt: *Si ille tunc iurare velit, iuret, et servitute liberetur* ...[115], ist eher mehrdeutig. Die römische Vorstellung von *servitus* ist: ‚Dienstbarkeit eines Sklaven, die Sklaverei, der Sklavenstand, Sklavendienst, die Knechtschaft'[116]. Die frühmittelalterliche Bedeutung ist dagegen sehr viel weiter gefaßt und hat nicht diesen überwiegend rechtlichen Charakter. Das mittellateinische Wort *servitus* wurd vor allem im Sinne von ‚Kirchendienst' und ‚Heeresdienst' und auch synonym mit *officium, ministerium* — also ohne Bezug auf einen Unfreienstatus — verwendet[117]. Hier wird, wie auch in anderen Fällen bei den Bezeichnungen aus dem sozialen Bereich, eine Schwierigkeit deutlich,

---

105 Vgl. ebenda, Tit. IX § 10, S.665.
106 Vgl. ebenda, Tit. I §§ 4, 7, 10, S. 656 f., Tit. XV § 3, S. 669.
107 Siems, Studien, S. 296.
108 Vgl. Lex Frisionum, Tit. I § 11, 13, S. 657.
109 Vgl. ebenda, Tit. XI § 3, S. 666.
110 Vgl. ebenda, Tit. II §§ 5, 8, S. 659 f.
111 Ebenda, Tit. I § 8, S. 656; vgl. I §§ 9, 10, 11, S. 657 f.; II §§ 8, 9, Tit. III § 5, 5, S. 661.
112 Vgl. ebenda, Tit. XI §§ 1—3, S. 666.
113 Siems, Studien, S. 294.
114 Vgl. Gesetze des Karolingerreiches, Bd. III, S. 81 und 83.
115 Lex Frisionum, Tit. XI § 1, S. 666, siehe auch Tit. XI § 2.
116 Vgl. Georges, Handwörterbuch, Bd. 2, Sp. 2633.
117 Vgl. Du Cange, Glossarium, Bd. 6, S. 454.

die darin liegt, daß im frühen Mittelalter mit der Übernahme des Lateinischen als Bildungssprache gleichzeitig die Sprache eines Großreiches mit gefestigter Ständegliederung, einem Staats- und Nationalbewußtsein etc. für ganz anders strukturierte germanische Gesellschaften übernommen wurde. Demzufolge mußten sich auch die Bedeutungen der lateinischen Bezeichnungen ändern bzw. gab es Überschneidungen, Beeinflussungen – gerade bei der Terminologie innerhalb des sozialen Bereiches –, die bei Historikern eine stärkere Beachtung finden sollten.

Auch Titel VII § 2 der Lex Frisionum zeigt ganz klar, daß der *litus* eher zu den *nobiles* und *liberi* tendiert: *Si autem dominum domus flammis ex ipsa domo egredi compulit, et egressum occidit, componat eum novies, cuiuscunque fuerit conditionis, sive nobilis, sive liber, sive litus sit. Haec constitutio ex edicto regis processit* ...[118] Diese Bestimmung steht wie auch Titel XI § 1 in deutlichem Widerspruch zu den Paragraphen, die die Herrenabhängigkeit des *litus* hervorheben. In Titel XI § 1 ist ganz deutlich ausgesprochen, daß sich ein Freier – aus freiem Willen oder aus Not – *in servitium*[119] sowohl eines *nobiles*, eines *liber* als auch eines *litus* begeben kann: *Si liber homo spontanea voluntate, vel forte necessitate coactus, nobili, seu libero, seu etiam lito, in personam et in servitium liti se subdiderit* ...[120] Eine Erklärung für diese – wie Siems sagt – „Unausgewogenheit" findet sich hier wohl nicht so sehr in dem Kriterium der Textbeschaffenheit, sondern in einem Interessengegensatz, der jedoch gerade innerhalb eines Textes wie der Lex Frisionum vorausgesetzt werden muß: Wie bereits eingangs dargelegt wurde, sind gerade die Legestexte als eine Textsortenmischung anzusprechen, in der hauptsächlich Königssatzungsteile und Weistumsteile miteinander abwechseln. Erstere sind innerhalb der Lex Frisionum deutlich identifiziert worden; eine Mitwirkung bzw. Berücksichtigung der Interessen der besitzenden und mächtigen domini unter den Friesen läßt sich in Folge des ausgeprägten „friesischen Charakters"[121] der Lex annehmen; sie zeigt sich auch in den oben besprochenen Titeln.

Ein markanter Hinweis auf Eingriffe des Königs in bezug auf den Litenstatus findet sich in Titel VII § 2, der mit dem Satz schließt: ... *Haec constitutio ex edicto regis proassit.* Der konservativen, die älteren Zustände bewahrenden Haltung der wohl mächtigen friesischen *domini* steht in der Lex Frisionum – ähnlich wie in der Lex Salica, nur erheblich unversöhnlicher und dadurch klarer – die Haltung des Königs entgegen, der die schon im Fluß befindlichen Veränderungen, das Absinken einiger *nobiles* und *liberi* in die Abhängigkeit (vgl. XI § 1), den Aufstieg der *servi* in eine freienähnliche Position, in den Litenstatus, aufgriff und unterstützte. Gründe dafür mögen sowohl politische als auch finanzielle gewesen sein; sie lassen sich aus den Leges nur andeutungsweise ablesen: III § 4. *Litus conditionem suam per omnia similiter faciat, id est sua sexta manu iuret, vel quod abstulit in duplum restituat, et*

[118] Lex Frisionum, Tit. VII § 2, S. 664.

[119] Mit dieser Bezeichnung verhält es sich wie mit *servitius*; vgl. auch Du Cange, Glossarium, Bd. 6, S. 448–454 und Georges, Handwörterbuch, Bd. 2, Sp. 2632 f.

[120] Lex Frisionum, Tit. XI § 1, S. 666; vgl. auch S. 658, Tit. I §§ 14, 21, die deutlich machen, daß *liti* Herren über *servi* sein konnten.

[121] Vgl. Siems, Studien, S. 370; vgl. zur Frage nach den Urhebern in bezug auf die Textsorteneinordnung Schmidt-Wiegand, Textsorte.

weregildum suum ad partem regis pro freda componat[122] und IX § 16. *Inter litos vis facta, medietate minori compositione solvenda est; insuper et weregildum suum ad partem regis.*[123] Der *litus* zahlt sein Wergeld (bei Diebstahl und Raub), nachdem er das Diebesgut ersetzt hat, selbst in Form des *fredus* an den König und nicht wie der *servus*, der seine Buße durch seinen *dominus* begleichen lassen muß[124]. Daß auch hier einmal andere Verhältnisse vorgelegen haben und der König keinen direkten Zugriff auf den *litus* hatte, zeigt sich noch in Titel IX § 2[125], der bestimmt, daß die *lita* „wenn sie Unzucht treibt, ihr Wergeld nicht, wie die nobilis und libera, an den König, sondern an den dominus zu zahlen“[126] hat.

Abschließend muß bei der Belegvorstellung noch auf eine eventuelle Ungereimtheit innerhalb der Lex Frisionum hingewiesen werden. Der in Titel XI etc. deutlich werdenden Mobilität, die gerade im Bereich der *liti* stattfindet, widerspricht nur scheinbar die in Titel VI §§ 1 und 2 festgelegte Heiratsbeschränkung, die sich darin ausdrückt, daß eine Freie, die einen *litus* heiratet, ihm rechtlich gleichgestellt wird[127]. „Daß der Lite nicht über die Standesschranken hinweg heiraten soll, dient der Erhaltung der ständischen Gliederung, bedeutet aber keine weitere Erniedrigung des Standes.“[128] Diese Abgrenzung, die ... „der in karolingischer Zeit ausgebildeten Normenentwicklung entspricht“[129], muß nicht unbedingt nur auf Betreiben der *liberi* hin erfolgt sein, sondern kann auch im Zuge eines sich stärker ausbildenden Litenbewußtseins verfestigt worden sein.

Insgesamt gesehen zeigte sich von allen Leges in der Lex Frisionum in bezug auf die *liti* das vielfältigste Bild. Diese Beobachtung erklärt sich daraus, daß die Lex Frisionum einerseits Altes mit Neuem, Friesisches mit Fränkischem, eher Grundherrschaftliches mit königlicher Akzentsetzung verbindet. Sie gibt als karolingisches Recht, kodifiziert im Zusammenhang mit dem Reichstag von 802/3, zum einen den gesetzgeberischen Einfluß Karls des Großen wieder, zum anderen war sie ebenso ein Zeugnis, wenn nicht direkt einer Zeit[130], die vor der Kodifikation lag, so doch auf jeden Fall des Willens, die älteren Zustände zu bewahren. Damit ist die Lex Frisionum zugleich auch in bezug auf die Bedeutungsentwicklung des Wortes *litus* etc. interessanter als die anderen Leges. Parallelen finden sich hierzu ansatzweise in der lex Francorum Chamavorum, die den *litus*, deutlich abgegrenzt,

---

[122] Lex Frisionum, Tit. III § 4, S. 661.

[123] Ebenda, Tit. IX § 16, S. 665.

[124] Ebenda.

[125] Ebenda, Tit. IX § 2, S. 665.

[126] Siems, Studien, S. 296.

[127] Vgl. Lex Frisionum, Tit. VI § 1.2, S. 663.

[128] Siems, Studien, S. 295.

[129] Ebenda; siehe auch Pactus legis Salicae, Tit. 13 §§ 9, 10; vgl. dagegen Boos, Liten, S. 21, der den Titel VI als ein Verbot der Ehe zwischen einem *litus* und einer *libera* auffaßte.

[130] „Der von Heck begründeten, im ganzen nicht akzeptierten Theorie einer einheitlichen Entstehung als Protokoll von Weistümern auf dem Reichstag zu Aachen 802, stehen eine Anzahl von Theorien gegenüber, die teils eine amtliche, teils eine private Kompilation der verschiedenartigsten Rechtsmassen zu verschiedenen Zeiten zum Zwecke der Gesetzgebung oder auch nur zum privaten Gebrauch annehmen. Übereinstimmung herrscht insoweit, als man die L. Fris. zwar für fränkisch beeinflußt, aber doch für friesisch hält und weiterhin davon ausgeht, daß einzelne Teile älter sind als ihre schriftliche Fixierung.“ Siems, Lex Frisionum, Sp. 1917.

zwischen *liber* und *servus* sieht (Paragraph 5), andererseits aber von einer Haftungsverpflichtung des Herren gegenüber dem *litus*, der *in ipso comitatu est* (Paragraph 44) spricht. Auch in der Lex Salica wird eine solche Spannung deutlich (Titel 35 § 8 vs. 50 § 1), hier hat sich aber gesamtgesehen eher die auch vom König gestützte und geförderte Auffassung eines vom *servus* abgegrenzten, zum *liber* tendierenden *litus* (vgl. PlSal 13 § 7, 4 § 4) durchgesetzt[131].

Vom Kontext und auch von der Entwicklung im sozialen Bereich her gesehen, zeigt sich in bezug auf den *litus* sowohl in Pactus und Lex Alamannorum, in der Lex Ribuaria, der Lex Francorum Chamavorum als auch der hier am eigenständigsten wirkenden Lex Frisionum salfränkischer Einfluß. Es steht daher zu vermuten, daß auch die latinisierte Bezeichnung *letus* ursprünglich fränkisch ist. *Lētus* ist in eine Reihe zu stellen mit got. *fralēts* ahd., bair. *frīlāz*, ae. *friolēta*, ahd., as. *lāz* und damit auf eine germanische Grundform **lēt* zurückzuführen[132]. Der „auffallende Vokalismus"[133] in *lētus, lītus*, d. h. der betonte *e*-Laut, der „auf altem -ê- beruht, das im Fränkischen wie im Althochdeutschen durchwegs als -â- erscheint"[134], hatte Grimm und E. G. Graff dazu veranlaßt, die Bezeichnung nicht mit ahd. *frilāz* und ahd. *lāz*, as. *lāt* in Verbindung zu bringen. Der Vokalismus erklärt sich aber aus der Teilnahme des Wortes an der gallo-romanischen Lautentwicklung: *lētus*, zwar ursprünglich fränkisch, ist schon sehr früh (4. Jh.)[135] in das Lateinische entlehnt worden. In der Lex Salica deuten die Malbergischen Glossen *letosmosido* und *maltho, thi afrio, letu* darauf hin, daß die später latinisierte Bezeichnung ein volkssprachiges Rechtswort aus der fränkischen Spruchpraxis war[136]. Aufgrund der etymologischen Nähe zu der altsächsischen, altfriesischen Bezeichnung *lāt* hat sich *lētus* innerhalb der Lex Saxonum und der Lex Frisionum vermutlich besser durchsetzen und halten können, als in der alemannischen Gesetzgebung und auch in der karolingischen Gesetzgebung für die unterworfenen Langobarden, wo sich *aldius* neben fränkischem *letus* behaupten konnte[137]. Hier gilt es neben den sprachinternen auch wieder die außersprachlichen Faktoren als bedeutungskonstituierende Momente in Betracht zu ziehen, die in diesem Fall in der unterschiedlichen Art und Weise der fränkischen Einflußnahme auf die verschiedenen ethnischen Verbände, in der Wandlung der sozialen Verhältnisse etc. liegen. So hat beispielsweise die Lex Baiwariorum, in deren Wirkungsbereich sich schon früh – obwohl die Bayern seit dem 6. Jahrhundert unter fränkischem Machteinfluß standen – eine selbständige herzogliche Gewalt[138] etablieren konnte, die frankolateinische Bezeichnung *letus* nicht übernommen[139].

---

131 Vgl. auch Schmidt-Wiegand, Bezeichnungen, S. 245.

132 Vgl. dagegen Bloomfield, Salic litus, der, da er die Formen *lidus, lida* etc. als die ursprünglichen ansieht, eine germanische Grundform **lepu, *lipu* annimmt, neben der synonym die germanische Form *leta* gestanden habe, durch die dann später **lepu, *lipu* verdrängt worden sei.

133 Kralik, Bestandteile, S. 432.

134 Grimm, Rechtsalterthümer, Bd. 1, S. 427; Ders., Geschichte, Bd. 1, S. 411 und 484; Graff, Sprachschatz, Bd. 2, Sp. 190 ff.; vgl. S. 110 dieser Arbeit.

135 Vgl. Gamillscheg, Romania Germanica, Bd. 1, ^{2}1970, S. 258; vgl. auch Anm. 1; Kralik, Bestandteile, S. 432.

136 Vgl. auch Gysseling, Germaanse woorden, S. 86; Schmidt-Wiegand, Bezeichnungen, S. 245.

137 Vgl. Kap. 4.2.1.4. *aldius*.

138 Vgl. Olberg, Freie, Kap. III.1.4., S. 67 und Anm. 38.

139 Vgl. Kap. 4.2.4.2. *frilaz/frilaza*.

In allen Leges werden mit *liti* sowohl männliche aus auch weibliche Erwachsene (Heiratsfähige) bezeichnet. Lediglich in der Lex Frisionum wird in den Titeln XI § 3 und II §§ 5, 8, die den gerichtlichen Zweikampf und die Fehde behandeln, die Waffenfähigkeit der männlichen *liti* angesprochen, woraus sich auch deren Heeresfähigkeit folgern läßt[140]. In der alemannischen Gesetzgebung (Titel 17 § 6 und 18 § 5) drückt sich die Höherbewertung der (gebärfähigen) Frau – dies gilt sowohl für die *ingenua*, die *lita* als auch die *ancilla* – im doppelten Bußsatz gegenüber den Männern aus. Auch in den fränkischen Rechten (z. B. PlSal 104 § 9) und in der Lex Saxonum hat die Frau einen höheren Bußsatz als der Mann. Eine Ausnahme macht darin lediglich die Lex Frisionum. Die Höherbewertung der Frau, gleichgültig, welchen sozialen Status sie hat, setzt eine Sichtweise voraus, die in erster Linie die Erhaltung und das Wachsen des gesamten ethnischen Verbandes im Blick hat; an den *letus*-Belegen zeigt sich aber ganz deutlich auch noch eine Sichtweise, die zunehmend die Erhaltung und Festigung bestimmter sozialer Schichten begünstigt. Dies zeigt sich in den unterschiedlichen Leges jeweils in anderer Weise: In der Lex Salica werden unter *liti* nicht nur Freigelassene, sondern Menschen mit ganz unterschiedlichem sozialen Status verstanden, somit ist auch erklärlich, daß es keine eigene Bezeichnung für das Wergeld der Liten gibt[141]. Der Litenstatus schein hier allgemein noch nicht als eine so gefestigte (soziale und) rechtliche Bezugsgröße zu gelten, wie beispielsweise der Status der *liberi*. Erst in den Zusatzbestimmungen (Titel 117 § 1) wird das Wergeld des *puer regius* und des *libertus*, die an anderer Stelle als *liti* bezeichnet werden, als die Hälfte des Freienwergeldes (100 *solidi*) festgesetzt. Als weniger heterogen erscheint die Schicht der *liti* in den alemannischen, ribuarischen, chamavischen Gesetzen, wo auch ihr ‚Halb'freienstatus (ablesbar am Wergeld) unbestritten ist. Möglicherweise zeichnet sich hier in Ansätzen die Entwicklung von einem stärker auf den ethnischen Gesamtverband hin konzentrierten Denken auf eine mehr (rechts-) ständische Auffassung (z. B. auch Ehebeschränkung zwischen *liber* und *litus*) ab.

In der Lex Saxonum und Lex Frisionum sind, wie in der Lex Salica, auch in bezug auf die Königsnähe bzw. den Einfluß des Königs widerstreitende Tendenzen sichtbar. Belege für die Ausübung eines Amtes durch einen *litus* lassen sich allenfalls in der Lex Salica finden, in der die *liti* mit den *pueri regii* gleichgesetzt werden, zu denen an anderer Stelle die *sacebarones* gerechnet werden. Die Stellung innerhalb der Hausgemeinschaft variiert ebenfalls. Abhängigkeit von einem *dominus* läßt sich in der Lex Francorum Chamavorum feststellen: hier ist der *letus in comitatu* eines *senior*. In der Lex Frisionum steht die *lita* weiterhin unter der Vormundschaft des *dominus*, wohingegen der *litus* neben der rechtlichen Selbständigkeit auch in zunehmendem Maße wirtschaftliche erlangt hat, indem er zum vermögensfähigen *dominus domus* wurde, der Herr über *liti* und *servi* sein konnte und in dessen Abhängigkeit sich auch *liberi* begeben konnten.

Neben den Leges belegen vor allem Traditions- und Immunitätsurkunden das Wort *litus*. Die frühesten Belege begegnen in Traditionsurkunden (Echternach a.

---

140 Vgl. dazu HÜPPER-DRÖGE, Schild und Speer; DIES., Schutz- und Angriffswaffen.

141 Vgl. Pactus legis Salicae, S. 263; vgl. auch SCHMIDT-WIEGAND, Bezeichnungen, S. 245.

706, Fulda, Hersfeld, Corvey 2. Hälfte des 8. Jahrhunderts)[142]. Der rechtlich soziale Status der Liten läßt sich aufgrund dieser Quellen nicht bestimmen, sie erscheinen zum Teil als Inhaber von Land und Vieh, zum Teil als Gesinde. In jedem Fall sind sie von einem *dominus* – dem Tradenten – persönlich abhängig. „Gaben die Leges Barbarorum in erster Linie Auskunft über den ständisch-rechtlichen Status der Liten vor ihrer Eingliederung in die klösterliche Grundherrschaft, so stellen die von den fränkischen und deutschen Königen bzw. römisch-deutschen Kaisern ausgestellten Immunitätsurkunden eine Quellengruppe dar, die den Status der Liten als homines monasterii erhellt."[143] Die Immunitätsurkunden überliefern das Wort *litus* seit Beginn des 9. Jahrhunderts. Die Liten erscheinen hier als deutlich von den *ingenui/liberi* abgegrenzter Personenkreis, der Übergang zu den *servi* ist eher fließend. Beyreuther kann imn Vergleich mit den Leges vor allem in den Immunitätsurkunden eine Verschlechterung des Status' der Liten konstatieren[144]. Das *litus*-Vorkommen in Urkunden zeigt eine deutliche Konzentration im nordwestlichen Raum Deutschlands. Etwa im 12. Jahrhundert wird die Bezeichnung durch das etymologisch verwandte, weitgehend gleichbedeutende *Lasse/Late*[145] verdrängt.

4.2.4.2. bair. *frilaz, frilaza*

Die Bezeichnung *frilaz/frilaza* tritt innerhalb der Leges nur in der Lex Baiwariorum auf, darüber hinaus erscheint das Wort auch als Glosse zu *libertus, libertinus, liberta* vor allem in Bibel- und Sachglossaren, die etwa im 10./11. Jahrhundert in Bayern entstanden sind, spätere (12., 13. und zum Teil auch 15. Jh.) Glossenbelege finden sich im alemannischen und im fränkischen, zwei Belege auch im niederdeutschen Raum[1]. Im Mittelniederdeutschen begegnet *vrilaet* ‚Freigelassener'[2].

---

[142] Vgl. Deutsches Rechtswörterbuch, Bd. 8 (im Druck) Beyreuther, Liten, S. 46 ff.

[143] Beyreuther, Liten, S. 118.

[144] Vgl. ebenda, S. 128.

[145] Vgl. Deutsches Rechtswörterbuch, Bd. 8 (im Druck). In einer Urkunde Ottos I. von 939 sind die *lessi* jedoch von den *liti* unterschieden: ... *praedium ni proprietatem domus cum familia lassorum XVIII, servorum XX, litorum VIII, colona etiam uno*. J. Grimm, Rechtsalterthümer I, S. 24.

[1] Für die Glossen wurden zugrundegelegt: StSG; Glossen zum Briefe Pauli StSg I, S. 760, Z. 41, S. 780, Z. 8, Karlsruhe, BLB. Aug. LXXXIII, 11. Jh.; vgl. auch StSG IV, S. 399 (Nr. 54); Bergmann, Verzeichnis, Nr. 294: *frilaz libertus* (alem.); – Canones StSG II, S. 120, Z. 40 f., Wien, ÖNB. Cod. 2723, 10./11. Jh.; vgl. StSG IV, S. 654 f. (Nr. 630); Bergmann, Verzeichnis, Nr. 949: *Manumissionibus frilazun scazvurfun* (bair.) u. a. (davon abgeschrieben) Wien, ÖNB. Cod. 2732, 10./11. Jh.; vgl. StSG IV, S. 654 f. (Nr. 621); Bergmann, Verzeichnis, Nr. 950: *Manumissionibus frilazun scazvurpun* (bair.); – Canones StSG II, S. 122, Z. 16 ff., München, BSB Clm 18140, 10./11. Jh.; vgl. auch StSG IV, S. 561 f. (Nr. 429); Bergmann, Verzeichnis, Nr. 637: *Liberti frilaza scasvurfun* (bair.) u. a. ebenso München, BSB CLm 19440, 10./11. Jh.; vgl. auch StSG IV, S. 70 ff. (Nr. 448); Bergmann, Verzeichnis, Nr. 665 (bair.); ebenso Wien, ÖNB. Cod. 2723, 10./11. Jh.; vgl. auch StSG IV, S. 654 f. (Nr. 620); Bergmann, Verzeichnis Nr. 949; ebenso (davon abgeschrieben) Wien, ÖNB. 13. Cod. 2732, 10./11. Jh.; vgl. StSG IV, S. 654 f. (Nr. 621); Bergmann, Verzeichnis Nr. 950 (bair.); Wien, ÖNB. Cod. 361, 11. Jh.; vgl. auch StSG IV, S. 634 (Nr. 591); Bergmann, Verzeichnis, Nr. 909: *Liberti frileiz scaswfrun* (bair.); – Glossen zu Sallust, StSG II, S. 611, Z. 28; Einsiedeln, StiftsB. Cod. 303 (483), 11./12. Jh.; vgl. StSG IV, S. 425 (Nr. 118); Bergmann, Verzeichnis Nr. 127: *libertis urilazun* (frk. bzw. rh. frk.); Summarium Henrici, StSG III, S. 184, Z. 122 ff.; Brixen, Bibliothek des Priesterseminars D 19 (Nr. 86), 12. Jh.; vgl. auch StSG IV, S. 396 (Nr. 42); Bergmann, Verzeichnis, Nr. 77: *Libertus frigelazener* (Z. 12) und *Libertinus frigelazenis sun* (frk.-obd. bzw. alem.) St. Blasien StiftsB. verschollen, 12. Jh.; vgl. auch StSG IV, S. 388 (Nr. 35); Bergmann, Verzeichnis,

Die Lex Baiwariorum weist einmal die männliche Form *frilaz*[3] und einmal die weibliche *frilaza*[4] auf. Bei den Varianten, die in den einzelnen Handschriften auftreten, handelt es sich um leichtere Verschreibungsfehler: *frilatz, frilath, fralatz, frilat*[5]. In Titel V, der neun Paragraphen umfaßt, erscheint die Bezeichnung *frilaz* nur in der Überschrift: *De liberis, qui per manum dimissi sunt liberi, quod frilatz vocant*[6]. Es handelt sich hier also um Freie, die ihre Freiheit *per manu* erlangt haben. Während das Lateinische diesen Unterschied in bezug auf das Freisein in einem Relativsatz ausdrückt, hat das Bairische zur Zeit der Entstehung der Lex Baiwariorum eine eigene Bezeichnung dafür: *frilaz*. Titel V §§ 1—9 ist Teil eines Bußgeldkatalogs, der den Bußensatz bei Verletzungen von Angehörigen der genealogiae (Tit. III § 1), von *liberi* (Tit. IV §§ 1—32), von *frilazi* (Tit. V §§ 1—9) und von *servi* (Tit. VI §§ 1—12) aufschlüsselt[7]. Vergleicht man das Wergeld von *liber, frilaz* und *servus*, so fällt auf, daß der *frilaz* (40 *sol.*) in diesem Zusammenhang dem *servus* (20 *sol.*) wesentlich näher steht als dem *liber* (160 *sol.*)[8], auch bei den Bußen für das Abschlagen einer Hand ist das Verhältnis *liber* — *frilaz* 4 : 1, wohingegen sich auch hier *frilaz* mit einer Buße von 10 solidi und *servus* mit einer Buße von 6 solidi wieder näher stehen[9]. Dagegen beträgt bei der Lähmung die Buße für den *frilaz* mit 6 solidi genau die Hälfte der Buße für den *liber*, aber auch hier steht der *servus* dem *frilaz* mit einem Bußgeldsatz von 4 *solidi* wieder recht nahe[10]. Die Bußgeldhöhe ist bei *frilaz* und *servus* ganz offensichtlich abhängig von der Wertminderung, die ihre Verletzung bzw. Verstümmelung für ihren Herrn bedeutet[11]. Auch im Zusammenhang der Abhängigkeit von einem Herr zeigt sich im Bußgeldkatalog deutlich die Nähe von *frilaz* und *servus*: Während das Bußgeld für den *liber* an den Herzog, die Verwandten oder den *liber* selbst zu entrichten ist und das Wergeld an den Herzog

Nr. 68: *Libertus frilanter* (Z. 13) und *Livertinus frila senssun* (Z. 14 f.) (alem. bzw. frk.); — Einzelglossar, StSG III, S. 423, Z. 9 und 10; Erfurt, Wissenschaftliche Allgemeinbibliothek Octav 8, 15, Jh.; vgl. auch StSG IV, S. 427 f. (Nr. 129); Bergmann, Verzeichnis, Nr. 141: *Libertus uriglazin* (Z. 9), *Libertinus urigelazinssun* (Z. 10) (nd.) und Marburg, UB. Mscr. 39 (früher D 2), 12. Jh.; vgl. auch StSG IV, S. 499 (Nr. 285); Bergmann, Verzeichnis, Nr. 429: *Libertus frigelazan* (Z. 9) und *Libertinus frigelaten* (nd.); — Sachlich geordnetes Glossar, StSG III, S. 426; Z. 41; Florenz, Biblioteca Medica Laurenzia Plut. 16.5, 13. Jh.; vgl. StSG IV, S. 430 ff. (Nr. 137); Bergmann, Verzeichnis, Nr. 151: *Libertini frilaza* (alem.-bair. bzw. nd. aus obd. Vorlage); — Sachlich geordnetes Glossar StSG III, S. 645, Z. 26; Wien, ÖNB. Cod. 1761, 10. Jh.; vgl. auch StSG IV, S. 643 ff. (Nr. 613); Bergmann, Verzeichnis, Nr. 941: *Libertini frilaza* (alem.-bair.); — Sachlich geordnetes Glossar StSG III, S. 652, Z. 21; Wien, ÖNB. Cod. 804, 12. Jh.; vgl. auch StSG IV, S. 636 ff. (Nr. 600); Bergmann, Verzeichnis, Nr. 926: *Libertini frilaz* u. a. ebenso Würzburg, UB. N. p. th. f. 60, 12. Jh.; vgl. auch StSG IV, S. 667 ff. (Nr. 648); Bergmann, Verzeichnis, Nr. 998 (bair. bzw. obd., frk.).

2 Vgl. Verwijs-Verdam, Middelnederlandsch Woordenboek, Sp. 1365 f.

3 Siehe Lex Baiwariorum, S. 218 (Titelverzeichnis), S. 338 (Titel V).

4 Ebenda, S. 358 (Titel VIII § 10).

5 Vgl. Kralik, Bestandteile, S. 430.

6 Lex Baiwariorum, S. 338.

7 Siehe ebenda, S. 312—346.

8 Siehe ebenda, Titel IV § 29, S. 334; Tit. V § 9, S. 341 und Tit. VI § 12, S. 346.

9 Siehe ebenda, Tit. IV § 9, S. 321; Tit. V § 6, S. 340 und Tit. VI § 6, S. 344.

10 Siehe ebenda, Tit. IV § 28, S. 334; Tit. V § 8, S. 341; Tit. VI § 11, S. 346.

11 Vgl. auch Kap. 3.2.2.

oder die Verwandten (... *vel cui comendatus fuit*[12]), fällt dies beim *frilaz* wie beim *servus* an den *dominus*[13].

Diese Abhängigkeit zeigt sich dagegen bei der *frilaza* in einem anderen Licht: VIII § 10 *Si cum missa manu, quod ‚frilaza' vocant, et maritum habet, concuberit, cum XL sol. conponat parentibus vel marito eius.*[14] Auch hier wird deutlich, daß es sich bei der *frilaza* – wie bei dem *frilaz* – um eine *libera missa manu* handelt. Von ihr unterschieden wird in Titel VIII § 11 noch die *dimissa est libera*, die nicht verheiratet sondern *virgo* ist[15]. An dieser Stelle wird jedoch die volkssprachige Bezeichnung nicht noch einmal wiederholt, so daß offen bleibt, ob *frilaza* nur die verheiratete Freigelassene bezeichnet, was jedoch unwahrscheinlich ist. Vermutlich war die einmalige Nennung der bairischen Bezeichnung zur Erklärung ausreichend. Parallel zu den Bestimmungen in VIII § 10 und 11 werden in VIII §§ 12 und 13 die *ancilla marita* und die *ancilla virgine* erwähnt[16]. Die *frilaza* ist ihrem rechtlichen Status nach unterhalb der *libera* (VIII § 1)[17] und über der *ancilla* (VIII § 12)[18] zu sehen. Wie die *libera* steht die *frilaza* unter dem Schutz ihrer *parentes* oder ihres Ehemannes. Die unverheiratete *libera dimissa* dagegen (VIII § 11) ist entweder abhängig von ihren *parentes* oder – und damit wird sie der *ancilla* gleichgesetzt (VIII § 12) – von ihrem *dominus*. Insgesamt gesehen deutet sich hier wohl eine aufsteigende Tendenz gegenüber dem Status des *frilaz* an, wie er z. B. in dem ältere Verhältnisse widerspiegelnden Bußgeldkatalog sichtbar wurde: die Abhängigkeit vom *dominus* macht einer stärkeren Einbettung in die Familie Platz. Daran läßt sich möglicherweise die Vermutung knüpfen, daß mit *frilaz/frilaza* auch die Nachkommen Freigelassener gemeint sein möchten, denn Freigelassene konnten ja kaum in dem Sinne *parentes* haben, wie die *liberi* sie hatten[19].

Die Bezeichnungen *friluz* und *frilaza* sind Komposita aus den Bestandteilen ahd., asächs. *frī, vrī*, ags. *freo, frī*, got. *freis*[20] ‚frei' und ahd. *lāz(z)an*, mnd. *lāten* ‚lassen, zulassen, heranlassen, kommenlassen, hinterlassen, überlassen, freilassen etc.'[21]. Bei der sprachlichen Beurteilung kann man der Einschätzung von Kraliks folgen, der sowohl einen Bezug der Komposita und Ableitungen zu *lāz*[22] als auch

---

[12] Lex Baiwariorum, z. B. Tit. IV § 28, S. 334.

[13] Siehe ebenda, Tit. V § 8, S. 341; Tit. VI § 11, S. 346.

[14] Ebenda, S. 358.

[15] Siehe ebenda.

[16] Siehe ebenda, S. 358 f.

[17] Siehe ebenda, S. 353 f.

[18] Siehe ebenda, S. 358.

[19] Vgl. SCHEYHING, Freilassung, Sp. 1243: „Für ausschließlich germanisch bestimmte Rechte konnte es eine derartige Rechtsposition nicht geben, da einem Freizulassenden neben dem Freisein von aller Herrschaft eines andern auch eine Rechtsposition gegeben werden muß, die ihn zu einem Gliede der Rechtsgemeinschaft macht und ihm einen Ersatz für die fehlenden Familienbande gibt. Diese Positionen können von der Rechtsmacht des einzelnen Rechtsgenossen nicht bewirkt werden. Daher führt die schlichte (sog. private) Freilassung hier zwingend zu einer Munt über den Freigelassenen, sei es des Freilassers, sei es eines frei zu wählenden Muntherrn."

[20] Vgl. KLUGE, Wörterbuch, S. 216.

[21] Vgl. SCHÜTZEICHEL, Wörterbuch, S. 67 f.

[22] Vgl. KRALIK, Bestandteile, S. 430 ff. setzt hier im Unterschied zu Grimm u. a. auch bei *lāz* ursprünglich einen langen Stammvokal an.

zu *lētus, litus*[23] aufdeckte: „Aus allem geht hervor, daß gegen ein germ. **lêt-* in der Bedeutung ‚der Gelassene' neben germ. **lêtan* ‚lassen' kein Einwand zu erheben ist. Der Begriff, der nach nhd. Sprachgefühl nur durch das Ptcp. Praet. Gelassener ausgedrückt werden kann, konnte in der älteren Sprache durch einfaches germ. **lêt-* ahd. *lâz* wiedergegeben werden, dem nhd. lautgesetzlich Lass entspräche."[24] Als Belege für seine These führt von Kralik zahlreiche analoge Bildungen aus anderen germanischen Sprachen an: wie z. B. got. *fralēts* ‚Freigelassener' zu got. *fralētan* ‚freilassen, entlassen'[25], mnd. *vrilaet, laet* ‚Freigelassener' und auch Bildungen wie *hantlaz* als Glosse zu *libertus* und als Übersetzungslehnwort zu *manumissus*[26] und *aftarlaz*[27] für lat. *superstitem* ‚der am Leben Gelassene, der Überlebende'.

Anders als das frankolateinische *lētus/litus* und das ahd. *lāz* betont die Bezeichnung *frilāz* den Zusammenhang mit *frei* allein durch die Wortbildung, durch den ersten Bestandteil des Kompositums. Dieser Zusammenhang drückt sich auch ganz klar in der Titelüberschrift von V aus: hier ist die Rede von Freien *(liberi)*, allerdings von denen, die *per manum dimissi sunt, quod frilatz vocant*[28]. Ihrer rechtlichen Stellung nach sind die *frilazi* aus Titel V jedoch den *servi* wesentlich näher. In Titel VIII § 10[29] wird dagegen vom Kontext her ganz deutlich, daß die *frilaza* rechtlich gesehen eine Mittelposition zwischen der *libera* und der *ancilla* einnimmt und mehr noch in bezug auf ihre Stellung innerhalb der Hausgemeinschaft der *libera* nahezu gleichgesetzt wird. Eine ähnliche Mehrdeutigkeit bestätigt sich auch von den Glossenbelegen her und Köbler stellt dazu fest: daß „... *frilaz* nach dem Akt der Freilassung offensichtlich auch als *fri, frignoz, frimann* ..." verstanden werden konnte. „Er war zwar einerseits nur *laz* aber andererseits damit zugleich eben auch *fri*. Dem entspricht die Betrachtung des von *libertus* abgeleiteten Wortes *libertinus*, das nur in einigen sachlich geordneten Glossaren erscheint. Von sechs Stellen belegen fünf das deutsche Wort *frilaz*, wobei zwei genauer von *frigelazenis sun* sprechen. Eine der Glossen lautet *frilazza, lazza frie* und bringt damit klar zum Ausdruck, daß der *frilaz* sowohl *laz* als auch (im Vergleich zum *scalc*) *fri* ist."[30]

Bei dem Wort *frilaz* scheinen nun drei Kriterien besonders bestimmend zu sein: Einmal die Orientierung auf die *liberi* hin, zum anderen — damit eng verbunden — die deutliche Abgrenzung gegenüber den *servi* und die Einschränkung nur auf Freigelassene, eine Erweiterung auf die Kinder und Kindeskinder von

---

23 Vgl. auch Kap. 4.2.4.1. *letus/leta*.

24 Kralik, Bestandteile, S. 431.

25 Vgl. Feist, Wörterbuch, S. 163 f.

26 Vgl. zu mittelniederländ. Parallelen Verwijs-Verdam, deel 4, 1899, Sp. 43—46, deel 9, 1929, Sp. 1365 f.; vgl. z. B. StSG II, S. 95, Z. 16, Canones, Schlettstadt, Bibliothèque et Archives Municipales Ms. 7 (früher Ms. 100) 12. Jh.; vgl. auch StSG IV, S. 612 ff. (Nr. 552); Bergmann, Verzeichnis, Nr. 849: *liberti hantlazza* (alem.); vgl. zu *hantlaz* bzw. *manumissus* auch die Überlegungen zur Gebärdensprache und Rechtssymbolik von Schmidt-Wiegand, Gebärdensprache; Sittl, Gebärdensprache, S. 132 ff.

27 Z. B. StSG I, S. 318, Z. 3, Glossen zur Genesis, Karlsruhe, BLB. Aug. IC, 8./9. Jh.; vgl. auch StSG IV, S. 399 ff. (Nr. 54); Bergmann, Verzeichnis, Nr. 296: *Superstitem aftarlaz* (alem. bzw. alem.-frk.).

28 Lex Baiwariorum, S. 338 (Tit. V).

29 Vgl. ebenda, S. 358.

30 Köbler, Lehre, S. 167.

Freigelassenen läßt sich nur vermuten[31]. Die Einschränkung auf Freigelassene ist bei *letus* allenfalls für die Lex Alamannorum, die Lex Ribuaria und eventuell auch für die Lex Francorum Chamavorum anzunehmen. Auch beim langobardischen *aldius* wird die Tendenz sichtbar, nicht mehr zwischen den Freigelassenen und deren Kindern zu unterscheiden und auch noch andere soziale bzw. ethnische Gruppen (z. B. Romanen) einzubeziehen[32]. In der Lex Baiwariorum findet sich für wirtschaftlich und zum Teil auch rechtlich Abhängige noch die lateinische Bezeichnung *coloni*[33]. Die *coloni ecclesiae* — um die es sich hier ausschließlich handelt — stehen nach Titel I § 13 jedoch statusmäßig den *servi ecclesiae* sehr nahe. Das in bairischen Urkunden seit dem beginnenden 9. Jahrhundert häufig belegte volkssprachige *parschalchus, bariscalcus* erscheint in der Lex Baiwariorum nicht[34]. Die Fragen nach Alter und Geschlecht lassen sich für *frilaz* und *frilaza* dahingehend beantworten, daß es sich sowohl um männliche als auch um weibliche, vermutlich erwachsene Frauen handelt — vielleicht im Falle der Frauen sogar ausschließlich um verheiratete. In bezug auf die Funktion für die Erhaltung der gens, die Königsnähe, Amtsausübung, Vermögens- und Besitzverhältnisse können von der Lex Baiwariorum aus keine Angaben gemacht werden. Über die Stellung innerhalb der Hausgemeinschaft sagt die Lex Baiwariorum unterschiedliches in bezug auf den *frilaz* und auf die *frilaza* aus: Während aus den Bußgeldbestimmungen eine Abhängigkeit des *frilaz* vom *dominus* ähnlich der des *servus* hervorgeht, ist die *frilaza* hier der *libera* gleichgestellt. Diese Akzentverschiebung liegt möglicherweise darin begründet, daß die älteren Bußweistümer noch eher im Wandel begriffene oder schon gewandelte Verhältnisse konservieren. Die bairische Bezeichnung *frilaz* wird in der Lex Baiwariorum wie auch in den Glossen nur für Freigelassene und nicht für andere soziale, ethnische etc. Gruppen wie Handwerker, Romanen usw. verwendet. Daß nicht nur die unmittelbar Freigelassenen, sondern auch deren Nachkommen mit *frilaz* bezeichnet wurden, läßt sich anhand der Lex Baiwariorum nicht sicher belegen, aber eine dahingehende Entwicklung ist durchaus anzunehmen. Innerhalb beider

---

[31] Vgl. oben.

[32] Vgl. Kap. 4.2.1.4. *(aldius)* und Kap. 4.2.4.1. *(letus/leta)*.

[33] Vgl. Lex Baiwariorum, Tit. V (TV), S. 207; S. 261, S. 265; Tit. I § 13, S. 286 f.

[34] Auffällig ist, daß die in bayrischen Urkunden häufig als *parschalcus, barsalcus* bezeugten sogenannten Barschalken in der Lex Baiwariorum nicht auftreten. So findet sich in der Urkunde des Hochstifts Freising vom 20. April 825, in der der Kaplan Uuago mit den Barschalken eine Vereinbarung über deren Dienstleistungen für verliehenes Kirchengut trifft, folgendes zur Stellung der *barscalci: Isti sunt liberi homines qui dicuntur barscalci, qui et cum Uuagone coram multis conplacitaverunt, ut ecclesiasticam acceperunt terram; de ipsa terra condixerunt facere servitium.* — Traditionen des Hochstifts Freising, Bd. 1, S. 450, Nr. 523 b — Die *bariscalci waren also ähnlich wie die fränkischen liti* — Freie, z. T. auch Romanen, Besitzer von Grund und Boden, jedoch zu regelmäßigen Dienstleistungen in Abgaben verpflichtet. — Vgl. auch SCHEYHING, Barschalken, vgl. dort auch die weitere Literatur. Es lassen sich viele Gründe für die Nichterwähnung von *bariscalcus* in der Lex Baiwariorum anführen: Zunächst einmal liegen zwischen der Kodifizierung der Lex (Mitte 8. Jh.) und der ersten urkundlichen Erwähnung (804) — Traditionen des Hochstifts Freising, Bd. 1, S. 184 — mehr als fünfzig Jahre, es ist also möglich, daß es die *bariscalci* in der späteren Form noch nicht zur Zeit der Lex gegeben hat. Zum anderen waren die *bariscalci* vermutlich vom rechtlich-sozialen Standpunkt nicht so interessant wie vom wirtschaftlichen. Rechtlich ließen sie sich eventuell teilweise zu den *liberi*, teilweise zu den *liberti*, teilweise zu den *Romani* etc. rechnen. Vgl. Deutsches Rechtswörterbuch, Bd. 1, 1914, Sp. 1240—1241.

Quellen – Lex wie Glossen – zeigt sich eine zunehmende Höherbewertung des *frilaz* bzw. eine Tendenz sich den *liberi* anzunähern.

4.2.4.3. thür. *adalingus*

Die Bezeichnung *adalingus* begegnet innerhalb der Leges nur in der Lex Thuringorum, sie ist dort achtmal belegt. Darüber hinaus tritt burgundisch *a(d)elenc* im Epos von Girard von Rousillon (ungefähr 10. Jahrhundert) auf.[1] In einer Handschrift der Historia Langobardorum aus dem 10./11. Jahrhundert findet sich noch ein weiterer Beleg für *adelingus*.[2]

Alle acht *adalingus*-Belege der Lex Thuringorum stehen in einem textuellen Zusammenhang, der von Totschlag, Körperverletzung oder Diebstahl handelt[3]: I. *Si quis adalingum occiderit DC solidos conponat.*[4] Auf § 1 folgen zwei weitere Bestimmungen, die sich mit dem Totschlag an einem *liber* und an einem *servus* befassen[5] – der *letus* ist im Gesetz der Thüringer nicht berücksichtigt. Genannt wird jedoch der *servus a domino per manumissionem libertate donatus*, für den die Hälfte der Freienbuße zu entrichten war[6]. Bemerkenswert ist, daß Herold im Unterschied zu der im Codex Corveiensis überlieferten Handschrift an dieser Stelle *de liberto occiso* anführt, weiterhin findet sich auch bei ihm das *a* von *adalingus* fast durchgehend als Majuskel, so daß man den Schluß ziehen kann, daß innerhalb des Heroldschen Druckes – sei es aufgrund der Vorlage oder durch Eingriff des Editors – auf eine ständische Differenzierung stärker Wert gelegt wurde, als in der einzig überlieferten Handschrift aus dem 10. Jahrhundert. Nicht zuletzt das Fehlen der *leti/liti* bzw. *liberti* hat Philipp Heck dazu geführt, die thüringischen *adalingi* den fränkischen *ingenui* gleichzusetzen, womit die *liberi* den Halbfreien bzw. Freigelassenen entsprechen würden[7]. Ausgehend von der Corveyer Handschrift ist eher

---

1 „Glücklicherweise haben wir wenigstens ein literarisches Denkmal, das Epos vom Grafen Roussilon, das selbst in der umgearbeiteten Form, in der es uns überliefert ist, wichtige Reste des Burgundischen bewahrt hat und uns wenigstens ahnen läßt, wieweit der burgundische Einfluß auf das Romanische des frühen Mittelalters gegangen ist." Gamillscheg, Romania Germanica, Bd. 3, S. 50 f. Das Epos ist etwa im Laufe des 10. Jahrhunderts, die Einleitung und der Schluß der überlieferten Fassung sind jedoch erst im 12. Jahrhundert verfaßt worden.

2 Die im Cod. Matrit. überlieferte Langobardengeschichte führt an dieser Stelle *lethingus*, die im Cod. Goth. überlieferte dagegen *adalingus*, vgl. Langobardorum Leges, S. 644 und auch Origo gentis Langobardorum, S. 4 *(Lethinges)* und S. 9 *(adelingi)* und Pauli historia, S. 60.

3 Vgl. auch Olberg, Leod, S. 105.

4 Leges Saxonum und Lex Thuringorum, S. 57.

5 Siehe ebenda, II. und III., S. 57 f.; vgl. Kap. 4.2.4.1. *letus*.

6 Ebenda, XLIII, S. 64: ... *si occisus fuerit LXXX solidis conponatur, vel quicquid ei solvi debeat, medietas compositionis liberi hominis solvatur.*

7 Vgl. Heck, Gerichtsverfassung. Laut Heck kann man in den Gesetzen der Salfranken, Sachsen, Thüringer etc. nicht von dem gleichen Geldwert ausgehen. In den Thüringergesetzen seien z. B. anders als in den salfränkischen Gesetzen Silber- und nicht Goldsolidi gemeint, so daß die 600 solidi des *adalingus* den 200 Goldsolidi des gemeinfreien Franken entsprächen. Angezweifelt werden muß allerdings, daß das fränkische Wergeld in der Lex Salica, z. B. im Gegensatz zu den anderen Leges den *fredus* ‚das Friedensgeld, das an den Fiskus fiel', beinhaltete. Vgl. hierzu auch Gesetz der Thüringer, S. 293 ff.; H. Brunner, Nobiles, S. 265 f., der sich beim Vergleich der Wergeldsätze hauptsächlich auf die Aussagen der Lex Ribuaria stützt (S. 268 ff.) und Schmidt-Wiegand, Bezeichnungen, S. 219.

anzunehmen, daß die *liberti* den *liberi* zugerechnet worden sind, da ihnen wie § XLIII sagt die Freiheit geschenkt worden war: ... *libertate donatus* ... Im Unterschied zum *liber* und zum *servus*, für deren Tötung die Buße von 200 *solidi* bzw. 30 *solidi* zu zahlen war, betrug das Wergeld des *adalingus* 600 *solidi*. Aus der Abfolge der Bestimmungen und der Höhe des Wergeldes läßt sich an dieser Stelle deutlich eine rechtlich-soziale Abstufung erkennen, die dem mit *adalingus* Bezeichneten die höchste Position zuweist.

Auch in den Bestimmungen des Wundbußenkatalogs wird der *adalingus* vom *liber* unterschieden, es fehlen jedoch hier die entsprechenden Textstellen für die *servi* (IV, VI, VIII, XII, XVI, XXIV, XL)[8], die dagegen — vergleichbar mit Bestimmungen in anderen Leges[9] — rechtlich den Tieren, also den „Sachen" und nicht den Menschen gleichgesetzt wurden: *XXXIII. Hoc de servo, bove, vacca, ove, porco, iudicatum est.*[10] Die Bußen für Verletzungen des *adalingus* liegen in der Regel dreimal so hoch wie für die eines *liber*: IV. *Qui adalingum ictu percusserit XXX solidos conponat, aut, si negaverit cum V iuret.* V. *Qui liberum X solidos conponat aut cum V iuret.*[11] Das Schlagen eines *adalingus* wird z. B. mit 30 solidi gebüßt und das eines *liber* mit 10 solidi, die Eidhelferanzahl ist jedoch bei beiden die gleiche. Nähere Aussagen z. B. über Herkunft, Stand, Besitz, Privilegien der *adalingi* lassen sich aus den Textstellen der Lex Thuringorum nicht entnehmen.

Hilfreich für die Erklärung der Bezeichnung *adalingus* ist der Vergleich mit Bestimmungen aus den Leges Burgundionum, der Lex Saxonum und der Lex Frisionum, die alle die lateinische Bezeichnung *nobilis* führen. Die Leges Burgundionum (5./6. Jahrhundert) verwenden dieses lateinische Wort ausschließlich in bezug auf die romanische Bevölkerung während sie die entsprechende soziale Gruppe bei den Burgundern als *optimati* ansprechen: XXVI. *De excussis dentibus.* 1. *Si quis quolibet casu dentem obtimati Burgundioni vel Romani nobili excusserit, solidos XV cogatur exsolvere.*[12] Daß diese Gruppen den Freien, *ingenui*, zugerechnet wurden, geht aus § 2 hervor: *De mediocribus personis ingenuis, tam Burgundionibus quam Romanis, si dens excussus fuerit, X solidis componatur.*[13] Darüber hinaus zeigt sich hier auch, daß bei diesen „geringeren Freien" offenbar keine Notwendigkeit bestand, für die Romanen und die Burgunder eine jeweils andere Bezeichnung zu wählen. Das burgundische Wort *adelenc* begegnet erst im 10. Jahrhundert, dort ist es in der Lautung dem Provencalischen angepaßt[14].

In der Lex Saxonum und der Lex Frisionum wird lat. *nobilis* entsprechend dem *adalingus* der Thüringergesetze verwendet, d. h. als Bezeichnung für die höchste Position innerhalb einer nach rechtlichen Kriterien ausgerichteten Ordnung: Bei der Lex Saxonum läßt sich dies zunächst einmal an einem sehr hohen Wergeld ablesen: XIV. *Qui nobilem occiderit, MCCCCXL solidos conponat.* Die entsprechende

---

[8] Siehe Leges Saxonum und Lex Thuringorum, S. 58, 59, 63.

[9] Vgl. Edictus Rothari § 334, Langobardorum Leges, S. 76; vgl. auch NEHLSEN, Sklavenrecht.

[10] Leges Saxonum und Lex Thuringorum, S. 62.

[11] Ebenda, S. 58.

[12] Leges Burgundionum, S. 63.

[13] Ebenda.

[14] Vgl. *Gamillscheg*, Romania Germanica, Bd. 3, S. 51; SCHMIDT-WIEGAND, Bezeichnungen, S. 252 f.; MEYER-LÜBKE, Wörterbuch, Nr. 141, S. 12.

Bestimmung für den Freien fehlt in der Lex Saxonum, das Wergeld des *litus* beträgt dagegen nur 120 solidi[15]. In § 36, der die Buße im Falle eines Diebstahls regelt, ist die Buße des *nobilis* doppelt so hoch wie die des *liber*, von dem hier auch der *litus* unterschieden wird[16]: XXXVI. *Quicquid vel uno denario minus tribus solidis quislibet furto abstulerit, novies conponat, quod abstulit et pro fredo, so nobilis fuerit solidos XII, si liber VI, si litus IIII, et conscius similiter.*[17] Die Lex Frisionum zeigt in bezug auf die Wergeldsätze regionale Schwankungen: „Für Ost- und Westfriesland ergibt sich trotz unterschiedlicher Wergeldangaben ein Verhältnis von nobilis-liber-litus wie 4-2-1 ... Von dieser Stufung unterscheidet sich die mittelfriesische durch eine geringere Abhebung des nobilis, der nicht das doppelte, sondern das anderthalbfache Wergeld des liber hat."[18] Dennoch nimmt auch hier eindeutig der *nobilis* den obersten Rang innerhalb der rechtlich orientierten Ordnung ein, der, was sich an der Höhe der Wer- und Bußgeldzahlungen ablesen läßt, auch durch eine gute wirtschaftliche Lage untermauert gewesen sein mußte.

Zwischen den Leges Burgundionum und den karolingerzeitlichen Leges zeigt sich in bezug auf diejenigen, die mit *adalingus* bzw. *nobilis* bezeichnet wurden, ein entscheidender Unterschied: Die Leges Burgundionum verwendeten die Bezeichnung *nobilis* nur für die Romani, also für Angehörige eines ehemaligen Weltreiches, eines Staates, der eine ausgeprägte ständische Gliederung kannte. Das Wort *nobilis* des klassischen Latein ist in seiner Bedeutung zwar keineswegs eindeutig festzulegen, denn es deckt weite Bereiche ab, wie ‚bekannt, berühmt, namhaft', im negativen Sinne ‚berüchtigt', im übertragenen Verständnis ‚vortrefflich, edel, vorzüglich' aber auch ‚von edler Geburt, aus guter Familie'[19], jedoch war der politisch-soziale, der letztgenannte Bedeutungsaspekt relativ genau festgelegt dadurch, daß nur derjenige zu den *nobiles* gerechnet wurde, in dessen Familie mehrere Mitglieder die kurulischen Ämter bekleidet hatten[20]. Ganz korrekt konnte eigentlich nur derjenige (und dessen Nachfahren) als *nobilis* bezeichnet werden, der Inhaber des Consulates, des höchsten Amtes war[21]. Der Gegenbegriff zum *nobilis* war *homo novus* ‚der ohne Empfehlung, nur durch sich selbst bekannte Neuling'[22], mit *nobiles* konnten sowohl Plebejer als auch Patrizier benannt werden. „Darüber herrscht denn auch volle Einmütigkeit, daß die Nobilität zwar den Uradel des Patriciates erweitert und fortsetzt, sich aber von diesem Geblütsadel als Amtsadel abhebt, der durch politische Leistung, die sich in der Erreichung staatlicher Würden qualifiziert, errungen wird."[23] Vermutlich war zur Zeit der burgundischen Gesetzgebung diese Bedeutung noch zu sehr

---

15 Vgl. auch Kap. 4.2.4.1. *leta/letus*.

16 Vgl. auch hier die Deutung in Kap. 4.2.4.1. *leta/letus*.

17 Leges Saxonum und Lex Thuringorum, S. 26 f.

18 Siems, Studien, S. 228, Lex Frisionum, S. 656 ff.: *nobiles* 80 *solidi, liber* 53, *litus* 27; *inter Fli et Sincfalam: nobiles* 100 *solidi, liber* 50, *litus* 25; *inter Laubachi et Wisaram: nobilis* 106*solidi* und 2 *denarii, liber* 53 *solidi* und 1 *denarius, litus* 26 *solidi* und *dimidius*.

19 Vgl. Georges, Handwörterbuch, Bd. 2, Sp. 1172; Strassburger, Nobiles, Sp. 786.

20 Vgl. die Darstellung und die Literatur bei Gelzer, Nobilität, S. 21; Strassburger, Nobiles, Sp. 787.

21 Vgl. Gelzer, Nobilität, S. 42.

22 Vgl. Volkmann, Nobiles, Sp. 142.

23 Strassburger, Nobiles, Sp. 786 f.

gegenwärtig, als daß die Burgunder die Bezeichnung *nobilis* auf ihre Verhältnisse hätten übertragen können und wollen. Zwar war auch das lat. Wort *optimates* ‚die Besten'[24] eine Bezeichnung für die herrschende Schicht in Rom, für den Senatorenstand, es wurde jedoch schon von Cicero, Livius etc. die Führungsschicht fremder Nationen *optimates* genannt[25]. Diese Bezeichnung ist vielfach in die germanischen vorkarolingischen Gesetze übernommen worden[26], sie findet sich beispielsweise im Dekret Childeberts: ... *cum nostris obtimatis pertractavimus* ...[27]. Im Prolog der Lex Salica begegnet das noch stärker in die Richtung ‚die Vornehmen, Herausgehobenen' weisende *proceres*[28]; auch die Bezeichnung *maiores*[29] ‚die Großen' gibt keine Hinweise auf eine Legitimation der salfränkischen Führungsschicht aufgrund von Abstammung, sondern lediglich aufgrund von Macht, Ansehen und hervorragender Leistungen für das Wohl des ethnischen Verbandes. Die Verwendung der Bezeichnung *nobilis* in der Lex Saxonum und Lex Frisionum deutet dagegen in eine andere Richtung: In dem die durch Macht, Ansehen etc. herausgehobene Gruppe des jeweiligen ethnischen Verbandes als ‚aus berühmter Familie stammend' (im Unterschied zu *homo novus!*) bezeichnet wird, zeichnet sich in der Sprache die Absicht nach historischer Legitimation dieser sozialen Gruppe ab.

Ebenso läßt sich auch die Verwendung der volkssprachigen Bezeichnung *adalingus* in den Thüringergesetzen deuten. Thüringisch, langobardisch und burgundisch *adalingus, adelingus, adelink*[30] sind Suffixbildungen auf *-ing* zu ahd. *adal* ‚Geschlecht, Abstammung', dessen Ursprung in gemeingerm. *aþal* zu suchen ist. Die Herkunft des gemeingermanischen Wortes *adal* ist nicht restlos zu klären. Pokorny[31] führt es auf das idg. Lallwort *atta-* ‚Vater bzw. Mutter, ältere Schwester, Vorfahr' zurück; Krogmann[32] erwägt dagegen eher den Zusammenhang mit der idg. Wurzel *at-* ‚erzeugen'. Das *ing/-ung*-Suffix, das gebräuchlichste und produktivste in den germanischen Sprachen, tritt überwiegend bei Feminina auf, nur einige wenige wie as., ahd. *kuning, druhting*, as. *gadulung*, ahd. *gatiling*, ahd. *ediling, silabarling* sind maskulin. „Allgemeinste Funktion des Suffixes ist, individuelle Personal- und Sachbezeichnungen nach charakteristischen Merkmalen zu bilden."[33] Im speziellen Fall von *adalingus* drückt die sekundäre Ableitung durch das *-ing*-Suffix die Familienzugehörigkeit, die Abstammung aus und bedeutet – vergleichbar dem an. *sifjungr* ‚Sippengenosse'[34] – ‚Geschlechtsgenosse'. Beide Etymologievarianten des Grundwortes sowie die semantische Funktion des Suffixes stützen eine Interpretation, die das Wort *adalingus* als eine Bezeichnung deutet, die den Familienzusammenhang,

[24] Vgl. Georges, Handwörterbuch, Bd. 2, Sp. 1376 *(optimas)*; Volkmann, Optimates, Sp. 320.
[25] Vgl. Volkmann, Optimates, Sp. 320; Strassburger, Optimates, Sp. 773.
[26] Vgl. hierzu auch Schmidt-Wiegand, Bezeichnungen, S. 252.
[27] Pactus legis Salicae, S. 267.
[28] Lex Salica, S. 4.
[29] Pactus legis Salicae, S. 250.
[30] Vgl. Meyer-Lübke, Wörterbuch, Nr. 141, S. 12.
[31] Vgl. Pokorny, Wörterbuch, Bd. 1, S. 71.
[32] Vgl. Krogmann, Adel, S. 189 ff.
[33] Krahe-Meid, Germanische Sprachwissenschaft, Bd. III, S. 198 ff., Zit. S. 200.
[34] Vgl. ebenda, S. 54 f.; Sehr produktiv war das *-ing/-ung*-Suffix auch bei der Bildung von Orts- und Personennamen, in ihnen drückt sich ebenfalls eine Zugehörigkeit aus; vgl. Schmidt-Wiegand, Ortsnamen.

die Herkunft, Abstammung in den Vordergrund stellt. Hier wird in den seit der Karolingerzeit verstärkt verwendeten Bezeichnungen *adalingus* und *nobilis* deutlich, was Karl Schmid für dieselbe Zeit mit Hilfe der Methode der Personengeschichtsforschung festgestellt hat: „... der Adel" ist „weder als ‚Adel' schlechthin noch in einzelnen Adeligen zu begreifen. Denn Adel verwirklichte sich als ‚adeliges Geschlecht', d. h. in den Gemeinschaften adeliger Familien und Sippen."[35] Es ist jedoch bei der Verwendung des nhd. Wortes *Adel* in bezug auf *nobilis* und *adalingus* Vorsicht geboten. So kam Horst Skerhutt z. B. aufgrund einer Untersuchung der ländlichen Quellen Westfalens vom 9. bis 13. Jahrhundert zu dem Ergebnis, die ursprüngliche und noch in der Karolingerzeit weitgehend vorherrschende Bedeutung von *edel, nobilis* sei nicht „ ‚... hohe Abkunft' sondern einfach ‚Abkunft von einem Geschlecht' "[36] gewesen. Karolingerzeitliche Quellen führen *nobiles* als für alle Freien, deren Familien keine freigelassenen *servi* als Vorfahren hatten, so heißt es z. B. in Thegans Vita Hludowici imperatoris (9. Jahrhundert) in bezug auf den Emporkömmling Ebo, Bischof von Reims: *Fecit te liberum non nobilem, quod impossibile est.*[37] Noch in den Glossen zu den langobardischen Gesetzen (11. Jahrhundert) wird *nobiles* erklärt als ... *quorum maiorum parentum suorum nemo servituti subiectus sit.*[38] Von hier aus läßt sich auch die eingangs gemachte Beobachtung stützen, daß in der Lex Thuringorum mit *liberi* auch die *leti* bezeichnet werden können. Nicht zuletzt dadurch, daß die Gruppe der *liberi* in Folge von Freilassungen immer heterogener wurde, bestand für die Gruppe der Mächtigen des thüringischen Stammesverbandes, die Notwendigkeit sich von den Emporkömmlingen, den Freigelassenen, abzusetzen. Dies geschah vermutlich durch die Betonung der Herkunft aus einer schon immer freien Familie. Vielleicht läßt sich auch das Fehlen von Rechtsregelungen für den *liber* in der Lex Saxonum ähnlich erklären. Eventuell war die Kluft zwischen denjenigen, die von ‚echter Geburt' waren, und den übrigen Freien, die möglicherweise überwiegend Freigelassene[39] waren, bei den Sachsen größer als bei anderen ethnischen Verbänden. Das würde auch das hohe Wergeld der sächsischen *nobiles* erklären. Infolge einer so deutlichen Abgrenzung zwischen sächsischen *nobiles* und *liberi* bzw. *leti* ist auch in Westfalen vom 9. bis 13. Jahrhundert *nobilis* „ausschließlich der Titel für die adlige Oberschicht; ‚nobilis' und ‚edeling'

---

35 SCHMID, Person und Gemeinschaft, S. 248; vgl. auch ZOTZ, Adel, S. 3 und auch S. 19: „Man sollte der Herkunft als sozialem Rangkriterium konstitutive Bedeutung ... zuerkennen"; WERNER, Adel, Sp. 119: „A. in zahlreichen Kulturen auftretende Aussonderung erbl. bevorrechtigter Familien, die ggf. einen (meist untergliederten) Adelsstand bildeten. ... bezeichnet der Begriff zu verschiedenen Zeitaltern jeweils abweichend strukturierte Gruppen, bezieht sich jedoch stets auf Familien."

36 SKERHUTT, Ständebegriff, S. 16.

37 Thegani vita Hludowici imperatoris, S. 599.

38 Langobardorum Leges, S. 557, Z. 617.

39 Vgl. SKERHUTT, Ständebegriff, S. 173 f. u. ö. geht davon aus, daß sowohl die *nobiles* als auch die *liberi*, d. h. das unter den *nobiles* befindliche soziale (rechtliche) Stratum, „Altfreie" gewesen seien. Zu dieser Überzeugung gelangt er auch in der Auseinandersetzung mit der Königsfreientheorie (S. 174) sowie den Auffassungen Hecks und Lintzels (S. 55 ff.). M. E. vermischt Skerhutt hier zwei unterschiedliche Ebenen: die Zinspflichtigkeit etc. bzw. die rechtliche Komponente mit der Frage nach der Abstammung: „Viele dieser ‚liberi' jedoch gerieten im Laufe der Jahrhunderte in grundherrliche Abhängigkeit" (S. 174).

bezeichnet in Westfalen nie den bäuerlichen Freien."[40] In Friesland dagegen wurden auch Freie mit *Edeling* bezeichnet, ebenfalls in Schwaben, wo das Wort nahezu ausschließlich für bäuerliche Freie verwendet wurde[41].

Das Wort *adalingus* der Thüringergesetze begegnet nur für voll rechtsfähige, d. h. erwachsene Männer; *nobilis* findet sich dagegen in der Lex Frisionum auch (in adjektivischem Gebrauch) für Frauen, z. B. *Foemina nobilis, puella nobilis*[42]. Zur Herkunft der *adalingi* läßt sich resümierend sagen, daß sie sicherlich frei waren und rechtlich eine Position eingenommen haben, die sich oberhalb der *liberi/liberti (leti)* und *servi* ansiedeln läßt. Aus § LXIV der Lex Saxonum geht hervor, daß freie Männer unter der Schutzherrschaft *(tutela)* eines *nobilis* stehen konnten[43]. Eine besondere Beziehung zum König wird aus den Belegstellen in den Leges nicht deutlich[44]. Die Bezeichnung *adalingus* ist wie auch *nobilis* kein Wort, das auf die Abhängigkeitsstrukturen hinweist, wie z. B. *tabularius, dominus* u. a. m., sondern in ihm kommt lediglich der Aspekt der Herkunft zum Ausdruck[45]. Daß die Betonung ‚echter Herkunft' in der Karolingerzeit — denn in diesen Zeitraum fällt das erste überlieferte Aufkommen der Bezeichnung *adalingus* und das verstärkte Auftreten von *nobilis* — besonders wichtig erschien, hat seinen Grund auch im Wandel der sozialen Verhältnisse: Die Freien setzten sich nicht mehr ausschließlich aus Stammesgenossen, sondern auch oder sogar überwiegend aus freigelassenen Sklaven, Romanen etc. zusammen, und die Abgrenzungen waren rechtlich nach unten hin offenbar nicht mehr deutlich genug festgelegt, so daß es notwendig wurde, eine historische Legitimation durch den Hinweis auf eine echte, edle Abstammung zu schaffen. Vermutlich ging dieser Legitimationsanspruch, der sich schon vor der Karolingerzeit, verstärkt aber seit dem 9. Jahrhundert in Historiographien und Viten etc. ablesen läßt, vor allem von den sozial, politisch und wirtschaftlich mächtigen Gruppen der einzelnen ethnischen Verbände aus. So zeigen beispielsweise die Lex Thuringorum und die Lex Saxonum Unklarheiten in bezug auf die Abgrenzung zwischen *liberi* und *liti*, wohingegen die *adalingi/nobiles* immer so klar abgegrenzt sind, daß man hierin die Tendenz zu einer rechtsständischen Abschließung gegenüber den *liberi/liti* erblicken könnte. Die Verwendung der Bezeichnungen *adalingus* und *nobilis* ist aber auch Ausdruck eines sich wandelnden stammesübergreifenden Staatsbewußtseins: Das fränkische Reich der Karolingerzeit war im Gegensatz zum Machtbereich der einzelnen ethnischen Verbände auf dem Wege, ein Großreich ähnlich dem römischen zu werden, die sozialen und politischen Strukturen mußten sich notwendigerweise dem anpassen. Termini der Römerzeit wurden — vorsichtig ausgedrückt — übertragbarer als sie es vorher gewesen waren.

---

[40] Ebenda, S. 18.

[41] Ebenda, S. 17.

[42] Lex Frisionum, Titel 9, IX § 1.8.12.

[43] Leges Saxonum und Lex Thuringorum, S. 33: LXIV *Liber homo qui sub tutela nobilis cuiuslibet erat, qui iam in exilium missus est, ...*

[44] Vgl. Olberg, Leod, S. 105.

[45] Vgl. Zotz, Adel, S. 19.

4.2.5. Zusammenfassung

Wie die Ausführungen zu den „Freien“-Bezeichnungen gezeigt haben, können die unterschiedlichen Sichtweisen der Sozialordnung entweder allein auf der Bezeichnungsebene oder auf der Bedeutungsebene sowie auf beiden Ebenen gleichzeitig deutlich werden. Drücken beide Ebenen die gleiche Sichtweise aus, wie z. B. bei *commarcanus, calasneo, widrisittilo*, so kann man davon ausgehen, daß das Wort einem Sachzusammenhang angehört, in dem zur Zeit der Verwendung der Bezeichnung keine tiefgreifenden Veränderungen stattgefunden haben. Zeigt sich dagegen eine bestimmte Sichtweise nur auf der Bezeichnungsebene, so drückt sich hier mit Sicherheit ein älterer Sachzusammenhang aus. Auf der Bedeutungsebene dagegen läßt sich dann zumeist das Ergebnis des Sachwandels bzw. des sozialen Wandels festmachen. Dieses Phänomen begegnet z. B. in lgbd. *fara*, wo die Bezeichnungsebene konservativ blieb (sprachlicher Konservatismus) und die Bedeutung sich von ‚Fahrt‘ infolge der Seßhaftigkeit der Langobarden zu ‚Siedlungsgemeinschaft‘ weiterentwickelt hatte. Veränderungen des Sachzusammenhangs bewirken auf der Bedeutungsebene zumeist Polysemie. Dies zeigt sich z. B. bei *baro* und *gasindius*, in beiden Fällen haben soziale Innovationen — wie die Ablösung des lockeren Gefolgewesens bei den Germanen (besonders bei den Langobarden und Franken) im Sinne eines Übergangs auf vasallitische Institutionen — zu Polysemie geführt. In ihrer weiteren Entwicklung unterscheiden sich die beiden Bezeichnungen jedoch. Während *baro* eine Aufwertung erfuhr, wurde *gasind(i)us* schließlich aus seinem ursprünglichen Bedeutungsbereich durch *vasallus* verdrängt.

Bei vielen Wörtern werden für den hier behandelten Zeitraum sowohl differenzierte Bedeutungsentwicklungen deutlich als auch Feldverschiebungen und Wortverdrängungen (wie z. B. im oben angeführten Falle von *gasindius/vasallus*). *Leudis* (*leodis* etc.) hat sich z. B. von der Merowinger- zur Karolingerzeit hin von einem geläufigen Wort der fränkischen Volkssprache zu einem fränkischen Rechtswort entwickelt; diese Entwicklung zeigt sich sowohl auf der Bedeutungs- als auch auf der Bezeichnungsebene: Mit der Monetarisierung des Bußenwesens wurde *leodi* von einer ‚sach‘gebundenen Bußbezeichnung, die noch eine stärkere Einheit von Recht und bäuerlicher Lebenspraxis zeigte, zu einer Tarifbezeichnung ‚Wergeld in Höhe von …‘. Während die Lex Salica, in der noch das Anfangsstadium dieses Wandels greifbar wird, die lautliche Form *leod* führt, die auch dem Lautstand der Volkssprache zu jener Zeit entspricht, begegnet das Wort in den karolingerzeitlichen Leges (Lex Frisionum, Lex Francorum Chamavorum) mit einer erstarrten, archaischeren Lautung: *leude, leudis*. In dieser Zeit jedoch — wie sich an Belegen sowohl in der Lex Salica, Lex Frisionum, Lex Francorum Chamavorum aber auch der Lex Ribuaria, den Leges Alamannorum, der Lex Saxonum u. a. zeigt — wird das Rechtswort *leodi/leude* bereits immer mehr von *wergeld* verdrängt.

In etlichen Fällen, so z. B. bei *aldius, baro, calasneo, widrisittilo* u. a. m. konnte der etymologische Kontext als Interpretationshilfe unterstützend wirken: Bei *aldius* stützte die Etymologie das durch Textkontextanalyse und Feldvergleich gewonnene Ergebnis von der Opposition Mensch/Sache. Auch im Falle von *baro* und *calasneo* half diese Methode, Ergebnisse zu verdeutlichen: *baro* ‚streitbarer, kriegerischer Mann‘ und *calasneo* ‚Anrainer, der das angrenzende Stück Land bewirtschaftet, nicht besitzt‘. Und schließlich leistete die Etymologie bei der nur einmal belegten ad-hoc-Bildung salfrk. *widrisittilo* neben der Kontextanalyse und der Berücksichtigung analoger Bildungen eine wichtige Interpretationshilfe. Auf der anderen Seite — dies kann die vorliegende Untersuchung auch belegen — liegt gerade in der großen Unsicherheit der Rekonstruktion einer sprachlichen Herleitung, eine nicht zu unterschätzende Fehlerquelle. Die Wahl einer aus, in fast jedem Fall, mehreren Möglichkeiten der etymologischen Bestimmung wird — dies sei auch zur Relativierung der eigenen etymologischen Erkenntnisse gesagt — nicht zuletzt von der Zeitgebundenheit des Sprachhistorikers beeinflußt. Dies zeigt sich z. B. deutlich an den Etymologien zu *calasneo* von Grimm und v. Kralik, die jene, von der heutigen historischen Forschung nahezu übereinstimmend widerlegte Vorstellung von einer frühmittelalterlichen Markgenossenschaft zur Voraussetzung haben.

Für die zunächst unabhängig von einander bei den germanischen Stämmen gebräuchlichen Bezeichnungen wie z. B. lgbd. *baro*, alem. *baro*, ags. *leod*, burg. *leud*, salfrk. *leod* etc. und auch für diejenigen, die aufgrund von Interferenzerscheinungen in die Legestexte verschiedener ethnischer Verbände aufgenommen worden sind (z. B. frk. *letus*), bestätigte sich die Hypothese, daß die Unterschiedlichkeit der sozialen Verhältnisse der einzelnen ethnischen Gruppen oder Kontakte zwischen ihnen, sei es durch Eroberung etc. einen bedeutungs- und/oder bezeichnungsverändernden Einfluß ausübten. Der Kontakt mit frk. *litus* — ein Wort aus der Sprache der fränkischen Eroberer — bewirkte z. B. eine zunehmende Bedeutungsunsicherheit bei lgbd. *aldius*, denn nach der Eroberung durch die Franken wurde *aldius* zum Teil synonym mit *litus*, zum Teil bedeutungsgleich mit *servus* gebraucht. Die Gründe für die Interferenzen liegen hier nicht nur in der Berührung zweier unterschiedlicher Wörter, sondern auch im Aufeinandertreffen von verschiedenen Sozialsystemen (Langobarden/Franken). Interferenzen auf der Bezeichnungsebene ließen sich bei frankolat. *trustis* feststellen, das als kanzleisprachliches Wort die fränkische Bezeichnung *druht* verdrängt hat. Der Einfluß des Lateinischen macht sich z. B. bei *commarcanus* und *marca* bemerkbar. *Commarcanus* ist ein Lehnwort, das auf lautlichen und sprachlichen Angleichungen beruht, in nicht latinisierter Lautung finden sich im Mittel- und Rheinfränkischen in anderen Quellen als den Leges *gamarcha, gimerchi* ‚Grenze, Grenzgebiet‘. *Mark* ‚Grenze‘ ist im neuhochdeutschen Sprachgebrauch durch slawisch *granica* verdrängt worden, hat sich aber im Französischen und Italienischen als *marche, marca* gehalten. Darüber hinaus bewirkt auch der kulturelle sowie der sprachliche Kontakt mit Romanen Interferenzen, die sowohl Veränderungen der lateinischen Bezeichnungen (vgl. die Bedeutungsveränderung von *optimates*, wenn diese Bezeichnung auf Germanen angewendet wird) als auch in umgekehrter Richtung Veränderungen der volkssprachigen Bezeichnungen (vgl. z. B. die Interferenzen, die lat. *liber* bei frk. *letus* hervorruft) nach sich ziehen können.

Zudem können sich auch innerhalb der Textexemplare Feldzusammenhänge von lateinischen und volkssprachigen Bezeichnungen zeigen. Die einzelnen Bezeichnungen stehen dann in einem besonderen, abgestuften Verhältnis zueinander: So decken z. B. lat. *vicinus*, bair. *commarcanus* und bair. *calasneo* je einen unterschiedlichen Bedeutungsaspekt des semantischen Feldes Nachbarschaft ab. Der Feldbegriff ist also nicht nur, wie eingangs erwartet, ein Hilfsmittel der sprachlichen Untersuchung. In einem gewissen Rahmen, z. B. auf die Textüberlieferung der Lex Baiwariorum bezogen, kann das Erkennen des semantischen Stellenwertes eines Feldgliedes innerhalb eines textbezogenen Wortfeldes auch ein Ergebnis der Sprachanalyse sein.

Anhand der Bezeichnungen *commarcanus, marca* etc. läßt sich sehr gut der Einfluß der Textsorte auf den jeweils hervortretenden Bedeutungsaspekt eines Wortes zeigen: *Commarcanus* ‚Nachbar, Anrainer' und *marca* ‚Grundstücksgrenze' stehen in der Lex Baiwariorum in Bestimmungen, die aus der zur bäuerlichen Lebensweise gehörenden Spruchpraxis stammen. Die *marca*-Belege der Leges Alamannorum, Leges Langobardorum und der Lex Ribuaria finden sich dagegen in Bestimmungen, die den Charakter von Königssatzungen haben, ihre Bedeutung beruht auf der Perspektive des Gesetzgebers: ‚Grenze eines größeren politischen Bereiches, Grenzgebiet'. Dieses Beispiel der Textsortenabhängigkeit ließe sich um viele andere vermehren, so z. B. um *litus*, das in der Lex Salica in einer weistumsartigen Bestimmung bedeutungsmäßig in die Nähe von *servus* gerückt wird, dagegen in einem Satzungsteil als den Freien *(liberi)* weitgehend gleichgestellt auftritt. Hier wird aber auch wieder ein Zusammentreffen von außersprachlichen und sprachlichen Faktoren deutlich, denn der Interessengegensatz König/*optimates* spiegelt sich auch in den Textsorten.

4.3. Unfreie, Abhängige

4.3.1. ‚Unfreie' — unter dem allgemeinen Aspekt des Dienens, der Abhängigkeit durch Dienstausübung

4.3.1.1. salfrk. *theo, theuua* (malberg. *theotexaca, theoducco, theobardi, theolasina, theomosido, theochreomosido, theoleodi, theodilina*)

In der salfränkischen Gesetzgebung begegnet das volkssprachige Wort *theo* als Entsprechung zu lat. *servus*, außer in der malbergischen Freilassungsformel: *maltho thi atomeo theo, ausschließlich* in Zusammensetzungen wie *theotexaca, theomosido, theochreomosido, theodilina, theoleodi, theobardi, theolasina, theoducco.*[1] Es tritt also in Zusammenhang mit Rechtstatbeständen auf, die sich um Diebstahl, die Tötung und den Verkauf von ‚Unfreien' bzw. um von jenen vermittelte Diebstähle, um die Leichenberaubung ‚Unfreier' etc. handeln. Daneben wird in Entsprechung zur männlichen Form die zu *theo* gehörende Femininbildung *thiu/theu*[2] gebraucht: *theula-*

---

[1] Pactus legis Salicae, Tit. 26 § 2, S. 96 f.; Tit. 10 §§ 1, 3, 4, S. 50 ff.; Tit. 35 §§ 2, 3, 5, S. 129 (C 6), 130 f.; Tit. 33 §§ 6 u. 7, S. 130 f.; Tit. 35 § 1, S. 128 f.; Tit. 10 § 2, S. 52 f.; Tit. 10 § 5, S. 53; Tit. 27 § 33, S. 108 f.; Tit. 28 § 1, S. 110; Tit. 39 § 1 (C 6), S. 143; Tit. 10 §§ 1, 6, S. 50 (A 2), S. 54 f. Lex Salica, Tit. 37 § 2, S. 76; Tit. 11 §§ 1, 2, S. 48; Tit. 57 § 1, S. 94; Tit. 11 § 3, S. 48; Tit. 11 § 4, S. 48; Tit. 65, S. 104. Vgl. auch Brandsch, Bauern und Hofgesinde, S. 32, die als Lex Salica-Belege nur einen kennt und nennt (11 § 1).

[2] Vgl. auch Schmidt-Wiegand, Bezeichnungen, S. 238, Anm. 5 und Nehlsen, Sklavenrecht, S. 261 f., Anm. 62; vgl. Pactus legis Salicae, Tit. 25 §§ 1, 2, S. 92 ff.; Tit. 24 § 3, S. 90 f.; Lex Salica, Tit. 35 § 2, S. 74.

sina, theuuiscarda. Alle Bezeichnungen treten in der Form von malbergischen Glossen auf.

Komposita mit *theo-* begegnen zunächst in Titel 10 des Pactus bzw. 11 der Lex Salica. Es handelt sich in diesem Titel um Bestimmungen, die die Entwendung (PLSal 10 §§ 1, 3, 4, 6 LSal 11 §§ 1, 2), die Tötung (PLSal 10 § 3) von *servi* und *ancillae* oder den durch „Unfreie" begangenen Diebstahl (PLSal 10 §§ 2, 5, LSal 11 §§ 3, 4) zum Inhalt haben. Der Rechtstatbestand wird mit dem volkssprachigen Rechtsterminus, der malbergischen Glosse[3], *theotexaca* bezeichnet. In einigen Handschriften findet sich auch *theoducco* oder *theobardo.* Paragraph 1 des Titels 10 handelt vom Diebstahl fremder Unfreier, von Pferden und Zugtieren:
10 § 1 *Si quis seruum aut ancillam alienam, caballum uel iumentum furauerit ⟨cui fuerit adprobatum⟩ mallobergo theotexaca hoc est, MCCCC denarios qui faciunt solidos XXXV culpabilis iudicetur ⟨exepto capitale et dilatura⟩*[4].

Die malbergische Glosse *theotexaca*[5], *texeca*[6], *teoxaca*[7], *theu tha texaca*[8], *theostaxaca*[9], *theos taxaca*[10], *theus taxaca*[11] bezieht sich in den Handschriftengruppen A 2 (teoducco), A 4, H 10 sowohl auf *servus* und *ancilla*, als auch auf *caballum*, dagegen in den Handschriftengruppen C 5, C 6, D 7, D 8, D 9 nur auf *servus* und *ancilla.* Sowohl Ehrhardt[12] als auch Nehlsen[13] sehen das „Nebeneinander von Sklaven und Tieren"[14] als nicht ursprünglich an, obwohl diese Reihung z. B. in den A-Handschriften erscheint, die K. A. Eckhardt[15] als die ältere Fassung der Lex Salica annimmt. „Zunächst muß auffallen, daß die Rubrik nach den Handschriften aller Textklassen keinen Hinweis auf die Tiere enthält, sondern übereinstimmend nur von gestohlenen Sklaven spricht (*De mancipis furatis* o. ä.). Noch stärker gegen eine

---

3 Vgl. hierzu Helten, malbergische glossen, § 20, S. 274; Beyerle, Malberg-Glossen, S. 1–32; Gutenbrunner, Studia Mallobergica, S. 298–305; Schmidt-Wiegand, Fremdeinflüsse, S. 238; Dies., Geschichte, S. 220–231; Dies., Malbergische Glossen, Sp. 211–215.

4 Pactus legis Salicae, Tit. 10 § 1, S. 51 s. a. S. 50.

5 Pactus legis Salicae, S. 50; die Handschrift A 2, S. 49 führt an dieser Stelle die malbergische Glosse *theoducco* ‚Unfreier- bzw. Knechtsverlockung' vgl. Glossar ebenda, S. 288. Die Handschriftengruppen A 3, A 4 K, ebenda, S. 49 f. und die Handschriftengruppen E 11, 12, 13, 14, 16 Lex Salica, S. 49 enthalten in diesem Zusammenhang keine malbergischen Glossen. A 1 führt malberg. *alfachio* zu *alachfalthio* ‚Hofüberfall' an: *Si quis seruo aut caballo uel iumentum furauerit mal. alfachio hoc est IMCC din. qui f. sol. XXX culp. iud.* Pactus legis Salicae, S. 50 u. a. Glossar, ebenda, S. 227.

6 Pactus legis Salicae, S. 51, C 5. Vgl. zu den unterschiedlichen Lesarten der Handschriften auch Helten, malbergische glossen, § 51, S. 316 f., der z. B. *theoducco* für eine verderbte Lesart, eine Verschreibung aus *theotexaca* hält: „*theoducco* durch substituierung von *d* für *t* ..., verlesung von *u*, aus *a* ..., ausfall von *xa*, dittographie von *c* ... und substitution von *-o* für *-a* ..." (S. 316). Hier ist vielleicht die Kritik von Siegfried Gutenbrunner, Studia Mallobergica (ZRG GA 81, 1964, S. 298–305) S. 298 an van Helten zu zitieren: „... schwelgt dermaßen in den Möglichkeiten graphischer Variantenbildung, daß manches in ihr ... nicht verständlich wird".

7 Ebenda, C 6.

8 Ebenda, H 10.

9 Lex Salica, S. 48, D 7.

10 Ebenda, D 8.

11 Ebenda, D 9.

12 Ehrhardt, Studien, S. 100.

13 Nehlsen, Sklavenrecht, S. 266 f.

14 Ebenda, S. 266.

15 Vgl. z. B. Eckhardt, Einführung, S. 218.

Bevorzugung der A-Handschriften fällt ins Gewicht, daß hier die Glossen nicht mit dem Kontext harmonieren. Diese Indizien machen eine nachträgliche Änderung des Textes wahrscheinlich"[16]. Nehlsen nimmt daher in diesem Fall an, daß die „Handschriften der C-Klasse ... genetisch ältere Lesarten als die A-Handschriften bewahrt haben ..."[17]. Er kann sich damit aber auch auf Eckhardt selbst stützen, so hat z. B. Ruth Schmidt-Wiegand formuliert: „Eckhardt, der selbst eine Reihe von Beispielen zusammenstellt, in denen C vor A die bessere Lesart bewahrt hat, nennt z. B. Titel 23, wo die Zweigliedrigkeit in C ursprünglicher sei als die Eingliedrigkeit in A"[18]. Sie selbst kommt zu dem Schluß: „C, daran läßt sich nicht zweifeln, enthält in einigen Fällen Texte, die genetisch älter sind als ihre in A enthaltenen Seitenstücke"[19].

Nehlsen hält es im Anschluß an Ehrhardt für möglich, daß „die bußmäßige Gleichstellung von Sklaven und Großtieren in LSal 10,1 ... nicht auf dem ursprünglich fränkischen Recht" beruhe, vielmehr sei hier der Einfluß römischer Rechtspraxis zu berücksichtigen[20]. Nehlsen führt verschiedene Titel an (PLSal 10 § 5; 27; 33; 39), die eine Nähe zum römischen Recht in bezug auf die Bestimmungen, die Sklaven, „Unfreie", betreffen, wahrscheinlich machen[21]. Jedoch verweist er auch auf PLSal Titel 47 § 1, der das Dritthand- bzw. Anefangsverfahren[22] behandelt. Hier wird zwar nicht die bußmäßige Gleichstellung von Sklaven, Großtieren und Sachen angesprochen, die Sklaven werden jedoch eindeutig der Fahrnis, der beweglichen Habe zugerechnet:

47 *De filtortus, qui lege Salica uiuunt. § 1. Si quis seruum aut ancillam, caballum uel bouem uel iumentum aut quemlibet rem cum altero agnouerit, mittat eum in tertiam manum* ...[23]

In allen Handschriften (A 1, A 2, A 3, A 4, C 5, C 6, H 10, K, D 7, D 8, D 9, E 11, E 12, E 13, E 14, E 15/16) dieses Titels wird *servus* mit Großtieren und auch mit Sachen (... *aut quemlibet rem* ...) gleichgesetzt: „Gleich Tieren und anderen beweglichen Sachen unterliegen die Sklaven den Regeln der Fahrnisverfolgung"[24]. Dies und die Erkenntnis, daß die Gliederung in bewegliche (Fahrnis, Fahrhabe) und unbewegliche Habe für das deutsche Recht seit jeher ein wesentliches Ordnungsprinzip war, wohingegen das römische Recht diese Unterscheidung weitgehend unberücksichtigt ließ[25], widerspricht wohl zunächst der Ansicht von der römisch-rechtlichen Beeinflussung. Ein Blick auf die Textsorte jedoch zeigt, daß eine chronologische Begründung allein nicht in jedem Fall ausreicht. Die Zuordnung von Sklaven zur beweglichen Habe, neben Tieren und allen „nicht fest mit dem Boden verbundenen leblosen" Sachkörpern[26] entspricht einer Sichtweise, die

---

16 NEHLSEN, Sklavenrecht, S. 267.

17 Ebenda.

18 SCHMIDT-WIEGAND, kritische Ausgabe, S. 312.

19 Ebenda.

20 NEHLSEN, Sklavenrecht, S. 266 und S. 267; vgl. auch EHRHARDT, Studien, S. 98 ff.

21 Vgl. NEHLSEN, Sklavenrecht, S. 267.

22 Vgl. auch WERKMÜLLER, Anfang, Sp. 159–163.

23 Pactus legis Salicae, S. 182.

24 NEHLSEN, Sklavenrecht, S. 266.

25 Vgl. OGRIS, Fahrnis, Fahrhabe, Sp. 1049.

26 Ebenda, Sp. 1050.

der König möglicherweise in Anlehnung an römisch-rechtliche Vorstellungen vertritt und durchsetzen will, indem er diese Auffassung auch in Bestimmungen hineinträgt, die von ihrem Ordnungsprinzip, ihrer Denkweise her nicht römischrechtlich beeinflußt sind: Titel 47 ist den prozessualen[27] Konstitutionen zuzurechnen, von denen Ruth Schmidt-Wiegand sagt: „Dabei ist zu beachten, daß es dem Gesetzgeber hier nicht um möglichst vollständige Darstellung der bestehenden Rechtsordnung ging ... Bei den prozessualen Konstitutionen geht es vielmehr darum, die Rechtsbehelfe königlichen Rechts für den Fortgang des Verfahrens bekannt zu machen, also um ein durchaus auch politisches Anliegen des Reichsgründers"[28].

In einem ähnlichen Kontext wie Titel 10 § 1 PLSal stehen die Paragraphen 3, 4 und 6 desselben Titels und entsprechend 11 § 2 LSal. Hier handelt es sich um den Diebstahl bzw. um die darauffolgende Tötung, den Verkauf oder die Freilassung eines *servus* (§ 3), den Raub (§ 4), die Schändung einer *ancilla*, die 15 oder 25 solidi Wert war, was eine ebenso hohe Buße nach sich zog, wie der Diebstahl von männlichen *servi*, die einer besonders wichtigen, angesehenen Tätigkeit nachgegangen sind *(porcarius, maior, mariscalcus, strator, venator, carpentarius, molinarius* etc. § 6).
10 § 3 *Si quis seruum alienum [furauerit aut] occiderit aut uendiderit aut ingenuum dimiserit [et ei fuerit adprobatum], mallobergo meotheo*, (aus *metheo* verbessert; Herold führt hier: *theu texaca*, die Verf.) *sunt denarii MCCCC qui faciunt solidos XXXV culpabilis iudicetur.*
§ 4 (bzw. Titel 10 § 5) *Si quis ancillam alienam furauerit, mallobergo theotexaca, MCC denarios qui faciunt solidos XXX culpabilis iudicetur.*
§ 6 *Si quis ancillam perdiderit ualentem solidos XV aut XXV, si porcario, uinitore, si fabrum, molinario, si carpentario, si stratore uel quemcumque artificem ualente solidos XXV, mallobergo theoducco* (in C5 *texeca*, C6 *theocho thexacha ismala texacha chrochro texaca ambotanea, hec sunt de ministeria*, die Verf.) *sunt, denarios MMDCCCLXXX* (in den einzelnen Hss. finden sich unterschiedliche Denar- und Soliduszahlen, die Verf.) *qui faciunt solidos LXX (II) ⟨fuerit adprobatum⟩ culpabilis iudecetur ⟨excepto capitale⟩*[29].
Der Text des Paragraphen 6 lautet bei Herold: *Si quis maiorem, infestorem, scantionem, mariscalcum, stratorem, fabrum ferrarium, aurificem, siue carpentarium, uinitorem, uel porcarium, uel ministerialem furauerit, aut occiderit uel uendiderit ualentem solidos XXV malb. theuca texara MCCCC den. qui faciunt sol. culpabilis iudicetur, excepto capitale et delatura*[30].

In bezug auf die Glosse *theotexaca* bzw. *theutexaca*, die sich sowohl auf *servus* als auch auf *ancilla* bezieht, fallen gerade in den Paragraphen 3, 4 und 6 die häufigen „Verschreibungen" auf[31]. In Titel 10 § 1 findet sich nur in der Handschriftengruppe A2 anstelle von *theotexaca* die Glosse *theoducco*, die von van Helten als Verschreibung[32] aus *theotexaca* gedeutet wird und worauf ich an anderer Stelle noch zurück-

[27] Prozessual im Unterschied zu „Konstitutionen, die sozialen Lebensfragen gewidmet sind" vgl. SCHMIDT-WIEGAND, Lex Salica, Sp. 1956.
[28] Ebenda.
[29] Pactus legis Salicae, S. 52–55; vgl. zum Inhalt auch Kap. 4.3.1.2. *ambahtunia.*
[30] Ebenda, S. 53 u. 55.
[31] Vgl. dazu auch HELTEN, malbergische glossen, §§ 51, 52, 53, 54, 55, S. 316–323.
[32] Vgl. Pactus legis Salicae, S. 52.

komme. Die A-Handschriften lassen die Bestimmungen aus, die noch einmal gesondert auf die Entwendung und Tötung eines *servus* (§ 3) und einer *ancilla* (§ 4) eingehen. Nur im Text Herolds erscheint *theotexaca* als malbergische Glosse. Die Handschriftengruppe C 6 hat stattdessen *meotheo*, verbessert aus *metheo*[32]. „Die ... auf *theotexaca* zurückgehenden glossenlesarten *meotheo* (durch verlesung von *m* aus *th*, § 3 v, für durch dittographie entstandenes *theo*, nach dem *texaca* ausgefallen war) und *theo texaca* lehren, daß der betreffende ausdruck als bezeichnung des frevels oder der busse (vgl. § 39) auch in bezug auf entwendung eines oder einer unfreien durch tötung, verkauf oder unberechtigte freilassung verwant wurde"[33]. Offenbar wurde der Ausdruck *texaca* aber nicht mehr recht verstanden. Dafür spricht auch die Verwendung von *theoducco* in § 1 Handschriftengruppe A 2. Hier handelt es sich wohl nicht um eine verderbte Lesart[34], sondern eher um das Ersetzen des Wortes *theotexaca* durch *theoducco* ‚Knechtsverführung'[35].

Das Kompositum salfrk. *theotexaca* ‚(Buße für den) Diebstahl eines/einer Unfreien' (PLSal 10 §§ 1, 3, 4 und 6, LSal 1 §§ 1 und 2), besteht aus salfrk. *theo* und salfrk. *texaca, texaga*. Letzteres begegnet sehr häufig in der salfränkischen Gesetzgebung, Belege in der Lex Alamannorum und der Lex Ribuaria gehen ebenfalls auf fränkischen Einfluß zurück. „Das wort gehörte zu den in die lat. gerichtliche terminologie aufgenommenen ausdrücken"[36]. Die Etymologie des Wortes ist in der Sekundärliteratur umstritten[37]. Es bietet sich jedoch an, *texaga* als eine Zusammensetzung aus dem Grundlexem *tax-* zu indoeurop. **tag-, teg-* ‚berühren, angreifen', lat. *tango, tetigi, tactum* (altlat. auch tagō-), lat. *tagax* ‚diebisch', *taxim* ‚heimlich', *taxare* ‚abschätzen, betasten' und dem im Germanischen produktiven Suffix *-aga*[38] anzusehen. Die *-aga* Suffixe (bzw. die indoeurop. *k*-Suffixe) „drückten die Verkörperung einer Eigenschaft an einem Subjekt aus (lat. *senex* ‚der Alte': ai. *sana-* ‚alt', lit. *lankiny -kas* ‚Landmann': *lankini-s* ‚ländlich, Land')"[39]. Auf das Wort

33 Helten, malbergische glossen, § 53, S. 318.

34 Vgl. Anm. 5.

35 Vgl. Pactus legis Salicae, Glossar, S. 288. Vgl. auch Kap. 4.3.1.6. salfrk. *(hi)smala*. Im Heroldschen Text und in C 6 ist die Glosse sehr viel umfangreicher und unterscheidet zwischen *theo* ‚Unfreier', *ismala chrochso* ‚abhängiges Mädchen' und *ambotanea* ‚Dienstmagd'.

36 Helten, malbergische glossen, § 20, S. 274.

37 Vgl. Schmidt-Wiegand, Bezeichnungen, S. 238, Anm. 1; Gamillscheg, Enciclopedia linguistica Hispania II, 3, S. 89; stellen eine Verbindung zwischen *texaca* und ahd. *ʒascon*, got. *tascon* her. Dagegen aber: Helten, malbergische glossen, § 20, S. 275 f. „Die zurückführung des *x* von *texaga* etc. auf sc ... verbietet der umstand, dass sich sonst in den malb. glossen (wie überhaupt auf fränk. sprachgebiet) kein *x* aus *sc* findet ..." Helten nimmt eine ursprüngliche Form **tahsaiga* bzw. **tehsaiga* und nicht wie Schmidt-Wiegand frk. **tasdaja*, an. Das *x* in der Glosse *texaca* führt Helten darauf zurück, daß die Schreiber, „denen der in die galloroman. gerichtliche terminologie aufgenommene ausdruck geläufig war", die äußere Form eines Lehnwortes für das salfränkische Wort substituiert haben. Diese Beobachtung läßt sich eventuell durch die Lex Salica Befunde zu vulgärlat *ambascia* (A 2, C 5) und *ambaxia* (C 6, A 4) stützen. Vgl. Kap. 4.3.2.2. Schmidt-Wiegand (s. o.) verweist in diesem Zusammenhang auf eine parallele Erscheinung – ahd. *fisc* 〉ae. fix – in einer anderen germanischen Sprache, dem Altenglischen. Eine abweichende Deutung findet sich bei Beyerle, Malberg-Glossen, S. 12.

38 Vgl. Pokorny, Wörterbuch, S. 1054 (zu *tag-*) und Krahe-Meid, Germanische Sprachwissenschaft, Bd. III, S. 188 ff. Diesen Deutungsansatz legen nahe: Niermeyer, lexicon, S. 1027 und Gysseling, Germaanse woorden, S. 101.

39 Krahe-Meid (wie Anm. 38), S. 189.

taxaga bzw. *taxaca, texaga, texaca* übertragen ergibt sich hier die Bedeutung ‚das Berühren, das Angreifen, das Stehlen' ‚Diebstahl'. Neben den morphologischen Kriterien sprechen auch noch andere Anhaltspunkte für die hier vorgestellte Herleitung des salfrk. Wortes: 1. Die als sehr alt angesehene Handschriftengruppe A 2 führt in Titel 35 § 9 die Lesart *taxaga*, die D-Handschriften haben alle *taxaca* bzw. *thaxaca*[40]. 2. Frk. *texaga* fand verhältnismäßig schnell Eingang in die lat. Rechtssprache, das mag vielleicht an der morphologischen und semantischen Nähe zu lat. Bezeichnungen wie *tagax* ‚diebisch', *taxim* ‚heimlich' u. a. gelegen haben[41].

Das Rechtswort *texaca* findet sich noch in anderen Textsorten[42] — zum Teil romanisiert[43] — z. B. in den Formulae Andecavenses Nr. 15 als *taxato, taxata*[44], als *texceia, testeia* in Kapitularien des 9. Jahrhunderts[45]. Wie die beiden Belege aus den Kapitularien (Servais und Quierzy) stammt auch der *testeia*-Beleg[46] in einer Urkunde des Kloster Lobbes (ca. 1100) aus dem ehemaligen engeren Geltungsbereich der Lex Salica[47].

In Titel 10 finden sich noch andere Zusammensetzungen mit *theo*:

10 § 2 *Si seruus aut ancilla cum ipso ingenuo de rebus domini sui aliquid deportauerit, fur ille, praeter quod ⟨eius⟩ mancipia ⟨et res⟩ restituat, mallobergo theobardi* (A 1 *theubardi*, C 5, 6 *theophardo*, H 10 *leud ardi) hoc est, DC denarios qui faciunt solidus XV culpabilis iudicetur*[48].

Diese Bestimmung gehört, wie auch die anderen Paragraphen des Titel 10 zu dem Komplex der „Vorschriften zum Schutze des Herrenrechts"[49], der neben dem über die Herrenhaftung — wie bereits Nehlsen festgestellt hat — in der Lex Salica einen beachtlichen Raum einnimmt. Es gehören hierher die Titel: 10 §§ 1—7; 13 §§ 8—9; 25 §§ 1—7; 26 § 2; 27 § 33; 35 §§ 1—4, 6—9; 39 §§ 1—2; 47 § 1[50]. Der Paragraph

---

40 Vgl. Gysseling, Germaanse woorden, S. 101; vgl. zur Problematik des Handschriftenverhältnisses der LSal Kap. 4.3.1.7. Anm. 7.

41 Vgl. Anm. 36 u. Anm. 38.

42 Vgl. hierzu auch Niermeyer, lexicon, S. 1027.

43 Vgl. Gysseling, Germaanse woorden, S. 101.

44 Siehe Formulae, S. 10.

45 Capitularia II, Capitulare missorum. Karoli II. conventus Silvacensis (Servais, dép. Aisne, arr. Laon, aus dem Jahre 853) S. 274, Z. 20, 25; Karoli II. capitulare Carisiacense (Quierzy, dép. Aisne, arr. Laon, aus dem Jahre 873), S. 343, Z. 35; S. 344, Z. 5. 15.

46 Siehe Gesta Abbatum Lobbiensum, S. 315. Lobbes liegt an der südlichsten Stelle des Kohlenwaldes (Carbonaria Silva), vgl. Ganshof, Artikel ‚Carbonaria Silva', Sp. 589 f.; Nonn, Pagus und Comitatus, S. 226 ff. Siehe dort auch weitere Literatur.

47 „Die einzige Bestimmung, die eine Angabe über ihren Geltungsbereich enthält, ist Tit. 47 De filtortis, qui lege Salica vivunt ... Man kann aus dieser Bestimmung entnehmen, daß zur Zeit der Kodifikation des salischen Stammesrechtes das Schwergewicht der fränkischen Siedlungen in den Gebieten zwischen Loire und Kohlenwald, im Pariser Becken also, gelegen hat ..." Schmidt-Wiegand, Alach, S. 24 f. Vgl. auch Dies., Sali, S. 490 H.; Steinbach-Petri, Grundlegung der europäischen Einheit, S. 14 f.; Petri, Stamm und Land, S. 5; vgl. weitere Literatur auch in Schlesinger, Franken, S. 6 Anm. 11; vgl. die Aufsätze in Petri, Siedlung; Ewig, Frühes Mittelalter, S. 12 ff. u. a. m.; Blok, De Franken in Nederland, S. 11 ff.

48 Pactus legis Salicae, S. 52 entsprechend Lex Salica, S. 48, Tit. 11 § 3: Die D-Handschriften führen ebenfalls *theobardo*, die E-Handschriften haben keine malbergische Glosse.

49 Vgl. Nehlsen, Sklavenrecht, S. 261.

50 Siehe ebenda, vgl. auch S. 261, Anm. 61.

handelt von einem Diebstahl, der von einem Freien unter Mithilfe von Unfreien *(servus aut ancilla)* an deren Herren begangen wird. Die malbergische Glosse *theobardi* müßte analog zu *leodardi* im ursprünglichen Sinne als körperliche Strafe, -*(b)ardi *wardi* ‚Verletzung', bzw. nach Ablösung der Körperstrafe auch für Unfreie durch ein Bußgeld[51] als ‚Knechtbuße' verstanden werden[52]. Titel 10 § 5 PLSal bzw. 11 § 4 LSal handelt ebenfalls von einem durch einen „Freien" *(ingenuus)* und einen „Unfreien" *(servus)* gemeinsam ausgeführten Diebstahl, diesmal jedoch nicht wie im Titel 10 § 2 am eigenen Herren begangen: 10 § 5: *Si homo ingenuus seruum alienum in texaca secum ducat aut aliquid cum ipso negotiat, mallobergo theolasina, sunt denarii DC qui faciunt solidos XV culpabilis iudicetur*[53].
Titel 10 § 5 ist nur in den C-Handschriften bei Herold und in der Karolina (Titel 10 § 4) überliefert. Die malbergische Glosse *t(h)eolasina* tritt jedoch nur in C 6, bei Herold *(theu lesina)* und in den späteren D-Handschriften (11 § 4 LSal) auf. Auf den Tatbestand der Verführung von Unfreien (hier *servi*) zu Unrechtstaten, wie in diesem Fall zum Diebstahl, wird in dem gerichtssprachlichen Kennwort *theolasina* hingewiesen[54].

Die Bezeichnung *theolasina* bzw. *theuualasina* in bezug auf weibliche Unfreie *(ancilla)* tritt noch in etwas anderen Zusammenhängen in Titel 25 §§ 1–2 PLSal *(theualasina)*, Titel 27 § 33 und in Titel 28 § 1 auf:

25 § 1 *Si quis ingenuus cum ancilla aliena moechatus fuerit et ei fuerit adprobatum, mallobergo the(ua) lasnia uertico sunt ⟨domino ancillae⟩ DC denarios qui faciunt solidos XV culpabilis iudicetur*[55].

25 § 2 *Si quis uero cum regis ancilla moechatus fuerit ⟨et ei fuerit adprobatum⟩, mallobergo theualasina hoc est, MCC denarios qui faciunt solidos XXX culpabilis iudicetur*[56].

Beide Textstellen handeln von der Schändung einer Magd durch einen Freien. In § 1 geht es um eine *ancilla aliena*, in § 2 dagegen um eine ‚Königsmagd' *ancilla regis*. Die Bussenhöhe differiert dementsprechend: Im ersten Fall ist an den Herrn der *ancilla* eine Buße in Höhe von 600 *denarii* und 15 *solidi* zu entrichten, im zweiten Fall beträgt die Buße genau das Doppelte. In beiden Fällen jedoch stehen im Kompositum der malbergischen Glosse Varianten von theuua, das demnach die einfache wie die gehobene Magd bezeichnen konnte. Die malbergische Glosse *theuuiscarda* ‚Mädchenschur' in Titel 24 § 3: *Si uero puella [ingenuuam] puellam sine consilio parentum totunderit ⟨cui fuerit adprobatum⟩, mallobergo theuischada sunt, MDCCC*

---

51 Vgl. Olberg, Freie, S. 141 ff., vgl. auch in dieser Arbeit, Kap. 4.2.1.2. *leod.* Herold überliefert für Titel 10 § 2 *leodardi*, Pactus legis Salicae, S. 53.

52 Vgl. zur Interpretation: Helten, malbergische glossen, S. 317 § 52; Gysseling, Germaanse woorden, S. 102.

53 Pactus legis Salicae, S. 52; Lex Salica, Tit. 11 § 4, S. 48. *Si ⟨quis⟩ homo ingenuus seruum alienum in taxaca secum inuolare duxerit aut aliquid cum ipso in taxaca neguciat, mallobergo theolasina, ⟨sunt dinarii DC qui faciunt⟩ solidus XV culpabilis iudicetur.*

54 Schmidt-Wiegand, Malbergische Glossen, Sp. 212.

55 Pactus legis Salicae, 25 § 1, S. 92 f., die malbergische Glosse tritt auf in den Handschriftengruppen A2: *teolosina* und C 6: *theolasina* mit dem Zusatz malbergisch *uertico* ‚Schändung' (vgl. Pactus legis Salicae, Glossar, S. 291) und Herold *anilasina* entsprechend Titel 36 § 1 Lex Salica, S. 74, D 7 *eualisina*, D 8 *eualesina*, D 9 *eualisina*.

56 Pactus legis Salicae, 25 § 2, S. 94 f. A 1 *theolisina*, A 2 *teo lo sina*, Herold *thealasina* entsprechend Lex Salica, S. 74, Titel 36 § 2, D 7 *eualesina*, D 8 *eualesina*, D 9 *eualisina*.

denarios qui faciunt solidos XLV culpabilis iudicetur[57] zeigt sehr deutlich die Ausweitung der Bedeutung des Femininums auch auf freie Mädchen, ein Befund, der für alle femininen Unfreienbezeichnungen gilt. Die Ausweitung auf Freie läßt sich aber auch – zumindest der ursprünglichen Bedeutung nach – für die maskulinen Unfreienbezeichnungen feststellen. In Titel 27 § 33 kommt die malbergische Glosse in einem anderen Zusammenhang vor: Ein fremder Knecht macht ohne Wissen seines Herrn Geschäfte mit einem anderen – sehr wahrscheinlich freien – Mann; dieser Rechtstatbestand wird in der Gerichtssprache in der malbergischen Glosse *theolasinia* zusammengefaßt. Hiermit liegt ein ähnlicher Fall wie in Titel 10 § 5 vor. 27 § 33 *Si quis cum seruo alieno aliquid negotiauerit ⟨hoc est nesciente domino suo⟩, mallobergo theolasina sunt, DC denarios qui faciunt solidos XV culpabilis iudicetur*[58].

Die Überlieferung der einzelnen Handschriftengruppen zum Titel 28 § 1 weist unterschiedliche malbergische Glossen auf: Während A 1 als einzige Handschriftengruppe, in dem Zusammenhang der Anstiftung zum Mord die malbergische Glosse *theolosina* anführt, findet sich in A 2 malb. *morter* ‚Mordtat'[59], in C 6 malb. *seulandefa* ‚Lebensgefährdung'[60]. Die malbergischen Glossen *morter* und *seulandefa* stellen eher einen Bezug zum lateinischen Text her, während *theolosina* über die Aussage des lateinischen Kontextes hinaus nahelegt, daß es sich bei dem zum Töten angestifteten um einen Unfreien handeln muß, denn außer in *theolosina* findet sich kein Hinweis auf die soziale Herkunft des potentiellen Täters:
28 § 1 (A 1) *Si quis in furtum alium locauerit cui fuerit adprobatum, mal. theolosina hoc est IIMD din. qui f. sol. LXIII culp. iudic.*[61].

Die malbergische Glosse *theolasina* (bzw. *theolosina*) tritt also in Zusammenhängen auf, bei denen es sich um die Verführung ⟨unfreier⟩ Personen zu Unrechtstaten handelt. Hierbei ist zu unterscheiden, daß es sich bei der Erwähnung der männlichen „Unfreien" um Diebstahl (Titel 10 § 5 PLSal), um unrechte Geschäfte handelt, bzw. solche die ohne die Einwilligung des Herren geschehen (Titel 27 § 33) sind, daß es um ‚Unfreienverführung' allgemein (Titel 39 § 1, Hs. C 6, Herold) oder sogar um Anstiftung zum Töten (Titel 28 § 1, Hs. A 1) geht. Bei weiblichen ⟨Unfreien⟩ tritt die Glosse immer im Zusammenhang der Schändung einer Magd auf (Titel 25 §§ 1, 2). Die semantische Gemeinsamkeit liegt in allen Fällen in der Anstiftung, der Verführung zu unrechtem Handeln. Die Konnotation des Wortes *theualasina* ‚Schändung einer Magd' entspricht vermutlich am ehesten der ursprünglichen Bedeutung von **lasina*, dem Grundwort der Komposition: Frk. *theolasina* ist

[57] Pactus legis Salicae, S. 90 f., vgl. auch: Lex Salica, Tit. 35 § 2, S. 74. Die Handschriften überliefern hier im Unterschied zu den Varianten von *theualasina* (*eualasina* etc.) die Formen: *tus chada* (A 2), *theoycata* (C 6), *theoctidia* (Herold), *theochada* (D 7), *theo hichada* (D 9).

[58] Pactus legis Salicae, S. 105 f.; A 2, Titel 27 § 23: *theo lasina*, C 6, Titel 27 § 30: *theolasina*.

[59] Vgl. Pactus legis Salicae, S. 110 f., siehe auch ebenda, Glossar, S. 285.

[60] Vgl. ebenda, S. 287. Um ‚Unfreienverführung' ganz allgemein handelt es sich in Titel 39 § 1. Hier hat nur C 6 und die Heroldsche Fassung eine Variante zu malb. *theolasina*: C 6, 39 § 1. *Si quis mancipia aliena sollicitanerit et adprobatus fuerit, malb. leod. thelazina DC den. qui fac. sol. XV culp. iudic.* Pactus legis Salicae, S. 143.

[61] Pactus legis Salicae, S. 110; vgl. Lex Salica, S. 84 f. Hss. D 7–9 Titel 47 § 1, Hss. E 11–E 16, Titel 46 § 1. Die Hss. D 7–9 führen die malbergische Glosse *tua* ‚Anstiftung'; vgl. ebenda, Glossar, S. 236 u. a. HELTEN, malbergische glossen, § 74, S. 354 f., der das Wort als eine Verschreibung aus *seolandefa* ansieht.

herzuleiten aus latinisiertem **theolasin* aus **theolasiwin* zu **lasiwian* swv. ‚schwächen'[62]; hierzu gehört auch got. *lasiws* ‚schwach, kraftlos'[63]. Im Falle der ‚Magdverführung' ist eine körperliche Schwächung durch die Schändung angesprochen; im Falle der ‚Knechtsverführung' ist die Schwächung vielleicht eher im übertragenen Sinne zu sehen.

Die Komposita *theomosido* ‚Unfreienberaubung'[64] und *theochreomosido* ‚Unfreienleichenberaubung'[65] lassen den „Unfreien" ganz eindeutig als Opfer und nicht als Täter erkennen (z. B. Pactus legis Salicae 14 §§ 9 u. 11, 55 § 1; siehe auch Lex Salica 19 § 1: *chreomardo*); *letosmosido* (z. B. Pactus legis Salicae 35 §§ 2 u. 5); *rencusmosido* (z. B. Pactus legis Salicae 35 §§ 2 u. 3).

Interessant sind die Bestimmungen, die die malbergische Glosse *theomosido* enthalten, vor allem in bezug auf die Bezeichnungsunsicherheiten. Sie lassen soziale Veränderungen und Umschichtungen vermuten. Von den A-Handschriften hat nur A 2 für diesen Zusammenhang eine malbergische Glosse *rencusmosido*. Die Zusammensetzung enthält älteres und als Simplex in den Leges nicht auftretendes *rencus*[66] anstelle von *theo*:

XXXV § 2 *Si quis ingenuus seruum alienum expoliauerit et ei super XL dinarius tollisse conuencitur, malb. rencus musdo sund din. DC fac. sol. Xu cul. iud.*[67].

Die malbergische Glosse *leotos musdo* als Entstellung zu *letusmosido* ‚Litenberaubung', steht in Titel 35 § 2 in einem Kontext, der eindeutig von der Beraubung des *servus* durch den *ingenuus* handelt, sie gehört vom Kontext her zum § 4[68] und ist wohl in den § 2 nur durch ein Versehen gelangt. Die Handschrift C 6 enthält die Glosse *theomosido,* und die Heroldsche Fassung führt die Form *theu nosdo*[69]. Paragraph 3 handelt von einer „Unfreien"-Beraubung mit geringerer Beute; als malbergische Glosse findet sich ausschließlich *theomusido* (C6)[70]. Paragraph 5 handelt in den Handschriften der C-Gruppe bei Herold und in K von der Litenberaubung, C 6 und Herold führen in diesem Zusammenhang jedoch malberg. *teomosido* (C 6) bzw. *theu mosido* (Herold) an und deuten damit auf ein (älteres) Verständnis hin, das die Liten in der sozialen Bewertung von den *servi* nicht unterscheidet[71].

---

[62] Vgl. Schmidt-Wiegand, Bezeichnungen, S. 238, Anm. 2; siehe auch Helten, malbergische glossen, § 55, S. 321 f.

[63] Siehe auch Köbler, Wörterbuch, gotisch-neuhochdeutsches, S. 72.

[64] Pactus legis Salicae, 35 §§ 2, 3 und 5; vgl. Schmidt-Wiegand, Bezeichnungen, S. 238, zur sprachlichen Herleitung vergleiche ebenda, Anm. 3, siehe auch Helten, malbergische glossen, § 63, S. 331 f. Das Grundwort *mosido* erscheint in der salfränkischen Gesetzgebung sowohl als Simplex (z. B. Pactus legis Salicae, 14 §§ 1–3; 17 § 11; 61 § 2; Lex Salica, 16 §§ 1–3), (z. B. Pactus legis Salicae, 14 §§ 9 u. 11; 55 § 1; siehe auch: Lex Salica, 19 § 1: *chreomardo*); – *letosmosido* (z. B. Pactus legis Salicae, 35 §§ 2 u. 5); – *rencusmosido* (z. B. Pactus legis Salicae, 35 §§ 2 u. 3).

[65] Pactus legis Salicae, 35 §§ 6 und 7; vgl. Schmidt-Wiegand, Bezeichnungen, S. 238 und ebenda, Anm. 4; siehe auch Feist, Wörterbuch, S. 269.

[66] Vgl. Kap. 4.3.4.1. *rencus.*

[67] Pactus legis Salicae, S. 128 und 130.

[68] Vgl. auch Pactus legis Salicae, Germanenrechte, Bd. II, 1, S. 234, Anm. 8, 9.

[69] Pactus legis Salicae, S. 129.

[70] Ebenda, S. 131.

[71] Dazu z. B. Olberg, Freie, S. 163; vgl. auch Kap. 4.2.4.1. *leta/litus.*

Umstritten ist die Deutung der malbergischen Glosse *theoleodi* in Titel 35 § 1:
35 § 1 *Si quis seruus seruum occiderit (aut ancillam) sibi similem (et ei fuerit adprobatum), mallobergo theole(o)di, theoleodinia hoc est, homicida illum domini inter se diuidant*[72].

Der Text sagt aus, daß bei der Tötung eines *servus* bzw. einer *ancilla* durch einen anderen „Unfreien" der Herr des Getöteten und der des Täters, „sich in eigentum und dienste des verbrecherischen unfreien zu teilen"[73] hätten. Die malbergische Glosse tritt in den verschiedenen Handschriften der Lex Salica in unterschiedlicher Schreibung auf: *theo lede tholo thodina* (A 2), *theolidias teuleudina* (A 3), *theladina* (C 6), *theodilinia* (D 7), *theodolina* (D 8), *theodulima* (D 9), *theu leude, aut theu leudinia* (Herold)[74]. Van Helten und Kern nehmen als ursprüngliche Form frk. *theo-delin* ,Teilung eines Unfreien'[75] an, was dem lateinischen Kontext unmittelbar entspräche. Ihnen folgt Ruth Schmidt-Wiegand, die aufgrund der Überlieferung von D 7 und D 8 *theodelin* als ursprünglich annimmt. „Nach ihrer Ansicht sind A 2 und wahrscheinlich auch A 3 in Gebieten (Metz? Fulda?) entstanden, in denen salfrk. *ē* ⟨germ. *ai* mißverständlich gewesen sei, da hier *ei* germ. *ai* entsprochen und somit eine Umdeutung von *theodēlina* in *theuleudina* (männl. *theoleodi*) nahegelegen habe. Allerdings räumt Ruth Schmidt-Wiegand ein, daß sich eine sichere Aussage nicht treffen lasse und ein umgekehrter Verlauf nicht auszuschließen sei."[76] Von einer entgegengesetzten Annahme geht so auch Karl August Eckhardt aus, der *theoleodinia* für die ältere Form hält, aus der dann *theodilinia* ,Knechtsteilung' weiterentwickelt worden sei. Eckhardt[77] legt eine Zweiwort-Glosse, wie sie in A 2, A 3 und bei Herold begegnet, als Ausgangsform zugrunde. Dieser Annahme schließt sich Nehlsen an: „Auf der ersten Stufe steht *theoleodi* = ,Totschlagsbuße' für einen Sklaven. Das weibliche Pendant *theoleodina* könnte gleichzeitig gebildet, aber auch etwas später nachgetragen worden sein. Bei Übernahme des alttestamentlichen Teilungsprinzips entstand zu *homicida illum inter se dividant* die Glosse *theodelin* = ,Teilung des Sklaven' "[78]. Gysselings Deutung: „**þewa-leudi-, þewi-leudinjō-* ,boete voor het vermoorden van een onvrij man, resp. een onvrije vrouw' ..."[79] geht nicht auf den Zusammenhang zwischen *theoleodi* und *theodelin* ein. Insgesamt ist es jedoch nicht zuletzt aufgrund der „schweren Störungen von Glossenbestand und Kontext"[80], da den Schreibern die fränkischen Wörter größtenteils nicht mehr geläufig waren und sie verschiedene Vorlagen kontaminierten, kaum mehr möglich, die ursprüngliche Form mit Sicherheit zu rekonstruieren.

Nehlsen folgert aus dem Belegbefund, „daß die Totschlagbuße des Sklaven nach fränkischer Rechtsvorstellung ursprünglich Wergeldcharakter hatte und der

[72] Pactus legis Salicae, S. 128 f.

[73] Helten, malbergische glossen, § 123, S. 423.

[74] Siehe Pactus legis Salicae, Tit. 35 § 1, S. 128 f.; Lex Salica, Tit. 57 § 1, S. 94.

[75] Helten, malbergische glossen, § 123; Kern, Notes, § 181; dazu auch got. *dailjan*, ahd. *teilen, deilen*; vgl. auch Schützeichel, Wörterbuch, S. 253.

[76] Nehlsen, Sklavenrecht, S. 288 und Anm. 196.

[77] Eckhardt, 65, Titel-Text, S. 81.

[78] Nehlsen, Sklavenrecht, S. 289; vgl. zum Teilungsprinzip: Angenendt, Theologie und Liturgie, S. 119 ff.

[79] Gysseling, Germaanse woorden, S. 102.

[80] Nehlsen, Sklavenrecht, S. 289.

Sklave, was die Sühne im Falle seiner Tötung anbelangt, noch stärker in die Nähe des Menschen gerückt war als im 6. Jahrhundert, in dessen neu formulierte Bestimmungen über die Tötung von Sklaven das Wort theoleodi keinen Eingang mehr findet"[81]. M. E. ist dieser Schluß nicht unbedingt zwingend, da man in der Zusammensetzung *theoleodi* den Bestandteil *leodi* nicht – wie Nehlsen – als ‚(Freien-)Wergeld' deuten sollte[82]. Hier ist im Gegenteil viel eher der Bezug zur ursprünglichen Bedeutung des Wortes *leodi* ‚Mensch (zunächst Mann und Frau), Mann, Landsmann, Untertan' zu sehen. Diese Interpretation findet vor allem durch die angelsächsischen *leod*-Belege ihre Bestätigung[83].

Das maskuline Simplex *theo* ist in den kontinentalen Leges nur durch den Satz: malb. *maltho thi atomeo theo*[84] belegt. Im Althochdeutschen ist das Maskulinum nicht mehr überliefert, es erscheint als Bestandteil von Namen *(deo)* in Männer- und in Ortsnamen[85]. Das Femininum ahd. *diu, thiu* dagegen ist in der Bedeutung ‚Dienerin, Magd' in den Mondseer Fragmenten *(diu)*[86], bei Notker *(diu, diuue)*[87], bei Otfrid *(thiu)*[88] und im Tatian *(thiu)*[89] bezeugt[90]. Im Angelsächsischen Recht begegnet *þeow* als Adjektiv in der Bedeutung ‚unfrei'[91], als Substantiv *(þeow [man], þeowa)*[92] und in der femininen Form *þewa*[93] mit dem semantischen Gehalt ‚dienende(r) Volksangehörige(r)'. Er wird überwiegend in Opposition zum ags. *freo/frio*[94] gesehen. Die soziale Abgrenzung besteht jedoch nicht in einem ständerechtlichen Gegensatz, wie ihn die römisch-rechtliche Dichotomie *liber-servus* beinhaltet, sondern der Unterschied liegt in der ausgeübten Tätigkeit[95]. Die salfränkischen Belege bestätigen die Annahme, daß hier ursprünglich eine ähnliche Auffassung vorlag. Bei der Berührung mit dem römischen Recht, war der vorhandene, auf der Art und der Unterschiedlichkeit der Tätigkeit bestimmter sozialer Gruppen beruhende

---

81 NEHLSEN, Sklavenrecht, S. 269.

82 Vgl. ebenda, S. 289; vgl. zu *leodi*, Kap. 4.2.1.2.

83 Vgl. Kap. 4.2.1.2. Siehe auch OLBERG, Freiheitsbegriff, S. 416 f.

84 Vgl. Pactus legis Salicae, Tit. 26 § 2, S. 97: *Si quis uero seruum alienum per denarium ante regem ingenuum dimiserit et ei fuerit adprobatum, mallobergo maltho thi atomeo theo hoc est, MCCC denarios qui faciunt solidos XXXV iudicetur et insuper praetium serui domino suo reddat.* Entsprechend Lex Salica, Tit. 37 § 2, S. 76. Die Freilassungsformel ist sehr entstellt überliefert. Das Simplex *theo* war zur Zeit der Abschriften nicht mehr Bestandteil des aktiven Sprachgebrauchs der Franken: *maltholatu* (A 1), *maltho hait ho mitto* (A 2), *maltho chiado moetheo* (C 6), *maltho theatha meotheos* (H 10), *malthofiato meoto* (D 7), *maltho fiatho meotho* (D 8), *maltho fratho meotho* (D 9). Vgl. zur Freilassungsformel Kap. 4.2.4.1. salfrk., alem. rib., sächs., fries., *leta/letus*; siehe auch OLBERG, Freie, S. 158 ff. ; vgl. auch GRAFF, Sprachschatz, Sp. 87 ff.

85 Vgl. hierzu: KLUGE, Wörterbuch, S. 132 (Stichwort: *dienen*); GRAFF, Sprachschatz, Sp. 87.

86 Vgl. Monsee Fragments, S. 34/35.

87 Siehe Schriften Notkers, Bd. 1, S. 59 Zeile 20, S. 597 Zeile 10, S. 784 Zeile 8, S. 846 Zeile 6, Bd. 2, S. 358 Zeile 2, 3, 9, S. 492 Zeile 16, S. 637 Zeile 13.

88 Otfrids Evangelienbuch, Bd. 1, S. 28 Zeile 2, S. 49 Zeile 65, S. 50 Zeile 70.

89 Tatian, S. 17 (3, 9); S. 18 (4, 5); S. 256 (188, 1).

90 Vgl. auch POKORNY, Wörterbuch, Bd. 1, S. 1059; GRAFF, Sprachschatz, Bd. 5, S. 87 und SCHÜTZEICHEL, Wörterbuch, S. 91.

91 Gesetze der Angelsachsen, Bd. 2, S. 220 f.

92 Ebenda, S. 221.

93 Ebenda.

94 Vgl. Kap. 4.2.1.3. salfrk. *frio*.

95 Vgl. auch OLBERG, Freiheitsbegriff, bes. S. 426.

Gegensatz für eine Aufnahme der römisch-rechtlichen Dichotomie günstig. Der ständerechtliche Aspekt der Opposition *liber-servus* hat möglicherweise zur Verdrängung des zunehmend bedeutungslos werdenden frk. Maskulinums *theo* beigetragen.

4.3.1.2. salfrk. (malberg.) *ambahtunia* (ahd. *ambaht*, mlat. *ambactus, ambactia*, malberg. *[ch]ambistalie*)

Die Personenbezeichnung *ambahtonia/ambahtunia* ‚gehobene Dienstmagd, freies Mädchen, Litin' begegnet in den Leges innerhalb des Pactus und der Lex Salica als malbergische Glosse[1]. Eine weitere malbergische Glosse, die in ihrer Deutung umstritten ist – *(ch)ambistalia*[2] –, möchte ich in diesem Kapitel, also im Zusammenhang mit ‚Dienst' und ‚Amt', behandeln. Daneben findet sich im ersten Titel des Pactus legis Salicae, der von der gerichtlichen Ladung *(De mannire)* handelt, das mittellateinische Nomen *ambascia/ambasia* ‚Amt, Dienst, Auftrag'[3]. Dieses mittellateinische Wort tritt in gleicher Bedeutung in den Leges Burgundionum und in den Formulae Bituricenses[4] auf. Die Lex Romana Raetica Curiensis weist *ambascia* in der Bedeutung ‚negotium, Geschäft' auf und daneben mlat. *ambactus* ‚Amtsbezirk'[5]. In zahlreichen ahd. Glossen erscheint das starke Neutrum *ambaht* ‚Amt' als Übersetzungswort zu *ministerium, administratio, dignitas*[6], daneben findet sich die maskuline Form *ambaht* ‚Diener, Inhaber eines bestimmten Amtes' als Glosse zu *conductor, minister, exactor*[7].

Die Bezeichnung *ambahtonia/ambahtunia* tritt in der handschriftlichen Überlieferung der salfränkischen Gesetzgebung in unterschiedlicher Schreibung auf: *malzantania* (Tit. 13 § 1), *a(m)bitania* (Tit. 35 § 9) (A 2); *a(m)botanea* (Tit. 10 § 6), *antomia* (Tit. 13 § 1), *anfamia* (Tit. 13 § 10) (C 6); *amba othonia* (Tit. 10 § 8), authumia (Tit. 13 § 1) Herold; *antonio* (Tit. 14 § 1) (D 7, 8); *anthonius* (Tit. 14 § 1) (D 9)[8]. Auffällig ist, daß die Titel 10 § 6 und 35 § 9 inhaltlich stark übereinstimmen: Beide handeln vom Diebstahl bzw. der Ermordung unfreier Personen, die durch die Ausübung

---

[1] Siehe Pactus legis Salicae, Tit. 10 § 6 (C); 13 §§ 1, 10; 35 § 9, S. 53 f., 59, 62, 132 und auch Lex Salica, Tit. 14 § 1 (D), S. 52.

[2] Siehe Pactus legis Salicae, Tit. 42 § 1, S. 162 f. und Lex Salica, Tit. 70 § 1, S. 116.

[3] Siehe Pactus legis Salicae, Tit. I § 4, S. 20 f.

[4] Vgl. Mittellateinisches Wörterbuch, Bd. 1, Sp. 541 *(ambascia)*; Leges Burgundionum, Titel 104 *(in ambascia)*; Formulae, S. 169, Zeile 24 *(in ambastiis)*.

[5] Vgl. Mittellateinisches Wörterbuch, Bd. 1, Sp. 540 *(ambactus)*.

[6] Vgl. Althochdeutsches Glossenwörterbuch, S. 23; vgl. auch: Gadow, Aratorglossen, S. 37, 90, 91, 97, 106, 110, 135, 136, 148, 159; Tiefenbach,Aratorglossen, S. 20 f., 55: *ambat, ambaht* st. N. ‚Amt, Aufgabe'.

[7] Vgl. Althochdeutsches Glossenwörterbuch, S. 23, vgl. auch dort: *ambahten* ‚dienen, ein Amt verwalten', *zuoambahten* ‚verwalten' und substantiviert: *ambahten* ‚Dienst, Amt', *giambahten* ‚Hilfsdienste', *ambahthus* ‚Dienststätte', *ambahti* st. N. ‚Aufgabe, Dienst, Stand', *ambahti* st. Mask. ‚Hofbeamter', *ambahtlīh* ‚priesterlich', *ambahtlos* ‚ohne öffentliches Amt', *ambahtman* ‚Sachwalter, Gutsverwalter, Befehlshaber', *ambahton* ‚dienen, zu Gebote stehen', *ambahtstatt* ‚Werkstatt'; vgl. auch Althochdeutsches Wörterbuch, Bd. I, Sp. 313–323 (von *ambacht, ambat* bis *ambahtstatt*); siehe auch Urmoneit, Wortschatz des Ludwigsliedes, S. 198: „Statt *thionon* kann das sw. V. *ambahten* bzw. *ambahtēn* gebraucht werden; *ambahten* findet sich für ‚dienen' in der Benediktinerregel, den Monseer Fragmenten, im Tatian und bei Notker; *ambahtēn* ‚dienen' steht im Tatian."

[8] Vgl. Anm. 1.

besonders angesehener, wichtiger Tätigkeiten von anderen Unfreien abgehoben sind. „Schon der Umstand, daß im Grunde die gleiche Sache leicht abgewandelt an verschiedenen Stellen des Textes auftaucht, spricht dafür, daß diese Bestimmungen dem Grundstock des Textes erst nachträglich eingefügt worden sind."[9]

Nur in den Handschriften C 6 und in der Heroldschen Fassung erscheint das Wort *ambahtunia* in entstellter Schreibweise innerhalb des Titels 10 § 6 (*ambotanea, amba othonia*). A 2 führt *ambitania* in Titel 35 § 9 und *theoducco* ‚Knechtsverlockung'[10] in Titel 10 § 6. Die jüngeren Redaktionen, die in den Handschriftengruppen D und E sichtbar werden, haben in Titel 11 § 2 den Inhalt von Titel 10 § 6 und 35 § 9 zusammengefaßt. Während die E-Handschriften für diese Bestimmung keine volkssprachigen Bezeichnungen enthalten, haben die D-Handschriften *thachro taxaca, thro thaxaca, thenca texaca*, d. h. Varianten von *theo texaca* ‚Unfreien-Diebstahl'[11]. Varianten dieser malbergischen Glosse überwiegen auch in den frühen Handschriften des Pactus legis Salicae und finden sich z. T. in Verbindung mit *ambahtunia*-Belegen. Verglichen mit *theo texaca* sind die *ambahtunia*-Belege in den oben genannten Bestimmungen innerhalb der handschriftlichen Überlieferung erheblich seltener und verschwinden in den Handschriften der frühkarolingischen Lex Salica-Fassungen gänzlich.

Titel 10 § 6 bzw. 35 § 9 gestattet einen Einblick in die Art der Tätigkeit Unfreier im Haus und am Hof des Herrn[12]: 35 § 9. *Si quis uassum ad ministerium,*

---

[9] Schmidt-Wiegand, Bezeichnungen, S. 229; vgl. auch: Nehlsen, Sklavenrecht, S. 289 f., auch Anm. 199: „In den Handschriften der A-Klasse erscheint am Schluß des Titels 35 der Tatbestand des Diebstahls und der Tötung von Unfreien bestimmter Berufe. Diese Vorschrift, die sich zudem teilweise mit LSal. 10,6 überschneidet, läßt eine beachtliche Übereinstimmung mit LBurg. 10 erkennen und stellt sehr wahrscheinlich einen jüngeren Nachtrag dar.

[10] Siehe Kap. 4. 3. 1. *theo* etc.

[11] Siehe ebenda.

[12] Dazu Nehlsen, Sklavenrecht, S. 264: „Die Lex Salica und die merowingischen Kapitularien gewähren einen guten Einblick zumindest in einen Teil der typischen Tätigkeiten, die von Sklaven verrichtet wurden. Wertvolle Auskunft gibt hier vor allem der Titel 10: *De servis vel mancipiis furatis*. Im häuslichen Bereich findet der *puer de ministerio* bzw. die *ancilla de ministerio*, deren Wert mit 25 sol. angegeben wird, Verwendung (LSal. 10, 7; 35, 9). Genannt werden ferner die *ancilla*, welche die Vorräte im Hause ihres Herrn verwaltet (*cellarium domini sui tenuerit*), und die *ancilla*, die dem *geniceum* vorsteht, also dem Arbeitsgemach der weiblichen Sklavenschaft auf dem Anwesen des Herrn (LSal. 75, 11 [104, 11]). Die Betreuung der Pferde oblag dem *strator* (LSal. 10, 6; 35, 9) und dem *servus puledrus*, der *porcarius* (LSal. 10, 6; 35, 9) hatte sich um die Schweinezucht zu kümmern, die ein wesentlicher Faktor in der Wirtschaft des Frankenreiches war. Die Arbeit in der Mühle verrichteten die unfreien *molinarii* (LSal. 10, 6). Der in der Lex Salica an verschiedenen Stellen erwähnte Weinbau, den die fränkischen Eroberer durch die Römer kennengelernt hatten, dürfte weitgehend in den Händen der unfreien *vinitores* (LSal. 10, 6; 35, 9) gelegen haben. Hier war der Bedarf an unfreien Arbeitskräften besonders groß, denn während für die Bebauung von 25 röm. iug. Ackerland ein Sklave ausreichte, konnte ein kräftiger Sklave allenfalls 7–8 röm. iug. Rebgelände bearbeiten. In der Heroldschen Edition werden unter den Sklaven, deren Wert wie der der bisher genannten 25 sol. betrug, noch der *maior*, also der Vorsteher der Sklaven, der Speisenaufträger (*infertor*), der Schenk (*scancio*) und der Vorsteher der Stallknechte (*mariscalcus*) aufgeführt. Die ebenfalls mit 25 sol. bewerteten Handwerkssklaven – die Lex Salica erwähnt den Schmied (*faber*), Grobschmied (*faber ferrarius*), Goldschmied (*aurifex*) und den Zimmermann (*carpentarius*) (LSal. 10, 6; 35, 9) dürften in der Mehrzahl ebenfalls auf dem Hof des Herrn tätig gewesen sein, möglich war freilich auch, daß der Sklave sein Handwerk öffentlich in der Stadt ausübte. Der Katalog dieser

quod est horogauo, puellam ad ministerium aut fabrum ferrarium uel aurificem aut porcarium ⟨uel uinitorum aut stratorem⟩ furauerit aut occiderit, cui fuerit adprobatum, mallobergo t(e)xaga aut amb(ah)t(o)nia sunt, MCC denarios qui faciunt solidos XXX culpabilis iudicetur[13].

Die malbergische Glosse *ambahtunia* entspricht in den Vorlagen, die Titel 10 § 6 und 35 § 9 überliefern, sowohl lat. *maiorissa* ‚Altmagd' (Herold), lat. *puella ad ministerium* ‚Dienstmagd' (A 2, 3, 4) als auch einfach lat. *ancilla* (C 6). Im letztgenannten Fall unterscheiden die Glossen allerdings zwischen: *ismala texacha* ‚Raub eines jungen Mädchens, einer Magd' und *texaca ambotanea*[14].

In den Bereich der Hausgemeinschaft führt auch Titel 13 PlSal bzw. 14 LSal, der vom Raub freier Frauen handelt. Die salfrk. Bezeichnung *ambahtonia* glossiert in Titel 13 § 1 lat. *puella ingenua*:

13 § 1. *Si ⟨quis⟩ tres homines ingenuam puellam de casa aut de screona rapuerint, mallobergo am(b)ahtonia hoc est, millinos d(u)centinos denarios qui faciunt tricenos solidos ⟨illi tres⟩ cogantur exsolvere*[15].

Die Handschrift C 6 führt in Titel 13 § 10 die malbergische Glosse *anfamia* als Verschreibung zu *ambahtonia* in einem Kontext, der von der Verheiratung einer fremden *lita* spricht: 13 § 10. *Si quis litam alienam ad coniugium sotiauerit, malb. anfamia, IMCC den. qui fac. sol. XXX culp. iudic.*[16].

Diese Bedeutungsunsicherheit, die bei der Bezeichnung *ambahtonia* auffällt, ist durchaus nicht ungewöhnlich und findet sich für Personenbezeichnungen aus dem Bereich der Hausgemeinschaft, des Haus- und Hofdienstes sehr häufig[17]. D. h., dieses Phänomen scheint für die frühmittelalterlichen Verhältnisse in jenem Bereich sogar typisch zu sein, so daß man von einer Bedeutungsunsicherheit nur aus heutiger Sicht sprechen kann. Den frühen fränkischen Gegebenheiten entsprechend ist es angebrachter, hier von Bedeutungsbreite zu sprechen: Für Unmündige wie auch für Unfreie werden unabhängig vom Geschlecht, wenn auch häufiger für weibliche Personen, dieselben Bezeichnungen verwendet. Der allen gemeinsame Bedeutungsaspekt war dabei die Unmündigkeit und die daraus folgende Schlechterstellung, die bei den Unfreien im Unterschied zu den Kindern ein Leben lang dauert, sofern sie nicht durch die Freilassung zu voller Freiheit aufgehoben wird[18].

---

ausgebildeten Sklaven ist nicht erschöpfend, denn abschließend heißt es: ... *vel quemcumque artificem* (LSal. 10, 6). Arbeiten, die keine besondere Ausbildung erforderten, wurden von den unfreien *operarii* und den *minora mancipia* geleistet (LSal. 82 [121])."

13 Pactus legis Salicae, S. 132, Titel 35 § 9 und siehe auch: S. 53 ff., Tit. 10 § 6; vgl. auch Kap. 4.3.1.4. salfrk. *horog(an)o*.

14 Vgl. Pactus legis Salicae, S. 55. Dazu Schmidt-Wiegand, Bezeichnungen, S. 229: „In der ältesten Fassung sind die Abweichungen zwischen den Handschriften so groß, daß auf dieser Stufe der Textentwicklung kaum eine abschließende Redaktion des Titels vorgelegen haben kann. Man wird vielmehr hier mit verschiedenen Protokollmitschriften rechnen dürfen. Erst die C-Fassung, der erweiterte 65-Titel-Text, bringt eine wohl kanzleimäßige Neufassung. In ihr sind nun auch die fränkischen Bezeichnungen für die verschiedenen Haus- und Hofdienste enthalten."

15 Pactus legis Salicae, Tit. 13 § 1, S. 59 bzw. 58 f.; Entsprechend Lex Salica, Tit. 14 § 1, S. 52 f.: 14 § 1. *Si quis tres homines ingenua puella de casa aut de screona rapuerint, mallobergo autonio sunt dinarii MCC qui faciunt solidus XXX culpabilis iudicetur.*

16 Pactus legis Salicae, S. 63.

17 Vgl. Schmidt-Wiegand, Bezeichnungen, S. 230; vgl. auch die Kap. *bortmagad, smala, theo, rencus.*

18 Siehe auch Olberg, Freiheitsbegriff, S. 421 ff.; Ogris, Mündigkeit, Sp. 735 ff.

Eindeutig läßt sich doch anhand der Belege ableiten, daß *ambahtonia*, wenn das Wort nicht die Halbfreie oder die unmündige Tochter bezeichnete, keine einfache *ancilla* war, sondern eine gehobene Magd, die herausgehoben war durch bestimmte Funktionen des Haus- und Hofdienstes. Diese letzte Konnotation ‚durch ein bestimmtes Amt, bestimmte Funktionen herausgehobene Magd' scheint die ursprüngliche Bedeutung gewesen zu sein. Eine solche Vermutung bestätigt sich durch die morphologischen Zusammenhänge: *ambahtonia/ambahtunia* ist ein moviertes Femininum, eine Ableitung auf germ. **-unjo*[19] zu ahd. *ambaht*, got. *andbaht* (mit Angleichung an eine heimische Vorsilbe), ae. *ambeht*, as. *ambahteo*[20]. Das Grundwort ist ein ursprünglich aus dem Keltischen in die germanischen Sprachen und auch in das Mittellateinische übernommenes Lehnwort[21]. Es gehört zur ältesten Schicht des keltisch-germanischen Sprachkontakts. Vor allem staats- und privatrechtliche Termini wie z. B. kelt. **-rīgs*, gall. *-rix*, air. *rī*, got. *reiks*, ags. *rica* ‚Herrscher' (vgl. lat. *rex* ‚König'), aber auch Fluß-, Orts- und Personennamen gehören in diesen Zusammenhang[22]. Die Grundlage der Ableitung ist kelt. **amb(i)aktos* ‚herumgesandter Bote, Diener', das in gallo-lat. *ambactus* ‚Dienstmann, Höriger', cymr. *amaeth* und den oben genannten ae., as., mnd., ahd. Entsprechungen begegnet[23]. Ganz offensichtlich wurde das keltische Lehnwort vor der ersten Lautverschiebung in die germanischen Sprachen übernommen: die Vorsilbe **amb(hi)-* ‚um — herum, zu beiden Seiten'[24] vor dem Verbalstamm **ag-* ‚treiben, in Bewegung setzen, führen'[25] ist, außer in got. *and-*, in den meisten germanischen Sprachen unverändert erhalten. Im Althochdeutschen tritt das starke Maskulinum *ambaht, anpaht, amphat, ambist* etc. vorwiegend in Glossen als Interpretamentum zu lat. *conductor, minister, exactor* auf[26]. Es bezeichnet ganz allgemein den Knecht, Diener, „der seinem Herrn zu beliebigen (niedrigen) Diensten zur Verfügung steht"[27], dann im übertragenen Sinne: „den Nachfolger Christi und seiner Lehre"[28], den „Inhaber eines bestimmten (gehobenen) Amtes"[29] z. B.: eines kirchlichen (Diakon, Levit) oder weltlichen Amtes (Vogt, Hofmeier, Aufseher über Arbeiter und Knechte, Gutsverwalter, Mitglied des kaiserlichen Gefolges)[30].

---

19 Siehe KRAHE-MEID, Germanische Sprachwissenschaft, Bd. 3, § 101, S. 119 f.

20 Vgl. ebenda, Bd. 1, S. 23 ff.; vgl. SCHMIDT-WIEGAND, Bezeichnungen, S. 228; POKORNY, Wörterbuch, Bd. 1, S. 4: *-to*-Partizipialbildung zur Verbalwurzel idg. **aĝ-* ‚treiben'; FEIST, Wörterbuch, S. 48 f.; vgl. auch KLUGE, Wörterbuch, S. 20.

21 Vgl. FEIST, Wörterbuch, S. 48 f.

22 Vgl. ebenda; vgl. auch KRAHE-MEID, Germanische Sprachwissenschaft, Bd. 1, § 9, S. 23 ff.; K. H. SCHMIDT, Keltisch und Germanisch, z. B. S. 120 ff. und S. 140.

23 Vgl. POKORNY, Wörterbuch, Bd. 1, S. 4; FEIST, Wörterbuch, S. 48 f.; HOLDER, Alt-Celtischer Sprachschatz, Bd. 1, Sp. 114 f. *(ambactos)*; vgl. auch KUHN, Amt (sprachlich), S. 258.

24 Vgl. POKORNY, Wörterbuch, Bd. 1, S. 34 f.; KLUGE, Wörterbuch, S. 20.

25 Vgl. POKORNY, Wörterbuch, Bd. 1, S. 4 f.; KLUGE, Wörterbuch, S. 20.

26 Siehe Althochdeutsches Glossenwörterbuch, 1. Lfg., S. 23.

27 Althochdeutsches Wörterbuch, Bd. 1, Sp. 313; vgl. auch SCHMIDT-WIEGAND, Bezeichnungen, S. 228: „... zu *ambactus* ‚Diener', das wahrscheinlich keltischen Ursprungs ist und denjenigen meint, der nicht nur Botengänge für seinen Herrn erledigt, sondern auch sein ständiger Begleiter ist." Siehe dazu auch: DE VRIES, Kelten und Germanen, S. 109 f.

28 Althochdeutsches Wörterbuch, Bd. 1, Sp. 314.

29 Ebenda.

30 Siehe ebenda.

In allen germanischen Sprachen findet sich neben dem entlehnten Maskulinum ein Neutrum[31]: got. *andbahti* ‚Amt, Dienst, as. *ambaht*, ags. *ambiht*, an *embæti*, ahd. *ambahti*, mnl. *ambacht* (daneben *ambt*), mhd. *ambahte*, nhd. *Amt*[32]. Das Wort ist vermutlich durch die Vermittlung des Westgotischen[33] in das Mittellateinische und von dort aus auch als keltisch-lateinisches Lehnwort in die germanischen Sprachen[34] gelangt. Franz. *ambassade* ‚Gesandtschaft' ist erst im 15. Jahrhundert aus dem Italienischen entlehnt. „Aber auch in Italien ist das Wort aus lautlichen Gründen nicht heimisch; es stammt hier aus prov. *ambaisada* ‚Gesandtschaft' ".[35] Wieweit fränkische Bezeichnungen wie **ambahtjan* ‚beauftragen' und **ambahti* ‚Auftrag, Dienst' dabei den Anstoß gaben, ist nicht restlos zu klären[36]. Als Beleg für die fränkischen Formen und ihre Vermittlerfunktion kann eventuell das vulgärlateinische[37] Wort *ambascia, ambaxia*[38] gelten, das in einigen Handschriften vorkommt, die die merowingische Fassung der Lex Salica überliefern.

Ambascia, zu mlat. *ambactia*, tritt auf in Titel I § 4 der Handschriftengruppen A (A 1, A 2) und C (C 5, C 6) sowie bei Herold[39]. Der Titel I. *De mannire* enthält Bußsätze für die Nichtbefolgung der „Ladung und Vorschriften darüber, wie zu laden ist und wann vorgeladen werden kann und wann nicht"[40]. Von den fünf Paragraphen dieses Titels sind die beiden ersten im Weistumsstil abgefaßt, die drei übrigen dagegen haben eher Satzungscharakter[41]. Entsprechungen zu diesen Unterschieden auf der Ebene der äußeren Form und des Stils lassen sich auch auf der Ebene der Wortwahl aufzeigen. Rechtliche Tatbestände, soziale Zusammenhänge, die nicht völlig angemessen in lateinischen Übersetzungen wiedergegeben werden können, werden in §§ 1 und 2 durch malbergische Glossen – in einem Nebensatz – erläutert: *mallobergo reaptena*. Dagegen ist in § 4 *ambascia* als vulgärlatei-

---

31 Vgl. Kluge, Wörterbuch, S. 20; Feist, Wörterbuch, S. 48; Uhlenbeck, Zum gotischen Wortschatz, S. 260; Schmidt-Wiegand, Bezeichnungen, S. 228 f.

32 Vgl. Feist, Wörterbuch, S. 48; Kluge, Wörterbuch, S. 20; Kuhn, Amt (sprachlich), S. 258; Schützeichel, Wörterbuch, S. 66; Lexer, Handwörterbuch, Bd. 1, Sp. 48; DWB, Bd. 1, 1854, Sp. 280 ff.

33 Hierzu: Meyer-Lübke, Wörterbuch, Nr. 408 a, S. 32: „Ob gall. **ambactia* zu *ambactus* ‚Diestmann' oder ein got. *andbahti* ‚Amt, Dienst' zugrunde liegt, läßt sich lautlich nicht entscheiden, sachlich liegt vielleicht letzteres näher." Vgl. Schmidt-Wiegand, Bezeichnungen, S. 228; Gamillscheg, Wörterbuch, S. 33; Wartburg, Wörterbuch, Bd. 1, 1928, S. 83 b *(ambaht, ambahtjan)*.

34 So z. B.: Gamillscheg, Wörterbuch, S. 33: „Das germanische Wort stammt selbst aus lat.-gallisch *ambactus* ‚Dienstmann'". Siehe auch oben.

35 Gamillscheg, Wörterbuch, S. 33.

36 So sieht z. B. Meyer-Lübke, Wörterbuch, Nr. 408 a, S. 32: prov. *ambaisada* ‚Gesandtschaft' als Ableitung von mlat. *ambactia* an. Aus dem Provenzalischen sei das Wort ins Italienische *(ambasciata)*, von da aus ins Französische *(ambassade)* und ins Spanische *(ambajada)* eingedrungen. Im Anschluß daran auch Kluge, Wörterbuch, S. 20; Schmidt-Wiegand, Bezeichnungen, S. 228. Dagegen: Gamillscheg, Wörterbuch, S. 33.

37 Dazu: Schmidt-Wiegand, Bezeichnungen, S. 228.

38 Vgl. hierzu auch: Mittellateinisches Wörterbuch, Bd. 1, Sp. 541; Schmidt-Wiegand, Bezeichnungen, S. 228.

39 Vgl. Pactus legis Salicae, S. 20 f.

40 Schmidt-Wiegand, Bezeichnungen, S. 228.

41 Ebenda; vgl. auch Sellert, Ladung, Sp. 1338–1340.

nisches Wort in die Bestimmung integriert[42]: I § 4. *Nam si in dominica ambascia fuerit occupatus, manire non potest*[43].

Dieser Paragraph, auf dessen Satzungscharakter schon hingewiesen wurde, beschäftigt sich mit Belangen, die den König betreffen bzw. rechtlich in seine Kompetenz fallen: Ein in königlichem Dienst stehender Mann darf nicht vor Gericht geladen werden. Er genießt eine vorübergehende Immunität, die an die Dauer seines Dienstes gebunden ist (vgl. auch I § 5)[44]. Bei den Angehörigen der königlichen Gefolgschaft, den *antrustiones*[45], die nicht nur kurzfristig in den Königsdienst eingebunden waren, ersetzte ungefähr gegen Ende der Merowingerzeit die *rogatio*[46] – eine Verbindung von Ladung und Sühnevertrag – die *mannitio*.

Vielleicht muß die Verwendung der mlat. Bezeichnung *ambascia* im Pactus legis Salicae stärker im Zusammenhang mit der Entwicklung der Institution der königlichen Antrustionen gesehen werden. Diese Entwicklung vollzog sich während der Merowingerzeit: Die ursprünglich bewaffneten Hilfsscharen, die die Sicherheit der gerade seßhaft gewordenen Franken garantieren sollten, wurden immer mehr zu einem auf speziellen Auftrag des Königs hin handelnden Gefolge, zu einer in sich geschlossenen, durch besondere Rechte und besonderes Ansehen herausgehobenen Gruppe[47]. Mit der Etablierung der Antrustionen gegen Ende der Merowingerzeit schwand eventuell auch die Möglichkeit, bestimmte königliche Aufträge an andere Personenkreise zu vergeben[48]. Von hier aus gesehen läßt sich möglicherweise, in Anlehnung an Scheyhing[49], die malbergische Glosse *chambistalia, ambistaile*[50] in PlSal 42 § 1 sinngemäß als ‚Tötung (durch Banden) im Amt' deuten.

---

[42] Dazu: Schmidt-Wiegand, Bezeichnungen, S. 228.

[43] Pactus legis Salicae, S. 20.

[44] Dazu: Sellert, Ladung, Sp. 1340.

[45] Dazu siehe auch Kap. 4.2.2.5.

[46] Siehe Pactus legis Salicae, S. 242 f.; zur *rogatio* sowie zur Bedeutung, Entwicklung und Vorbereitung der Ladung im germanischen Rechtsbereich vgl. auch die Dissertation von Reinschmidt, Einleitung des Rechtsganges, S. 112 ff. und auch S. 71 ff.; vgl. Brunner, Rechtsgeschichte, Bd. 2, S. 334, Anm. 12; dagegen Opet, Prozeßeinleitungsformen, S. 132 f.

[47] Vgl. Kap. 4.2.2.5.

[48] Vgl. Scheyhing, Antrustionen, Sp. 180.

[49] Vgl. ebenda.

[50] Pactus legis Salicae, Tit. 42 § 1, S. 162 f. A 1: *mal. ambistaile*, Bd. 2: *malb. bistolio si andruscio dominicus*, A 3: *malb. cham besta liæ*, C 6: *malb. chamen habia sunt*. Lex Salica, Tit. 70 § 1, S. 116, D 7: *mal. malchrom*; D 8: *malb. malcho*. Problematisch bleibt die sprachliche Deutung der malbergischen Glosse. Eckhardt übersetzt das Wort im Glossar der MGH-Ausgabe mit Heimüberfall, Pactus legis Salicae, S. 279; vgl. auch die Deutungen von Grimm, Vorrede, S. XXVII; Kern, Glossen Lex Salica, S. 100 f. u. Ders., Notes, § 216; Helten, malbergische Glossen, S. 443 f., § 137. Van Helten nimmt als Ausgangsform **cham bistalie* an: „*Cham* mit *a* für *ai* (...) und *ch* als schreibung für *h* (...) ist entweder object des verbums oder es steht durch frühzeitigen schwund von *-i* für *chami* (= ahd. *heimi*) als entsprechung von ‚in domo sua'." Das zweite Wort erklärt van Helten als Verbalform **bistalie* aus den Bestandteilen **bi* und **stalliu* ‚ich springe', als Entsprechung führt er ags. *stiellan* ‚springen' an. Kern dagegen sieht die Form als zum Stamm *stal, stellen* ‚stellen, bestellen' gehörig an: „Ein Synonym dieses Antrustio, und zwar auch speciell des Statthalters ist, wie wir aus Vergleichung der Hss. lernen, bistalio oder bestalio. ... Hierin erkennt man nicht nur ein häufig vorkommendes germanisches Wort im Allgemeinen, sondern das ahd. bistello, pistallo „vicarius". Die Langobarden sagen dafür gastaldio, gastaldo, was eine Bildung aus demselben Stamm ist. Das fränkische Wort für ‚Auftrag, Bestallung' muß gewesen sein bistali, ndl. bestel;

Scheyhing nimmt an, daß der Dienst der Antrustionen ursprünglich nicht mit dem „Dienstverhältnis anderer Amtsträger gleichgesetzt werden" darf: „... wofür der pactus legis salicae einen Beleg gibt: Bei der Bandentötung (42,1) spricht die mallobergische Glosse vom chambistalie, wenn ein A(ntrustio) betroffen wird, also von einem Amt, während die Tötung des Grafen und von Unterbeamten (54) die Bezeichnung *leode saccewiten* trägt"[51]. Das Ersetzen der *mannitio* durch die *rogatio* für die Antrustionen und das Fehlen der Bestimmung I § 4 in den Handschriften der Gruppen D und E kann als Beleg herangezogen werden, daß 1. ursprünglich ein königlicher Auftrag ganz unspezifisch, ohne Bindung an bestimmte Personengruppen als *ambascia dominica* bezeichnet wurde, 2. mit der Festigung und Abgrenzung der Institution der königlichen Antrustionen andere Personengruppen von bestimmten königlichen Aufträgen ausgeschlossen wurden und 3. vulgärlat. *ambascia*, frk. **ambist*[52] im Rechtsverständnis zunächst an die Antrustionen als königliche Amtsträger gebunden war, dann mit der karolingischen Reichsbildung aber auch auf andere Personenkreise ausgeweitet wurde.

Die Handschrift A 4 sowie die Karolina verwenden an Stelle von *ambascia* die Formulierung in *iussione regis*[53] ‚auf Befehl, Anordnung des Königs'. Im althochdeutschen Lex Salica-Fragment, einer ostfränkischen Übersetzung zur Karolina (2. Viertel des 9. Jahrhunderts)[54], ist § 4 mit: *ibu er in cuninges deonestehaft ist, danne ni mag er ini gimenen*[55] wiedergegeben. Die ostfrk. Bezeichnung *deonestehaft* ‚Diensthaftigkeit, Dienst' gehört zum starken Neutrum ahd. *dionōst, thionōst* ‚Dienstleistung, Verrichtung, Kriegsdienst'[56]. Das Wort hat eine große Bedeutungsbreite und kann – was sich z. B. auch an den lateinischen Lemmata[57] innerhalb der Glossen und Übersetzungen zeigen läßt – sowohl die Konnotation des Dienstes in unserem heutigen Verständnis, der Abhängigkeit, der Ansehensminderung, aber auch der Auftragserfüllung für einen Ranghöheren haben, die dann gleichzeitig eine Steige-

Einer mit Auftrag, in Bestallung, kann nur durch bistalio ausgedrückt werden ..." (Kern, Glossen Lex Salica, S. 100). Ich möchte dagegen von der in A 1 vorkommenden Form **ambistaile* als derjenigen ausgehen, die der Ausgangsform am ähnlichsten ist. Von der Wortbildung her läßt sich am ehesten als Derivat zu *ambist* ‚Amt, Auftrag' – eine Form, die vereinzelt noch neben *ambaht* etc. im Althochdeutschen (vgl. Althochdeutsches Wöterbuch, Bd. I, S. 313 ff.) belegt ist – ansehen. Ableitungssuffix ist das auch im Althochdeutschen produktive, schon im Indogermanischen belegte Suffix *-ila*. Es bildet neben vereinzelten Adjektiven vor allem Nomina agentis: „Die besonders im Ahd. häufigen Bildungen bezeichnen vielfach Amts- und Dienstpersonen: ae: *bydel*, ahd. *butil* „Büttel" *(biotan)*; ahd. *weibil* ‚Gerichtsdiener' ..." (Krahe-Meid, Germanische Sprachwissenschaft, Bd. III). Als Übersetzung der malbergischen Glosse käme so eventuell ‚Beauftragter, Amtsträger' in Frage.

51 Scheyhing, Atrustionen, Sp. 180.

52 Vgl. die Anmerkungen 4, 5, 6, 7.

53 Siehe Pactus legis Salicae, S. 20 f.

54 Vgl. Eckhardt, Einleitung, S. XXVII (Textklasse V); zur Handschrift: Heinertz, ahd. Bruchstück der Lex Salica, S. 104 f.; vgl. auch Bischoff, Paläographie, S. 122: d ist auf den Einfluß angelsächsischer Mönche zurückzuführen. Siehe auch Schützeichel, Grundlagen, S. 125.

55 Pactus legis Salicae, S. 20.

56 Vgl. Althochdeutsches Glossenwörterbuch, 2. Lfg. 1973, S. 102 *(dionōst)*; Schützeichel, S. 91 *(thionōst)*.

57 Es sind hier zu nennen: *servitium, ministerium, militia, officium, obsequium*; vgl. Graff, Sprachschatz, Bd. 5, 1840, Sp. 93 ff.; Althochdeutsches Glossenwörterbuch, 2. Lfg. 1973, S. 102.

rung des Ansehens beinhalten kann. Hiermit ist ein Spannungsverhältnis angesprochen, das für die mittelalterliche Auffassung von Dienst, vom Dienen charakteristisch ist[58]. In dieser Beziehung ist ahd. *ambaht*, got. *anbaht* etc. mit ahd. *dionōst* vergleichbar: „Der Begriff des Amtes (lat. *officium*) war in den altgermanischen Sprachen noch kaum von dem des Dienens (lat. *ministerium, servitium*) abgetrennt. Auch Amt (got. *anbahti*, ahd. *ambaht/ambahti* ...) hat zunächst nur einfache Dienstverhältnisse gemeint"[59]. Die Entwicklung von Wort und Begriff *Amt* weist in den Bereich „von Gefolgschaft, Pflicht, Dienst, Wahrnehmung weltl. oder geistl. Aufgaben, Hoheitsrecht im funktionalen oder territ. Sinn"[60]. Prägend für die Entwicklung seit dem frühen Mittelalter waren verschiedene Traditionsstränge: germanische Elemente der Gefolgschaft (unfreies bzw. freigelassenes Hofgesinde), der Hausherrschaft sowie das spätrömische Ämterwesen, das einerseits die Vorstellungen von der republikanischen Magistratur, andererseits die auf die Hofhaltung des *princeps* zurückzuführenden Ämter *(honores)* des spätrömischen Kaisertums vereinigte[61].

In Titel I § 4 des Pactus legis Salicae, zu dem nun wieder zurückgegangen werden soll, findet sich der Begriff *Amt* in der engeren Bedeutung des Königsdienstes: *dominica ambasia* (A 1); *dominica ambascia* (A 2, C 5, Herold), *iussione regis* (A 4, K), *dominica ambaxia* (C 6), *in cuninges deonestehaft*. Die Amtsausübung geschieht im Auftrag des Königs und bedeutet für denjenigen, der den Auftrag ausführt, einen besonderen Rechtsschutz, eine Ansehenssteigerung. Die lateinische Bezeichnung *iussio* in den Handschriften A 4 und K bestätigt eindeutig, daß hier nicht die Abhängigkeit des Dienenden im Vordergrund steht. Innerhalb des zweiseitigen Verhältnisses des Dienens lenkt sie den Blick stärker auf die Seite des Auftraggebers. Durch die Bezeichnung wird der Grund für die Dienstleistung angegeben: ein königliches Gebot, ein Befehl. Lat. *iussio* wird z. B. in der um 802 in St. Gallen oder auf der Reichenau entstandenen Übersetzung der Benediktinerregel von 529[62] mit ahd. *gibot* bzw. *bot*[63] und bei Notker von Sanct Gallen (10./11. Jh.) mit *urlub*[64] wiedergegeben. Nur die Handschriften A 4 und K haben *iussione regis*, die übrigen verwenden *ambascia* und Varianten dieses Wortes. Dies entspricht einem Befund, den Karl August Eckhardt erarbeitet hat. Ein Befund, der eine gewisse Sonderstellung der Handschrift A 4 unter den A-Handschriften bestätigt und zudem gerade

58 Siehe hierzu: KAUFMANN, Königsdienst, Sp. 1026.

59 KUHN, Amt (sprachlich), S. 258.

60 STOLLEIS, Die Ämter in Deutschland, Sp. 550; siehe auch KROESCHELL, Amt, Sp. 150 f.: „ ... das Bedeutungsfeld des ahd. *ambaht* reicht vom niedrigen Dienst des Knechtes oder Boten bis zu den angesehenen Funktionen eines Kämmerers oder Reiterführers. Wer dem unfreien Gesinde oder der Dienstmannschaft angehörte, konnte also offenbar ebenso ein A(mt) haben, wie der Freie, der Glied der Gefolgschaft war. Ob es dagegen außerhalb der herrschaftlichen Sphäre eigentliche öffentliche Ämter gab (so die ältere Lehre ...), bleibt zweifelhaft, seit das germanische Fürstentum als Adelsherrschaft aus eigenem Recht erkannt wurde."

61 Vgl. WENSKUS, Amt (II. A–D), Sp. 258–264; KROESCHELL – WERNER, Amt (Einleitung), S. 546; WIRTH, Amt und Amtsbegriff, Sp. 546–548; WIEACKER, Vom römischen Recht, S. 89 ff., 100 f., 112 ff.; WENSKUS, Amt; SCHEYHING, Eide.

62 Siehe KÖBLER, Wörterbuch, S. 109 und auch S. III.

63 Siehe ebenda, S. 109.

64 Siehe ebenda.

für den Titel I §§ 3–5 große Übereinstimmungen zwischen den Handschriften der Karolina und A 4 erkennen läßt: Die Handschrift A 4 ist die einzige A-Handschrift ohne merowingische Zusätze[65]. Sie „trägt zur Wiederherstellung der Stammvorlage nur wenig bei, leitet aber in gewissem Umfang zu den jüngeren Textformen über ... Während A 4 in den vorausgehenden Stücken 1 §§ 1 und 2, sowie in den folgenden Titeln einen normalen A-Text bietet, stimmen 1 §§ 3–5 buchstabengetreu mit K"[66]. Die Übereinstimmungen zwischen K und A 4 beschränken sich aber im wesentlichen auf diese Stelle, so daß keine weitergehenden Schlüsse daraus gezogen werden können[67]. Möglicherweise ist das vulgärlateinische Wort *ambascia* immer weiter der fränkischen Volkssprache angeglichen worden (vgl. die malberg. Glosse *ambistaile*, ahd. *ambist, ambaht* etc.[68]), so daß es in den späteren karolingischen Fassungen durch eine passende lateinische Bezeichnung ausgetauscht werden konnte.

Um (obrigkeitliche) Aufträge und Dienste[69] handelt es sich auch bei der Verwendung des Wortes *ambastia („... ambastiis ...")* in den zum Teil noch vor 721 entstandenen – spätere Abschnitte stammen aus der Zeit Karls des Großen – Formulae Bituricenses von Bourges[70] und bei der Anwendung des Wortes *ambasia („... ambasias ...")* in einem Urkundenbeispiel zum langobardischen Recht Liutprands und Grimoalds (ungefähr 740), das sich mit der Freilassung Unfreier befaßt[71]. Ganz allgemein der Auftrag, die Zustimmung ist in Titel 104 der burgundischen Gesetzgebung gemeint; ein Esel darf nicht ohne den Auftrag, die Billigung des Eigentümers weggeführt werden:
Quicumque asinum alienum extra voluntatem domini praesumpserit aut unum diem aut duos in ambascia sua minare, iubemus, ut ipsum et alium talem cuius asinus es consignet[72].
Ebenfalls die Bedeutung ‚Auftrag', aber eher mit der Konnotation ‚Geschäft'[73], hat *ambascia* in Liber II, Titel XIII § 1 der Lex Romana Raetica Curiensis; so erläutert der Editor Karl Zeumer: „Forastica ambasciae sunt negotia externa"[74].

Die stark textsortengebundene Verwendung der mlat. Bezeichnung *ambascia* in den frühmittelalterlichen Quellen[75] kann als Beleg dafür gelten, daß das Wort „in die Sphäre der Kanzleisprache gehört"[76]. Es tritt durchgängig als Textwort und nicht als Glossierung auf und findet sich in der frühen, vom römischen Recht stark

---

65 Siehe Pactus legis Salicae, Germanenrechte, Bd. I, S. 58.
66 Ebenda, S. 93 f.
67 Vgl. ebenda, S. 94.
68 Vgl. auch die Überlegungen zur malberg. Glosse *ambistaile* Anm. 50 und den dazugehörigen Text.
69 Vgl. Mittellateinisches Wörterbuch, Bd. 1, Sp. 541.
70 Siehe Formulae, S. 169: Formulae Bituricenses, 2. Praecaria. Zur Quellengruppe und zu weiterer Literatur siehe Becker, Formel, Formular, Formelsammlung, Sp. 1158; Nehlsen-Von Stryk, boni homines, S. 47 ff.
71 Siehe Langobardorum leges, S. 659.
72 Leges Burgundionum, Titel 104, S. 115.
73 Vgl. Mittellateinisches Wörterbuch, Bd. 1, Sp. 541.
74 Lex Romana Raetica Curiensis, Lib. II, Tit. XIII § 1, S. 319.
75 Zu den späteren Belegen, zum Bezeichnungs- wie Bedeutungswandel, siehe: Deutsches Rechtswörterbuch, Bd. 1, 1914–1932, Sp. 544–557 (Stichwort: Amt); Frühneuhochdeutsches Wörterbuch, 3. Lfg. (im Druck).
76 Schmidt-Wiegand, Bezeichnungen, S. 228.

beeinflußten burgundischen Gesetzgebung, in einer frühen fränkischen Formelsammlung, in Urkundenbeispielen zum langobardischen Recht, und nicht zuletzt gehört in diesen Zusammenhang auch der Beleg aus der Lex Romana Raetica Curiensis, die allgemein als Lehr- und Nachschlagewerk und als Zeugnis römischen Vulgarrechts gilt[77]. Hier tritt neben *ambascia* auch mlat. *ambactus* ‚Amtsbezirk'[78] auf. Diese Auffassung unter *ambascia* den obrigkeitlichen, königlichen Auftrag zu verstehen, der ursprünglich sogar eng an eine bestimmte Personengruppe gebunden war, zeigt sich vor allem an den frankolateinischen Belegen der Lex Salica. Malb. *ambistaile*, sofern es in diesen Zusammenhang gehört, d. h. die Wiedergabe in einem volkssprachigen Rechtswort, zeigt das Eindringen und vielleicht auch die Festigung dieser Entwicklung, wenn auch nur innerhalb eines bestimmten Zeitraums und für eine bestimmte Personengruppe. Frankolateinisch *ambahtonia* gehört als malbergische Glosse dagegen möglicherweise einer älteren Schicht der Rechtssprache an. Die soziale Bewertung der mit diesem Wort bezeichneten Frauen — Freie, Litin, Unfreie — ist nicht an die Stellung des Dienstherrn, des Auftraggebers, sondern vielmehr an die Art des Auftrages gebunden.

4.3.1.3. salfrk. (malberg.) *horog(an)o, horogunia*

Die Lex Salica[1] liefert mit dem Maskulinum *horog(an)o* und dem Femininum *horogunia* die frühesten Belege für einen Abhängigkeitszusammenhang, der, geht man von der ausdrucksseitigen Weiterentwicklung (‚Höriger, Hörige') aus, mit dem Rechtsbegriff Hörigkeit zu kennzeichnen ist. Die Frage nach der inhaltsseitigen Bestimmung muß jedoch zunächst offen bleiben. Sie kann auch hier nur vom Kontext, sowohl vom Text- als auch Zeitkontext, den es auch über andere Quellen zu erfassen gilt, vorgenommen werden. Die besondere Schwierigkeit liegt bei den hier behandelten Bezeichnungen darin, daß „die Wortgruppe hörig, Hörige und Hörigkeit mit dem Sinne grundherrschaftlicher Unterordnung oder Zugehörigkeit zu einer Grundherrschaft als Rechtsbegriff nicht vor dem 14. Jh. belegt ist und dann vor allem in niederdeutschen Quellen aus Westfalen begegnet"[2].

Die Wörter finden sich nur in den frühen Handschriften des sogenannten Pactus. Hier sind sie in den Titeln 35 § 9, 10 § 7 und 6 überliefert, bei denen es sich wohl um eine sogenannte „fliegende Satzung"[3], d. h., um eine gesondert erlassene Bestimmung handelt, die dem Gesetzestext nachträglich zugefügt wurde, was sich besonders daran zeigt, daß die Bestimmungen den einzelnen Fassungen unterschiedlich eingefügt wurden: in A dem Titel 35 § 9 und in C, H und K dem Titel 10 §§ 6, 7.

---

77 Vgl. Meyer-Marthaler, Lex Romana Curiensis, Sp. 19—35 ff.; Olberg, Freie, S. 40.

78 Siehe Lex Romana Raetica Curiensis, Additamenta Codicis S. Galli, Titel XII, S. 444; vgl. auch Mittellateinisches Wörterbuch, Bd. 1, Sp. 541.

1 Pactus legis Salicae, S. 55 f., Tit. 10 § 7.

2 Schmidt-Wiegand, Bezeichnungen, S. 230. Vgl. auch Schützeichel, Wörterbuch, S. 146; Lexer, Handwörterbuch, Bd. 1, 1872, Sp. 1339; Kaufmann, Höriger, Sp. 241; Deutsches Rechtswörterbuch, Bd. V, 1953—1960, Sp. 1552 f.

3 Vgl. Schmidt-Wiegand, Glossen, S. 411; Dies., Sali, S. 149 ff.

35 § 9: *Si quis uassum ad ministerium, quod est horogauo, puellam ad ministerium aut fabrum ferrarium uel aurificem aut porcarium ⟨uel uinitorum aut stratorem⟩ furauerit aut occiderit, cui fuerit adprobatum, mallobergo t(e)xaga aut amb(ah)t(o)nia sunt, MCC denarios qui faciunt solidos XXX culpabilis iudicetur.*[4]
10 § 6: *Si quis ancillam perdiderit ualentem solidos XV aut XXV, si porcario, uinitore, si fabrum, molinario, si carpentario, si stratore uel quemcumque artificem ualente solidos XXV, mallobergo t(h)eod(u)cco sunt denarios MMDCCCLXXX qui faciunt solidos LXX(II) ⟨cui fuerit adprobatum⟩ culpabilis iudicetur ⟨excepto capitale⟩.*[5]
§ 7: *Si quis puerum de ministerio furauerit, mallobergo horogau(o), (h)orogania, XXV solidos in capit⟨al⟩e restituat et insuper MCCCC denarios qui faciunt solidos XXXV culpabilis iudicetur ⟨excepto capitale et dilatura⟩.*[6]

A 3 überliefert in Titel 35 § 9 *thorago*, A 4 *horogauo*, A 2 das entstellte *stro gau*[7]. Titel 10 § 7 ist nur durch C 6 überliefert, hier findet sich *horogaut orogania*, was in der Forschung als Beleg für die Wiedergabe des Maskulinums wie des Femininums gilt. Davon soll auch hier ausgegangen werden. Abweichend von diesen Formen verweist der Beleg in Titel 10 § 6 (*ismala texacha chrochro* C 6) auf eine andere Lautentwicklung. Eckhardt deutet die Wendung als *smala texaga chorochro* ‚Hörigenmädchen-Diebstahl'[8]. Er nimmt als ursprünglich fränkische Form für das schwache Maskulinum (Akk. Sg.) **chorogano* (Übergang von *-un* zu *o*) und für das davon abgeleitete Femininum **chorogania* an[9]. In bezug auf die phonetische Qualität des inlautenden *g* lassen sich aufgrund der Graphie keine eindeutigen Angaben machen. Deutet man das *g* als Repräsentant des Plosivlautes, so ist hier rhein- bzw. mittelfränkischer Einfluß[10] zu vermuten. Die Form *chrochro* (C 6, Titel 10 § 6) deutet jedoch auf die für das Niederfränkische typische spirantische Aussprache. Insgesamt überwiegen in der Lex Salica Schreibungen mit niederfränkischem Lautstand, daneben finden sich jedoch auch Hinweise auf Mittel- bzw. Rheinfränkisches, so daß die Lex Salica als Sprachzeugnis des Westfränkischen angesehen werden kann[11]. Gerade bei der Frage nach spirantischer oder plosiver Aussprache des *g* ist es schwer, zwischen Graphie und Lautung zu trennen[12]. Kann man die *ch*-Schreibung mit größerer Sicherheit als Rückschluß auf einen Reibelaut ansehen, so muß dagegen *g* in der Graphie nicht unbedingt als Repräsentant des Plosivlautes verstanden werden[13]. Reiner Hildebrandt nimmt für das Wort *rachinburgius/raginburgius*, das ebenfalls in der Lex Salica sowohl mit *g* als auch mit *ch*-Schreibung (letztere überwiegt) auftritt, durchgängig auch für die *g*-Formen spirantische Aussprache

[4] Pactus legis Salicae, S. 132.
[5] Ebenda, S. 53 f.
[6] Ebenda, S. 55.
[7] Vgl. ebenda, S. 280 (Glossar).
[8] Siehe Lex Salica, S. 287 (Glossar); bei Herold: *is mala texaca amba.*
[9] Siehe ebenda, S. 280 (Glossar).
[10] Vgl. Schmidt-Wiegand, Glossen, S. 408.
[11] Vgl. Schmidt-Wiegand, Glossen, S. 396 ff.; siehe auch dort die Beispiele S. 408 f.; siehe dazu auch Schützeichel, Grundlagen, S. 124 ff.
[12] So auch Schmidt-Wiegand, Glossen, S. 410.
[13] Nach Braune-Mitzka-Eggers, Grammatik, §§ 88 c und 82, Anm. 1 gilt die plosive Aussprache des *g* für das Rheinfränkische als gesichert.

an: „Die Schreibung mit *ch* reflektiert eine altfränkische Aussprache des *g*, die spirantisch gewesen sein dürfte und für die die Romanen die Graphie *ch* verwandten“[14]. Ist der Terminus „altfränkisch“ als Sprachbezeichnung in bezug auf die Unterscheidung zwischen nieder- und mittel- bzw. rheinfränkischem Lautstand auch ungenau und nicht hilfreich für das an dieser Stelle zu entscheidende Problem, so ist der Hinweis auf mögliche, sich in der Graphie niederschlagende ausdrucksseitige Interferenzen zwischen romanischem und fränkischem Sprachgebrauch aufzugreifen. Gerade für die überwiegend lateinischen Leges, in die die volkssprachigen Bezeichnungen ja nur sehr sporadisch eingefügt sind, kann dies als weiteres Indiz für die vielfältige Beeinflussung des volkssprachigen Wortgutes der Leges sowie als Erklärung für die Schwierigkeiten, dieses zweifelsfrei zu deuten, gelten.

Inhaltsseitig muß für die Bezeichnungen die Bedeutung ‚Abhängiger bzw. Abhängige, Zugehöriger bzw. Zugehörige‘ angenommen werden. Der *vassus*[15] oder *puer, (faber ferrarius, aurifex, porcarius, uinitor, strator)* die *puella ad ministerium* sind aufgrund ihrer Tätigkeiten von den übrigen Unfreien unterschieden. Sie sind rechtlich und vermutlich auch vom Prestige her — und damit sozial — herausgehoben, dies zeigt schon das höhere Bußgeld an, dennoch stehen sie in einem Abhängigkeits-, Zugehörigkeitsverhältnis zu ihrem Herrn, innerhalb einer Hausgemeinschaft. Die abgeleiteten Substantive[16] sind zu dem auch adjektivisch gebrauchten Partizip Präteritum des Verbs *(gi-)hōren* ‚hören, zuhören, gehorchen, folgen, zusammengehören‘[17] zu stellen: ahd. *chi(ka-, ge-)horic(h)/g* ‚gehorsam, folgsam‘ und mhd. *hoerec* ‚hörend auf, gehorsam‘[18]. Aus diesem Zusammenhang heraus muß das salfrk. substantivierte Adjektiv interpretiert werden: Die Art der Abhängigkeit ist dann durch Gehorsam, durch Weisungsgebundenheit charakterisiert. Diese Bedeutungskomponente kommt den Varianten *horech, horich, herig* im Niederdeutschen noch bis in die Neuzeit zu. Im Oberdeutschen tritt das Adjektiv auch in der weitgefaßten, noch nicht auf den engeren Rechtsbegriff festgelegten Bedeutung, aber ausschließlich mit Präfix auf[19]. Eine weitergehende Interpretation, die einen direkten inhaltlichen Zusammenhang zu den nur in niederdeutschen Quellen belegten Bezeichnungen *horich, horig, hoerich* etc.[20] oder dem sowohl in niederdeutschen wie in alemannischen Rechtstexten begegnenden Adjektiv hofhörig[21] ‚untertänig, in eine Grundherrschaft eingegliedert, schollengebunden‘ zieht, muß aus verschiedenen Gründen abgelehnt werden: Einerseits läßt sich eine solche Konnotation nicht vor dem 14. Jahrhundert belegen[22], andererseits sind *hörig, Hörigkeit* Termini histori-

---

14 Hildebrandt, Rachinburgius, S. 259.

15 Siehe Kap. 4.3.3.1. salfrk., alem. *vassus*.

16 Vgl. Henzen, Wortbildung, S. 196 ff.; Schmidt-Wiegand, Bezeichnungen, S. 230.

17 Vgl. auch die verschiedenen Varianten des in zahlreichen althochdeutschen Textexemplaren überlieferten Verbs und auch die des Adjektivs: Schützeichel, Wörterbuch, S. 146.

18 Siehe ebenda und Lexer, Handwörterbuch, Bd. I, Sp. 1339.

19 Vgl. Deutsches Rechtswörterbuch, Bd. 5, Sp. 1552; Grimm, Deutsches Wörterbuch, Bd. 10, Sp. 1814; Graff, Sprachschatz, Bd. IV, Sp. 1008.

20 Vgl. Deutsches Rechtswörterbuch, Bd. 5, Sp. 241. Das Adjektiv kann ebenso wie *hofhörig* — vgl. Anm. 21 — auf Personen wie auf Sachen bezogen angewendet werden.

21 Vgl. ebenda, Sp. 1243 f.

22 Vgl. die Angaben in den Anmerkungen 20 und 21.

scher Forschung, die aus einer Vielzahl von Bezeichnungen zu ähnlichen Bedeutungszusammenhängen herausgegriffen wurden, um herrschaftliche Abhängigkeitsverhältnisse bäuerlich lebender Personen zu bezeichnen. Es verschmilzt auf diese Weise die Bedeutung der Quellenwörter mit derjenigen der wissenschaftlichen Terminologie in wenig erhellender Weise, wenn wie z. B. in (rechts-)historischer Literatur für die fränkische Zeit Aldien, Liten und Barschalken als Hörige bezeichnet werden oder wenn für das Mittelalter Personenbezeichnungen, die als Quellenbelege verschiedene Abstufungen von Abhängigkeit und damit von Freiheit und Unfreiheit erkennen lassen, unter einem vereinheitlichenden Ordnungsbegriff wie z. B. ‚Hörigkeit' zusammengefaßt werden[23].

4.3.2. ‚Unfreie' – unter dem Aspekt der Ausübung einer bestimmten, fest umrissenen Tätigkeit, einer besonderen Verantwortung innerhalb von Haus und Hof

4.3.2.1. alem. *stotarius*

Die Bezeichnung *stotarius* tritt innerhalb der Leges nur im Pactus Alamannorum auf:

V,5 (22 §§ 2–4): *Si porcarius legatus de via ostatus vel battutus fuerit, sic ut duo tenent et tertius percutit, 9 solidos conponat. Et de reliquo, quod ei fietur, sicut reliquos servos conponat ei in triplo. De quod berbigario, stotario et vacario fiet, sicut reliquis servis conponatur eis in duplum.*[1]

Der Paragraph handelt von der Mißhandlung verschiedener Hirten. Die Tat wird zunächst unterschiedlich gesühnt, indem der Tathergang (zwei halten, der dritte schlägt und andererseits das Binden und vom Wege stoßen) differenziert wird, darüber hinaus kommt dem Schweinehirten[2] der dreifache, den anderen genannten Hirten nur der zweifache Bußsatz zu. Bemessungsgrundlage ist das Bußgeld einfacher *servi*. Diese soziale Rangordnung ist durch die wirtschaftliche Bedeutung begründet, die den Schweinen, Schafen, Rindern und Pferden bei den Alemannen zukam.

---

[23] Vgl. z. B. SCHRÖDER–KÜNSSBERG, Rechtsgeschichte, S. 239.

[1] Zitiert nach Leges Alamannorum, S. 27 f. (E codd. A) – entsprechend codd. B: *Si porcarius ligatus de via hostatus vel battutus fuerit, sic ut duo teneant et tertius percutiat, 9 solidos conponat. Et de reliquo quod ei fecit, sicut reliquis servis conponi solet, ei in triplum conponat. De quod berbicario, stotario et vaccario fit, quod relliquis servis conponi solet, conponatur eis in duplo.* Vgl. auch Leges Alamannorum, Germanenrechte, Bd. 1, S. 122 ff.

[2] Vgl. HÖFINGHOFF, Haustier und Herde, S. 97–100 zur Herdenhaltung von Schweinen in der Lex Salica und der Lex Ribuaria – nur dort findet sich ein volkssprachiges Wort für die Schweineherde: *sonista*. In der Lex Salica bezeichnet das Wort auch die Rinderherde und in der Lex Ribuaria hat das Wort wohl ganz allgemein die Bedeutung ‚Herde' (Schweine, Rinder, Pferde). Siehe auch SCHMIDT-WIEGAND, „Bauer" in der Lex Salica, S. 13 f.: „Die Titel über Tierdiebstähle, die mit zu dem Anschaulichsten gehören, was die Lex Salica, kulturgeschichtlich gesehen, zu bieten hat, stehen als Titel 2 bis 8 am Anfang des Gesetzes ... Schon dies verrät die Bedeutung, die sie offenbar für die Gerichtspraxis hatten. An erster Stelle werden die Schweine behandelt, und zwar mit einer Ausführlichkeit, die alle anderen Gattungen weit übertrifft ... Die Pferdediebstähle werden ... erst in der zweiten Hälfte des Rechts berücksichtigt; darüber hinaus in Einzelbestimmungen, die ... Nachtragscharakter haben."

Gegenüber den Schweinehirten hatten die Pferdehirten nach den Bestimmungen des Pactus — ablesbar am Bußgeld — nur eine zweitrangige Bedeutung. Dieser Bewertung liegt eine agrarische Sichtweise zugrunde, die hier, wenn man von der Annahme ausgeht, daß Pferde bei den Germanen zunächst nicht als landwirtschaftliche Nutztiere, sondern vor allem als Reit- und Zugtiere bei der Heerfahrt dienten[3], vor einer (adelig-)militärischen[4] Sichtweise den Vorrang hat. Möglicherweise hat aber auch die Orientierung des Pactus Alamannorum an der salfränkischen Gesetzgebung zu einer derartig starken Begünstigung der Schweinezucht geführt. In der Lex ist dies wieder zurückgenommen.

Alem. *stotarius* ist eine Ableitung zu ahd. *stuat, stuot* (f), an., aisl. *stóð* (n.), ags. *stood, stod, studu* (f.), engl. *stud* ‚Pferdeherde, Gestüt'[5]. Zur Bedeutung des Wortes und zu deren weiterer Entwicklung lassen sich zwei unterschiedliche Meinungen gegenüberstellen: Kluge hält ahd., mhd. *stuot* für die „Pferdeherde, die halbwild in den Wäldern weidete ... Im Mhd. hat sich das Sammelwort zum Einzelbegriff entwickelt (wie Bursche, Fahrzeug, Frauenzimmer, Imme, Kamerad, Kanaille, Rat), dabei wurde es durch sein Geschlecht zur Bezeichnung des weibl. Pferdes. Zu den fem. *i*-Stämmen war ahd. *stuot* als Bezeichnung der Stutenherde übergetreten, urspr. ist es neutr. *a*-Stamm."[6] Demgegenüber nimmt Schade die Bedeutung ‚Herde von Zuchtpferden' an[7]. Vom Befund des Pactus Alamannorum aus gesehen, handelt es

[3] Vgl. auch Anm. 2. Höfinghoff, Haustier und Herde, S. 207 und zur Bewertung der Schweinezucht, ebenda, S. 63—108, wobei die alem. Gesetzgebung hier nicht berücksichtigt ist, da der Verf. die Hirtenbezeichnungen und die lat. Tierbezeichnungen nicht behandelt. An anderer Stelle, S. 183 weist er im Zusammenhang mit Pferdebezeichnungen wie *marach*, mlat. *amissarius* auf die große Bedeutung hin, die „die Reiterei für den Stamm der Alamannen" hatte. Zur Landnahme, Seßhaftwerdung und Beeinflussung durch die Franken vgl. auch Geuenich, Landnahme, S. 25 ff., bes. S. 26.

[4] Vgl. auch J. Oexle, Pferdebestattungen, S. 122 ff. Vgl. für die Lex Salica z. B. Schmidt-Wiegand, „Bauer" in der Lex Salica, S. 138: „... gilt doch das Pferd, das Reitpferd oder Streitroß, in der Merowingerzeit als Statussymbol des Adels"; siehe auch Irsigler, frühfränkischer Adel, S. 250 f.

[5] Vgl. Graff, Sprachschatz, Bd. VI, Sp. 652 f. *(stuat, stuot)*; Kluge, Wörterbuch, S. 762; vgl. auch Leges Alamannorum, S. 133; siehe auch zu den Glossen der Lex Alamannorum nach der Hs. München, BSB clm. 4460: Glossenhandschriften 8.—14. Jahrhundert, S. 110; Bergmann, Glossen zur Lex Alamannorum, S. 61 und S. 65: „... der Sprachstand der Glossen" paßt gut „zum Ostfränkischen", StSG II, S. 352, dazu auch Bergmann, Verzeichnis, Nr. 473, S. 58. Die Kontextglosse lautet: *troppo i. stuote*; weiterhin: Lex Ribuaria, S. 81; Glossen zur LRib.: StSG II, S. 353: *sonestis stuat rura suanus* (Karlsruhe, BLB. St. Peter 86). Die ahd. Sachgruppenglossare überliefern *stuot* ganz überwiegend als Übersetzungswort zu lat. *equaricia*, z. B.: Karlsruhe, BLB. 147, in: Glossenhandschriften 8.—14. Jahrhundert, S. 116 u. a. in: StSG III, S. 450 *(stoat)* dazu Bergmann, Verzeichnis, Nr. 318, S. 41; München, BSB. cgm. 5248,2, in: StSG II, S. 448 *(stuot)*, dazu Bergmann, Verzeichnis, Nr. 443 (bair.); Rom, Codex Vaticanus Reg. lat. 1701, in: StSG III, S. 449, (11. Jh.); Zur Hs.: StSG IV, Nr. 545, S. 610 f.; Bergmann, Verzeichnis, Nr. 827, S. 97 (Dialekt: nicht eindeutig bestimmbar, bair., obd., alem.); Wien, ÖNB 804, in: StSG III, S. 449 *(stot)* dazu Bergmann, Verzeichnis, Nr. 926, S. 109 (bair., obd., fränk.); Schlettstadt, Bibliothèque et Archives Municipales Ms 7 (früher 100), in: StSG III, S. 450 *(stût)* dazu Bergmann, Verzeichnis, Nr. 849, S. 99 f. (alem.); St. Gallen 184, in: StSG III, S. 441, dazu ebenda IV, Nr. 171, S. 444; Bergmann, Verzeichnis, Nr. 198, S. 26; vgl. zu weiteren ahd. Glossenbelegen Anm. 9. Zu weiteren germanischen Belegen siehe Holthausen, Wörterbuch, S. 71 *(stōđ)*; Ders., Altsächsisches Wörterbuch, S. 71 *(stod)*; Belege aus der Angelsächs. Gesetzgebung siehe ebenfalls Anm. 9.

[6] Kluge, Wörterbuch, S. 762 (Stute).

[7] Schade, Wörterbuch, Teil 2, S. 888.

sich eindeutig um eine Herde von Zuchtpferden, denn die Existenz eines Hirten, noch zudem mit doppelt so hohem Bußgeld, läßt sich nur als ein Indiz für die Pferdezucht[8] interpretieren. Der Gesetzgeber wahrt durch die erwähnten Bestimmungen die Interessen der Viehzüchter. Die Bedeutungsübertragung vom Sammelbegriff ‚Herde' auf das einzelne weibliche Tier, wie sie sich schon an einigen wenigen Glossenbelegen im Althochdeutschen[9] andeutet und im Mittelhochdeutschen[10] feststellen läßt, erklärt sich ganz einfach aus der sich auch im Recht manifestierenden Tatsache, daß die Herden, die zu Zuchtzwecken dienten, notwendigerweise aus weiblichen Tieren bestanden. Nur in einigen Leges wird auch ein männliches Tier als zur Herde gehörig angesehen[11].

Die Lehnbildung *stotarius*[12], die sich nur im Pactus Alamannorum[13] findet, ist in Analogie zu den lateinischen Hirtenbezeichnungen *porcarius* ‚Schweinehirt',

---

[8] Dagegen tendiert aber Höfinghoff, Haustier und Herde, S. 204, da er die Hirtenbezeichnungen nicht berücksichtigt, zur Meinung Kluges (vgl. auch Anm. 2, 3 und 5).

[9] In der Regel wird lat. *equa* durch *merib(a) (marah* etc.) übersetzt: *Equa merib; Equaritia stuoth*, in: München, BSB. clm. 14584, nach StSG III, S. 441, zur Hs. ebenda IV, Nr. 400, S. 544, Bergmann, Verzeichnis, Nr. 600, S. 26 (14. Jh. bair.). Ahd. *stuot* als Bezeichnung für das weibliche Tier begegnet in den Glossen nicht ohne Zusatz. Vgl. z. B. München, BSB. clm. 14584, StSG III, S. 441, dazu Bergmann, Verzeichnis, Nr. 600, S. 70 (bair.). Im Zusammenhang mit *grex* ‚Herde' wird *equa* jedoch in der ahd. Prudentiusglossierung auch mit *stuot* übersetzt. Dies erklärt sich daher, daß Herden zu Zuchtzwecken gehalten wurden und deshalb aus weiblichen Tieren bestanden. Siehe zu dem Beleg Stührenberg, Prudentiusglossen, S. 72: *stuot greges equarum*. Vgl. dort auch zur sprachgeographischen Einordnung, S. 116, gestützt auf das Rheinische Wörterbuch sieht Stührenberg *stuot* nicht als bodenständig für das Mittelfränkische an, da „... die Bedeutung ‚Herde' fehlt". Die sprachgeographische Zuordnung von Glossen ist oftmals nicht eindeutig zu leisten, vgl. dazu auch Wegstein, Summarium Heinrici Darmstädter Hs. 6, S. 16 f. In der Darmstädter Hs. 6 des Summarium Heinrici findet sich *stut* als Übersetzungswort zu lat. *equaricia* (Wegstein, S. 157,7). Schützeichel, Unter Fettenhennen, S. 212 ordnet die Hs. als mittelfränkisch ein. (Andere Einordnungen, vgl. Wegstein, S. 16 f.). Siehe auch Summarium Heinrici, Bd. 1, S. 146 und Bd. 2, S. 58. Die Vergilglossierung der Hs. München, BSB. clm. 18059 erwähnt *stuotlibero* als Interpretamentum zu *armentalis*, in: StSG II, S. 668 bzw. *stuot* in Beziehung zu lat. *armenta equarum*, womit die Pferde unter dem Sammelbegriff ‚Großvieh' gefaßt werden. Vgl. auch Gesetze der Angelsachsen, Bd. 1 (Aelfred 16), S. 58f.: *stodmyran* (E und H), *stodmære* (B), *equa* (Quadripartitus), das in der Verbindung mit *myran* bzw. *mære* ‚weibl. Pferd (?)' von der Herdenbezeichnung zur Einzelbezeichnung für die Mutterstute geworden ist. Liebermann gibt in der Zusammensetzung mit *þeof* ‚Dieb' dagegen die Bedeutung ‚Gestüt' an (Gesetze der Angelsachsen, Bd. 2, S. 202): Aelfred 9,2 (Bd. 1, S. 55) *stodðeofe* (E), *stodþeofe* (H), *stodðeowe* (B) ‚Gestütsdieb'.

[10] Vgl. Benecke–Müller–Zarncke, Wörterbuch, Bd. II,2, S. 715; Lexer, Handwörterbuch, Bd. II, Sp. 1273: *stuot* st. f. ‚Herde von Zuchtpferden' ist am häufigsten belegt, daneben findet sich in niederdeutscher Lautung *stude* ‚Stute, equa' oder auch weibliches Tier überhaupt. Siehe auch Schmeller, Wörterbuch, Bd. 2, Sp. 99. Das Mittelniederdeutsche kennt neben ‚Herde' noch die Bedeutung ‚Einfriedung, Umzäumung für Pferde (im Freien), Pferdebahn'. Die Bedeutung ‚weibliches Pferd' dagegen führt Schiller-Lübben, Wörterbuch, Bd. 4, S. 417 nicht auf.

[11] Vgl. Höfinghoff, Haustier und Herde, S. 100.

[12] Dazu: Schmidt-Wiegand, Alemannisch, S. 35 auch Anm. 224. Vgl. Du Cange, Glossarium, Bd. VI, S. 382.

[13] Vgl. zu den Varianten in der Doppelüberlieferung in an deren Handschriften, die die einzige Pactus-Handschrift P 12 ergänzen: Leges Alamannorum, S. 28; zu den Handschriften: Leges Alamannorum, Germanenrechte, Bd. 1, S. 9 ff.: *stotario* in Hss. der A-Klasse, ebenso in B mit Ausnahme von B 16 (Ausgabe des Bischofs von Meaux Jean du Tillet [Johannes Tillius] ca. 1550); *statuario* (A 1) es *statorio* (A 5) *stocario*; B 18 (Wien, ÖNB 601, 12. Jh.), B 29 (Straßburg, UB, 1870 verbrannt, 9. Jh.):

berbicarius[14] ‚Schafhirt' und *vaccarius* ‚Kuhhirt' gebildet, die in demselben Zusammenhang im Pactus[15] genannt werden. Der Stammsilbenvokal *o* legt eine Vermittlung durch das Fränkische nahe. Im Althochdeutschen begegnet *stuotari* nur in Glossenhandschriften[16]. Die Glossen finden sich in frk., alem. und bair. Handschriften. Die mittelhochdeutschen Wörterbücher[17] erwähnen als einziges Vorkommen einen Beleg aus der Glossensammlung Sumerlaten des Hoffmann von Fallersleben[18]. In der Handschrift Wien, ÖNB 804 aus dem 12. Jahrhundert[19] wird *mulio* mit *stotere* glossiert. In Glossenhandschriften des 9.—13. Jahrhunderts überwiegt ganz generell die Zuordnung zu lat. *mulio: stuotari*[20], *stuotare*[21], verschiedene Schreibweisen sind in den unterschiedlichen Handschriften des Summarium Heinrici, überliefert[22]:

---

stutario; B 20 (St. Paul, Kärnten, Benediktinerstift, 818/19, Vorderitallien): *stuotario*; in B 19 (Leiden, Rijksuniversiteit, Voss, Lat. 119, 9./10. Jh., Aquitanien).

14 Lat. *vervex* ist vulgärlat. auch als *verbix, verbex, berbex* gebräuchlich, neben *berbicarius* auch *vercarius, bercarius, bergarius* etc. Siehe dazu Du Cange, Glossarium, Bd. I, S. 635 f. Zu frz. *berger* ‚Hirte' siehe Gamillscheg, Wörterbuch, S. 99. Das Wort wird etwa seit dem 12. Jahrhundert im Französischen verwendet (*bergier, berchier* etc.). Vgl. auch zu den ahd. Übersetzungswörtern: Brandsch, Bauern und Hofgesinde, S. 52 f.

15 Vgl. Leges Alamannorum, S. 27 f. Siehe auch vorne Anm. 1 d.

16 Vgl. Graff, Sprachschatz, Bd. IV, Sp. 653; Brandsch, Bauern und Hofgesinde, S. 54.

17 Vgl. Lexer, Handwörterbuch, Bd. II, Sp. 1273; Benecke—Müller—Zarncke, Wörterbuch, Bd. II,2, S. 715.

18 Vgl. Sumerlaten, S. 37.

19 Vgl. auch StSG III, S. 449. Zur Hs. StSG IV, Nr. 600; Bergmann, Verzeichnis, Nr. 926, S. 109 (bair., obd., fränk.).

20 *Caballus sonipes ros; Equa iumenta meriha; Mulio stuotari*, in: München, BSB cgm. 5248,2, nach: StSG III, S. 448. Zur Hs. StSG IV, Nr. 299, S. 505; Bergmann, Verzeichnis, Nr. 443, S. 56 (9. Jh., bair.), ebenso: *Equa meriha; Equaritia stuat; Mulio stuotari*, in: Wien, ÖNB 1761, nach: StSG II, S. 441. Zur Hs. StSG IV, Nr. 613, S. 643 ff.; Bergmann, Verzeichnis, Nr. 911, S. 111 (10. Jh.; obd., bair., alem., frk.). *Mulio stvotari*, in: München, BSB. clm. 14689, nach: StSG III, S. 441, zur Hs. ebenda IV, Nr. 403, S. 545—549; Bergmann, Nr. 603, S. 71 (11./12. Jh., bair., alem.).

21 *Mulio stůotare*, in: Karlsruhe, BLB. Aug. CXLI, nach: StSG IV, Nr. 60; Bergmann, Verzeichnis, Nr. 304 (10. Jh., ohne Dialektangabe); *Mulio stůtare*, in: Bonn, UBS 476 (angebunden an S. 183), nach: StSG III, S. 138; siehe auch Summarium Heinrici, Bd. 1, S. IXL; Bergmann, Verzeichnis, Nr. 72 (Fragment des Summarium Heinrici, fränk., 13. Jh.). *Mulio stv̊tare*, in: Graz, UB 859, nach: Summarium Heinrici, Bd. 1, S. 288; StSG III, S. 138; zur Hs.: StSG IV, Nr. 231; Summarium Heinrici, Bd. 1, S. XLI; Bergmann, Verzeichnis, Nr. 269, S. 35 (obd., 13. Jh.). *Mulio stv̊tare*, in: München BSB. clm. 2612, nach: StSG III, S. 138; Summarium Heinrici, Bd. 1, S. 288; zur Hs. StSG IV, Nr. 313, S. 510 f.; Summarium Heinrici, Bd. 1, S. XXXVII; Bergmann, Verzeichnis, Nr. 461, S. 57 (bair., obd., frk., 12. Jh.).

22 Siehe auch Anm. 21 und Anm. 27, *Mulio stůttari*, in: Einsiedeln, StiftsB. cod. 171 (688), nach StSG III, S. 138; Summarium Heinrici, Bd. 1, S. 288; zur Hs.: StSG IV, Nr. 110, S. 423; Bergmann, Verzeichnis, Nr. 118, S. 15; Summarium Heinrici, Bd. 1, S. XXXVII (alem., bair.-frk., frk.-obd., 12. Jh.). *Mulio stv̊tare*, in: Trier, StadtB., Hs. 1124/2058, nach: Summarium Heinrici, Bd. 1, S. 288; zur Hs.: Ebenda, S. XXXVII; StSG IV, Nr. 568; Bergmann, Verzeichnis, Nr. 82, S. 104 (frk., mfrk., nach rheinfrk.-obd. Vorlage, obd., mfrk., 13. Jh.). *Mulio stůtere*, in: Wien, ÖNB 2400, nach: Summarium Heinrici, Bd. 1, S. 288; StSG III, S. 138; zur Hs.: Summarium Heinrici, Bd. 1, S. XXXVI; StSG IV, Nr. 616; Bergmann, Verzeichnis, Nr. 945, S. 112 (bair., obd., fränk., 12. Jh.). *Mulio stutar*, in: Prag, Universitní knihovna MS XXIII E 54, nach: Summarium Heinrici, Bd. 1, S. 288; StSG III, S. 138; zur Hs.: Summarium Heinrici, Bd. 1, S. XXXVIII; StSG IV, Nr. 525, S. 418; Bergmann, Verzeichnis, Nr. 786, S. 93 (bair., frk.-obd., frk., alem., 13. Jh.). *Mulio stuoter*, in: Erlangen, UB. Ms. 396.

stůttari, stŏtare, stůtere, stůtar. In der zweiten Fassung des Summarium Heinrici, der Umordnung in sechs Bücher, ist lat. *agaso* mit *stutere* und *marscal* übersetzt. Die Handschrift eines Sachglossars aus dem 13. Jahrhundert schließlich zeigt eine niederdeutsche Variante[23]. Nur eine Wiener Handschrift aus dem 11. Jahrhundert[24] führt als lat. Interpretamentum, das mit ahd. *stuotari* glossiert wird, *agaso* ‚Pferde-, Stallknecht, Maultiertreiber, minister, officialis, asinorum pastor, curator equarius'[25] an. Andere Handschriften, wie beispielsweise die schon erwähnte Wiener Hs. ÖNB 804 aus dem 12. Jahrhundert, deren Glossen auch durch Hoffmann von Fallersleben überliefert sind[26], glossiert *agaso (agauso)* mit *marscalh* und *agausarium* mit *marstal.*

Eine Verdrängung des Wortes *stotarius*, wie eventuell auch des damit bezeichneten Aufgabenbereiches, durch *marsalc* wird auch durch die Überlieferung der Lex Alamannorum nahegelegt, obschon hier die Änderung des Tätigkeitsfeldes und die charakteristische Ausprägung als Hofamt erst beginnt und das Wort — wie die Glossenbelege zeigen[27] — durchaus synonym zu *stotarius* gebraucht werden kann. In ihren Bestimmungen wird der Pferdehirt nicht mehr erwähnt, dafür jedoch der *mariscalcus.* Die Titel 72 und 73 setzen das Bußgeld für die Tötung eines Schweinehirten *(pastor porcarius, qui habet in gregem 40 porcus et habet cano docto et cornu et iuniore)* mit 40 solidi fest[28]. Weitere Unfreie mit besonderem, wichtigem Aufgabenbereich und/oder Verantwortung über andere Unfreie oder eine größere Anzahl von Tieren werden in Titel 74 §§ 1, 2, 3, 4, 5 genannt: *mariscalcus; cocus, qui iuniorem habet; pistor; faber; aurifex aut spatarius*[29]. Das Bußgeld im Falle der Tötung beträgt nach den Bestimmungen der Lex ebenfalls 40 solidi. Es zeigt sich eine Vereinfachung des Sozialgefüges, indem die Unfreien mit besonderer Verantwortung rechtlich — und damit auch sozial — den gleichen Status erhalten. Kann man mit Schott[30] in anderen Fällen[31] auch davon ausgehen, daß, obwohl das Ständebild differenzierter geworden ist, die Lex „die Darstellung des Sozialgefüges" weniger deutlich hervorhebe als der Pactus[32], so muß man hier im Bereich der Unfreien wohl doch von einem bewußten gesetzgeberischen Eingriff in das Sozialgefüge ausgehen, dessen Ziel eine Gleichstellung und Homogenisierung zumindest der „gehobenen" Unfreienschicht war.

---

[23] *Mulio studere*, in: Oxford, BL. Jun. 83; nach: StSG III, S. 367; zur Hs.: StSG IV, Nr. 494; Bergmann, Verzeichnis, Nr. 726, S. 85 (rhfrk., mfrk., rhfrk.-alem. mit einzelnen nd. Wörtern, 13. Jh.), außerdem überliefert die Hs.: *Æquaritia stut; Equus ros; Equa mere.*

[24] *Non tressis agaso noh stuo:tari* (: = Rasur von *s*), in: Wien, ÖNB. 85, nach: StSG III, S. 360 f.; zur Hs.: StSG IV, Nr. 575, S. 626 f.; Bergmann, Verzeichnis, Nr. 890, S. 105 (bair., obd., 11. Jh.).

[25] Vgl. Georges, Handwörterbuch, Bd. 1, Sp. 223; Du Cange, Glossarium, Bd. I, S. 139.

[26] Siehe Anm. 18, 19. Vgl. auch die Glossierung in Summarium Heinrici, Bd. 1, S. 284, wo unter der Überschrift (S. 283): *De Militum Vocabulis* die lat. Bezeichnungen *Agaso custos equorum* mit *marscalc* wiedergegeben werden. Vgl. auch Kap. 4.3.2.2. alem. (salfrk.) *marscalcus.*

[27] Vgl. Kap. 4.3.2.2. alem. (salfrk.) *mariscalcus*; siehe auch Summarium Heinrici, Bd. 2, S. 20 (Buch I,VIII).

[28] Leges Alamannorum, S. 138.

[29] Ebenda, S. 138 f.

[30] Vgl. dazu auch Schott, Freigelassene, S. 55.

[31] Vgl. auch Kap. 4.1.2.3.3. salfrk., alem. *minoflidis* (bzw. *medioflidis*) und Kap. 4.1.2.4.1. salfrk., alem., rib., cham. sächs., fries. *letus, leta (lita, litus).*

[32] Schott, Freigelassene, S. 55.

4.3.2.2. alem. (salfrk.) *mariscalcus*

In der Lex Alamannorum – nicht im Pactus[1] – findet sich das latinisierte Wort *mariscalcus*:

74 § 2: *Si mariscalco alicuius, qui super 12 caballos est, occiderit, 40 solidos conponat.*[2]

In der Lex Alamannorum ersetzt *mariscalcus* ‚Pferdeknecht' *stotarius* ‚Pferdehirt'. Er ist für 12 Pferde verantwortlich und wird im Zusammenhang mit ‚gehobenen' Unfreien erwähnt, d. h., er hat das gleiche Wergeld wie der Koch, der die Verantwortung für jüngere Köche hatte, wie der Bäcker, der Schmied, der Goldschmied oder der Waffenschmied, aber auch wie der Schaf- oder der Schweinehirt[3]. Die Lex Alamannorum unterscheidet sich vom Pactus, der hier in bezug auf das Bußgeld noch Abstufungen kennt, durch die Gleichbehandlung all der Unfreien, die eine besondere Verantwortung und eine – im Zusammenhang einer größeren Hofhaltung – bedeutungsvolle Tätigkeit innehaben. Damit ist rechtlicherseits eine größere Homogenität innerhalb der Unfreienschicht gewährleistet[4].

Die Bezeichnung ist durch die Handschriften der Lex Alamannorum[5] unterschiedlich überliefert: *marahscalcum* (A 3); *marescalcus* (A 4); *mariscalcus* (A 6, 7); *mariscalcu* (A 8); *marischalco* (A 9); *marescalcum* (A 10); *mariscalcus* (A 8); *marescalcus* (A 1); *marachscalcus* (A 13, 14); *marscalcus* (A 18); *mariscalco* (A 19, 20); *maricalcus* (B 8); *marescalcus* (B 1); *marachscalcus* (B 13, 14); *marscalcus* (B 18); *mariscalco* (B 19, 20). Das Bestimmungswort[6] des Kompositums ist die in den kontinentalgermanischen Leges[7] am weitesten und mit stärkster Frequenz verbreitete Pferdebezeichnung[8].

In der Lex Alamannorum wird *marach* als alemannische Bezeichnung *(quem Alamanni ‚marah' dicunt)*[9] für *equus* und damit für ein dem Hengst – lat. *amissarius* – gleichwertiges, wertvolles Pferd verwendet. Seine Bestimmung war wohl die militärische Nutzung als Leittier eines Zuges oder auch als Reit- und Lasttier[10]. Es läßt sich hier also eine Unterscheidung vermuten zwischen dem männlichen Zuchttier *(amissarius)* und dem hochwertigen militärisch genutzten Pferd, das sowohl weiblich als auch männlich sein konnte[11].

Der *marscalcus* wird in der Lex Alamannorum nicht mehr im Zusammenhang mit den Hirten, sondern in demselben Titel mit den ‚gehobenen' Unfreien genannt,

---

1 Vgl. Kap. 4.3.2.1. alem. *stotarius*.

2 Leges Alamannorum, S. 139 (E codd. A); entsprechend (E codd. B): 79 § 4: *Si mariscalcus, qui super duodecim caballos est, occiderit, 40 solidis conponatur.*

3 Vgl. ebenda, S. 138 f., Titel 72, 73, 74 bzw. 77, 78, 79.

4 Vgl. auch Kap. 4.3.2.1. alem. *stotarius*.

5 Hier folge ich der Einleitung und Beschreibung der Hss. nach Karl August Eckhardt: Leges Alamannorum, Germanenrechte, Bd. 1, S. 9 ff.

6 Zum Grundwort *-scalc* siehe Kap. 4.3.2.3. alem. *seniscalcus*.

7 Vgl. aber auch ags. *stodmyran, stodmære* in: Gesetze der Angelsachsen, Bd. 1, S. 58 f. Siehe dazu Kap. 4.3.2.1. alem. *stotarius*, Anm. 9.

8 Vgl. Höfinghoff, Haustier und Herde, S. 178 ff. Zur Etymologie siehe dort S. 178.

9 Leges Alamannorum, S. 131.

10 Vgl. Höfinghoff, Haustier und Herde, S. 183. Siehe auch Anm. 35.

11 Vgl. zum grammatischen Geschlecht, das zwischen Maskulinum, Femininum und Neutrum schwankt: Müller, Theriophore Personennamen, S. 27; Palander, Althochdeutsche Tiernamen, S. 92. Grimm, Wörterbuch, Bd. 12, Sp. 1467 (Mähre): „... und das ross, vornehmlich das streitross bezeichnet; dieses masc. ist für die nhd. schriftsprache nur noch als erster theil der zusammensetzungen marschall und marstall verdunkelt vorhanden ..."

deren Aufgabenbereich in den engeren Raum von Haus- und Hofhaltung gehört. Sein ‚Amt' mag sich von dem des *stotarius* unterschieden haben, da er vielleicht nicht mehr vorrangig die weiblichen, für die Zucht bestimmten Pferde, sondern die militärisch genutzten Tiere zu pflegen und zu beaufsichtigen hatte. Da, wie noch darzulegen ist, die Glossenbelege für die frühe Zeit eine partielle Synonymität von *stotarius* und *marscalcus* nahelegen, kann ein möglicher Wandel des Aufgabenbereichs vom Pactus zur Lex nur vermutet werden. Die Ersetzung von *stotarius* durch *marscalcus* und die Abtrennung von den übrigen Hirten innerhalb der Gesetzesparagraphen mag die Vermutung jedoch stützen. Es ist zudem wahrscheinlich, daß die eher agrarische Sichtweise des alemannischen Pactus vom salfränkischen Vorbild beeinflußt war. Daß die eher militärisch orientierte Sichtweise die alemannische Sozialordnung in bezug auf die Pferdehaltung sehr stark geprägt hat, legen zahlreiche, gut ausgestattete Gräberfunde der jüngeren Merowingerzeit im südwestdeutsch-alemannischen Raum nahe[12].

Auch die salfränkische Gesetzgebung kennt die Bezeichnung *marah*. In entstellter Graphie benennt sie in Titel 38 des Pactus legis Salicae *(De furtis caballorum et equorum)* mit der malbergischen Glosse *marthi* eindeutig ein weibliches, zudem noch ein trächtiges Pferd[13]. Auch hier liegt der Vergleich mit *stuot*, der Herde weiblicher Zuchtpferde, sehr nahe. Der einzige salfränkische *mariscalcus*-Beleg wird nur durch den Heroldschen Text des Pactus legis Salicae tradiert. Der Kontext ist hier dem der Lex Alamannorum vergleichbar, jedoch wird unter den Dienstleuten eines Herrn, dessen Lebensumstände eine größere Hofhaltung ermöglichten, hier in ein und demselben Paragraphen auch der Schweinehirt mitgenannt. Der *mariscalcus* begegnet im Zusammenhang mit der Schädigung des Herrn ‚gehobener' Unfreier durch Diebstahl, Verkauf etc.:

(Herold) 10 § 6: *Si quis maiorem, infertorem, scantionem, mariscalcum, stratorem, fabrum ferrarium, aurificem, siue carpentarium, uinitorem, uel porcarium, uel ministerialem furauerit, aut occiderit, uel uendiderit ualentem solidos XXV malb. theuca texara MCCCC den. qui faciunt sol. culpabilis iudicetur, exepto capitale et delatura.*[14]

Die Heroldsche Fassung[15] unterscheidet sich von der übrigen Überlieferung dadurch, daß die *ancilla*, die weibliche Unfreie, nicht genannt wird. Der Paragraph führt nur männliche Unfreie an. Der folgende (7) dagegen behandelt gesondert die *maiorissa aut ancilla ministerialis*[16]. Auch in der Nennung der männlichen Unfreien ist der Heroldsche Text viel differenzierter als die handschriftliche Überlieferung[17], die den Weinbauern (*uinitor* A 2, *uenator* A 3, *uinudor* A 4, *uinitor* K), den Schmied (*faber* A 2, A 3, A 4, C 5, C 6, K), den Wagenbauer (*carpentarius* A 2, A 3, A 4, A 5, C 5, C 6, K), den Reit- oder Stallknecht[18] (*strator* A 2, A 3), den Schweinehirten

[12] Vgl. dazu J. OEXLE, Pferdebestattungen, S. 122 ff.

[13] Vgl. Pactus legis Salicae, S. 138.

[14] Ebenda, S. 53 ff.

[15] Vgl. zur unterschiedlichen Überlieferung des Titels 10 und seiner Paragraphen: Kap. 4.3.11. salfrk. *theo...*, 4.3.1.2. salfrk. (malberg.) *ambahtunia...*, 4.3.1.3. salfrk. *horag(an)o...*

[16] Vgl. Pactus legis Salicae, S. 55.

[17] Vgl. ebenda, S. 52 ff.

[18] Vgl. GEORGES, Handwörterbuch, Bd. IV, Sp. 2817, das Wort kann auch die Bedeutung ‚Lagerer (von Weinfässern); Leibwächter, Trabant; Gefängniswärter; Ausbreiter' haben. Die Bedeutungen

(*porcarius* A 3, A 4, C 5, K, *portarius*[19] C 6) und den Mühlknecht (*mulinarius* C 5, C 6, K) kennt. Der Heroldsche Text unterscheidet bei den Schmieden zwischen *faber ferrarius* und *aurifex* und führt zudem den *maior* ‚Altknecht', den *infertor* ‚derjenige, der die Speisen aufträgt', den *scantio* ‚Schenken' und den *mariscalcus* – also eine Reihe von sogenannten Hot‚ämtern' zusätzlich – an[20]. Das Fehlen des *mariscalcus* in der übrigen Überlieferung der salfränkischen Gesetzgebung läßt sich ganz leicht durch die Verwendung des Wortes lat. *strator* ‚Pferdeknecht' erklären, die eigentlich eine Nennung des volkssprachigen Wortes überflüssig macht.

Die Legesbelege müssen nun durch weitere Befunde ergänzt werden, diese sind für das Althochdeutsche durch die Glossenüberlieferung und die Erwähnung der Tätigkeit des Pferdeknechtes als einem Königsdienst (*marscalci regis*) in einem Kapitular Karls des Großen aus den Jahren 801–813 und einem Kapitular Karls II. aus dem Jahre 853[21] zu erhalten[22]. Das Kapitular Karls des Großen erwähnt die *marscalci* als Führer der Lasttiere während eines Heerzuges (des Königs, aber auch seiner comites, Bischöfe, Äbte) und das Kapitular Karls des II. bestimmt bezüglich der Versorgung der *missi*, daß den Pferdeknechten der missi im Winter das Futter von den Nachbarn (*vicinos suos maiores vel minores*) überlassen werden. Neben der Aufgabe, die Pferde zu pflegen, d. h. im Sommer die Weidehaltung (ob umzäunt oder nicht), im Winter die Stallhaltung, kommt den *marscalci* auch die Betreuung der Pferde während friedlicher Reisen sowie das Führen der Pferde bei Heereszügen zu. Diesem breiten Tätigkeitsfeld entspricht auch der Befund der Glossenbelege[23]: Die lateinischen Interpretamente signalisieren eine große Bedeutungsbreite des Wortes: Die früheste Glossenhandschrift in diesem Zusammenhang (Interlinearglossen) stammt aus St. Emmeram aus dem 8./9. Jahrhundert und übersetzt *mulio* mit bair. *marahschalc*[24]. Das Wort stand ebenso für den Maultiertreiber (*mulio*) wie den Kameltreiber (*camelarius*) und den *dromedarius*[25]; es bezeichnet also ganz allgemein den Lasttiertreiber. Daneben erscheint es als Übersetzungswort für

---

„Reitknecht, Bereiter, der das Pferd satteln und seinem Herrn beim Aufsteigen helfen mußte" sowie „kaiserlicher Stallbeamter, der die in den Provinzen zu stellenden Pferde zu prüfen hatte" sind am häufigsten belegt.

19 Das Wort ist wohl als Verlesung aus *porcarius* und nicht als *portarius* ‚Träger' zu verstehen.

20 Der Heroldsche Text sowie K sind in der Aufzählung der Unfreien mit besonderen ‚Ämtern' im Vergleich erheblich ausführlicher, K schließt noch an: *aut quemcumque artificem* und H: *uel ministerialem*. Pactus legis Salicae, S. 55.

21 Siehe Capitulare Aquisgranense, in: Capitularia I, S. 170 ff. Zitat S. 171: *Et mariscalci regis adducant eis petras in saumas viginti, si opus est.* Capitulare missorum silvacense, in: Capitularia II, S. 270 ff., Zitat S. 274: ... *tempore aestatis, quando ad herbam suos caballos mittunt, vel temore hiemis, quando maralscalcos illorum ad fodrum dirigunt, depraedentur aut opprimant.*

22 Vgl. Graff, Sprachschatz, Bd. VI, Sp. 482 f.

23 Siehe auch Brandsch, Bauern und Hofgesinde, S. 53 f.; deren Deutung allein aufgrund der Glossenbelege sehr vage bleibt: „Angesichts dieser Art von Überlieferung ist eine Analyse schwierig... Ob dieses Wort in althochdeutscher Zeit schon, wie es sich später als üblich erwies, einen höheren Hofbeamten bezeichnete, dem das gesamte Transportwesen des königlichen Hofes unterstand, ist nicht zu klären." (S. 53).

24 München, BSB. clm. 14456, in: Graff, Sprachschatz, Bd. I, S. LX f.; StSG IV, S. 229; zur Hs. ebenda, Nr. 391; Bergmann, Verzeichnis, Nr. 588, S. 69 (bair.).

25 Vgl. Graff, Sprachschatz, Bd. VI, Sp. 482 f.

strator und *stabularius*[26] in einer niederdeutschen Handschrift aus der Zisterzienserabtei Marienfeld in Westfalen (13. Jh.). In einem Sachglossar, das durch die Handschrift Florenz 16.5 aus dem 13. Jahrhundert überliefert ist[27], wird neben *Mulio stuotare* und *mulio stoctar* die Übersetzung *Cauallarius m, ęriscalh* angegeben[28]. Die weitaus meisten Belege glossieren *agaso* ,Pferdeknecht' *(custos equorum)*[29]. Die Herkunft der Handschriften, die aus dem 12. Jahrhundert stammen, ist vorwiegend fränkisch und bairisch. Eine Handschrift weist auch ins Alemannische.

Aufschlußreich ist hier die Überlieferung des Summarium Heinrici, die im achten Buch: *in quo est de variis officiis hominum* unter der Kapitelüberschrift: *De Militum Vacabulis: Agaso custos equorum*[30] mit *marscalc*[31] wiedergibt und unter der Kapitelüberschrift: *De variis Officiorum Vocabulis vel Operariis* dagegen *Mulio* mit *stůtari* glossiert[32]. Die zweite Fassung des Summarium Heinrici in sechs Büchern[33] differenziert dagegen, wie die erste Fassung, in bezug auf die lateinischen Lemmata zwischen *Mulio*, das wie auch in der Erstfassung mit *stůtere* übersetzt wird, und *Agaso custos equorum*. Letzteres jedoch hat nun zwei deutsche Entsprechungen erhalten: *marscal vel stutere*[34]. Das Kapitel I,VIII

---

26 *stabularius strator Marscalc*, in: Berlin, StBPK. Ms. lat. 2 735 (früher Cheltenham, Bibliotheca Philippica 7087), nach: StSG III, S. 716; zur Hs.: ebenda IV, Nr. 81, S. 412 f.; BERGMANN, Verzeichnis, Nr. 49, S. 6 f.

27 Siehe StSG IV, Nr. 137, S. 430 ff., BERGMANN, Verzeichnis, Nr. 151, S. 20 (alem., alem.-bair., obd., nd., nd. aus obd. Vorlage). Vgl. zu zwei weiteren as. *marskalk* Belegen (Heliand und Genesis; as. Psalmenfragmente aus der Karolingerzeit) KÖBLER, Altniederdeutsch- neuhochdeutsches Wörterbuch, 2. Auflage, S. 149.

28 StSG III, S. 442 f.

29 Siehe auch GRAFF, Sprachschatz, Bd. VI, Sp. 482 f.; *Agaso marscalh*, in: Wien, ÖNB 804, nach: StSG III, S. 443; zur Hs. siehe Kap. 4.3.2.1. alem. *stotarius*, Anm. 19 und 26. *Agauso marschalch*, in: Würzburg, UB. M.p.th.Q. 60, nach: StSG III, S. 443; zur Hs. StSG IV, Nr. 648, S. 667 ff.; BERGMANN, Verzeichnis, Nr. 998, S. 119 (12. Jh., ostfrk., bair.); *Agaso.nis marscalc*, in: München, BSB. clm. 17151 (12. Jh., bair.-frk.) und München BSB. clm. 17153 (12. Jh., frk., frk.-obd., bair.-frk.) und München, BSB. clm. 17194 (12. Jh., frk.-obd., bair.-frk.), nach: StSG III, S. 329, siehe zu den Hss.: StSG IV, Nr. 419, Nr. 421, S. 557, Nr. 424, S. 558; BERGMANN, Verzeichnis, Nr. 625, Nr. 627, S. 73 und Nr. 630, S. 74.

30 Siehe Summarium Heinrici, Bd. 1, S. 284.

31 So überliefern die Handschriften: München, BSB. clm. 2612 (12. Jh., bair., obd., frk.); zur Hs.: Summarium Heinrici, Bd. 1, S. XXXVII; BERGMANN, Verzeichnis, Nr. 461, S. 57; Trier, Stb. Hs. 1124/2058 (13. Jh., mfrk., frk., obd.-frk.), zur Hs.: Summarium Heinrici, Bd. 1, S. XXXVII; BERGMANN, Verzeichnis, Nr. 882, S. 104; Prag, Universitni knihovna MS XXIII E 55 (13. Jh., bair., frk.-obd., frk., alem.); zur Hs.: Summarium Heinrici, Bd. 1, S. XXXVIII; BERGMANN, Verzeichnis, Nr. 786, S. 93 und Bonn, UB Codex S. 476, zur Hs.: Summarium Heinrici, Bd. 1, S. XL; BERGMANN, Verzeichnis, Nr. 72, S. 10. Die Form *marschalch* findet sich in: Wien, ÖNB 2400 (12. Jh., bair., obd., frk.); nach: Summarium Heinrici, Bd. 1, S. 284, Anm.; zur Hs.: Ebenda, Bd. 1, S. XXXVI; BERGMANN, Verzeichnis, Nr. 945, S. 112; die Form *marscal* in: Einsiedeln, StB. Cod. 171 (12. Jh., alem., frk.-obd., bair.-frk.), nach: Summarium Heinrici, Bd. 1, S. 284, Anm. Zur Hs.: ebenda, Bd. 1, S. XXXVII; BERGMANN, Verzeichnis, Nr. 118, S. 15 f.; die Form *marschalt* in: Erlangen, UB, Ms. 396 (13. Jh., obd., frk., alem?), nach Summarium Heinrici, Bd. 1, S. 284, Anm. Zur Hs.: ebenda, S. XLI ff.; BERGMANN, Verzeichnis, Nr. 145, S. 19.

32 Siehe auch Summarium Heinrici, Bd. 1, S. 288; vgl. auch Kap. 4.3.2.1. alem. *stotarius*, Anm. 21, 22, 27.

33 Siehe dazu: Summarium Heinrici, Bd. 2, S. XXV ff.

34 Summarium Heinrici, Bd. 2, S. 20.

De principatibus et miliciis aliisque Personis umfaßt hier auch die in der ersten Fassung noch von den militärischen Bezeichnungen unterschiedenen ‚Ämter'- und Tätigkeitsbezeichnungen. Die Herkunft der Handschriften, die die zweite Fassung überliefern, läßt ebenso wie die Herkunft der Handschriften der ersten Fassung — von der Sekundärliteratur her — eine Zuordnung zum Fränkischen und Bairischen und erst in zweiter Linie zum Alemannischen zu[35].

Die Leges- und die Glossenbelege lassen sich nun vorsichtig dahingehend deuten, daß *marscalc* im Fränkischen, aber auch im Bairischen und Alemannischen gebräuchlich war. Der niederdeutsche Beleg paßt sehr gut zu der Verwendung des lat. Wortes *strator* in der salfränkischen Gesetzgebung. Wenn *mariscalcus* als synonym mit *strator* angesehen wurde, erübrigte sich die Nennung des volkssprachigen Wortes. Da sowohl in der bayerischen wie auch in der alemannischen Gesetzgebung das Bestimmungswort *marah* ein hochwertiges, vermutlich militärisch genutztes Pferd bezeichnet[36], frk. *marah* dagegen die trächtige Stute, liegt es nahe, die Verwendung von *stotarius* auf fränkischen Einfluß zurückzuführen, *marscalc* in der eher militärisch ausgerichteten Sichtweise dagegen entweder als ursprünglich alemannisch oder als durch das Bairische vermittelt anzusehen. Die fränkische Kanzleisprache hat aber — so zeigt sich auch anhand der Kapitularienbelege — diese Konnotation des Wortes aufgegriffen und zu ihrer Verbreitung wesentlich beigetragen. *Marschall* wurde so zur Bezeichnung eines Hof‚amtes'[37]. Die lat. Lehnübersetzung für den Stallmeister *comes stabuli* bezeichnet denjenigen *marscal*, der noch weitere Pferdeknechte *(marscalci)* unter sich hatte[38]. Die romanischen Bezeichnungen, altital. *mariscalco*, neuital. *maniscalco*, trient. *marscalco*, span., portug. *mariscal*, prov. *manescalc*, frz. *marechal*[39] ‚Beaufsichtiger des Marstalls', *marechal ferrant* ‚Hufschmied', sind Entlehnungen aus dem 12. Jahrhundert und haben ihr Vorbild in frk. *mariscalc*.

---

35 Vgl. Summarium Heinrici, Bd. 2, S. XXVIII.

37 Vgl. Schmid, Marschall, Sp. 348; Grimm, Wörterbuch, Bd. 12, Sp. 1673 f.; Kluge, Wörterbuch, S. 464; Zur Beeinflussung durch das Fränkische: Schmidt-Wiegand, Alemannisch, S. 24; zur Schwierigkeit — sowohl sprachlich als auch von den Bodenfunden her — Alemannisches von Fränkischem zu trennen siehe Keller, Alamannen, S. 1 ff.

38 Vgl. auch zur weiteren Entwicklung des ‚Amtes': Schmid, Marschall. Vgl. auch zu den hoch- und spätmittelalterlichen Belegen: Lexer, Handwörterbuch, Bd., Sp. 2052; vgl. z. B. Nibelungenlied, S. 5, Vers 11,1 und 2:

Dancwart der was marschalc: do was der neve sin
truhsaze des küneges, von Metzen Ortwin

In der Nürnberger Chronik aus der Mitte des 15. Jahrhunderts wird das Wort in einem ähnlichen Kontext verwendet wie in dem Kapitular Karls des Großen, Nürnberger Chronik, Bd. 2, S. 256, Zeile 13: 12. *Von amptleuten und werckleuten, so man zu veld zeucht. Item wenn man außzeucht zu veld, so gepürt sich zu haben marschalck, küchenmeister, kelner, protgeben, köch, speiser, schencken, fütermeister* etc.

39 Siehe Gamillscheg, Wörterbuch, S. 590 f. und Meyer-Lübke, Wörterbuch, S. 436; Schwarz, Wortgeschichte, S. 96.

4.3.2.3. alem. *seniscalcus (siniscalcus)*

Zu den Unfreien mit besonderer Verantwortung innerhalb der Hofhaltung gehört auch der *siniscalcus* ‚Altknecht':

74 § 1. *Si alicuius seniscalcus, si servus est, et dominus eius duodecim vassus infra domum habet, occiderit, 40 solidos conponat.*[1]

Das Grundwort der Bezeichnung ist *scalk* ‚Knecht', das in fast allen germanischen Sprachen auftritt: mhd., nnl. *schalk*, ahd., as., mnl., afries. *scalc*, ags. *scealc*, spätanord. *skalkr*, dän., schwed. *skalk*, got. *skalks*[2]. Die Etymologie des Wortes ist dunkel, Kluge vermutet die Herkunft aus der ide. Wurzel **(s)kel-* ‚springen'. Auffällig ist, daß das Simplex in den Leges nicht verwendet wird. In den Leges Burgundionum erscheint die Bezeichnung in einem Kompositum für Rechtspersonen, die im Auftrag des Königs handeln: *wittiscalc* ‚Strafbüttel'. Im Text entspricht – vergleichbar mit dem salfrk. *sacebaro*[3] – dem volkssprachigen Wort lat. *puer*, das auf jeden Fall Abhängigkeit signalisiert[4]. In der Lex Alamannorum werden die Zusammensetzungen *seniscalc* und *marscalc* benutzt, letztere findet sich auch im Heroldschen Text der Lex Salica[5]. Darüber hinaus ist in der Lex Salica – sehr häufig, aber ausschließlich in Komposita – die volkssprachige Bezeichnung *theo* vertreten, deren Bedeutung durch die des Verbs ‚dienen' motiviert ist, und die in späterer Zeit untergegangen ist[6], wenn *skalk* z. B. in der althochdeutschen Überlieferung[7] besonders gut belegt ist. Allein bei Otfrid findet sich neben *scalk* auch *thie* als Übersetzungswort zu lat. *servus*[8].

Das Bestimmungswort *sini-/seni-*[9] hat in got. *sineigs* ‚alt', burg. *sinistus* ‚Oberpriester' ebenso wie in lat. *senex* ‚Greis', *senatus* ‚Ältestenversammlung', *senior* ‚älter', *senere* ‚alt sein', *senium, senectus* ‚Alter', griech. *henos* ‚alt' und in air. *sen*, kymr. *hen* ‚alt', lit. *senas* ‚alt', *senis* ‚Greis' seine Entsprechungen[10] und ist somit zu einer ide. Wurzel **sen(o)-* ‚alt' zu stellen[11]. Der lautliche Wandel von *senescalk* zu *seneschall* ist – wie bei *marscalk* – durch das frz. Lehnwort *sénéchal* bewirkt worden[12].

---

1 Leges Alamannorum, S. 138 f.: E codd. B: *Si alicuius siniscalcus, qui servus est, et dominus eius duodecim vassos infra domum habet, occisus fuerit, 40 solidos conponatur.*

2 Vgl. Kluge, Wörterbuch, S. (Schalk); Grimm, Wörterbuch, Bd. 14, Sp. 2067–2075 (Schalk).

3 Vgl. Kap. 4.2.2.2. lgbd., salfrk., alem., rib. *baro* siehe auch Olberg, Sakebaro, Dies., puer regis.

4 Vgl. Leges Burgundionum, S. 100 f.

5 Vgl. Kap. 4.3.2.2. alem. *mariscalcus.*

6 Vgl. Kap. 4.3.1.1. salfrk. *theo...*

7 Vgl. dazu: Graff, Sprachschatz, Bd. VI, Sp. 480 ff. Das Wort übersetzt lat. *servus, famulus, manceps* und *cliens.* Vgl. auch Köbler, Benediktinerregel, S. 91 *(seruus scalch)*; Ders., Murbacher Hymnen, S. 35 *(servus scalch)*; Ders., Verzeichnis Heliand und Genesis, S. 60, die Gleichung *servus scalc* ist dreimal angegeben, daneben finden sich noch Übersetzungswörter wie *hagastald* und *thegan.* Ders., Psalmenfragmente, S. 67 *(seruus scalc)*; Ders., Tatian, S. 167 f. Die Gleichung *servus scalc* ist hier außerordentlich häufig belegt. Ders., Abroganz und Samanunga, S. 84 *(seruus scalch, scalc, scalk)*; Ders., Notker, S. 173 *(servus man, scalh)*; vgl. Brandsch, Bauern und Hofgesinde, S. 28 ff.

8 Vgl. Köbler, Otfrid, S. 101 f.

9 Vgl. zu den Schreibvarianten: Leges Alamannorum, S. 138 f.: *seniscalcus* A 3, 4, 7; *siniscalcus* A 5; *seniscalvus* A 6; *siniscalcu* A 8; *siniscalcho* A 9; *seniscalcum* A 10; *seniscalus* B 4, 16, 19, 31; *siniscalchus* B 30; *siniscalches* B 9; *siniscacus* B 14; *sinischalcus* B 18; in B 1 fehlt das Wort.

10 Vgl. Anm. 2 und auch Walde–Hofmann, Wörterbuch, Bd. 2, S. 513 f. *(senex).*

11 Vgl. Schmidt-Wiegand, Bezeichnungen, S. 36, Anm. 3.

12 Siehe Gamillscheg, Wörterbuch, S. 795.

Die Lex Alamannorum weist in Titel 74 § 1 (79 § 3) ausdrücklich den *seniscalc* als *servus* eines Herren *(dominus)* aus, der 13 „*vassos*" besaß. Die Parallele zum folgenden Paragraphen, der den *mariscalcus* nennt, der die Aufsicht über 12 Pferde hatte, ist nicht zu übersehen. Die *vassi* der Alemannenrechte sind von ihrem Status her zwar als Abhängige, jedoch nicht unbedingt als Unfreie anzusehen[13]. Der *seniscalc*, dessen Funktion die Beaufsichtigung der im Hause arbeitenden *vassi* war, ist aber eindeutig ein *servus*. Hier zeigt sich die Kluft zwischen ständischer Herkunft und rechtlich sich manifestierendem sozialem Ansehen: Die herausgehobene Stellung des *seniscalcus* beruhte auf der Tätigkeit und der Erfahrung in der Ausübung seiner Tätigkeit. Auch für dieses Wort, das in der Lex Salica nicht erscheint – statt dessen steht lat. *maior* ‚Altknecht' und die weibliche Form *maiorissa*[14], muß zumindest, was die weitere Verbreitung angeht, mit fränkischem Einfluß gerechnet werden[15].

4.3.2.4. fries. *bortmagad*

Die Bezeichnung *bortmagad* ist nur innerhalb der Lex Frisionum belegt.

Titel XIII *De stupro ancillarum* handelt von der Schändung einer Magd: *Qui cum ancilla alterius, quae nec mulgere nec molere solet, quam bortmagad vocant, moechatus fuerit, solidorum 12 mulctam domino eius cogatur exsolvere*[1]. Wer die Magd *(ancilla)* eines anderen zum Ehebruch verführt bzw. sie vergewaltigt, ist verpflichtet, eine Buße an ihren Herrn zu entrichten. Den gleichen Straftatbestand, Vergewaltigung von Mägden, Unfreien, spricht auch Titel IX §§ 3–7 an[2], jedoch mit dem Unterschied, daß es sich hier um Mägde und junge Mädchen *(virgo)* ganz allgemein handelt und nicht um solche mit besonderen Funktionen, wie z. B. die in Titel XIII genannte *bortmagad*. Hierbei handelt es sich ganz offensichtlich um eine gehobene Magd, um diejenige, die nicht zum Melken und nicht zum Kornmahlen abgestellt ist, sondern die ihren Dienst im Hause verrichtet. Die Bußenhöhe 12 solidi an Stelle von 4 solidi (vgl. Titel IX § 3) gibt einen deutlichen Hinweis auf ihre herausgehobene Stellung[3]. Auch die angelsächsische Gesetzgebung König Aethelberts und die Leges Alamannorum orientieren sich in bezug auf den Bußsatz an den Funktionen, an den Aufgaben, für die Unfreie eingesetzt werden[4]. Bemerkenswert ist, daß die Paragra-

---

[13] Vgl. Leges Alamannorum, S. 138 f. und Kap. 4.3.3.1. salfrk., alem. *vassus*.

[14] Vgl. Pactus legis Salicae, S. 53 ff.

[15] Vgl. SCHMIDT-WIEGAND, Alemannisch, S. 24; zu Vermischungen von Alemannischem und Fränkischem: KELLER, Alamannen, S. 9 u. ö.; siehe auch KÖBLER, Wörterverzeichnis Diplomata regum Francorum, S. 257 *(senescalcus/siniscalcus)*.

[1] Lex Frisionum, S. 667.

[2] Ebenda, S. 665: *3. Si vero ancilla et virgo erat, cum qua quislibet homo moechatus est, componat is, qui eam violavit, domino eius solidos 4, hoc est denarios 12; 4. si autem ab alio prius fuerit constuprata, solidos 3; 5. si vero tertius hic erat, qui tunc eam violavit, duos solidos; 6. si vero quartus, solidum unum; 7. si quintus, tremissem unum; et quotcunque postea accesserint, tremissem 1 tantum componat, id est culpabilis tremissem.* „Die Buße für die vergewaltigte Sklavin reduziert sich je nachdem, wie häufig sie bereits vor der Tat geschändet wurde. Diese in den Leges außergewöhnliche Regelung findet sich auch noch bei AELFRED, 11, 2–5, allerdings in bezug auf eine Freie." SIEMS, Studien, S. 304, Anm. 191.

[3] Vgl. SIEMS, Studien, S. 303 f.

[4] Vgl. Gesetze der Angelsachsen, Abt. 10, 11, 14, 16, S. 4 f. und Leges Alamannorum, PAl Titel XXX §§ 3–5, S. 33; LAl Titel LXXV §§ 1–3, S. 139 f.

phen 11 und 16 der angelsächsischen Gesetze Aethelberts aus den Jahren 601–4 eine ganz ähnliche Unterscheidung in Magd für das Kornmahlen und in Schenkin, Tischmagd, kennen wie die friesische Gesetzgebung:

11. *Gif hio grinende þeowa sio, XXV scillinga gebete. Sio þidde: XII scillingas.*

„11. Wenn sie [die Beschlafene, dagegen nur eine Korn] mahlende Sklavin ist, büsse er 25 Schillinge. Die [im Range] dritte [Magd, wenn beschlafen, kostet] 12 Schillinge."[5] und

16. *Gif wið ceorles birelan*[6] *man geligeþ, VI scillingum gebete; aet þære oþere ðeowan L scætta; aet þare þriddan XXX scætta.*

„16. Wenn bei eines Gemeinfreien Schenkin jemand liegt, büsse er [ihm] mit 6 Schillingen, bei der [an Rang] zweiten Sklavin [zahle ihm der Schänder] 50 Skätte, bei der dritten 30 Skätte."[7]

Die alemannische Gesetzgebung unterscheidet zwischen einer *puella*, für deren Schändung 40 solidi zu zahlen sind, und einer *puella de genicio*, d. h. einer, die in einem Frauenarbeitsraum, sei es die Web-, Back- oder Nähstube, arbeitet, für die nur eine Buße von 6 solidi zu zahlen ist[8].

Das Kompositum *bortmagad* setzt sich aus dem Grundwort ahd. *magad* ,Jungfrau'[9] und fries. *bort* in der Bedeutung ,Brett, Tisch'[10], eventuell, wie Graff annimmt, ,Haus'[11], zusammen. Das Lexem *bort, bord* ist für das Althochdeutsche häufig belegt[12], tritt jedoch nur im Friesischen in der oben genannten Bedeutung auf[13]. In diesen Bedeutungszusammenhang gehört möglicherweise auch got. *foto-baurd* ,Fußband, Schemel'[14]. Darüber hinaus tritt *bort, bord*, nl. *buert* in Rechtsquellen noch in der Bedeutung ,Brett als Abgabe oder als Maß', und hauptsächlich in norddeutschen Rechtstexten mit dem semantischen Gehalt ,Grenze' auf[15].

---

[5] Gesetze der Angelsachsen, Abt. 11, S. 3.

[6] Die altenglische Bezeichnung *birele* bzw. *byrele*, N., F. ,Schenk, Schenkin' tritt in der Angelsächsischen Gesetzgebung als birele (Abt. 14, S. 4) und als *birelan* (Abt. 16, S. 4) auf. Das Wort hat Entsprechungen in ais. *byrli, byrlari* ,Mundschenk' „... deren Grundwort sehr wahrscheinlich die bezeichnung für ein tragbares hohlgefäss ist (**birwila* neben **birila-*, letzteres in as. *biril* [Hel.], ahd. *biril* [Tatian] ,korb', daneben aber auch ahd. *biral* ,urna' ...)" HANS WEYHE, Beiträge zur westgermanischen Grammatik (PBB 30, 1905, S. 55–141), S. 138, Anm. 1; vgl. auch HOLTHAUSEN, Wörterbuch, S. 41.

[7] Gesetze der Angelsachsen, Abt. 16, S. 4.

[8] Siehe Leges Alamannorum, PAl Titel XXXII § 3, S. 33 und LAl Titel LXXV § 2, S. 140.

[9] Siehe SCHÜTZEICHEL, Wörterbuch, S. 180; KLUGE, Wörterbuch, S. 453.

[10] Siehe RICHTHOFEN, Wörterbuch, S. 662 (bord).

[11] Siehe GRAFF, Sprachschatz, Bd. 3, S. 212 f., der als mögliche Bedeutung neben Tisch auch Haus ansieht und von hier aus Verbindungslinien zu *bordellum* ,Bordell' und ags., nord. *portcvone, portkona* ,meretrix' zieht.

[12] Im Althochdeutschen ist *bort* sehr häufig als „ ,Rand, Kante' besonders ,Schiffsrand' bezeugt und bezeichnet zudem – mit Genusveränderung – den verzierten Rand, die Borte oder den Saum. Da auch ahd. *bret* ,Brett, Sprosse' und ags. *bred* ,Brett, Tafel' hierher gehören, zeichnet sich ab, daß bei ahd. *bort* und seinen Varianten der Bereich der Holzverarbeitung unmittelbar angesprochen ist". HÜPPER(-DRÖGE), Schild und Speer, S. 273. Vgl. auch Althochdeutsches Wörterbuch, Bd. 1, Sp. 1267 *(borto)* und Sp. 1372 f. *(bred)*; Althochdeutsches Glossenwörterbuch, 1. Lfg., S. 70 *(borto)* und S. 77 *(bret)*; HOLTHAUSEN, Altsächsisches Wörterbuch, S. 9 *(borda)*; HOLTHAUSEN, Wörterbuch, S. 30 *(borda)* und S. 33 *(bret)*.

[13] Siehe RICHTHOFEN, Wörterbuch, S. 662 *(bord)*; DE VRIES, Wörterbuch, S. 50 (boro 2).

[14] Siehe FEIST, Wörterbuch, S. 159.

[15] Siehe Deutsches Rechtswörterbuch, Bd. 2, 1932–1935, Sp. 408.

Für das Bestimmungswort *bort-* in der Zusammensetzung fries. *bortmagad* ist jedoch vom Kontext her eindeutig die Bedeutung ‚Haus' oder enger und wahrscheinlicher noch ‚Tisch' anzunehmen; denn es handelt sich hier, wie auch z. B. der Parallelverweis zu den Gesetzen der Angelsachsen untermauern konnte, um das junge Mädchen, das eine dienende Funktion innerhalb der Hausgemeinschaft einnahm, dessen Stellung aber durch die Art des Dienstes, den Tischdienst, herausgehoben war. Dies wiederum zog rechtliche Konsequenzen, nämlich die Einstufung in eine höhere Bußgeldgruppe, nach sich. Als lateinische Entsprechung zu *bortmagad* begegnet in Titel XIII der Lex Frisionum *ancilla* ohne weitere Zusätze, in Titel IX der Bestimmung für die nicht durch besondere Aufgaben herausgehobenen Frauen steht dagegen *ancilla et virgo*. Der Zusatz lat. *virgo* ‚Jungfrau, Mädchen'[16] entspricht eher der ursprünglichen Konnotation von ahd. *magad* ‚Jungfrau'[17]. Hierher paßt auch die Verwendung der Bezeichnung lat. *puella* ‚Mädchen'[18] in den Alemannengesetzen[19].

Der Titel XIII der Lex Frisionum dagegen enthält als lat. Bezeichnung, die dem fries. *bortmagad* entsprechen soll, *ancilla* ‚Magd, Dienerin, Zofe, Sklavin'[20]. Damit zeigt sich also für das Friesische schon in althochdeutscher Zeit eine Konnotation des Wortes *magad* — zumindest in der Zusammensetzung *bortmagad* —, die neben der rein biologischen bzw. eherechtlichen Sichtweise ‚Jungfrau, unverheiratete Frau' zum einen den Aspekt der Unfreiheit, der persönlichen Abhängigkeit, aber auch den des Arbeitens in dienender, untergeordneter Stellung[21] beinhaltet.

Die Bezeichnung *ancilla* — im Lateinischen relativ festgelegt — bereitet jedoch in ihrer Übersetzung, nicht nur innerhalb der Lex Frisionum, sondern auch in anderen textuellen Zusammenhängen, besondere Schwierigkeiten. So stellt beispielsweise Philippe Dollinger fest: „Auch das Wort *knecht* hat wie der Begriff *servus* keine feminine Form; *ancilla* wird im Deutschen mit *magd, diu* oder *dirne* wiedergegeben, Begriffe, die bis zum heutigen Tag sowohl das junge Mädchen als auch die Magd bezeichnen (Mädl, Dirndl)"[22]. Ganz ähnlich verhält es sich im übrigen auch bei ahd. *knebt*, das sowohl in der Bedeutung ‚Knabe, Kind, Jünger, Krieger, Soldat, Mann' als auch ‚Diener' auftreten kann[23]. Dollingers Erklärung: „Daß die deutschen Begriffe ungenauer erscheinen als die lateinischen, liegt vor allem daran, daß sie in den Urkunden erst im 13. Jahrhundert auftauchen. Von dieser Zeit an ist nämlich einem Dienstverhältnis selbst niederer Art immer seltener automatisch der Begriff Unfreiheit zuzuordnen, und besonders in den Städten sind selbst die niedersten Hausknechte manchmal freie Lohnarbeiter,"[24] kann bei der

---

16 Siehe GEORGES, Handwörterbuch, Bd. 2, Sp. 3508.

17 Vgl. SCHÜTZEICHEL, Wörterbuch, S. 180; KLUGE, Wörterbuch, S. 453.

18 Siehe GEORGES, Handwörterbuch, Bd. 2, Sp. 2066 f. puella ‚Mädchen, Geliebte, Tochter, junge Frau'.

19 Vgl. Leges Alamannorum, PAl Titel XXXII § 3, S. 33; LAl E codd. B Titel LXXX, § 2, S. 140.

20 Siehe GEORGES, Handwörterbuch, Bd. 1, Sp. 419.

21 Vgl. Thesaurus linguae Latinae, Bd. 2, 1900—1906, Sp. 27 f.

22 DOLLINGER, Bauernstand, S. 199.

23 Siehe SCHÜTZEICHEL, Wörterbuch, S. 158 *(knebt)*.

24 DOLLINGER, Bauernstand, S. 199.

uns vorliegenden Quellengruppe nicht hinreichen. Zudem ist sehr fraglich, ob man vor dem 13. Jahrhundert bzw. im Frühmittelalter den Begriff der Unfreiheit „automatisch" auf eine soziale Beziehung anwenden kann. Gerade diese Schwierigkeit zeigt sich am Beispiel von Frauen und Kindern: Sie stehen immer – auch wenn sie geburtsmäßig ‚frei' zu nennen sind – unter der Munt des Hausherren und damit fehlt ihnen von vornherein ein Merkmal, das männliche erwachsene Freie auszeichnet. Sie sind damit immer auch ein Stück ‚unfrei'. „Die Kinder sind von den Sklaven hinsichtlich ihrer Stellung im Prinzip nicht geschieden; ihre Bezeichnung ‚liberi' weist nur darauf hin, daß sie von Geburt her rechtlich als Freie angesehen werden."[25] Die Bedeutungsunsicherheiten, die an den Bezeichnungen *kneht* und *magd* sichtbar wurden, spiegeln dieses Phänomen wider. In diesem Zusammenhang kann auch das lat. Wort *puer* herangezogen werden, dessen ursprüngliche Bedeutung ‚Kind, Knabe, junger Mensch' ist. Das Wort ist aber schon im klassischen Latein und verstärkt dann im Mittellatein in der übertragenen Bedeutung ‚Diener, Sklave' verwendet worden. Bei Cicero steht *puer* für den ‚Unmündigen', diese Konnotation ist die Brücke zwischen den Bedeutungen ‚Kind' und ‚Diener'[26]. Lediglich die Langobardengesetze enthalten eine Bezeichnung *frea*, die eindeutig die Konnotationen ‚frei', ‚unverheiratete Frau', ‚unmündig' hat. Auch rechtlich und in bezug auf ihre soziale Position unterscheidet sie sich deutlich von Unfreien. Die *frea* lebt in der Munt des Hausherren, der aber nicht unbeschränkt über sie verfügen darf: Er kann sie weder ohne ihre Einwilligung verheiraten, noch darf er sie mißhandeln[27]. In dieser eingeschränkten Verfügungsgewalt des *mundoald* zeigt sich eine deutliche Besserstellung der langobardischen *frea* nicht nur gegenüber Unfreien, sondern auch gegenüber freien Mädchen anderer ethnischer Gruppen.

In Anwendung der sozial relevanten Merkmale läßt sich in bezug auf die friesische *bortmagad* zusammenfassend sagen, daß es sich hier um eine weibliche Person handelt, deren Alter aus dem Textkontext nicht ersichtlich ist. Lediglich der etymologische Zusammenhang – das Phänomen, daß *magad* im Althochdeutschen ausschließlich in der Bedeutung ‚Jungfrau' o. ä. auftritt[28] – könnte hier als Hinweis verstanden werden. Dieser durch die etymologische Betrachtung sich ergebende Hinweis kann jedoch nicht als unumstößliche, verläßliche Aussage in dem konkret vorliegenden Fall der friesischen *bortmagad* gewertet werden[29]. Über die Funktion in bezug auf die Erhaltung der gens und über Vermögensverhältnisse können anhand der Lex Frisionum keine Aussagen gemacht werden. Eine Höherstufung aufgrund von Königsnähe liegt nicht vor, aber innerhalb der Hausgemeinschaft nimmt die *bortmagad* eine besondere Position ein. Ihre Höherbewertung gegenüber anderen *virgines et ancillae* aus der Hausgemeinschaft liegt – das ist anhand des Textkontextes deutlich zu sehen – in der Art ihres Dienstes begründet. Ob es sich bei der *bortmagad* eventuell sogar um eine unverheiratete Tochter handelte – die Höherstufung könnte zumindest auch darin ihren Grund haben –, läßt sich anhand

[25] MITTERAUER, Familie, S. 20.
[26] Vgl. GEORGES, Handwörterbuch, Bd. 2, Sp. 2067 f.
[27] Vgl. OLBERG, Freie, S. 105 ff.
[28] Siehe SCHÜTZEICHEL, Wörterbuch, S. 180 *(magad)*; KLUGE, Wörterbuch, S. 453 *(Magd)*.
[29] Vgl. SCHÜTZEICHEL, Kontext, S. 420; OLBERG, Freie, S. 35, 279.

der Lex Frisionum nicht erhärten. „Die Bauernwirtschaft war ohne lohnlose Arbeit der Familienmitglieder, ohne die ‚Herrschaft‘ des Wirtes, des Hausherrn über die Familie nicht denkbar, sie bestand notwendigerweise in der Sozialform des ‚ganzen Hauses‘. Sie war stets auch eine die menschlichen Beziehungen miteinschließende ‚Wirtschaft‘ im älteren Sinne.“[30] Auf der anderen Seite lebten die „Knechte“ und „Mägde“ in der bäuerlichen Gesellschaft des Mittelalters und bis weit in die Neuzeit hinein in der Hausgemeinschaft in ähnlicher Stellung wie die unmündigen Kinder.

Das Kompositum fries. *bortmagad* führt in den Bereich der ‚Familie‘, in den engeren Bereich des Hauses (*bort* — ‚Tisch, Haus‘), in die Hausgemeinschaft bzw. *familia*[31]. Das Grundwort der Zusammensetzung *magad* weist sehr stark auf eine biologische Sichtweise hin, der Textkontext (= der Bezug zu *ancilla*) auf die dienende, untergeordnete Funktion der unverheirateten Frau.

4.3.3. ‚Unfreie‘ — unter dem Aspekt der Unmündigkeit

4.3.3.1. salfrk., alem. *vassus*

Die Bezeichnung *vassus* tritt innerhalb der Leges einmal im Pactus legis Salicae, zweimal in der Lex Alamannorum und einmal in der Lex Baiwariorum auf.

In Titel 35 § 9 des Pactus legis Salicae ist für die Handschriften A 1, 2 und 4[1] die Wendung *uassus ad ministerium* belegt. Mit Inhalt gefüllt wird dieser Ausdruck — in A 2 und 4 mit *quod est* kenntlich gemacht — durch die Nennung gehobener Unfreier: PlSal 35 § 9: *Si quis uassum ad ministerium, quod est horogauo, puellam ad ministerium aut fabrum ferrarium uel aurificem aut porcarium ⟨uel uinitorem aut stratorem⟩ furauerit aut occiderit, cui fuerit adprobatum, mallobergo t(e)xago aut amb(ah)tonia sunt, MCC denarios qui faciunt solidos XXX culpabilis iudicetur. Inter fre(d)o et faido sunt MDCC denarii qui faciunt solidos XLV ⟨exepto capitale et dilatura⟩. In summa simul solidi LXXV*[2].

Aufgrund der vom Kontext aus sichtbar werdenden Bedeutung muß man für die in den frühen Handschriften der Lex Salica mit *vassus* angesprochenen Personengruppe auf jeden Fall den Status der Abhängigkeit, vermutlich sogar den der Unfreiheit, annehmen. Gleichzeitig wird anhand der Belegstellen aber auch deutlich, daß es sich um gehobene Unfreie handelt. Aus der Masse der Unfreien sind diejenigen *uassi* herausgehoben, die besonderes Ansehen genießen, z. B. infolge der Ausübung einer bestimmten Tätigkeit oder eines besonderen Amtes: In den Handschriften A 1, 2 und 3 begegnet, wie bereits erwähnt, die Formel *vassus ad ministerium* und in A 3 entsprechend *puer ad ministerium*[3]. Mit dem Wort *ministerium* verband sich im Lateinischen „ganz allgemein der Gedanke des Dienstes, den ein Untergeordneter auf Anweisung eines Höhergestellten zu leisten hat“[4]. Diese

---

[30] O. Brunner, Das „ganze Haus“, S. 108.

[31] Vgl. Kap. 4.3.4. und Kap. 4.3.3.4; Anm. 10.

[1] Die Handschriftengruppe C enthält den gesamten Paragraphen nicht, ebensowenig wie der Heroldsche Text und die Karolina. A 3 führt anstelle von *uassus ad ministerium* die Wendung *puer ad ministerium*.

[2] Pactus legis Salicae, S. 132.

[3] Siehe ebenda.

[4] Herberger, Minister, Ministerium, Sp. 572. Vgl. auch Georges, Handwörterbuch, Bd. 2, S. 928: *minister* ‚Untergebener, Diener, Vollstrecker, Helfershelfer‘.

Grundbedeutung blieb bei der Übernahme in das Mittellatein des frühen Mittelalters und weitgehend sogar bis zur frühen Neuzeit hin erhalten[5]. Im Zusammenhang mit dieser Ausgangsbedeutung hatte *ministerium* vor allem in frühmittelalterlichen Urkunden, Diplomen und Kapitularien die Bedeutung ,öffentliches Amt' bzw. ,Amtsbezirk'[6].

Im Text sind verschiedene Unfreie[7] benannt, die aufgrund ihres besonderen Aufgabenbereiches von den übrigen *servi* unterschieden sind. Die Formel *vassus ad ministerium* wird durch die Nennung unterschiedlicher ,Unfreier' näher erläutert. Zunächst ist hier die Bezeichnung *horogauo*[8] zu nennen, auf diese Bezeichnung, die vielfach zur Deutung von *vassus* — im Sinne von ,hörig' oder bei Grimm[9] ,mit der Reinigung des Hauses beauftragt' — herangezogen wurde, wird an anderer Stelle[10] intensiver eingegangen. Neben *vassus* wird *puella ad ministerium* erwähnt. Angeschlossen mit lat. *aut* ... *aut* ,entweder ... oder' sind lateinische Bezeichnungen für Handwerker, die ein angesehenes Handwerk ausübten oder in Haus und Hof besondere Aufgaben zu erfüllen hatten. Genannt sind zur näheren Erläuterung der allgemeineren, umfassenderen Bezeichnungen *vassus* und *puella ad ministerium* zunächst die Schmiede *faber ferrarius* ,Grobschmied' und *aurifex* ,Goldschmied'. Das Schmiedehandwerk übten im Frühmittelalter zunächst vorrangig Unfreie auf Veranlassung ihres Herren aus, „damit sie durch ihr Wirken den Reichtum des Herrn vergrößern konnten"[11]. Doch auch Freie lernten das Schmiedehandwerk, weil es eine hochgeschätzte und anerkannte Tätigkeit war. Sogar Könige rühmten sich dieser Fähigkeiten[12]. Titel 35 § 9 PlSal führt darüber hinaus weitere Unfreie mit besonderen Aufgaben in Haus und Hof an: den *porcarius* ,Schweinehirt', den *uinitor* ,Weingärtner' und den *strator* ,Stallknecht'. Gemeinsam ist allen Genannten, daß sie abhängig, zugehörig *(horago)* waren, daß ihre Abhängigkeit in der Ausübung eines besonders geachteten Dienstes oder eines Dienstes in Zusammenhang mit Haus und Hof bestand. Der Abhängige war also durch die besondere, die festumrissene Aufgabe von anderen herausgehoben. Die Bestimmung des Pactus enthält in diesem Zusammenhang nicht die Bezeichnung *servus* und *ancilla*.

Einer der beiden alemannischen Belege führt ebenfalls in den Bereich der Abhängigkeit und der besonders gekennzeichneten Tätigkeiten im Haus und Hof: 74 § 1 (E codd. A): *Si alicuius seniscalco, si servus est, et dominus eius duodecim vassus infra domum habet, occiderit, 40 solidos conponat.*[13]

---

5 HERBERGER, Minister, Ministerium, Sp. 572.

6 Vgl. GANSHOF, Lehnswesen, S. 54 f.; vgl. auch SCHULZE, Grafschaftsverfassung, S. 326.

7 Vgl. auch Kap. 4.3.1.2.

8 Siehe hierzu SCHMIDT-WIEGAND, Bezeichnungen, S. 230; zu älteren Deutungen vgl. H. BRUNNER, Rechtsgeschichte, Bd. 1, 1. Aufl. 1906, S. 372, Anm. 20 und WAITZ, Verfassungsgeschichte, Bd. 2, 2. umgearb. Aufl. 1870, S. 170, Anm. 1.

9 Vgl. Lex Salica (MERKEL), S. XXXIII.

10 Siehe Kap. 4.3.1.4.

11 STEUER, Frühgeschichtliche Sozialstrukturen, S. 479 d.

12 Siehe ebenda.

13 Leges Alamannorum, S. 138 f., die Handschriften A 3, 5, 6, 12 führen hier *vassos*, die Handschrift B 16 *bassos*, B 36 *bassus*, B 19 *fassus*.

79 § 3 (E codd. B): *Si alicuius siniscalcus, qui servus est, et dominus eius duodecim vassos infra domum habet, occisus fuerit, 40 solidos conponatur.*[14] Für die Tötung eines *seniscalcus* bzw. *siniscalcus*[15] ‚Altknecht' sind 40 solidi zu büßen, falls dieser ein *servus* war und wenn sein Herr noch zwölf *vassi* in seinem Haus beschäftigte. Die Zuordnung der *vassi* zu den *servi* ist auch von hier aus nicht unbedingt gegeben. Wie im PlSal verrichten sie ihre Tätigkeit im Bereich der Hausgemeinschaft. Sie stehen in einem deutlichen Abhängigkeitsverhältnis zu ihrem Herrn.

Der andere *vassus*-Beleg der Lex Alamannorum (36 § 3) führt in einen ganz anderen Zusammenhang. Er führt in den Bereich der Stammesversammlung: XXXVI. *De conventu, ut secundum antiquam consuetudinem fiat.* XXXVI § 3 (E codd. A): *Si quis autem liber ad ipsum placitum neglexerit venire vel semetipsum non praesentaverit aut comite aut centenario aut ad missum comiti in placito, 12 solidos sit culpabilis. Qualiscumque persona sit, aut vassos duce aut comite aut qualis persona, nemo neglegat ad ipsum placitum venire, ut in ipso placito pauperi conclamat causas suas. Et quod in uno placito finire non potuerint, alio finiatur, ut sine ira Dei sit.*[16]

Aufgrund dieses Paragraphen müssen die mit *vassi* bezeichneten Personen als ‚Freie' angesehen werden. Sie waren zur Teilnahme an der Stammesversammlung, die zugleich Gerichtsversammlung war, verpflichtet. Sie konnten in einem Dienst- bzw. Abhängigkeitsverhältnis zum *dux* oder *comes* stehen[17]. Die zitierte Stelle gilt allgemein als die „älteste sichere Fundstelle für freie Vassen"[18].

Titel II § 14 der Lex Baiwariorum ist inhaltlich dem oben besprochenen Titel 36 § 3 der Lex Alamannorum vergleichbar[19]. Hier wird allerdings neben dem *vassus ducis* nicht der *vassus comitis*, sondern der *vassus regis* erwähnt: ... *Et nemo sit ausus contemnere venire ad placitum qui infra illum comitatum manent, sive regis vassus sive ducis, omnes ad placitum veniant et qui neglexerit venire, damnetur XV solð.*[20]

Anhand der Leges-Belege deuten sich schon die Hauptzüge der Bedeutungsentwicklung des Wortes *vassus* an, dessen Ursprung vermutlich das keltische Wort **gwas* ‚Mensch, junger Mann, Diener, famulus'[21] war. Es führt in jedem Fall in den Zusammenhang der Unmündigkeit, der Abhängigkeit, nicht unbedingt in den der ‚Unfreiheit'. Die Grenzen zwischen Abhängigkeit, hier werden die betroffenen Personen als Menschen und nicht als Sachen angesehen, und Unfreiheit mit Sachqualität der Unfreien sind aufgrund der Quellenlage nicht leicht festzustellen und waren zur Zeit der hier behandelten Leges wohl auch real nicht mehr zu unterscheiden.

---

14 Ebenda.

15 Siehe Kap. 4.3.2.3.

16 Leges Alamannorum, S. 95 f. Titel 36 § 3: B 1 b, 14: *vassus*, B 16 *bassus*, B 20 *vassis*.

17 Vgl. Schott, Freigelassene, S. 59.

18 H. Brunner, Rechtsgeschichte, Bd. 2, 2. Aufl. 1928, S. 354, Anm. 33.

19 Vgl. Rivers, Contributions, S. 71 ff.

20 Lex Baiwariorum, S. 308; vgl. auch Anm. 1.3: im Codex membranceus Monacensis regius latinus 2621 (Alderspacensis, Nr. 9d1) ist *vasus* zu *vassus* korrigiert, der Codex Parisiensis 4633 hat *vassi*, der Codex membranceus Monacensis regius latinus 9653 *vassis*. Der Admonter Codex (Nr. 712 [55]), der Bamberger Codex (C. P. I 13, Nr. 24) und der Tegernseer Codex (Nr. 1414) führen dagegen die Bezeichnung *iussu(s)*.

21 Vgl. H. Brunner, Rechtsgeschichte, Bd. I, S. 372; Kluge, Wörterbuch, S. 810; Holder, Alt-Celtischer Sprachschatz, Bd. 3, Sp. 122 f. *(vassos)*; Mourre-Montagne, Dictionnaire, t.8, 1978, S. 4667 f.

Der Lex Salica-Beleg führt in den Bereich der Hausgemeinschaft und in den Zusammenhang des Haus- und Hofdienstes, der sowohl von Freien, zumeist den unmündigen Söhnen, Töchtern, Verwandten, als auch von Unfreien ausgeführt werden konnte. Auch aufgrund von LAl 74 § 1 (bzw. 79 § 3) läßt sich *vassus* nicht eindeutig als *servus* bestimmen. Ähnlich verhält es sich mit den Belegen aus frühen Urkunden, Kapitularien, den Formulae Marculfi etc.[22]. Deutlich ist jedoch im Capitulare missorum aus dem Jahre 792 (oder 786) die Zuordnung zu den *servi (servi, qui in basallatico honorati sunt)*, und in den Capitula Remidii c. 3 ist der *vassallus dominicus* als *servus* dem *ingenuus* entgegengestellt[23].

Titel 36 § 3 Lal und II § 14 LBai dagegen belegen eindeutig den Freienstatus des *vassus*. Verstärkt seit dem 9. Jahrhundert erscheint *vassus/vas(s)allus* in den Quellen mit der Konnotation ‚freier Mann hohen sozialen Ranges, der sich freiwillig in Abhängigkeit begeben hat'. Als Beispiel sei hier eine Stelle aus einem Brief von Papst Nikolaus I. an Karl den Kahlen zitiert: *Idcirco ad beatissima sanctorum apostolorum principum Patriae Pauli confugere limina nostrumque pontificium Balduinus vassallus vester ardenti animo accedes studuit* ...[24]

Neben *vassus* findet sich etwa seit dem 8. Jahrhundert die Dublette *vasallus*[25]. Beide Wörter bezeichnen ausschließlich männliche Personen, sind in den Quellen meist gegenüber *puella* abgesetzt. Die Form *vasallus* ist vermutlich in Anlehnung an das keltische Adjektiv *gwassawl* ‚dienend' entstanden[26]. Diese „romanische" Form setzt sich seit dem 9. Jahrhundert gegenüber *vassus* durch. Die Bezeichnungen, die sich zunächst regional unterschiedlich ausbreiten[27], verdrängen frk. *antrustio*[28] und lgbd. *gasindius*[29]. Ihr Auftreten signalisiert den Übergang von Gefolgschafts- zu lehnsrechtlichen Verhältnissen und es ist gleichzeitig ein Beleg für die zunehmende Bedeutung und höhere soziale Bewertung der Ausübung von Diensten, die nicht ausschließlich kriegerischen Ursprungs sind, wie er bei den Personenbezeichnungen für Gefolgsleute noch sichtbar ist[30].

---

[22] Siehe z. B. Traditiones Wizenburgenses, Nr. 17 (19. Juni 759), S. 195—197, bes. 197 (s. a. Traditiones possessionesque Wizenburgenses, S. 25): ... *similiter dono uasalles meos et puellas meos quod ego de uitus sala mea [habeo] ad integrum*. Ähnlich auch Nr. 52 (6. Januar 774), S. 239—242, bes. S. 241, Z. 93 f. (auch Trad. poss. Wiz., S. 25): ... *uasallum puellas quas infra domo mea habeam* ...; Formulae, S. 87, Z. 28. Zum weiteren *vassus/vasallus*-Vorkommen in den Formulae siehe das Register S. 780.

[23] Capitulare missororum, in: Capitularia I, S. 66 f., bes. S. 67, Z. 8 f. Capitula remidii, zit. nach Waitz, Verfassungsgeschichte, Bd. 2 ^{2}1870, S. 170, Anm. 1.

[24] Epistolae Karolini aevi IV, S. 273, Z. 15 ff.

[25] Vgl. auch Ganshof, Lehnswesen, S. 17 ff.

[26] Vgl. auch H. Brunner, Rechtsgeschichte, Bd. I, S. 372; Diez, Wörterbuch, Bd. I, S. 338; Kluge, Wörterbuch, S. 810; Holder, Alt-Celtischer Sprachschatz, Bd. III, Sp. 119 *(vassallus)*.

[27] Im Bereich der Langobarden hält sich auch unter fränkischer Herrschaft die Bezeichnung *gasindius*. Sie nimmt jedoch immer mehr die Bedeutung von *vassus/vasallus* an. Textexemplare aus Gallien — vielleicht das Ausgangsgebiet von *vassus* ⟨kelt. **gwas* — bzw. solche, die sich auf diese Region beziehen, belegen einen Konservatismus auf der Bedeutungsseite: *vassus* ‚Abhängiger niederen Standes, Unfreier'. Siehe Vita Hludowici imperatoris, S. 608, Z. 26 f. Noch im 11. Jh. wird das Wort in der Normandie mit der Bedeutung ‚Unfreie' gebraucht (Gallia christiana XI, Nr. 65 (i. J. 1047)) nach H. Brunner, Rechtsgeschichte, Bd. 2, 2. Aufl., S. 354, Anm. 34.

[28] Vgl. Kap. 4.2.2.5.

[29] Vgl. Kap. 4.2.2.4.

[30] Vgl. zur Ausbreitung und Grundbesitzvergabe an die *vassi, vasalli* Ganshof, Lehnswesen, S. 16 ff.

4.3.3.2. salfrk. *(hi)smala, smala (chrochro)*

Die Bezeichnung frk. *smala* steht in der malbergischen Glosse *chismala* (A 3), *hismala* (C 6) *ex mala leudi, nuchala* (Herold), *smalcha ledi* (D 8), *schmala ledi* (D 7); *simal chaledi* (D 9) ‚Mädchen(geld)' in Titel 41 § 15 des Pactus und in Titel 32 § 2 der Lex Salica als volkssprachige Entsprechung für lat. *puella ingenua* und benennt das freie Mädchen, das noch keine Kinder bekommen kann:

41 § 15: *Si quis puellam ingenuam, antequam, infantes habere possit, occiderit, mallobergo hismala sunt, denarios VIIIM qui faciunt solidos CC culpabilis iudicetur.*[1]

In der Verbindung mit *leodi (ledi)* bezieht sich die Glosse auf das Bußgeld[2] des freien Mädchens. Bei dem zweiten Beleg tritt *smala* innerhalb einer malbergischen Glosse auf, die eindeutig den Bezug zu den Unfreien herstellt: *ismala texachia chrochro* (C 6), *is mala texaca amba* (Herold) ‚Abhängigenmädchendiebstahl'[3].

Die Überlieferung des Titels 10 ist in den einzelnen Handschriftengruppen sehr unterschiedlich. Der Tatbestand des Unfreiendiebstahl wird besonders differenziert in der malbergischen Glosse von C 6 und der Heroldschen Fassung wiedergegeben:

(C 6): 10 § 6: *Si quis ancillam furauerit aut uindiderit ualentem sol. XV aut XXV si portario si fabrum si nenatorem molinario carpentario uel quemcumque artificem, malb. theocho thexacha ismala texacha chrochro texaca ambotanea, hec sunt de ministeria sunt den. IIMDCCC qui fac. sol. LXV culp. iud. excep. cap.*

(Herold): 10 § VIII: *In alio Pacto dicit, de ipsis malb. thenca texaca is mala texaca, amba texaca, amba othonia, precia hec sol. in summa LXXXV* ...[4]

Das volkssprachige Wort *theo* (in: *theocho* und in *thenca*), das sich auf den männlichen wie den weiblichen Unfreien[5] beziehen kann, benennt hier die weiblichen Unfreien ganz allgemein; *ismala* hebt aus dieser Gruppe die jüngeren, vermutlich die noch nicht gebärfähigen Frauen hervor, und *ambotanea* zu *ambahtunia*[6] bezeichnet diejenigen weiblichen Unfreien, die eine bestimmte Aufgabe innerhalb von Haus und Hof zu erfüllen hatten *(hęc sunt de ministeria)*.

Das Wort *smala*[7] ist als substantiviertes Adjektiv got. *smals*, ahd., as. *smal*, an. *smalr* ‚klein, gering, schlank, knapp'[8] im Sinne von ‚die Kleine, das kleine Mädchen' zu deuten. Dem Substantiv entspricht mnl. *smale* ‚Mädchen, Fräulein, Dame', das sich dort häufig in der Ritterdichtung findet, auch bair. *schmelhen* (<*smalhin*), *schmelge* ‚Mädchen' ist hier zu nennen[9]. Eine ähnliche Substantivierung des Adjektivs

---

1 Pactus legis Salicae, S. 160; Lex Salica, S. 72, Tit. 33 § 2: *Si quis ingenua puella occiserit, mallobergo smalcha ledi ⟨sunt dinarii IVM faciunt⟩ solidos C culpabilis iudicetur.*

2 Vgl. Kap. 4.2.1.2. ags., salfrk. *leod*, S. 102 ff.

3 Die Handschriftengruppe D führt in diesem Zusammenhang *smala* nicht mehr an, sondern nur noch: *theachro taxaca* D 7, 8, *thro thaxaca* D 9; *theuca texaca* (Herold); *theocho, thexaca* (C 6) ‚Unfreien-Diebstahl', Lex Salica, Glossar, S. 236; vgl. Kap. 4.3.1.1. westgot. *thiu*, salfrk. *theo* ... siehe auch Anm. 35 und 37.

4 Pactus legis Salicae, S. 53 u. 55.

5 Vgl. Kap. 4.3.1.1., S. 333.

6 Vgl. Kap. 4.3.1.2. salfrk. *ambahtunia* ...

7 Zur sprachlichen Herleitung vgl. SCHMIDT-WIEGAND, Bezeichnungen, S. 230; HELTEN, malbergische glossen, § 91.

8 Vgl. SCHMIDT-WIEGAND, Bezeichnungen, S. 230, Anm. 1; auch SCHÜTZEICHEL, Wörterbuch, S. 236.

9 Vgl. HELTEN, malbergische glossen, S. 386.

(Tit. 3 § 4, 5; Tit. 5 § 1) kennt die Lex Salica auch für nicht menschliche Lebewesen, so z. B. in Titel 3 § 4:

Si quis uaccam cum uitulo furauerit cui fuerit, adprobatum mallobergo inzymis podero malia hoc est, MCCCC denarios qui faciunt solidos XXXV culpabilis iudicetur excepto capitale et dilatura.[10]

Der *uacca cum uitulo* ,Kuh mit Kalb' entspricht in der malbergischen Glosse *podero malia* ,Kuh und Kleines'[11]. In Titel 3 § 5 (nur in C 6 und bei Herold) ist für *uacca sine uitulo* ebenfalls *maia* (C 6), *mala* (Herold) überliefert, da es sich hier wohl um die junge, noch nicht gebärfähige Kuh handelt[12]. Auch hier sind also Parallelen zum Gebrauch des Wortes in bezug auf menschliche Lebewesen festzustellen.

Der fünfte Beleg führt ebenfalls in den Bereich der Haustiere:

(C 6:) 5 § 1: *Si quis tres capras furauerit, malb. afrae sine lamphebrus mala nel pecti sunt den. CXX qui fac. sol. III culp. iud. excep. cap. et delatura.*[13]

Der Paragraph handelt vom Diebstahl dreier Ziegen, und hier ist die malbergische Glosse ähnlich ausführlich wie in der Bestimmung über Unfreie, die ebenfalls in C 6 überliefert ist. Mit *afrae,* salfrk. *aper/haper* ,Ziegenbock'[14], und mit *lamphebrus,* salfrk. *lamphebru* – das *s* gehört zum folgenden Wort *mala* = *smala* – wird das Ziegenlamm[15] bezeichnet. Die Wendung *(s)mala uel pectu (pecti* < salfrk. *fehu* ,Vieh') faßt die vorhergehenden Tierbezeichnungen in der Sammelbedeutung ,Kleinvieh'[16] zusammen.

Die Bezeichnung *smala* war also nicht durch eine bestimmte ständerechtliche Konnotation festgelegt, vielmehr mußte diese erst durch *chrochro* angegeben werden. Darin unterscheidet es sich nicht von den meisten anderen volkssprachigen Bezeichnungen aus dem Bereich der Unfreiheit, aber mit der Konnotation ,klein, gering, schlank' ist neben der Unmündigkeit auch deutlich eine biologische Sichtweise erkennbar, die das geringe Alter, die Jugend und auch das Stadium vor der Gebärfähigkeit in den Blick rückt. Im sozialen Bereich führten diese Eigenschaften zu geringerem Ansehen, bei freien Mädchen somit zu geringerem Wergeld, bei Unfreien und bei Haustieren minderte es den Besitzwert.

4.3.3.3. salfrk. *rencus* (bzw. *rincus,* malb. *rencusmosido*)

Das Wort frk. *renc/rink* bzw. latinisiert *rencus* begegnet nur in den salfränkischen Leges im Kompositum malb. *rencusmosido* <*rincasmosido* (Gen. Sg. *-as*)[1] ,Unfreienberaubung'. Bei den Handschriften des sog. Pactus[2] tritt die malbergische Glosse nur in A 2 (Wolfenbüttel, Weißenburg 97, 2. Hälfte 8. Jh.) auf, die – nach Eckhardt –

---

[10] Pactus legis Salicae, S. 30.

[11] Vgl. auch die Herleitung bei Schmidt-Wiegand, Bezeichnungen, S. 230, Anm. 10. Dagegen aber die Deutung von Höfinghoff, Haustier und Herde, S. 115.

[12] Ebenda. Siehe Pactus legis Salicae, S. 30.

[13] Pactus legis Salicae, S. 35.

[14] Vgl. Quak u. a., Tierbezeichnungen, S. 39; Höfinghoff, Haustier und Herde, S. 146.

[15] Vgl. Quak u. a., Tierbezeichnungen, S. 40; Höfinghoff, Haustier und Herde, S. 146 f.

[16] Vgl. Schützeichel, Wörterbuch, S. 236: *smalez fehо*; siehe auch Anm. 12. Zur Stelle insgesamt: Schmidt-Wiegand, „Bauer" in der Lex Salica, S. 137.

[1] Vgl. Schmidt-Wiegand, Bezeichnungen, S. 238, Anm. 6; Helten, malbergische glossen § 124.

[2] Vgl. dazu Nehlsen, Sklavenrecht, S. 257.

die karolingische Fassung repräsentierenden Handschriften D 7 (Montpellier, H 136, 1. oder 2. Hälfte 8. Jh.) und D 9 (St. Gallen 731, Vandalgarius a. 793) weisen die Glosse ebenfalls auf[3]:

35 § 2 (A 2): *Si quis ingenuus seruum alienum expoliaverit et super XL denarius tolisse conuenitur, malb. rencus musdo sunt din. DC fac. sol. XU cul. iud.*[4]

56 [57 § 2] (D 7): *Si quis seruum alienum expoliauerit, mal. rincus modi, sol. XV cul. iud.*[5]

56 [57 § 32] (D 9): *Si quis ingenuos seruum alienum espoliauerit, mal. renchus moh, sol. XV cul. iud.*[6]

Bei der Überlieferung der malbergischen Glosse zeigt sich hier also eine deutliche Übereinstimmung der Textklasse D mit der zur merowingischen Fassung gehörenden Handschrift A 2. Ist gerade die Einordnung des Titels 35 interessant für die Frage nach dem Archetypus der Lex Salica, der sogenannten Recensio Chlodovea[7], so soll darauf aber in diesem Rahmen nur am Rande hingewiesen werden. Festzuhalten bleibt, daß gerade A 2, D 7 und D 8 in der Überlieferung der malbergischen Glosse übereinstimmen. A 1 verwendet (vom Kontext her vermutlich irrtümlich) *leotos musdo*[8], in A 3, A 4, C 5, K und D 8 fehlt die malbergische Glosse, C 6 gebraucht *teomosido*, Herold *theu nosdo*[9]. Mit der Verwendung des Wortes *theo* — das in anderen Zusammensetzungen auch von A 2, D 7 und D 8[10] wiedergegeben wird — tritt als Bedeutungsaspekt eine auf die untergeordnete, dienende Tätigkeit ausgerichtete Auffassung von Unfreien in den Vordergrund. Demgegenüber ist *renc*, wie auch *smala*[11], semantisch bestimmt durch die Vorstellung von Abhängigkeit, die auf der Unmündigkeit basiert.

Die geringe Häufigkeit, in der sich das Wort *renc/rinc* in der Lex Salica nachweisen läßt, hat ihre Gründe möglicherweise in dialektgeographischen Gege-

---

3 Siehe Pactus legis Salicae, S. XIV f. und XVI (Einleitung).

4 Ebenda, S. 128 und 130.

5 Lex Salica, S. 96.

6 Ebenda.

7 Vgl. ECKHARDT, Einleitung, Pactus legis Salicae, Germanenrechte, S. 43; NEHLSEN, Sklavenrecht, S. 256: „Aber nicht nur bei der Datierung betreten wir höchst unsicheren Boden, sondern auch das Verhältnis der einzelnen Textklassen zueinander ist noch keineswegs außer Streit." Vgl. SCHMIDT-WIEGAND, kritische Ausgabe, S. 302 f., S. 310. Der Frage nach der frühesten Überlieferung des Titels 35 geht NEHLSEN, Sklavenrecht, S. 276 ff. (siehe bes. S. 283 ff.) nach: anhand der Paragraphen 1 und 8, die die Tötungsdelikte behandeln. Wie BEYERLE, Normtypen, S. 244 f., der die Wiedergabe des Titels 35 in den A-Handschriften für die älteste Fassung der Lex Salica hält, kommt auch Nehlsen zu der Überzeugung, „daß der 65 Titel-Text (A/C) bei Titel 35,1 mit seiner in Anlehnung an Exodus 21,35 abgefaßten Haftungsregelung zwar die älteste unter den überlieferten Fassungen wiedergibt, entgegen der herrschenden von ECKHARDT gestützten Lehre aber nicht den Archetyp der Lex Sallica, sondern wir vielmehr mit einer noch älteren nur zu erschließenden Fassung zu tun haben" (S. 290). Der Meinung Krammers (KRAMMER, Forschungen, S. 630 ff.), daß er D-Text in seiner Gesamtheit den Altersvorrang habe, widerspricht Nehlsen mit Recht, wenn auch — wie er unter Bezug auf SCHMIDT-WIEGAND, kritische Ausgabe, S. 303 sagt — nicht übersehen werden sollte, „daß der D-Text ... nicht selten Lesearten aufweist, die genetisch älter sind als die Klassen A, C und K" (S. 283 f.).

8 Vgl. Kap. 4.2.4.1. *leta/letus* ...

9 Vgl. Kap. 4.3.1.1. *theo* ...

10 Vgl. ebenda.

11 Vgl. Kap. 4.3.3.2. *(hi)smala* ...

benheiten. Während *theo* sowohl im nieder- wie im hochdeutschen Sprachgebiet gebräuchlich warm, ist das Adjektiv *ranc* ,schlank, dünn', von dem frk. *renk/rink* abgeleitet ist, ein niederdeutsches Wort (mnd. und nnd.). Darüber hinaus läßt es sich im Niederländischen, Englischen, Dänischen und Schwedischen nachweisen[12]. Wie die feminine Bezeichnung *smala*, die zu demselben Bezeichnungstypus gehört, ist das Maskulinum *renc/rinc* von einem Adjektiv abgeleitet. Für die Bedeutung ist vor allem der Aspekt ,noch nicht erwachsener (schwacher), im Wachstum befindlicher Mann', also im rechtlichen Sinne: ,der Unmündige', entscheidend. Gemäß der Bedeutung der ide. Wurzel **reg-* ,gerade, recken, Richtung' (anord. *rakkr* > **rank*) entwickelte sich in einigen germanischen Sprachen auch die Konnotation ,gerade, stolz, kühn, prächtig', die zu einer entgegengesetzten Bedeutung ,erwachsen, reif' führen konnte, wie sie für ags. *ranc* nachweisbar ist[13]. Mit der Bedeutung ,Mann' (= as. *rinc*, an. *rekkr* ,Krieger, Held')[14] findet sich wohl eine zusätzliche Bestätigung, daß den Unfreien in dieser Sichtweise innerhalb des germanischen Rechtsverständnisses nicht Sach-, sondern Personenqualität zukam, wenn auch die geringere rechtliche und auch soziale Position aus ihrer Unmündigkeit resultierte.

4.3.3.4. ahd. *hiwun* (malb. *honema, bonimo*)

In Titel 13 § 9 des Pactus und Titel 14 § 10 der Lex Salica begegnet die sehr entstellt überlieferte malbergische Glosse *honema* (C 6), *honomo* (Herold) und *bonimo* (D 7—9):

13 § 9. *Si [quis] ingenuus ancillam alienam in coniugium praeserit, mallobergo honema, cum ea ipse in seruitio permaneat.*[1]

Ein Freier, der eine fremde Unfreie *(ancilla)* zur Ehefrau nimmt, wird unfrei und muß für den Rest seines Lebens *in seruitio* ,in der Knechtschaft'[2] bleiben. Der Tatbestand, das Heiraten einer Unfreien, die zum Besitz eines anderen Freien gehört, ist mit der Unfreiheit des — vorher freien — Ehemannes zu sühnen, womit die Besitzinteressen Freier gewahrt werden, insgesamt aber eher eine zahlenmäßige Minderung des Freienstandes vorgenommen wird. In diesem Zusammenhang wären

---

12 Im hochdeutschen Sprachraum wird in derselben Bedeutung das Wort *ran* verwendet. Vgl. LEXER, Handwörterbuch, Bd. II, Sp. 340 *(ran)* oder z. B. SCHMELLER, Wörterbuch, Bd. 2, Sp. 102 f. *(ran)*. Siehe auch: KLUGE, Wörterbuch, S. 581; SCHILLER-LÜBBEN, Wörterbuch, Bd. III., S. 420 *(rank)*; als Belege für die mundartliche Verwendung siehe TILING, Bremisch-Niedersächsisches Wörterbuch, Teil 3, S. 433; WREDE, Kölnischer Sprachschatz, Bd. 2, S. 341; siehe zum ags. und engl. Vorkommen: GREIN, Sprachschatz der angelsächsischen Dichter, S. 556 (*rinc* m. ,vir'); ONIONS, Oxford Dictionary, S. 738 f. *(rank)*; SWEET, Dictionary of Anglo-Saxon, S. 141 *(rinc* m. ,man, warrior').

13 BOSWORTH—TOLLER, Anglo-Saxon Dictionary, S. 786.

14 Vgl. HOLTHAUSEN, Angelsächsisches Wörterbuch, S. 60 *(rink)* u. S. 33 *(herirink* ,Krieger'); KLUGE, Wörterbuch, S. 581. Zumeist wird *rink* im Sinne von ,junger Mann' *(adulescens)* gebraucht: KÖBLER—QUAK, Altniederdeutsch-lateinisches Wörterbuch, S. 84.

1 Pactus legis Salicae, S. 63; siehe Lex Salica 14 § 10, S. 54: *Si quis ingenuus ancilla aliena priserit in coniugio, mallobergo bonimo, ipsi cum ea in seruicio inplicetur.*

2 Vgl. Kap. 4.2.4.1. *letus*, S. 292 f. Vgl. zum sozialen Hintergrund und zur Abfassungszeit der Bestimmung im Vergleich mit anderen Leges und mit römisch-rechtlichen Quellen: NEHLSEN, Sklavenrecht, S. 311 f. Vergleichbare Bestimmungen, die freie Frauen betreffen, finden sich in LSal 13 § 8 und 25 § 4. Sie sind nur durch A 1 überliefert.

Bestimmungen zur Freilassung zu vergleichen, was aber in dieser Untersuchung den Rahmen sprengen würde. Aus dem Kontext heraus ist also die malbergische Glosse *honema/honomo/bonimo* als ‚Entwendung von Dienerinnen, Hausgesinde'[3] zu bestimmen. Diese Interpretation weist damit die sprachlichen Deutungen van Heltens[4] und Gyssellings[5] zurück und beruft sich auf Aufsätze, die die Glosse als Zusammensetzung ansehen[6]. Beide Bestandteile des Kompositums sind jedoch nicht zweifelsfrei zu bestimmen. Das Grundwort ist eine Ableitung des Verbs ahd. *neman* ‚nehmen, wegnehmen, ergreifen'[7] und kann als Maskulinum *-nemo* ‚Nehmer' angesehen werden oder als *-nema* ‚das Nehmen, Ergreifen' wie ahd. *geba* zu *geban*. Im letzteren Fall, den ich für die bessere Deutungsmöglichkeit halte, bezieht sich die malbergische Glosse auf den Tatbestand insgesamt und ist nicht nur eine Täterbezeichnung. Das in der Glosse entstellte Bestimmungswort *ho-* kann mit *hia/ hio*[8] (Sg. F./N.) oder *hi(w)un*[9] (Pl. F./N.) sowohl den Singular eines schwachen Femininums als auch den Plural eines schwachen Neutrums wiedergeben. Die erschlossene Form der malbergischen Glosse ist demnach **hianema (hionema)* oder *hi(w)unnema*. Das Bestimmungswort führt in den Bereich der Hausgemeinschaft und kann, wie auch andere Bezeichnungen aus diesem Bereich (*magad, smala* etc.), sowohl freie Familienmitglieder als auch nicht verwandte, unfreie Angehörige der *familia*[10] — im Sinne der Haus- und Lebensgemeinschaft von Herren und Untergebenen: Minder-, Halb- und Unfreien[11] — bezeichnen. Der Kontext der malbergischen Glosse weist eindeutig auf unfreie Angehörige der *familia* (eines anderen als des zuvor freien Ehemannes) hin.

---

3 Vgl. Schmidt-Wiegand, Bezeichnungen, S. 239.

4 Helten, malbergische glossen, § 60, S. 328: salfrk. **honithu* zu ahd. *honida* ‚Hohn, Schande', vgl. auch Schützeichel, Wörterbuch, S. 146. Diese Deutung beruht auf der Annahme einer Verlesung von *m* aus *th*.

5 Gysseling, Germaanse woorden, S. 76: salfrk. **haunma* zu ideurop. **kau* ‚erniedrigen', **kaunos* ‚Schande'.

6 Vgl. Schmidt-Wiegand, Bezeichnungen, S. 239, Anm. 4 und Kern, Notes, § 80: **hio-* aus *hiwa* ‚conjunx' und *-nemo* ‚a taker', so auch Eckhardt, Glossar, Pactus legis Salicae, S. 283: ‚Ehenehmer'.

7 Vgl. Schützeichel, Wörterbuch, S. 195; Schmidt-Wiegand, Bezeichnungen, S. 239.

8 Vgl. auch Sehrt, Notker Glossar, S. 91: *hia* ‚conubium, mancipium' ‚Vermählung, Ehe, Dienerin, Plural Gesinde'; Kelle, Glossar, S. 276: ‚Gattin, Brautleute, Eltern, Ehegatten'.

9 Vgl. ebenda u. a. Schützeichel, Wörterbuch, S. 195: ahd. *hi(w)un, hien* sw. N. Pl. ‚Gatten, Eheleute, Brautleute, Eltern; Angehörige, Dienerinnen'; Althochdeutsches Glossenwörterbuch, 4. Lfg. 1978, S. 280: *hiwun, hiun* N. Pl. ‚domestici, mancipia, familia, Hausgesinde, Familie'; Schmidt-Wiegand, Bezeichnungen, S. 239: afries. *hiuna, hiona* N. ‚Hausgesinde', ae. *hiwan* Pl. ‚Angehörige Familie, Haushalt'; vgl. auch Kluge, Wörterbuch, S. 300 (Heirat). Vgl. Notker, Bd. 1, S. 766 (Marcianus Capella II): *Illum flagitant secla iugarier conubio. Nu ladont in ze hiion selben die zite (hiion* = Dat. Pl. F.); S. 813: *Nam posticam sustulere. dilecta iurigini mancipia. pimelia. i. cura. et agrimnia. i. uigilia. Daz aftera teil truogen zuei iro hien. diu iro uuerd uuaren. sorga. unde uuacha (hien* = Nom. Pl. sw. N.).

10 Vgl. zur Beurteilung der Sache, zur Bedeutungsbreite von *familia* und zur Problematik des Begriffes ‚Familie' (auch ‚Sippe') im Mittelalter: Bosl, familia, S. 403 ff.; Brunner, Land und Herrschaft; Duby, Structures familiales; Fichtenau, Lebensordnungen, Bd. 1, S. 113, 165 ff.; Genzmer, Die germanische Sippe, S. 34—49; Goetz, Leben im Mittelalter, S. 34 ff.; Hausen, Familie, S. 171 ff.; Herlihy, Medieval Households; Jastrebickaja, Familie als soziale Gruppe, S. 185 ff.; Kroeschell, Haus und Herrschaft; Ders., Sippe, S. 1 ff.; Laslett—Wall, Household and family; Mitterauer, Familie, S. 13 ff.; Schlesinger, Randbemerkungen, S. 11 ff.; Schmid, Problematik, S. 1 ff.; Schuler, Familien, S. 28 ff.; Schulze, Grundstrukturen, S. 9 ff. Vgl. auch Kap. 4.3.4.

11 Zur Mehrdeutigkeit des Wortes *hia/hi(w)un* vgl. auch die Belegstellen bei Notker, Anm. 9.

Das ahd. Simplex *hiwun* erscheint in der fragmentarischen althochdeutschen Lex Salica-Übersetzung für das im lat. Text verwendete Wort *familia* in der Bedeutung ‚Hausgemeinschaft': I. 3. *ðer anðran menit, mit urcunðeom zi sinemo huuse cueme inti ðanne gibanne ini erðo sina cuenun, erðo sinero hîwôno etteswelihemo gisage ðaz iz emo gicunðe, weo her gimenit ist* ...[12]. Das Wort *familia* wird in der Lex Salica nur in diesem Paragraphen[13] verwendet. Der Lebensgemeinschaft aus nicht verwandten Freien — mündigen wie unmündigen — und Minder-, Halb-, Unfreien steht die *parentilla*[14] als Verwandtschaft (bis in das sechste Glied), die jedoch nicht unbedingt auch Lebensgemeinschaft sein mußte[15], gegenüber.

4.3.4. Zusammenfassung

Die Unfreienbezeichnungen weisen in den Bereich der Hausgemeinschaft der *familia*. Für ihre Einordnung ließen sich drei verschiedene Sichtweisen herausarbeiten, die jedoch graduell abgestuft sind und sich dann partiell überschneiden können: 1. der allgemeine Aspekt des Dienens, 2. die Ausübung einer bestimmten, fest umrissenen Tätigkeit und 3. die Unmündigkeit. Alle drei Aspekte bilden ein Bündel miteinander wirkender und zu verschiedenen Zeiten unterschiedlich wirksamer Merkmale. Sie zeigen jedoch auf der Ausdrucksebene des jeweiligen volkssprachigen Wortes diejenigen Kriterien an, die ursprünglich zur Abhängigkeit und damit zur Unfreiheit der bezeichneten Personengruppe geführt haben.

Allein die Lex Salica bietet mit ihren Personenbezeichnungen im Bereich der Abhängigkeit durch Dienst ein recht differenziertes Bild. Aufgrund der volkssprachigen Bezeichnungen kann das Bedeutungsmotiv des Dienens als ganz allgemeiner Aspekt in den Vordergrund treten. Das kommt z. B. in den malbergischen Glossen, die mit *theo* zusammengesetzt sind, zum Ausdruck: Hier lassen sich die lateinischen Bezeichnungen *servus* oder *ancilla* mit der durch die volkssprachigen Rechtswörter gegebenen zusätzlichen Information füllen, daß die Art der Tätigkeit, die abhängige, dienende Arbeit den Unfreien vom Freien unterscheidet und nicht die römischrechtliche Dichotomie Sachen vs. Personen. Diese Beobachtungen finden ihre Bestätigung in den Belegen der angelsächsischen — nicht vom römischen Recht beeinflußten — Gesetze.

Die salfrk., ahd., mlat. und malb. Wörter *ambahtunia, ambaht, ambactus, ambactia* und *[ch]ambistalie* bezeichnen alle gegenüber anderen Tätigkeiten herausgehobene Dienste, ‚Ämter', mit besonderer Verantwortung. Die Vorstellung von einem ‚Amt' war in den germanischen Sprachen untrennbar mit der des Dienens verbunden. Aus zunächst einfachen Dienstverhältnissen erwuchsen die Gefolgschaftsbindungen, die sich später zu funktionalen oder territorialen Hoheitsrechten entwickeln konnten. Innerhalb der verzweigten Überlieferung und der verschiedenen Redaktionen der Lex Salica zeigen sich ganz unterschiedliche Entwicklungsstadien: Wie bei den

---

[12] Lex Salica (Bruchstück), S. 227; vgl. auch Pactus legis Salicae, S. 19: Kap. I § 3 handelt von der gerichtlichen Ladung. Wenn der zu Ladende nicht anwesend ist, so soll man entweder seiner Frau oder den Angehörigen der *familia* — *hiwun* — Bescheid geben.

[13] Vgl. Pactus legis Salicae, Tit. 1 § 3.

[14] Vgl. ebenda, Tit. 44 § 11, Tit. 60.

[15] Vgl. SCHWAB, Familie, Sp. 1067—1071; vgl. SCHMIDT-WIEGAND, Bezeichnungen, S. 235.

Burgundern (*ambascia* ‚Auftrag, Zustimmung') bezeichnete das Wort bei den Franken den Auftrag ganz allgemein. Es findet sich in der salfränkischen Gesetzgebung allerdings mit dem Zusatz *dominica* in der Bedeutung ‚Auftrag des Herrschers, des Königs'. Frk. **ambist* in der malberg. Glosse *[ch]ambistalie* dagegen war auf die durch besondere Königsnähe herausgehobene Gruppe der Antrustionen eingeengt, d. h. auf eine aus der Freienschicht herausgehobene Gruppe. Vulgärlat. *ambascia* jedoch — so zeigen die Formulae Bituricenses *(ambastia)* — fand in der Karolingerzeit weiterhin in der Bedeutung ‚Auftrag, Dienst' Verwendung. Die mlat. Bezeichnung tritt durchgängig als Textwort auf — sowohl in der vom römischen Recht stark beeinflußten burgundischen Gesetzgebung als auch in fränkischen Formelsammlungen, in Urkundenbeispielen zum langobardischen Recht und in der Lex Romana Raetica Curiensis. Frk. **ambist* ist nur durch die malberg. Glosse *[ch]ambistalie* belegt. Auch *ambahtunia*, das diejenigen unfreien Frauen benennt, deren sozialer Status durch die Art ihres Dienstes, ihres Auftrages bestimmt war, tritt ebenfalls mit der Kennzeichnung *mallobergo* als Glosse auf. Während *ambistalie* aber wohl als ein Beleg für die Übernahme des schriftsprachlichen Rechtswortes in die mündliche Rechtspraxis gelten kann, gehört *ambahtonia* eher einer älteren Schicht der Rechtssprache an.

Das Femininum *ambahtonia* bleibt inhaltlich auf den Bereich des Hausdienstes begrenzt. Die Legestexte lassen kein Kriterium, wie besondere Königsnähe, erkennen, das zusätzlich zum Kriterium der Amtsausübung eine Ausweitung über ständerechtliche Grenzen hinweg — wie z. B. bei alem., salfrk. *mariscalcus* und alem. (frk.) *seniscalcus* — ermöglicht hätte. Wie im Falle von *magad* in fries. *bortmagad*, bei *smala, renc* und *vassus*, kann die Bedeutung aber dennoch Unfreie wie Freie vereinen und damit über die ständerechtlichen Grenzen hinausreichen. Dies ist aufgrund der Konnotation ‚unmündig' möglich, die allen genannten Bezeichnungen gemeinsam ist und die abgesehen vom Hausherrn für alle Mitglieder einer Hausgemeinschaft Geltung hat. Gehorsam, die Grundbedeutung der Bezeichnungen *horog(an)o* und *horogunia*, kann als Voraussetzung für Dienen angesehen werden. Aus ihr folgt im Zusammenhang mit dem Dienst innerhalb der Hausgemeinschaft zumindest Abhängigkeit.

Wie bei den Freienbezeichnungen sind auch bei den Unfreienbezeichnungen diejenigen, die weibliche Personen bezeichnen, deutlich geringer vertreten als diejenigen, die männliche Freie, Halb- oder Unfreie bezeichnen. Juliane Brandsch, die althochdeutsche Glossen für Bauern und Hofgesinde untersucht hat, stellt fest, daß in diesem Bereich kaum Bezeichnungen für Frauen überliefert sind, „obwohl viele Wirtschaftsgeschichten den Anteil der Frauenarbeit in der bäuerlichen Wirtschaft, besonders in Haus, Stall und Hof, aber etwa in der Erntezeit, auch auf den Feldern hervorheben." Ihre Erklärung, daß dieser „Mangel ... wohl hauptsächlich in der stark eingeschränkten Rechtsfähigkeit besonders von Frauen aus sozial niederen Schichten und der generell untergeordneten Rolle der Frau im Mittelalter" beruhe[1], scheint mir zu kurz gegriffen, denn gegenüber den Glossenbelegen, die Brandsch anführt, finden sich in den Leges — Rechtstexte, die unter anderem vorrangig die Rechtsfähigkeit einzelner Personengruppen zum Ausdruck bringen —

[1] Brandsch, Bauern und Hofgesinde, S. 58.

im Verhältnis mehr weibliche Personenbezeichnungen. Der Unterschied ist vermutlich textsortenspezifisch zu deuten, denn die rechtlichen Regelungen befassen sich sehr wohl mit Regelungen, die Frauen betreffen. Nicht immer steht dann auch ein volkssprachiges Wort; *ingenua, libera, liberta, ancilla* erscheinen dafür um so häufiger. In einigen Fällen bezeichnet auch das Maskulinum, sei es lateinisch (z. B. *servus*) oder volkssprachig *(theo, rencus)*, als generisches Maskulinum das Gesinde insgesamt. Die Glossen dagegen konnten sich, wenn sie zu Schulzwecken verfaßt waren, mit der Nennung der Maskulina begnügen, da ihre Intention nicht primär die Wiedergabe realer Lebensumstände oder die Regelung rechtlicher Verhältnisse war. Andererseits waren gerade althochdeutsche Übersetzungen stark von den überwiegend lateinischen Vorlagen und damit von deren kulturell-sozialem Hintergrund abhängig, so daß sie nur mittelbar und nur unter Hinzuziehen weiterer Quellen Einsichten über die Sozialstruktur der frühmittelalterlichen Gesellschaft zulassen[2].

Innerhalb der Leges sind für die weiblichen Personenbezeichnungen Unterschiede zwischen Freien-, Halbfreien- und Freigelassenenbezeichnungen festzustellen: Im Bereich der Freien und Halbfreien finden sich ausschließlich Ableitungen von Maskulina: *aldius — aldia, frio — frea, harimannus — harimanna, fulcfree — fulcfrea, letus — leta, frilaz — frilaza*, im Bereich der Unfreien dagegen begegnen neben Ableitungen wie *theuua, ambahtunia* auch Wörter ohne entsprechendes Maskulinum: *bortmagad, (hi)smala*[3].

Die Maskulina *vassus* und *renc* sind beide durch den Bedeutungsaspekt der Unmündigkeit gekennzeichnet. Das Merkmal der Königsnähe hat bei dem mit *vassus* bezeichneten Personenkreis sachlich zur Veränderung, Aufwertung des Aufgaben- und Wirkungsbereiches und semantisch zu einer Kombination des Bedeutungsaspektes ‚unmündig' mit der Konnotation ‚durch größeres Sozialprestige herausgehoben' geführt. Diese Variation, die sich nicht nur auf der Inhalts-, sondern auch auf der Ausdrucksebene in der sich zunehmend durchsetzenden Dublette *vasallus* manifestiert, ist durch den gesellschaftlichen Wandel und damit zeitlich bedingt. Die Bedeutung der neuhochdeutschen Form *Vasall* kann nur noch in bezug zum historisch gewordenen Phänomen des europäischen Feudalismus verstanden werden. *Renc* und auch *smala* gehören demselben Bezeichnungstyp an, d. h., es handelt sich hier um substantivierte Adjektive, die mit einer Erweiterung der Bedeutung ‚klein, schmal', bezogen auf menschliche Wesen — *smala* konnte auch als Tierbezeichnung verwendet werden — auch die Kinder bezeichneten. Hier führt der Bedeutungsaspekt ‚unmündig' zu einer Ausdehnung der Bedeutung auch auf ‚unfrei in der Hausgemeinschaft lebende Personen'. Die Verbindung der Merkmale ‚Königsnähe' und ‚Unmündigkeit, Abhängigkeit' führt sachlich wie semantisch zu einer sozialen Höherbewertung; die Verbindung von ‚unmündig, abhängig' mit dem Merkmal des ‚Eingebundenseins in die Hausgemeinschaft, die *familia*', dagegen läßt keine Höherstufung erkennen. Diachron betrachtet hatte diese Entwicklung sprachlich den Untergang der Wörter *renc* und *smala* zur Folge.

---

[2] Anders BRANDSCH, Bauern und Hofgesinde, S. 7.

[3] Vgl. zur Bedeutung der Bezeichnungen für weibliche Unfreie und zur sozialen Stellung der Frauen im frühen Mittelalter mit weiterer Literatur zu diesem Problembereich: SCHMIDT-WIEGAND, Lebenskreise; OLBERG, Aspekte.

Keine der volkssprachigen Bezeichnungen der Leges aus dem Bereich der Unfreiheit, den man nach Sichtung dieser Belege als Bereich größter Abhängigkeit beschreiben sollte, deutet auf eine Sichtweise hin, die die Abhängigen als Sache erscheinen läßt, vielmehr zeigen viele Bedeutungsaspekte deutlich Überschneidungen zwischen ‚Unfreiheit' und ‚Freiheit'. Die Abhängigkeit, die durch die volkssprachigen Bezeichnungen ausgedrückt wird, läßt eine Abstufung nach unterschiedlichen Kriterien deutlich werden: Unmündigkeit, verschiedene Grade des Dienens, Zugehörigkeit zur *familia*, besondere Königsnähe. Erst die römisch-rechtliche Dichotomie — sprachlich durch lat. *liber* vs. *servus* wiedergegeben — vermittelt die Auffassung, daß es sich bei dem mit *servi* bezeichneten Personenkreis um Sklaven gehandelt hat.

5. Vorstellungen von Freiheit und Unfreiheit anhand der Personenbezeichnungen der frühmittelalterlichen Leges

Die Bearbeitung der volkssprachigen Personenbezeichnungen aus dem Bereich der Freiheit, Minder- und Unfreiheit hat nicht nur sprachliche, sondern auch rechtliche und soziale Überschneidungen zwischen Römischem und Germanischem sichtbar gemacht. Der Begriff des ‚Germanischen' muß dabei durch eine differenziertere Auffassung ersetzt werden, da die Leges in ihrem Wort- wie Rechtsbestand die ethnischen Besonderheiten der germanischen Stämme vom Übergang der Antike zum frühen Mittelalter einerseits und die Auswirkungen merowinger- wie karolingerzeitlicher Reichsbildungen spiegeln. Der Einfluß lateinischer Wörter wie *liber* und *ingenuus* oder auch der römisch-rechtlichen Dichotomie *liber* — *servus* hat im sprachlichen Bereich wie im Rechtsdenken und in bezug auf die Gesellschaftsauffassung zu Neuorientierungen und Überlagerungen geführt. Spätestens seit Karl dem Großen tritt auch neben die römisch-rechtliche Beeinflussung der Einfluß der fränkischen Sichtweise in bezug auf die Rechts- und Sozialordnung der von den Franken unterworfenen Völker. Die große Bedeutung christlicher Vorstellungen zeigt sich dagegen in den rechtlichen Bestimmungen, findet aber keinen greifbaren Niederschlag auf der Bezeichnungs- und Bedeutungsebene des hier untersuchten Bereiches.

Vor allem im Bereich der Freiheit wird in allen Leges anhand der volkssprachigen Wörter eine Sichtweise der Gesellschaftsordnung deutlich, die von ihrer Struktur her nicht so sehr durch eine ständisch-rechtliche Ordnung, sondern vielmehr durch unterschiedliche soziale Gruppen geprägt war. Diese Gruppen konnten, wie die merowingerzeitlichen *antrustiones*, der Tendenz nach geschlossen oder eher lockere Verbindungen sein, wie die burgundischen Fahrtgenossen *faramanni*, die diejenigen Burgunder verband, die noch nicht seßhaft und durch die Art und das Ziel der gemeinsamen Wanderung verbunden waren. Vor allem an den volkssprachigen Bezeichnungen der langobardischen Gesetze zeigt sich eine Entwicklung von der Gruppe zu einer rechtlich-sozial bestimmten, nach unten wie nach oben zur Abschließung tendierenden Schicht, z. B. die *harimanni* die zunächst ein Zweckverband waren, oder die *aldii*, die durch die besondere Art der Freilassung miteinander verbunden waren. Für die salfränkischen, alemannischen und friesischen Leges ist mit den volkssprachigen ‚Unfreien'-Bezeichnungen der Bezug zum Sozialverband der *familia* hergestellt. Die *familia* verband Personen mit unterschiedlicher gesellschaftlicher und rechtlicher Position. Diese zum Teil ständeübergreifenden sozialen Gruppierungen wurden von der römisch-rechtlichen Dichotomie frei — unfrei überlagert.

Im vierten von Jakob Grimm noch mitbearbeiteten Band des Wörterbuchs wird *fribals* unter dem Stichwort Freiheit[1] als ältester und schönster Ausdruck für

[1] Grimm, Wörterbuch, Bd. 4, Sp. 111.

den Begriff ‚Freiheit' bezeichnet. Die Rechtsaufzeichnungen der germanischen Stämme verwenden jedoch *frī* und *frihals* lediglich in den Zusammensetzungen lgbd. *fulfreals* und *fulfree*. Ausnahmen bilden hier die Angelsächsische Gesetzgebung und das nordische Recht[2]. In der Volkssprache der kontinentalen Leges überwiegen substantivische Personenbezeichnungen, die keine politisch-rechtliche Konnotation haben. Daneben tritt vereinzelt adjektivischer Gebrauch (lgbd. *fulcfree*/*fulfree* ‚heerfrei', später ‚vollfrei') auf, niemals jedoch ein abstraktes Substantiv – auch nicht eins mit so konkreter Grundbedeutung wie *frīhalsi* ‚mit freiem Halse'. Wahrscheinlich reichten die lateinischen Bezeichnungen *libertas, liber* und *ingenuus* zur Wiedergabe des politisch-rechtlichen Zusammenhanges aus. Die Interpretation leisteten die volkssprachigen Personenbezeichnungen, um von Fall zu Fall Unterschiede zwischen römisch-rechtlicher Auffassung und germanischen Sozialverhältnissen deutlich zu machen.

Die Bezeichnungen zum Bereich der Freiheit in den Leges sind zahlreich: lateinische, volks- und mischsprachliche. Sie spiegeln unterschiedliche Sichtweisen, die zum Teil miteinander konkurrieren oder als ältere Auffassungen nur noch auf der Bezeichnungsebene sichtbar sind; so zeigt z. B. lgbd. *fulcfree* nicht zuletzt auch im Vergleich mit lgbd. *aldius* (ursprünglich ‚Mensch', in lgbd. Rechtstexten ‚Freigelassener der zweiten Generation') eine Sichtweise, die unter *fulcfree* den heerfähigen, freien Langobarden demjenigen gegenüberstellt, der zwar frei war, ursprünglich aber nicht das Privileg des Heeresdienstes hatte *(aldius)*. In der konkreten Verwendung innerhalb der langobardischen Gesetzgebung überwiegt bei *aldius, fulcfree* und auch bei *harimannus* ein nach rechtlichen bzw. sozialen Kriterien differenzierender Bedeutungsaspekt. Während beispielsweise ahd. *heremann* ausnahmslos den Krieger bezeichnet, ist lgbd.-latinisiertes *harimannus* die Bezeichnung für einen Personenkreis, der deutlich von den *servi* ‚Unfreien, Sklaven' unterschieden war, Vermögen besaß, aber auch andererseits durch (zumindest anfangs) besondere Königsnähe und einen eigenen Gerichtsstand aus den übrigen Freien herausgehoben war. Dies trennte die lgbd. *harimanni* von den Personen, die *fulcfree* waren, bei denen nur die Heerfähigkeit als eine wesentliche Funktion zur Erhaltung der *gens* zur rechtlichen Höherbewertung gegenüber den *aldii* geführt hatte. In der Zeit des Langobardenkönigs Rothar bis zu Liutprand wurde *fulcfree* in der ursprünglichen Bedeutung immer weniger verstanden, bis schließlich in den Gesetzen der Nachfolger Liutprands die Bezeichnung durch lat. *libertus* und auch durch *liber* ersetzt wurde. Der Grund hierfür liegt unter anderem in der Bedeutungsentwicklung – die sich auch auf der Bezeichnungsebene zeigt – des lgbd. Wortes von ‚zur Heerfreiheit freigelassen' *(fulcfree)* zu ‚vollfrei, zur vollen Freiheit freigelassen' *(fulfree)*. Die Bedeutungsentwicklung drückt hier den Wandel von einer überwiegend militärisch ausgerichteten Gesellschaftsordnung (Völkerwanderung, Eroberungskriege) zu einer eher politisch-rechtlichen (Seßhaftwerdung, Reichsbildung etc.) aus. Eine solche Entwicklung wurde nicht zuletzt auch durch römische Vorbilder geprägt: Die Verdrängung der volkssprachigen durch lateinische Bezeichnungen zeigt dies deutlich.

---

[2] Vgl. SEE, Rechtswörter, S. 142 ff.

Aus dem Bezeichnungsfeld ahd. *frī, frīheit* etc., das in den meisten germanischen Sprachen Entsprechungen hat[3] (as. *frī*, ags. *freo, frī*, got. *freis*), findet sich in den kontinentalen Leges nur in der langobardischen Gesetzgebung *frea* ‚unverheiratete Freie, die im Hause ihres Vormundes lebt'. Die Bezeichnung hat keinen ständerechtlichen Bedeutungsaspekt, die Vorstellung der Munt — des Schutzes im idealen Fall — ist hier vorrangig. Während auch das im Gotischen nachweisbare Wort *freis* in der westgotischen Gesetzgebung nicht auftritt — vermutlich reichte lat. *liber* aus und mußte nicht durch volkssprachige Bezeichnungen ersetzt werden —, findet sich ags. *frio* sehr häufig in den volkssprachigen Gesetzen der Angelsachsen. Vor dem Hintergrund von ags. *leod* ‚Mensch (freier wie unfreier)' wird *frio* rechtlich und sozial differenzierend gebraucht. Die mit *frio* bezeichnete Personengruppe ist eindeutig von *ðeow(man)* ‚dienender Volksangehöriger' abgesetzt. Damit ist eine dem römisch-rechtlichen Gegensatz *liber* — *servus* nur vordergründig ähnliche Unterscheidung angesprochen. Der Unterschied liegt bei den Angelsachsen eher in der Bewertung, im Ansehen, der ausgeübten Tätigkeit als in der politisch-rechtlichen Differenzierung. Auch die übrigen volkssprachigen Bezeichnungen der kontinentalen Leges, vor allem die Unfreien-Bezeichnungen, sprechen dafür, daß man hier ursprünglich eine ähnliche Auffassung wie bei den Angelsachsen voraussetzen kann. Die Aufnahme und Verbreitung der römisch-rechtlichen Dichotomie wurde durch einen solchen Gegensatz aber begünstigt. Da das lateinische Begriffspaar in den Rechtstexten verwendet wurde und vermutlich keine Notwendigkeit für eine volkssprachige Wendung gegeben war, setzte sich das Gegensatzpaar frei — unfrei im frühmittelalterlichen Deutsch nur zögernd durch. Während in althochdeutschen Textexemplaren des 8.—11. Jahrhunderts sowohl *liber* als auch *ingenuus* mit *frī* und *frīhals* wiedergegeben wurde[4], begegnet *unfrī* zum erstenmal in Notkers Boethius-Übersetzung[5]. Unfreiheit wird bis dahin vor allem mit dem Wort *scalkheit*[6] wiedergegeben.

Die Freiheitsvorstellungen, die sich in den volkssprachigen Bezeichnungen ausdrücken, zeigen eine Entwicklung von einem konkreteren, auf den Bereich der Familie, dann des eigenen Volkes bezogenen Freiheitsbegriffs, der zunächst der Freiheit die Gefangenschaft, die Versklavung durch fremde Stämme gegenüberstellte. Mit der Übertragung römisch-rechtlicher Vorstellungen, die im Rahmen der Seßhaftwerdung und Reichsbildung der germanischen Stämme Vorbildfunktion hatten, wurde der Gegensatz ein ständerechtlicher, ein Gegensatz innerhalb der eigenen Gesellschaftsordnung. Diese Vorstellungen beeinflußten zunächst auch die theologisch-philosophische Begriffsbildung[7], bevor diese sich von der ständisch-rechtlichen Prägung löste.

---

[3] Vgl. Kluge, Wörterbuch, S. 216.

[4] Siehe z. B. Notker, Bd. 1, S. 596, Z. 11 ff.; vgl. zu einer Übersicht über die Belege die Stellennachweise in Verzeichnissen und Wörterbüchern Gerhard Köblers.

[5] Siehe Notker, Bd. 1, S. 312; vgl. dazu Olberg, Freiheitsbegriff, S. 426 und Anm. 75.

[6] Siehe Notker, Bd. 1, S. 312 f. u. ö.

[7] Vgl. z. B. Notker, Bd. 2, S. 336, Zeile. Zu dieser Entwicklung auch: Schott, Freiheit und Libertas, Kapitel III: Liber — Eleutheros — Frei.

6. Literaturverzeichnis

6.1. Quellen

Beowulf

HEYNE—SCHÜCKING, Beowulf, hg. v. ELSE VON SCHAUBERT, Bd. 1: Text, 18. Aufl. erneut durchgesehen, Paderborn 1963; Bd. 2: Kommentar und Bd. 3: Glossar, 17. Aufl. erg. u. verb. Neuaufl. der vollst. umgearb. 15. Aufl. (Bibliothek der ältesten deutschen Literatur-Denkmäler, II. Angelsächsische Denkmäler, Teil 1—3) München—Paderborn—Wien 1961.

Beowulf and the fight at Finsburg

Beowulf and the fight at Finsburg, ed. with introduction, bibliography, notes, glossary and appendices by FREDERIK KLAEBER, Boston, 3. Aufl. 1950.

Beowulf and Judith

ELLIOTT VAN KIRK DOBBIE (Hg.) Beowulf and Judith, London 1954.

Capitularia, I

ALFRED BORETTIUS (Hg.) Capitularia regum Francorum, Bd. I. (MGH LL Capit. I) Hannover 1883, Nachdruck Hannover 1960.

Capitularia, II

ALFRED BORETTIUS—VICTOR KRAUSE (Hg.) Capitularia regum Francorum, Bd. II (MGH LL Capit. II) Hannover 1897.

Chronik Fredegars

Chronicarum quae dicuntur Fredegarii Scholastici libri IV. cum Continuationibus (Fredegarii et aliorum chronica. Vitae sanctorum, hg. von BRUNO KRUSCH [MGH SS rer. Merov. II] Hannover 1888, Neudruck 1956, S. 1—193).

Codice diplomatico langobardo

CAROLO DI TROYA (Hg.) Codice diplomatico langobardo dal 568 al 774. Con note storiche osservazioni e dissertationi, tomo 1—5, appendice, indice, Neapel 1852—1859.

Codice diplomatico langobardo (SCHIAPARELLI)

LUIGI SCHIAPARELLI (Hg.) Codice diplomatico langobardo (Fonti par la storia d'Italia 62, 63) Bd. 1 und 2, Rom 1929, 1933, Neudruck 1960, 1966.

Epistolae Karolini aevi IV

Epistolae Karolini aevi, Bd. IV, ed societas aperiendis fontibus rerum Germanicarum medii aevi (MGH Epp. VI) Berlin 1925.

Erchemperti historia

GEORG WAITZ (Hg.) Erchemperti historia Langobardorum Beneventanorum (MGH SS rer. Lang., Hannover 1878, Nachdruck 1964, S. 231—264).

Formulae

KARL ZEUMER (Hg.) Formulae Merowingici et Karolini aevi. Accedunt ordines iudiciorum Dei (MGH LL V, Formulae) Hannover 1886, Nachdruck ebd. 1963.

Gesetz der Thüringer

ERNST THEODOR GAUPP (Hg.) Das alte Gesetz der Thüringer oder die Lex Angliorum et Werinorum hoc est Thuringorum in ihrer Verwandtschaft mit der Lex Salica und Lex Ripuaria dargestellt mit erklärenden Anmerkungen. Voraus geht eine Abhandlung über die Familien der altgermanischen Volksrechte, Breslau 1834.

Gesetze der Angelsachsen

FELIX LIEBERMANN (Hg.) Die Gesetze der Angelsachsen, Bd. 1: Text und Übersetzung; Bd. 2.1: Wörterbuch; Bd. 2.2: Rechts- und Sachglossar; Bd. 3: Einleitung zu jedem Stück, Erklärungen zu einzelnen Stellen, unveränd. Neudruck der Ausgabe 1903—1916, Aalen 1960.

Gesetze der Burgunden

FRANZ BEYERLE (Hg.) Gesetze der Burgunden (Germanenrechte, Texte und Übersetzungen, Bd. 10) Weimar 1936.

Gesetze des Karolingerreiches, Bd. I

KARL AUGUST ECKHARDT (Hg.) Salische und ribuarische Franken (Die Gesetze des Karolingerreiches 714—911, Bd. 1 [Germanenrechte, Texte und Übersetzungen, Bd. 1]) Weimar 1934.

Gesetze des Karolingerreiches, Bd. II

KARL AUGUST ECKHARDT—HANS K. CLAUSSEN (Hgg.) Alemannen und Bayern (Die Gesetze des Karolingerreiches 714—911, Bd. II [Germanenrechte, Texte und Übersetzungen, Bd. 2]) Weimar 1934.

Gesetze der Langobarden

Die Gesetze der Langobarden, übertragen und bearb. von FRANZ BEYERLE. Mit einem Glossar v. INGEBORG SCHRÖBLER (Germanenrechte, Texte und Übersetzungen, Bd. 4) Weimar 1947.

Gesetze des Merowingerreiches

KARL AUGUST ECKHARDT (Hg.) Die Gesetze des Merowingerreiches 481—714 (Germanenrechte, Texte und Übersetzungen, Bd. 1) Weimar 1935.

Gesetze der Westgoten

EUGEN WOHLHAUPTER (Hg.) Gesetze der Westgoten (Germanenrechte, Texte und Übersetzungen, Bd. 11) Weimar 1936.

Gesta Abbatum Lobbiensum

Gesta Abbatum Lobbiensum, hg. v. WILHELM ARNDT (MGH SS XXI, Hannover 1869, Nachdruck 1963, S. 307—333).

Glossari longobardo-latini

Siehe Kap. 6.3.: ALBANO LEONI, Glossari langobardi-latini.

Glossenhandschriften 8.—14. Jahrhundert

IRMGARD FRANK (Hg.) Aus Glossenhandschriften des 8. bis 14. Jahrhunderts. Quellen zur Geschichte einer Überlieferungsart (Germanische Bibliothek, begründet von WILHELM STREITBERG, NF. fortgeführt von HUGO STOPP, hg. v. ROLF BERGMANN, 7. Reihe: Quellen zur dt. Sprach- und Literaturgeschichte) Heidelberg 1984.

Gregorii libri historiarum

BRUNO KRUSCH—WILHELM LEVISON (Hgg.) Gregorii episcopi Turonensis libri historiarum X (MGH SS rer. Merov. I, 1) Hannover 1951.

HEROLD, Originum

JOHANNES BASILEUS HEROLD (Hg.) Originum ac Germanicarum antiquitatum libri. Leges videlicet Salicae, Alamannorum, Saxonum, Angliorum, Thuringorum, Burgundionum, Francorum, Ripuariae, Boiariorum, Westphalorum, Werinorum, Frisionum, Langobardorum, Theutonum opera, Basel 1557.

Hildebrandlied

Siehe Kap. 6.3.: LÜHR, Studien Hildebrandlied.

Isodori Historia Gothorum

THEODOR MOMMSEN (Hg.) Isidori Episcopi Hispalensis, Historia Gothorum, Wandalorum, Sveborum ad a DCXXIV (Cronica Minora, Bd. 2 [MGH AA XI] Berlin 1894, S. 241—390).

Langobardorum Leges
FRIEDRICH BLUHME—ALFREDBORETIUS (Hgg.) Edictus ceteraeque Langobardorum leges. Cum constitutionibus et pactus principum Beneventanorum (MGH LL IV) Hannover 1868, Nachdruck Stuttgart 1965.
Langobardorum Leges-Fragment
Siehe Kap. 6.3.: SIEWERT, Widrigild.
Leges Alamannorum (MERKEL)
JOHANNES MERKEL (Hg.) Leges Alamannorum (MGH LL III, Hannover 1863, unveränd. Nachdruck Stuttgart—Vaduz 1965, S. 1—182).
Leges Alamannorum
KARL LEHMANN (Hg.) Leges Alamannorum (MGH LL nat. Germ. V, 1) Hannover 1888, 2. Aufl. v. KARL AUGUST ECKHARDT, Hannover 1966.
Leges Alamannorum, Germanenrechte
KARL AUGUST ECKHARDT (Hg.) Leges Alamannorum (Germanenrechte, N. F., Westgermanisches Recht) Bd. 1: Einführung und Recensio Chlothariana (Pactus), Göttingen—Berlin—Frankfurt 1958, Bd. 2: Recensio Lantfridana, Witzenhausen 1962.
Leges Alamannorum, Glossen
Siehe Kap 6.3.: BERGMANN, Glossen zur Lex Alamannorum.
Leges Burgundionum
LUDWIG RUDOLF VON SALIS (Hg.) Leges Burgundionum (MGH LL nat. Germ. II,1) Hannover 1892.
Leges Burgundionum (BLUHME)
FRIEDRICH BLUHME (Hg.) Leges Burgundionum (MGH LL III, Hannover 1863, unveränd. Nachdruck Stuttgart—Vaduz 1965, S. 497—630).
Leges Saxonum
KARL FRHR. VON RICHTHOFEN—KARL FRIEDRICH VON RICHTHOFEN (Hgg.) Leges Saxonum (MGH LL V, Hannover 1875—1889, unveränd. Nachdruck Stuttgart—Vaduz 1965, S. 1—102).
Leges Saxonum und Lex Thuringorum
CLAUDIUS FRHR. VON SCHWERIN, Leges Saxonum und Lex Thuringorum (MGH Fontes iuris Germanici antiqui, Bd. 22) Hannover—Leipzig 1918.
Leges Visigothorum
KARL ZEUMER (Hg.) Leges Visigothorum antiquiores (MGH Fontes iuris Germanici antiqui, Bd. 5) Hannover—Leipzig 1894.
Lex Bajuvariorum
BRUNO KRUSCH (Hg.) Die Lex Bajuvariorum. Textgeschichte, Handschriftenkritik und Entstehung. Mit 2 Anh.: Lex Alamannorum und Lex Ribuaria, Berlin 1924.
Lex Baiuvariorum (K. BEYERLE)
KONRAD BEYERLE (Hg.) Lex Baiuvariorum. Lichtdruckwiedergabe der Ingolstädter Handschrift des bayerischen Volksrechtes mit Literaturübersicht und Glossar, München 1926.
Lex Baiwariorum
ERNST FRHR. VON SCHWIND (Hg.) Lex Baiwariorum (MGH LL nat. Germ. V,2) Hannover 1926.
Lex Baiuwariorum
JOHANNES MERKEL (Hg.) Lex Baiuwariorum (MGH LL III, Hannover 1863, unveränd. Nachdruck Stuttgart—Vaduz 1965, S. 183—496).
Lex Francorum Chamavorum
RUDOLF SOHM (Hg.) Lex Francorum Chamavorum (MGH LL V, Hannover 1875—1889, unveränd. Nachdruck Stuttgart—Vaduz 1965, S. 269—288).
Lex Frisionum
KARL FRHR. VON RICHTHOFEN (Hg.) Lex Frisionum (MGH LL III, Hannover 1863, unveränd. Nachdruck Stuttgart—Vaduz 1965, S. 631—711).

Lex Frisionum (ECKHARDT)
KARL AUGUST ECKHARDT—ALBRECHT ECKHARDT (Hgg.) Lex Frisionum (MGH Fontes iuris Germanica antiqui in usum scholarum sep. ed. Bd. 12) Hannover 1982.

Lex Ribuaria, Germanenrechte
KARL AUGUST ECKHARDT (Hg.) Lex Ribuaria (Bd. 1) Text und Lex Francorum Chamavorum (Bd. II) (Germanenrechte, N. F., Westgermanisches Recht) Göttingen—Berlin—Frankfurt, Bd. I, 1959, Bd. II, 1966.

Lex Ribvaria
Lex Ribvaria, hg. von FRANZ BEYERLE und RUDOLF BUCHNER, mit einem Glossar der germanischen Worte von INGEBORG SCHRÖBLER und einem Wort und Sachregister von RUTH SCHMIDT-WIEGAND (MGH LL nat. Germ. III,2) Hannover 1954, unveränd. Nachdruck ebd. 1965.

Lex Ribuaria et lex Francorum Chamavorum
RUDOLF SOHM (Hg.) Lex Ribuaria et lex Francorum Chamavorum (MGH Fontes iuris Germanici antiqui, Bd. 7) Hannover 1883.

Lex Romana Raetica Curiensis
KARL ZEUMER (Hg.) Lex Romana Raetica Curiensis (MGH LL V, Hannover 1875—1889, unveränd. Nachdruck Stuttgart—Vaduz 1965, S. 289—452).

Lex Salica
KARL AUGUST ECKHARDT (Hg.) Lex Salica (MGH LL nat. Germ. IV,2) Hannover 1969.

Lex Salica (BEHREND)
J[ACOB] F[RIEDRICH] BEHREND (Hg.) Lex Salica, 2. unveränd. und verm. Aufl. von RICHARD BEHREND, Weimar 1897.

Lex Salica (Bruchstück)
Bruchstück der Lex Salica (Denkmäler deutscher Poesie und Prosa aus dem 8.—12. Jahrhundert, hg. v. KARL MÜLLENHOFF und WILHELM SCHERER, 4. Ausgabe von ELIAS STEINMEYER [Texte des Mittelalters] Berlin—Zürich 1964, Bd. 1, S. 226—228).

Lex Salica (ECKHARDT)
KARL AUGUST ECKHARDT (Hg.) Lex Salica (Germanenrechte, N. F., Westgermanisches Recht) Bd. III, Göttingen—Berlin—Frankfurt 1953.

Lex Salica (GEFFCKEN)
Lex Salica. Zum akademischen Gebrauch, hg. und erläutert von HEINRICH GEFFCKEN, Leizpig 1898.

Lex Salica (HOLDER)
Lex Salica. Mit der Malbergischen Glosse. Nach den Handschriften von Tours—Weissenburg—Wolfenbüttel und von Fulda—Augsburg—München, hg. v. ALFRED HOLDER, Leipzig 1879.

Lex Salica (MERKEL)
Lex Salica, hg. von JOHANNES MERKEL, Berlin 1850.

Lex Thuringorum
KARL FRIEDRICH VON RICHTHOFEN (Hg.) Lex Thuringorum (MGH LL V, Hannover 1875—1889, unveränd. Nachdruck Stuttgart—Vaduz 1965, S. 103—144).

Marii episcopi Aventicensis chronica
THEODOR MOMMSEN (Hg.) Marii episcopi Aventicensis chronica (Chronica Minora, Bd. 2 [MGH AA XI] Berlin 1894, S. 224—239).

Monsee Fragments
GEORGE ALLISON HENCH, The Monsee Fragments. Newly collated text with introduction, notes, grammatical treatise and exhaustive glossary, Straßburg 1890.

Muspilli
Muspilli (Denkmäler deutscher Poesie und Prosa aus dem 8.—12. Jahrhundert, hg. von KARL MÜLLENHOFF und WILHELM SCHERER, 4. Aufl. bearb. v. ELIAS STEINMEYER [Texte des Mittelalters] Berlin—Zürich 1964, Bd. 1, S. 7—15).

Nibelungenlied
Das Nibelungenlied, nach der Ausgabe von KARL BARTSCH, hg. von HELMUT DE BOOR, 21. Auflage Wiesbaden 1979.
Notker
Die Schriften Notkers und seiner Schule, hg. v. PAUL PIPER, Bd. 1—3, Freiburg—Tübingen 1882—1883.
Notker des Deutschen Werke
Notker des Deutschen Werke nach den Handschriften neu hg. von EDWARD HENRY SEHRT und TAYLOR STARCK, Bd. 1—3, Halle/Saale 1933, 1935, 1952—1955.
Nürnberger Chronik, Bd. 2
Die Chroniken der fränkischen Städte. Nürnberg, hg. von K. HEGEL (Die Chroniken deutscher Städte vom 14. bis ins 16. Jahrhundert, hg. von der historischen Kommission der Bayer. Akad. der Wiss., Bd. 2) Bd. 2, Göttingen 1961.
Origo gentis Langobardorum
GEORG WAITZ (Hg.) Origo gentis Langobardorum und historia Langobardorum codicis Gothani (MGH SS rer. Lang., Hannover, Nachdruck 1964, S. 1—11).
Otfrids Evangelienbuch
Otfrids Evangelienbuch. Mit Einleitung, erklärenden Anmerkungen und ausführlichem Glossar, hg. v. PAUL PIPER, Bd. 1 und 2, Freiburg—Tübingen 1882 und 1884.
Pactus legis Salicae
KARL AUGUST ECKHARDT (Hg.) Pactus legis Salicae (MGH LL nat. Germ. IV,1) Hannover 1962.
Pactus legis Salicae, Germanenrechte
KARL AUGUST ECKHARDT (Hg.) Pactus legis Salicae, Bd. I,1: Einführung und 80-Titel-Text; Bd. I,2: Systematischer Text; Bd. II,1: 65-Titel-Text; Bd. II,2: Kapitularien und 70-Titel-Text (Germanenrechte, N. F., Westgermanisches Recht) Göttingen—Berlin—Frankfurt 1954, 1957, 1955, 1956.
Passio sancti Sigismundi
Passio sancti Sigismundi regis (Fredegarii et aliorum chronica. Vitae sanctorum, hg. v. BRUNO KRUSCH [MGH SS rer. Merov. II] Hannover 1888, Nachdruck 1956, S. 329—340).
Pauli historia
GEORG WAITZ—LUDWIG BETHMANN (Hgg.) Pauli historia Langobardorum (MGH SS rer. Lang., Hannover 1878, Nachdruck 1964, S. 12—219).
Polyptique de Saint-Bertin
Le Polyptique de l'abbaye de Saint-Bertin (844—859). Edition critique et commentaire par FRANÇOIS-LOUIS GANSHOF, FRANÇOISE GANSHOF-GODDING, ANTOINE DE SMET (Académie des Inscriptions et Belles-Lettres) Paris 1975.
Samanunga
Siehe Kap. 6.3.: SPLETT, Samanunga-Studien.
Sammlung kleinerer althochdeutscher Sprachdenkmäler
GERHARD KÖBLER, Sammlung kleinerer althochdeutscher Sprachdenkmäler (Arbeiten zur Rechts- und Sprachwiss. 30) Gießen—Lahn 1986.
StSG
Die althochdeutschen Glossen, gesammelt und bearb. v. ELIAS STEINMEYER und EDUARD SIEVERS, Bd. I—V, 1879—1922, unveränd. Nachdruck Dublin—Zürich 1967—1969.
StSG, Addenda und Corrigenda
RUDOLF SCHÜTZEICHEL, Addenda und Corrigenda zu Steinmeyers Glossensammlung (Nachrichten d. Akad. d. Wiss. zu Göttingen. I Phil.-Hist. Klasse, Jg. 1982, Nr. 6) Göttingen 1982.
Sumerlaten
AUGUST HEINRICH HOFFMANN VON FALLERSLEBEN (Hg.) Sumerlaten Mittelhochdeutsche Glossen aus den Hss. der K. K. Hofbibliothek zu Wien, Wien 1834.

Summarium Heinrici
REINER HILDEBRANDT (Hg.) Summarium Heinrici (Quellen und Forschungen zur Sprach- und Kulturgeschichte der germanischen Völker, N. F. 78 [202]) Bd. 1, Berlin—New York 1974, Bd. 2, Berlin—New York 1982.

Summarium Heinrici Damrstädter Hs. 6
Siehe Kap. 6.3.: WEGSTEIN, Summarium Heinrici Darmstädter Hs. 6.

Tacitus, Germania
Die Germania des Tacitus, hg. v. RUDOLF MUCH, 3. beträchtlich erweiterte Aufl. unter Mitarbeit von HERBERT JANKUHN, hg. v. WOLFGANG LANGE, Heidelberg 1967.

Thegani vita Hludowici imperatoris
GEORG HEINRICH PERTZ (Hg.) Thegani vita Hludowici imperatoris (MGH SS II, Hannover 1829, unveränd. Nachdruck Stuttgart—New York 1963, S. 585—604).

Traditionen des Hochstifts Freising
THEODOR BITTERAUF (Hg.) Die Traditionen des Hochstifts Freising (Quellen und Erörterungen zur Bayerischen Geschichte, N. F., Bd. IV und V) Bd. 1 und 2, München 1905 und 1909, Nachdruck Aalen 1967.

Traditionen des Hochstifts Regensburg
JOSEF WIDEMANN (Hg.) Die Traditionen des Hochstifts Regensburg und des Klosters S. Emmeram (Quellen und Erörterungen zur Bayerischen Geschichte, N. F. VIII) München 1943, Neudruck Aalen 1969.

Traditiones possessionesque Wizenburgenses
Traditiones possessionesque Wizenburgenses. Codices duo cum supplementis, ed. societas historia (CASPAR ZEUSS) Palatina, Spirae 1842.

Traditiones Wizenburgenses
Traditiones Wizenburgenses. Die Urkunden des Klosters Weissenburg 661—864, eingeleitet und aus dem Nachlaß v. KARL GLÖCKNER hg. v. ANTON DOLL, Darmstadt 1979.

Urkunden der Karolinger
Die Urkunden der Karolinger, Bd. 1: Die Urkunden Pippins, Karlmanns und Karls des Großen, hg. von ENGELBERG MÜHLBACHER unter Mitwirkung von ALFONS DOPSCH, JOHANN LECHNER, MICHAEL TANGL (MGH DD Karol. I) 2. unveränd. Auflage, Berlin 1956.

Urkundenbuch Sanct Gallen
HERMANN WARTHMANN (Hg.) Urkundenbuch der Abtei Sanct Gallen, Theil 1 (700—840) Zürich 1863.

Vita et Miracula
Vita et Miracula Austrigisili episcopi Biturigi (Passiones vitaque sanctorum aevi Merovingici, hg. v. BRUNO KRUSCH [MGH SS rer. Merov. IV] Hannover—Leipzig 1902, S. 188—280).

Vita Hludowici imperatoris
GEORG HEINRICH PERTZ (Hg.) Vita Hludowici imperatoris (MGH SS II; Hannover 1829, unveränd. Nachdruck Stuttgart 1963, S. 604—648).

6.2. Sprach- und Sachwörterbücher, Handbücher

(Die Artikel sind, soweit sie eine Verfasserkennzeichnung tragen, einzeln nach Verfassern geordnet in Teil 6.3. des Literaturverzeichnisses aufgeführt)

Althochdeutsches Glossenwörterbuch
Althochdeutsches Glossenwörterbuch mit Stellennachweis zu sämtlichen gedruckten althochdeutschen und verwandten Glossen, zusammengetragen, bearb. und hg. v. TAYLOR STARCK und J[OHN]. C. WELLS, Lieferung 1 ff., Heidelberg 1972 ff.

Althochdeutsches Wörterbuch
Althochdeutsches Wörterbuch, aufgrund der von ELIAS VON STEINMEYER hinterlassenen Sammlungen im Auftrag der sächsischen Akademie der Wissenschaften zu Leipzig, Bd. I, bearb. und hg. v. ELISABETH KARGGASTERSTÄDT und THEODOR FRINGS, Berlin 1968, Bd. II ff., hg. v. RUDOLF GROSSE, Berlin 1970 ff.

BAETKE, Wörterbuch
WALTER BAETKE, Wörterbuch zur altnordischen Prosaliteratur, 4. Auflage, Berlin 1987.

BATTISTI—ALESSIO, Dizionario
CARLO BATTISTI—GIOVANNI ALESSIO, Dizionario etymologico Italiano, Bd. 1—5, Florenz 1968.

BENECKE—MÜLLER—ZARNCKE, Wörterbuch
Mittelhochdeutsches Wörterbuch, Bd. I—II, hg. von GEORG FRIEDRICH BENECKE, WILHELM MÜLLER und FRIEDRICH ZARNCKE, Leipzig 1854—1866, 3. Nachdruckaufl. Hildesheim—Zürich—New York 1986.

BOISACQ, Dictionnaire
EMILLE BOISACQ, Dictionnaire etymologique de la grecque, 4. Aufl. Heidelberg 1950.

BOSWORTH—TOLLER, Anglo Saxon Dictionary
JOSEPH BOSWORTH—THOMAS NORTHCOTE TOLLER, An Anglo Saxon Dictionary, London 1921, Nachdruck 1972; enlarged Addenda and Corrigenda to the Supplement by ALLISTAIR CAMPBELL, London 1972, reprint 1976.

BOTTOMORE—BOLTE—RECKER—HORSTMANN, Schichtung
THOMAS B. BOTTOMORE—KARL MARTIN BOLTE—HELGA RECKER—KURT HORSTMANN, Soziale Schichtung und Mobilität (RENE KÖNIG [Hg.] Handbuch der empirischen Sozialforschung, Bd. 5) zweite neubearb. Aufl. Stuttgart 1976.

BROCKHAUS, Enzyklopädie
Brockhaus Enzyklopädie in zwanzig Bänden. 17. vollständig neu bearb. Aufl. des Großen Brockhaus, Wiesbaden 1966—1974.

DU CANGE, Glossarium
Glossarium mediae et infimae Latinitatis, conditum a CAROLO DU FRESNE DOMINO DU CANGE, Paris 1840—1850, editio nova a LEOPOLD FAVRE, Bd. 1—10, Paris 1883—1887, unveränd. Neudruck Graz 1954.

CLEASBY—VIGFUSSON, Icelandic — English Dictionary
RICHARD CLEASBY—GUDBRAND VIGFUSSON, An Icelandic — English Dictionary, with a supplement by WILLIAM A. CRAIGIE, 2. Aufl. Oxford 1957.

Deutsches Rechtswörterbuch
Deutsches Rechtswörterbuch. Wörterbuch der älteren deutschen Rechtssprache, Bd. 1, hg. v. der Preuß. Akademie der Wiss., bearb. v. RICHARD SCHRÖDER und EBERHARD FRHR. VON KÜNSSBERG, Weimar 1914—1932; Bd. 2—3, hg. v. der Preuß. Akademie der Wiss., bearb. von EBERHARD FRHR. VON KÜNSSBERG, Weimar 1932—1938; Bd. 4, hg. von der Deutschen Akademie der Wiss. zu Berlin, Weimar 1939—1951; Bd. 5, hg. v. der Heidelberger Akademie der Wiss. in Verbindung mit der deutschen Akademie der Wiss. zu Berlin, bearb. von OTTO GÖNNENWEIN und WILHELM WEIZSÄCKER, Weimar 1953—1960; Bd. 6, hg. v. der Heidelberger Akademie der Wiss. in Verbindung mit der Akademie der Wiss. der DDR, bearb. von HANS BLESKEN, OTTO GÖNNENWEIN, SIEGFRID REICKE und WILHELM WEIZSÄCKER, Weimar 1961—1972; Bd. 7, bearb. v. GÜNTHER DICKEL und HEINO SPEER, HG. V. DER HEIDELBERGER AKADEMIE DER WISS. IN VERB. MIT DER AKADEMIE DER WISS. DER DDR, WEIMAR 1974—1983; BD. 8, H. 1—7/8, 1984—1989 (*-Leutnant*).

DIEFENBACH, Glossarium Latino — Germanicum
Glossarium Latino — Germanicum mediae et infimae aetatis, hg. von LORENZ DIEFENBACH, Frankfurt 1857, Neudruck Darmstadt 1973.

DIEZ, Wörterbuch
FRIEDRICH DIEZ, Etymologisches Wörterbuch der romanischen Sprachen, 5. Ausgabe mit einem Anhang von AUGUST SCHELER, Bonn 1887.
DOORNKAAT KOOLMAN, Wörterbuch
JAN TEN DOORNKAAT KOOLMAN, Wörterbuch der ostfriesischen Sprache, etymologisch bearbeitet, Bd. 1–3, Norden 1879–1884.
DUDEN, Herkunftswörterbuch
DUDEN, Etymologie. Herkunftswörterbuch der deutschen Sprache, bearb. v. GÜNTHER DROSDOWSKI, PAUL GREBE und weiteren Mitarbeitern der Dudenredaktion. In Fortführung der „Etymologie der neuhochdeutschen Sprache" v. KONRAD DUDEN, Mannheim–Wien–Zürich 1966 (= Der große Duden 7).
Ergänzbares Lexikon des Rechts
Ergänzbares Lexikon des Rechts, Redaktion: RAINER WINKLER und EDITH MÜHLBAUER, Neuwied–Darmstadt 1981 ff., Gruppe 1: Rechtsgeschichte, hg. von ROBERT SCHEYHING.
FALK–TORP, Norwegisch–Dänisches Wörterbuch
HJALMAR S. FALK–ALF TORP, Norwegisch–Dänisches etymologisches Wörterbuch. Mit Literaturnachweisen strittiger Etymologien sowie deutschem und altnordischem Wörterverzeichnis, erster Teil: A–O, zweiter Teil P–Ø, Oslo–Bergen 1910 und 1911, ^{2}1960
FEIST, Wörterbuch
SIGMUND FEIST, Vergleichendes Wörterbuch der gotischen Sprache. Mit Einschluß des Krimgotischen und sonstiger zerstreuter Überreste des Gotischen, 3. neubearb. u. vermehrte Aufl. Leiden 1939.
FORCELLINI, Lexicon totius Latinitatis
AEGIDIUS FORCELLINI, Lexicon totius Latinitatis, deinde a JOSEPHO FURLANETTO emendatum et auctum, nunc vero curantibus FRANCISCO CORRADINI et JOSEPHO PERIN ementatius et auctius melioremque in foram redactum, I–VI, Padua 1940.
FRANCKS's Etymologisch Woordenboek
FRANCK's Etymologisch Woordenboek der nederlandsche Taal, tweede Druk door N. VAN WIJK, met registers der Nieuwhoogduitsche woorden, enz. 'S-Gravenhage 1912, onveranderde herdruk 1976.
FRISK, Wörterbuch
HJALMAR FRISK, Griechisch-etymologisches Wörterbuch, Bd. 1, Heidelberg 1954.
GAMILLSCHEG, Wörterbuch
ERNST GAMILLSCHEG, Etymologisches Wörterbuch der französischen Sprache, 2. vollständig neu bearb. Aufl. Heidelberg 1969 (= Sammlung Romanischer Elementar- und Handbücher, 3. Reihe: Wörterbücher 5).
GEORGES, Handwörterbuch
KARL ERNST GEORGES, Ausführliches lateinisch-deutsches Handwörterbuch. Aus den Quellen zusammengetragen und mit besonderer Bezugnahme auf Synonymik und Antiquitäten unter Berücksichtigung der besten Hilfsmittel, I u. II, 14. Aufl. unveränd. Nachdruck der 8. verb. u. verm. Aufl. Hannover 1976 v. HEINRICH GEORGES, Darmstadt 1983.
Geschichtliche Grundbegriffe
Geschichtliche Grundbegriffe. Historisches Lexikon zur politisch-sozialen Sprache in Deutschland, hg. von OTTO BRUNNER, WERNER CONZE, REINHART KOSELLECK, Bd. 1: A–D, Stuttgart 1972, Nachdr. 1974, Bd. 2: E–G, Stuttgart 1975, Bd. 3: H–Ne, Stuttgart 1982, Bd. 4: Mi–Pre, Stuttgart 1978, Bd. 5: Pro–Soz, Stuttgart 1984.
GRAFF, Sprachschatz
EBERHARDT GOTTLIEB GRAFF, Althochdeutscher Sprachschatz oder Wörterbuch der althochdeutschen spatiun Sprache, I–VII, Berlin 1834–1842, unveränd. Nachdruck Hildesheim 1963.

GREIN, Sprachschatz der angelsächs. Dichter

GREIN, Sprachschatz der angelsächsischen Dichter v. C. W. GREIN, unter Mitwirkung von FERDINAND HOLTHAUSEN neu hg. v. J. J. KÖHLER, Heidelberg 1912 (= Germanische Bibliothek IV. Reihe: Wörterbücher 4).

GRIMM, Wörterbuch

Deutsches Wörterbuch, hg. v. JACOB UND WILHELM GRIMM, Bd. 1–16 und ein Quellenverzeichnis, Leipzig 1854–1971; Neubearbeitung hg. v. der Deutschen Akademie der Wissenschaften zu Berlin in Zusammenarbeit mit der Akademie der Wissenschaften zu Göttingen, Lieferung 1 ff., Leipzig 1965 ff.

Handbuch der Linguistik

Handbuch der Linguistik. Allgemeine und angewandte Sprachwissenschaft, aus Beiträgen zahlreicher Fachwissenschaftler unter Mitarbeit v. HILDEGARD JANSSEN zusammengestellt v. HARRO STAMMERJOHANN, München 1970.

HARTFIEL, Wörterbuch

GÜNTHER HARTFIEL, Wörterbuch der Soziologie, 2. überarb. u. ergänzte Aufl., Stuttgart 1976, neu bearb. v. KARL HEINZ HELLMANN, 3. Aufl., Stuttgart 1982.

HELLQUIST, Ordbok

ELOF HELLQUIST, Svensk etymologisk Ordbok, Bd. 1: A–N, Bd. 2: O–Ö, 3. Aufl., Malmö 1948.

Historisches Wörterbuch der Philosophie

Historisches Wörterbuch der Philosophie, hg. v. JOACHIM RITTER,völlig neu bearb. Ausgabe des Wörterbuchs der philosophischen Begriffe v. RUDOLF EISLER, Basel–Stuttgart, Bd. 1, 1971, Bd. 2, 1972, Bd. 3, 1974, Bd. 4, 1976, Bd. 5, 1980, Bd. 6, 1984, Bd. 7, 1989 (P–Q).

HOLDER, Alt-Celtischer Sprachschatz

ALFRED HOLDER, Alt-Celtischer Sprachschatz, Bd. 1–3, Leipzig 1896, 1904, 1907, unveränd. Nachdruck Graz 1961, 1962, 1962.

HOLTHAUSEN, Altsächsisches Wörterbuch

FERDINAND HOLTHAUSEN, Altsächsisches Wörterbuch, 2. unveränd. Aufl., Köln–Graz 1967.

HOLTHAUSEN, Altwestnordisches Wörterbuch

FERDINAND HOLTHAUSEN, Vergleichendes und etymologisches Wörterbuch des Altwestnordischen. Altnorwegisch-isländisch, einschließlich der Lehn- und Fremdwörter sowie der Eigennamen, Göttingen 1948.

HOLTHAUSEN, Wörterbuch

FERDINAND HOLTHAUSEN, Altenglisches etymologisches Wörterbuch, 3. unveränd. Aufl., Heidelberg 1974.

HRG

Handwörterbuch zur deutschen Rechtsgeschichte, hg. v. ADALBERT ERLER und EKKEHARDT KAUFMANN, (ab Bd. 2) unter philologischer Mitarbeit v. RUTH SCHMIDT-WIEGAND, mitbegründet von WOLFGANG STAMMLER; Redaktion DIETER WERKMÜLLER, Bd. 1, Berlin 1971, Bd. 2, Berlin 1978, Bd. 3, Berlin 1984, Bd. 4 in Lfgg.

KELLE, Glossar Otfrid

JOHANN KELLE, Glossar der Sprache Otfrids (DERS. [Hg.] Otfrid von Weissenburg Evangelienbuch, Bd. 3) Regensburg 1881.

KELLENBENZ, Wirtschafts- und Sozialgeschichte

HERMANN KELLENBENZ, Handbuch der europäischen Wirtschafts- und Sozialgeschichte, Bd. 2, Mittelalter, Stuttgart 1980.

KLAPPENBACH-STEINITZ, Wörterbuch

Wörterbuch der deutschen Gegenwartssprache, hg. v. RUTH KLAPPENBACH und WOLFGANG STEINITZ, Bd. 1–6, Berlin 1964–1977.

KLEIN, Dictionary
ERNEST KLEIN, A coprehensive etymological Dictionary of the English language. Dealing with the origin of words and their sense development thus illustring the history of civilization and culture, Bd. 1: A—K, Bd. 2: L—Z, Amsterdam—London—New York 1966, 1967.
KLUGE, Wörterbuch
FRIEDRICH KLUGE, Etymologisches Wörterbuch der deutschen Sprache, 20. Aufl. bearb. v. WALTHER MIZTKA, 21. unveränd. Aufl., Berlin—New York 1975 (22. Auflage 1989).
KÖBLER, Abrogans und Samanunga
GERHARD KÖBLER, Verzeichnis der Übersetzungsgleichungen von Abrogans und Samanunga (Göttinger Studien zur Rechtsgeschichte, Sonderband 15) Göttingen—Zürich—Frankfurt 1972.
KÖBLER, Altniederdeutsch — lateinisches Wörterbuch
GERHARD KÖBLER, Altniederdeutsch — neuhochdeutsches und neuhochdeutsch — altniederdeutsches Wörterbuch, (Arbeiten zur Rechts- und Sprachwissenschaft 18) 2. Auflage Gießen 1982.
KÖBLER, Benediktinerregel
GERHARD KÖBLER, Verzeichnis der Übersetzungsgleichungen der althochdeutschen Benediktinerregel (Göttinger Studien zur Rechtsgeschichte, Sonderband 3) Göttingen—Zürich—Frankfurt 1970.
KÖBLER, Heliand und Genesis
GERHARD KÖBLER, Verzeichnis der Übersetzungsgleichungen zu Heliand und Genesis (Göttinger Studien zur Rechtsgeschichte, Sonderband 13) Göttingen—Zürich—Frankfurt 1972.
KÖBLER, Isidorgruppe
GERHARD KÖBLER, Verzeichnis der Übersetzungsgleichungen der althochdeutschen Isidorgruppe (Göttinger Studien zur Rechtsgeschichte, Sonderband 5) Göttingen—Zürich—Frankfurt 1970.
KÖBLER, Lexikon
GERHARD KÖBLER, Lateinisch-germanistisches Lexikon (Arbeiten zur Rechtsgeschichte und Sprachwissenschaft 5) Göttingen—Gießen 1975.
KÖBLER, Murbacher Hymnen
GERHARD KÖBLER, Verzeichnis der Übersetzungsgleichungen der Murbacher Hymnen (Göttinger Studien zur Rechtsgeschichte, Sonderband 4) Göttingen—Zürich—Frankfurt 1970.
KÖBLER, Notker von St. Gallen
GERHARD KÖBLER, Verzeichnis der normalisierten Übersetzungsgleichungen der Werke Notkers von St. Gallen (Göttinger Studien zur Rechtsgeschichte, Sonderband 9) Göttingen—Zürich—Frankfurt 1971.
KÖBLER, Otfrid
GERHARD KÖBLER, Verzeichnis der Übersetzungsgleichungen Otfrids von Weissenburg (Göttinger Studien zur Rechtsgeschichte, Sonderband 11) Göttingen—Zürich—Frankfurt 1971.
KÖBLER, Psalmenfragmente
GERHARD KÖBLER, Verzeichnis der Übersetzungsgleichungen der altsächsischen, altostniederdeutschen und altsüdniederfränkischen Psalmenfragmente (Göttinger Studien zur Rechtsgeschichte, Sonderband 6) Göttingen—Zürich—Frankfurt 1971.
KÖBLER, Register
GERHARD KÖBLER, Lateinische Register zu den frühmittelalterlichen germanischen Übersetzungsgleichungen (Göttinger Studien zur Rechtsgeschichte, Sonderband 20) Göttingen—Zürich—Frankfurt 1973.

Köbler, Sprachdenkmäler
Gerhard Köbler, Verzeichnis der Übersetzungsgleichungen der althochdeutschen Sprachdenkmäler (Göttinger Studien zur Rechtsgeschichte, Sonderband 7) Göttingen—Zürich—Frankfurt 1971.

Köbler, Tatian
Gerhard Köbler, Verzeichnis der Übersetzungsgleichungen des althochdeutschen Tatian (Göttinger Studien zur Rechtsgeschichte, Sonderband 9) Göttingen—Zürich—Frankfurt 1971.

Köbler, Verzeichnis Sprachdenkmäler
Gerhard Köbler, Verzeichnis der Übersetzungsgleichungen der kleineren altsächsischen Sprachdenkmäler (Göttinger Studien zur Rechtsgeschichte, Sonderband 2) Göttingen—Zürich—Frankfurt 1970.

Köbler, Wörterbuch
Gerhard Köbler, Lateinisch-althochdeutsches Wörterbuch (Göttinger Studien zur Rechtsgeschichte, Sonderbd. 12) Göttingen—Zürich—Frankfurt 1971.

Köbler, Wörterverzeichnis Diplomata regum Francorum
Gerhard Köbler, Wörterverzeichnis zu den Diplomata regum Francorum e stirpe Merowingia (Arbeiten zur Rechts- und Sprachwissenschaft 17) Gießen 1983.

Köbler, Wörterbuch, gotisch-neuhochdeutsches
Gerhard Köbler, Gotisch-neuhochdeutsches und neuhochdeutsch-gotisches Wörterbuch (Arbeiten zur Rechts- und Sprachwissenschaft) Gießen 1981.

Köbler, Wörterbuch LAl, LBai
Gerhard Köbler, Wörterverzeichnis zu den Leges Alamannorum und Baiwariorum, Gießen 1979.

Köbler, Wörterverzeichnis LBur, LSax, LThur, LFris
Gerhard Köbler, Wörterverzeichnis zu den Leges Burgundionum, Saxonum, Thuringorum und Frisionum, Gießen 1978.

Köbler, Wörterverzeichnis, LFranc
Gerhard Köbler, Wörterverzeichnis zu den Leges Francorum, Gießen 1979.

Köbler, Wörterverzeichnis LLang
Gerhard Köbler, Wörterverzeichnis zu den Leges Langobardorum, Gießen 1977.

Köbler, Wörterbuch Notkerglossator
Gerhard Köbler, Althochdeutsch-neuhochdeutsch-lateinisches und lateinisch-althochdeutsches Wörterbuch zum Notkerglossator (Arbeiten zur Rechts- und Sprachwissenschaft 33) Gießen 1986.

Köbler—Quak, Altniederdeutsch — lateinisches Wörterbuch
Gerhard Köbler—Arend Quak, Altniederdeutsch — neuhochdeutsches und neuhochdeutsch — altniederdeutsches Wörterbuch, (Göttinger Studien zur Rechtsgeschichte 18) Göttingen—Zürich—Frankfurt a. M. 1973.

Kuhn, Wörterbuch (Edda)
Hans Kuhn, Edda. Die Lieder des Codex Regius nebst verwandten Denkmälern hg. v. Gustav Neckel, II. Kurzes Wörterbuch v. Hans Kuhn, 3. umgearb. Aufl. des kommentierenden Glossars, Heidelberg 1968.

Lexer, Handwörterbuch
Matthias Lexer, Mittelhochdeutsches Handwörterbuch. Zugleich als Supplement und alphabetischer Index zum Mittelhochdeutschen Wörterbuch von Benecke—Müller—Zarncke, 2 Bde., I—III, Leipzig 1872, 1876, 1878, Nachdruck Stuttgart 1965.

Lexer, Nachträge
Klaus Matzel, Nachträge zum mittelhochdeutschen Handwörterbuch von Matthias Lexer (Sprachwissenschaft 3, 1978, S. 325—344; 6, 1981, S. 335—381).

Lexikon des Mittelalters
Lexikon des Mittelalters, Bd. 1: Aachen—Bettelordenkirchen, München 1980, Bd. 2: Bettlerwesen-Codex von Valencia, 1983, Bd. 3: Codex Witoniensis-Erziehungs- und Bildungswesen, 1986, Bd. 4: Erzkanzler-Hiddensee, 1989.

LGL, Tübingen 1973
Lexikon der germanistischen Linguistik, hg. v. HANS PETER ALTHAUS, HELMUT HENNE, HERBERT ERNST WIEGAND, Tübingen 1973.

LGL, Tübingen ^{2}1980
Lexikon der germanistischen Linguistik, hg. v. HANS PETER ALTHAUS, HELMUT HENNE, HERBERT ERNST WIEGAND, 2. vollständig neu bearb. Aufl. Tübingen 1980.

MEYER-LÜBKE, Wörterbuch
WILHELM MEYER-LÜBKE, Romanisches etymologisches Wörterbuch, 3. Aufl. Heidelberg 1935, 5. Aufl. ebd. 1972.

Mittellateinisches Glossar
Mittellateinisches Glossar. Unter Mitwirkung von FRIEDRICH GRÖBEL, hg. v. EDWIN HABEL, 2. Aufl. Paderborn 1959.

Mittellateinisches Wörterbuch
Mittellateinisches Wörterbuch bis zum ausgehenden 13. Jahrhundert, hg. v. d. Bayr. Akad. d. Wiss. und der Dt. Akad. der Wiss. zu Berlin ab Bd. II, 5. Lfg. = Akademie der Wiss. der DDR) in Gemeinschaft mit den Akad. der Wiss. zu Göttingen, Heidelberg, Mainz, Wien und der Schweizerischen geisteswissenschaftlichen Gesellschaft, Bd. I ff., München 1967 ff.

MOURRE—MONTAGUE, Dictionnaire
MICHEL MOURRE—MARGUERITE MONTAGUE, Dictionnaire encyclopédique d'histoire, T. 1—8, Paris 1978.

NIERMEYER, lexicon
Mediae Latinitatis lexicon minus, composuit JAN FREDERIK NIERMEYER. Lexique médiéval — Francais/Anglais — A medieval Latin—French/English Dictionary, perficiendum curavit C. VAN DE KEIFT, Leiden 1976.

Novae concordantiae Bibliorum Sacrorum
Novae concordantiae Bibliorum Sacrorum iuxta Vulgatum versionem critice ediam quas digessit BONIFATIUS FISCHER, Bd. I—V, Stuttgart—Bad Cannstatt 1977.

Nudansk Ordbog
Nudansk Ordborg, Redaktion: CHRISTIAN BECKER-CHRISTENSEN, LARS HELTOFT, CAROL HENRIKSEN, PETER WIDELL, 13 udgave Copenhagen 1986, 6. oplag 1988.

ONIONS, Oxford Dictionary
The Oxford Dictionary of English Etymology, hg. v. C. T. ONIONS, unter Mitwirkung v. G. W. S. FRIEDRICHSEN und R. W. BURCHFIELD, Oxford 1966.

Oxford English Dictionary
The Oxford English Dictionary. Being a corrected re-issue with introduction, supplement, an bibliography of a new English Dictionary on historical principles founded mainley on the materials collected by the Philological Society, 12 books and supplement, Oxford 1933, Supplement 1. A—G, 1972, 2. H—N, 1976.

PAPE, Handwörterbuch
WILHELM PAPE, Griechisch-Deutsches Handwörterbuch, Nachdruck der 3. Aufl. bearb. v. M. SENGENBUSCH, Bd. 1 und 2, Graz 1954.

PAUL, Deutsches Wörterbuch
HERMANN PAUL, Deutsches Wörterbuch, bearb. v. WERNER BETZ, 8. unveränd. Studienausgabe nach der 5., völlig neu bearb. u. erw. Aufl. Tübingen 1981.

Paulys Real-Encyclopädie
Paulys Real-Encyclopädie der classischen Alterstumswissenschaft, unter Mitwirkung zahlreicher Fachgenossen begonnen von Georg Wissowa, hg. v. Wilhelm Kroll und Kurt Witte, Bd. 1—24, A—R, Stuttgart 1984—1959; 2. Reihe: Bd. 1—19, S—Z, Stuttgart—München 1914—1972; Supplement-Bände 1—15, Stuttgart—München 1903—1978.

Der Kleine Pauly
Der Kleine Pauly. Lexicon der Antike auf der Grundlage von Pauly's Realencyclopädie der classischen Alterstumswissenschaft unter Mitwirkung zahlreicher Fachgelehrter bearb. und hg. v. Konrad Ziegler—Walther Sontheimer, Bd. 1—5, München 1964 ff., Nachdruck 1979.

Pokorny, Wörterbuch
Julius Pokorny, Indogermanisches etymologisches Wörterbuch, Bd. 1—2, Bern—München 1959—1969.

Richthofen, Wörterbuch
Karl Frhr. von Richthofen, Altfriesisches Wörterbuch, 2. Neudr. der Ausgabe Göttingen 1840, Aalen 1970, S. 583—1165 (Die Seiten 1—582 bilden das Werk: Ders., Friesische Rechtsquellen).

RLA
Reallexikon der germanischen Alterstumskunde, unter Mitwirkung zahlreicher Fachgelehrter hg. von Johannes Hoops, 4 Bde., Straßburg 1911—1919.

RLA, 2. Aufl.
Reallexikon der germanischen Alterstumskunde, 2. völlig neu bearb. und stark erweiterte Aufl. unter Mitwirkung zahlreicher Fachgelehrter, Bd. 1, hg. von Heinrich Beck, Herbert Jankuhn, Hans Kuhn, Kurt Ranke, Reinhardt Wenskus, Berlin—New York 1973, ab Bd. 2, hg. von Heinrich Beck, Herbert Jankuhn, Kurt Ranke, Reinhardt Wenskus, Berlin—New York 1976 ff.

Robert, Dictionnaire
Paul Robert, Dictionnaire alphabétique de la langue Française, hg. von Alain Rey, 2. vollständig durchges. und erweiterte Aufl. Paris 1985.

Schade, Wörterbuch
Oskar Schade, Altdeutsches Wörterbuch, Teil 1 und 2, 2. umgearb. und vermehrte Aufl. Halle 1872—1882, unveränd. Nachdr. Hildesheim 1969.

Schiller—Lübben, Wörterbuch
Karl Schiller—August Lübben, Mittelniederdeutsches Wörterbuch, Bd. 1—6, Bremen 1875—1881, Neudr. Wiesbaden—Münster 1969.

Schmeller, Wörterbuch
Johann Andreas Schmeller, Bayerisches Wörterbuch, 2 Bde., 2. Aufl. der Ausgabe Stuttgart—Tübingen 1827—1837, München 1872 und 1877.

Schrader, Reallexikon
Otto Schrader, Reallexikon der Indogermanischen Altertumskunde, 2, 2. Aufl., Berlin 1929.

Schröbler, Glossar
Ingeborg Schröbler, Langobardisch-deutsches Glossar (Leges Langobardorum 643—866, bearb. von Franz Beyerle [Germanenrechte N. F.] Witzenhausen 1962, S. 217—228).

Schützeichel, Wörterbuch
Rudolf Schützeichel, Althochdeutsches Wörterbuch, 4. überarbeitete und ergänzte Auflage, Tübingen 1989.

Schweizerisches Idiotikon
Schweizerisches Idiotikon. Wörterbuch der schweizerdeutschen Sprache, ges. auf Veranstaltung der Antiquar. Gesellschaft in Zürich, begonnen von Friedrich Staub und Ludwig Tobler, fortgesetzt unter der Leitung von Albert Bachmann und Otto Gröger, Bd. 1 ff., Frauenfeld 1881 ff.

Seebold, Wörterbuch
Elmar Seebold, Vergleichendes und etymologisches Wörterbuch der germanischen Sprachen, The Hague — Paris 1970.

Sehrt, Notker Glossar
Edward Henry Sehrt, Notker Glossar. Ein ahd.-lat.-nhd.-Wörterbuch zu Notkers des deutschen Werken, Tübingen 1962.

Sehrt, Wörterbuch zum Heliand
Edward Henry Sehrt, Vollständiges Wörterbuch zum Heliand und zur altsächsischen Genesis, 2. durchges. Aufl. Göttingen 1966.

Sehrt—Legner, Notker Wortschatz
Notker-Wortschatz. Das gesamte Material zusammengetragen von Edward Henry Sehrt und Taylor Starck, bearb. und hg. von Edward Henry Sehrt und Wolfram Karl Legner, Halle—Saale 1955.

Sprachgeschichte
Sprachgeschichte. Ein Handbuch zur Geschichte der deutschen Sprache und ihrer Erforschung, hg. v. Werner Besch—Oskar Reichmann—Stefan Sonderegger (Handbücher zur Sprach- und Kommunikationswissenschaft, Bd. 2.1 und 2.2) 2 Bde., Berlin—New York 1984—1985.

Staats-Lexikon
Staats-Lexikon oder Enzyklopädie der Staatswissenschaften, in Verbindung mit vielen der angesehensten Publicisten Deutschlands, hg. von Carl von Rotteck und Carl Theodor Welcker, Bd. 1—15, Altona 1834—1843 [Nebst] Suppl. 1847.

Stammler, Deutsche Philologie
Wolfgang Stammler (Hg.) Deutsche Philologie im Aufriß, 3 Bde. Berlin 1957 ff., 2. überarb. Aufl. Bd. 1 und 2, 1966, Bd. 3, 1967.

Starck—Wells, Glossenwörterbuch
Althochdeutsches Glossenwörterbuch mit Stellennachweis zu sämtlichen gedruckten althochdeutschen und verwandten Glossen, zusammengetragen, bearb. und hg. von Taylor Starck und J. C. Wells, 1.—9. Lieferung, Heidelberg 1972 ff.

Sweet, Dictionary of Anglo-Saxon
Henry Sweet, The Students Dictionary of Anglo-Saxon, Oxford 1897.

Thesaurus linguae Latinae
Thesaurus linguae Latinae, edictus auctoritate et consilio Academiarum quinque Germanicarum: Berolinensis, Gottingensis, Lipsiensis, Monacensis, Vindobonensis, I ff., Leipzig 1900 ff.

Tiling, bremisch-niedersächsisches Wörterbuch
Eberhard Tiling, Versuch eines bremisch-niedersächsischen Wörterbuches, Teil 1—6, Neudruck der Ausgabe Bremen 1767—1869 Osnabrück 1975.

Tobler—Lommatzsch, Altfranzösisches Wörterbuch
Altfranzösisches Wörterbuch, Adolf Tobers nachgelassene Materialien, bearb. und mit Unterstützung der Preuss. Akademie der Wiss. hg. von Eberhard Lommatzsch, Bd. 1—10, Berlin 1925—1976, ab 1874 ff. Lieferung 84 ff.

Trübners Deutsches Wörterbuch
Trübners Deutsches Wörterbuch. Im Auftrag der Arbeitsgemeinschaft für deutsche Wortforschung hg. von Alfred Götze, Bd. 1—8, Berlin 1939—1957.

Verwijs—Verdam, Middelnederlandsch Woordenboek
Eelco Verwijs—Jakob Verdam, Middelnederlandsch Woordenboek, deel 9 voltooid door Frederik August Stoett, s'Gravenhage 1929.
Verdam, Handwoordenboek
Jakob Verdam, Middelnederlandsch Handwoordenboek. Onveranderde herdruk en van het woord sterne of opnieuw bewerkt door C. H. Ebbinge Wubben, s'Gravenhage 1956.
Vries, Wörterbuch
Jan de Vries, Altnordisches etymologisches Wörterbuch, 2. verb. Aufl. Leiden 1962.
Walde—Hofman, Wörterbuch
Alois Walde—J. B. Hofmann, Lateinisches etymologisches Wörterbuch, Bd. 1—3, Bd. 1: A—L, 4. unveränd. Aufl. Heidelberg 1965; Bd. 2: M—Z, 5. Aufl. Heidelberg 1982; Bd. 3: Register. Zusammengestellt von Elsbeth Berger, 4. unveränd. Aufl. Heidelberg 1965 (= Indogermanische Bibliothek, 2. Reihe: Wörterbücher).
Walde—Pokorny, Vergleichendes Wörterbuch
Alois Walde—Julius Pokorny, Vergleichendes Wörterbuch der indogermanischen Sprachen 2, Berlin—Leipzig 1927, Nachdruck 1975.
Wartburg, Wörterbuch
Walther von Wartburg, Französisches etymologisches Wörterbuch. Eine Darstellung des galloromanischen Wortschatzes, Bd. 1—25, Tübingen—Basel 1946 ff.
Weigand, Wörterbuch
Friedrich Ludwig Karl Weigand, Deutsches Wörterbuch, 5. Aufl. vollständ. neu bearb. von Hermann Hirt, Bd. 1 und 2, Gießen 1909 und 1910.
Woeste, Westfälisches Wörterbuch
Wörterbuch der westfälischen Mundart von Friedrich Woeste, im Auftrage des Westfälischen Heimatbundes neu bearb. und hg. von Erich Nörrenberg, Norden und Leipzig 1930.
Wörterbuch der deutschen Volkskunde
Wörterbuch der deutschen Volkskunde, begr. von Oswald A. Erich und Richard Beitl, 3. Aufl., neu bearb. von Richard Beitl, Stuttgart 1974.
Wrede, Kölnischer Sprachschatz
Adam Wrede, Neuer Kölnischer Sprachschatz, Bd. 1—3, Köln 1965.

6.3. Weitere Literatur

Abel, Landwirtschaft
Wilhelm Abel, Landwirtschaft 900—1350 (Handbuch der deutschen Wirtschafts- und Sozialgeschichte, hg. von Hermann Aubin und Wolfgang Zorn, Bd. 1, Von der Frühzeit bis zum Ende des 18. Jahrhunderts, Stuttgart 1971, S. 169—201).
Albano Leoni, Glossari langobardo-latini
Frederico Albano Leoni, Tre Glossari langobardo-latini (Fonti e ricerche per la storia sociale e culturale del mezzogiorno d'Italia I) Napoli 1981.
Albano Leoni, Langobardi
Frederico Albano Leoni, Langobardi Beneventum degentes (Jb. für Internationale Germanistik, H. 2, 1978, S. 86—92).
Amira—Eckhardt, Germanisches Recht
Karl von Amira—Karl August Eckhardt, Germanisches Recht, Bd. 1, Berlin 1960.
Andersson, hund und hundare
Thorsten Andersson, Die schwedischen Bezeichnungen hund und hundare. Ein Beitrag zur Diskussion einer germanischen Wortfamilie (FMSt 13, 1979, S. 88—124).

Angenendt, Theologie und Liturgie
Arnold Angenendt, Theologie und Liturgie der mittelalterlichen Toten-Memoria (Memoria. Der geschichtliche Zeugniswert des liturgischen Gedenkens im Mittelalter, hg. von Karl Schmidt und Joachim Wollasch, Bestandteil des Quellenwerkes Societas und Fraternitas [MMS, Bd. 48], München 1984, S. 79—199).

Arcamone, Rezension Kremer
Maria G. Arcamone, Rezension zu Kremer, Die germanischen Personennamen in Katalonien. Namensammlung und Etymologisches (BNF. N. F. 9, 1974, S. 263—271).

Arens, Sprachwissenschaft
Hans Arens, Sprachwissenschaft. Der Gang ihrer Entwicklung von der Antike bis zur Gegenwart (Orbis Academicus. Problemgeschichten der Wissenschaften in Dokumentation und Darstellungen) 2. durchges. und stark erw. Aufl., Freiburg—München 1969.

Århammar, Friesisch/Deutsch
Nils Århammar, Artikel ‚Friesisch/Deutsch' (Sprachgeschichte, Bd. 1, S. 930—938). Siehe Kap. 6.2.

Arnold, Freiheit
Klaus Arnold, Freiheit im Mittelalter (Historisches Jb. 104, 1984, S. 1—21).

Bach, Geschichte
Adolf Bach, Geschichte der deutschen Sprache, 9. durchges. Aufl., Heidelberg 1970.

Bader, Dorgenossenschaft
Karl Siegfried Bader, Dorfgenossenschaft und Dorfgemeinde (Studien zur Rechtsgeschichte des mittelalterlichen Dorfes, Teil 2), 2. unveränd. Aufl., Wien—Köln—Graz 1974.

Baesecke, Vor- und Frühgeschichte
Georg Baesecke, Vor- und Frühgeschichte des deutschen Schrifttums II.1, Halle 1950.

Baesecke, Worte
Georg Baesecke, Die deutschen Worte der germanischen Gesetze (PBB 59, 1935, S. 1—101).

Baldinger, Semasiologie
Kurt Baldinger, Die Semasiologie. Versuch eines Überblicks (Deutsche Akademie der Wissenschaften zu Berlin, Vorträge und Schriften, H. 61) Berlin 1957.

Bayer, Sprechen und Situation
Klaus Bayer, Sprechen und Situation. Aspekte einer Theorie der sprachlichen Interaktion, Tübingen 1977.

Beck—Denecke—Jankuhn, Untersuchungen
Heinrich Beck—Dietrich Denecke—Herbert Jankuhn (Hgg.), Untersuchungen zur eisenzeitlichen und frühmittelalterlichen Flur in Mitteleuropa und ihrer Nutzung. Bericht über die Kolloquien der Kommission für die Altertumskunde Mittel- und Nordeuropas in den Jahren 1975 und 1976, Teil 1 (Abh. der Akad. der Wiss. in Göttingen, Phil.-Hist. Kl., 3. Folge, Nr. 115) Göttingen 1979.

Becker, Formel, Formulae, Formelsammlung
Hans-Jürgen Becker, Artikel ‚Formel, Formular, Formelsammlung' (HRG, Bd. 1, Sp. 1157—1163). Siehe Kap. 6.2.

Beckmann, Geschichte von unten
Ralf Beckmann, Vom Nutzen und Nachteil der „Geschichte von unten" für das Leben: Eine Zwischenbilanz von Modellen aktiver Geschichtsarbeit (Geschichtsdidaktik, Probleme, Projekte, Perspektiven, 9. Jg., 1984, H. 3, S. 255—266).

Behaghel, Geschichte
Otto Behaghel, Geschichte der deutschen Sprache, 3. vollst. umgearb. Aufl. (Grundriß der germanischen Philologie) Straßburg 1911.

BELLMANN, Slawisch/Deutsch

GÜNTER BELLMANN, Artikel ‚Slawisch/Deutsch‘ (Sprachgeschichte, Bd. 1, S. 897–893). Siehe Kap. 6.2.

BERGMANN, Glossen

ROLF BERGMANN, Althochdeutsche Glossen zu „Bauer“ (WENSKUS–JANKUHN–GRINDA, „Bauer“, S. 89–127).

BERGMANN, Glossen zur Lex Alamannorum

ROLF BERGMANN, Die althochdeutschen Glossen zur Lex Alamannorum im clm. 4460 (Sprache und Recht, Beiträge zur Kulturgeschichte des Mittelalters. Festschrift f. Ruth Schmidt-Wiegand zum 60. Geb., hg. von KARL HAUCK, KARL KROESCHELL, STEFAN SONDEREGGER, DAGMAR HÜPPER, GABRIELE VON OLBERG, Bd. 1, Berlin–New York 1986, S. 56–66).

BERGMANN, Verzeichnis

ROLF BERGMANN, Verzeichnis der althochdeutschen und altsächsischen Glossenhandschriften. Mit Bibliographie der Glosseneditionen, der Handschriftenbeschreibungen und der Dialektbestimmungen (AFMF 6) Berlin–New York 1973.

BERNAREGGI, sistema ecconomico

ERNESTO BERNAREGGI, Il sistema ecconomico e la monetazione dei Langobardo nell'Italia superiore. Milano 1923.

BERNHEIM, Lehrbuch der historischen Methode

ERNST BERNHEIM, Lehrbuch der historischen Methode, 1. Aufl. 1889; 3. und 4. völlig neu bearb. und vermehrte Aufl. unter dem Titel: Lehrbuch der historischen Methode und der Geschichtsphilosophie, 2 Bde., Leipzig 1903, 5. und 6. Aufl. Leipzig 1908.

BEUMANN, Forschungen

HELMUT BEUMANN (Hg.), Historische Forschungen für Walter Schlesinger, Köln–Wien 1974.

BEUMANN, Widukind

HELMUT BEUMANN, Widukind von Corvey. Untersuchungen zur Geschichtsschreibung und Ideengeschichte des 10. Jahrhundert (Abhandlungen über Corveyer Geschichtsschreibung 3) 1950.

BEUMANN–SCHRÖDER, Nationes

HELMUT BEUMANN–WERNER SCHRÖDER (Hgg.) Nationes. Historische und philologische Untersuchungen zur Entstehung der europäischen Nationen im Mittelalter, Bd. 1: Aspekte der Nationenbildung im Mittelalter, Ergebnisse der Marburger Rundgespräche 1972–1975, Sigmaringen 1978.

BEYERLE, Einleitung

FRANZ BEYERLE, Einleitung (Gesetze der Burgunden, S. V–XVI). Siehe Kap. 6.1.

BEYERLE, Entwicklungsproblem

FRANZ BEYERLE, Das Entwicklungsproblem im germanischen Rechtsgang I (Deutschrechtliche Beiträge X, 2) Heidelberg 1915.

BEYERLE, Frühgeschichte

FRANZ BEYERLE, Die Frühgeschichte der westgotischen Gesetzgebung (ZRG. GA 67, 1950, S. 1–33).

BEYERLE, Kleinreich Sigibert III.

FRANZ BEYERLE, Zum Kleinreich Sigibert III. und zur Datierung der Lex Ribuaria (RhVjbll. 21, 1956, S. 357–362).

BEYERLE, Kulturporträt

FRANZ BEYERLE, Das Kulturporträt der beiden alemannischen Rechtstexte: Pactus und Lex Alamannorum (1956) (MÜLLER, Alemannen, S. 126–150).

BEYERLE, Leges
FRANZ BEYERLE, Die süddeutschen Leges und die merowingische Gesetzgebung (ZRG. GA 49, 1929, S. 264–432).
BEYERLE, Malberg-Glossen
FRANZ BEYERLE, Die Malberg-Glossen der Lex Salica. Ursprünglich Randglossen, Stichworte zum jeweiligen Tatbestand (ZRG. GA 89, 1972, S. 1–32).
BEYERLE, Normtypen
FRANZ BEYERLE, Über Normtypen und Erweiterungen der Lex Salica (ZRG. GA 44, 1924, S. 216–261).
BEYERLE, Sachkommentar
FRANZ BEYERLE, Sachkommentar (Lex Ribvaria, S. 135–180). Siehe Kap. 6.1.
BEYERLE, Stammesrechte
FRANZ BEYERLE, Die beiden süddeutschen Stammesrechte (ZRG. GA 73, 1956, S. 84–140).
BEYERLE, Textgestalt
FRANZ BEYERLE, Zur Textgestalt und Textgeschichte der Lex Burgundionum (ZRG. GA 71, 1954, S. 23–54).
BEYERLE, Volksrechtliche Studien I
FRANZ BEYERLE, Die Lex Ribuaria. Volksrechtliche Studien I (ZRG. GA 48, 1928, S. 264–378).
BEYERLE, Volksrechtliche Studien III
FRANZ BEYERLE, Das Gesetzbuch Ribuariens. Volksrechtliche Studien II (ZRG. GA 55, 1935, S. 1–80).
BEYERLE, Werk Chilperichs I.
FRANZ BEYERLE, Das legislative Werk Chilperichs I. (ZRG. GA 78, 1961, S. 1–38).
BEYERLE, K., Glossar
KONRAD BEYERLE, Glossar (Lex Baiuvariorum [K. BEYERLE], S. 212 f.). Siehe Kap. 6.1.
BEYREUTHER, liberi/ingenui der Leges barbarorum
GERALD BEYREUTHER, Zum sozialen Status der liberi/ingenui der Leges barbarorum (Klio 68, 1986, H. 1, S. 267–272).
BEYREUTHER, Liten
GERALD BEYREUTHER, Die frühmittelalterlichen Liten. Untersuchungen zu ihrem sozialökonomischen und ständisch-rechtlichen Status. Phil. Diss. Berlin (Ost) 1982 (Masch.).
BINDING, Königreich
KARL BINDING, Das burgundisch-romanische Königreich (von 443–532 n. Chr.). Eine reichs- und rechtsgeschichtliche Untersuchung, Bd. 1: Geschichte des burgundisch-romanischen Königreichs. Mit einer Beilage von WILHELM WACKERNAGEL: Sprache und Sprachdenkmäler der Burgunden, Neudr. d. Ausgabe Leipzig 1868, Aalen 1969.
BISCHOFF, Paläographie
BERNHARD BISCHOFF, Paläographie des römischen Altertums und des abendländischen Mittelalters (Grundlagen der Germanistik, hg. von HUGO MOSER, HARTMUT STEINECKE, mitbegründet von WOLFGANG STAMMLER, Bd. 24) Berlin 1979.
BISCHOFF, Paläographische Fragen
BERNHARD BISCHOFF, Paläographische Fragen deutscher Denkmäler der Karolingerzeit (FMSt 5, 1971, S. 101–134); Neudruck in: DERS., Mittelalterliche Studien. Ausgewählte Aufsätze zur Schriftkunde und Literaturgeschichte 3, Stuttgart 1981, S. 73–111.
BLEIKEN u. a., Freiheit
JOCHEN BLEIKEN, WERNER CONZE, CHRISTOF DIPPER, HORST GÜNTHER, DIETHELM KLIPPEL, GERHARD MAY, CHRISTIAN MEIER, Artikel ‚Freiheit' (Geschichtliche Grundbegriffe, Bd. 2, 1975, S. 425–542). Siehe Kap. 6.1.

BLEIKER, Burgunderproblem
JÜRG BLEIKER, Das Burgunderproblem in germanistischer Sicht (Vox Romanica 22, 1963, S. 13–58).
BLOCH, Comment
MARC BLOCH, Comment et pourquoi finit l'esclavage antique (DERS., Mélanges historiques. tome I., Paris 1963, S. 261–285).
BLOCH, Slavery and serfdom
Slavery and serfdom in the middle ages, selected essays by MARC BLOCH, translated by WILLIAM R. BEER, Berkelely–Los Angeles–London 1975.
BLOCH, société féodale
Marc Bloch, La société féodale, 2 Bde., Paris 1939–1940, ^{2}1949.
BLOK, De Franken
D[IRK] P[ETER] BLOK, De Franken. Hun optreden in het licht der historie, Bussum 1968.
BLOK, De Franken in Nederland
D[IRK] P[ETER] BLOK, De Franken in Nederland, Bussum 2. Aufl. 1974.
BLOOMFIELD, Salic litus
L. BLOOMFIELD, Salic litus (Studies in honor of H. Collitz, Baltimore 1930, S. 83 ff.).
BLUHME, Textkritik
FRIEDRICH BLUHME, Zur Textkritik des Westgotenrechts und Reccared's Leges antiquae, Halle 1872.
BÖCKENFÖRDE, Rechtsbegriff
ERNST WILHELM BÖCKENFÖRDE, Der Rechtsbegriff in seiner geschichtlichen Entwicklung (Archiv für Begriffsgeschichte 12, 1968, S. 145–165).
BÖCKENFÖRDE, verfassungsrechtliche Forschung
ERNST-WOLFGANG BÖCKENFÖRDE, Die deutsche verfassungsgeschichtliche Forschung im 19. Jahrhundert. Zeitgebundene Fragestellungen und Leitbilder (Schriften zur Verfassungsgeschichte, Bd. 1) Berlin 1961.
BOEHM, Geschichte Burgunds
LAETITIA BOEHM, Geschichte Burgunds: Politik–Staatsbildungen–Kultur, Stuttgart–Berlin–Köln–Mainz 1971.
BOGNETTI, Arimannie
GIAN PIERO BOGNETTI, Arimannie nella città di Milano (R. Istituto lombardo di scienze e lettere, Rendiconti Lettere LXXII, 1938/39) Milano 1939.
BOGNETTI, L'influsso
GIAN PIERO BOGNETTI, L'influsso delle istituzioni militari romane sulle istituzioni langobarde del sec. VI e la natura della „fara" (Atti del. Congr. Intern. di dir. Rome, storia del dir. Verona 1948, Milano 1964, S. 167–200).
BOGNETTI, Tradizione langobarda
GIAN PIERO BOGNETTI, Tradizione langobarda e politica byzantina nelle origine del ducato di Spoleto (Rivista di storia del diritto italiano, 26/27, 1954/54, S. 269 ff.).
BONFANTE, Latini et Germani
GIUSEPPE BONFANTE, Latini et Germani in Italia, Brescia 1965.
BONNASSIE, Survie et extinction
PIERRE BONNASSIE, Survie et extinction du régime esclavagiste dans l'Occident du haut moyen âge (IVe.–XIes.) (Cahiers de civilisation médiévale, Xe–XIIe siècles, tome XXVIII 1985, S. 307–343).
BOOS, Liten
HEINRICH BOOS, Die Liten und Aldionen nach den Volksrechten, Diss. phil. Göttingen 1874.

Borowsky—Vogel—Wunder, Einführung
Peter Borowsky—Barbara Vogel—Heide Wunder, Einführung in die Geschichtswissenschaft. I. Grundproblem, Arbeitsorganisation, Hilfsmittel, 2. durchges. Aufl. Opladen 1976, S. 125 ff.

Bosl, Armut
Karl Bosl, Das Problem der Armut in der hochmittelalterlichen Gesellschaft (Österreichische Akademie der Wissenschaften, Phil.-Hist. Kl., 294. Bd., 5. Abh., Wien 1974).

Bosl, familia
Karl Bosl, Die „familia" als Grundstruktur der mittelalterlichen Gesellschaft (ZBLG 38, 1975, S. 403 ff.).

Bosl, Franken
Karl Bosl, Franken um 800. Strukturanalyse einer fränkischen Königsprovinz (Schriftenreihe zur bayerischen Landesgeschichte 58) München ^{2}1969.

Bosl, Freiheit
Karl Bosl, Artikel ‚Freiheit' (Sachwörterbuch zur deutschen Geschichte, hg. von Hans Rössler und Günther Franz, München 1958, S. 295 ff.).

Bosl, Frühformen
Karl Bosl, Frühformen der Gesellschaft im mittelalterlichen Europa. Ausgewählte Beiträge zu einer Strukturanalyse der mittelalterlichen Welt, München—Wien 1964.

Bosl, Geschichte der Bayern
Karl Bosl (Hg.), Zur Geschichte der Bayern (Wege der Forschung 66) Darmstadt 1965.

Bosl, Grundlagen
Karl Bosl, Die Grundlagen der modernen Gesellschaft im Mittelalter. Eine deutsche Gesellschaftsgeschichte des Mittelalters (Monographien zur Geschichte des Mittelalters, 4), Bde., Stuttgart 1972.

Bosl, Herrscher
Karl Bosl, Herrscher und Beherrschte im deutschen Reich des 10.—12. Jh. (Ders., Frühformen, S. 135—155).

Bosl, Kasten
Karl Bosl, Kasten, Stände, Klassen im mittelalterlichen Deutschland (Ders., Die Gesellschaft in der Geschichte des Mittelalters, Göttingen, 3. erw. Aufl. 1975, S. 61—83).

Bosl, Potens und Pauper
Karl Bosl, Potens und Pauper. Begriffsgeschichtliche Studien zur gesellschaftlichen Differenzierung im frühen Mittelalter und zum „Pauperismus" des Hochmittelalters (Alteuropa und die moderne Gesellschaft, Festschrift für Otto Brunner, hg. vom Historischen Seminar der Universität Hamburg, Göttingen 1963, S. 60—87).

Bosl, Staat
Karl Bosl, Staat, Gesellschaft, Wirtschaft im deutschen Mittelalter (Gebhardts Handbuch der deutschen Geschichte, hg. von Herbert Grundmann, Bd. 1, 8. Aufl., Stuttgart 1954, S. 585 ff.).

Bosl, Unfreiheit
Karl Bosl, Die Unfreiheit im Übergang von der archaischen Epoche zur Aufbruchsperiode der mittelalterlichen Gesellschaft (Bayerische Akademie der Wissenschaften, Phil.-Hist. Kl., Sbb., Jg. 1973, H. 1), München 1973.

Bosl—Weis, Gesellschaft
Karl Bosl—Eberhard Weis, Die Gesellschaft in Deutschland, Bd. 1: Von der fränkischen Zeit bis 1848, München 1976.

Bottomore, Schichtung
Thomas B. Bottomore, Soziale Schichtung (Karl Martin Bolte—Helga Rekker—Kurt Horstmann, Soziale Schichtung und Mobilität, Handbuch der empirischen Sozialforschung, hg. v. Rene König, Bd. 5, 2. völlig neubearb. Auflage Stuttgart 1976, S. 1—39).

BOULAINVILLIER, la noblesse de France
HENRY DE BOULAINVILLIER, Essais sur la noblesse de France, contens une dissertation sur son origine et abaissement. Avec de notes historiques, critiques et politiques; un projet de dissertation sur les prenners François et leurs colonies; et un suplément aux notes par forme de dictionnaire pour la noblesse, Amsterdam 1732.

BOUTRUCHE, Seigneurie
ROBERT BOUTRUCHE, Seigneurie et féodalité. Le premier âge des liens d'homme à homme, 2me édition, revue et augmentée, Paris 1968.

BRANDSCH, Bauern und Hofgesinde
JULIANE BRANDSCH, Bezeichnungen für Bauern und Hofgesinde im Althochdeutschen. Mit 4 Abbildungen, Sbb. der Sächs. Akademie der Wiss. zu Leipzig, Phil.-Hist. Kl. 127, 4, 1987.

BRAUNE—MITZKA—EGGERS, Grammatik
WILHELM BRAUNE, Althochdeutsche Grammatik, 1. Aufl. Halle/Saale 1886, 12. Aufl. bearb. von WALTER MITZKA, Tübingen 1967 (= Sammlung kurzer Grammatiken germanischer Dialekte, 1. Hauptreihe Nr. 5); 13. Aufl. bearb. von HANS EGGERS, Tübingen 1975.

BRINKER, Textbegriff
KLAUS BRINKER, Zum Textbegriff in der heutigen Linguistik (Studien zur Texttheorie und zur deutschen Grammatik. Festgabe f. Hans Glinz zum 60. Geb., hg. v. HORST SITTA und KLAUS BRINKER, [Sprache der Gegenwart. Schriften des Instituts für deutsche Sprache, Bd. 30] Düsseldorf 1973, S. 9—41).

BRUCKNER, Aldius
WILHELM BRUCKNER, Aldius (PBB 18, 1893, S. 573—575).

BRUCKNER, Sprache der Langobarden
WILHELM BRUCKNER, Die Sprache der Langobarden (Quellen und Forschungen zur Sprach- und Culturgeschichte der germanischen Völker 75), Straßburg 1895, unveränderter photomechanischer Nachdruck, Berlin 1969.

BRÜGGEMEIER, Traue keinem
FRANZ JOSEF BRÜGGEMEIER, Traue keinem über sechzig? Entwicklungen und Möglichkeiten der Oral History in Deutschland (Geschichtsdidaktik, Probleme, Projekte, Perspektiven, 9. Jg., H. 3, S. 199—210).

BRÜHL, Fodrum
CARLRICHARD BRÜHL, Fodrum, gistum, servitium regis. Studien zu den wirtschaftlichen Grundlagen des Königtums im Frankenreich und in den fränkischen Nachfolgestaaten Deutschland, Frankreich und Italien vom 6. bis zur Mitte des 14. Jahrhunderts, Köln—Graz 1968.

BRÜHL, Urkunden
CARLRICHARD BRÜHL, Die Urkunden der Langobarden. Überlieferung und Probleme (Jb. f. Internationale Germanistik, Jg. 10, H. 2, 1978, S. 93—98).

BRUNNER, Abhandlungen
HEINRICH BRUNNER, Abhandlungen zur Rechtsgeschichte, Gesammelte Aufsätze, hg. v. KARL RAUCH, Bd. 1 und 2, Weimar 1931.

BRUNNER, Alter
HEINRICH BRUNNER, Über das Alter der Lex Alamannorum (1885) (DERS., Abhandlungen, Bd. 1, S. 569—598).

BRUNNER, Freilassung
HEINRICH BRUNNER, Die Freilassung durch Schatzwurf (1886) (DERS., Abhandlungen, Bd. 1, S. 240—261).

BRUNNER, Geschichte
HEINRICH BRUNNER, Zur Geschichte des Gefolgewesens (ZRG. GA 9, 1888, S. 210—219).

BRUNNER, Königsgesetz
HEINRICH BRUNNER, Über ein verschollenes merowingisches Königsgesetz des 7. Jahrhunderts (1901) (DERS., Abhandlungen, Bd. 1, S. 598–628).
BRUNNER, Lex Salica tit. 44
HEINRICH BRUNNER, Zu Lex Salica tit. 44: De reipus (1894) (DERS., Abhandlungen, Bd. 2, S. 67–78).
BRUNNER, Nobiles
HEINRICH BRUNNER, Nobiles und Gemeinfreie in den karolingischen Volksrechten (1898) (DERS., Abhandlungen, Bd. 1, S. 261–293).
BRUNNER, Rechtsgeschichte
HEINRICH BRUNNER, Deutsche Rechtsgeschichte, Bd. 1, Leipzig ²1906, ³1961; Bd. 2, bearb. von CARL FRHR. VON SCHWERIN, München–Leipzig ²1928 (1. Ausgabe, Leipzig 1887 u. 1892).
BRUNNER, Ständerechtliche Probleme
HEINRICH BRUNNER, Ständerechtliche Probleme (DERS., Abhandlungen, Bd. 1, S. 293–365).
K. BRUNNER, Altenglische Grammatik
KARL BRUNNER, Altenglische Grammatik nach der angelsächsischen Grammatik von EDUARD SIEVERS, 3. neubearb. Aufl., Tübingen 1965.
O. BRUNNER, Feudalismus
OTTO BRUNNER, Artikel ‚Feudalismus, feudal' (Geschichtliche Grundbegriffe, Bd. 2, S. 337–350).
O. BRUNNER, Das ganze Haus
Das „ganze Haus" und die alteuropäische „Ökonomik" (O. BRUNNER, Neue Wege, S. 103–127).
O. BRUNNER, Land und Herrschaft
OTTO BRUNNER, Land und Herrschaft. Grundfragen der territorialen Verfassungsgeschichte Österreichs im Mittelalter, Darmstadt 1970.
O. BRUNNER, Neue Wege
OTTO BRUNNER, Neue Wege der Verfassungs- und Sozialgeschichte, 2. vermehrte Aufl., Göttingen 1968.
O. BRUNNER, Verfassungsbegriff
OTTO BRUNNER, Moderner Verfassungsbegriff und mittelalterliche Verfassungsgeschichte (MIÖG, Erg. Bd. 14, 1939, S. 513–523).
BUCHNER, Rechtsquellen
RUDOLF BUCHNER, Die Rechtsquellen (Deutschlands Geschichtsquellen im Mittelalter, hg. v. WILHELM WATTENBACH–WILHELM LEVISON, Vorzeit und Karolinger, Beiheft) Weimar 1953, Nachdruck Leipzig 1960.
BUCHNER, Rezension NEHLSEN
RUDOLF BUCHNER, Rezension zu NEHLSEN, Sklavenrecht (ZRG. GA 91, 1974, S. 200–202).
BUCHNER, Untersuchungen fränkische Stammesrechte
RUDOLF BUCHNER, Kleine Untersuchungen zu den fränkischen Stammesrechten I (DA 9, 1952, S. 59–104).
BUCHNER, Untersuchungen Lex Ribuaria
RUDOLF BUCHNER, Textkritische Untersuchungen zur Lex Ribuaria, Leipzig 1940, Nachdruck 1952.
BUCHNER, Wesenszüge
RUDOLF BUCHNER, Die römischen und die germanischen Wesenszüge in der neuen politischen Ordnung des Abendlandes (Caratteri del secolo VII in occidente, SSCI 5, 1 Spoleto 1958, S. 233–269).

BÜHLER, Rechtsquellenlehre
THEODOR BÜHLER, Rechtsquellenlehre, Bd. 1: Gewohnheitsrecht, Enquête, Kodifikation, Zürich 1977; Bd. 2: Rechtsquellentypen, Zürich 1980.
BÜNTING, Einführung
KARL-DIETER BÜNTING, Einführung in die Linguistik, 11. Auflage Königstein/Ts. 1984.
BÜNKER, Bauernhaus
JOHANNES BÜNKER, Das Bauernhaus in der Gegend von Köflach (WuS 1, 1909, S. 121–164).
CAVANNA u. a., Baron
ADRIANO CAVANNA u. a., Artikel ‚Baron (baro)' (Lexikon des Mittelalters, Bd. 1, Sp. 1476–1484).
CHEVRIER-PIERI, loi romaine
GEORGES CHEVRIER–GEORGES PIERI, La loi romaine des Burgondes (Jus Romanorum medii aevi, Teil I, 2 b aa 8) Varese 1969.
CHRISTLEIN, Die Alamannen
RAINER CHRISTLEIN, Die Alamannen, Archäologie eines lebendigen Volkes, Fotographie KARL NATTER und IRENE NÄGELE, Stuttgart–Aalen 1978.
CLANCHY, Remembering the past
M. T. CLANCHY, Remembering the past and the good old law (History 55, 1970, S. 165–176).
CLASSEN, Fortleben
PETER CLASSEN, Fortleben und Wandel spätrömischen Urkundenwesens im frühen Mittelalter (DERS., Recht, S. 13–54).
CLASSEN, Recht
PETER CLASSEN (Hg.), Recht und Schrift im Mittelalter, VF 23, Sigmaringen 1977.
CLAUDE, Comitat
DIETRICH CLAUDE, Untersuchungen zum frühfränkischen Comitat (ZRG. GA 81, 1964, S. 1–79).
CLAUDE, Westgoten
DIETRICH CLAUDE, Geschichte der Westgoten, Stuttgart–Berlin–Köln–Mainz 1970.
CLYNE, Sprachkontakt
MICHAEL G. CLYNE, Sprachkontakt/Mehrsprachigkeit (LGL, ^{2}1980, S. 641–646). Siehe Kap. 6.2.
COLEMAN, L'infanticide
EMILY R. COLEMAN, L'infanticide dans le Haut Moyen Age (Annales Economies, Sociétas, Civilisations 29, 1974, S. 315–335).
COLEMAN, Marriage Characteristics
EMILY R. COLEMAN, Medieval Marriage Characteristics: A Neglected Factor in the History of Medieval Serfdom (The Journal of Interdisciplinary History 2, 1971/72, S. 205–219).
CONRAD, Rechtsgeschichte
HERMANN CONRAD, Deutsche Rechtsgeschichte. Ein Lehrbuch, Bd. 1: Frühzeit und Mittelalter, 2. Aufl. Karlsruhe 1962; Bd. 2: Neuzeit bis 1806, Karlsruhe 1966.
CONTI, „Devotio"
PIER MARIA CONTI, „Devotio" e „viri devoti" (Italia da Diocleziano ai Carolingi, Padova 1971, S. 153–161).
CONZE, Freiheit
WERNER CONZE, Artikel ‚Freiheit. Einleitung' (Geschichtliche Grundbegriffe, Bd. 2, S. 425–426). Siehe Kap. 6.2.
CONZE, Sozialgeschichte
WERNER CONZE, Die Stellung der Sozialgeschichte in Forschung und Unterricht (GWU 3, 1952, S. 648–657).

CONZE, Staat
WERNER CONZE, Staat und Gesellschaft in der frührevolutionären Epoche Deutschlands (HZ 186, 1958, S. 1–34).
CORDES, Altniederdeutsch
GERHARD CORDES, Artikel ‚Altniederdeutsch' (LGL, ^{2}1980, S. 576–580). Siehe Kap. 6.2.
CORDES, Altsächsisch
GERHARD CORDES, Artikel ‚Altsächsisch' (LGL, 1973, S. 411–414). Siehe Kap. 6.2.
COSERIU, Vorgeschichte strukturelle Semantik
EUGENIO COSERIU, Zur Vorgeschichte der strukturellen Semantik: Heyses Analyse des Wortfeldes ‚Schall' (To Honor Roman Jacobson Essays on the Occasion of his Seventieth Birthday. 11 October 1966, 1, Janua Linguarum, Studia memorae Nicolai van Wijk dedicata, Series maior XXXI, The Hague – Paris, 1967, S. 489–498).
DAMMANN, Genres
GÜNTHER DAMMANN, Was sind und wozu braucht die Literaturwissenschaft Genres? Thesen zum Verhältnis von Genrizität und Einzelwerk. (Textsorten und literarische Gattungen. Dokumentation des Germanistentages in Hamburg vom 1.–4. April 1979, hg. vom Vorstand der dt. Hochschulgermanisten, Berlin 1983, S. 365–377).
DANNENBAUER, Alterum
HEINRICH DANNENBAUER, Germanisches Altertum und deutsche Geschichtswissenschaft, Tübingen 1935.
DANNENBAUER, Die Freien
HEINRICH DANNENBAUER, Die Freien im karolingischen Heer (Aus Verfassungs- und Landesgeschichte, Festschrift f. Theodor Mayer, dargebracht von seinen Freunden und Schülern, Bd. 1: Zur allgemeinen Verfassungsgeschichte, Lindau–Konstanz 1954, S. 49–64).
DANNENBAUER, Grundlagen
HEINRICH DANNENBAUER, Königsfreie und Ministerialen (1958) (DERS., Grundlagen, S. 329–353).
DANNENBAUER, Nationalsozialismus
HEINRICH DANNENBAUER, Der Nationalsozialismus in geschichtlicher Beleuchtung, Stuttgart 1933.
DAVID, Studia Gaiana
MARTIN DAVID (Hg.), Studia Gaiana I, Leiden 1964.
DEISENROTH, Deutsches Mittelalter
ALEXANDER DEISENROTH, Deutsches Mittelalter und deutsche Geschichtswissenschaft im 19. Jahrhundert. Irrationalität und politisches Interesse in der deutschen Mediävistik zwischen aufgeklärtem Absolutismus und erstem Weltkrieg, Rheinfelden 1983.
DELOCHE, La Trustis
MAXIMIN DELOCHE, La Trustis et l'antrustion royal sous les deux premières races, Paris 1873.
DHONT, Mittelalter
JAN DHONT, Das frühe Mittelalter (Fischer Weltgeschichte, Bd. 10) Frankfurt M. 1968.
DICK, Ae. dryht
ERNST S. DICK, Ae. dryht und seine Sippe. Eine wortkundliche kultur- und religionsgeschichtliche Betrachtung zur altgermanischen Glaubensvorstellung vom wachstümlichen Zeil (Neue Beiträge zur englischen Philologie 3) Münster 1965.
DILCHER, Arimannia
GERHARD DILCHER, Artikel ‚Arimannia' (HRG, Bd. 1, Sp. 220–223). Siehe Kap. 6.2.
DILCHER, Freiheit
GERHARD DILCHER, Artikel ‚Freiheit' (HRG, Bd. 1, Sp. 1228–1233). Siehe Kap. 6.2.

DILCHER, Gemeinfreie
GERHARD DILCHER, Artikel ‚Gemeinfreie' (HRG, Bd. 1, Sp. 1513–1516). Siehe Kap. 6.2.
DILCHER, Gesetzgebung
GERHARD DILCHER, Gesetzgebung als Rechtserneuerung. Eine Studie zum Selbstverständnis der mittelalterlichen Leges (Rechtsgeschichte als Kulturgeschichte, Festschrift für Adalbert Erler zum 70. Geburtstag, Aalen 1976, S. 13–35).
DILCHER, Langobardisches Recht
GERHARD DILCHER, Artikel ‚Langobardisches Recht' (HRG, Bd. 2, Sp. 1607–1618). Siehe Kap. 6.2.
DILCHER, Rezension KÖBLER
GERHARD DILCHER, Rezension zu KÖBLER, Recht (ZRG. GA 90, 1973, S. 267–273).
DILCHER, Versprechenseide
GERHARD DILCHER, Versprechenseide, in: DERS.–ERLER–KORNBLUM, Eid Sp. 866–870. Siehe Kap. 6.2.
DILCHER–ERLER–KORNBLUM, Eid
GERHARD DILCHER–ADALBERT ERLER–UDO KORNBLUM, Artikel ‚Eid' (HRG, Bd. 1, Sp. 861–870). Siehe Kap. 6.2.
DIESNER, Erforschung
HANS-JOACHIM DIESNER, Zur Erforschung der langobardischen Gesellschaft (Jb. f. Internationale Germanistik, Jg. 10, H. 2, 1978, S. 63–74).
DIESNER, Sklaven
HANS-JOACHIM DIESNER, Sklaven, Untertanen und Untertanenverbände im Westgotenreich (Jb. f. Wirtschaftsgeschichte 1970/II, S. 173–194).
DÖLLING, Haus und Hof
HILDEGARD DÖLLING, Haus und Hof in westgermanischen Volksrechten (Veröffentlichungen der Altertumskommission im Provinzialinstitut für westfälische Landes- und Volkskunde, 2) Münster 1958, Nachdruck 1981.
DOLLINGER, Bauernstand
PHILIPPE DOLLINGER, Der bayerische Bauernstand vom 9. bis zum 13. Jahrhundert, vom Verfasser autorisierte Übersetzung aus dem Französischen (Titel der Originalausgabe: L'évolution des classes rurales en Bavière depuis la fin de lépoque carolingienne jusqu'an milieu du XIIIe siècle, 1949) v. URSULA IRSIGLER, hg. v. FRANZ IRSIGLER, München 1982.
DOPSCH, freie Marken
ALFONS DOPSCH, Die freien Marken in Deutschland, Wien 1933.
DOPSCH, Freilassung und Wirtschaft
ALFONS DOPSCH, Freilassung und Wirtschaft im frühen Mittelalter (Beiträge zur Sozial- und Wirtschaftsgeschichte, hg. von ERNA PATZELT, Wien 1938, Nachdruck Aalen 1968, S. 95–101).
DROYSEN, Historik
JOHANN GUSTAV DROYSEN, Historik. Vorlesungen über Enzyklopädie und Methodologie der Geschichte, hg. von RUDOLF HÜBNER, unveränd. reprogr. Nachdruck der 7. Aufl. 1937, Darmstadt 1974, 8. unveränd. Aufl. München 1977.
DROYSEN, Historik. Hist.-krit.
JOHANN GUSTAV DROYSEN, Historik. Historisch-kritische Ausgabe von PETER LEYH, 3 Bde., Bd. 1: Rekonstruktion der ersten vollständigen Fassung der Vorlesungen (1857). Grundriß der Historik in den ersten Handschriften (1857/1858) und in den letzten gedruckten Fassungen (1882), Stuttgart–Bad Cannstatt 1977.
DRUX, Lateinisch/Deutsch
RUDOLF DRUX, Artikel ‚Lateinisch/Deutsch' (Sprachgeschichte, Bd. 1, S. 854–861). Siehe Kap. 6.2.

DUBOS, Histoire critique
JEAN PAPTISTE DUBOS, Histoire critique de l'établissement de la Monarchie Françoise dans les Gaules, 3 Bde., Amsterdam 1734, nouvelle édition 2 Bde., Paris 1742.
DUBY, La Société
GEORGES DUBY, La Société aux XIe et XIIe siècles dans la région mâçonnaise, Paris 1953.
DUBY, Les trois ordres
GEORGES DUBY, Les trois ordres ou lìmaginaire du féodalisme, Paris 1978.
DUBY, Structures familiales
GEORGES DUBY, Structures familiales dans le moyen âge occidental, XIIIe congrès international des science historique, Moskau 1970.
EBEL, Geschichte
WILHELM EBEL, Geschichte der Gesetzgebung in Deutschland (Göttinger Rechtswissenschaftliche Studien, Bd. 24, 2. erw. Aufl. Göttingen 1958).
ECKARDT, Treueidleistung
UWE ECKARDT, Untersuchungen zu Form und Funktion der Treueidleistung im merowingischen Frankenreich (Untersuchungen und Materialien zur Verfassungs- und Landesgeschichte 6, hg. v. Hessischen Landesamt für geschichtl. Landeskunde) Marburg 1976.
A. ECKHARDT, Einleitung
ALBRECHT ECKHARDT, Einleitung (Lex Frisionum [ECKHARDT], S. 11—27). SIEHE KAP. 6.1.
K. A. ECKHARDT, Einführung
KARL AUGUST ECKHARDT, Einführung und 80 Titel-Text (Pactus legis Salicae, Germanenrechte, Bd. I). Siehe Kap. 6.1.
K. A. ECKHARDT, Einführung und Recensio
KARL AUGUST ECKHARDT, Einführung und Recensio Clothariana (Pactus) (Leges Alamannorum, Germanenrechte, Bd. I). Siehe Kap. 6.1.
K. A. ECKHARDT, Einleitung
KARL AUGUST ECKHARDT, Einleitung (Pactus legis Salicae, S. IX—XLII). Siehe Kap. 6.1.
K. A. ECKHARDT, Entstehungszeit
KARL AUGUST ECKHARDT, Zur Entstehungszeit der Lex Salica (Festschrift zur Feier des 200-jährigen Bestehens der Akademie der Wissenschaften in Göttingen, II. Phil.-Hist. Kl., Berlin—Göttingen—Heidelberg 1951, S. 1—31).
K. A. ECKHARDT, Geleitwort
KARL AUGUST ECKHARDT, Geleitwort zur 2. Auflage (Leges Alamannorum, S. 2 f.). Siehe Kap. 6.1.
K. A. ECKHARDT, 65 Titel-Text
KARL AUGUST ECKHARDT, 65 Titel-Text (Pactus legis Salicae, Germanenrechte, Bd. II, 1). Siehe Kap. 6.1.
W. A. ECKHARDT, Kapitularien
WILHELM ALFRED ECKHARDT, Artikel ‚Kapitularien' (HRG, Bd. 2, Sp. 623—629). Siehe Kap. 6.2.
W. A. ECKHARDT, Königsbote
WILHELM ALFRED ECKHARDT, Artikel ‚Königsbote' (HRG, Bd. 2, Sp. 1025 f.). Siehe Kap. 6.2.
ECO, Semiotik
UMBERTO ECO, Einführung in die Semiotik, autorisierte deutsche Ausgabe von JÜRGEN TRABANT, München 1972.
EGGERS, Das Althochdeutsche
HANS EGGERS, Deutsche Sprachgeschichte, Bd. 1: Das Althochdeutsche, Reinbek b. Hamburg 1963, 2. Aufl. 1976; überarb. und erg. Aufl. der Deutschen Sprachgeschichte, Bd. 1: Das Althochdeutsche und das Mittelhochdeutsche (rowohlts deutsche enzyklopädie), Reinbek b. Hamburg 1986.

EHRHARDT, Studien
ARNOLD EHRHARDT, Rechtsvergleichende Studien zum antiken Sklavenrecht, I. Wergeld und Schadenersatz (ZRG. RA 68, 1951, S. 74–130).
EHRISMANN, Volk
OTFRIED-REINALD EHRISMANN, Volk. Eine Wortgeschichte, vom Ende des 8. Jahrhunderts bis zum Barock. Gießen 1970.
EHRISMANN, Diet, liut und liute
OTFRIED-REINALD EHRISMANN, Diet, liut und liute in mittelhochdeutscher und spätmittelhochdeutscher Zeit (ca. 1180–1500) (Zeitschrift für dt. Sprache 27, S. 61–80 und 170–176).
EICHHORN, Staats- und Rechtsgeschichte
KARL FRIEDRICH EICHHORN, Deutsche Staats- und Rechtsgeschichte, Theil I, Göttingen (1808) ^{5}1843.
ELZE, Sklaven
REINHARD ELZE, „Sklaven im westlichen Mittelmeerraum im späten Mittelalter. Ein Forschungsbericht." (Minderheiten, S. 39–52).
ENGELS, Mark
FRIEDRICH ENGELS, Die Mark (1882/3) (DERS., Zur Geschichte und Sprache der deutschen Frühzeit, 2. verb. Aufl. Berlin (Ost) 1963, S. 159–177).
ERLER, Herold(t)
ADALBERT ERLER, Artikel ,Herold(t) (HRG, Bd. 2, Sp. 101 f.). Siehe Kap. 6.2.
ERLER, Lassbauern
ADALBERT ERLER, Artikel ,Lassbauern, Lassiten' (HRG, Bd. 2, Sp. 1627). Siehe Kap. 6.2.
ERLER, Leges barbarorum
ADALBERT ERLER, Artikel ,Leges barbarorum' (HRG, Bd. 2, Sp. 1672 f.). Siehe Kap. 6.2.
ERLER, Ministeriale
ADALBERT ERLER, Artikel ,Ministeriale' (HRG, Bd. 3, Sp. 577–578). Siehe Kap. 6.2.
EWIG, civitas Ubiorum
EUGEN EWIG, Die civitas Ubiorum, die Francia Rinensis und das Land Ribuarien (RhVjbll. 19, 1954, S. 1–29).
EWIG, Frühes Mittelalter
EUGEN EWIG, Frühes Mittelalter (Rheinische Geschichte in drei Bänden, hg. von FRANZ PETRI und GEORG DROEGE, Bd. 1, Altertum und Mittelalter, 2. Teilband) Düsseldorf 1980.
EWIG, Stellung Ribuariens
EUGEN EWIG, Die Stellung Ribuariens in der Verfassungsgeschichte des Merowingerreiches (DERS., Spätantikes und fränkisches Gallien. Gesammelte Schriften I., Zürich–München 1976, S. 450–503).
FABER, Hermeneutik, Verstehen
KARL-GEORG FABER, Artikel ,Hermeneutik, Verstehen' (Handbuch der Geschichtsdidaktik, Bd. 1, hg. v. KLAUS BERGMANN, ANNETTE KUHN, JÖRN RÜSEN, GERHARD SCHNEIDER u. a., Düsseldorf 1979, S. 108–111).
FABER, Geschichtswissenschaft
KARL-GEORG FABER, Theorie der Geschichtswissenschaft, 4. erw. Aufl., München 1978.
FABER, Historie
KARL-GEORG FABER, Historie als Tradition? Eine Erwiderung (Zs. für Historische Forschung 4, 1977, S. 51–58).
Fälschungen im Mittelalter
Fälschungen im Mittelalter, Internationaler Kongreß der Monumenta Germaniae Historica, München, 16.–19. Sept. 1986, Bd. 1–5, Hannover 1988.

Fasoli, I Langobardi

Gina Fasoli, I Langobardi in Italia (Lezioni tenute alla Facoltà di magistero dell'Università di Bologna nell'anno accademico 1964–65) Bologna 1965.

Febvre, Combats

Lucien Febvre, Combats pour l'histoire, 2 A., Paris 1965.

Fehr, Freiheitsbegriff

Hans Fehr, Zur Lehre vom mittelalterlichen Freiheitsbegriff, insbesondere im Bereich der Marken (MIÖG 47, 1933, S. 290–294).

Fehr, Rechtsgeschichte

Hans Fehr, Deutsche Rechtsgeschichte, 6. Aufl. Berlin 1962.

Fichtenau, Lebensordnungen

Heinrich Fichtenau, Lebensordnungen des 10. Jahrhunderts. Studien über Denkart und Existenz im einstigen Karolingerreich (Monographien zur Geschichte des Mittelalters, in Verbindung mit Friedrich Prinz, hg. von Karl Bosl, Bd. 30, I und II) 1. Halbbd. und 2. Halbbd., Stuttgart 1984.

Ficker, Heimat

Julius von Ficker, Die Heimat der Lex Ribuaria (MIÖG, Ergänzungsband V, 1896–1903, S. 52–61).

Fleckenstein, Adel und Kriegertum

Josef Fleckenstein, Adel und Kriegertum und ihre Wandlung im Karolingerreich (Nascita dell' europa carolingia: Un' equazione da verificare, 19.–25. aprile, SSCI 27, 1, Spoleto 1981, S. 67–94 bzw. mit Diskussion –100).

Fleckenstein, Entstehung

Josef Fleckenstein, Die Entstehung des niederen Adels und das Rittertum (Ders., Herrschaft und Stand, S. 17–39).

Fleckenstein, Grundlagen

Josef Fleckenstein, Grundlagen und Beginn der deutschen Geschichte (Deutsche Geschichte, hg. v. Joachim Leuschner, Bd. 1) Göttingen 1974.

Fleckenstein, Herkunft der Welfen

Josef Fleckenstein, Über die Herkunft der Welfen und ihre Anfänge in Süddeutschland (Tellenbach, Studien und Vorarbeiten, S. 71–136).

Fleckenstein, Herrschaft und Stand

Josef Fleckenstein, Herrschaft und Stand. Untersuchungen zur Sozialgeschichte im 13. Jahrhundert (Veröffentlichungen des Max-Planck-Instituts für Geschichte 51) Göttingen 1977.

Foerste, niederdeutsche Mundarten

William Foerste, Geschichte der niederdeutschen Mundarten (Stammler, Deutsche Philologie, Bd. 1, 1957, Sp. 1730–1898). Siehe Kap. 6.2.

Förstemann, Personennamen

Ernst Förstemann, Altdeutsches Namenbuch, Bd. 1: Personennamen, 2. Aufl. Bonn 1900, Nachdruck Hildesheim 1966.

Fontana, Paradigma der Freien

Giatgen-Peder Fontana, Rechtshistorische Begriffsanalyse und das Paradigma der Freien. Ein methodischer und rechtssemantischer Begriffsbildungsversuch der mittelalterlichen Freiheit unter besonderer Bezugnahme auf die Historiographie Graubündens (Zürcher Studien zur Rechtsgeschichte 12) Zürich 1987.

Fossier, La terre

Robert Fossier, La terre et les hommes en Picardie, 2 Bde., Paris 1968.

Fried, Universalismus

Johannes Fried, Über den Universalismus der Freiheit im Mittelalter (HZ 240, 1985, S. 313–351).

FRINGS, Erle
THEODOR FRINGS, Erle und Aus (PBB 91, Halle 1969, S. 175–194).
FRITZ, Bedeutungswandel
GERD FRITZ, Bedeutungswandel im Deutschen. Neuere Methoden der diachronischen Semantik (Germanistische Arbeitshefte 12) Tübingen 1974.
GADAMER, Wahrheit
HANS-GEORG GADAMER, Wahrheit und Methode, 4. Aufl., unveränd. Nachdruck der 3. erw. Aufl., Tübingen 1975.
GADOW, Aratorglossen
HENNING VON GADOW, Die althochdeutschen Aratorglossen der Handschrift Trier 1464 (MMS 17) München 1974.
GADOW, Rezension Olberg, Freie
HENNING VON GADOW, Rezension Gabriele von Olberg, Freie, ... (BNF, N. F. 22, 1987, 381–383).
GAMILLSCHEG, Romania Germanica
ERNST GAMILLSCHEG, Romania Germanica. Sprach- und Siedlungsgeschichte der Germanen auf dem Boden des alten Römerreiches, Bd. 1: Zu den ältesten Berührungen zwischen Römern und Germanen. Die Franken, Berlin, 2. vollständig neu bearb. Auflage 1970; Bd. 2: Die Ostgoten. Die Langobarden. Die Altgermanischen Bestandteile des Ostromanischen. Altgermanisches im Alpenromanischen, Berlin–Leipzig 1935; Bd. 3: Die Burgunder. Schlußwort, Berlin–Leipzig 1936.
GAMILLSCHEG, Siedlung
ERNST GAMILLSCHEG, Germanische Siedlung in Belgien und Nordfrankreich, Teil 1: Die fränkische Einwanderung und junggermanische Zuwanderung (Abh. d. Preußischen Akad. d. Wiss., Jg. 1937, Phil.-Hist. Kl., Nr. 12, 1938).
GANSHOF, Carbonaria Silva
FRANÇOIS LOUIS GANSHOF, Artikel ‚Carbonaria Silva' (HRG, Bd. 1, Sp. 589–590). Siehe Kap. 6.2.
GANSHOF, Droit Romain et des Capitulaires
FRANÇOIS LOUIS GANSHOF, Constribution à l'étude de l'application au Droit Romain et des Capitulaires dans la monarchie franque sous les Carolingiens (Studi in onore di Eduardo Voltera, vol. III., Milano 1971, S. 585 ff.).
GANSHOF, Introduction
FRANÇOIS LOUIS GANSHOF u. a., Introduction, Commentaire, Appendices I., II., III. (Polyptique de Saint-Bertin, S. 1–12, S. 25–136). Siehe Kap. 6.1.
GANSHOF, Kapitularien
FRANÇOIS LOUIS GANSHOF, Was waren die Kapitularien? Mit Berücksichtigung der französischen Ausgabe aus dem Niederländischen übertragen von WILHELM ALFRED ECKHARDT, Darmstadt 1961.
GANSHOF, Lehnswesen
FRANÇOIS LOUIS GANSHOF, Was ist das Lehnswesen? Aus dem Französischen übersetzt von RUTH und DIETER GROH, 2. revidierte deutsche Auflage, Darmstadt 1967.
GAUPP, Ansiedlungen
ERNST THEODOR GAUPP, Die germanischen Ansiedlungen und Landtheilungen in den Provinzen des Römischen Weltreiches, Breslau 1844.
GASSER, Volkssprache
R. GASSER, Zur Theorie der Volkssprache in althochdeutscher Zeit (Zeitschrift für Philosophie und Theologie 17, 1970, S. 1–91).
GECKELER, Strukturelle Bedeutungslehre
HORST GECKELER (Hg.), Strukturelle Bedeutungslehre (Wege der Forschung, Bd. 426) Darmstadt 1978.

GECKELER, Strukturelle Semantik
HORST GECKELER, Strukturelle Semantik und Wortfeldtheorie, München 1982.
GEER, Zusammensetzung Lex Frisionum
B. J. L. DE GEER, Über die Zusammensetzung der Lex Frisionum (ZRG. 8, 1869, S. 134—159).
GELZER, Nobilität
MATHIAS GELZER, Die Nobilität der römischen Republik, Leipzig—Berlin 1912.
GENICOT, La noblesse
LEOPOLD GENICOT, La noblesse au Moyen Age dans l'ancienne „Francie" (Annales Economies, Sociétés, Civilisations 17, 1962, S. 1—22).
GENICOT, St. Bertin
LEOPOLD GENICOT, Sur le domaine de St. Bertin à l'époque carolingienne (Revue d'Histoire Ecclesiastique 71, 1976, S. 69—78).
GENZMER, Die germanische Sippe
FELIX GENZMER, Die germanische Sippe als Rechtsgebilde (ZRG. GA 67, 1950, S. 34—49).
GERAMB, Feuerstätten
VICTOR R. VON GERAMB, Die Feuerstätten des volkstümlichen Hauses in Österreich-Ungarn (WuS 3, 1911, S. 1—16).
GEUENICH, Landnahme
DIETER GEUENICH, Zur Landnahme der Alemannen (FMSt 16, 1982, S. 25—44).
GEUENICH, Überlieferung
DIETER GEUENICH, Die volkssprachige Überlieferung der Karolingerzeit aus der Sicht des Historikers (DA 39, H. 1, 1983, S. 104—130).
GFÖRER, Volksrechte
AUGUST FRIEDRICH GFÖRER, Zur Geschichte deutscher Volksrechte im Mittelalter, hg. von J. B. WEISS, 2 Bde., Schaffhausen—Leipzig 1865, 1866.
GIERKE, Genossenschaftsrecht
OTTO VON GIERKE, Das deutsche Genossenschaftsrecht, Bd. 1: Rechtsgeschichte der deutschen Genossenschaft, Berlin 1868.
GIPPER, Bedeutungslehre
HELMUT GIPPER, Artikel ‚Bedeutungslehre' (Historisches Wörterbuch der Philosophie, Bd. 1, Sp. 761). Siehe Kap. 6.2.
GIPPER, Sessel oder Stuhl?
HELMUT GIPPER, Sessel oder Stuhl? Ein Beitrag zur Bestimmung von Wortinhalten im Bereich der Sachkultur (DERS., Sprache, S. 271—293) Wiederabdruck (SCHMIDT, Wortfeldforschung, S. 371—398).
GIPPER, Sprache
HELMUT GIPPER, Sprache — Schlüssel der Welt, Festschrift für Leo Weisgerber, Düsseldorf 1959.
GIPPER—SCHWARZ, Bibliographisches Handbuch
HELMUT GIPPER—HANS SCHWARZ, Bibliographisches Handbuch zur Sprachinhaltsforschung, Köln 1962 ff.
GMÜR, Grundriß
RUDOLF GMÜR, Grundriß der deutschen Rechtsgeschichte, 3. Auf., Bielefeld 1984.
GOCKEL, Königshöfe
MICHAEL GOCKEL, Karolingische Königshöfe am Mittelrhein (Veröffentlichungen des Max-Planck-Instituts für Geschichte 31) Göttingen 1970.
GOCKEL, Rodung und Siedlung
MICHAEL GOCKEL, Die Träger von Rodung und Siedlung im Hünfelder Raum (Hess. Jb. für Landesgeschichte 26, 1976, S. 1—24).

GOETZ, Leben
HANS-WERNER GOETZ, Leben im Mittelalter vom 7. bis zum 13. Jahrhundert, München 1986.
GOETZ, Nobilis
HANS-WERNER GOETZ, „Nobilis". Der Adel im Selbstverständnis der Karolingerzeit (VSWG 70, 1983, S. 153–191).
GÖRLICH, Gruppe
CHR. F. GÖRLICH, Artikel ‚Gruppe, soziale' (Historisches Wörterbuch der Philosophie, Bd. 3, Sp. 929–933). Siehe Kap. 6.2.
GÖTZ, Werkstatt
HEINRICH GÖTZ, Aus der Werkstatt des Althochdeutschen Wörterbuches 23. Mhd. bilhauwe und das billi des Hildebrandliedes (PBB 81, Halle 1959, S. 188–214).
GRAHN-HOEK, fränkische Oberschicht
HEIKE GRAHN-HOEK, Die fränkische Oberschicht im 6. Jahrhundert. Studien zu ihrer rechtlichen und politischen Stellung (VF Sonderbd. 21, hg. vom Konstanzer Arbeitskreis für mittelalterliche Geschichte) Sigmaringen 1976.
GRAUS, Verfassungsgeschichte
FRANTISEK GRAUS, Verfassungsgeschichte des Mittelalters (HZ 243, 1986, S. 529–589).
GRAUS, Volk, Herrscher und Heiliger
FRANTISEK GRAUS, Volk, Herrscher und Heiliger im Reich der Merowinger. Studien zur Hagiographie der Merowingerzeit. Prag 1965.
GRIMM, Rechtswissenschaft
DIETER GRIMM (Hg.), Rechtswissenschaft und Nachbarwissenschaften, Bd. 2, München 1976.
GRIMM, Rechtswissenschaft und Geschichte
DIETER GRIMM, Rechtswissenschaft und Geschichte (DERS., Rechtswissenschaft, S. 9–34).
J. GRIMM, Abhandlung
JACOB GRIMM, Das Wort des Besitzes. Eine linguistische Abhandlung (DERS., Kleinere Schriften 1, 2. Aufl., Berlin 1879, S. 113–144).
J. GRIMM, Geschichte
JACOB GRIMM, Geschichte der deutschen Sprache, Bd. 1, 3. Aufl., Leipzig 1868.
J. GRIMM, Grammatik
JACOB GRIMM, Deutsche Grammatik, Bd. 2, Berlin 1878.
J. GRIMM, Rechtsalterthümer
JACOB GRIMM, Deutsche Rechtsalterthümer, Bd. 1 und 2, Nachdruck der durch ANDREAS HEUSLER und RUDOLF HÜBNER besorgten 4. Aufl., Leipzig 1899, Darmstadt 1974.
J. GRIMM, Vorrede
JACOB GRIMM, Vorrede zur Lex Salica (Lex Salica, hg. von JOHANNES MERKEL, Berlin 1850, S. III–LXXXVIII).
GRUBMÜLLER, Vocabularius Ex quo
KLAUS GRUBMÜLLER, Vocabularius Ex quo. Untersuchungen zu lateinisch-deutschen Vokabularen des Spätmittelalters (Münchener Texte und Untersuchungen zur deutschen Literatur des Mittelalters) München 1967.
GRUNDMANN, Freiheit
HERBERT GRUNDMANN, Freiheit als religiöses, politisches und persönliches Postulat im Mittelalter (HZ 183, 1957, S. 23–53).
GRUNDMANN, Geschichtsschreibung
HERBERT GRUNDMANN, Geschichtsschreibung im Mittelalter. Gattungen, Epochen, Eigenart, Göttingen 1965.

GSCHWANTLER, Formen
OTTO GSCHWANTLER, Formen langobardischer mündlicher Überlieferung (Jb. für Internationale Germanistik, Jahrgang 1, H. 1, 1978, S. 58–85).
GÜLICH–RAIBLE, Textmodelle
ELISABETH GÜLICH–WOLFGANG RAIBLE, Linguistische Textmodelle. Grundlagen und Möglichkeiten, München 1977.
GÜLICH–RAIBLE, Textsorten
ELISABETH GÜLICH–WOLFGANG RAIBLE (Hgg.), Textsorten. Differenzierungskriterien aus linguistischer Sicht, Wiesbaden 2. Aufl. 1975.
GÜLICH–RAIBLE, Textsortenprobleme
ELISABETH GÜLICH–WOLFGANG RAIBLE, Textsortenprobleme (Jb. d. Instituts für deutsche Sprache 1973) Düsseldorf 1974.
GUIZOT, Histoire de la civilisation
GUILLAUME GUIZOT, Histoire de la civilisation en France depuis la chute de l'empire romains, Paris 1846.
GUTENBRUNNER, Götternamen
SIEGFRIED GUTENBRUNNER, Die germanischen Götternamen der antiken Inschriften (Rhein. Beiträge und Hilfsbücher zur german. Philologie und Volkskunde 24) Halle/Saale 1936.
GUTENBRUNNER, Studia Mallobergica
SIEGFRIED GUTENBRUNNER, Studia Mallobergica (ZRG. GA 81, 1964, S. 298–305).
GUTMANN, soziale Gliederung
FRANZ GUTMANN, Die soziale Gliederung der Bayern zur Zeit des Volksrechtes (Abh. aus dem Staatswiss. Seminar zu Straßburg) Straßburg 1906.
GUTTENBERG, Judex
ERICH FRHR. VON GUTTENBERG, Judex hoc est comes aut grafio (Festschrift für Edmund E. Stengel zum 70. Geburtstag, dargebracht von Freunden, Fachgenossen und Schülern, Redaktion ERIKA KUNZ, Münster–Köln 1952, S. 93–129).
GYSSELING, Germaanse woorden
MAURITS GYSSELING, De Germaanse woorden in de Lex Salica (Verslagen en Mededelingen van de Koninklijke Academie voor Nederlandse Taal – en Letterkunde, Jg. 1976, Amsterdam 1976, S. 60–109).
HÄGERMANN, Entstehung der Kapitularien
DIETER HÄGERMANN, Zur Entstehung der Kapitularien (Grundwissenschaften und Geschichte. Festschrift für Peter Acht, hg. von WALDEMAR SCHLÖGL und PETER HERDE [Münchener Historische Studien. Abteilung Geschichte. Hilfswissenschaften 15, Kallmünz 1976] S. 12–27).
HAGEMANN, Stände der Sachsen
ANTON HAGEMANN, Die Stände der Sachsen (1959) (LAMMERS, Entstehung, S. 402–445).
H. R. HAGEMANN, Brautlauf
HANS RUDOLF HAGEMANN, Artikel ‚Brautlauf' (HRG, Bd. 1, Sp. 517–519). Siehe Kap. 6.2.
HALBAN, Das römische Recht
ALFRED VON HALBAN, Das römische Recht in den germanischen Volksstaaten. Ein Beitrag zur deutschen Rechtsgeschichte, Bd. 1–3 (Untersuchungen zur deutschen Staats- und Rechtsgeschichte 56, 64, 89) Breslau 1899–1907.
HAMM–ULMSCHNEIDER, Texte und Textgeschichte
MARLIES HAMM–HELGARD ULMSCHNEIDER, Texte und Textgeschichte 1, Tübingen 1980.
HANNING, Consensus fidelium
JÜRGEN HANNING, Consensus fidelium. Frühfeudale Interpretationen des Verhältnisses von Königtum und Adel am Beispiel des Frankenreiches (Monographien zur Geschichte des Mittelalters 27) Stuttgart 1982.

HARTH, Fiktion
DIETRICH HARTH, Fiktion, Erfahrung, Gewißheit. Second thoughts (Formen der Geschichtsschreibung, hg. von REINHART KOSELLECK, HEINRICH LUTZ und JÖRN RÜSEN [Beiträge zur Historik, Bd. 4] München 1982, S. 621–630).

HARTH, Geschichte
DIETRICH HARTH, Die Geschichte ist ein Text. Versuch über die Methamorphosen des historischen Diskurses (Formen der Geschichtsschreibung, hg. von REINHART KOSELLECK, HEINRICH LUTZ und JÖRN RÜSEN [Beiträge zur Historik, Bd. 4] München 1982, S. 452–479).

HARTH, Sprachbegriff
DIETRICH HARTH, Sprachbegriff und Textauslegung unter wissenschaftsgeschichtlichem Aspekt (Sprachgeschichte, Bd. 1, S. 502–513). Siehe Kap. 6.2.

HARTMANN, Geschichte Italiens
LUDO MORITZ HARTMANN, Geschichte Italiens im Mittelalter, Bd. 1–4, reprograf. Nachdruck der Ausgabe Leipzig–Gotha 1897–1915, Hildesheim 1969.

W. HARTMANN, Rezension SCHMITT
WILFRIED HARTMANN, Rezension zu SCHMITT, Liberi Homines (DA 35, H. 1, 1979, S. 309–310).

HARTUNG, Süddeutschland
WOLFGANG HARTUNG, Süddeutschland in der frühen Merowingerzeit. Studien zur Gesellschaft, Herrschaft, Stammesbildung bei Alemannen und Bajuwaren (= VSWG, Beiheft 73) Wiesbaden 1983.

HATT, Eigentumsrecht
GUDMUND HATT, Das Eigentumsrecht an bebautem Grund und Boden (Zeitschrift für Agrargeschichte und Agrarsoziologie 3, 1955, S. 118–129).

HAUCK, Haus- und sippengebundene Literatur
KARL HAUCK, Haus- und sippengebundene Literatur mittelalterlicher Adelsgeschlechter (Geschichtsdenken und Geschichtsbild im Mittelalter, hg. von WALTHER LAMMERS, Darmstadt 1961, S. 165–199).

HAUGEN, Analysis
EINAR HAUGEN, The Analysis of Linguistic Borrowing (Language 26, 1950, S. 210–231).

HAUGEN, Studies
Studies by EINAR HAUGEN, hg. von EVELYN SCHERABON FIRCHOW u. a., Mouton 1972.

HAUSEN, Familie
KARIN HAUSEN, Familie als Gegenstand Historischer Sozialwissenschaft. Bemerkungen zu einer Forschungsstrategie (Geschichte und Gesellschaft 1, 1975, H. 2./3, S. 171–209).

HECK, Die Gemeinfreien
PHILIPP HECK, Die Gemeinfreien der karolingischen Volksrechte (Beiträge zur Geschichte der Stände im Mittelalter 1) Halle 1900.

HECK, Gerichtsverfassung
PHILIPP HECK, Die Altfriesische Gerichtsverfassung, Weimar 1894, weiterentwickelt und teilweise verändert unter Berücksichtigung der Kritiker: DERS., Die Gemeinfreien.

HECK, Standesgliederung
PHILIPP HECK, Die Standesgliederung der Sachsen im frühen Mittelalter, Tübingen 1927.

HECK, Übersetzungsprobleme
PHILIPP HECK, Übersetzungsprobleme im frühen Mittelalter, Tübingen 1931.

HECK, Untersuchungen Standesgliederung
PHILIPP HECK, Untersuchungen zur altsächsischen Standesgliederung, insbesondere über die ständische Bedeutung des Handgemals (Arbeiten zur deutschen Rechts- und Verfassungsgeschichte 11) Stuttgart 1936.

HEERS, Esclaves
JACQUES HEERS, Esclaves et domestiques au moyen-âge dans le monde méditerranéen, Paris 1981.
HEIM, Romanen und Germanen
WOLF-DIETER HEIM, Romanen und Germanen in Charlemagnes Reich. Untersuchungen zur Benennung romanischer und germanischer Völker, Sprachen und Länder in französischen Dichtungen des Mittelalters (MMS 40) München 1984.
HEINERTZ, ahd. Bruchstück der Lex Salica
N. OTTO HEINERTZ, Zum ahd. Bruchstück der Lex Salica (ZfdA 62, 1925, S. 104–105).
HEINZELMANN, La noblesse
MARTIN HEINZELMANN, La noblesse du Haut moyen âge (VIIIe–XIe siècles). Quelques problèmes à propos d'ouvrages récents (Le Moyen Age, Revue d'Histoire et de Philologie 1, 1977, S. 131–144).
HELLMANN, Abhandlungen
SIEGMUND HELLMANN, Ausgewählte Abhandlungen zur Historiographie und Geistesgeschichte des Mittelalters, hg. und eingeleitet von HELMUT BEUMANN, Darmstadt 1961.
HELTEN, malbergische glossen
[WILLEM L.] VAN HELTEN, Zu den malbergischen glossen und den salfränkischen formeln und lehnwörtern in der lex salica (PBB 25, 1900, S. 225–542).
HEMPFER, Gattungstheorie
KLAUS WILLI HEMPFER, Gattungstheorie. Information und Synthese (UTB 133) (Information und Synthese 1) München 1973.
HENNING, germanische Volksrechte
FRIEDRICH-WILHELM HENNING, Die germanischen Volksrechte als wirtschafts- und sozialgeschichtliche Quelle unter besonderer Berücksichtigung der Lex Ribuaria (LANDWEHR, Studien, S. 35–68).
R. HENNING, fara
R. HENNING, Die germanische fara und die faramanni (ZfdA 36, 1892, S. 316–325).
R. HENNING, Überlieferung
R. HENNING, Zur Überlieferung von fara und -faro (ZfdA 37, 1893, S. 304–317).
HERBERGER, Minister, Ministerium
MAXIMILIAN HERBERGER, Artikel ‚Minister, Ministerium' (HRG, Bd. 3, Sp. 572–577). Siehe Kap. 6.2.
HERLIHY, Medieval Households
DAVID HERLIHY, Medieval Households (Studies in Cultural History) Cambridge/Mass., London 1985.
HERMAND, Gattungsgeschichte
JOST HERMAND, Probleme der heutigen Gattungsgeschichte (Jb. f. Internationale Germanistik 2, 1970, S. 85–94).
HERMAND, Literaturgattungen
JOST HERMAND, Nichtfiktionale Literaturgattungen. Einleitende Bemerkungen (Jb. f. Internationale Germanistik 3, 1971, S. 9–12).
HEROLD, Volksbegriff
GÜNTER HEROLD, Der Volksbegriff im Sprachschatz der Althochdeutschen und Altniederdeutschen, Halle 1941.
HESPANHA, Savants et rustiques
A. M. HESPANHA, Savants et rustiques. La violence douce de la raison juridique (Ius commune 10, 1983, S. 1–48).
HEUSS, Überrest und Tradition
ALFRED HEUSS, Überrest und Tradition. Zur Phänomenologie der historischen Quellen (Archiv f. Kulturgeschichte 25, 1935, S. 134–183).

HEYNE, Wohnungswesen
MORITZ HEYNE, Das deutsche Wohnungswesen von den ältesten geschichtlichen Zeiten bis zum 16. Jahrhundert. Fünf Bücher deutscher Hausaltertümer von den ältesten geschichtlichen Zeiten bis zum 16. Jahrhundert, Band 1: Das deutsche Wohnungswesen, Leipzig 1899.

HILDEBRANDT, Rachinburgius
REINER HILDEBRANDT, Summarium Heinrici: Der Rachinburgius ist ein Landrechter (Sprache und Recht. Beiträge zur Kulturgeschichte des Mittelalters. Festschrift für Ruth Schmidt-Wiegand zum 60. Geb., hg. von KARL HAUCK, KARL KROESCHELL, STEFAN SONDEREGGER, DAGMAR HÜPPER, GABRIELE VON OLBERG, Bd. 1, Berlin—New York 1986, S. 246—262).

HILDEBRANDT, Ton und Topf
REINER HILDEBRANDT, Ton und Topf. Zur Wortgeschichte der Töpferware im Deutschen (L. E. SCHMITT, Deutsche Wortforschung in europäischen Bezügen, Bd. 3, 1963, S. 297—441).

HILKER-SUCKRAU, germanische Bezeichnungen Haus und Hof
MARTINA HILKER-SUCKRAU, Die germanischen Bezeichnungen für Haus und Hof in den Stammesrechten (SCHMIDT-WIEGAND, Bezeichnungsforschung, S. 58—73).

HILLINGER, Denar
BENNO HILLINGER, Der Denar der Lex Salica (HV 10, 1907, S. 1—56).

HILLINGER, Ursprung
BENNO HILLINGER, Ursprung und Wert des Wergeldes im Volksrecht (HV 29, 1935, S. 681—721).

HINCK, Textsortenlehre
WALTER HINCK (Hg.), Textsortenlehre — Gattungsgeschichte mit Beiträgen von ALEXANDER VON VORMANN, ULRICH FÜLLBORN, KLAUS W. HEMPFER, JOST HERMAND, WALTER HINCK, HELMUT KOOPMANN und WILHELM VOSSKAMP (medium literatur 4), Heidelberg 1977.

HINCK, Vorwort
WALTER HINCK, Vorwort (HINCK, Textsortenlehre, S. IX—XIII).

HINDERLING, Baltisch/Deutsch
ROBERT HINDERLING, Artikel ‚Baltisch/Deutsch' (Sprachgeschichte, Bd. 1, S. 908—918). Siehe Kap. 6.2.

HIS, Strafrecht
RUDOLF HIS, Geschichte des deutschen Strafrechts bis zur Karolina (Handbuch der mittelalterlichen und neueren Geschichte, hg. von GEORG VON BELOW, FRIEDRICH MEINECKE, ALBERT BRACKMANN, Abt. III., Verfassung, Recht, Wirtschaft, Bd. 6) München—Berlin 1928.

HLAWITSCHKA, Anfänge Habsburg Lothringen
EDUARD HLAWITSCHKA, Die Anfänge des Hauses Habsburg Lothringen. Genealogische Untersuchungen zur Geschichte Lothringens und des Reiches im 9., 10. und 11. Jahrhundert (Veröffentlichungen der Kommission für saarländische Landesgeschichte und Volksforschung IV) Saarbrücken 1969.

HLAWITSCHKA, Franken
EDUARD HLAWITSCHKA, Franken, Alemannen, Bayern und Burgunder in Oberitalien 774—962. Zum Verständnis der fränkischen Königsherrschaft in Italien (Forschungen zur oberrheinischen Landesgeschichte 8) Freiburg 1960.

HOBERG, Lehre
RUDOLF HOBERG, Die Lehre vom sprachlichen Feld. Ein Beitrag zu ihrer Geschichte, Methodik und Anwendung (Sprache der Gegenwart, Bd. 11) Düsseldorf ²1976).

HÖFINGHOFF, Haustier und Herde
HANS HÖFINGHOFF, Haustier und Herde. Die volkssprachigen Tierbezeichnungen in den frühmittelalterlichen Leges, phil. Diss. Münster 1987.
HOLLY—KÜHN—PÜSCHEL, Handlungsbegriff
WERNER HOLLY—PETER KÜHN—ULRICH PÜSCHEL, Für einen „sinnvollen" Handlungsbegriff in der linguistischen Pragmatik (ZGL 12, 1984, S. 275—312).
HÖLZLE, Bruch und Kontinuität
ERWIN HÖLZLE, Bruch und Kontinuität im Werden der deutschen Freiheit (Problem der Freiheit, S. 159—177).
HÖLZLE, Freiheit
ERWIN HÖLZLE, Die Idee einer altgermanischen Freiheit vor Montesquieu. Fragmente aus der Geschichte politischer Freiheitsbestrebungen in Deutschland, England und Frankreich vom 16.—18. Jahrhundert (Beiheft 5 der HZ) München—Berlin 1925.
HÖMBERG, westfälische Freigrafschaften
ALBERT K. HÖMBERG, Die Entstehung der westfälischen Freigrafschaften als Problem der mittelalterlichen Verfassungsgeschichte (Westf. Zs. 101/102, 1953, S. 1—138).
HOFFMANN, Kirche und Sklaverei
HARTMUT HOFFMANN, Kirche und Sklaverei im frühen Mittelalter (DA 42, H. 1, 1986, S. 1—24).
HOKE, Grenze
RUDOLF HOKE, Artikel ‚Grenze' (HRG, Bd. 1, Sp. 1801—1804). Siehe Kap. 6.2.
HOLZBERG, Griechisch/Deutsch
NIKLAS HOLZBERG, Artikel ‚Griechisch/Deutsch' (Sprachgeschichte, Bd. 1, S. 861—869). Siehe Kap. 6.2.
HOLZHAUER, Geldstrafe
HEINZ HOLZHAUER, Artikel ‚Geldstrafe' (HRG, Bd. 1, Sp. 1466—1474). Siehe Kap. 6.2.
HOMANS, Theorie
GEORGE CASPAR HOMANS, Theorie der sozialen Gruppe (1950), 4. Aufl., Köln—Opladen 1969.
HOOPS, Beowulfstudien
JOHANNES HOOPS, Beowulfstudien (Anglistische Forschungen 74) Heidelberg 1932.
HOTMANN, Francogallia
FRANÇOIS HOTMANN, Francogallia, libellus statum veteris Reipublicae gallicae tum deinde a Francis occupatae, discribens, editio secunda, Köln 1574.
HÜPPER, Apud Thiudiscos
DAGMAR HÜPPER, Apud Thiudiscos. Zu den frühen Selbstzeugnissen einer Sprachgemeinschaft. Althochdeutsch. In Verbindung mit HERBERT KOLB, KLAUS MATZEL, KARL STACKMANN, hg. von ROLF BERGMANN, HEINRICH TIEFENBACH, LOTHAR VOETZ. Rudolf Schützeichel zum 60. Geb. am 20. Mai 1987, (Germanistische Bibliothek N. F., Reihe 3) Heidelberg 1987, S. 1059—1081.
HÜPPER (-DRÖGE), Schild und Speer
DAGMAR HÜPPER-DRÖGE, Schild und Speer. Waffen und ihre Bezeichnungen im frühen Mittelalter (Germanistische Arbeiten zu Sprache und Kulturgeschichte 3, hg. von RUTH SCHMIDT-WIEGAND) Frankfurt/M.—Bern 1983.
HÜPPER (-DRÖGE), Schutz- und Angriffswaffen
DAGMAR HÜPPER-DRÖGE, Schutz und Angriffswaffen nach den Leges und verwandten fränkischen Rechtsquellen (SCHMIDT-WIEGAND, Bezeichnungsforschung, S. 107—127).
HUNDSBICHLER, Sprache, Wort und Begriff
HELMUT HUNDSBICHLER, Sprache, Wort und Begriff in der Realienkunde (Die Erforschung von Alltag und Sachkultur des Mittelalters. Methode—Ziel—Verwirklichung. Internationales Round-Table-Gespräch Krems a. d. Donau 20. Sept. 1982. Veröff. a. Inst. f. mittelalterliche Realienkunde Österreichs Nr. 6, Österr. Akad. d. Wiss., Phil.-Hist. Kl., Sbb., Bd. 433, Wien 1984, S. 147—157).

HUNDSNURSCHER, Methoden der Semantik
FRANZ HUNDSNURSCHER, Neuere Methoden der Semantik. Eine Einführung anhand deutscher Beispiele, 2. durchgesehene Auflage (Germanistische Arbeitshefte 2) Tübingen 1971.
HUNKE, Germanische Freiheit
HILDBURG HUNKE, Germanische Freiheit im Verständnis der deutschen Rechts- und Verfassungsgeschichtsschreibung, Diss. masch., Göttingen 1972.
IPSEN, Orient
GUNTHER IPSEN, Der alte Orient und die Indogermanen (Stand und Aufgaben der Sprachwissenschaft. Festschrift für Wilhelm Streitberg, Heidelberg 1924, S. 200–237).
IRSIGLER, Divites und pauperes
FRANZ IRSIGLER, Divites und pauperes in der Vita Meinwerci. Untersuchungen zur wirtschaftlichen und sozialen Differenzierung der Bevölkerung Westfalens im Hochmittelalter (VSWG 57, 1970, S. 449–499).
IRSIGLER, Freiheit und Unfreiheit
FRANZ IRSIGLER, Freiheit und Unfreiheit im Mittelalter, Formen und Wege sozialer Mobilität (Westf. Forschungen 28, 1976/77, S. 1–15).
IRSIGLER, frühfränkischer Adel
FRANZ IRSIGLER, Untersuchungen zur Geschichte des frühfränkischen Adels (Rheinisches Archiv 70), Bonn 1969, 2. Aufl. 1981.
IRSIGLER, Rezension GRAHN-HOEK
FRANZ IRSIGLER, Rezension zu GRAHN-HOEK, fränkische Oberschicht (Hess. Jb. f. Landesgeschichte 1977, S. 279–284).
JÄGER, Allmende
HELMUT JÄGER, Artikel ‚Allmende' (RLA, 2. Aufl., Bd. 1, 1973, S. 173–174). Siehe Kap. 6.2.
JÄNICHEN, Baar und Huntari
HANS JÄNICHEN, Baar und Huntari (Grundfragen der alemannischen Geschichte, Mainauvorträge 1952, gel. von THEODOR MAYER, hg. vom Institut für geschichtliche Landesforschung, VF 1, Darmstadt 1962, S. 83–147).
HAR. JANKUHN, Sprachzeugnisse
HARALD JANKUHN, Sprachzeugnisse zur frühesten Geschichte der Landwirtschaft (HERBERT JANKUHN, Vor- und Frühgeschichte vom Neolitikum bis zur Völkerwanderungszeit, Deutsche Agrargeschichte hg. von GÜNTHER FRANZ, 1. Stuttgart 1969, S. 263–277).
JANKUHN–SCHÜTZEICHEL–SCHWIND, Das Dorf
HERBERT JANKUHN–RUDOLF SCHÜTZEICHEL–FRED SCHWIND (Hgg.), Das Dorf der Eisenzeit und des frühen Mittelalters. Siedlungsform–wirtschaftliche Funktion–soziale Struktur, Bericht über die Kolloquien der Kommission für die Altertumskunde Mittel- und Nordeuropas in den Jahren 1973 und 1974 (Abh. der Akad. der Wiss. in Göttingen, Phil.-Hist. Kl., 3. Folge, Nr. 101) Göttingen 1977.
JANZ, Lex Salica
BRIGITTE JANZ, Artikel ‚Lex Salica' (Literaturlexikon. Autoren und Werke in deutscher Sprache, hg. von WALTHER KILLY, Bd. 7, München 1990, S. 258f.).
JARNUT, Beobachtungen
JÖRG JARNUT, Beobachtungen zu den langobardischen arimanni und exercitales (ZRG. GA 88, 1971, S. 1–28).
JARNUT, Studien
JÖRG JARNUT, Prosopographische und sozialgeschichtliche Studien zum Langobardenreich in Italien 568–774, Bonn 1972.

JASTREBICKAJA, Familie als soziale Gruppe
ADEL ,L' VOVNA JASTREBICKAJA, Familie als soziale Gruppe der mittelalterlichen Gesellschaft (Jb. für die Geschichte des Feudalismus 6, 1982, S. 185–193).
JAUSS, Gattungen
HANS ROBERT JAUSS, Theorie der Gattungen und Literatur des Mittelalters. In: DERS.: Alterität und Modernität der mittelalterlichen Literatur. Gesammelte Aufsätze 1956–1976, München 1977, S. 327–358.
JIRLOW, schwedischer Pflug
RAGNAR JIRLOW, Die Geschichte des schwedischen Pfluges, Stockholm 1970.
JUHÁSZ, Interferenz
JÁNOS JUHÁSZ, Überlegungen zum Stellenwert der sprachlichen Interferenz (KOLB–LAUFFER u. a., Sprachliche Interferenz, S. 1–12).
JUHÁSZ, Interferenzlinguistik
JÁNOS JUHÁSZ, Artikel ,Interferenzlinguistik' (LGL, Tübingen 1973, S. 457–462; LGL, Tübingen ^{2}1980, S. 646–652). Siehe Kap. 6.2.
JUNGANDREAS, Vom Merowingischen zum Französischen
WOLFGANG JUNGANDREAS, Vom Merowingischen zum Französischen. Die Sprache der Franken Chlodwigs (Leuvense Bijdragen 44, 1954, S. 115–133 und 45, 1955, S. 1–9).
KÄMPF, Herrschaft und Staat
HELLMUT KÄMPF (Hg.), Herrschaft und Staat im Mittelalter (Wege der Forschung 2) Darmstadt 1964.
KALLMEYER–MEYER-HERMANN, Textlinguistik
WERNER KALLMEYER–REINHARD MEYER-HERMANN, Artikel ,Textlinguistik' (LGL, Tübingen 1973, S. 221–231). Siehe Kap. 6.2.
KANDLER, „Lücke"
GÜNTHER KANDLER, Die „Lücke" im sprachlichen Weltbild. Zur Synthese von „Psychologismus" und „Soziologismus" (GIPPER, Sprache, S. 256–270) Wiederabdruck: (SCHMIDT, Wortfeldforschung, S. 351–370).
KASER, römisches Privatrecht
MAX KASER, Das römische Privatrecht, 1. Abschnitt: Das altrömische, das vorklassische und klassische Recht (Handbuch der Altertumswissenschaft, 12. Abt., 2. T.), 2. neubearb. Aufl., München 1971.
KASPERS, Wort- und Namenstudien
WILHELM KASPERS, Wort- und Namenstudien zur Lex Salica (ZfdA 82, 1948/50, S. 291–335).
KAUFMANN, Angelsächsisches Recht
EKKEHARD KAUFMANN, Artikel ,Angelsächsisches Recht' (HRG, Bd. 1, Sp. 168–171). Siehe Kap. 6.2.
KAUFMANN, Buße
EKKEHARD KAUFMANN, Artikel ,Buße' (HRG, Bd. 1, Sp. 575–577). Siehe Kap. 6.2.
KAUFMANN, Erfolgshaftung
EKKEHARD KAUFMANN, Artikel ,Erfolgshaftung' (HRG, Bd. 1, Sp. 989–1001). Siehe Kap. 6.2.
KAUFMANN, Hörige
EKKEHARD KAUFMANN, Artikel ,Hörige' (HRG, Bd. 2, Sp. 241). Siehe Kap. 6.2.
KAUFMANN, König
EKKEHARD KAUFMANN, Artikel ,König' (HRG, Bd. 2, Sp. 999–1023). Siehe Kap. 6.2.
KAUFMANN, Königsdienst
EKKEHARD KAUFMANN, Artikel ,Königsdienst' (HRG, Bd. 2, Sp. 1026–1029). Siehe Kap. 6.2.

KAUFMANN, Leges Romanae
EKKEHARD KAUFMANN, Artikel ‚Leges Romanae' (HRG, Bd. 2, Sp. 1675 f.). Siehe Kap. 6.2.
KAUFMANN, Quod paganorum tempore observabant
EKKEHARD KAUFMANN, Quod paganorum tempore observabant. Ist der Titel 58 der Lex Salica (Pactus) eine Neuschöpfung der Merowinger? (Sprache und Recht. Beiträge zur Kulturgeschichte des Mittelalters. Festschrift für Ruth Schmidt-Wiegand zum 60. Geb., hg. von KARL HAUCK, KARL KROESCHELL, STEFAN SONDEREGGER, DAGMAR HÜPPER, GABRIELE VON OLBERG, Bd. 1, Berlin—New York 1986, S. 374—390).
KAUFFMANN, Genossenschaften
FRIEDRICH KAUFFMANN, Altdeutsche Genossenschaften. Gemein und geheim, Bauern, Gesellen und andere Genossen (WuS 2, 1910, S. 9—12).
KELLER, Adelsherrschaft
HAGEN KELLER, Adelsherrschaft und städtische Gesellschaft in Oberitalien. 9. bis 12. Jahrhundert (Bibliothek des Deutschen Historischen Instituts in Rom, Bd. 52) Tübingen 1979.
KELLER, Alamannen
HAGEN KELLER, Archäologie und Geschichte der Alamannen in merowingischer Zeit (ZGO 129, 1981, S. 1—51).
KERN, Glossen der Salica
HENDRIK KERN, Die Glossen in der Lex Salica und die Sprache der salischen Franken, Haag 1869.
KERN, Notes
HENDRIK KERN, Notes on the Frankish Words in the Lex Salica (Lex Salica. The ten Texts with the Glosses and the Lex Emendata, hg. von JAN HENDRIK HESSELS, London 1880, Sp. 431—564).
KIENLE, Strafe
RICHARD VON KIENLE, Zum Begriffsbezirk der Strafe (WuS 16, 1934, S. 67—80).
KIRK DOBBIE, Notes
ELLIOTT VAN KIRK DOBBIE, Notes on Beowulf (Beowulf and Judith, S. 113—281). Siehe Kap. 6.1.
KISS, Steckbrief
GABOR KISS, Steckbrief der Soziologie, Heidelberg 1976.
KLAEBER, Beowulfiana
FREDERIK KLAEBER, Beowulfiana (Anglia 50, N. F. 38, 1926, S. 195—244).
KLAEBER, Glossary
FREDERIK KLAEBER, Glossary (Beowulf and the fight at Finnsburg, S. 293—432). Siehe Kap. 6.1.
KLEIBER, Antike und Mittelalter
WOLFGANG KLEIBER, Zwischen Antike und Mittelalter. Das Kontinuitätsprinzip in Südwestdeutschland im Lichte der Sprachgeschichtsforschung (FMSt 7, 1973, S. 27—52).
KLÖTZER, Märkerding
WOLFGANG KLÖTZER, Artikel ‚Märkerding' (HRG, Bd. 3, Sp. 299—301). Siehe Kap. 6.2.
KLÖTZER, Mark
WOLFGANG KLÖTZER, Artikel ‚Mark I' (gemeine Mark, Allmende) (HRG, Bd. 3, Sp. 280—286). Siehe Kap. 6.2.
KLÖTZER, Markfrevel
WOLFGANG KLÖTZER, Artikel ‚Markfrevel' (HRG, Bd. 3, Sp. 301 f.). Siehe Kap. 6.2.
KLOSS, Europa
HEINZ KLOSS, Sprachkontakte in Europa (URELAND, Sprachkontakte, S. 1—17).

KOCK, Interpretations
ERNST ALBIN KOCK, Interpretations and Emendations of early English Texts IX (Anglia 46, N. F. 34, 1922, S. 63–96).
KOCKA, historische Schichtungsanalyse
JÜRGEN KOCKA, Theorien in der Sozial- und Gesellschaftsgeschichte. Vorschläge zur historischen Schichtungsanalyse (Geschichte und Gesellschaft, 1, 1973, S. 9–42).
KOCKA, Sozialgeschichte
JÜRGEN KOCKA, Sozialgeschichte: Begriff–Entwicklung–Probleme, Göttingen 1977.
KOCKA–NIPPERDEY, Theorie und Erzählung
JÜRGEN KOCKA–THOMAS NIPPERDEY (Hgg.), Theorie und Erzählung in der Geschichte (Theorie der Geschichte, Beiträge zur Historik, Bd. 3) München 1979.
KÖBLER, „Bauer" im Frühmittelalter
GERHARD KÖBLER, „Bauer" (agricola, colonus, rusticus) im Frühmittelalter (WENSKUS–JANKUHN–GRINDA, „Bauer", S. 230–245).
KÖBLER, Begründungen
GERHARD KÖBLER, Die Begründungen der Lex Baiuvariorum (LANDWEHR, Studien, S. 69–85).
KÖBLER, Die Freien
GERHARD KÖBLER, Die Freien (liberi, ingenui) im alemannischen Recht (SCHOTT, Beiträge, S. 38–49).
KÖBLER, Lehre
GERHARD KÖBLER, Zur Lehre von den Ständen in fränkischer Zeit (ZRG. GA 89, 1972, S. 161–174).
KÖBLER, Recht
GERHARD KÖBLER, Das Recht im frühen Mittelalter. Untersuchungen zu Herkunft und Inhalt frühmittelalterlicher Rechtsbegriffe im deutschen Sprachgebiet (Forschungen zur deutschen Rechtsgeschichte 7) Köln–Wien 1971.
KÖBLER, Rechtsgeschichte
GERHARD KÖBLER, Rechtsgeschichte. Ein systematischer Grundriß. München 1977, 2. durchges. Aufl. 1978.
KÖBLER, Rezension Olberg, Freie
GERHARD KÖBLER, Rezension zu Olberg, Freie (ZRG. GA 101, 1984, S. 333 f.).
KÖBLER, Vorstufen
GERHARD KÖBLER, Vorstufen der Rechtswissenschaft im mittelalterlichen Deutschland (ZRG. GA 100, 1983, S. 75–118).
KÖGEL, altgermanische fara
RUDOLF KÖGEL, Die altgermanische fara, Anhang: Die Stellung des Burgundischen innerhalb der germanischen Sprachen (ZfdA 37, 1893, S. 217–231).
KÖGEL, Geschichte der deutschen Literatur
RUDOLF KÖGEL, Geschichte der deutschen Literatur bis zum Anfang des Mittelalters I, 2, Straßburg 1897.
KÖGEL, Sagibaro
RUDOLF KÖGEL, Sagibaro (ZfdA 33, 1889, S. 13–24).
KOEHNE, Recht der Mühlen
CARL KOEHNE, Das Recht der Mühlen bis zum Ende der Karolingerzeit. Ein Beitrag zur Geschichte des deutschen Gewerberechts (Untersuchungen zur deutschen Staats- und Rechtsgeschichte, hg. von OTTO v. GIERKE, H. 71) Breslau 1904.
KÖSTLER, Muntgewalt
RUDOLF KÖSTLER, Muntgewalt und Ehebewilligung in ihrem Verhältnis zueinander nach langobardischem und fränkischem Recht (ZRG. GA, 1908, S. 78–135).

KOLB—LAUFFER u. a., Sprachliche Interferenz
HERBERT KOLB—HARTMUT LAUFFER u. a. (Hgg.), Sprachliche Interferenz. Festschrift für Werner Betz zum 65. Geb., Tübingen 1977.
KORTE, Inhalt
DIRK KORTE, Untersuchungen zu Inhalt, Stil und Technik angelsächsischer Gesetze und Rechtsbücher des 6.—12. Jahrhunderts (Archiv für vergleichende Kulturwissenschaft 10) Meisenheim am Glan 1974.
KOSELLECK, Begriffsgeschichte
REINHART KOSELLECK, Begriffsgeschichte und Sozialgeschichte, hg. von PETER CHRISTIAN LUDZ (Kölner Zs. für Soziologie und Sozialpsychologie, Sonderheft 16, Opladen 1972, S. 116—131).
KOSELLECK, Einleitung
REINHART KOSELLECK, Einleitung (Geschichtliche Grundbegriffe, Bd. 1, S. XIII—XXVII). Siehe Kap. 6.2.
KOSELLECK, Historische Semantik
REINHART KOSELLECK (Hg.), Historische Semantik und Begriffsgeschichte (Sprache und Geschichte, hg. von REINHART KOSELLECK, KARLHEINZ STIERLE u. a., Bd. 1) Stuttgart 1978 (1979).
KOSELLECK, Standortbindung
REINHART KOSELLECK, Standortbindung und Zeitlichkeit. Ein Beitrag zur historiographischen Erschließung der geschichtlichen Welt (Objektivität und Parteilichkeit in der Geschichtswissenschaft, hg. von REINHART KOSELLECK, WOLFGANG J. MOMMSEN, JÖRN RÜSEN, Theorie der Geschichte. Beiträge zur Historik, Bd. 1, München 1977, S. 17—46).
KOSELLECK—LUTZ—RÜSEN, Formen
REINHART KOSELLECK—HEINRICH LUTZ—JÖRN RÜSEN (Hgg.), Formen der Geschichtsschreibung (Beiträge zur Historik, Bd. 4) München 1982.
KOTTJE, Geltungsbereich der Lex Alamannorum
RAYMUND KOTTJE, Zum Geltungsbereich der Lex Alamannorum (Die transalpinen Verbindungen der Bayern, Alemannen, hg. von HELMUT BEUMANN und WERNER SCHRÖDER [Nationes. Historische und philologische Untersuchungen zur Entstehung der europäischen Nationen im Mittelalter 6] Sigmaringen 1987, S. 359—377).
KOTTJE, Lex Baiuvariorum
RAYMUND KOTTJE, Die Lex Baiuvariorum — das Recht der Baiern (HUBERT MORDEK [Hg.] Überlieferung und Geltung normativer Texte des frühen und hohen Mittelalters. Vier Vorträge, gehalten auf dem 35. Deutschen Historikertag 1984 in Berlin [Quellen und Forschungen zum Recht im Mittelalter, hg. von RAYMUND KOTTJE und HUBERT MORDEK, Bd. 4] Sigmaringen 1986, S. 9—23).
KRAHE—MEID, Germanische Sprachwissenschaft
HANS KRAHE—WOLFGANG MEID, Germanische Sprachwissenschaft, Bd. I: Einleitung und Lautlehre, Berlin 1969; Bd. II: Formenlehre, Berlin 1969; Bd. III: Wortbildungslehre, Berlin 1967.
KRALIK, Bestandteile
DIETRICH VON KRALIK, Die deutschen Bestandteile der Lex Baiuvariorum (NA 38, 1913, S. 13—55, 401—449, 581—624).
KRAMMER, Forschungen
MARIO KRAMMER, Forschungen zur Lex Salica (NA 30, 1905, S. 261—319).
KRAUSE, Dauer
HERMANN KRAUSE, Dauer und Vergänglichkeit im mittelalterlichen Recht (ZRG. GA 75, 1958, S. 206—251).

KRAUSE, Gesetzgebung
HERMANN KRAUSE, Artikel ‚Gesetzgebung' (HRG, Bd. 1, Sp. 1606–1620). Siehe Kap. 6.2.
KRAUSE, Historiker
HERMANN KRAUSE, Der Historiker und sein Verhältnis zur Geschichte von Verfassung und Recht (HZ 209, 1969, S. 17–26).
KRAUSE, Königsfreie
HERMANN KRAUSE, Artikel ‚Königsfreie' (HRG, Bd. 2, Sp. 1029–1032). Siehe Kap. 6.2.
KRAUSE, liberi
HERMANN KRAUSE, Die liberi der Lex Baiuvariorum (Festschrift für Max Spindler, hg. von DIETER ALBRECHT, ANDREAS KRAUS, KURT REINDEL, München 1969, S. 41–73).
KRAUSE, Recht
HERMANN KRAUSE, Artikel ‚Recht' (HRG, Bd. 4, 25. Lieferung 1985, Sp. 224–232). Siehe Kap. 6.2.
V. KRAUSE, missi dominici
VICTOR KRAUSE, Geschichte des Instituts der missi dominici (MIÖG 11, 1890, S. 193–300).
KREMER, Personennamen
DIETER KREMER, Die germanischen Personennamen in Katalonien. Namenssammlung und Etymologisches, Barcelona 1969–1972.
KROESCHELL, Amt
KARL KROESCHELL, Artikel ‚Amt' (HRG, Bd. 1, Sp. 150–154). Siehe Kap. 6.2.
KROESCHELL, Germanisches Recht
KARL KROESCHELL, Germanisches Recht als Forschungsproblem (Fs. f. Hans Thieme zu seinem 80. Geb., hg. von KARL KROESCHELL, Sigmaringen 1986, S. 3–20).
KROESCHELL, Haus und Herrschaft
KARL KROESCHELL, Haus und Herrschaft im frühen deutschen Recht. Ein methodischer Versuch (Göttinger rechtswissenschaftliche Studien, Bd. 70) Göttingen 1968.
KROESCHELL, Recht und Rechtsbegriff
KARL KROESCHELL, Recht und Rechtsbegriff im 12. Jahrhundert (Probleme des 12. Jahrhunderts, Reichenau-Vorträge 1965–1967, gel. von THEODOR MAYER, hg. vom Konstanzer-Arbeitskreis für mittelalterliche Geschichte, VF 12, Konstanz–Stuttgart 1968, S. 309–335).
KROESCHELL, Rechtsgeschichte
KARL KROESCHELL, Deutsche Rechtsgeschichte, Bd. 1(–1250), Reinbek b. Hamburg 1972; Bd. 2 (1250–1650), Reinbek b. Hamburg 1973.
KROESCHELL, Sippe
KARL KROESCHELL, Die Sippe im germanischen Recht (ZRG. GA 77, 1960, S. 1–25).
KROESCHELL–WERNER, Amt (Einleitung)
KARL KROESCHELL–KARL FERDINAND WERNER, Amt, I. Einleitung, in: KARL KROESCHELL, KARL FERDINAND WERNER, GERHARD WIRTH, MANFRED HELLMANN, MICHAEL STOLLEIS, INGE-MAREN PETERS, MICHEL FRANÇOIS, KARL SCHNITH, RAOUL MANSELLI, LUDWIG VONES, Artikel ‚Amt' (Lexikon des Mittelalters, Bd. 1, Sp. 546–559) Sp. 546. Siehe Kap. 6.2.
KROGMANN, Adel
WILLY KROGMANN, Adel und Udel (ZfdPh 63, 1938, S. 189–191).
KROGMANN, Braut
WILLY KROGMANN, Braut und Brautlauf (WuS 16, 1934, S. 80–90).
KROGMANN, Entstehung und Eigenart
WILLY KROGMANN, Entstehung und Eigenart der Lex Frisionum (Philologia Frisica 214, 1962, S. 76–103).

Kronasser, Handbuch Semasiologie
Heinz Kronasser, Handbuch der Semasiologie. Kurze Einführung in die Geschichte, Problematik und Terminologie der Bedeutungslehre, Heidelberg ^{2}1968.
Krüger, Die Germanen
Bruno Krüger (Hg.), Die Germanen. Geschichte und Kultur der germanischen Stämme in Mitteleuropa, Bd. 1: Von den Anfängen bis zum 2. Jahrhundert unserer Zeitrechnung, Berlin ^{3}1979.
Krug, „centenarius"-Schultheiß
Hans-Jörg Krug, Untersuchungen zum Amt des „centenarius"-Schultheiß (ZRG. GA 87, 1970, Teil 1, S. 1–31; ZRG. GA 88, 1971, Teil 2, S. 29–109).
Krusch, Abfassung
Bruno Krusch, Die Abfassung der Lex Baiuvariorum 788, ihre Entstehung aus einem karolingischen Diplom von 744 und die Entthronung der Merowingerdynastie (ZBLG 11, 1938, S. 1–8).
Krusch, Forschungen
Bruno Krusch, Neue Forschungen über die drei oberdeutschen Leges: Baiuvariorum, Alamannorum, Ribuariorum (Abhandlungen d. Akad. d. Wiss. zu Göttingen, Phil.-Hist. Kl., N. F. 20, 1) Berlin 1927.
Kubzcak, Begriffswertige Sprachzeichen
Hartmut Kubzcak, Begriffswertige Sprachzeichen (Deutsche Sprache. Zeitschrift für Theorie, Analyse und Dokumentation, H. 2, 1977, S. 97–103).
Kuchenbuch, Bäuerliche Gesellschaft
Ludolf Kuchenbuch, Bäuerliche Gesellschaft und Klosterherrschaft im 9. Jahrhundert. Studien zur Sozialstruktur der familia der Abtei Prüm (Vierteljahresschrift für Sozial- und Wirtschaftsgeschichte, Beiheft 66) Wiesbaden 1978.
Kuhn, Amt (sprachlich)
Hans Kuhn, Artikel ‚Amt'. I. Sprachliches, (Hans Kuhn, Reinhard Wenskus, Henry Royston Loyn, Karl Wührer, Grethe Authen-Blom, Artikel ‚Amt' [RLA, 2. Aufl., Bd. 1, 1973, S. 257–268] S. 257 f. Siehe Kap. 6.2.
Kuhn, Grenzen
Hans Kuhn, Die Grenzen der germanischen Gefolgschaft (ZRG. GA 73, 1956, S. 1–83).
Kuhn–Wenskus, Antrustio
Hans Kuhn–Reinhard Wenskus, Artikel ‚Antrustio', § 1 Sprachliches (Kuhn), § 2 Verfassungsgeschichtliches (Wenskus) (RLA, 2. Aufl., Bd. 1, 1973, S. 360 f.). Siehe Kap. 6.2.
H. Kuhn, Gattungsprobleme
Hugo Kuhn, Gattungsprobleme der mittelhochdeutschen Literatur. (Ders., Dichtung und Welt im Mittelalter, Stuttgart 1969, S. 41–61).
Kunze, Textsorte und historische Wortgeographie
Konrad Kunze, Textsorte und historische Wortgeographie. Am Beispiel Pfarrer/Leutpriester, mit 6 Karten (Würzburger Prosastudien II., Untersuchungen zu Literatur und Sprache des Mittelalters. Kurt Ruh zum 60. Geb., München 1975, S. 35–75).
Lade, Flur und Feld
Ulrike Lade, Flur und Feld. Volkssprachige Bezeichnungen in den frühmittelalterlichen Leges, phil. Diss. Münster 1987.
Lammers, Eingliederung
Walther Lammers (Hg.), Die Eingliederung der Sachsen in das Frankenreich (Wege der Forschung 185) Darmstadt 1970.
Lammers, Entstehung
Walther Lammers, Entstehung und Verfassung des Sachsenstammes (Wege der Forschung 50) Darmstadt 1967.

LAMMERS, Stammesbildung
WALTHER LAMMERS, Die Stammesbildung bei den Sachsen. Eine Forschungsbilanz (1967) (DERS., Entstehung, S. 263–331).

LANDWEHR, Liten
GÖTZ LANDWEHR, Die Liten in den altsächsischen Rechtsquellen. Ein Diskussionsbeitrag zur Textgeschichte der Lex Saxonum (LANDWEHR, Studien, S. 117–142).

LANDWEHR, Studien
Studien zu den germanischen Volksrechten. Gedächtnisschrift für Wilhelm Ebel. Vorträge gehalten auf dem Fest-Symposium anläßlich des 70. Geb. von Wilhelm Ebel am 16. Juni 1978 in Göttingen, hg. von GÖTZ LANDWEHR (Rechtshistorische Reihe, Bd. 1) Frankfurt a. M.–Bern 1982.

LASLETT, Introduction
PETER LASLETT, Introduction on the History of the Family (LASLETT–WALL, Household and Family, S. 1 ff.).

LASLETT–WALL, Household and Family
PETER LASLETT–RICHARD WALL (Hgg.), Household and Family in Past Time, Comparative Studies in the Size and Structure of the Domestic Group over the three last Centuries in England, France, Serbia, Japan and Colonial North America, with further Materials from Western Europe, Cambridge 1972.

LAST, Sozialordnung
MARTIN LAST, Die Sozialordnung der Sachsen nach den Schriftquellen (Sachsen und Angelsachsen, hg. von CLAUS AHRENS, Veröffentlichung des Helms-Museums 32, Hamburg 1978, S. 449–462).

LEE–REICHMANN, Einführung Feldtheorie
ANTHONY VAN DER LEE–OSKAR REICHMANN, Einführung in die Geschichte der Feldtheorie (Aufsätze und Vorträge zur Wortfeldtheorie von JOST TRIER, hg. von ANTHONY VAN DER LEE und OSKAR REICHMANN, Paris 1973, S. 9–39).

LEHMANN, Bemerkungen
HANNELORE LEHMANN, Bemerkungen zur Sklaverei im frühmittelalterlichen Bayern und zu den Forschungsmethoden auf dem Gebiet germanischer Sozialgeschichte (ZfG 1965, Heft 8, S. 1378–1387).

LEICHT, Gasindi
P. S. LEICHT, Gasindi e vasalli (Scritti di storia del diritto italiano I, Milano 1943, S. 183–197).

LEISI, Paar und Sprache
ERNST LEISI, Paar und Sprache. Linguistische Aspekte der Zweierbeziehung, Heidelberg 1978.

LEISI u. a., Semantik
ERNST LEISI, unter Mitwirkung von DOROTHEE WENIGER und WALTER NAEF. Praxis der englischen Semantik (Sprachwissenschaftliche Studienbücher) Heidelberg 1973.

LEISI, Wortinhalt
ERNST LEISI, Der Wortinhalt. Seine Struktur im Deutschen und im Englischen, 5. Aufl., Heidelberg 1975.

LENSKI, Macht und Privileg
GERHARD LENSKI, Macht und Privileg. Eine Theorie der sozialen Schichtung (Titel der Originalausgabe: Power and Privilege. A Theory of Social Stratification) übersetzt von HANNE HERKOMMER, Frankfurt/M. 1977.

LIEBERWIRTH, Allod
ROLF LIEBERWIRTH, Artikel ‚Allod' (Ergänzbares Lexikon des Rechts, 29. Februar 1988, S. 1–3). Siehe Kap. 6.2.

LINTZEL, altsächsische Rechtsgeschichte
MARTIN LINTZEL, Zur altsächsischen Rechtsgeschichte (ZRG. GA 52, 1932, S. 294–321).
LINTZEL, Stände
MARTIN LINTZEL, Die Stände der deutschen Volksrechte hauptsächlich der Lex Saxonum (DERS., Ausgewählte Schriften, Bd. 1: Zur altsächsischen Stammesgeschichte, Berlin 1961, S. 309–379, zuerst erschienen Halle/Saale 1933).
LIVER, Rezension Problem der Freiheit
PETER LIVER, Rezension zu TH. MAYER, Problem der Freiheit (ZRG. GA 76, 1959, S. 369–378).
LÜDTKE, Französisch und Frankoprovenzalisch/Deutsch
HELMUT LÜDTKE, Artikel ‚Französisch und Frankoprovenzalisch/Deutsch' (Sprachgeschichte, Bd. 1, S. 869–879). Siehe Kap. 6.2.
LÜHR, Studien Hildebrandlied
ROSEMARIE LÜHR, Studien zur Sprache des Hildebrandliedes, Teil I: Herkunft und Sprache; Teil II: Kommentar, Frankfurt a. Main–Bern 1982.
LÜTGE, Freiheit
FRIEDRICH LÜTGE, Das Problem der Freiheit in der deutschen Agrarverfassung (Studi in onore di Armintore Fanfani 1) Milano 1962, S. 481 ff.
LÜTGE, Studien Sozial- und Wirtschaftsgeschichte
FRIEDRICH LÜTGE, Studien zur Sozial- und Wirtschaftsgeschichte, Gesammelte Abhandlungen, Stuttgart 1963.
MAIER, Historiker
FRANZ GEORG MAIER, Der Historiker und die Texte (HZ 238, 1984, S. 83–94).
MAIER, Verwandlung
FRANZ GEORG MAIER, Die Verwandlung der Mittelmeerwelt (Fischer Weltgeschichte, Bd. 9) Frankfurt 1968.
MARTINDALE, French aristocracy
JANE MARTINDALE, The French Aristocracy in the Early Middle Ages: A Reappraisal (Past and Present. A Journal of Historical Studies, 75, 1977, S. 5–45).
MATZEL, Isidor-Sippe
KLAUS MATZEL, Untersuchungen zur Verfasserschaft, Sprache und Herkunft der althochdeutschen Übersetzungen der Isidor-Sippe (Rheinisches Archiv 75) Bonn 1970.
MAURER, Nordgermanen
FRIEDRICH MAURER, Nordgermanen und Alemannen, 3. Aufl., Bern–München 1952.
v. MAURER, Einleitung
GEORG LUDWIG VON MAURER, Einleitung zur Geschichte der Mark-, Hof-, Dorf- und Stadtverfassung und der öffentlichen Gewalt, 2. Aufl. (Neudruck) mit einem Vorwort von H. CUNOW, Wien 1896.
v. MAURER, Geschichte der Fronhöfe
GEORG LUDWIG VON MAURER, Geschichte der Fronhöfe, Bauernhöfe und der Hofverfassung in Deutschland, 4 Bde., Erlangen 1862/63.
v. MAURER, Markenverfassung
GEORG LUDWIG VON MAURER, Geschichte der Markenverfassung in Deutschland, Erlangen 1856.
MAUSS, La cohésion sociale
MARCEL MAUSS, La cohésion sociale dans les sociétés polysegmentaires (DERS., Essais de sociologie, Paris 1969/69, S. 133–147).
MAYER, oberdeutsche Volksrechte
ERNST MAYER, Die oberdeutschen Volksrechte, Leipzig 1929.

MAYER, Verfassungsgeschichte
ERNST MAYER, Deutsche und französische Verfassungsgeschichte vom 9. bis zum 14. Jahrhundert, Leipzig 1899.
TH. MAYER, Die Königsfreien
THEODOR MAYER, Die Königsfreien und der Staat des frühen Mittelalters (TH. MAYER, Problem der Freiheit, S. 7—56).
TH. MAYER, Problem der Freiheit
THEODOR MAYER, Das Problem der Freiheit in der deutschen und schweizerischen Geschichte, Mainauvorträge 1953, geleitet von THEODOR MAYER, hg. vom Institut f. geschichtliche Landesforschung des Bodenseegebietes in Konstanz, VF 2, Lindau—Konstanz 1955, unveränd. Neudruck, Darmstadt 1963.
TH. MAYER, Studien
THEODOR MAYER, Mittelalterliche Studien. Gesammelte Aufsätze, Lindau—Konstanz 1959.
MAYR, Studien zum Adel
GOTTFRIED MAYR, Studien zum Adel im frühmittelalterlichen Bayern (Studien zur bayerischen Verfassungs- und Sozialgeschichte 5) München 1974.
MEIER-WELCKER, Heer
HANS MEIER-WELCKER, Artikel ‚Heer' (HRG, Bd. 2, Sp. 6—22). Siehe Kap. 6.2.
MENKE, Namengut
HUBERTUS MENKE, Das Namengut der frühen karolingischen Königsurkunden. Ein Beitrag zur Erforschung des Althochdeutschen (BNF, N. F., Beiheft 19) Heidelberg 1981.
MENTZ, Schrift
ARTHUR MENTZ, Schrift und Sprache der Burgunder (ZfdA 85, 1955, S. 1—17).
MERINGER, Vorwort
RUDOLF MERINGER, Vorwort zum ersten Band der Zeitschrift Wörter und Sachen. Kulturhistorische Zeitschrift für Sprach- und Sachforschung, hg. von RUDOLF MERINGER, WILHELM MEYER-LÜBKE, 1, 1909.
MERINGER, Wörter und Sachen
RUDOLF MERINGER, Wörter und Sachen (Indogermanische Forschungen 16, 1904, S. 101—196).
MERK, Rezension DOPSCH
WALTER MERK, Rezension zu DOPSCH, freie Marken (ZRG. GA 54, 1934, S. 319—325).
MERK, Rezension WIESSNER
WALTER MERK, Rezension zu WIESSNER, Sachinhalt (ZRG. GA 55, 1935, S. 317—332).
MERKEL, Kampf des Fremdrechtes
JOHANNES MERKEL, Der Kampf des Fremdrechtes mit dem einheimischen Rechte in Braunschweig—Lüneburg (Quellen und Darstellungen zur Geschichte Niedersachsens 19) Leipzig 1904.
MEYER, Bedeutungssysteme
R. M. MEYER, Bedeutungssysteme (Zs. f. vergleichende Sprachforschung 43, 1910, S. 352—368).
MEYER, militärische Titel
R. M. MEYER, Die militärischen Titel (ZfdW 12, 1910, S. 145—156).
MEYER-MARTHALER, Lex Romana Curiensis
ELISABETH MEYER-MARTHALER, Artikel ‚Lex Romana Curiensis' (HRG, Bd. 2, Sp. 1935—1940). Siehe Kap. 6.2.
MEZGER, ‚Herr sein, Knecht sein'
FRITZ MEZGER, Die Gruppe ‚Herr sein, Knecht sein' im Germanischen (Archiv für das Studium der neueren Sprache 158, 1930, S. 96—99).

MILDENBERGER, Sozial- und Kulturgeschichte
GERHARD MILDENBERGER, Sozial- und Kulturgeschichte der Germanen. Von den Anfängen bis zur Völkerwanderungszeit, Stuttgart—Berlin—Köln—Mainz 1972.
Minderheiten
Minderheiten im Mittelalter. Protokoll eines Festkolloquiums zu Ehren von Wilhelm Berges am Friedrich-Meinecke-Institut der Freien Universität Berlin. Als Manuskript vervielfältigt, Redaktion JÜRGEN MIETHKE, Berlin 1976, S. 27—39.
MITTEIS, Adelsherrschaft
HEINRICH MITTEIS, Formen der Adelsherrschaft im Mittelalter (Festschrift für Fritz Schulz, Bd. 2, Weimar 1951, S. 226 ff.).
MITTEIS, Lehnrecht
HEINRICH MITTEIS, Lehnrecht und Staatsgewalt. Untersuchungen zur mittelalterlichen Verfassungsgeschichte, Weimar 1933, Nachdruck Darmstadt 1958.
MITTEIS, Rechtsgeschichte
HEINRICH MITTEIS, Deutsche Rechtsgeschichte. Ein Studienbuch, neu bearb. von HEINRICH LIEBERICH, 17. erweiterte und ergänzte Auflage, München 1985.
MITTERAUER, Familie
MICHAEL MITTERAUER, Die Familie als historische Sozialform (DERS.—REINHARD SIEDER [Hgg.], Vom Patriarchat zur Partnerschaft. Zum Strukturwandel der Familie, München 1977, S. 13—37).
MITTERAUER, Kurzfassung
MICHAEL MITTERAUER, Probleme der Stratifikation in mittelalterlichen Gesellschaftssystemen (Kurzfassung) (Sozialwissenschaftliche Informationen f. Unterricht und Studium, hg. vom Arbeitskreis Sozialwiss. Inform., Jg. 5, Heft 3, Juli 1976, S. 67—73).
MITTERAUER, Markgrafen
MICHAEL MITTERAUER, Karolingische Markgrafen im Südosten. Fränkische Reichsaristokratie und bayerischer Stammesadel im österreichischen Raum (Archiv für österr. Geschichte 123) Graz—Wien—Köln 1963.
MITTERAUER, Stratifikation
MICHAEL MITTERAUER, Probleme der Stratifikation in mittelalterlichen Gesellschaftssystemen (Theorien in der Praxis des Historikers, Forschungsbeispiele und ihre Diskussion, hg. von JÜRGEN KOCKA, Geschichte und Gesellschaft, Sonderheft 3, Göttingen 1977, S. 13—41).
MITTERAUER, Struktur
MICHAEL MITTERAUER, Zur Struktur alteuropäischer Gesellschaftssysteme am Beispiel des mittelalterlichen Österreich (DERS., Grundtypen alteuropäischer Sozialformen. Haus und Gemeinde in vorindustriellen Gesellschaften [Kultur und Gesellschaft. Neue historische Forschungen, hg. von RICHARD VON DÜLMEN, Bd. 5] Stuttgart—Bad Cannstatt 1979, S. 13—97).
MITZKA, Hochdeutsche Mundarten
WALTHER MITZKA, Hochdeutsche Mundarten (STAMMLER, Deutsche Philologie, Bd. I.2, Sp. 1599—1727). Siehe Kap. 6.2.
MITZKA, Wortatlas
WALTHER MITZKA, Der Deutsche Wortatlas (ZMF 14, 1938, S. 40—55).
MÖSER, Werke
JUSTUS MÖSER, Sämtliche Werke. Historisch-kritische Ausgabe 12,1, Osnabrücker Geschichte. Allgemeine Einleitung 1768, bearb. von P. GÖTTSCHING, Oldenburg—Hamburg 1964.
MOLITOR, Entwicklung
ERICH MOLITOR, Zur Entwicklung der Munt (ZRG. GA 64, 1944, S. 112—172).

MOLITOR, Ständerechtsverhältnisse
ERICH MOLITOR, Ständerechtsverhältnisse als Geschichtsquelle (HZ 170, 1950, S. 23–39).
MOLLAY, Ungarisch/Deutsch
KARL MOLLAY, Artikel ‚Ungarisch/Deutsch' (Sprachgeschichte, Bd. 1, S. 893–897). Siehe Kap. 6.2.
MOMMSEN, Sprache
WOLFGANG J. MOMMSEN, Die Sprache des Historikers (HZ 238, 1984, S. 57–81).
MONTESQIEU, Pensées
CHARLES DE MONTESQUIEU, Pensées et fragments inédits, publiés par GASTON DE MONTESQUIEU, 2 Bde., Bordeaux 1899, 1901.
MOR, Fara
CARLO GUIDO MOR, Artikel ‚Fara' (HRG, Bd. 1, Sp. 1074–1077). Siehe Kap. 6.2.
MOR, La marchia di Alboino
CARLO GUIDO MOR, La marcia di Alboino (Problemi della civiltäe dell'ecconomia langobardo, Milano 1964, S. 179–196).
MOR, Lo stato
CARLO GUIDO MOR, Lo stato Langobardo nel VII secolo (Caratteri del socolo VII in Occidente, SSCI, 5,1, Spoleto 1958, S. 271 ff.).
MORDEK, Karolingische Kapitularien
HUBERT MORDEK, Karolingische Kapitularien (Überlieferung und Geltung normativer Texte des frühen und hohen Mittelalters, hg. von DEMS. [Quellen und Forschungen zum Recht im Mittelalter, Bd. 4] Sigmaringen 1986, S. 25–50).
MORGENROTH, germanische Stämme
WOLFGANG MORGENROTH, Zur Herausbildung der germanischen Stämme nach sprachwissenschaftlichen Forschungen (KRÜGER, Die Germanen, Bd. 1, S. 102–117).
MÜLLER, Theriophore Personennamen
GUNTER MÜLLER, Studien zu den theriophoren Personennamen der Germanen (Niederdeutsche Studien 17) Köln–Wien 1970.
W. MÜLLER, Alemannen
WOLFGANG MÜLLER (Hg.), Zur Geschichte der Alemannen (Wege der Forschung 100) Darmstadt 1975.
MÜLLER-MERTENS, Karl der Große
ECKHARD MÜLLER-MERTENS, Karl der Große, Ludwig der Fromme und die Freien. Wer waren die liberi homines der karolingischen Kapitularien (742/743–832)? Ein Beitrag zur Sozialgeschichte und Sozialpolitik des Frankenreiches (Forschungen zur mittelalterlichen Geschichte 10) Berlin 1963.
MÜLLER-MERTENS, Reichsstruktur
ECKHARD MÜLLER-MERTENS, Die Reichsstruktur im Spiegel der Herrschaftspraxis Ottos des Großen. Mit historiographischen Prolegomena zur Frage Feudalstaat auf deutschem Boden, seit wann Feudalstaat? Mit 4 Karten als Beilage (Forschungen zur mittelalterlichen Geschichte, Bd. 25) Berlin 1980.
MÜLLER-WILLE, Eisenzeitliche Fluren
MICHAEL MÜLLER-WILLE, Eisenzeitliche Fluren in den festländischen Nordseegebieten, Münster 1955.
MUHLACK, Erkenntnistheorie
ULRICH MUHLACK, Erkenntnistheorie und Methodologie. Erwiderung auf eine Erwiderung (Zs. für Historische Forschung 5, 1978, S. 49–68).
MUHLACK, Hermeneutik
ULRICH MUHLACK, Hermeneutik und Geschichtswissenschaft (Zs. für Historische Forschung 3, 1976, S. 61–95).

MUNSKE, Lexikologie und Wortgeschichte
HORST HAIDER MUNSKE, Lexikologie und Wortgeschichte (Germanistik – Forschungsstand und Perspektiven. Vorträge des Deutschen Germanistentages 1984, hg. von GEORG STÖTZEL, Teil 1: Germanistische Sprachwissenschaft, Didaktik der Deutschen Sprache und Literatur, Berlin–New York 1985, S. 27–43).

MUNSKE, Rechtswortschatz
HORST HAIDER MUNSKE, Der germanische Rechtswortschatz im Bereich der Missetaten 1 (Studia Linguistica Germanica 8/1) Berlin–New York 1973.

A. C. MURRAY, Germanic kinship structure
Studies in law and society in antiquity and the early middle ages, Toronto 1983.

NAUMANN, Skandinavisch/Deutsch
HANS-PETER NAUMANN, Artikel ‚Skandinavisch/Deutsch' (Sprachgeschichte, Bd. 1, S. 918–923). Siehe Kap. 6.2.

NEHLSEN, Aktualität
HERMANN NEHLSEN, Zu Aktualität und Effektivität germanischer Rechtsaufzeichnungen (CLASSEN, Recht, S. 449–502).

NEHLSEN, Lex Burgundionum
HERMANN NEHLSEN, Artikel ‚Lex Burgundionum' (HRG, Bd. 2, Sp. 1902–1915). Siehe Kap. 6.2.

NEHLSEN, Lex Romana Burgundionum
HERMANN NEHLSEN, Artikel ‚Lex Romana Burgundionum' (HRG, Bd. 2, Sp. 1927–1934). Siehe Kap. 6.2.

NEHLSEN, Lex Visigothorum
HERMANN NEHLSEN, Artikel ‚Lex Visigothorum' (HRG, Bd. 2, Sp. 1966–1979). Siehe Kap. 6.2.

NEHLSEN, Rezension VISMARA
HERMANN NEHLSEN, Rezension zu VISMARA, Edictum Theoderici (ZRG. GA 86, 1969, S. 246–260).

NEHLSEN, Schutz von Rechtsaufzeichnungen
HERMANN NEHLSEN, Der Schutz von Rechtsaufzeichnungen gegen Fälscher in den Germanenreichen (Fälschungen im Mittelalter Bd. 2: Gefälschte Rechtstexte. Der bestrafte Fälscher S. 545–576).

NEHLSEN, Sklavenrecht
HERMANN NEHLSEN, Sklavenrecht zwischen Antike und Mittelalter. Germanisches und römisches Recht in den germanischen Rechtsaufzeichnungen, Bd. I: Ostgoten, Westgoten, Franken, Langobarden (Göttinger Studien zur Rechtsgeschichte, Bd. 7) Göttingen 1972.

NEHLSEN-VON STRYK, boni homines
KARIN NEHLSEN-VON STRYK, Die boni homines des frühen Mittelalters unter besonderer Berücksichtigung der fränkischen Quellen (Freiburger Rechtsgeschichtliche Abhandlungen, N. F., Bd. 2) Berlin 1981.

NESTLE, Eleutheria
DIETER NESTLE, Eleutheria. Studien zum Wesen der Freiheit bei den Griechen und im Neuen Testament, Bd. 1: Die Griechen, Tübingen 1967.

NEUSSER, Freizügigkeit
GEROLD NEUSSER, Artikel ‚Freizügigkeit' (HRG, Bd. 1, Sp. 1262–1266). Siehe Kap. 6.2.

NIEDERHELLMANN, Arzt
ANNETTE NIEDERHELLMANN, Arzt und Heilkunde in den frühmittelalterlichen Leges. Eine wort- und sachkundliche Untersuchung (Die volkssprachigen Wörter der Leges barbarorum, Teil III, hg. von RUTH SCHMIDT-WIEGAND [AFMF, Bd. 12]) Berlin–New York 1983.

NIERMEYER, Midden — Nederlands rivieren gebied
JAN FREDERIK NIERMEYER, Het Midden — Nederlands rivieren gebied in den Frankische Tijd op grond van de Ewa quae se ad Amorem habet (Tijdschrift voor Geschiedenis 1953, S. 145 ff.).
NIETHAMMER, Lebenserfahrung
LUTZ NIETHAMMER (Hg.), Lebenserfahrung und kollektives Gedächtnis. Die Praxis der ‚Oral History', Frankfurt a. Main 1980.
NJEUSSYCHIN, Freiheitsbegriff
A. I. NJEUSSYCHIN, Der Freiheitsbegriff im Edikt des Rothari (ZRG. GA 66, 1948, S. 64—110).
NONN, Pagus und Comitatus
ULRICH NONN, Pagus und Comitatus in Niederlothringen. Untersuchungen im früheren Mittelalter (Bonner Historische Forschungen, hg. von STEPHAN SKALWEIT, Bd. 49) Bonn 1983.
OEXLE, Pferdebestattungen
JUDITH OEXLE, Merowingerzeitliche Pferdebestattungen — Opfer oder Beigaben? (FMSt 18, 1984, S. 122—172).
O. OEXLE, Bischof Ebroin
OTTO GERHARD OEXLE, Bischof Ebroin von Poitiers und seine Verwandten (FMSt 3, 1969, 138—210).
O. OEXLE, funktionale Dreiteilung
OTTO GERHARD OEXLE, Die funktionale Dreiteilung der ‚Gesellschaft' bei Adalbero von Laon. Deutungsschemata der sozialen Wirklichkeit im frühen Mittelalter (FMSt 12, 1978, S. 1—54).
O. OEXLE, Gilden
OTTO GERHARD OEXLE, Die mittelalterlichen Gilden — ihre Selbstdeutung und ihr Beitrag zur Formung sozialer Strukturen (Soziale Ordnungen im Verständnis des Mittelalters, hg. von ALBERT ZIMMERMANN, Miscellanea Mediaevalia 12/1, Berlin—New York 1979, S. 203—226).
O. OEXLE, Gilden als soziale Gruppen
OTTO GERHARD OEXLE, Gilden als soziale Gruppen in der Karolingerzeit (Das Handwerk in vor- und frühgeschichtlicher Zeit, Teil I: Historische und rechtshistorische Beiträge und Untersuchungen zur Frühgeschichte der Gilde, hg. von HERBERT JANKUHN, WALTER JANSSEN, RUTH SCHMIDT-WIEGAND, HEINRICH TIEFENBACH, Abh. d. Akad. d. Wiss. in Göttingen, Phil.-Hist. Kl., 3. Folge, Nr. 122, Göttingen 1981, S. 284—354).
O. OEXLE, Gruppenverbindung
OTTO GERHARD OEXLE, Gruppenverbindung und Gruppenverhalten bei Menschen und Tieren. Beobachtungen zur Geschichte der mittelalterlichen Gilden (Saeculum 36, 1985, S.28—45).
O. OEXLE, Memoria
OTTO GERHARD OEXLE, Memoria und Memorialüberlieferung im frühen Mittelalter (FMSt 10, 1976, S. 70—95).
O. OEXLE, Soziale Gruppen
OTTO GERHARD OEXLE, Soziale Gruppen und Deutungsschemata der sozialen Wirklichkeit in der Memorialüberlieferung (Prosopographie als Sozialgeschichte? Methoden personengeschichtlicher Erforschung des Mittelalters. Sektionsbeiträge zum 32. Deutschen Historikertag Hamburg 1978 mit einem Beitrag über das kommentierte Quellenwerk zur Erforschung der Personen und Personengruppen des Mittelalters ‚Societas et Fraternitas', München 1978, S. 33—38).

O. OEXLE, ,Wirklichkeit'
OTTO GERHARD OEXLE, Die ,Wirklichkeit' und das ,Wissen'. Ein Blick auf das sozialgeschichtliche Œuvre von Georges Duby (HZ, 1981, H. 1, S. 61–91).
OGDEN–RICHARDS, Meaning
K. OGDEN–J. A. RICHARDS, The Meaning of Meaning. A study of the Influence of Language upon Thought and of the Science of Symbolism, London 1923, [10]1952.
OGRIS, Fahrnis, Fahrhabe
WERNER OGRIS, Artikel ,Fahrnis, Fahrhabe (HRG, Bd. 1, Sp. 1049–1053). Siehe Kap. 6.2.
OGRIS, Munt
WERNER OGRIS, Artikel ,Munt, Muntwalt' (HRG, Bd. 3, Sp. 750–761). Siehe Kap. 6.2.
OKSAAR, Sprachkontaktforschung
ELS OKSAAR, Artikel ,Terminologie und Gegenstand der Sprachkontaktforschung' (Sprachgeschichte, Bd. 1, S. 845–854). Siehe Kap. 6.2.
OLBERG, Anwalt
GABRIELE VON OLBERG, Anwalt, Vogt und ihre Synonyme in den Schriften des Bauernkrieges und der Voraufstände (SCHMIDT-WIEGAND, Text- und Sachbezug, S. 70–103).
OLBERG, Artikel ,Freie'
GABRIELE VON OLBERG, Artikel ,Freie' (RLA, 2. Aufl., im Druck). Siehe Kap. 6.2.
OLBERG, Freie
GABRIELE VON OLBERG, Freie, Nachbarn und Gefolgsleute. Volkssprachige Bezeichnungen aus dem sozialen Bereich in den frühmittelalterlichen Leges (GASK, Bd. 2) Frankfurt a. Main–Bern–New York 1983.
OLBERG, Freiheitsbegriff
GABRIELE VON OLBERG, Zum Freiheitsbegriff im Spiegel volkssprachiger Bezeichnungen in den frühmittelalterlichen Leges (Akten des 26. Deutschen Rechtshistorikertages, Frankfurt am Main, 22. bis 26. September 1986, hg. von DIETER SIMON, Frankfurt 1987, S. 411–426).
OLBERG, Leod
GABRIELE VON OLBERG, Leod ,Mann'. Soziale Schichtung im Spiegel volkssprachiger Wörter der Leges (SCHMIDT-WIEGAND, Bezeichnungsforschung, S. 91–106).
OLBERG, Nasteid
GABRIELE VON OLBERG, Artikel ,Nasteid' (HRG, Bd. 3, Sp. 860–862). Siehe Kap. 6.2.
OLBERG, puer regius
GABRIELE VON OLBERG, Artikel ,puer regius' (HRG, Bd. 4, Sp. 100). Siehe Kap. 6.2.
OLBERG, Rezension FONTANA, Paradigma der Freien
GABRIELE VON OLBERG, Rezension zu FONTANA, Paradigma der Freien (ZRG. GA 1989 im Druck).
OLBERG, Sakebaro
GABRIELE VON OLBERG, Artikel ,Sakebaro' (HRG, Bd. 4, Sp. 1258–1260). Siehe Kap. 6.2.
OLBERG, Schlüsselzeugnis
GABRIELE VON OLBERG, Ein sozialhistorisches Schlüsselzeugnis im Licht der Textsortenforschung (FMSt 20, 1986, S. 123–136).
OLIVIERI, Dizionario
DANTE OLIVIERI, Dizionario di toponomastica lombarda, Milano [2]1961.
D'ORS, El Codigo de Eurico
ALVARO D'ORS, El Codigo de Eurico, Estudios Visigoticos II (Cuadernos del Instituto juridico español Num. 12, 1960).

D'Ors, La Territoridad
Alvaro D'Ors, La Territoridad del Derecho de los Visigodos. Estudios Visigoticos I (Cuadernos del Instituto juridico español Num. 5, 1956).
Ostheeren, Rezension Dick
Klaus Ostheeren, Rezension zu Dick, Ae. druyht (ASNS 205, Jg. 120, 1969, S. 60—63).
Ostrogorsky, byzantinischer Staat
Georg Ostrogorsky, Geschichte des byzantinischen Staates (Byzantinisches Handbuch im Rahmen des Handbuches der Altertumswissenschaft, 12. Abt., Teil 1, Bd. 2) 3. durchgearb. Aufl., München 1963.
Otto, Adel
Eberhard Otto, Adel und Freiheit im deutschen Staat des frühen Mittelalters, Berlin 1937.
Palander, Althochdeutsche Tiernamen
Hugo Palander, Die althochdeutschen Tiernamen, Bd. 1: Die Namen der Säugetiere, Darmstadt 1899.
Paradisi, Il prologo
Bruno Paradisi, Il prologo e l'epiloge dell'Editto di Rotari (Studia et documenta historiae et iuris 34, 1968, S. 1—31).
Parisse, Les Chanoinesses
Michel Parisse, Les Chanoinesses dans l'Empire germanique (IXe—XIe siècle) (Francia 6, 1978, S. 107—126).
Pessler, Wortgeographie
Wilhelm Pessler, Deutsche Wortgeographie. Wesen und Werden, Wollen und Weg (WuS 15, 1933, S. 1—80).
Petri, Siedlung
Franz Petri (Hg.), Siedlung, Sprache und Bevölkerungsstruktur im Frankenreich (Wege der Forschung 49) Darmstadt 1973.
Petri, Stamm und Land
Franz Petri, Stamm und Land im frühmittelalterlichen Nordwesten nach neuerer Forschung (Westf. Forschungen 8, 1955, S. 5—16).
Pfister, Italienisch und Rätoromanisch/Deutsch
Max Pfister, Artikel ‚Italienisch und Rätoromanisch/Deutsch' (Sprachgeschichte, Bd. 1, S. 879—893). Siehe Kap. 6.2.
Pfister, Langobardische Superstratwörter
Max Pfister, Langobardische Superstratwörter im Italienischen (Jb. für Internationale Germanistik, Jahrgang 10, Heft 2, 1978, S. 100—110).
Philippi, Umwandlung
Friedrich Philippi, Die Umwandlung der Verhältnisse Sachsens durch die fränkische Eroberung (HZ 129, 1924, S. 189—232).
Pilch, Altenglische Grammatik
Herbert Pilch, Altenglische Grammatik. Dialektologie, Phonologie, Morphologie, Syntax (Commentationes Societas Linguisticae Europaeae I,1) München 1970.
Planitz, Rechtsgeschichte
Hans Planitz, Deutsche Rechtsgeschichte, 3. Aufl. bearb. von Karl August Eckhardt, Graz—Köln 1971.
Podlech, Rechtslinguistik
Adalbert Podlech, Rechtslinguistik (D. Grimm, Rechtswissenschaft, S. 105—116).
Polenz, Slavische Lehnwörter
Peter von Polenz, Slavische Lehnwörter im Thüringisch-Obersächsischen (nach dem Material des Deutschen Wortatlas) (L. E. Schmitt, Deutsche Wortforschung in europäischen Bezügen, Bd. 2, 1963, S. 265—296).

Posch, Ruhestätten
Hartwig Posch, Die Ruhestätten des Menschen, Bett und Grab, bei den Indogermanen (WuS 16, 1934, S. 1–47).
Prinz, geistige Kultur des Mönchtums
Friedrich Prinz, Zur geistigen Kultur des Mönchtums im spätantiken Gallien und im Merowingerreich (ZBLG 26, 1963, S. 29–102).
Quak u. a., Tierbezeichnungen
Zu den salfränkischen Tierbezeichnungen, von einer Arbeitsgruppe unter der Leitung von Arend Quak (Amsterdamer Beiträge zur älteren Germanistik, hg. von Cola Minis, Arend Quak und P. Vermayden, Bd. 19, 1983, S. 7–78).
Reichmann, Historische Lexikologie
Oskar Reichmann, Historische Lexikologie (Sprachgeschichte, Bd. 1, S. 440–460). Siehe Kap. 6.2.
Reichmann, Lexikologie
Oskar Reichmann, Germanistische Lexikologie, 2. vollständig umgearbeitete Auflage von ‚Deutsche Wortforschung', Stuttgart 1976.
Reichmann, Wortforschung
Oskar Reichmann, Deutsche Wortforschung, Stuttgart 1969.
Reinschmidt, Einleitung des Rechtsganges
Traugott Reinschmidt, Die Einleitung des Rechtsganges und das Versäumnisverfahren im salfränkischen Recht, iur. Diss. Frankfurt a. Main 1968.
Rhee, Erforschung
Florus van der Rhee, Die Erforschung des Langobardischen. Kurzer Überblick über die Forschungsprobleme (Jb. für Internationale Germanistik, Jg. 10, H. 2, 1978, S. 77–86).
Rhee, Wörter
Florus van der Rhee, Die germanischen Wörter in den langobardischen Gesetzen, Rotterdam 1970.
Rieser, Sprachwissenschaft
Hannes Rieser, Sprachwissenschaft und Rechtstheorie (D. Grimm, Rechtswissenschaft, S.117–142).
Rivers, Contributions
Theodore John Rivers, Contributions to the criticism and interpretation of the Lex Baiuvariorum: A comparative study of the Alamanic and Bavarian codes, New York 1973.
Rode – S. Weber, Feudalismus
Burkhard Rode – Siegrid Weber, Zur Entstehung des Feudalismus in Europa. Studien zur sozialen und juristischen Entwicklung der germanischen Stämme beim Übergang zum Feudalismus, Berlin 1988.
Roels, Onderzoek
W. Roels, Onderzoek naar het gebruik van de angehadde bronnen van Romeins recht in de Lex Romana Burgundionum (Vlaamse Rechtskundige Bibliothek 41) Antwerpen 1958.
Rohlfs, Spracherbe
Gerhard Rohlfs, Germanisches Spracherbe in der Romania (Sitzungsberichte der Bayr. Akad. der Wiss., Phil.-Hist. Kl., H. 8, Jg. 1944–46) München 1947.
Rohlfs, Sprachgeographie
Gerhard Rohlfs, Romanische Sprachgeographie. Geschichte und Grundlagen, Aspekte und Probleme mit dem Versuch eines Sprachatlasses der romanischen Sprachen (Handbücher für das Studium der Romanistik) München 1971.

ROHLFS, Streifzüge

GERHARD ROHLFS, Sprachgeographische Streifzüge durch Italien (Sitzungsberichte der Bayr. Akad. der Wiss., H. 3, Jg. 1944–46) München 1947.

ROLL, Lex Salica-Forschung

HANS-ACHIM ROLL, Zur Geschichte der Lex Salica-Forschung (Untersuchungen zur deutschen Staats- und Rechtsgeschichte, N. F. 17) Aalen 1972.

ROTH, bayrisches Volksrecht

PAUL VON ROTH, Zur Geschichte des bayrischen Volksrechtes, München 1869.

ROTH, Beneficialwesen

PAUL VON ROTH, Geschichte des Beneficialwesens von den älteren Zeiten bis ins zehnte Jahrhundert, Erlangen 1850.

ROTH, Entstehung der Lex Baiuvariorum

PAUL VON ROTH, Über die Entstehung der Lex Baiuvariorum, München 1848.

ROTH, Feudalismus

PAUL VON ROTH, Feudalismus und Untertanenverband (Neudruck d. Ausgabe Weimar 1863) Aalen 1966.

ROTHENHÖFER, Untersuchungen

DIETER ROTHENHÖFER, Untersuchungen zur Sklaverei in den ostgermanischen Nachfolgestaaten des Römischen Reiches, Tübingen 1967.

ROTTECK, Freiheit

CARL VON ROTTECK, Artikel ‚Freiheit' (Staats-Lexikon, hg. von CARL VON ROTTECK und CARL THEODORF WELCKER, Bd. 6, Altona 1838, S. 60–74).

RÜSEN, Droysens Typologie

JÖRN RÜSEN, Bemerkungen zu Droysens Typologie der Geschichtsschreibung (Formen der Geschichtsschreibung, hg. von REINHART KOSELLECK, HEINRICH LUTZ und JÖRN RÜSEN [Theorie der Geschichte, Beiträge zur Historik, Bd. 4] München 1982, S. 192–200).

RÜSEN, Geschichtsschreibung

JÖRN RÜSEN, Geschichtsschreibung als Theorieproblem der Geschichtswissenschaft. Skizze zum historischen Hintergrund der gegenwärtigen Diskussion (Formen der Geschichtsschreibung, hg. von REINHART KOSELLECK, HEINRICH LUTZ und JÖRN RÜSEN [Theorie der Geschichte, Beiträge zur Historik, Bd. 4] München 1982, S. 14–34).

RUHWEDEL, Fähre

EDGAR RUHWEDEL, Artikel ‚Fähre, Fährenrecht' (HRG, Bd. 1, Sp. 1042–1045). Siehe Kap. 6.2.

SABATINI, Riflessi

FRANCESCO SABATINI, Riflessi linguistici della dominazione langobarda nell'Italia mediana e meridionale, Firenze 1963.

SACHERS, Allmende

ERICH SACHERS, Artikel ‚Allmende' (HRG, Bd. 1, Sp. 108–120). Siehe Kap. 6.2.

SANDERS, Linguistische Stilistik

WILLY SANDERS, Linguistische Stilistik. Grundzüge der Stilanalyse sprachlicher Kommunikation (Kleine Vandenhoek Reihe 1437), Göttingen 1977.

SAUSSURE, Cours de linguistique

FERDINAND DE SAUSSURE, Cours de linguistique générale, 1. Aufl. Lausanne–Paris 1916, 2. Aufl. Paris 1922 bzw. DERS., Grundfragen der allgemeinen Sprachwissenschaft, hg. von CHARLES BALLY und ALBERT SECHEHAYE, unter Mitwirkung von ALBERT RIEDLINGER übersetzt von HERMANN LOMMEL, 2. Aufl. von PETER VON POLENZ, Berlin 1967.

SAVIGNY, Rechtsgeschichte des Adels

FRIEDRICH KARL VON SAVIGNY, Beitrag zur Rechtsgeschichte des Adels im neueren Europa, Berlin 1836.

SCARDIGLI, Appunti Langobardi
PIERGUISEPPE SCARDIGLI, Appunti Langobardi (Filologia e Critica. Studi in onore di Vittorio Santoli, Roma 1976, S. 91–131).
SCARDIGLI, Stand und Aufgaben
PIERGUISEPPE SCARDIGLI, Stand und Aufgaben der Langobardenforschung (Jb. für Internationale Germanistik, Jg. 10, H. 2, 1978, S. 56–62).
SCHABRAM, Etymologie
HANS SCHABRAM, Etymologie und Kontextanalyse in der altenglischen Semantik (Zs. f. vergleichende Sprachforschung 84, 1970, S. 233–253).
SCHARMANN, Systematik des „Gruppenbegriffs"
THEODOR SCHARMANN, Zur Systematik des „Gruppenbegriffs" in der neueren deutschen Psychologie und Soziologie (Psych. Rundschau 10, 1959, S. 16–48).
SCHAUB, Geschichte der Sklaverei
FRIEDRICH SCHAUB, Studien zur Geschichte der Sklaverei im Frühmittelalter (Abhandlungen zur mittleren und neueren Geschichte 44) Berlin 1913.
SCHAUBERT, Glossar
ELSE VON SCHAUBERT, Glossar (Beowulf, Bd. 3). Siehe Kap. 6.1.
SCHAUBERT, Kommentar
ELSE VON SCHAUBERT, Kommentar (Beowulf, Bd. 2). Siehe Kap. 6.1.
SCHELLER, Wortrippe frei
MAXIMILIAN SCHELLER, Vedisch priyà und die Wortrippe frei, freien, Freund. Eine bedeutungsgeschichtliche Studie (Ergänzungshefte zur Zeitschrift für vergleichende Sprachforschung auf dem Gebiet der indogermanischen Sprachen, Nr. 16) Göttingen 1959.
SCHEYHING, Adel
ROBERT SCHEYHING, Artikel ‚Adel' (HRG, Bd. 1, Sp. 41–51).
SCHEYHING, Antrustionen
ROBERT SCHEYHING, Artikel ‚Antrustionen' (HRG, Bd. 1, Sp. 179–180). Siehe Kap. 6.2.
SCHEYHING, Baron
ROBERT SCHEYHING, Artikel ‚Baron' (HRG, Bd. 1, Sp. 316 f.). Siehe Kap. 6.2.
SCHEYHING, Barschalken
ROBERT SCHEYHING, Artikel ‚Barschalken' (HRG, Bd. 1, Sp. 317–319). Siehe Kap. 6.2.
SCHEYHING, Dux
ROBERT SCHEYHING, Artikel ‚Dux' (HRG, Bd. 1, Sp. 792 f.). Siehe Kap. 6.2.
SCHEYHING, Eide
ROBERT SCHEYHING, Eide, Amtsgewalt und Bannleihe. Eine Untersuchung zur Bannleihe im hohen und späten Mittelalter (Forschungen zur deutschen Rechtsgeschichte 2) Köln–Graz 1960.
SCHEYHING, Freilassung
ROBERT SCHEYHING, Artikel ‚Freilassung' (HRG, Bd. 1, Sp. 1242 f.). Siehe Kap. 6.2.
SCHIEDER, Methodenprobleme
THEODOR SCHIEDER (Hg.), Methodenprobleme der Geschichtswissenschaft (Beiheft der HZ 1, N. F.) München 1974.
SCHIEFFER, Literaturbericht
RUDOLF SCHIEFFER, Literaturbericht Frühes Mittelalter (476–911) (GWU Jg. 36, H. 7, 1985, S. 510–533).
SCHIPPAN, Semasiologie
THEA SCHIPPAN, Einführung in die Semasiologie, 2. überarb. Aufl., Leipzig 1975.
SCHLESINGER, Beiträge Verfassungsgeschichte
WALTER SCHLESINGER, Beiträge zur deutschen Verfassungsgeschichte des Mittelalters, Gesammelte Aufsätze Bd. 1 und 2, Göttingen 1963.

SCHLESINGER, Bemerkungen und Zusätze
WALTER SCHLESINGER, Bemerkungen und Zusätze. Herrschaft und Gefolgschaft in der germanisch-deutschen Verfassungsgeschichte (DERS., Beiträge Verfassungsgeschichte, Bd. 1, S. 335–338).
SCHLESINGER, Burg
WALTER SCHLESINGER, Burg und Stadt (DERS., Beiträge Verfassungsgeschichte, Bd. 1, Göttingen 1963, S. 92–147).
SCHLESINGER, Franken
WALTER SCHLESINGER, Die Franken im Gebiet östlich des mittleren Rheins, Skizze eines Forschungsprogramms (Hessisches Jahrbuch für Landesgeschichte 15, 1965, S. 1–22).
SCHLESINGER, Heerkönigtum
WALTER SCHLESINGER, Über germanisches Heerkönigtum (DERS., Beiträge Verfassungsgeschichte, Bd. 1, S. 53–87).
SCHLESINGER, Herrschaft
WALTER SCHLESINGER, Herrschaft und Gefolgschaft in der germanisch-deutschen Verfassungsgeschichte des Mittelalters (DERS., Beiträge Verfassungsgeschichte, Bd. 1, S. 9–52).
SCHLESINGER, Landesherrschaft
WALTER SCHLESINGER, Die Entstehung der Landesherrschaft, 1. Aufl. Dresden 1941.
SCHLESINGER, Randbemerkungen
WALTER SCHLESINGER, Randbemerkungen zu drei Aufsätzen über Sippe, Gefolgschaft und Treue (DERS., Beiträge Verfassungsgeschichte, Bd. 2, S. 286–334).
SCHMALE, Funktion und Formen
FRANZ-JOSEF SCHMALE, Funktion und Formen mittelalterlicher Geschichtsschreibung. Eine Einführung mit einem Beitrag von HANS-WERNER GOETZ, Darmstadt 1985.
SCHMID, Adel und Reform
KARL SCHMID, Adel und Reform in Schwaben (Investiturstreit und Reichsverfassung, hg. von JOSEF FLECKENSTEIN, Vorträge und Forschungen 17, Sigmaringen 1973, S. 295–320).
SCHMID, Gemeinschaftsbewußtsein
KARL SCHMID, Religiöses und sippengebundenes Gemeinschaftsbewußtsein in frühmittelalterlichen Gedenkbucheinträgen (DA 21, 1965, S. 18–81).
SCHMID, Person und Gemeinschaft
KARL SCHMID, Über das Verhältnis von Person und Gemeinschaft im frühen Mittelalter (FMSt 1, 1967, S. 225–249).
SCHMID, Problematik
KARL SCHMID, Zur Problematik von Familie, Sippe und Geschlecht, Haus und Dynastie beim mittelalterlichen Adel. Vorfragen zum Thema „Adel und Herrschaft im Mittelalter“ (ZGO 105, 1957, S. 1–62).
SCHMID, Programmatisches
KARL SCHMID, Programmatisches zur Erforschung der mittelalterlichen Personen und Personengruppen (FMSt 8, 1974, S. 116–130).
SCHMID, Struktur des Adels
KARL SCHMID, Über die Struktur des Adels im frühen Mittelalter (Jb. f. Fränk. Landesforschung 19, 1959, S. 1–23).
P. SCHMID, Mark
PETER SCHMID, Artikel ‚Mark II (Grenzmark)‘ (HRG, Bd. 3, Sp. 286–293). Siehe Kap. 6.2.
P. SCHMID, Marschall
PETER SCHMID, Artikel ‚Marschall‘ (HRG, Bd. 3, Sp. 348–353). Siehe Kap. 6.2.

SCHMID—WOLLASCH, Societas et Fraternitas
KARL SCHMID—JOACHIM WOLLASCH, Societas et Fraternitas. Begründung eines kommentierten Quellenwerks zur Erforschung der Personen und Personengruppen des Mittelalters (FMSt 9, 1975, S. 1—48).
H. SCHMIDT, Geltungsumfang westgotischer Gesetzgebung
HANSGÜNTHER SCHMIDT, Zum Geltungsumfang der westgotischen Gesetzgebung (Spanische Forschungen der Görresgesellschaft 29, 1978, S. 1—84).
K. H. SCHMIDT, Keltisch und Germanisch
KARL HORST SCHMIDT, Keltisch und Germanisch (Das Germanische und die Rekonstruktion der indogermanischen Grundsprache, Akten des Freiburger Kolloquiums der Indogermanischen Gesellschaft, Freibug 26.—27. Febr. 1981, hg. von JÜRGEN UNTERMANN und BELA BROGYANYI [Amsterdam Studies in the theory and history of linguistic science, series IV — current issues in linguistic theory, Vol. 22] Amsterdam—Philadelphia 1984, S. 113—153).
SCHMIDT, Wortfeldforschung
LOTHAR SCHMIDT (Hg.), Wortfeldforschung. Zur Geschichte und Theorie des sprachlichen Feldes (Wege der Forschung 250) Darmstadt 1973.
L. SCHMIDT, Ostgermanen
LUDWIG SCHMIDT, Geschichte der deutschen Stämme bis zum Ausgang der Völkerwanderung: Die Ostgermanen (Quellen und Forschungen zur alten Geschichte und Geographie, hg. von W. SIEGLIN 1904, 2. Aufl. München 1934, Nachdruck 1969).
S. J. SCHMIDT, Probleme einer Linguistik
SIEGFRIED J. SCHMIDT, Texttheorie. Probleme einer Linguistik der sprachlichen Kommunikation, München 1973, 2. verbesserte und ergänzte Auflage, München 1976.
S. J. SCHMIDT, Texttheorie
SIEGFRIED J. SCHMIDT, Texttheorie/Pragmalinguistik (LGL, Tübingen 1973, S. 233—244). Siehe Kap. 6.2.
SCHMIDT-WIEGAND, Alach
RUTH SCHMIDT-WIEGAND, Alach. Zur Bedeutung eines rechtstopographischen Begriffs der fränkischen Zeit (BNF. N. F. 2, 1967, S. 21—45).
SCHMIDT-WIEGAND, Alemannisch
RUTH SCHMIDT-WIEGAND, Alemannisch und Fränkisch in Pactus und Lex Alamannorum (SCHOTT, Beiträge, S. 9—37).
SCHMIDT-WIEGAND, „Bauer“ in der Lex Salica
RUTH SCHMIDT-WIEGAND, Der „Bauer“ in der Lex Salica (Abhandlung der Akademie der Wissenschaften in Göttingen, Phil.-Hist. Kl., III. Folge, 89, 1975, S. 128—152).
SCHMIDT-WIEGAND, Bezeichnungen
RUTH SCHMIDT-WIEGAND, Fränkische und frankolateinische Bezeichnungen für soziale Schichten und Gruppen in der Lex Salica (Nachrichten d. Akad. d. Wiss. in Göttingen, I. Phil.-Hist. Kl., Jg. 1972, Nr. 4, S. 219—259).
SCHMIDT-WIEGAND, Bezeichnungsforschung
RUTH SCHMIDT-WIEGAND (Hg.), Wörter und Sachen im Lichte der Bezeichnungsforschung (AFMF 1) Berlin 1981, ausgeliefert 1980.
SCHMIDT-WIEGAND, Chrenecruda
RUTH SCHMIDT-WIEGAND, Artikel ‚Chrenecruda‘ (RLA, 2. Aufl., Bd. 4, 1981, S. 496 f.). Siehe Kap. 6.2.
SCHMIDT-WIEGAND, Dorf nach den Stammesrechten
RUTH SCHMIDT-WIEGAND, Das Dorf nach den Stammesrechten des Kontinents (JANKUHN—SCHÜTZEICHEL—SCHWIND, Das Dorf, S. 408—443).

SCHMIDT-WIEGAND, druht und druhtin
RUTH SCHMIDT-WIEGAND, Fränkisch druht und druhtin. Zur historischen Terminologie im Bereich der Sozialgeschichte (BEUMANN, Forschungen, S. 534 f.).
SCHMIDT-WIEGAND, Eid
RUTH SCHMIDT-WIEGAND, Eid und Gelöbnis, Formel und Formular im mittelalterlichen Recht (CLASSEN, Recht, S. 55–90).
SCHMIDT-WIEGAND, Fälschung
RUTH SCHMIDT-WIEGAND, Ist die Lex Salica eine Fälschung? Kritik einer neuen These über die Entstehung der Lex Salica und verwandter fränkischer Rechtsquellen, phil. Diss. Greifswald 1951 (masch.-schrift.).
SCHMIDT-WIEGAND, Franken und Alemannen
RUTH SCHMIDT-WIEGAND, Franken und Alemannen. Zum Gebrauch der Stammesbezeichnungen in den Leges barbarorum (Person und Gemeinschaft im Mittelalter. Karl Schmid zum 65. Geburtstag, hg. von GERD ALTHOFF, DIETER GEUENICH, OTTO GERHARD OEXLE und JOACHIM WOLLASCH, Sigmaringen 1988, S. 61–71).
SCHMIDT-WIEGAND, fränkisches Wortgut
RUTH SCHMIDT-WIEGAND, Das fränkische Wortgut als Gegenstand der Rechtssprachgeographie (ZRG. GA 84, 1967, S. 275–293).
SCHMIDT-WIEGAND, Fremdeinflüsse
RUTH SCHMIDT-WIEGAND, Fremdeinflüsse auf die deutsche Rechtssprache (KOLB–LAUFFER u. a., Sprachliche Interferenz, S. 226–245).
SCHMIDT-WIEGAND, Gebärdensprache
RUTH SCHMIDT-WIEGAND, Gebärdensprache im mittelalterlichen Recht (FMSt 16, 1982, S. 363–379).
SCHMIDT-WIEGAND, Gens francorum
RUTH SCHMIDT-WIEGAND, Gens francorum inclita. Zu Gestalt und Inhalt des längeren Prologes der Lex Salica (Festschrift für Adolf Hofmeister, hg. von URSULA SCHELL, Halle 1955, S. 233–250).
SCHMIDT-WIEGAND, Geschichte
RUTH SCHMIDT-WIEGAND, Zur Geschichte der Malbergischen Glosse (ZRG. GA 74, 1957, S. 220–231).
SCHMIDT-WIEGAND, Glossen
RUTH SCHMIDT-WIEGAND, Die Malbergischen Glossen der Lex Salica als Denkmal des Westfränkischen (RhVjbll. 33, H. 1/4, 1969, S. 396–422).
SCHMIDT-WIEGAND, Historische Onomasiologie
RUTH SCHMIDT-WIEGAND, Historische Onomasiologie und Mittelalterforschung (FMSt 9, 1975, S. 49–78).
SCHMIDT-WIEGAND, Interferenz
RUTH SCHMIDT-WIEGAND, Volkssprachige Wörter der Leges barbarorum als Ausdruck sprachlicher Interferenz (FMSt 13, 1979, S. 56–87).
SCHMIDT-WIEGAND, kritische Ausgabe
RUTH SCHMIDT-WIEGAND, Die kritische Ausgabe der Lex Salica – noch immer ein Problem? (ZRG. GA 76, 1959, S. 301–319).
SCHMIDT-WIEGAND, Lebenskreis
RUTH SCHMIDT-WIEGAND, Der Lebenskreis der Frau im Spiegel der volkssprachigen Bezeichnungen der Leges barbarorum (im Druck).
SCHMIDT-WIEGAND, Leod
RUTH SCHMIDT-WIEGAND, Artikel ‚Leod, leodis, leudes, leodi, leodardi, leudesamio' (HRG, Bd. 2, Sp. 1845–1848).

SCHMIDT-WIEGAND, Lex Francorum Chamavorum
RUTH SCHMIDT-WIEGAND, Artikel ,Lex Francorum Chamavorum' (HRG, Bd. 2, Sp. 1915 f.). Siehe Kap. 6.2.
SCHMIDT-WIEGAND, Lex Ribuaria
RUTH SCHMIDT-WIEGAND, Artikel ,Lex Ribuaria' (HRG, Bd. 2, Sp. 1923—1927). Siehe Kap. 6.2.
SCHMIDT-WIEGAND, Lex Salica
RUTH SCHMIDT-WIEGAND, Artikel ,Lex Salica' (HRG, Bd. 2, Sp. 1949—1962). Siehe Kap. 6.2.
SCHMIDT-WIEGAND, Lex Saxonum
RUTH SCHMIDT-WIEGAND, Artikel ,Lex Saxonum' (HRG, Bd. 2, Sp. 1962—1965). Siehe Kap. 6.2.
SCHMIDT-WIEGAND, Lex Thuringorum
RUTH SCHMIDT-WIEGAND, Artikel ,Lex Thuringorum' (HRG, Bd. 2, Sp. 1965 f.). Siehe Kap. 6.2.
SCHMIDT-WIEGAND, Malbergische Glossen
RUTH SCHMIDT-WIEGAND, Artikel ,Malbergische Glossen' (HRG, Bd. 3, Sp. 211—215). Siehe Kap. 6.2.
SCHMIDT-WIEGAND, Marca
RUTH SCHMIDT-WIEGAND, Marca. Zu den Begriffen ,Mark' und ,Gemarkung' in den Leges barbarorum (BECK—DENECKE—JANKUHN, Untersuchungen, Teil 1, S. 74—91).
SCHMIDT-WIEGAND, Mark und Allmende
RUTH SCHMIDT-WIEGAND, Mark und Allmende. Die ,Weisthümer' Jacob Grimms und ihre Bedeutung für eine Geschichte der deutschen Rechtssprache (Schriften der Brüder-Grimm-Gesellschaft Kassel, Nr. 3) Marburg 1981.
SCHMIDT-WIEGAND, Neue Ansätze
RUTH SCHMIDT-WIEGAND, Neue Ansätze im Bereich Wörter und Sachen (Geschichte der Alltagskultur. Aufgaben und neue Ansätze, hg. von GÜNTHER WIEGELMANN, Münster 1980, S. 87—102).
SCHMIDT-WIEGAND, Ortsnamen
RUTH SCHMIDT-WIEGAND, Artikel ,Ortsnamen' (HRG, Bd. 3, Sp. 1312—1323). Siehe Kap. 6.2.
SCHMIDT-WIEGAND, Rechtsquellen
RUTH SCHMIDT-WIEGAND, Die fränkischen Rechtsquellen in ihrer Bedeutung für Sprach- und Siedlungsgeschichte (RhVjbll. 35, 1971, S. 53—61).
SCHMIDT-WIEGAND, Rechtswortgeographie
RUTH SCHMIDT-WIEGAND, Studien zur Rechtswortgeographie. Der Strohwisch als Bann- und Verbotszeichen, Bezeichnungen und Funktionen (MMS 18) München 1978.
SCHMIDT-WIEGAND, Sali
RUTH SCHMIDT-WIEGAND, Sali. Die Malbergischen Glossen der Lex Salica und die Ausbreitung der Franken (1968) (PETRI, Siedlung, S. 490—530).
SCHMIDT-WIEGAND, Scripta-Quellen
RUTH SCHMIDT-WIEGAND, Altdeutsche Scripta-Quellen. Volkssprachige Aufzeichnungen des Rechtslebens als Textsorten (Textsorten und literarische Gattungen. Dokumentation des Germanistentages in Hamburg vom 1.—4. April 1979, hg. vom Vorstand der dt. Hochschulgermanisten, Berlin 1983, S. 365—377).
SCHMIDT-WIEGAND, Stammesrecht
RUTH SCHMIDT-WIEGAND, Stammesrecht und Volkssprache in karolingischer Zeit (BEUMANN—SCHRÖDER, Nationes, Bd. 1, 1978, S. 171—203).

SCHMIDT-WIEGAND, Textsorte
RUTH SCHMIDT-WIEGAND, Textsorte und Rechtsquellentyp in ihrer Bedeutung für die Rechtssprachgeographie (SCHMIDT-WIEGAND, Text- und Sachbezug, S. 21–37).
SCHMIDT-WIEGAND, Text- und Sachbezug
RUTH SCHMIDT-WIEGAND (Hg.) Text- und Sachbezug in der Rechtssprachgeographie, Redaktion GABRIELE VON OLBERG (MMS 52) München 1985.
SCHMIDT-WIEGAND, Untersuchungen
RUTH SCHMIDT-WIEGAND, Untersuchungen zur Entstehung der Lex Salica (Wissenschaftliche Zeitschrift der Universität Greifswald 1, Gesellschafts- und sprachwissenschaftliche Reihe 1, 1951/52, S. 9–43).
SCHMIDT-WIEGAND, Wörter und Sachen
RUTH SCHMIDT-WIEGAND, Wörter und Sachen. Zur Bedeutung einer Methode für die Frühmittelalterforschung. Der Pflug und seine Bezeichnungen (DIES., Bezeichnungsforschung, S. 1–41).
SCHMIDT-WIEGAND, Wort- und Sachregister
RUTH SCHMIDT-WIEGAND, Wort- und Sachregister IV (Lex Ribuaria, S. 200–217). Siehe Kap. 6.1.
SCHMITT, Liberi Homines
JOHANNES SCHMITT, Untersuchungen zu den Liberi Homines der Karolingerzeit (Europäische Hochschulschriften, Reihe 3, Geschichte und ihre Hilfswissenschaften 83) Frankfurt–Bern 1977.
L. E. SCHMITT, Deutsche Wortforschung in europäischen Bezügen
LUDWIG ERICH SCHMITT (Hg.), Deutsche Wortforschung in europäischen Bezügen. Untersuchungen zum Deutschen Wortatlas, 6 Bde., Gießen 1958–1972.
SCHNEIDER, Burg und Landgemeinde
FEDOR SCHNEIDER, Die Entstehung von Burg und Landgemeinde in Italien, Berlin 1924.
SCHNEIDER, Staatliche Siedlung
FEDOR SCHNEIDER, Staatliche Siedlung im frühen Mittelalter (DERS., Ausgewählte Aufsätze zur Geschichte und Diplomatik des Mittelalters vornehmlich in Italien, mit einer Einführung von GERD TELLENBACH, Aalen 1974, S. 121–150).
R. SCHNEIDER, Kapitularientexte
REINHARD SCHNEIDER, Zur rechtlichen Bedeutung der Kapitularientexte (Deutsches Archiv 23, 1967, S. 273–294).
R. SCHNEIDER, Schriftlichkeit
REINHARD SCHNEIDER, Schriftlichkeit und Mündlichkeit im Bereich der Kapitularien (CLASSEN , Recht, S. 257–279).
R. SCHNEIDER, Sklaven
REINHARD SCHNEIDER, „Gab es im frühmittelalterlichen Deutschland des 9.–11. Jahrhunderts Sklaven?“ (Minderheiten, S. 27–39).
W. SCHNEIDER, „Adelsherrschaft“
WILHELM SCHNEIDER, Wider die These von der „Adelsherrschaft“ (Arbeiten zur alamannischen Frühgeschichte 9) Tübingen 1980.
SCHOTT, Beiträge
CLAUSDIETER SCHOTT (Hg.), Beiträge zum frühalemannischen Recht. Veröffentlichungen des Alemannischen Instituts, Freiburg i. Br. 42, 1978.
SCHOTT, Freigelassene
CLAUSDIETER SCHOTT, Freigelassene und Minderfreie in den alemannischen Rechtsquellen (DERS., Beiträge, S. 51–72).
SCHOTT, Freiheit
CLAUSDIETER SCHOTT, Artikel ‚Freiheit, Freie‘ (Lexikon des Mittelalters, Bd. 4, Sp. 896–899). Siehe Kap. 6.2.

SCHOTT, Freiheit und Libertas
CLAUSDIETER SCHOTT, Freiheit und Libertas. Zur Genese eines Begriffs (ZRG. GA 104, 1987, S. 84–109).
SCHOTT, Gattung der Lex Alamannorum
CLAUSDIETER SCHOTT, Zur Geltung der Lex Alamannorum (Die historische Landschaft zwischen Lech und Vogesen, hg. von P. FRIED und W. D. SICK, 1988, S. 75–105).
SCHOTT, Leges-Forschung
CLAUSDIETER SCHOTT, Der Stand der Leges-Forschung (FMSt 13, 1979, S. 29–55).
SCHOTT, Lex Alamannorum
CLAUSDIETER SCHOTT, Artikel ‚Lex Alamannorum' (HRG, Bd. 2, Sp. 1879–1886). Siehe Kap. 6.2.
SCHOTT, Pactus, Lex und Recht
CLAUSDIETER SCHOTT, Pactus, Lex und Recht (Die Alemannen in der Frühzeit, hg. von W. HÜBENER, 1974, S. 161–167).
SCHOTT, Recht und Gesetzgebung
CLAUSDIETER SCHOTT, Recht und Gesetzgebung bei den Alemannen, Burgundern und Langobarden (Ur- und frühgeschichtliche Archäologie der Schweiz, Bd. VI.: Das Frühmittelalter, hg. im Rahmen der von der Schweizerischen Gesellschaft für Ur- und Frühgeschichte in den Jahren 1966–1976 in Zürich organisierten und von der Goethe-Stiftung für Kunst und Wissenschaft Zürich geförderten Einführungskurse in die ur- und frühgeschichtliche Archäologie der Schweiz) Basel 1979.
SCHOTTMANN, Beschreibung der Interferenz
HANS SCHOTTMANN, Die Beschreibung der Interferenz (KOLB–LAUFFER u. a., Sprachliche Interferenz, S. 13–35).
SCHRÖDER–KÜNSSBERG, Rechtsgeschichte
RICHARD SCHRÖDER–EBERHARD FRHR. VON KÜNSSBERG, Lehrbuch der deutschen Rechtsgeschichte, 7. verm. Aufl., Berlin–Leipzig 1932.
SCHUCHARDT, Sachen und Wörter
HUGO SCHUCHARDT, Sachen und Wörter (Anthropos 7, 1912, S. 827–839).
SCHÜTZEICHEL, Bericht
RUDOLF SCHÜTZEICHEL [Bericht über das althochdeutsche Wörterbuch] (Jahrbuch der Akademie der Wissenschaften in Göttingen für das Jahr 1974, 1975, S. 104–106; für das Jahr 1980, 1981, S. 94–96, 110 f., 195 f.; für das Jahr 1982, 1983, S. 87, 123 f.; für das Jahr 1983, 1984, S. 102, 134 f.; für das Jahr 1984, 1985, S. 124–126, 195, 209–211).
SCHÜTZEICHEL, Erforschung
RUDOLF SCHÜTZEICHEL, Die Erforschung des volkssprachigen Wortschatzes der Leges, Capitularien und Diplome (Sprache und Recht. Beiträge zu einer Kulturgeschichte des Mittelalters. Festschrift für Ruth Schmidt-Wiegand zum 60. Geburtstag, hg. von KARL HAUCK, KARL KROESCHELL, STEFAN SONDEREGGER, DAGMAR HÜPPER, GABRIELE VON OLBERG, Berlin–New York 1986, S. 831–845).
SCHÜTZEICHEL, Grenzen
RUDOLF SCHÜTZEICHEL, Grenzen des Althochdeutschen (Festschrift für Ingeborg Schröbler zum 65. Geburtstag, hg. von DIETRICH SCHMIDTKE und HELGA SCHÜPPERT, Tübingen 1973, S. 23–38).
SCHÜTZEICHEL, Grundlagen
RUDOLF SCHÜTZEICHEL, Die Grundlagen des westlichen Mitteldeutschen. Studien zur historischen Sprachgeographie (Hermaea. Germanistische Forschungen, N. F., Bd. 10) 2. stark erw. Aufl., Tübingen 1976.
SCHÜTZEICHEL, Jost Trier
RUDOLF SCHÜTZEICHEL, Jost Trier (Sprachwissenschaft 5, 1980, H. 2, S. 146–171).

Schützeichel, Kontext
Rudolf Schützeichel, Kontext und Wortinhalt. Vorüberlegungen zu einer Theorie des Übersetzens aus älteren Texten („Sagen mit Sinne", Fs. f. Marie-Luise Dittrich zum 65. Geb., hg. von Helmut Rücker und Kurt Otto Seidel, Göppingen 1976, S. 411—434).
Schützeichel, Lautverschiebung
Rudolf Schützeichel, Neue Funde zur Lautverschiebung im Mittelfränkischen (ZDA 93, 1964, S. 19—30).
Schützeichel, Lex Ribuaria
Rudolf Schützeichel, Zur Lex Ribuaria (NDJB 88, 1965, S. 7—19).
Schützeichel, merovingische Lautverschiebung
Rudolf Schützeichel, Nochmals zur merovingischen Lautverschiebung (ZDL 46, 1979, S. 205—230).
Schützeichel, Mundart
Rudolf Schützeichel, Mundart, Urkundensprache und Schriftsprache. Studien zur rheinischen Sprachgeschichte (Rheinisches Archiv 54) 2. stark erw. Aufl., Bonn 1974.
Schützeichel, Reda umbe diu tier
Rudolf Schützeichel, Reda umbe diu tier. Wien ÖNB. Cod. 223 und das Problem der Abgrenzung des Althochdeutschen (Studia Linguistica et Philologica. Festschrift für Klaus Matzel zum sechzigsten Geburtstag überreicht von Schülern, Freunden und Kollegen, hg. von Hans-Werner Eroms, Bernhard Gajek, Herbert Kolb, Heidelberg 1984, S. 153—163).
Schützeichel, Staffulus regis
Rudolf Schützeichel, Staffulus regis. Zum Zeugnis der Lex Ribuaria für die 2. Lautverschiebung (RhVjbll. 29, 1964, S. 138—167).
Schützeichel, Textgebundenheit
Rudolf Schützeichel, Textgebundenheit. Kleinere Schriften zur mittelalterlichen deutschen Literatur, Tübingen 1981.
Schützeichel, Unter Fettenhennen
Rudolf Schützeichel, Unter Fettenhennen. Zur Geschichte unverschobener Wortformen im hochdeutschen Raum (Festschrift f. J. Quint, Bonn 1964, S. 203—214).
Schützeichel, westfränkisches Problem
Rudolf Schützeichel, Das westfränkische Problem (1963) (Petri, Siedlung, S. 578—638).
Schuler, Familien
Thomas Schuler, Familien im Mittelalter (Die Familie in der Geschichte, hg. von Heinz Reif, Göttingen 1982, S. 28—60).
Schulze, Adelsherrschaft
Hans K. Schulze, Adelsherrschaft und Landesherrschaft (Mitteldeutsche Forschungen 29) Köln 1963.
Schulze, Grafschaftsverfassung
Hans K. Schulze, Die Grafschaftsverfassung der Karolingerzeit in den Gebieten östlich des Rheins (Schriften zur Verfassungsgeschichte, Bd. 19) Berlin 1973.
Schulze, Grundstrukturen
Hans K. Schulze, Grundstrukturen der Verfassung im Mittelalter, Bd. 1: Stammesverband, Gefolgschaft, Lehnswesen, Grundherrschaft, Stuttgart 1985; Bd. 2: Familie, Sippe und Geschlecht, Haus und Hof, Dorf und Mark, Burg, Pfalz und Königshof, Stadt, Stuttgart—Berlin—Köln—Mainz 1986.
Schulze, Mediävistik
Hans K. Schulze, Mediävistik und Begriffsgeschichte (Historische Semantik und Begriffsgeschichte, S. 242—261).

SCHULZE, Reichsaristokratie

HANS K. SCHULZE, Stammesadel und fränkische Freiheit Reichsaristokratie. Neuere Forschungen zur frühmittelalterlichen Sozialgeschichte (HZ 227, 1978, S. 353–373).

SCHULZE, Rodungsfreiheit

HANS K. SCHULZE, Rodungsfreiheit und Königsfreiheit. Zur Genesis und Kritik neuerer verfassungsgeschichtlicher Theorien (HZ 219, 1974, S. 529–550).

SCHWARZ, Überlegungen

ALEXANDER SCHWARZ, Linguistische Überlegungen zur Textinterpretation des Historikers (Fimfchustim. Festschrift für Stefan Sonderegger zum 50. Geburtstag, hg. von ROBERT HINDERLING und VIKTOR WEIBEL, Bayreuther Beiträge zur Sprachwissenschaft, hg. von HANS-WERNER EROMS und ROBERT HINDERLING, Bd. 1, Bayreuth 1978, S. 185–206).

E. SCHWARZ, Goten

ERNST SCHWARZ, Goten, Nordgermanen, Angelsachsen, Bern–München 1951.

E. SCHWARZ, Philologie

ERNST SCHWARZ, Deutsche Germanische Philologie, Heidelberg 1951.

E. SCHWARZ, Stammeskunde

ERNST SCHWARZ (Hg.), Zur germanischen Stammeskunde. Aufsätze zum neuen Forschungsstand (Wege der Forschung 249) Darmstadt 1972.

E. SCHWARZ, Wortgeschichte

ERNST SCHWARZ, Kurze deutsche Wortgeschichte, Darmstadt 1967.

SCHWERIN, Leges Saxonum

CLAUDIUS FRHR. VON SCHWERIN, Zu den Leges Saxonum (ZRG. GA 33, 1912, S. 390–452).

SCHWERIN, Notas

CLAUDIUS FRHR. VON SCHWERIN, Notas sobra la Historia del Derecho español más antiguo (Anuario de Historia del Derecho Expañol 1, 1924, S. 27–54).

SCHWERIN, Rechtsgeschichte

CLAUDIUS FRHR. VON SCHWERIN, Deutsche Rechtsgeschichte, Bd. 1, Leipzig ²1906 u. Bd. 2, 2. Aufl., Leipzig–München 1928.

SEE, Rechtswörter

KLAUS VON SEE, Altnordische Rechtswörter. Philologische Studien zur Rechtsauffassung und Rechtsgesinnung bei den Germanen (Hermaea. Germanistische Forschungen, N. F., Bd. 16) Tübingen 1964.

SEEBOLD, Gasinđa*

ELMAR SEEBOLD, Gt. Gasinđa* ‚Reisegefährte' und Gasinđi* ‚Reisegesellschaft' (PBB [West] 96, 1974, S. 1–11 und S. 336).

SELLERT, Ladung

WOLFGANG SELLERT, Artikel ‚Ladung' (HRG, Bd. 2, Sp. 1336–1350). Siehe Kap. 6.2.

SIEMS, Bewertung frühmittelalterlicher Rechtstexte

HARALD SIEMS, Zu Problemen der Bewertung frühmittelalterlicher Rechtstexte. Zugleich eine Besprechung von R. Kottje, Zum Geltungsbereich der Lex Alamannorum (ZRG. GA 106, 1989, S. 291–305).

SIEMS, Lex Baiuvariorum

HARALD SIEMS, Artikel ‚Lex Baiuvariorum' (HRG, Bd. 2, Sp. 1887–1901). Siehe Kap. 6.2.

SIEMS, Lex Frisionum

HARALD SIEMS, Artikel ‚Lex Frisionum' (HRG, Bd. 2, Sp. 1916–1922). Siehe Kap. 6.2.

SIEMS, Lex Romana Visigothorum

HARALD SIEMS, Artikel ‚Lex Romana Visigothorum' (HRG, Bd. 2, Sp. 1939–1949). Siehe Kap. 6.2.

SIEMS, Studien
HARALD SIEMS, Studien zur Lex Frisionum (Abhandlungen zur rechtswissenschaftlichen Grundlagenforschung, Bd. 42, hg. von STEN GAGNER, ARTHUR KAUFMANN, DIETER NÖRR) Ebelsbach 1980.

SIEWERT, Vidrigild
KLAUS SIEWERT, Vidrigild und Aldio in einem neuentdeckten Fragment der Leges Langobardorum (Sprachwissenschaft 11, 1986, S. 445 f.).

SIMMLER, Fundierung
FRANZ SIMMLER, Zur Fundierung des Text- und Textsorten-Begriffs (Studia Linguistica et Philologica. Festschrift für Klaus Matzel zum 60. Geburtstag, überreicht von Schülern, Freunden und Kollegen, hg. von HANS-WERNER EROMS—BERNHARD GAJEK—HERBERT KOLB, Heidelberg 1984, S. 25—50).

SIMMLER, politische Rede
FRANZ SIMMLER, Die Politische Rede im Deutschen Bundestag. Bestimmung über Textsorten und Redesorten (Göppinger Arbeiten zur Germanistik 245) Göppingen 1978.

SITTL, Gebärdensprache
CARL SITTL, Die Gebärdensprache der Griechen und Römer, Hildesheim—New York 1970.

SKERHUTT, Ständebegriff
HORST SKERHUTT, Der Ständebegriff „frei". Ständegeschichtliche Untersuchung auf Grund der ländlichen Quellen Westfalens bis zum 13. Jahrhundert, Diss. (Masch.) Hamburg 1953.

SMET, Niederländisch/Deutsch
GILBERT DE SMET, Artikel ‚Niederländisch/Deutsch' (Sprachgeschichte, Bd. 1, S. 923—930). Siehe Kap. 6.2.

SOCIN, Namenbuch
ADOLF SOCIN, Mittelhochdeutsches Namenbuch nach oberrheinischen Quellen des zwölften und dreizehnten Jahrhunderts, Basel 1903, Nachdruck Hildesheim 1966.

SOHM, Recht
RUDOLPH SOHM, Fränkisches und römisches Recht, Weimar 1880.

SOLIVA, Lex Romana Curiensis
CLAUDIO SOLIVA, Die Lex Romana Curiensis und die Stammesrechte (SCHOTT, Beiträge, S. 73—84).

SONDEREGGER, Das Althochdeutsche der Vorakte der älteren St. Galler Urkunden
STEFAN SONDEREGGER, Das Althochdeutsche der Vorakte der älteren St. Galler Urkunden. Ein Beitrag zum Problem der Urkundensprache in althochdeutscher Zeit (ZMF 28, 1961, S. 251—286).

SONDEREGGER, althochdeutsche Sachwörter
STEFAN SONDEREGGER, Zu den althochdeutschen Sachwörtern in den lateinischen Urkunden der Schweiz (Archivalia et historica. Arbeiten aus dem Gebiet der Geschichte und des Archivwesens. Festschrift für Anton Largiadé, überreicht zum 65. Geburtstag am 17. Mai von Freunden, Kollegen und Schülern, hg. von DIETER SCHWARZ und WERNER SCHNEYER, Zürich 1958, S. 203—218).

SONDEREGGER, Grundzüge
STEFAN SONDEREGGER, Grundzüge deutscher Sprachgeschichte. Diachronie des Sprachsystems, Bd. 1: Einführung—Genealogie—Konstanten, Berlin—New York 1979.

SONDEREGGER, Latein und Althochdeutsch
STEFAN SONDEREGGER, Latein und Althochdeutsch. Grundsätzliche Überlegungen zu ihrem Verhältnis (Variovm mvnera Florvm. Latinität als prägende Kraft mittelalterlicher Kultur, Festschrift für Hans Haefele zu seinem 60. Geburtstag 1985, Sigmaringen 1985, S. 57—92).

SONDEREGGER, Lex Salica Übersetzung
STEFAN SONDEREGGER, Die althochdeutsche Lex Salica Übersetzung (Festgabe für Wolfgang Jungandreas. Beiträge zur deutschen Sprachgeschichte, Landes- und Volks- und Altertumskunde, hg. von der Arbeitsgemeinschaft des Trierer Raumes durch RICHARD LAUFNER, Schriftenreihe zur Trierischen Landesgeschichte und Volkskunde 13, Trier 1964, S. 113–122).

SONTHEIMER, Deutschland
KURT SONTHEIMER, Deutschland zwischen Demokratie und Antidemokratie. Studien zum politischen Bewußtsein der Deutschen, München 1971.

SPINDLER, Handbuch
MAX SPINDLER u. a. (Hgg.), Handbuch der bayerischen Geschichte, Bd. 1: Das alte Bayern. Das Stammesherzogtum bis zum Ausgang des 12. Jahrhunderts, München 1967.

SPLETT, Samanunga-Studien
JOCHEN SPLETT, Samanunga-Studien. Erläuterung und lexikalische Erschließung eines althochdeutschen Wörterbuchs (Göppinger Arbeiten zur Germanistik, hg. von ULRICH MÜLLER, FRANZ HUNDSNURSCHER, CORNELIUS SOMMER, Nr. 268) Göppingen 1979.

SPÖRL, Grundformen
JOHANNES SPÖRL, Grundformen hochmittelalterlicher Geschichtsanschauung. Studien z. Weltbild der Geschichtsschreiber des 12. Jh., München 1935.

SPRANDEL, Dux
ROLF SPRANDEL, Dux und comes in der Merowingerzeit (ZRG. GA 74, 1957, S. 41–84).

SPRANDEL, Grundständischer Adel
ROLF SPRANDEL, Grundständischer Adel, rechtsständische Freiheit und Königszins (DA 19, 1963, S. 1–29).

SPRANDEL, Kloster
ROLF SPRANDEL, Das Kloster St. Gallen in der Verfassung des karolingischen Reiches (Forschungen zur oberrheinischen Landesgeschichte 7) Freiburg i. Br. 1958.

SPRANDEL, Verfassung
ROLF SPRANDEL, Verfassung und Gesellschaft im Mittelalter, Paderborn 1975.

STAAB, Königsfreie
FRANZ STAAB, A Reconsideration of the Ancestry of Modern Political Liberty: The Problem of the so called „King's Freemen" (Königsfreie) (Viator 11, 1980, S. 51–69).

STADELMANN, Mittelalterauffassung
RUDOLF STADELMANN, Grundformen der Mittelalterauffassung von Herder bis Ranke (Deutsche Vierteljahresschrift für Literatur und Geistesgeschichte 9, 1931, S. 45–88).

STEER, Textgeschichte
GEORG STEER, Die Bedeutung der Textgeschichte für die historische Fachwortgeographie. Beobachtungen zur Überlieferung des Rechtswortes *gerhab* in der ‚Rechtssumme' Bruder Bertholds (SCHMIDT-WIEGAND, Text- und Sachbezug, S. 38–69).

STEGER, Besprechung
HUGO STEGER, Besprechung von Walburga Rellecke. Ein Instrument spielen (PBB 106, 1984, S. 416–423).

STEIN, Lex Salica
SIMON STEIN, Lex Salica I und II (Speculum 22, 1947, S. 113–134 und S. 395–418).

STEINBACH–PETRI, Grundlegung der europäischen Einheit
FRANZ STEINBACH–FRANZ PETRI, Zur Grundlegung der europäischen Einheit durch die Franken (Deutsche Schriften zur Landes- und Volksforschung 1) Leipzig 1939.

STEINMETZ, Historisch-strukturelle Rekurrenz
HORST STEINMETZ, Historisch-strukturelle Rekurrenz als Gattungs-/Textsortenkriterium (Textsorten und literarische Gattungen. Dokumentation des Germanistentages in Hamburg vom 1.–4. April 1979, hg. vom Vorstand der Vereinigung der deutschen Hochschulgermanisten, Berlin 1983, S. 66–88).

STELLER, altfriesische Grammatik
WALTER STELLER, Abriß der altfriesischen Grammatik. Mit Berücksichtigung der westgermanischen Dialecte des Altenglischen, Altsächsischen und des Althochdeutschen, Halle 1928.
STEUER, Frühgeschichtliche Sozialstrukturen
HEIKO STEUER, Frühgeschichtliche Sozialstrukturen in Mitteleuropa (Abhandl. d. Akad. d. Wiss. zu Göttingen, Phil.-Hist. Kl., 3. Folge, Nr. 128) Göttingen 1982.
STEUER, Sozialstrukturen
HEIKO STEUER, Frühgeschichtliche Sozialstrukturen in Mitteleuropa. Zur Analyse der Auswertungsmethoden des archäologischen Quellenmaterials (Geschichtswissenschaft und Archäologie. Untersuchungen zur Siedlungs-, Wirtschafts- und Kirchengeschichte, hg. von HERBERT JANKUHN und REINHARD WENSKUS, VF 22, Sigmaringen 1979, S. 595–619).
STÖRMER, Adelsgruppen
WILHELM STÖRMER, Adelsgruppen im früh- und hochmittelalterlichen Bayern (Studien zur bayerischen Verfassungs- und Sozialgeschichte 4) München 1972.
STÖRMER, Früher Adel
WILHELM STÖRMER, Früher Adel. Studien zur politischen Führungsschicht im fränkisch-deutschen Reich vom 8.–11. Jahrhundert, 2 Bde. (Monographien zur Geschichte des Mittelalters) Stuttgart 1973.
STÖRMER, Rezension GRAHN-HOEK
WILHELM STÖRMER, Rezension zu GRAHN-HOEK, fränkische Oberschicht (Blätter für dt. Landesgeschichte 16, 1980, S. 631–633).
STÖRMER, Schäftlarn
WILHELM STÖRMER, Schäftlarn, Murhardt und die Waltriche des 8. und 9. Jahrhunderts. Klostergründungen und adelige Sippenbeziehungen im bayerisch-württembergischen Raum (ZBLG 28, 1965, S. 45–81).
STOLLEIS, Die Ämter in Deutschland
MICHAEL STOLLEIS, IV. Die Ämter in Deutschland (KARL KROESCHELL, KARL FERDINAND WERNER, GERHARD WIRTH, MANFRED HELLMANN, MICHAEL STOLLEIS, INGE-MAREN PETERS, MICHEL FRANÇOIS, KARL SCHNITH, RAOUL MANSELLI, LUDWIG VONES, Artikel ‚Amt' [Lexikon des Mittelalters, Bd. 1, Sp. 546–559] Sp. 549–551). Siehe Kap. 6.2.
STRASSBURGER, Nobiles
HERMANN STRASSBURGER, Artikel ‚Nobiles' (Paulys Real-Encyclopädie, Bd. 33, Stuttgart 1936, Sp. 785–791). Siehe Kap. 6.2.
STRASSBURGER, Optimates
HERMANN STRASSBURGER, Artikel ‚Optimates' (Paulys Real-Encyclopädie, Bd. 35, Stuttgart 1939, Sp. 773–798). Siehe Kap. 6.2.
STROHEKER, senatorischer Adel
KARL FRIEDRICH STROHEKER, Der senatorische Adel der spätantiken Quellen, Tübingen 1948.
STRUVE, Pedes rei publicae
TILMAN STRUVE, Pedes rei publicae. Die dienenden Stände im Verständnis des Mittelalters (HZ 236, 1983, S. 1–48).
STURM, Anfänge
JOSEF STURM, Die Anfänge des Hauses Preysing (Schriftenreihe zur bayer. Landesgeschichte 8) München 1931.
STUTZ, Literaturdenkmäler
ELFRIEDE STUTZ, Gotische Literaturdenkmäler, Stuttgart 1966.
U. STUTZ, Rezension KOEHNE, Recht der Mühlen
ULRICH STUTZ, Rezension zu KOEHNE, Recht der Mühlen (ZRG. GA 26, 1905, S. 233 ff.).

SUERBAUM, „Text und Gattung"
ULRICH SUERBAUM, „Text und Gattung" (BERNHARD FABIAN [Hg.], Ein anglistischer Grundkurs. Frankfurt 1971, Schwerpunkte Anglistik 5], S. 104–132.
SVENSON, Ethnologie
SIGFRID SVENSON, Einführung in die europäische Ethnologie, Meisenheim Glan 1973.
TABACCO, I liberi
GIOVANNI TABACCO, I liberi del re nell'Italia carolingia e postcarolingia, Spoleto 1966.
TABACCO, Macht und Besitz
GIOVANNI TABACCO, Der Zusammenhang zwischen Macht und Besitz im fränkischen und langobardischen Reich, übersetzt aus dem Italienischen von BARBARA RICCIOLI (Saeculum 24, 1973, S. 220–240).
TAGLIAVINI, Le origini
CARLO TAGLIAVINI, Le origini delle lingue neolatine. Introduzione alla filologia romanza, Bologna ^{4}1964.
TELLENBACH, karolingische Thronfolge
GERD TELLENBACH, Die geistigen und politischen Grundlagen der karolingischen Thronfolge. Zugleich eine Studie über kollektive Willensbildung und kollektives Handeln (FMSt 13, 1979, S. 184–302).
TELLENBACH, Libertas
GERD TELLENBACH, Libertas. Kirche und Weltordnung im Zeitalter des Investiturstreites, Stuttgart 1936.
TELLENBACH, Personenforschung
GERD TELLENBACH, Zur Bedeutung der Personenforschung für die Erkenntnis des frühen Mittelalters (Freiburger Universitätsreden 25) Freiburg 1957.
TELLENBACH, Reichsadel
GERD TELLENBACH, Vom karolingischen Reichsadel zum Reichsfürstenstand (1943) (KÄMPF, Herrschaft und Staat, S. 191–242).
TELLENBACH, Servitus
GERD TELLENBACH, Servitus und libertas nach den Traditionen der Abtei Remiremont (Saeculum 21, 1970, S. 228–234).
TELLENBACH, Studien und Vorarbeiten
GERD TELLENBACH (Hg.), Studien und Vorarbeiten zur Geschichte des großfränkischen und frühdeutschen Adels (Forschungen zur oberrheinischen Landesgeschichte 4) Freiburg 1957.
THEUERKAUF, Lex
GERHARD THEUERKAUF, Lex, Speculum, Compendium iuris. Rechtsaufzeichnungen und Rechtsbewußtsein in Norddeutschland vom 8. bis um 16. Jahrhundert (Forschungen zur deutschen Rechtsgeschichte, hg. von STEN GAGNER, HERMANN KRAUSE, HEINRICH SCHULTZE-VON LASAULX, Bd. 6) Köln–Graz 1968, S. 333 f.
THIEME, Kontinuität
HANS THIEME, Artikel ‚Kontinuität' (HRG, Bd. 2, Sp. 1125–1129). Siehe Kap. 6.2.
TIEFENBACH, Aratorglossen
HEINRICH TIEFENBACH, Althochdeutsche Aratorglossen. Paris lat. 8318. Gotha Membr. II 115, Göttingen 1977.
TIEFENBACH, Edulcus, (h)idulgus, iddulcos
HEINRICH TIEFENBACH, Edulcus, (h)idulgus, iddulcus. Zur malbergischen Glosse für die Doppelbestattung in der Lex Salica (Sprache und Recht. Beiträge zur Kulturgeschichte des Mittelalters. Festschrift für Ruth Schmidt-Wiegand zum 60. Geburtstag, hg. von KARL HAUCK, KARL KROESCHELL, STEFAN SONDEREGGER, DAGMAR HÜPPER, GABRIELE VON OLBERG, Berlin–New York 1986, Bd. 2, S. 957–971).

TIEFENBACH, Königsurkunden

HEINRICH TIEFENBACH, Studien zu Wörtern volkssprachiger Herkunft in karolingischen Königsurkunden. Ein Beitrag zum Wortschatz der Diplome Lothars I. und Lothars II (MMS 15) München 1973.

TRIER, Altes und Neues

JOST TRIER, Altes und Neues vom sprachlichen Feld (Duden-Beiträge zu Fragen der Rechtschreibung, der Grammatik und des Stils, H. 34, Mannheim—Zürich 1968, S. 9—20) Wiederabdruck (SCHMIDT, Wortfeldforschung, S. 453—464).

TRIER, Feld

JOST TRIER, Das sprachliche Feld. Eine Auseinandersetzung (Neue Jahrbücher für Wissenschaft und Jugendbildung 10, 1934, S. 428—449) Wiederabdruck (SCHMIDT, Wortfeldforschung, S. 129—161).

TRIER, Lehm

JOST TRIER, Lehm. Etymologien zum Fachwerk (Münstersche Forschungen, H. 3) Marburg 1951.

TRIER, Wort und Begriffsfelder

JOST TRIER, Der deutsche Wortschatz im Sinnbezirk des Verstandes. Die Geschichte eines sprachlichen Feldes, Bd. 1: Von den Anfängen bis zum Beginn des 13. Jahrhunderts, Heidelberg 1931, S. 1—26 und S. 310—322, wiederabgedruckt als: DERS., Über Wort- und Begriffsfelder (SCHMIDT, Wortfeldforschung, S. 1—54).

UHLENBECK, etymologie

CHRISTIAN CORNELIUS UHLENBECK, Zur deutschen etymologie (PBB 26, 1901, S. 290—312 und S. 572—573).

UHLENBECK, Etymologisches

CHRISTIAN CORNELIUS UHLENBECK, Etymologisches (PBB 19, 1894, S. 327—333 und S. 517—525).

UHLENBECK, zum gotischen Wortschatz

CHRISTIAN CORNELIUS UHLENBECK, Bemerkungen zum gothischen Wortschatz (PBB 30, 1905, S. 252—327).

ULLMANN, Semantik

STEFAN ULLMANN, Semantik. Eine Einführung in die Bedeutungslehre (= Deutsche Fassung von SUSANNE KOOPMANN) Frankfurt a. Main 1973.

URELAND, Sprachkontakte

P. STURE URELAND (Hg.), Sprachkontakte im Nordseegebiet. Akten des 1. Symposions über Sprachkontakte in Europa. Mannheim 1977 (Linguistische Arbeiten 66) Tübingen 1978.

URELAND, Standardsprache

P. STURE URELAND, Standardsprache und Dialekt in mehrsprachigen Gebieten Europas. Akten des 2. Symposions über Sprachkontakt in Europa, Mannheim 1978 (Linguistische Arbeiten 82) Tübingen 1979.

URMONEIT, Wortschatz des Ludwigsliedes

ERIKA URMONEIT, Der Wortschatz des Ludwigsliedes im Umkreis der althochdeutschen Literatur (MMS 11) München 1973.

VASSOR, Les Soupirs

MICHEL LE VASSOR, Les Soupirs de la France esclave, qui aspire après la liberté, Amsterdam 1689.

VERLINDEN, L'esclavage

CHARLES VERLINDEN, L'esclavage dans l'Europe mediévale, Brügge, Bd. 1 1955, Bd. 2 1977.

VIERECK, Britisches Englisch und amerikanisches Englisch/Deutsch
WOLFGANG VIERECK, Artikel ‚Britisches Englisch und amerikanisches Englisch/Deutsch' (Sprachgeschichte, Bd. 1, S. 938–942). Siehe Kap. 6.2.
VILKUNA, Dreschen
KUSTAA VILKUNA, Das Dreschen in Finnland, Helsinki 1955.
VILKUNA, Pfluggeräte
KUSTAA VILKUNA, Die Pfluggeräte Finnlands (Studia Fennica 16) Helsinki 1971.
VISMARA, Edictum Theodorici
GIULIO VISMARA, Edictum Theodorici (DERS., Scritti, S. 1–338).
VISMARA, Scritti
GIULIO VISMARA, Scritti di storia giuridica, Bd. 1: Fonti del diritti nei regni germanici, Milano 1987.
VITTINGHOFF, Soziale Struktur
FRANZ VITTINGHOFF, Soziale Struktur und politisches System der hohen römischen Kaiserzeit (HZ 230, H. 1, 1980, S. 31–55).
VOETZ, Komposita
LOTHAR VOETZ, Komposita auf -man im Althochdeutschen, Altsächsischen und Altniederfränkischen (Monographien zur Sprachwissenschaft 3, hg. von RUDOLF SCHÜTZEICHEL in Verb. mit HERBERT KOLB und KLAUS MATZEL) Heidelberg 1977.
VOGT, Sklaverei
JOSEPH VOGT, Sklaverei und Humanität. Studien zur antiken Sklaverei und ihrer Erforschung, 2. erw. Aufl. (Historia. Zeitschrift für alte Geschichte, Einzelschriften H. 8), Wiesbaden 1972; Ergänzungsheft zur 2. erw. Aufl. (Historia, Einzelschriften H. 44) Wiesbaden 1983.
VOLKMANN, Nobiles
HANS VOLKMANN, Artikel ‚Nobiles' (Der Kleine Pauly, Bd. 4, Sp. 142–144). Siehe Kap. 6.2.
VOLKMANN, Optimates
HANS VOLKMANN, Artikel ‚Optimates' (Der Kleine Pauly, Bd. 4, Sp. 320–322). Siehe Kap. 6.2.
VRIES, Kelten und Germanen
JAN DE VRIES, Kelten und Germanen, Bern–München 1960.
WAAS, Freiheit
ADOLF WAAS, Die alte deutsche Freiheit, München–Berlin, unveränd. Neudruck München 1967.
WAAS, Herrschaft
ADOLF WAAS, Herrschaft und Staat im deutschen Frühmittelalter, Berlin 1938.
WACKERNAGEL, Sprache
WILHELM WACKERNAGEL, Sprache und Sprachdenkmäler der Burgunden (DERS., Kleinere Schriften, Bd. 3, Leipzig 1874, S. 334–416).
WAITZ, Verfassungsgeschichte
GEORG WAITZ, Deutsche Verfassungsgeschichte, 4 Bde. (Nachdruck der 2. und 3. Aufl. 1880–85) Darmstadt 1953–55.
WALKER, Nordfriesisch
ALASTAIR G. H. WALKER, Nordfriesisch – eine sterbende Sprache? (URELAND, Sprachkontakte, S. 129–148).
WARTBURG, Das burgundische Superstrat
WALTHER VON WARTBURG, Das burgundische Superstrat im frankoprovenzalischen Wortschatz (ZRPh 80, 1964, S. 1–14).

Wattenbach—Levison, Geschichtsquellen
Wilhelm Wattenbach—Wilhelm Levison, Deutschlands Geschichtsquellen im Mittelalter. Vorzeit und Karolinger, Heft IV: Die Karolinger vom Vertrag von Verdun bis zum Herrschaftsantritt der Herrscher aus dem sächsischen Hause, Italien und das Papsttum, bearb. von Heinz Löwe, Weimar 1963.
Weber, ‚liber — ingenuus'
Angelika Weber, ‚liber — ingenuus'. Studien zur Sozialgeschichte des 5.—8. Jahrhunderts anhand der Leges (Bochumer historische Studien, Mittelalterliche Geschichte Nr. 3) Bochum 1983.
S. Weber, Eigentumsentwicklung
Siegrid Weber, Zur frühfeudalen Eigentumsentwicklung anhand der Leges Barbarorum (Eigentum. Beiträge zu seiner Entwicklung in politischen Gesellschaften, Werner Sellnow zum 70. Geburtstag, Weimar 1987, S. 213—225).
S. Weber, Feudalismus
Siegrid Weber, Zur Genesis des Feudalismus in Italien (Familie, Staat und Gesellschaftsformation. Grundprobleme vorkapitalistischer Epochen. Einhundert Jahre nach Friedrich Engels' Werk „Der Ursprung der Familie, des Privateigentums und des Staates", hg. von Joachim Herrmann und Jens Köhn, Berlin 1988, S. 546—551).
S. Weber, Haus- und Nutzvieh
Siegrid Weber, Zur Rolle von Haus- und Nutzvieh nach den Leges Barbarorum (Produktivkräfte und Produktionsverhältnisse, Berlin 1985, S. 325—330).
S. Weber, Stadt und Land
Siegrid Weber, Stadt und Land in den Leges Barbarorum (Klio 64, 1982, H. 1, S. 189—194).
S. Weber, Stellung der Freien
Siegrid Weber, Die Stellung der Freien im Übergang zum Feudalismus, untersucht am Beispiel ihrer Widerspiegelung in den Leges Barbarorum, Leipzig 1979, Auszug in: Ethnographisch-Archäologische Zeitschrift (EAZ) 21, 1980, S. 467—476).
S. Weber, strafrechtliche Bestimmungen
Siegrid Weber, Über strafrechtliche Bestimmungen in der germanischen Gesetzgebung (Das Altertum, Bd. 35, H. 1, 1989, S. 48—56).
Siehe auch: Rode—S. Weber, Feudalismus
Wegstein, Summarium Heinrici Darmstädter Hs. 6
Werner Wegstein, Studien zum Summarium Heinrici. Die Darmstädter Handschrift 6 (Texte und Textgeschichte, Würzburger Forschungen 9) Tübingen 1985.
Wehler, Klassen
Hans-Ulrich Wehler (Hg.), Klassen in der europäischen Sozialgeschichte, mit Beiträgen von Heinz-Gerhardt Haupt, Eric J. Hobsbawm, Volker Hunecke, Jürgen Kocka, M. Rainer Lepsius, Wolfgang Mager, Sidney Pollard, Hans-Jürgen Puhle, Hans-Ulrich Wehler, Göttingen 1979.
Wehler, Vorüberlegungen
Hans-Ulrich Wehler, Vorüberlegungen zur historischen Analyse sozialer Ungleichheit (Ders., Klassen, S. 9—32).
Weidemann, Kulturgeschichte
Margarete Weidemann, Kulturgeschichte der Merowingerzeit nach den Werken Gregors von Tours 1—2 (Römisch-Germanisches Zentralmuseum. Monographien 3) Mainz 1982.
Weinreich, Sprache
Uriel Weinreich, Sprache in Kontakt (Übersetzung der Originalausgabe von 1953) München 1976.

WEINRICH, Thesen
HARALD WEINRICH, Thesen zur Textsorten-Linguistik (ELISABETH GÜLICH—WOLFGANG RAIBLE [Hgg.] Textsorten. Differenzierungskriterien aus linguistischer Sicht [Athenaion-Skripten Linguistik, Bd. 5, hg. von WERNER ABRAHAM, ROLAND POSNER] Wiesbaden, 2. Aufl., 1975, S. 161—169).

WEIS, Gesellschaftsstrukturen
EBERHARD WEIS, Gesellschaftsstrukturen und Gesellschaftsentwicklung in der frühen Neuzeit (BOSL—WEIS, Gesellschaft, Bd. 1, S. 131—287).

WEISGERBER, Aufbau
LEO WEISGERBER, Vom inhaltlichen Aufbau des deutschen Wortschatzes (Auszug aus: DERS., Die volkhaften Kräfte der Muttersprache, Frankfurt/Main 1939, S. 12—33) Wiederabdruck (SCHMIDT, Wortfeldforschung, S. 193—225).

WEISGERBER, Grundzüge
LEO WEISGERBER, Grundzüge der inhaltsbezogenen Grammatik (DERS., Von den Kräften der deutschen Sprache Bd. 1) 3. neu bearb. Aufl., Düsseldorf 1962.

WEISGERBER, Stellung der Sprache
LEO WEISGERBER, Die Stellung der Sprache im Aufbau der Gesamtkultur (WuS 15, 1933, S. 134—225; WuS 16, 1934, S. 97—236).

WEITZEL, Dinggenossenschaft
JÜRGEN WEITZEL, Dinggenossenschaft und Recht. Untersuchungen zum Rechtsverhältnis im fränkisch-deutschen Mittelalter (Quellen und Forschungen zur höchsten Gerichtsbarkeit im alten Reich 15/I + II, Köln—Wien 1985).

WELCKER, Adel
CARL THEODOR WELCKER, Artikel ‚Adel' (Staats-Lexikon Bd. 1, 1834, S. 257—354). Siehe Kap. 6.2.

WELCKER, Stand
CARL THEODOR WELCKER, Artikel ‚Stand; Unterschied der Stände' (Staats-Lexikon, Bd. 15, 1843, S. 127—134). Siehe Kap. 6.2.

WENSKUS, Amt (II. A—D)
REINHARD WENSKUS, Amt, II. Geschichtliches, A. Allgemeines, B. Römerzeit, C. Völkerwanderungs- und Merowingerzeit, D. Karolingerzeit (HANS KUHN, REINHARD WENSKUS, HENRY ROYSTON LYON, KARL WÜHRER, GRETHE AUTHEN-BLOM, Artikel ‚Amt' [RLA, 2. Aufl., Bd. 1, 1973, S. 257—268] S. 258—264). Siehe Kap. 6.2.

WENSKUS, Amt
REINHARD WENSKUS, Amt und Adel in früher Merowingerzeit (Mitteilungsheft des Marburger Universitätsbundes 1959, S. 40—56).

WENSKUS, Entwicklung
REINHARD WENSKUS, Die soziale Entwicklung im ottonischen Sachsen im Lichte der Königsurkunden für das Erzstift Hamburg—Bremen (Institutionen, Kultur und Gesellschaft im Mittelalter, Festschrift für Josef Fleckenstein zum 65. Geburtstag, Sigmaringen 1984, S. 501—514).

WENSKUS, Randbemerkungen
REINHARD WENSKUS, Randbemerkungen zum Verhältnis von Historie und Archäologie, insbesondere mittelalterlicher Geschichte und Mittelalterarchäologie (Geschichtswissenschaft und Archäologie. Untersuchungen zur Siedlungs-, Wirtschafts- und Kirchengeschichte, hg. von HERBERT JANKUHN und REINHARD WENSKUS, VF 22, Sigmaringen 1979, S. 637—657).

WENSKUS, Stammesadel
REINHARD WENSKUS, Sächsischer Stammesadel und fränkischer Reichsadel (Abh. der Akad. der Wiss. in Göttingen, Phil.-Hist. Kl., 3. Folge, Nr. 93) Göttingen 1976.

WENSKUS—KUHN, Aldius
REINHARD WENSKUS—HANS KUHN, Artikel ‚Aldius' (aldio, aldianus, haldianus, aldionariciis u. ä.) § 1 Geschichtliches (WENSKUS) § 2 Sprachliches (KUHN) (RLA, 2. Aufl., Bd. 1, 1973, S. 135 f.). Siehe Kap. 6.2.

WENSKUS—JANKUHN, GRINDA, „Bauer"
REINHARD WENSKUS—HERBERT JANKUHN—KLAUS GRINDA (Hgg.), Wort und Begriff „Bauer". Zusammenfassender Bericht über die Kolloquien der Kommission für die Altertumskunde Mittel- und Nordeuropas, Göttingen 1975 (Abhandlungen der Akademie der Wissenschaften in Göttingen, Phil.-Hist. Kl., 3. Folge, Nr. 89).

WERKMÜLLER, Anefang
DIETER WERKMÜLLER, Artikel ‚Anefang' (HRG, Bd. 1, Sp. 159—163). Siehe Kap. 6.2.

WERLE, Herzog
HANS WERLE, Artikel ‚Herzog, Herzogtum' (HRG, Bd. 2, Sp. 119—127). Siehe Kap. 6.2.

WERLICH, Typologie
EGON WERLICH, Typologie der Texte. Entwurf eines textlinguistischen Modells zur Grundlegung einer Textgrammatik, Heidelberg [2]1979.

WERNER, Adel
KARL FERDINAND WERNER, Artikel ‚Adel' (Lexikon des Mittelalters, Bd. 1, Sp. 118—126). Siehe Kap. 6.2.

WERNER, Adelsfamilien
KARL FERDINAND WERNER, Bedeutende Adelsfamilien im Reich Karls des Großen (Karl der Große, hg. von W. BRAUNFELS, Bd. 1, Düsseldorf 1965, [3]1967, S. 83—142).

M. WERNER, Rezension KUCHENBUCH
MATHIAS WERNER, Rezension zu KUCHENBUCH, Bäuerliche Gesellschaft (Blätter für dt. Landesgeschichte 16, 1980, S. 633—635).

WERNLI, Bauernfreiheit
FRITZ WERNLI, Die mittelalterliche Bauernfreiheit (Studien zur mittelalterlichen Verfassungsgeschichte, Affoltern am Albis 1959).

WERNLI, Gemeinfreie
FRITZ WERNLI, Die Gemeinfreien des Frühmittelalters (Studien zur mittelalterlichen Verfassungsgeschichte, H. 2) Affoltern am Albis 1960.

WERNLI, Markgenossenschaft
FRITZ WERNLI, Artikel ‚Markgenossenschaft' (HRG, Bd. 3, Sp. 302—316). Siehe Kap. 6.2.

WIEACKER, Vom römischen Recht
FRANZ WIEACKER, Vom römischen Recht. 10 Versuche, 2. neu bearb. und erw. Aufl., Stuttgart 1961.

WIEGAND, Onomasiologie und Semasiologie
HERBERT ERNST WIEGAND, Synchronische Onomasiologie und Semasiologie. Kombinierte Methoden zur Strukturierung der Lexik (Germanistische Linguistik 3, 1970, S. 243—384).

WIEGAND—HARRAS, Einordnung
HERBERT ERNST WIEGAND, unter Mitarbeit von GISELA HARRAS, Zur wissenschaftshistorischen Einordnung und linguistischen Beurteilung des Deutschen Wortatlas (Germanistische Linguistik, Jg. 1971, H. 1/2, S. 1—204).

WIESSNER, Sachinhalt
HERMANN WIESSNER, Sachinhalt und wirtschaftliche Bedeutung der Weistümer im deutschen Kulturgebiet (Veröffentlichungen des Seminars für Wirtschafts- und Kulturgeschichte der Universität Wien 9/10) Baden—Wien—Leipzig—Brünn 1934.

WILLEMS, Konzept
GOTTFRIED WILLEMS, Das Konzept der literarischen Gattung. Untersuchungen zur klassischen deutschen Gattungstheorie, insbesondere zur Ästhetik F. Th. Vischers, Tübingen 1981.

WILLOWEIT, Freiheit
DIETMAR WILLOWEIT, Von der alten deutschen Freiheit. Zur verfassungsgeschichtlichen Bedeutung der Tacitus-Rezeption (Vom normativen Wandel des Politischen, hg. von ERIK VOLKMAR HEYEN, Berlin 1984, S. 17–42).

WILLOWEIT, Graf
DIETMAR WILLOWEIT, Artikel ‚Graf, Grafschaft' (HRG, Bd. 1, Sp. 1775–1785). Siehe Kap. 6.2.

WINTER, Rittertum
JOHANNA MARIA VAN WINTER, Rittertum, Ideal und Wirklichkeit, München 1979.

WIRTH, Amt und Amtsbegriff
GERHARD WIRTH, II. Amt und Amtsbegriff in der Spätantike, im byzantinischen Reich (KARL KROESCHELL, KARL FERDINAND WERNER, GERHARD WIRTH, MANFRED HELLMANN, MICHAEL STOLLEIS, INGE-MAREN PETERS, MICHEL FRANÇOIS, KARL SCHNITH, RAOUL MANSELLI, LUDWIG VONES, Artikel ‚Amt' [Lexikon des Mittelalters, Bd. 1, Sp. 546–559] Sp. 546–548). Siehe Kap. 6.2.

WITTICH, Freibauern
WERNER WITTICH, Die Frage der Freibauern (ZRG. GA 22, 1901, S. 245–353).

WITTICH, Grundherrschaft
WERNER WITTICH, Die Grundherrschaft in Nordwestdeutschland, Leipzig 1896.

WITTICH, Kultur
WERNER WITTICH, Die wirtschaftliche Kultur zur Zeit Caesars (HZ 79, 1897, S. 45–67).

WOLF, Lexikologie
DIETER WOLF, Prinzipien und Methoden historischer Lexikologie (Sprachgeschichte, Bd. 1, S. 546–557). Siehe Kap. 6.2.

WOLLASCH, Gemeinschaftsbewußtsein
JOACHIM WOLLASCH, Gemeinschaftsbewußtsein und soziale Leistung im Mittelalter (FMSt 9, 1975, S. 268–286).

WOLLASCH, Mönchtum
JOACHIM WOLLASCH, Mönchtum des Mittelalters zwischen Kirche und Welt (MMS 7) München 1973.

WOLTER, Rechtswissenschaft
UDO WOLTER, Rechtswissenschaft, Geschichte und Sozialwissenschaften (Zs. für Historische Forschung 5, 1978, S. 61–69).

WORMALD, Lex scripta
PATRIC WORMALD, Lex scripta and lex verbum: Legislation and germanic kingship, from Euric to Cnut (Early medieval kingship, hg. von PETER HAYES SAWYER – JAN N. WOOD, Leeds 1977, S. 105–138).

WUNDER, Feudalismus
HEIDE WUNDER (Hg.), Feudalismus (Nymphenburger Texte zur Wissenschaft, Modelluniversität 17) München 1974.

WUNDER, Probleme
HEIDE WUNDER, Probleme der Stratifikation in mittelalterlichen Gesellschaftssystemen: Ein Diskussionsbeitrag zu Thesen v. Mitterauer (Geschichte und Gesellschaft, 4. Jg. 1978, H. 4: Die Wissenschaften und ihre Geschichte, S. 542–550).

ZENDER, Glaube und Brauch
MATTHIAS ZENDER, Glaube und Brauch. Fest und Spiel (Volkskunde. Eine Einführung von GÜNTHER WIEGELMANN, MATTHIAS ZENDER, GERHARD HEILFURTH, Berlin 1977, S. 132–197).

ZEUMER, westgotische Gesetzgebung
KARL ZEUMER, Geschichte der westgotischen Gesetzgebung (NA 23, 1898, S. 421 ff.).

Zotz, Adel
THOMAS ZOTZ, Adel, Oberschicht, Freie. Zur Terminologie der frühmittelalterlichen Sozialgeschichte (ZGO 125, 1977, S. 3–20).

6.4. Abkürzungen und Siglen

a.	anno
Abh. d. Akad. d. Wiss.	Abhandlungen der Akademie der Wissenschaften
Abt.	Aethelbert (Gesetze der Angelsachsen)
Add.	Additio
ae.	altenglisch
Af.	Aelfred (Gesetze der Angelsachsen)
Af. El.	Aelfred Einleitung (Gesetze der Angelsachsen)
AFMF	Arbeiten zur Frühmittelalterforschung der Universität Münster
afr. (= afries.)	altfriesisch
afrk.	altfränkisch
ags.	angelsächsisch
AGu	Aelfred und Guthrum (Gesetze der Angelsachsen)
ahd.	althochdeutsch
Ai. (= Aist.)	Gesetzbuch Ahistulfs
ai. (= aind.)	altindisch
air.	altirisch
alem.	alemannisch
an.	altnordisch
aofr.	altostfriesisch
arm.	armenisch
As.	Aethelstan (Gesetze der Angelsachsen)
as.	altsächsisch
aslaw.	altslawisch
ASNS	Archiv für das Studium der neueren Sprachen
II Atr.	II Aethelred (Gesetze der Angelsachsen, Vertrag mit Olaf)
awfr.	altwestfriesisch
bair. (= bayer.)	bayrisch/bairisch
BNF. N. F.	Beiträge zur Namenforschung, Neue Folge
burg.	burgundisch
Capit.	Capitular
celt.	keltisch
cham.	Sprache der Lex Francorum Chamarorum
Cn.	Cnut (Gesetze der Angelsachsen)
Cod.	Codex
codd.	codices
DA	Deutsches Archiv für die Erforschung des Mittelalters
FMSt	Frühmittelalterliche Studien. Jahrbuch des Instituts für Mittelalterforschung der Universität Münster
fries.	friesisch
frk.	fränkisch
germ.	germanisch
Gloss. Cav.	Glossarium Cavensis
Gloss. Matrit.	Glossarium Matritensis

got.	gotisch
Grim.	Gesetzbuch Grimwalds
GWU	Geschichte in Wissenschaft und Unterricht
Hl.	Hlothære und Eadric (Gesetze der Angelsachsen)
Hs.	Handschrift
HV	Historische Vierteljahresschrift 1898–1937
HZ	Historische Zeitschrift, 1859–1943, 1949 ff.
ide.	indoeuropäisch
idg.	indogermanisch
Ine Rb.	Ine Rubriken (Gesetze der Angelsachsen)
kelt.	keltisch
L.	Lex
LAl (= LA, L. Alam.)	Lex Alamannorum
lat.	lateinisch
L. Bai (= LBai)	Lex Baiuvariorum
LBur. (= LBurg.)	Lex Burgundionum
LFranc	Leges Francorum
LFries	Lex Frisionum
lgbd. (= langobard.)	langobardisch
Li.	Gesetzbuch Luitprands
lib.	liber
lib. pap.	liber papiensis
Li. not. de act. regis	Luitprand notitia de actoribus regis
lit.	litauisch
LLang.	Leges Langobardorum
l. R.	langobardisches Recht
L. Rom. Vis.	Lex Romana Visigothorum
LSal	Lex Salica
LSax	Lex Saxonum
LThur	Lex Thuringorum
LVis	Leges Visigothorum
malberg. (= malb.)	malbergisch
MGH	Monumenta Germaniae historica, hg. von GEORG HEINRICH PERTZ (bzw. von der Zentraldirektion MGH, 1936–45 vom Reichsinstitut für ältere Geschichtskunde)
MGH AA	Monumenta Germaniae historica. Auctores antiquissimi, 15 Bde., Berlin 1877 ff. (Nachdr. 1961)
MGH DD	Monumenta Germaniae historica. Diplomata in folio
MGH DD Karol.	Monumenta Germaniae historica. Diplomata Karolinorum. Die Urkunden der Karolinger, 3 Bde., Hannover 1906 ff., Nachdr. Berlin–Zürich 1966
MGH Epp	Monumenta Germaniae historica. Epistolae saeculi XIIIe regestis pontificum Romanorum, Bd. 1–3, 1883–94
MGH Fontes iuris Germanici antiqui	Monumenta Germaniae historica. Fontes iuris Germanici antiqui in usum scolarum separatim editi, 11 Bde., Hannover–Leipzig (Weimar) 1869 f.
MGH LL	Monumenta Germaniae historica. Leges in folio, Bd. 1–5, Hannover 1835–89 (Nachdr. Leipzig 1925 und New York 1965)
MGH LL Capit.	Monumenta Germaniae historica. Legum sectio II: Capitularia regum Francorum, 2 Bde., Hannover 1883 ff., (Nachdr. 1960)

MGH LL Formulae	Monumenta Germaniae historica. Legum sectio V: Formulae, Bd. 1, Hannover 1882 (Nachdr. 1963)
MGH LL nat. Germ.	Monumenta Germaniae historica. Legum sectio I: Leges nationum Germanicarum, 5 Bde., Hannover—Leipzig 188 ff. (Nachdr. Bd. 3,2 1966)
MGH SS	Monumenta Germaniae historica. Scriptores Monumenta Germaniae historica. Scriptores rerum Langobardicarum et Italicarum saec. VI—IX, Bd. 1, Hannover 1878 (Nachdr. 1964)
MGH SS rer. Merov.	Monumenta Germaniae historica. Scriptores rerum Merovingicarum, 17 Bde., Hannover(—Leipzig) 1884 ff. (Nachdr. Bd. 1,1—2, 1965—69, Bd. 2, 1956)
mhd.	mittelhochdeutsch
MIÖG	Mitteilungen des Instituts für Österreichische Geschichtsforschung
mlat.	mittellateinisch
MMS	Münstersche Mittelalter-Schriften
mnd.	mittelniederdeutsch
mnl.	mittelniederländisch
NA	Neues Archiv der Gesellschaft für ältere Geschichtskunde
NDJB	Niederdeutsches Jahrbuch
N. F.	Neue Folge
nhd.	neuhochdeutsch
nnl.	neuniederländisch
obd.	oberdeutsch
oberrhein.	oberrheinisch
PAl (= PA)	Pactus Alamannorum
Par. Frag.	Pariser Fragmente
PBB	Beiträge zur Geschichte der deutschen Sprache und Literatur, hg. von HERMANN PAUL und WILHELM BRAUNE, 1874 ff.
phil.	philologisch
Phil.-Hist. Kl.	Philosophisch-Historische Klasse
PlSal	Pactus legis Salicae
Ra.	Gesetzbuch Ratchis'
Rect.	Rectitudines
RhVjbll.	Rheinische Vierteljahrsblätter
Ro. (= Roth., Ed. Roth., R)	Gesetzbuch Rothars
sächs.	sächsisch
salfrk.	salfränkisch
Sbb.	Sitzungsberichte
sol.	solidi
SSCI	Settimane di studio del centro italiano di studi sull'alto medioevo
StSG	Siehe VI.1. Quellen
thür.	thüringisch
VF	Vorträge und Forschungen, hg. vom Institut für geschichtliche Landesforschung des Bodenseegebietes in Konstanz
VSWG	Vierteljahresschrift für Sozial- und Wirtschaftsgeschichte
Wi.	Withræd
WuS	Wörter und Sachen. Kulturhistorische Zeitschrift für Sprach- und Sachforschung, hg. von RUDOLF MERINGER und WILHELM MEYER-LÜBKE, 1909 ff.

ZBLG	Zeitschrift für bayerische Landesgeschichte
ZDL	Zeitschrift für Dialektologie und Linguistik
ZfdA (= ZDA)	Zeitschrift für deutsches Altertum und deutsche Literatur
ZfdW	Zeitschrift für deutsche Wortforschung
ZfdPh	Zeitschrift für deutsche Philologie
ZfG	Zeitschrift für Geschichtswissenschaft
ZGL	Zeitschrift für Germanistische Linguistik
ZGO	Zeitschrift für die Geschichte des Oberrheins
ZMF	Zeitschrift für Mundartforschung
ZRG.	Zeitschrift der Savigny-Stiftung für Rechtsgeschichte
ZRG. GA	Zeitschrift der Savigny-Stiftung für Rechtsgeschichte, Germanistische Abteilung (ab 1880)
ZRG. RA	Zeitschrift der Savigny-Stiftung für Rechtsgeschichte, Romanistische Abteilung
ZRPh	Zeitschrift für romanische Philologie

7. Register

ERSTES WORTREGISTER

Volkssprachige, latinisierte, lateinische Lemmata der Leges barbarorum

Das Register enthält die in der Untersuchung vorkommenden Legeswörter (einschließlich der Wörter der angelsächsischen Gesetzgebung). Die Schreibung ist normalisiert und richtet sich in den meisten Fällen nach den Editionen. Handschriftenvarianten sind im Register nur in Ausnahmefällen berücksichtigt; in der Regel wurde die häufigst auftretende Form als Leitform gewählt.

ZWEITES WORTREGISTER

Volkssprachige, latinisierte und lateinische Lemmata

Das Register enthält die Wörter, die in der Untersuchung aus anderen Textexemplaren als den Leges barbarorum zum Vergleich herangezogen werden.

SACHREGISTER

ARBEITEN ZUR FRÜHMITTELALTERFORSCHUNG

ARNOLD ANGENENDT
Kaiserherrschaft und Königstaufe
Kaiser, Könige und Päpste als geistliche Patrone in der abendländischen Missionsgeschichte

Quart. XIV, 378 Seiten. 1984. Ganzleinen DM 104,-
ISBN 3 11 009898 9 (Band 15)

Bibliographie zur alteuropäischen Religionsgeschichte III 1970 - 1975
Eine interdisziplinäre Auswahl von Literatur zu den Rand- und Nachfolgekulturen der Antike in Europa unter besonderer Berücksichtigung der nichtchristlichen Religionen
Bearbeitet von W. Flüchter unter Mitwirkung von Th. Wefelmeyer

Quart. XXXI, 658 Seiten. 1985. Ganzleinen DM 240,-
ISBN 3 11 008145 8 (Band 16)

MICHAEL ENRIGHT
Iona, Tara and Soissons
The Origins of the Royal Anointing Ritual

Quarto. X, 198 pages. 1985. Ganzleinen DM 121,-
ISBN 3 11 010628 0 (Volume 17)

Preisänderungen vorbehalten

Kolibri 360 GmbH
Ferdinand-Jühlke-Straße 7
99095 Erfurt, Deutschland
produktsicherheit@kolibri360.de